2017年版
中国科技期刊引证报告（核心版）
自然科学卷

中国科技核心期刊（中国科技论文统计源期刊）

中国科学技术信息研究所

科学技术文献出版社
SCIENTIFIC AND TECHNICAL DOCUMENTATION PRESS

·北京·

图书在版编目（CIP）数据

2017 年版中国科技期刊引证报告：核心版. 自然科学卷 / 中国科学技术信息研究所编著. —北京：科学技术文献出版社，2017.10
ISBN 978-7-5189-3463-8

Ⅰ. ① 2… Ⅱ. ①中… Ⅲ. ①科技期刊—期刊索引—中国—2017 Ⅳ. ① Z89：N55

中国版本图书馆 CIP 数据核字（2017）第 258497 号

2017 年版中国科技期刊引证报告（核心版）自然科学卷

策划编辑：周国臻　　责任编辑：周国臻　张　丹　　责任出版：张志平

出 版 者　科学技术文献出版社
地　　址　北京市复兴路 15 号　邮编　100038
编 务 部　(010)58882938，58882087（传真）
发 行 部　(010)58882868，58882874（传真）
邮 购 部　(010)58882873
网　　址　www.stdp.com.cn
发 行 者　科学技术文献出版社发行　全国各地新华书店经销
印 刷 者　北京地大彩印有限公司
版　　次　2017 年 10 月第 1 版　2017 年 10 月第 1 次印刷
开　　本　787×1092　1/16
字　　数　651 千
印　　张　28.25
书　　号　ISBN 978-7-5189-3463-8
定　　价　180.00 元

版权所有　违法必究
购买本社图书，凡字迹不清、缺页、倒页、脱页者，本社发行部负责调换

2017年版中国科技期刊引证报告（核心版）

自然科学卷

主任编委　　戴国强

副主任编委　郭铁成　　武夷山　　张玉华　　潘云涛　　郑彦宁
　　　　　　曾建勋　　庞景安　　姚长青

主　　编　　潘云涛　　马　峥

编写人员　　俞征鹿　　许晓阳　　郭　玉　　郭　红　　田瑞强
　　　　　　翟丽华　　王海燕　　高继平　　苏　成　　宋　扬
　　　　　　王　璐　　王运红　　贾　佳　　杨　帅　　郑雯雯
　　　　　　何开煦　　刘亚静　　于夏薇　　王梦云　　李　悦
　　　　　　王　双　　冉伟灵　　石　慧　　陈佳琪　　崔　通
　　　　　　苏　鹏

本书受国家科技统计专项工作"中国科技论文统计"（NSTS-2015-06）资助。

通信地址：北京市海淀区复兴路15号　100038
　　　　　中国科学技术信息研究所　科学计量与评价研究中心
网　　址：www.istic.ac.cn
电　　话：010-58882027，58882537，58882539
传　　真：010-58882028
电子信箱：cstpcd@istic.ac.cn

前　言

1987年，中国科学技术信息研究所（ISTIC）受科技部（原国家科委）的委托，开始对中国科技人员在国内外发表论文的数量和被引用情况进行统计分析，并利用统计数据建立了中国科技论文与引文数据库（CSTPCD）。这项工作开展后受到了社会各界的普遍重视和广泛好评。30年来，中国科学技术信息研究所通过艰苦繁杂的劳动，积累了大量的宝贵数据，为科技部等各级管理部门、高等院校、科研机构、期刊编辑部和科研工作者提供了各类论文统计基础数据和期刊评估指标。

《中国科技期刊引证报告》（CJCR）的研制出版始于1997年，是一种专门用于期刊引用分析研究的重要检索评价工具。利用CJCR所提供的统计数据，可以清楚地了解期刊引用和被引用的情况，以及进行引用效率、引用网络、期刊自引等统计分析。同时，利用CJCR中的期刊评价指标，还可以方便地定量评价期刊的相互影响和相互作用，正确评估某种期刊在科学交流体系中的作用和地位。自CJCR问世以来，在开展科研管理和科学评价期刊方面一直发挥着巨大的作用。

《中国科技期刊引证报告》选用的"中国科技核心期刊（中国科技论文统计源期刊）"是在经过严格的定量和定性分析的基础上选取的各个学科的重要科技期刊。《2017年版中国科技期刊引证报告（核心版）自然科学卷》中收录自然科学与工程技术领域期刊共2008种。"中国科技核心期刊（中国科技论文统计源期刊）"上刊发的论文构成了中国科技论文与引文数据库（CSTPCD），即中国科学技术信息研究所每年进行中国科技论文统计与分析的数据库。该数据库的统计结果编入国家统计局和科技部编制的《中国科技统计年鉴》，统计结果被科技管理部门和学术界广泛应用。

中国科学技术信息研究所在与国际评价机制接轨的同时，充分利用30年积累的科技论文和期刊评价工作经验与丰富数据，选择了总被引频次、影响因子等重要的期刊科学计量指标进行统计和分析，同时注意结合中国科技期刊发展的实际情况，创新了基金论文比、地区分布数、机构分布数、他引率、离均差率等多种期刊评价指标。《中国科技期刊引证报告》从一个角度反映出我国学术期刊取得的长足进步。期刊的发展带动了相关的指标和评价体系研究工作的不断进步，我们将研究成果应用在《中国科技期刊引证报告》中，适时进行指标的增补和修正。《2017年版中国科技期刊引证报告（核心版）自然科学卷》中使用了25项科学计量指标，并发布200多幅图表。

读者可以看到，每一年的《中国科技期刊引证报告》都有新的变化和进步。我们衷心希望《中国科技期刊引证报告》能成为广大读者开展工作时检索查询的友好助手和得力工具，并愿为大家奉献一份独一无二的科技期刊分析与评价报告。

考虑到我国英文科技期刊的特点和发展状况，为了更加科学准确地评价我国科技期刊的学术质量和影响状况，同时也为了促进我国英文版科技期刊的繁荣发展，根据同类比较的统计分析和评价原则，《2017年版中国科技期刊引证报告（核心版）》仍将中国科技核心期刊中以中文出版的期刊和以英文出版的期刊列入不同的表格分别统计。

《中国科技期刊引证报告》的出版，是我国科技界和知识界的一件大事。这些丰富和适用的期刊评价指标使我国的广大科技工作者、期刊编辑部和科研管理部门能够科学快速、准确地选择和利用期刊，为科技期刊出版单位和科研人员客观地了解期刊的学术影响力，提供公正、合理、科学、客观的评价依据。同时，也为决策管理部门科学地评价我国科学活动的宏观水平、微观绩效，以及建立科学交流传播机制积累基础数据。多年来，《中国科技期刊引证报告》已经为国家期刊奖的评定，中国科协、国家自然科学基金委员会、中国科学院和地方省市和行业机构的期刊管理部门提供了大量的各类评估数据，大大提高了我国科技期刊科学管理的水平，促进我国科技期刊评价管理工作进一步向科学化、定量化和规范化方向发展。同时，《中国科技期刊引证报告》的发行，也有力地填补了我国关于期刊评价数据的空白。

在整个编写过程中，我们力求严格规范，细致准确，精益求精。但由于一些实际情况，例如期刊的更名合并、期刊引用文献著录不规范等，给我们的统计、分析与编辑工作带来很大困难。因此错误和疏漏在所难免，诚望广大读者不吝赐教，批评指正。

中国科学技术信息研究所

2017年10月

主要计量指标

2016 年中国科技核心期刊（中国科技论文统计源期刊）*主要计量指标分布情况

	平均值	统计数据
核心总被引频次	1361 次/刊	≥2000 次的期刊共有 371 种，≥10000 次的期刊共有 12 种
核心影响因子	0.628	≥1.000 的期刊共有 281 种，≥2.000 的期刊共有 36 种
核心即年指标	0.087	≥0.100 的期刊共有 574 种，≥0.500 的期刊共有 12 种
基金论文比	0.58	≥0.80 的期刊共有 522 种，≥0.95 的期刊共有 57 种
海外论文比	0.03	≥0.2 的期刊共有 67 种（其中 61 种是英文期刊）；950 种期刊无海外论文
核心他引率	0.82	≥0.95 的期刊共有 201 种
篇均作者数	4.2 人/篇	≥5 人/篇的期刊共有 431 种
篇均引文数	19.6 条/篇	≥20 条/篇的期刊共有 722 种，≥50 条/篇的期刊共有 32 种
综合评价总分	40.1 分	≥50 分的期刊共有 520 种

*中国科技核心期刊（中国科技论文统计源期刊）包括 1912 种中文期刊和 96 种英文期刊。

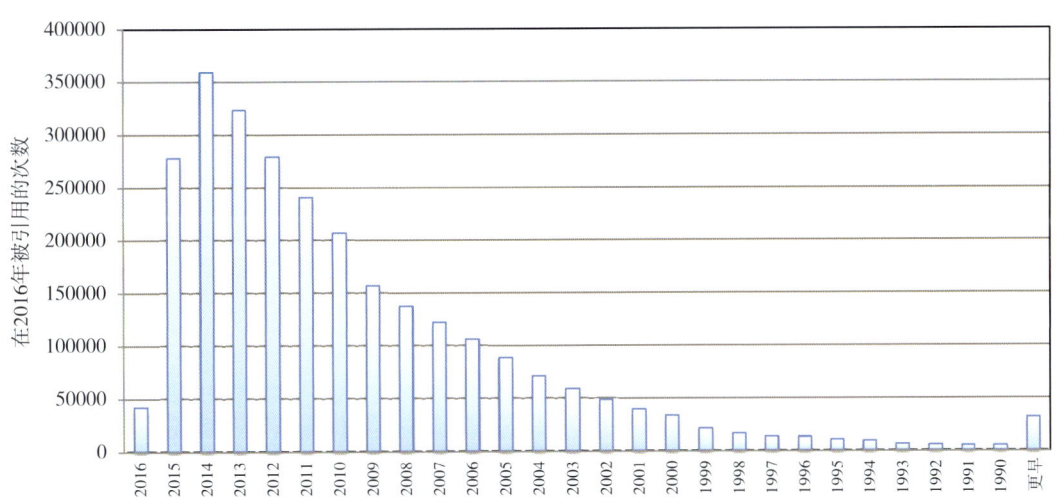

2016 年被引用的"中国科技核心期刊（中国科技论文统计源期刊）"论文的发表时间分布图

说明：图中被引用次数统计来源为《2016 年度中国科技论文与引文数据库》（CSTPCD 2016）。柱状图示分别表示"中国科技核心期刊（中国科技论文统计源期刊）"各年度发表的论文在 2016 年被引用的次数。

目 录

1 编制说明 ··· 1

2 使用说明 ··· 5

3 名词解释 ··· 7

4 2016年中国科技核心期刊（中文）指标 ··· 11
  表4-1 2016年中国科技核心期刊（中文）被引用指标刊名字顺索引 ···················· 11
  表4-2 2016年中国科技核心期刊（中文）来源指标刊名字顺索引 ······················· 56

5 2016年中国科技核心期刊（英文）指标 ·· 101
  表5-1 2016年中国科技核心期刊（英文）被引用指标刊名字顺索引 ··················· 101
  表5-2 2016年中国科技核心期刊（英文）来源指标刊名字顺索引 ······················ 104

6 2016年各学科分类期刊整体情况 ··· 107
  表6 2016年各学科分类期刊数量、核心总被引频次和核心影响因子 ····················· 107

7 2016年各学科分类期刊指标情况 ··· 111
  自然科学综合 ·· 111
  自然科学综合大学学报 ··· 113
  自然科学师范大学学报 ··· 116
  数学 ·· 118
  信息科学与系统科学 ··· 120
  力学 ·· 122
  物理学 ··· 124
  化学 ·· 126
  天文学 ··· 128
  地球科学综合 ·· 130
  大气科学 ·· 132
  地球物理学 ··· 134
  地理学 ··· 136
  地质学 ··· 138
  海洋科学、水文学 ·· 140

生物学基础学科	142
生态学	144
植物学	146
昆虫学、动物学	148
微生物学、病毒学	150
心理学	152
农业综合	154
农业大学学报	156
农艺学	158
园艺学	160
土壤学	162
植物保护学	164
林学	166
畜牧、兽医科学	168
草原学	170
水产学	172
医学综合	174
医药大学学报	177
基础医学	180
临床医学综合	182
临床诊断学	184
保健医学	186
内科学综合	188
心血管病学	190
呼吸病学、结核病学	192
消化病学	194
血液病学、肾脏病学	196
内分泌病学与代谢病学、风湿病学	198
感染性疾病学、传染病学	200
外科学综合	202
普通外科学、胸外科学、心血管外科学	204
泌尿外科学	206
骨外科学	208
烧伤外科学、整形外科学	210
妇产科学	212
儿科学	214
眼科学	216

章节	页码
耳鼻咽喉科学	218
口腔医学	220
皮肤病学	222
性医学	224
神经病学、精神病学	226
核医学、医学影像学	228
肿瘤学	230
护理学	232
预防医学与公共卫生学综合	234
流行病学、环境医学	236
优生学、计划生育学	238
卫生管理学、健康教育学	240
军事医学与特种医学	242
药学	244
中医学	247
中医药大学学报	249
中西医结合医学	251
中药学	253
针灸、中医骨伤	255
工程与技术科学基础学科	257
工程技术大学学报	259
信息与系统科学相关工程与技术	263
生物工程	265
农业工程	267
生物医学工程学	269
测绘科学技术	271
材料科学综合	273
金属材料	275
矿山工程技术	277
冶金工程技术	279
机械工程设计	281
机械制造工艺与设备	283
动力工程	285
电气工程	287
能源科学综合	289
石油天然气工程	291
核科学技术	293

电子技术 295
　　光电子学与激光技术 297
　　通信技术 299
　　计算机科学技术 301
　　化学工程综合 303
　　高聚物工程 305
　　精细化学工程 307
　　应用化学工程 309
　　仪器仪表技术 311
　　兵器科学与技术 313
　　纺织科学技术 315
　　食品科学技术 317
　　建筑科学与技术 319
　　土木工程 321
　　水利工程 323
　　交通运输工程 325
　　公路运输 327
　　铁路运输 329
　　水路运输 331
　　航空、航天科学技术 333
　　环境科学技术及资源科学技术 335
　　安全科学技术 337
　　管理学 339

8　2016年中国科技核心期刊综合评价 341

　　表 8　2016年中国科技核心期刊综合评价总分排名 341

9　2016年中国科技核心期刊目录 389

　　表 9-1　2016年中国科技核心期刊（中文）目录 389
　　表 9-2　2016年中国科技核心期刊（英文）目录 434

10　期刊变更表 437

　　表 10　期刊名称变更表 437

11　新入选中国科技核心期刊 439

　　表 11-1　2017年新入选中国科技核心期刊（中国科技论文统计源期刊）（中文）目录 439
　　表 11-2　2017年新入选中国科技核心期刊（中国科技论文统计源期刊）（英文）目录 440

1　编制说明

《2017年版中国科技期刊引证报告（核心版）自然科学卷》以《中国科技论文与引文数据库(CSTPCD)》为基础，采用科学客观的研究方法与评价方式，遴选中国自然科学领域各个学科分类的重要期刊作为统计来源期刊。《2017年版中国科技期刊引证报告（核心版）自然科学卷》收录了在中国（不含港澳台地区）正式出版的1912种中文期刊和96种英文期刊，共2008种"中国科技核心期刊（中国科技论文统计源期刊）"。自然科学卷与社会科学卷收录的期刊范围有少量重复。

1.1　总体设计说明

《2017年版中国科技期刊引证报告（核心版）自然科学卷》包括4个主要部分：

（1）期刊指标总表：期刊被引用指标和期刊来源指标；

（2）各学科期刊指标：各学科期刊整体情况和期刊在学科内相对位置的主要指标和图表；

（3）期刊综合评价指标：综合评价总分、核心影响因子和核心总被引频次的总排名；

（4）中国科技核心期刊（中国科技论文统计源期刊）名录和变更情况。

这4部分独立成系统，又互相联系，构成《2017年版中国科技期刊引证报告（核心版）自然科学卷》的综合评价指标体系，从各个角度对期刊进行统计描述和分析评价。根据这些数据，读者可以对期刊的学术水平、学科地位、编辑状况、交流范围，以及读者满意程度有一个客观、概括的了解。在内容组织和编排上，设计了多角度、多层次查询和评价期刊的丰富功能，图文并茂，可以满足读者在多样化的评估、管理和研究工作中的不同需求。

1.2　各类统计表格的编排

《2017年版中国科技期刊引证报告（核心版）自然科学卷》采用了多种形式的排序格式，包括全部期刊名称字顺排序、学科内期刊名称排序、全部期刊综合评价总分排序和来源期刊总目录等，以帮助读者综合全面地评价分析期刊，迅速有效地检索出所需要的期刊统计信息。

（1）期刊被引用计量指标和来源指标是本报告的主体部分，分为4个主表：

· "表4–1　2016年中国科技核心期刊（中文）被引用指标刊名字顺索引"包含中文期刊被引用方面的9项指标数据。全表按照期刊名称汉语拼音字顺排列。

· "表4–2　2016年中国科技核心期刊（中文）来源指标刊名字顺索引"包含中文期刊来源文献方面的10项指标数据。全表按照期刊名称汉语拼音字顺排列。

· "表5–1　2016年中国科技核心期刊（英文）被引用指标刊名字顺索引"包含英文期刊被引用方面的9项指标数据。全表按照期刊名称英文字母顺序排列。

·"表 5-2 2016 年中国科技核心期刊（英文）来源指标刊名字顺索引"包含英文期刊来源文献方面的 10 项指标数据。全表按照期刊名称英文字母顺序排列。

（2）各学科分类期刊计量指标情况是本报告的另一个重要组成部分，包括 1 个学科分类主表，以及 112 个学科分类的数据分表和图表，其编排格式和指标如下：

·2016 年各学科分类的期刊指标整体情况——各学科期刊数、核心总被引频次平均值和中值，以及核心影响因子的平均值和中值。用于了解由于学科差异所导致的各个学科指标差异的整体情况。

·各个学科分类期刊核心总被引频次和核心影响因子离均差率的分布散点图——根据各个学科分类中，核心期刊总被引频次和核心影响因子数值相对于学科平均水平的距离，分别计算每个期刊核心总被引频次和核心影响因子的"离均差率"，并分别作为横坐标和纵坐标位置绘制各个学科的核心总被引频次和核心影响因子离均差率的分布散点图。通过核心总被引频次和核心影响因子离均差率的分布散点图，可以了解整个学科期刊的指标分布情况和期刊绝对影响能力（核心总被引频次方面）和相对影响效率（核心影响因子方面）的平衡程度。

· 各个学科分类期刊基于互引网络的引证关系示意图——根据各个学科中所收录的期刊相互引用次数的统计数据，计算期刊之间的相似性距离的归一化矩阵，并利用 Pajek 绘图软件，以图形方式显示学科内不同期刊之间的引用强度和相似性。图中每个节点代表一个期刊，节点面积表示期刊被引用次数的大小，节点之间的连线粗细程度表示期刊引用关系相似程度。为了使图示更加清晰，节点之间联系较弱的连线没有显示。通过互引网络的引证关系示意图，可以清晰地看到学科内期刊相互之间的联系与聚合状态。

· 各学科分类期刊主要指标与排名——分别列出按各学科分类中，按期刊名称排序的 112 个数据分表，分表列出了各学科期刊的核心总被引频次和核心影响因子的数值与在学科内的排位，以及核心总被引频次和核心影响因子的离均差率。同时还排出了各个期刊的综合评价总分和在学科中的排名，便于读者评价和查询期刊。

（3）综合评价总分排名表——将中国科技核心期刊按综合评价总分排序，并列出了各期刊核心影响因子和核心总被引频次的数值及在全部期刊中的排序，可以大致了解期刊学术质量和影响在全国范围内所处的综合排名。被引用计量指标显示期刊被读者使用和重视的程度，及在科学交流中的地位和作用，是评价期刊影响的重要依据和客观标准。综合评价总分是对期刊整体状况的一个综合描述。根据中国科学技术信息研究所研制的中国科技期刊综合评价指标体系，计算多项科学计量指标，采用层次分析法确定重要指标的权重，分学科对每种期刊进行综合评定，计算出每个期刊的综合评价总分。

（4）刊名目录和变更情况——"2016 年中国科技核心期刊（中文）目录"和"2016 年中国科技核心期刊（英文）目录" 包括期刊编码、刊名、期刊的学科分类和主编姓名，按期刊名称排序——中文期刊按汉语拼音字顺排列，英文期刊按英文字母顺序排列。期刊的变更情况是指与上一年度引证报告相比，期刊名称的变化情况和下一年度新入选的核心期刊名称。期刊改名后，按新刊名计算被引用指标；原刊名被引用数据计入新刊名的统计指标中。

1.3　期刊评价指标

为了全面、准确、公正、客观地评价和利用期刊，《2017年版中国科技期刊引证报告（核心版）自然科学卷》借鉴国际通用评价体系，并在此基础上，结合我国期刊的实际情况，设计计算了24项学术计量指标，基本涵盖和描述了期刊的各个方面。计算各项指标的数据范围仅为正式刊期中的数据，"增刊"等正刊以外的数据未予以计入。这些指标包括：

（1）期刊被引用计量指标

核心总被引频次、核心影响因子、核心即年指标、核心他引率、核心引用刊数、核心开放因子、核心扩散因子、权威因子和核心被引半衰期；

（2）期刊来源计量指标

来源文献量、文献选出率、AR论文量、平均引文数、平均作者数、地区分布数、机构分布数、海外论文比、基金论文比和引用半衰期；

（3）学科分类内期刊计量指标

综合评价总分、学科扩散指标、学科影响指标、核心总被引频次的离均差率和核心影响因子的离均差率。

此外，报告还分别计算了期刊综合评价总分、核心总被引频次和核心影响因子在其所在学科分类内和全部自然科学领域"中国科技核心期刊（中国科技论文统计源期刊）"中的排名。

《2017年版中国科技期刊引证报告（核心版）自然科学卷》引用部分指标是采用"中国科技论文引文数据库（CSTPCD）"2396种自然科学和社会科学期刊作为统计源，而《2017年版中国科技期刊引证报告（扩刊版）》是采用6000多种期刊作为数据源，因此"影响因子"等引用部分指标数值会有所不同。为了方便读者使用，从2012年版开始，《中国科技期刊引证报告（核心版）自然科学卷》以"核心影响因子"和"核心总被引频次"等名称来替代以前出版的"核心版"报告中相应的"影响因子"和"总被引频次"等指标，与"扩刊版"报告中的"扩展影响因子"和"扩展总被引频次"等指标加以区别。尽管指标名称有所改变，但是相关指标与往年出版的"核心版"报告计算方法仍然保持一致。

1.4　期刊的学科分类

学科是随着科学技术的发展而不断融合、衍生和变化的。一些交叉领域的期刊，刊载内容是跨学科的科研成果。《2017年版中国科技期刊引证报告（核心版）自然科学卷》根据每个期刊刊载论文的主要分布领域，将覆盖多学科和跨学科内容的期刊复分归入2个或3个学科分类类别。依据《学科分类与代码（国家标准GB/T 13745—2009）》和《中国图书资料分类法（第四版）》的学科分类原则，同时考虑到我国科技期刊的实际分布情况，《2017年版中国科技期刊引证报告（核心版）自然科学卷》将来源期刊分别归类到112个学科类别（表1）。

3

表1 学科分类表

领　域	学科分类		
自然科学综合	·自然科学综合	·自然科学综合大学学报	·自然科学师范大学学报
理学	·数学 ·信息科学与系统科学 ·力学 ·物理学 ·化学 ·天文学	·地球科学综合 ·大气科学 ·地球物理学 ·地理学 ·地质学 ·海洋科学、水文学	·生物学基础学科 ·生态学 ·植物学 ·昆虫学、动物学 ·微生物学、病毒学 ·心理学
农学	·农业综合 ·农业大学学报 ·农艺学 ·园艺学	·土壤学 ·植物保护学 ·林学 ·畜牧、兽医科学	·草原学 ·水产学
医学	·医学综合 ·基础医学 ·医药大学学报 ·临床医学综合 ·临床诊断学 ·保健医学 ·内科学综合 ·心血管病学 ·呼吸病学、结核病学 ·消化病学 ·血液病学、肾脏病学 ·内分泌病学与代谢病学、风湿病学 ·感染性疾病学、传染病学 ·外科学综合	·普通外科学、胸外科学、心血管外科学 ·泌尿外科学 ·骨外科学 ·烧伤外科学、整形外科学 ·妇产科学 ·儿科学 ·眼科学 ·耳鼻咽喉科学 ·口腔医学 ·皮肤病学 ·性医学 ·神经病学、精神病学 ·核医学、医学影像学 ·肿瘤学	·护理学 ·预防医学与公共卫生学综合 ·流行病学、环境医学 ·优生学、计划生育学 ·卫生管理学、健康教育学 ·军事医学与特种医学 ·药学 ·中医学 ·中医药大学学报 ·中西医结合医学 ·中药学 ·针灸、中医骨伤
工程技术	·工程与技术科学基础学科 ·工程技术大学学报 ·信息与系统科学相关工程与技术 ·生物工程 ·农业工程 ·生物医学工程学 ·测绘科学技术 ·材料科学综合 ·金属材料 ·矿山工程技术 ·冶金工程技术 ·机械工程设计 ·机械制造工艺与设备	·动力工程 ·电气工程 ·能源科学综合 ·石油天然气工程 ·核科学技术 ·电子技术 ·光电子学与激光技术 ·通信技术 ·计算机科学技术 ·化学工程综合 ·高聚物工程 ·精细化学工程 ·应用化学工程 ·仪器仪表技术	·兵器科学与技术 ·纺织科学技术 ·食品科学技术 ·建筑科学与技术 ·土木工程 ·水利工程 ·交通运输工程 ·公路运输 ·铁路运输 ·水路运输 ·航空、航天科学技术 ·环境科学技术及资源科学技术 ·安全科学技术
管理	·管理学		

2 使用说明

《中国科技期刊引证报告》是用于中国科技期刊分析与评价的科学计量工具。报告可用于定量分析和科学评价期刊的学术特征和学科地位，较为客观地反映期刊发展的趋势和规律，为科研管理和决策提供依据。因此，本报告在期刊分析评价和科学计量学研究与应用等方面具有其他检索评价工具无法取代的独特功能。正确使用和充分开发本报告，可以使其成为科研工作者、期刊编辑部、图书情报人员、科研管理人员和科学计量学家的得力助手和有效工具。

2.1 主要功能

《中国科技期刊引证报告》应用引文分析方法及各种量化指标，可以清楚地表明：

- 某一学科领域内，哪些期刊学术影响力较大；
- 某一学科领域内，期刊之间指标分布情况和互引关系分布情况如何；
- 某一种期刊被引用了多少次；
- 某一种期刊出版后多久被引用；
- 某一种期刊引用其他期刊多少次；
- 某一种期刊的各项学术指标在学科中所处的位置。

根据使用者的工作性质，本报告可以给使用者不同的有益提示。例如：

- 帮助科研人员发表论文时，选择相关领域的最适合的期刊，提高论文的知名度和影响；
- 帮助期刊编辑与同类刊物相比较并评估自刊的地位，从而确定编辑和出版策略；
- 帮助科研管理人员科学地评价管理期刊，为开展期刊评比和择优资助提供决策依据；
- 帮助图书情报人员更有效地管理馆藏期刊文献，合理运用有限的预算订购重要期刊；
- 帮助科学计量学家开展相关的期刊评价与分析研究，以及进行学科的科学评估。

2.2 查阅方法

2.2.1 查询期刊指标

在报告的第 4、第 5 部分，包括 4 个表格："表 4-1 2016 年中国科技核心期刊（中文）被引用指标刊名字顺索引""表 4-2 2016 年中国科技核心期刊（中文）来源指标刊名字顺索引""表 5-1 2016 年中国科技核心期刊（英文）被引用指标刊名字顺索引"和"表 5-2 2016 年中国科技核心期刊（英文）来源指标刊名字顺索引"。这 4 个表格分别按照期刊名称的汉语拼音字顺和英文字母顺序排列，列出了期刊的多项科学计量指标。

2.2.2 期刊在学科领域内学术指标位置

如果读者希望了解某一个期刊在其所属学科领域中的位置，可查询"表 9-1　2016 年中国科技核心期刊（中文）目录"和"表 9-2　2016 年中国科技核心期刊（英文）目录"，找到该刊所在的分类。再到"表 6　2016 年各学科分类期刊数量、核心总被引频次和核心影响因子"中检索到这一分类的具体位置，也就是在第 7 部分中相应的表格。在第 7 部分各学科分类的图表和数据表中，可以进一步查阅该刊在期刊总被引频次和影响因子的分类排序，以及综合评价总分的数值，还可以对照各学科平均总被引频次和平均影响因子，以及离均差率分布图，了解期刊在学科中的具体位置，了解学科在期刊群的互引关系。在使用时需要考虑指标分布的整体情况及其由于学科不同所造成的指标差异。

2.2.3 期刊在所有期刊中的学术指标位置

根据查询所得的期刊综合评价指标，可以在"表 8　2016 年中国科技核心期刊综合评价总分排名"中检索出该期刊在全部期刊中的学术指标位置。同时还可以检索出中国科技核心期刊的核心总被引频次总排序和核心影响因子总排序及各期刊在全国期刊中的排位。

2.3 评价方法

利用《中国科技期刊引证报告（核心版）》评价期刊有两种方式，即单一指标评价和综合指标评价。具体方法分述如下。

2.3.1 单一指标评价

单一指标评价主要是指按照影响因子和总被引频次这两个国际通行评价指标，对期刊进行评价。这时可通过期刊的影响因子排序表和总被引频次排序表确定该期刊在同类期刊中所处的位置，从而对该期刊的学术影响力和学科地位进行评价和评估。还可以通过影响因子总排序表和总被引频次总排序表在不同学科领域中进行横向比较，确定该期刊的位置。单一指标评价也可以通过期刊来源指标刊名字顺索引表对期刊的编辑状况、交流范围、论文质量和老化速率等进行统计、分析、比较和评估。

2.3.2 综合指标评价

由于期刊评价工作是一项非常复杂的工作，涉及领域广，学科差异大，因此单一指标往往难以全面、准确地评价期刊的学术水平和学科地位，这时一般需要通过综合指标评价，以使期刊评价更加客观、全面和准确。要进行期刊的综合指标评价，首先需要建立期刊综合评价指标体系，利用数学方法确定各指标的权重值，然后求出综合指标排序值，最终得到期刊指标的综合排序。

这种期刊评价方法已被广泛地推广和使用，1999 年中国科学技术信息研究所在国内首先提出了中国科技期刊综合评价指标体系。根据这一指标体系，计算得出的综合评价总分，即是一种综合评价的结果。中国科学技术信息研究所在每年的中国科技论文统计结果发布中提出的"百种中国杰出学术期刊"，就是利用几个主要学术指标通过隶属度转换、加权评分，最终得出每一种期刊的综合指标排序值，完成对期刊的评价。

3 名词解释

核心总被引频次：期刊自创刊以来所登载的全部论文在统计当年被引用的总次数，可以显示该期刊被使用和受重视的程度，以及在科学交流中的绝对影响力的大小。

核心影响因子：期刊评价前 2 年发表论文的篇均被引用的次数，用于测度期刊学术影响力。

$$影响因子 = \frac{该刊前两年发表论文在统计当年被引用的总次数}{该刊前两年发表论文总数}$$

核心即年指标：期刊当年发表的论文在当年被引用的情况，表征期刊即时反应速率的指标。

$$即年指标 = \frac{该期刊当年发表论文的被引用次数}{该期刊当年发表论文总数}$$

核心他引率：期刊总被引频次中，被其他刊引用次数所占的比例，测度期刊学术传播能力。

$$他引率 = \frac{被其他刊引用的次数}{期刊被引用的总次数}$$

核心引用刊数：引用被评价期刊的期刊数，反映被评价期刊被使用的范围。

核心开放因子：期刊被引用次数的一半所分布的最小施引期刊数量，体现学术影响的集中度。

核心扩散因子：期刊当年每被引 100 次所涉及的期刊数，测度期刊学术传播范围。

$$扩散因子 = \frac{总被引频次涉及的期刊数 \times 100}{总被引频次}$$

学科扩散指标：在统计源期刊范围内，引用该刊的期刊数量与其所在学科全部期刊数量之比。

$$学科扩散指标 = \frac{引用刊数}{所在学科期刊数}$$

学科影响指标：指期刊所在学科内，引用该刊的期刊数占全部期刊数量的比例。

$$学科影响指标 = \frac{所在学科内引用被评价期刊的数量}{所在学科期刊数}$$

核心被引半衰期：指该期刊在统计当年被引用的全部次数中，较新一半是在多长一段时间内发表的。被引半衰期是测度期刊老化速度的一种指标，通常不是针对个别文献或某一组文献，而是对某一学科或专业领域的文献的总和而言。

权威因子：利用 PageRank 算法计算出来的来源期刊在统计当年的 PageRank 值。与其他单纯计算被引次数的指标不同的是，权威因子考虑了不同引用之间的重要性区别，重要的引用被赋予更高的权值，因此能更好地反映期刊的权威性。

来源文献量：指符合统计来源论文选取原则的文献的数量。在期刊发表的全部内容中，只有报道科学发现和技术创新成果的学术技术类文献用于作为中国科技论文统计工作的数据来源。

文献选出率：指来源文献量与期刊全年发表的所有文献总量之比，用于反映期刊发表内容中，报道学术技术类成果的比例。

AR 论文量：指期刊所发表的文献中，文献类型为学术性论文（Article）和综述评论性论文（Review）的论文数量，用于反映期刊发表的内容中学术性成果的数量。

论文所引用的全部参考文献数，是衡量该期刊科学交流程度和吸收外部信息能力的一个指标。

平均引文数：指来源期刊每一篇论文平均引用的参考文献数。

平均作者数：指来源期刊每一篇论文平均拥有的作者数，是衡量该期刊科学生产能力的一个指标。

地区分布数：指来源期刊登载论文所涉及的地区数，按全国 31 个省、自治区和直辖市计（不含港、澳、台地区）。这是衡量期刊论文覆盖面和全国影响力大小的一个指标。

机构分布数：指来源期刊论文的作者所涉及的机构数。这是衡量期刊科学生产能力的另一个指标。

海外论文比：指来源期刊中，海外作者发表论文占全部论文的比例。这是衡量期刊国际交流程度的一个指标。

基金论文比：指来源期刊中，国家、省部级以上及其他各类重要基金资助的论文占全部论文的比例。这是衡量期刊论文学术质量的重要指标。

引用半衰期：指该期刊引用的全部参考文献中，较新一半是在多长一段时间内发表的。通过这个指标可以反映出作者利用文献的新颖度。

离均差率：指期刊的某项指标与其所在学科的平均值之间的差距与平均值的比例。通过这项指标可以反映期刊的单项指标在学科内的相对位置。

$$某项指标的离均差率 = \frac{被评价期刊的指标 - 所在学科内该项指标的平均值}{所在学科内该项指标的平均值}$$

红点指标：指该期刊发表的论文中，关键词与其所在学科排名前 1% 的高频关键词重合的论文所占的比例。通过这个指标可以反映出期刊论文与学科研究热点的重合度。

综合评价总分：根据中国科技期刊综合评价指标体系，计算多项科学计量指标，采用层次分析法确定重要指标的权重，分学科对每种期刊进行综合评定，计算出每个期刊的综合评价总分。

综合评价总分是根据科学计量学原理，系统性地综合考虑被评价期刊的各影响力指标（核心总被引频次、核心影响因子、核心他引率、基金论文比、引文率等）在其所在学科中的相对位置，并按照一定的权重系数将这些指标进行综合集成。

具体的算法如下：

$$综合评价总分 = \sum_{i=1}^{n} \mu_i k_i$$

其中，μ 为各指标的权重系数，k 为影响力指标的相对位置的得分。k 的计算公式如下：

$$k = \frac{x - x_{\min}}{x_{\max} - x_{\min}}$$

其中，x 为影响力指标的得分，比如，对于总被引频次指标来说就是该刊的总被引频次。$x_{\max}$ 为该刊所在学科的影响力指标的最大值，比如，对于总被引频次指标来说就是该刊所在学科期刊的总被引频次的最大值。$x_{\min}$ 为该刊所在学科的影响力指标的最小值，比如，对于总被引频次指标来说就是该刊所在学科期刊的总被引频次的最小值。

各影响力指标对期刊的作用不是同等重要的。因此，不同的指标被赋予了不同的权重系数 μ，权重系数是采用专家打分和层次分析法确定的。在《2017 年版中国科技期刊引证报告（核心版）自然科学卷》中，权重系数总和为 100，即综合评价总分在 0 至 100 之间。数值越大，说明该期刊的综合学术质量和影响力越高。

根据综合评价指标体系的设计原理，综合评价总分已经屏蔽了各个学科之间总体指标背景值的差异，可以进行跨学科比较。

中国科学技术信息研究所每年定期出版《中国科技期刊引证报告》，公布"中国科技论文引文数据库"（CSTPCD）收录的中国科技论文统计源期刊的多项科学计量指标。从 1999 年开始，中国科学技术信息研究所就开始以这些指标为基础，研制发布了"中国科技期刊综合评价指标体系"，采用层次分析法，由专家打分确定了重要指标的权重，并分学科对每种期刊进行了综合评定。并且从 2002 年开始应用于"中国百种杰出学术期刊"的评价中。其后随着研究的深入，又不断开发出新的评估和计量指标。10 多年以来，根据各界对评价结果的反馈，先后召开了 20 余次由科学计量学专家、自然科学学术领域科学家、科技与期刊管理部门专家学者共同参与的专家研讨会，对指标的设置和权重进行了更新和调整，从而形成了目前这一套日臻完善的科技期刊评价体系和方法。

4 2016 年中国科技核心期刊（中文）指标

表 4-1 2016 年中国科技核心期刊（中文）被引用指标刊名字顺索引

CODE	刊 名	核心总被引频次	核心影响因子	核心即年指标	核心他引率	核心引用刊数	核心开放因子	核心扩散因子	核心权威因子	核心被引半衰期
E626	CT 理论与应用研究	272	0.348	0.011	0.83	149	26	54.78	25.71	4.4
G549	癌变·畸变·突变	356	0.318	0.038	0.92	195	46	54.78	29.12	6.0
G481	癌症进展	604	0.700	0.093	0.92	220	33	36.42	47.33	3.7
A003	安徽大学学报自然科学版	260	0.307	0.052	0.89	175	45	67.31	29.26	5.5
M031	安徽工业大学学报自然科学版	222	0.235	0.014	0.68	113	14	50.90	26.82	6.9
H002	安徽农业大学学报	849	0.290	0.044	0.96	272	46	32.04	73.68	7.0
A009	安徽师范大学学报自然科学版	251	0.207	0.035	0.85	172	47	68.53	27.63	7.0
G012	安徽医科大学学报	1598	0.612	0.066	0.88	463	55	28.97	125.66	3.7
G786	安徽医学	1819	0.648	0.070	0.77	381	22	20.95	141.77	3.6
Q906	安徽医药	2696	0.684	0.072	0.83	482	39	17.88	209.52	3.3
G013	安徽中医药大学学报	758	0.451	0.025	0.93	179	22	23.61	55.84	6.1
Z549	安全与环境学报	2034	0.632	0.123	0.70	457	14	22.47	210.28	4.4
H340	桉树科技	128	0.346	0.056	0.68	43	5	33.59	11.69	4.5
R024	半导体光电	387	0.193	0.026	0.80	137	13	35.40	45.63	5.3
R063	半导体技术	334	0.222	0.030	0.76	134	15	40.12	40.47	5.7
G741	蚌埠医学院学报	971	0.321	0.017	0.89	319	45	32.85	75.99	3.5
U521	包装与食品机械	537	1.015	0.079	0.65	106	4	19.74	52.08	3.9
U645	保鲜与加工	588	0.696	0.135	0.78	105	5	17.86	49.04	5.8
E045	暴雨灾害	588	1.151	0.167	0.62	71	3	12.07	55.56	5.4
N017	爆破	617	0.631	0.071	0.63	104	4	16.86	73.93	5.2
N012	爆破器材	206	0.260	0.114	0.65	52	3	25.24	25.43	7.3
N006	爆炸与冲击	1123	0.524	0.065	0.88	208	14	18.52	134.51	8.0
A652	北华大学学报自然科学版	467	0.362	0.086	0.89	256	51	54.82	41.55	4.9
G002	北京大学学报医学版	1762	0.950	0.101	0.97	570	91	32.35	142.41	4.9
A005	北京大学学报自然科学版	1490	0.761	0.106	0.98	581	99	38.99	161.43	7.9
J030	北京工业大学学报	1042	0.390	0.045	0.96	458	74	43.95	121.11	5.4
Y001	北京航空航天大学学报	1779	0.450	0.058	0.92	409	44	22.99	216.53	6.9
T020	北京化工大学学报自然科学版	546	0.263	0.024	0.93	276	50	50.55	60.95	7.7
X014	北京交通大学学报	566	0.235	0.024	0.95	290	56	51.24	67.62	6.9
G500	北京口腔医学	372	0.473	0.020	0.83	128	12	34.41	31.73	5.5
N001	北京理工大学学报	1403	0.371	0.034	0.91	493	73	35.14	168.06	6.8
H025	北京林业大学学报	2178	0.706	0.130	0.93	343	24	15.75	198.82	8.8
H263	北京农学院学报	377	0.376	0.044	0.96	182	36	48.28	32.65	7.9
G004	北京生物医学工程	295	0.325	0.016	0.90	147	18	49.83	27.63	5.8
A010	北京师范大学学报自然科学版	657	0.280	0.030	0.98	317	60	48.25	67.35	8.1
L530	北京石油化工学院学报	118	0.211	0.058	0.96	92	33	77.97	13.50	7.0
G016	北京医学	1080	0.502	0.058	0.87	383	50	35.46	84.76	4.1
R018	北京邮电大学学报	482	0.408	0.021	0.90	192	28	39.83	59.06	5.2

表 4-1　2016 年中国科技核心期刊（中文）被引用指标刊名字顺索引（续）

CODE	刊　名	核心总被引频次	核心影响因子	核心即年指标	核心他引率	核心引用刊数	核心开放因子	核心扩散因子	核心权威因子	核心被引半衰期
G620	北京中医药	1462	0.361	0.022	0.92	216	16	14.77	106.69	5.9
G017	北京中医药大学学报	2659	1.038	0.090	0.96	303	18	11.40	195.39	8.0
N101	变压器	819	0.513	0.049	0.51	86	2	10.50	89.54	5.8
G410	标记免疫分析与临床	700	0.516	0.050	0.88	251	28	35.86	55.38	3.2
T098	表面技术	1350	1.116	0.085	0.58	186	3	13.78	160.07	4.1
E135	冰川冻土	3364	1.876	0.104	0.67	314	12	9.33	337.70	6.8
N008	兵工学报	2009	0.748	0.054	0.83	358	23	17.82	246.71	5.8
R730	兵工自动化	866	0.530	0.014	0.72	209	8	24.13	107.75	4.3
N085	兵器材料科学与工程	644	0.309	0.088	0.87	174	14	27.02	74.52	6.3
T094	兵器装备工程学报	885	0.388	0.029	0.78	196	6	22.15	109.62	3.4
G018	病毒学报	711	0.720	0.193	0.93	202	22	28.41	58.04	5.0
C060	波谱学杂志	251	0.528	0.016	0.55	99	5	39.44	25.97	5.8
A808	渤海大学学报自然科学版	128	0.234	0.068	0.62	67	6	52.34	15.71	4.8
M005	材料保护	1215	0.334	0.033	0.83	208	7	17.12	143.13	9.1
M103	材料导报	3670	0.484	0.039	0.88	602	39	16.40	423.27	5.8
Y007	材料工程	1660	0.906	0.138	0.84	288	14	17.35	192.67	6.1
M010	材料开发与应用	411	0.222	0.025	0.84	159	19	38.69	47.76	7.7
M008	材料科学与工程学报	1367	0.663	0.079	0.54	285	3	20.85	159.14	7.6
M006	材料科学与工艺	703	0.460	0.101	0.88	187	17	26.60	81.27	6.5
N026	材料热处理学报	2120	0.575	0.073	0.72	198	5	9.34	240.00	4.7
M009	材料研究学报	638	0.442	0.075	0.89	215	21	33.70	73.58	7.1
M704	材料与冶金学报	195	0.185	0.018	0.96	98	20	50.26	22.52	7.7
K512	采矿与安全工程学报	2423	1.262	0.128	0.86	140	6	5.78	259.25	5.5
H009	蚕业科学	810	0.402	0.054	0.63	157	8	19.38	71.20	6.7
H525	草地学报	1958	0.786	0.019	0.87	231	12	11.80	170.15	6.1
H234	草业科学	3500	1.508	0.204	0.68	301	6	8.60	302.92	5.9
H527	草业学报	4007	1.827	0.134	0.82	303	12	7.56	347.28	5.2
H538	草原与草坪	741	0.516	0.041	0.67	139	3	18.76	63.23	6.9
E616	测绘地理信息	443	0.495	0.054	0.75	139	5	31.38	50.58	4.4
E543	测绘工程	731	0.636	0.061	0.56	143	2	19.56	83.89	3.9
E600	测绘科学	1891	0.493	0.051	0.81	341	10	18.03	212.27	5.9
E615	测绘科学技术学报	628	0.530	0.017	0.77	151	6	24.04	72.39	5.4
E510	测绘通报	1981	0.611	0.079	0.66	256	3	12.92	224.33	4.9
E152	测绘学报	2771	1.599	0.228	0.78	293	5	10.57	316.69	5.8
L017	测井技术	936	0.324	0.035	0.73	133	6	14.21	100.05	8.5
Y022	测控技术	1061	0.254	0.029	0.85	277	19	26.11	127.06	5.0
R711	测试技术学报	292	0.190	0.011	0.91	159	37	54.45	34.83	7.6
H001	茶叶科学	1018	1.118	0.152	0.86	196	14	19.25	86.13	7.5
X036	长安大学学报自然科学版	881	0.450	0.061	0.90	231	18	26.22	104.07	7.5
N056	长春理工大学学报自然科学版	380	0.188	0.027	0.74	179	22	47.11	45.13	5.7
G992	长春中医药大学学报	1745	0.489	0.108	0.89	277	15	15.87	128.50	4.3
W010	长江科学院院报	1160	0.413	0.072	0.72	254	13	21.90	124.33	5.5
Z029	长江流域资源与环境	2610	1.000	0.101	0.92	416	38	15.94	270.26	5.6

表 4-1 2016 年中国科技核心期刊（中文）被引用指标刊名字顺索引（续）

CODE	刊　名	核心总被引频次	核心影响因子	核心即年指标	核心他引率	核心引用刊数	核心开放因子	核心扩散因子	核心权威因子	核心被引半衰期
J066	长沙理工大学学报自然科学版	141	0.331	0.000	0.77	91	21	64.54	16.49	5.3
G264	肠外与肠内营养	881	1.014	0.122	0.90	248	33	28.15	68.79	5.1
N024	车用发动机	326	0.270	0.000	0.79	114	13	34.97	38.33	6.0
E113	沉积学报	3135	1.098	0.097	0.92	217	19	6.92	326.77	9.5
E102	成都理工大学学报自然科学版	1244	0.779	0.082	0.94	213	25	17.12	129.14	8.6
G670	成都医学院学报	438	0.453	0.064	0.98	214	38	48.86	34.59	3.1
G019	成都中医药大学学报	521	0.346	0.035	0.91	139	17	26.68	38.25	6.5
V050	城市规划	2024	1.029	0.094	0.90	238	7	11.76	259.88	7.5
V028	城市规划学刊	1510	1.571	0.151	0.92	205	8	13.58	192.94	6.2
X043	城市轨道交通研究	639	0.196	0.016	0.59	128	2	20.03	80.85	5.4
X046	城市交通	327	0.358	0.103	0.83	99	9	30.28	40.67	6.3
J021	重庆大学学报自然科学版	1400	0.383	0.036	0.96	533	89	38.07	159.89	8.1
X029	重庆交通大学学报自然科学版	833	0.382	0.024	0.74	238	12	28.57	98.95	5.7
N757	重庆理工大学学报自然科学版	895	0.602	0.066	0.84	318	25	35.53	104.47	3.3
A512	重庆师范大学学报自然科学版	394	0.226	0.073	0.88	207	36	52.54	42.21	4.6
G186	重庆医科大学学报	1393	0.481	0.055	0.97	496	80	35.61	109.93	4.9
R559	重庆邮电大学学报自然科学版	474	0.649	0.081	0.92	156	19	32.91	55.89	3.6
L508	储能科学与技术	192	0.539	0.172	0.59	65	3	33.85	23.01	3.0
G432	川北医学院学报	558	0.485	0.057	0.90	218	25	39.07	43.92	3.9
N060	传感技术学报	2418	1.237	0.143	0.66	366	8	15.14	282.82	4.5
R532	传感器与微系统	1858	0.470	0.065	0.69	386	13	20.78	216.03	4.7
G458	传染病信息	554	0.777	0.138	0.84	189	25	34.12	43.68	4.4
X010	船舶工程	480	0.215	0.033	0.82	156	9	32.50	59.85	6.0
X633	船舶力学	869	0.405	0.024	0.81	152	7	17.49	108.37	6.2
X635	船海工程	504	0.243	0.021	0.63	132	3	26.19	64.40	5.4
G322	创伤外科杂志	771	0.865	0.100	0.86	240	28	31.13	61.30	4.4
G552	磁共振成像	818	1.658	0.221	0.60	181	4	22.13	66.36	2.4
D013	催化学报	1958	0.770	0.187	0.88	259	15	13.23	224.66	6.1
E144	大地测量与地球动力学	1291	0.432	0.040	0.82	181	8	14.02	148.71	6.3
E146	大地构造与成矿学	1365	0.971	0.082	0.85	125	14	9.16	139.22	8.0
R051	大电机技术	231	0.184	0.012	0.77	79	9	34.20	26.59	7.0
H038	大豆科学	1386	0.564	0.097	0.79	201	13	14.50	116.67	7.1
U512	大连工业大学学报	342	0.259	0.026	0.80	159	21	46.49	33.62	6.1
X024	大连海事大学学报	388	0.296	0.049	0.92	182	21	46.91	47.13	7.0
H005	大连海洋大学学报	813	0.571	0.080	0.78	166	12	20.42	73.98	6.4
X001	大连交通大学学报	278	0.163	0.033	0.87	163	36	58.63	32.59	6.4
J024	大连理工大学学报	843	0.444	0.052	0.98	413	87	48.99	99.59	9.0
G020	大连医科大学学报	434	0.372	0.043	0.98	251	64	57.83	34.38	4.7
E109	大气科学	3348	1.285	0.134	0.87	237	9	7.08	323.86	9.5
E091	大气科学学报	1411	1.099	0.105	0.81	196	8	13.89	135.79	7.2
S086	单片机与嵌入式系统应用	426	0.182	0.049	0.79	115	9	27.00	50.87	4.9
H040	淡水渔业	794	0.417	0.027	0.84	121	11	15.24	70.70	8.2
N004	弹道学报	537	0.503	0.015	0.88	115	10	21.42	67.39	7.0

表 4-1 2016 年中国科技核心期刊（中文）被引用指标刊名字顺索引（续）

CODE	刊 名	核心总被引频次	核心影响因子	核心即年指标	核心他引率	核心引用刊数	核心开放因子	核心扩散因子	核心权威因子	核心被引半衰期
T941	当代化工	869	0.189	0.030	0.78	258	15	29.69	99.21	3.5
Y503	导弹与航天运载技术	392	0.243	0.028	0.83	119	13	30.36	49.79	7.5
Y585	导航与控制	50	0.095	0.026	0.64	22	2	44.00	6.81	3.6
N019	低温工程	242	0.205	0.014	0.78	99	13	40.91	29.20	8.1
C055	低温物理学报	93	0.133	0.023	0.54	33	2	35.48	13.33	5.3
E133	地层学杂志	786	0.840	0.178	0.82	96	10	12.21	81.62	11.4
E130	地理科学	4783	2.079	0.159	0.89	498	24	10.41	517.62	5.7
E584	地理科学进展	3819	2.459	0.319	0.94	499	30	13.07	414.03	5.7
E639	地理空间信息	637	0.235	0.007	0.66	167	4	26.22	70.89	4.9
E315	地理信息世界	333	0.397	0.023	0.80	92	4	27.63	37.66	4.4
E305	地理学报	8839	3.894	0.309	0.94	598	26	6.77	948.62	7.6
E310	地理研究	5844	2.539	0.326	0.92	531	21	9.09	640.11	6.2
E527	地理与地理信息科学	1493	0.763	0.071	0.93	360	36	24.11	163.66	7.6
E024	地球化学	1772	0.683	0.087	0.95	222	18	12.53	182.44	12.8
E570	地球环境学报	63	0.340	0.051	0.33	16	1	25.40	18.33	2.5
E142	地球科学	2657	1.384	0.293	0.84	297	19	11.18	273.42	8.5
E115	地球科学进展	3462	1.781	0.125	0.93	528	57	15.25	349.25	9.2
E004	地球科学与环境学报	681	0.882	0.187	0.90	224	29	32.89	80.67	6.0
E153	地球物理学报	7333	1.580	0.233	0.78	386	5	5.26	793.13	6.2
E308	地球物理学进展	3097	0.696	0.092	0.64	282	4	9.11	330.77	6.3
E656	地球信息科学学报	1110	0.788	0.098	0.88	309	27	27.84	117.83	5.4
E300	地球学报	1958	1.520	0.120	0.91	261	16	13.33	200.25	8.2
E549	地球与环境	1003	0.710	0.137	0.92	278	35	27.72	101.23	8.0
V031	地下空间与工程学报	1405	0.337	0.036	0.80	237	18	16.87	162.57	7.1
E357	地学前缘	4877	1.947	0.579	0.91	363	19	7.44	498.52	7.9
S741	地域研究与开发	1611	0.895	0.090	0.72	275	12	17.07	181.88	5.6
E306	地震	540	0.425	0.200	0.83	78	6	14.44	63.34	9.7
E150	地震地质	1391	0.802	0.012	0.85	157	9	11.29	156.13	10.6
E307	地震工程学报	777	0.581	0.063	0.63	120	5	15.44	91.15	4.5
E118	地震工程与工程振动	1541	0.455	0.032	0.87	211	11	13.69	182.81	9.9
E143	地震学报	1201	0.490	0.034	0.89	153	6	12.74	137.24	12.4
E112	地震研究	500	0.465	0.032	0.80	105	7	21.00	57.68	8.4
E362	地质科技情报	1478	0.736	0.038	0.82	242	19	16.37	150.90	7.2
E139	地质科学	1590	0.684	0.081	0.96	161	16	10.13	162.06	14.0
E026	地质力学学报	418	0.340	0.046	0.93	147	24	35.17	44.78	11.0
E009	地质论评	2710	1.349	0.130	0.93	221	15	8.15	277.12	9.9
E127	地质通报	3902	0.768	0.083	0.90	285	12	7.30	397.48	8.0
E010	地质学报	5595	2.166	0.347	0.84	258	12	4.61	567.84	8.1
E151	地质与勘探	1776	0.914	0.147	0.75	185	8	10.42	183.20	8.8
E525	地质与资源	386	0.200	0.030	0.86	99	11	25.65	39.16	7.8
E132	地质找矿论丛	394	0.273	0.012	0.87	87	10	22.08	40.78	9.8
G005	第二军医大学学报	1467	0.536	0.076	0.96	519	96	35.38	116.24	5.9
G021	第三军医大学学报	3013	0.732	0.124	0.91	646	77	21.44	238.81	4.5

表 4-1　2016 年中国科技核心期刊（中文）被引用指标刊名字顺索引（续）

CODE	刊　名	核心总被引频次	核心影响因子	核心即年指标	核心他引率	核心引用刊数	核心开放因子	核心扩散因子	核心权威因子	核心被引半衰期
E301	第四纪研究	3245	2.585	0.191	0.59	285	6	8.78	369.22	8.2
R007	电波科学学报	1045	0.512	0.033	0.64	188	8	17.99	126.47	6.6
R003	电池	399	0.429	0.077	0.65	104	2	26.07	48.86	7.0
Z015	电镀与环保	344	0.257	0.042	0.85	77	4	22.38	40.70	8.1
T508	电镀与精饰	485	0.317	0.040	0.78	88	3	18.14	57.46	6.4
T598	电镀与涂饰	722	0.300	0.052	0.68	131	4	18.14	86.13	6.6
R010	电工电能新技术	552	0.560	0.076	0.66	130	7	23.55	62.69	4.4
R043	电工技术学报	8300	2.301	0.180	0.71	359	5	4.33	934.84	4.1
R740	电光与控制	807	0.290	0.011	0.85	184	15	22.80	100.01	5.4
N067	电焊机	758	0.202	0.017	0.72	111	3	14.64	86.56	5.6
D036	电化学	219	0.267	0.029	0.87	103	17	47.03	25.29	6.8
R088	电机与控制学报	1558	0.786	0.156	0.83	253	10	16.24	185.38	4.9
R045	电机与控制应用	541	0.452	0.038	0.70	130	6	24.03	65.16	4.9
N027	电加工与模具	255	0.148	0.011	0.84	84	11	32.94	30.09	8.0
R011	电力电子技术	1060	0.241	0.010	0.83	192	15	18.11	124.31	5.7
A199	电力建设	1248	0.786	0.466	0.66	188	4	15.06	138.80	3.4
R654	电力科学与技术学报	325	0.504	0.030	0.62	94	5	28.92	36.67	4.9
N102	电力系统保护与控制	7872	2.812	0.323	0.62	283	3	3.60	863.21	3.5
R071	电力系统及其自动化学报	1519	1.205	0.085	0.60	157	3	10.34	167.12	4.4
S019	电力系统自动化	12079	2.518	0.373	0.73	323	5	2.67	1324.18	5.0
R750	电力需求侧管理	248	0.277	0.032	0.77	65	6	26.21	27.86	5.6
R090	电力自动化设备	3572	1.638	0.199	0.72	236	6	6.61	396.33	4.3
R044	电气传动	575	0.325	0.018	0.82	154	14	26.78	68.65	5.4
R058	电气自动化	248	0.156	0.009	0.90	107	20	43.15	29.11	4.5
R039	电网技术	10688	2.405	0.360	0.74	341	6	3.19	1172.89	4.8
R116	电网与清洁能源	1016	0.762	0.106	0.69	144	3	14.17	111.26	3.7
R684	电信科学	478	0.289	0.035	0.80	142	13	29.71	60.69	3.5
R754	电讯技术	656	0.362	0.113	0.68	156	9	23.78	81.73	4.4
R019	电源技术	1082	0.173	0.009	0.66	254	15	23.48	128.51	4.9
R055	电子测量技术	1695	0.911	0.135	0.67	242	3	14.28	194.71	3.4
R021	电子测量与仪器学报	2038	2.141	0.244	0.83	275	3	13.49	233.78	3.1
R067	电子技术应用	845	0.265	0.017	0.91	221	17	26.15	100.69	4.2
R036	电子科技大学学报	734	0.381	0.044	0.96	302	47	41.14	90.07	5.5
R512	电子器件	773	0.456	0.027	0.50	172	2	22.25	94.60	4.5
R724	电子设计工程	2353	0.436	0.079	0.66	342	5	14.53	279.52	2.8
R001	电子显微学报	377	0.303	0.044	0.86	221	49	58.62	37.73	7.7
R006	电子学报	4302	0.923	0.062	0.86	483	28	11.23	526.06	6.0
R022	电子与信息学报	3524	1.239	0.143	0.78	364	19	10.33	431.59	4.0
R020	电子元件与材料	643	0.324	0.059	0.64	174	8	27.06	76.84	4.9
J023	东北大学学报自然科学版	1758	0.348	0.044	0.95	526	69	29.92	206.61	6.7
H262	东北林业大学学报	2395	0.546	0.054	0.89	395	20	16.49	218.94	6.3
H006	东北农业大学学报	1713	0.622	0.127	0.89	362	34	21.13	147.51	6.3
A030	东北师大学报自然科学版	410	0.498	0.048	0.76	195	28	47.56	43.61	5.9

表 4-1　2016 年中国科技核心期刊（中文）被引用指标刊名字顺索引（续）

CODE	刊名	核心总被引频次	核心影响因子	核心即年指标	核心他引率	核心引用刊数	核心开放因子	核心扩散因子	核心权威因子	核心被引半衰期
L004	东北石油大学学报	959	1.403	0.145	0.70	199	9	20.75	103.37	5.4
U014	东华大学学报自然科学版	430	0.195	0.000	0.93	192	19	44.65	56.23	7.8
G057	东南大学学报医学版	945	0.834	0.126	0.87	303	15	32.06	74.59	3.6
J028	东南大学学报自然科学版	1455	0.472	0.061	0.97	502	77	34.50	171.18	6.5
G944	东南国防医药	774	0.607	0.065	0.59	203	5	26.23	62.43	3.6
P003	动力工程学报	1318	0.717	0.057	0.81	248	10	18.82	151.47	6.3
P018	动力学与控制学报	252	0.507	0.011	0.67	89	5	35.32	30.80	4.8
F014	动物分类学报	393	0.207	0.043	0.90	101	10	25.70	35.22	9.4
F022	动物学研究	742	0.294	0.261	0.91	214	20	28.84	66.74	10.5
F043	动物学杂志	996	0.529	0.024	0.88	214	16	21.49	90.19	9.4
G775	动物医学进展	1695	0.632	0.076	0.73	340	10	20.06	140.05	4.8
F231	动物营养学报	2600	0.954	0.075	0.73	216	6	8.31	216.87	4.0
X034	都市快轨交通	396	0.263	0.182	0.69	81	3	20.45	50.53	4.6
G542	毒理学杂志	542	0.394	0.099	0.90	225	32	41.51	44.20	6.6
N070	锻压技术	1197	0.863	0.063	0.49	126	1	10.53	136.41	2.8
G920	儿科药学杂志	693	0.437	0.068	0.88	212	29	30.59	53.49	3.8
C071	发光学报	763	0.631	0.117	0.77	163	9	21.36	87.25	3.4
G874	法医学杂志	383	0.300	0.027	0.77	151	9	39.43	34.02	6.3
U013	纺织高校基础科学学报	126	0.187	0.021	0.44	39	1	30.95	20.09	4.3
U053	纺织学报	1554	0.485	0.053	0.59	203	3	13.06	220.03	5.5
G608	放射学实践	1888	0.896	0.190	0.86	303	12	16.05	152.35	4.3
Y571	飞航导弹	695	0.388	0.085	0.64	124	6	17.84	89.66	5.0
Y006	飞行力学	508	0.233	0.016	0.81	113	10	22.24	63.82	7.1
K002	非金属矿	776	0.577	0.104	0.76	175	7	22.55	88.46	5.4
D022	分析测试学报	2773	1.382	0.126	0.77	388	10	13.99	251.03	5.1
D005	分析化学	3869	1.333	0.182	0.87	565	18	14.60	355.00	6.1
D026	分析科学学报	899	0.499	0.038	0.83	261	14	29.03	83.45	5.7
D004	分析试验室	2064	0.955	0.198	0.78	336	11	16.28	190.65	4.9
D062	分析仪器	319	0.212	0.024	0.91	166	26	52.04	30.91	6.3
D015	分子催化	690	2.204	0.227	0.54	124	2	17.97	81.47	3.6
D035	分子科学学报	198	0.302	0.026	0.72	112	19	56.57	21.32	4.9
G556	分子诊断与治疗杂志	243	0.342	0.125	0.89	143	30	58.85	19.79	4.1
H845	分子植物育种	1418	0.632	0.058	0.82	200	17	14.10	119.19	6.4
V052	粉煤灰综合利用	207	0.140	0.020	0.86	72	6	34.78	23.62	8.2
M105	粉末冶金工业	398	0.490	0.116	0.77	80	3	20.10	47.63	7.1
M039	粉末冶金技术	391	0.401	0.038	0.84	96	3	24.55	46.47	7.6
Q006	辐射防护	326	0.266	0.031	0.83	91	8	27.91	33.55	8.8
Q005	辐射研究与辐射工艺学报	197	0.361	0.204	0.79	95	12	48.22	19.25	5.5
H268	福建农林大学学报自然科学版	824	0.419	0.067	0.94	248	35	30.10	70.83	8.8
H265	福建农业学报	899	0.386	0.033	0.90	226	26	25.14	76.68	5.3
A078	福建师范大学学报自然科学版	341	0.252	0.044	0.94	219	58	64.22	35.12	7.2
G024	福建医科大学学报	335	0.275	0.031	0.96	221	57	65.97	26.74	6.4
A029	福州大学学报自然科学版	357	0.202	0.020	0.97	254	76	71.15	40.18	6.7

表 4-1 2016 年中国科技核心期刊（中文）被引用指标刊名字顺索引（续）

CODE	刊　名	核心总被引频次	核心影响因子	核心即年指标	核心他引率	核心引用刊数	核心开放因子	核心扩散因子	核心权威因子	核心被引半衰期
M003	腐蚀科学与防护技术	902	0.478	0.019	0.89	186	8	20.62	105.28	8.7
M505	腐蚀与防护	1114	0.402	0.023	0.75	191	6	17.15	130.83	6.3
G068	复旦学报医学版	922	0.737	0.031	0.99	425	90	46.10	72.99	4.9
A001	复旦学报自然科学版	452	0.281	0.082	0.96	297	75	65.71	50.14	8.2
Y019	复合材料学报	2046	1.044	0.103	0.69	329	11	16.08	245.33	5.9
B029	复杂系统与复杂性科学	353	0.652	0.000	0.90	165	32	46.74	46.70	6.2
G957	腹部外科	324	0.339	0.033	0.76	117	14	36.11	26.53	5.8
G338	腹腔镜外科杂志	980	0.404	0.049	0.82	191	20	19.49	78.98	4.7
A034	甘肃科学学报	380	0.265	0.017	0.56	165	7	43.42	42.32	5.7
H844	甘蔗糖业	219	0.190	0.026	0.70	59	5	26.94	19.76	7.9
G879	肝胆外科杂志	661	0.629	0.034	0.95	186	28	28.14	53.07	4.3
G690	肝胆胰外科杂志	765	0.853	0.106	0.84	182	17	23.79	61.63	4.0
G803	肝脏	871	0.563	0.032	0.78	249	17	28.59	67.88	4.1
H045	干旱地区农业研究	3110	0.800	0.057	0.88	306	21	9.84	274.80	7.3
E048	干旱气象	1117	1.331	0.124	0.70	163	4	14.59	106.67	4.0
E020	干旱区地理	2377	1.486	0.158	0.73	325	14	13.67	233.68	6.2
E105	干旱区研究	2008	0.963	0.106	0.82	291	19	14.49	189.17	6.2
M050	钢铁	1977	0.990	0.265	0.73	173	5	8.75	234.32	7.1
M013	钢铁钒钛	420	0.339	0.024	0.66	69	5	16.43	49.08	5.7
M027	钢铁研究	250	0.126	0.000	0.90	75	8	30.00	29.21	7.9
M019	钢铁研究学报	1026	0.495	0.057	0.72	131	5	12.77	119.16	7.0
D020	高等学校化学学报	2602	0.761	0.219	0.79	512	36	19.68	280.44	5.7
B002	高等学校计算数学学报	79	0.100	0.065	0.91	40	10	50.63	9.55	10.5
R038	高电压技术	7280	2.342	0.276	0.60	371	2	5.10	788.91	4.4
T001	高分子材料科学与工程	2123	0.544	0.040	0.87	347	18	16.34	254.72	6.1
T002	高分子通报	1228	0.486	0.047	0.90	268	24	21.82	144.52	6.6
D021	高分子学报	1356	0.723	0.076	0.78	260	15	19.17	159.57	6.2
A080	高技术通讯	401	0.150	0.032	0.91	252	63	62.84	44.74	8.9
T078	高科技纤维与应用	280	0.302	0.076	0.90	98	14	35.00	35.09	8.4
E358	高校地质学报	1429	0.541	0.013	0.97	186	15	13.02	145.21	9.5
T016	高校化学工程学报	1154	0.592	0.029	0.72	298	13	25.82	128.43	6.2
B003	高校应用数学学报	122	0.113	0.000	0.90	65	15	53.28	14.74	8.0
R037	高压电器	2046	0.794	0.102	0.59	158	3	7.72	222.17	4.8
C056	高压物理学报	350	0.292	0.013	0.84	122	12	34.86	40.59	5.9
E005	高原气象	3327	1.536	0.127	0.68	230	6	6.91	318.37	6.6
V021	给水排水	1456	0.336	0.035	0.84	235	8	16.14	154.45	6.8
N105	工程爆破	495	0.678	0.184	0.59	63	2	12.73	60.46	5.9
E360	工程地质学报	1386	0.633	0.037	0.83	240	17	17.32	154.32	6.8
S712	工程管理学报	323	0.347	0.094	0.72	112	7	34.67	42.17	3.7
V030	工程勘察	836	0.308	0.050	0.77	232	20	27.75	93.50	6.4
V033	工程抗震与加固改造	374	0.203	0.047	0.85	103	11	27.54	44.62	7.2
M030	工程科学学报	1757	0.527	0.038	0.90	384	28	21.86	201.79	6.7
C002	工程力学	4055	0.747	0.092	0.80	430	26	10.60	477.95	5.6

表 4-1 2016 年中国科技核心期刊（中文）被引用指标刊名字顺索引（续）

CODE	刊 名	核心总被引频次	核心影响因子	核心即年指标	核心他引率	核心引用刊数	核心开放因子	核心扩散因子	核心权威因子	核心被引半衰期
C073	工程热物理学报	2021	0.275	0.021	0.91	378	26	18.70	234.81	6.9
N590	工程设计学报	385	0.516	0.053	0.84	161	22	41.82	45.41	5.5
B031	工程数学学报	267	0.206	0.036	0.93	125	18	46.82	32.97	7.7
T003	工程塑料应用	1382	0.670	0.096	0.64	178	3	12.88	171.40	4.6
J064	工程研究—跨学科视野中的工程	86	0.325	0.056	0.83	63	20	73.26	11.07	3.8
N064	工具技术	707	0.128	0.019	0.78	147	8	20.79	84.12	7.7
K018	工矿自动化	927	0.501	0.104	0.70	166	5	17.91	103.77	3.6
T563	工业催化	593	0.304	0.032	0.83	133	10	22.43	69.14	7.1
J057	工业工程	403	0.255	0.015	0.86	163	23	40.45	52.13	5.2
N110	工业工程与管理	774	0.739	0.094	0.66	194	9	25.06	103.68	4.8
P009	工业加热	151	0.097	0.000	0.79	74	11	49.01	18.22	8.9
V010	工业建筑	1182	0.241	0.067	0.81	229	16	19.37	139.78	7.1
P005	工业炉	119	0.083	0.009	0.68	56	6	47.06	14.53	7.2
Z013	工业水处理	1665	0.471	0.035	0.86	286	12	17.18	180.44	6.0
G025	工业卫生与职业病	541	0.313	0.066	0.90	126	5	23.29	45.02	7.7
N037	工业仪表与自动化装置	301	0.217	0.071	0.93	126	15	41.86	35.65	4.7
Z032	工业用水与废水	572	0.349	0.000	0.71	144	5	25.17	61.80	6.4
G207	公共卫生与预防医学	1494	1.087	0.188	0.51	215	2	14.39	120.76	3.6
X579	公路	1175	0.119	0.031	0.78	238	10	20.26	138.47	6.6
N039	功能材料	2681	0.499	0.045	0.86	480	35	17.90	310.73	4.4
D503	功能高分子学报	304	0.290	0.017	0.93	136	24	44.74	35.11	11.5
E601	古地理学报	1538	1.336	0.152	0.87	147	14	9.56	160.05	8.3
E304	古脊椎动物学报	439	0.149	0.600	0.68	44	3	10.02	60.15	28.6
E022	古生物学报	530	0.270	0.045	0.76	59	4	11.13	56.36	17.5
G478	骨科	111	0.386	0.044	0.85	69	16	62.16	8.84	2.6
R047	固体电子学研究与进展	157	0.161	0.010	0.73	53	5	33.76	19.59	5.6
Y013	固体火箭技术	769	0.353	0.020	0.75	157	6	20.42	97.59	6.9
C103	固体力学学报	595	0.504	0.140	0.96	222	31	37.31	70.08	6.9
W007	管理工程学报	1281	0.991	0.088	0.94	256	19	19.98	183.38	5.6
W018	管理科学	1042	1.669	0.162	0.87	232	22	22.26	155.18	5.1
W008	管理科学学报	2048	1.702	0.079	0.84	291	13	14.21	293.47	5.6
W025	管理评论	1976	1.352	0.112	0.69	263	11	13.31	299.38	3.9
S744	管理世界	8994	2.364	0.250	0.96	448	38	4.98	1399.59	6.6
S745	管理现代化	279	0.231	0.067	0.86	144	24	51.61	40.82	3.2
W016	管理学报	1928	1.034	0.221	0.82	284	15	14.73	290.59	4.8
H226	灌溉排水学报	1409	0.457	0.050	0.90	187	9	13.27	129.06	6.9
R026	光电工程	1073	0.387	0.025	0.88	241	20	22.46	125.83	7.0
R082	光电子技术	133	0.256	0.053	0.89	76	17	57.14	15.58	5.3
C091	光谱学与光谱分析	4583	0.755	0.056	0.94	738	52	16.10	445.67	5.5
C097	光散射学报	173	0.188	0.015	0.81	86	14	49.71	18.29	6.2
N015	光学技术	724	0.354	0.034	0.92	206	19	28.45	84.51	9.6
N033	光学精密工程	4075	1.430	0.121	0.77	399	11	9.79	477.21	4.5
C050	光学学报	4409	1.411	0.104	0.72	387	4	8.78	501.01	3.9

表 4-1　2016 年中国科技核心期刊（中文）被引用指标刊名字顺索引（续）

CODE	刊　名	核心总被引频次	核心影响因子	核心即年指标	核心他引率	核心引用刊数	核心开放因子	核心扩散因子	核心权威因子	核心被引半衰期
R097	光学与光电技术	271	0.262	0.035	0.72	93	8	34.32	32.18	5.5
C037	光子学报	1965	0.779	0.139	0.70	301	6	15.32	227.19	5.2
R547	广东电力	433	0.198	0.021	0.68	111	6	25.64	48.37	4.9
H272	广东海洋大学学报	440	0.329	0.040	0.87	136	15	30.91	41.46	6.8
G027	广东药学院学报	698	0.444	0.045	0.94	284	43	40.69	55.60	5.1
A042	广西大学学报自然科学版	727	0.536	0.076	0.64	285	20	39.20	82.40	4.2
A535	广西科学	315	0.344	0.043	0.83	165	30	52.38	29.78	6.4
H364	广西林业科学	330	0.184	0.021	0.79	82	8	24.85	29.37	8.2
A062	广西师范大学学报自然科学版	279	0.204	0.040	0.82	157	31	56.27	30.02	6.5
G028	广西医科大学学报	1073	0.501	0.040	0.89	361	45	33.64	84.15	4.4
G816	广西医学	1531	0.384	0.020	0.95	425	53	27.76	119.53	4.2
F028	广西植物	1146	0.647	0.079	0.90	247	22	21.55	99.27	7.6
G030	广州中医药大学学报	1234	0.665	0.136	0.95	252	21	20.42	91.18	5.1
V572	规划师	1281	0.660	0.155	0.69	171	4	13.35	166.27	4.7
T004	硅酸盐通报	1793	0.468	0.047	0.71	336	9	18.74	209.30	3.9
T005	硅酸盐学报	2357	0.656	0.077	0.85	380	13	16.12	276.21	7.3
M048	贵金属	344	0.659	0.123	0.71	100	5	29.07	39.05	5.0
A077	贵州大学学报自然科学版	263	0.179	0.034	0.83	176	45	66.92	29.15	4.5
H275	贵州农业科学	2173	0.326	0.045	0.87	376	27	17.30	187.85	5.2
A527	贵州师范大学学报自然科学版	267	0.176	0.073	0.80	146	26	54.68	26.88	6.4
G031	贵州医科大学学报	630	0.374	0.057	0.86	271	41	43.02	49.78	3.6
G808	贵州医药	929	0.421	0.033	0.76	275	10	29.60	72.42	3.7
M033	桂林理工大学学报	460	0.293	0.053	0.83	188	22	40.87	48.14	9.1
A040	国防科技大学学报	824	0.420	0.022	0.91	267	36	32.40	102.00	6.2
G495	国际病毒学杂志	418	0.848	0.227	0.70	94	6	22.49	33.77	3.1
V529	国际城市规划	675	0.599	0.065	0.91	125	8	18.52	87.98	6.1
G936	国际儿科学杂志	882	0.947	0.152	0.73	213	7	24.15	68.55	3.2
G436	国际耳鼻咽喉头颈外科杂志	247	0.189	0.011	0.97	114	17	46.15	19.95	7.8
G659	国际妇产科学杂志	777	0.659	0.071	0.97	248	33	31.92	60.39	4.2
G498	国际骨科学杂志	624	0.688	0.069	0.92	206	21	33.01	49.54	4.8
G938	国际呼吸杂志	1077	0.312	0.034	0.89	309	37	28.69	83.70	4.7
G362	国际检验医学杂志	4295	0.457	0.060	0.80	546	25	12.71	339.05	3.5
G997	国际口腔医学杂志	659	0.413	0.077	0.96	209	20	31.71	56.13	5.2
G496	国际老年医学杂志	180	0.205	0.000	0.89	114	31	63.33	14.16	6.6
G930	国际流行病学传染病学杂志	238	0.288	0.010	0.95	129	30	54.20	19.03	5.9
G975	国际麻醉学与复苏杂志	914	0.614	0.028	0.63	211	9	23.09	71.34	3.7
G349	国际泌尿系统杂志	410	0.257	0.025	0.88	173	29	42.20	32.11	3.9
G983	国际免疫学杂志	375	0.425	0.071	0.85	189	29	50.40	29.37	4.4
G939	国际脑血管病杂志	630	0.603	0.133	0.70	201	22	31.90	48.86	4.6
G415	国际内分泌代谢杂志	476	0.355	0.058	0.98	245	56	51.47	37.00	8.8
G889	国际皮肤性病学杂志	346	0.250	0.019	0.95	148	18	42.77	27.40	6.6
G426	国际神经病学神经外科学杂志	547	0.535	0.090	0.83	227	33	41.50	42.67	4.7
G928	国际生物医学工程杂志	222	0.283	0.086	0.66	115	9	51.80	20.38	5.6

表 4-1　2016 年中国科技核心期刊（中文）被引用指标刊名字顺索引（续）

CODE	刊　名	核心总被引频次	核心影响因子	核心即年指标	核心他引率	核心引用刊数	核心开放因子	核心扩散因子	核心权威因子	核心被引半衰期
S157	国际生殖健康/计划生育杂志	499	0.592	0.116	0.94	190	22	38.08	38.93	4.5
B525	国际输血及血液学杂志	225	0.261	0.028	0.76	112	12	49.78	17.97	4.9
G954	国际外科学杂志	462	0.307	0.049	0.88	201	32	43.51	37.23	4.0
G660	国际消化病杂志	495	0.524	0.045	0.95	231	47	46.67	38.48	5.4
G940	国际心血管病杂志	469	0.643	0.048	0.71	167	15	35.61	36.31	3.7
Q911	国际眼科杂志	2455	0.574	0.106	0.75	304	10	12.38	195.92	4.0
G933	国际药学研究杂志	620	0.563	0.102	0.93	267	44	43.06	49.57	5.6
G661	国际医学放射学杂志	431	0.651	0.055	0.87	179	23	41.53	34.91	4.7
G984	国际遗传学杂志	153	0.097	0.000	0.96	105	29	68.63	12.30	9.5
G934	国际中医中药杂志	653	0.230	0.030	0.92	188	22	28.79	49.27	5.3
G937	国际肿瘤学杂志	427	0.246	0.032	0.91	207	39	48.48	34.08	4.5
E578	国土资源科技管理	305	0.235	0.275	0.87	118	16	38.69	31.78	5.5
E591	国土资源遥感	1024	0.875	0.067	0.82	274	24	26.76	106.67	6.0
R683	国外电子测量技术	1378	1.538	0.170	0.78	148	2	10.74	157.55	2.8
H028	果树学报	2664	1.173	0.167	0.86	212	13	7.96	223.64	7.3
T008	过程工程学报	1047	0.467	0.036	0.89	316	34	30.18	115.36	7.0
X025	哈尔滨工程大学学报	1152	0.443	0.060	0.91	380	49	32.99	139.25	5.3
J003	哈尔滨工业大学学报	2018	0.565	0.054	0.95	612	88	30.33	234.61	7.3
J013	哈尔滨理工大学学报	489	0.439	0.036	0.79	227	31	46.42	57.66	5.3
G033	哈尔滨医科大学学报	519	0.456	0.007	0.97	282	64	54.34	40.92	4.8
J055	海军工程大学学报	460	0.289	0.015	0.89	202	27	43.91	56.36	6.7
Y029	海军航空工程学院学报	276	0.202	0.030	0.88	135	24	48.91	34.08	6.4
G899	海军医学杂志	500	0.320	0.019	0.85	161	8	32.20	42.26	4.8
A012	海南大学学报自然科学版	204	0.139	0.017	0.91	131	30	64.22	20.51	8.9
G416	海南医学院学报	2048	0.846	0.321	0.81	321	12	15.67	158.63	2.6
L037	海相油气地质	517	0.683	0.081	0.94	87	13	16.83	53.00	7.6
E651	海洋测绘	593	0.494	0.068	0.53	113	2	19.06	68.11	6.2
E569	海洋地质前沿	557	0.383	0.168	0.77	153	14	27.47	58.47	6.2
E155	海洋地质与第四纪地质	1510	0.458	0.089	0.86	213	12	14.11	161.92	9.7
E131	海洋工程	705	0.531	0.053	0.87	169	17	23.97	82.06	7.9
E312	海洋湖沼通报	684	0.420	0.000	0.98	198	20	28.95	66.80	9.0
Z010	海洋环境科学	1130	0.399	0.039	0.88	263	23	23.27	111.63	7.3
E145	海洋科学	1924	0.439	0.016	0.85	323	19	16.79	184.91	9.6
E006	海洋科学进展	683	0.604	0.018	0.95	185	15	27.09	69.26	10.2
E311	海洋通报	1067	0.723	0.034	0.86	245	19	22.96	109.15	8.4
E003	海洋学报	1946	0.814	0.070	0.91	303	19	15.57	198.73	10.3
E149	海洋学研究	424	0.378	0.083	0.97	176	28	41.51	43.04	8.2
H284	海洋渔业	585	0.799	0.064	0.84	95	10	16.24	54.02	6.1
E008	海洋与湖沼	2139	0.573	0.060	0.88	267	16	12.48	207.44	10.7
E108	海洋预报	354	0.288	0.000	0.69	86	7	24.29	37.08	8.2
L586	含能材料	1035	0.551	0.097	0.54	115	2	11.11	131.38	6.1
N076	焊接	753	0.539	0.097	0.57	100	2	13.28	86.19	6.6
N624	焊接技术	571	0.211	0.021	0.75	114	4	19.96	65.69	6.2

表 4-1　2016 年中国科技核心期刊（中文）被引用指标刊名字顺索引（续）

CODE	刊　名	核心总被引频次	核心影响因子	核心即年指标	核心他引率	核心引用刊数	核心开放因子	核心扩散因子	核心权威因子	核心被引半衰期
N021	焊接学报	2758	0.578	0.057	0.72	218	4	7.90	315.21	6.8
A191	杭州师范大学学报自然科学版	174	0.203	0.062	0.90	126	39	72.41	18.74	4.8
Y556	航空兵器	292	0.277	0.011	0.64	97	6	33.22	37.45	6.1
Y027	航空材料学报	870	1.124	0.080	0.89	181	13	20.80	101.56	6.4
Y017	航空动力学报	2596	0.488	0.053	0.73	278	6	10.71	314.47	6.4
Y554	航空发动机	423	0.326	0.045	0.73	105	3	24.82	50.88	6.8
Y031	航空计算技术	434	0.191	0.010	0.88	154	19	35.48	52.97	5.8
Y012	航空精密制造技术	233	0.129	0.000	0.94	108	18	46.35	27.81	8.2
Y002	航空学报	3241	0.920	0.117	0.82	400	21	12.34	396.20	6.3
Y014	航空制造技术	1611	0.324	0.032	0.66	235	9	14.59	193.91	5.6
Y034	航天返回与遥感	497	0.617	0.098	0.62	122	6	24.55	61.64	6.1
Y015	航天控制	299	0.220	0.000	0.83	108	15	36.12	37.91	7.0
Y033	航天器工程	505	0.363	0.059	0.82	149	13	29.50	64.03	5.1
Y032	航天器环境工程	442	0.378	0.034	0.76	126	7	28.51	55.51	5.6
G034	航天医学与医学工程	457	0.339	0.083	0.73	170	14	37.20	48.29	8.5
T057	合成材料老化与应用	263	0.237	0.036	0.89	93	11	35.36	31.64	5.7
D602	合成化学	451	0.231	0.099	0.66	145	9	32.15	49.82	5.6
T505	合成树脂及塑料	346	0.379	0.014	0.82	88	6	25.43	42.07	5.9
T067	合成纤维	364	0.285	0.088	0.69	92	6	25.27	48.83	5.7
T065	合成纤维工业	349	0.289	0.055	0.76	94	7	26.93	45.04	7.3
T018	合成橡胶工业	505	0.345	0.058	0.83	102	6	20.20	61.50	8.4
J053	合肥工业大学学报自然科学版	1252	0.309	0.019	0.78	495	61	39.54	142.12	6.1
A031	河北大学学报自然科学版	273	0.243	0.000	0.91	192	56	70.33	27.29	6.5
K032	河北工程大学学报自然科学版	248	0.310	0.011	0.73	145	24	58.47	27.75	5.6
J017	河北工业大学学报	300	0.211	0.009	0.96	227	77	75.67	35.61	6.9
J019	河北工业科技	279	0.509	0.088	0.66	129	7	46.24	31.32	3.7
J058	河北科技大学学报	347	0.660	0.098	0.72	161	13	46.40	40.00	4.0
H244	河北农业大学学报	1025	0.309	0.014	0.94	266	33	25.95	88.95	9.6
A076	河北师范大学学报自然科学版	279	0.184	0.011	0.86	193	54	69.18	30.07	8.1
G035	河北医科大学学报	1285	0.547	0.104	0.68	337	13	26.23	99.89	3.4
G641	河北医学	1927	0.554	0.049	0.92	380	32	19.72	149.39	3.1
G898	河北医药	3345	0.442	0.057	0.92	517	43	15.46	260.02	3.7
G301	河北中医药学报	279	0.485	0.048	0.96	105	20	37.63	20.55	4.5
W012	河海大学学报自然科学版	1145	0.543	0.034	0.96	345	30	30.13	122.67	9.2
A067	河南大学学报自然科学版	347	0.331	0.061	0.77	198	33	57.06	37.40	5.3
U004	河南工业大学学报自然科学版	591	0.382	0.076	0.87	162	10	27.41	50.81	7.0
J014	河南科技大学学报自然科学版	421	0.561	0.126	0.71	195	19	46.32	46.86	4.3
A011	河南科学	603	0.193	0.036	0.81	327	59	54.23	64.60	4.6
K526	河南理工大学学报自然科学版	594	0.448	0.027	0.84	202	12	34.01	64.37	5.5
H011	河南农业大学学报	888	0.393	0.029	0.90	245	21	27.59	77.84	8.4
H356	河南农业科学	2112	0.591	0.080	0.84	299	16	14.16	179.32	5.5
A058	河南师范大学学报自然科学版	412	0.232	0.053	0.80	240	46	58.25	43.07	5.4
Q004	核动力工程	660	0.151	0.026	0.84	186	12	28.18	79.24	8.2

21

表 4-1　2016 年中国科技核心期刊（中文）被引用指标刊名字顺索引（续）

CODE	刊　名	核心总被引频次	核心影响因子	核心即年指标	核心他引率	核心引用刊数	核心开放因子	核心扩散因子	核心权威因子	核心被引半衰期
Q002	核化学与放射化学	207	0.290	0.017	0.84	78	10	37.68	22.95	6.7
Q001	核技术	539	0.330	0.060	0.70	221	16	41.00	62.19	6.3
C092	核聚变与等离子体物理	112	0.078	0.031	0.63	44	4	39.29	13.91	7.6
Q009	核科学与工程	322	0.140	0.000	0.78	90	6	27.95	38.35	9.5
H042	核农学报	2556	1.287	0.119	0.70	279	12	10.92	213.98	4.4
A084	黑龙江大学自然科学学报	247	0.185	0.053	0.83	147	26	59.51	27.69	6.2
K505	黑龙江科技大学学报	305	0.321	0.149	0.72	133	15	43.61	34.48	4.0
R535	红外技术	739	0.645	0.092	0.68	168	7	22.73	86.55	4.5
C035	红外与毫米波学报	713	0.397	0.033	0.88	247	26	34.64	78.09	7.1
R084	红外与激光工程	2982	0.741	0.134	0.68	300	5	10.06	348.50	4.0
A039	湖北大学学报自然科学版	235	0.218	0.050	0.93	180	63	76.60	24.24	6.4
H203	湖北农业科学	3043	0.253	0.019	0.88	538	44	17.68	268.27	4.5
G334	湖北中医药大学学报	708	0.432	0.063	0.89	191	21	26.98	52.51	4.2
E111	湖泊科学	2416	1.247	0.179	0.83	304	17	12.58	242.04	7.2
A028	湖南大学学报自然科学版	1150	0.538	0.078	0.78	411	41	35.74	134.54	5.3
K016	湖南科技大学学报自然科学版	372	0.337	0.035	0.91	197	32	52.96	40.78	6.6
H060	湖南农业大学学报自然科学版	1132	0.606	0.102	0.93	274	33	24.20	98.00	8.5
G548	湖南师范大学学报医学版	663	0.730	0.044	0.71	187	5	28.21	52.59	3.1
A055	湖南师范大学自然科学学报	283	0.368	0.022	0.92	197	56	69.61	28.80	5.5
G041	湖南中医药大学学报	1437	0.684	0.197	0.79	254	14	17.68	105.66	4.6
G987	护理学报	3221	0.839	0.096	0.77	325	6	10.09	244.03	4.2
G503	护理学杂志	6213	1.089	0.109	0.75	353	5	5.68	467.71	4.3
G654	护理研究	6734	0.688	0.072	0.85	426	10	6.33	513.83	3.9
H665	花生学报	363	0.379	0.082	0.86	85	9	23.42	30.37	9.1
E141	华北地震科学	229	0.535	0.185	0.69	55	5	24.02	27.11	8.8
R046	华北电力大学学报	529	0.502	0.071	0.83	167	14	31.57	59.98	6.1
H032	华北农学报	2282	0.755	0.121	0.93	259	21	11.35	192.38	7.1
X003	华东交通大学学报	383	0.465	0.096	0.69	176	22	45.95	46.12	4.1
T021	华东理工大学学报自然科学版	558	0.214	0.008	0.95	293	60	52.51	62.30	10.0
A054	华东师范大学学报自然科学版	479	0.288	0.019	0.95	268	59	55.95	50.61	7.6
E103	华南地震	221	0.257	0.000	0.76	63	7	28.51	25.51	8.7
G340	华南国防医学杂志	719	0.352	0.080	0.83	199	13	27.68	57.29	3.8
J004	华南理工大学学报自然科学版	1573	0.429	0.012	0.91	544	87	34.58	178.33	6.4
H013	华南农业大学学报	976	0.630	0.158	0.97	295	47	30.23	85.06	8.2
A052	华南师范大学学报自然科学版	375	0.321	0.048	0.90	236	55	62.93	40.48	5.6
G525	华南预防医学	723	0.600	0.020	0.92	169	13	23.37	58.69	4.8
A021	华侨大学学报自然科学版	350	0.332	0.082	0.71	184	27	52.57	40.08	5.1
G043	华西口腔医学杂志	1070	0.809	0.038	0.93	230	15	21.50	91.51	5.8
G044	华西药学杂志	1126	0.434	0.042	0.88	301	23	26.73	89.65	6.6
G294	华西医学	1570	0.370	0.092	0.84	447	51	28.47	122.60	4.1
G077	华中科技大学学报医学版	917	0.838	0.046	0.95	372	66	40.57	72.42	4.6
J033	华中科技大学学报自然科学版	1701	0.498	0.075	0.92	577	86	33.92	199.34	6.0
H003	华中农业大学学报	1426	0.875	0.115	0.94	337	40	23.63	124.59	8.3

表 4-1　2016 年中国科技核心期刊（中文）被引用指标刊名字顺索引（续）

CODE	刊　名	核心总被引频次	核心影响因子	核心即年指标	核心他引率	核心引用刊数	核心开放因子	核心扩散因子	核心权威因子	核心被引半衰期
A004	华中师范大学学报自然科学版	551	0.345	0.045	0.93	304	66	55.17	58.94	5.6
Z009	化工环保	835	0.901	0.063	0.77	210	11	25.15	91.94	5.5
T006	化工机械	471	0.184	0.034	0.62	143	8	30.36	56.36	6.3
T101	化工进展	3378	0.712	0.128	0.79	528	25	15.63	380.34	4.9
T532	化工科技	250	0.149	0.008	0.97	127	22	50.80	28.15	6.2
T146	化工设备与管道	299	0.402	0.056	0.85	78	4	26.09	35.60	4.8
T007	化工学报	4494	0.904	0.085	0.77	572	23	12.73	507.66	4.7
T009	化学反应工程与工艺	340	0.305	0.000	0.93	127	16	37.35	38.62	8.0
D604	化学分析计量	562	0.327	0.080	0.82	182	13	32.38	52.80	5.4
T025	化学工程	824	0.351	0.027	0.87	238	18	28.88	92.30	6.7
T567	化学工程师	483	0.144	0.004	0.96	231	46	47.83	52.56	7.5
T076	化学工业与工程	374	0.313	0.031	0.94	164	27	43.85	41.50	7.0
T501	能源化工	297	0.256	0.038	0.93	154	29	51.85	33.47	5.6
D506	化学进展	1993	0.897	0.088	0.90	530	50	26.59	211.98	6.7
D011	化学试剂	569	0.232	0.043	0.83	195	19	34.27	58.60	5.6
D018	化学通报	888	0.422	0.053	0.90	363	53	40.88	93.89	7.1
D030	化学学报	2087	1.426	0.362	0.87	444	34	21.27	226.06	6.6
D501	化学研究	402	0.364	0.090	0.76	176	25	43.78	43.26	5.2
D037	化学研究与应用	1112	0.419	0.060	0.76	328	27	29.50	115.60	5.1
T931	化学与粘合	377	0.263	0.015	0.88	133	15	35.28	44.06	6.8
T553	化学与生物工程	712	0.257	0.047	0.97	329	58	46.21	68.22	6.3
Z017	环境保护科学	527	0.369	0.046	0.95	242	33	45.92	55.06	6.7
Z005	环境工程	1192	0.475	0.045	0.85	300	19	25.17	127.16	4.4
Z550	环境工程技术学报	281	0.503	0.033	0.87	123	17	43.77	28.88	3.7
Z021	环境工程学报	4769	0.743	0.045	0.77	550	13	11.53	497.30	4.4
D024	环境化学	2864	1.010	0.080	0.85	471	20	16.45	285.18	5.0
Z554	环境监测管理与技术	704	0.687	0.160	0.71	194	11	27.56	70.24	5.7
Z506	环境科技	528	0.589	0.109	0.71	172	11	32.58	54.77	5.2
Z004	环境科学	10024	1.878	0.314	0.80	709	14	7.07	997.10	5.2
Z003	环境科学学报	6683	1.435	0.172	0.89	680	21	10.18	668.87	5.9
Z002	环境科学研究	3491	1.387	0.181	0.87	529	17	15.15	352.43	6.1
Z521	环境科学与管理	1715	0.268	0.046	0.89	464	34	27.06	180.08	5.3
Z025	环境科学与技术	3414	0.647	0.029	0.91	613	26	17.96	349.47	5.8
H049	环境昆虫学报	628	0.479	0.050	0.68	124	5	19.75	53.33	5.2
Z035	环境卫生工程	315	0.242	0.090	0.67	87	4	27.62	33.68	5.7
Z019	环境污染与防治	1667	0.643	0.033	0.91	391	24	23.46	173.28	6.3
Z031	环境与健康杂志	1916	0.472	0.060	0.85	445	29	23.23	169.57	6.2
G882	环境与职业医学	1048	0.496	0.097	0.87	276	14	26.34	87.42	5.2
G656	环球中医药	1018	0.558	0.046	0.88	189	16	18.57	74.66	3.4
M631	黄金	680	0.271	0.043	0.80	131	12	19.26	75.54	7.7
Y040	火箭推进	370	0.391	0.029	0.69	82	3	22.16	46.13	5.2
N005	火力与指挥控制	1373	0.297	0.029	0.79	242	11	17.63	173.80	5.1
N007	火炸药学报	892	0.655	0.129	0.65	94	2	10.54	113.37	6.9

表 4-1　2016年中国科技核心期刊（中文）被引用指标刊名字顺索引（续）

CODE	刊　名	核心总被引频次	核心影响因子	核心即年指标	核心他引率	核心引用刊数	核心开放因子	核心扩散因子	核心权威因子	核心被引半衰期
X011	机车电传动	267	0.130	0.012	0.68	90	6	33.71	32.43	6.2
N069	机床与液压	2461	0.202	0.020	0.75	322	9	13.08	291.02	5.6
N672	机电工程	1050	0.583	0.055	0.80	272	16	25.90	124.40	3.8
S004	机器人	1111	1.068	0.132	0.90	251	25	22.59	131.89	6.3
N040	机械传动	1116	0.313	0.029	0.65	192	7	17.20	131.86	4.5
M004	机械工程材料	1406	0.555	0.028	0.65	218	4	15.50	160.60	6.3
N051	机械工程学报	9343	1.121	0.094	0.84	603	26	6.45	1100.91	5.9
N050	机械科学与技术	1595	0.296	0.030	0.88	356	25	22.32	189.28	6.8
N057	机械强度	996	0.378	0.066	0.72	266	21	26.71	117.75	8.5
N047	机械设计	1257	0.364	0.012	0.73	246	9	19.57	148.79	5.5
N054	机械设计与研究	725	0.290	0.027	0.85	226	17	31.17	85.79	5.5
N028	机械设计与制造	3120	0.337	0.035	0.73	427	11	13.69	369.57	5.3
N063	机械设计与制造工程	402	0.197	0.015	0.94	198	31	49.25	47.90	5.7
N053	机械与电子	347	0.122	0.030	0.93	172	37	49.57	41.35	6.1
N515	机械制造与自动化	449	0.107	0.015	0.89	191	25	42.54	53.61	5.3
G003	基础医学与临床	1073	0.474	0.069	0.84	388	52	36.16	84.72	4.0
H245	基因组学与应用生物学	1074	0.698	0.045	0.65	249	8	23.18	90.47	3.8
R025	激光技术	946	0.656	0.304	0.59	168	2	17.76	106.57	4.5
F045	激光生物学报	358	0.357	0.034	0.92	199	46	55.59	30.98	6.6
R514	激光与光电子学进展	1431	0.807	0.066	0.71	207	3	14.47	161.24	2.9
R521	激光与红外	1409	0.566	0.054	0.71	263	6	18.67	162.43	5.1
R028	激光杂志	1156	0.519	0.104	0.59	340	8	29.41	117.43	3.4
E116	吉林大学学报地球科学版	2383	0.898	0.238	0.89	334	21	14.02	245.85	6.7
J042	吉林大学学报工学版	1590	0.585	0.083	0.87	427	44	26.86	186.09	5.3
A035	吉林大学学报理学版	609	0.371	0.072	0.77	262	27	43.02	68.65	4.7
R586	吉林大学学报信息科学版	416	0.442	0.033	0.72	172	16	41.35	50.70	4.9
G014	吉林大学学报医学版	1380	0.602	0.086	0.96	456	64	33.04	109.25	4.7
H243	吉林农业大学学报	1097	0.637	0.331	0.80	293	30	26.71	94.19	8.1
H227	吉林农业科学	614	0.341	0.069	0.78	161	13	26.22	52.25	7.7
G719	吉林中医药	1855	0.463	0.078	0.86	234	14	12.61	134.97	5.1
E007	极地研究	359	0.487	0.065	0.74	105	6	29.25	40.72	7.7
G452	疾病监测	2010	1.103	0.167	0.91	248	10	12.34	163.39	4.4
G439	脊柱外科杂志	458	0.583	0.037	0.86	132	14	28.82	36.32	5.0
N014	计量学报	562	0.226	0.000	0.63	168	9	29.89	65.82	9.2
S050	计算机测量与控制	2590	0.346	0.025	0.77	403	16	15.56	310.64	4.2
S049	计算机仿真	3653	0.451	0.024	0.72	556	19	15.22	440.10	4.4
S013	计算机辅助设计与图形学学报	1883	0.746	0.077	0.80	329	17	17.47	227.06	5.9
S012	计算机工程	4269	0.461	0.055	0.85	549	16	12.86	523.57	5.7
S034	计算机工程与科学	1089	0.395	0.032	0.89	310	22	28.47	133.49	4.5
S022	计算机工程与设计	2712	0.415	0.037	0.89	486	20	17.92	328.62	5.2
S025	计算机工程与应用	5903	0.470	0.054	0.85	715	26	12.11	715.81	5.5
S030	计算机集成制造系统	2844	0.862	0.087	0.74	345	15	12.13	352.61	5.1
S520	计算机技术与发展	1704	0.318	0.032	0.87	406	19	23.83	207.32	4.8

表 4-1 2016 年中国科技核心期刊（中文）被引用指标刊名字顺索引（续）

CODE	刊　名	核心总被引频次	核心影响因子	核心即年指标	核心他引率	核心引用刊数	核心开放因子	核心扩散因子	核心权威因子	核心被引半衰期
S006	计算机科学	3532	0.630	0.035	0.90	483	17	13.67	438.45	4.3
S085	计算机科学与探索	395	0.534	0.062	0.89	136	15	34.43	49.97	3.3
S509	计算机系统应用	976	0.258	0.021	0.88	269	19	27.56	117.51	4.0
S018	计算机学报	4040	1.990	0.232	0.96	454	20	11.24	503.32	5.4
S021	计算机研究与发展	2768	1.415	0.152	0.92	410	19	14.81	345.40	4.5
S029	计算机应用	3462	0.598	0.098	0.92	494	19	14.27	422.58	4.5
S016	计算机应用研究	4366	0.635	0.072	0.90	586	21	13.42	536.56	4.5
S009	计算机应用与软件	2265	0.376	0.021	0.84	416	16	18.37	275.80	3.8
S048	计算机与数字工程	738	0.187	0.017	0.91	244	24	33.06	89.54	4.6
S500	计算机与现代化	738	0.254	0.020	0.89	235	18	31.84	88.08	4.4
S014	计算机与应用化学	680	0.236	0.024	0.79	278	28	40.88	73.54	5.6
S507	计算技术与自动化	206	0.197	0.000	0.90	134	32	65.05	24.35	5.5
C003	计算力学学报	808	0.421	0.021	0.85	251	30	31.06	95.19	7.4
B014	计算数学	228	0.662	0.100	0.91	79	12	34.65	27.28	6.6
C094	计算物理	366	0.352	0.011	0.75	159	20	43.44	42.97	6.4
A656	济南大学学报自然科学版	247	0.239	0.038	0.99	174	51	70.45	27.70	6.8
G292	寄生虫与医学昆虫学报	160	0.200	0.025	0.90	54	4	33.75	14.20	9.1
A045	暨南大学学报自然科学与医学版	544	0.606	0.072	0.93	323	77	59.38	47.38	5.1
H240	家畜生态学报	664	0.354	0.044	0.81	142	8	21.39	56.08	5.2
G638	检验医学	1863	1.111	0.123	0.85	389	19	20.88	147.08	3.8
V051	建筑材料学报	1468	0.603	0.058	0.89	242	15	16.49	171.43	6.4
V057	建筑钢结构进展	229	0.423	0.032	0.79	60	6	26.20	27.44	7.1
V523	建筑节能	403	0.161	0.011	0.66	121	6	30.02	49.37	5.5
V014	建筑结构	1426	0.283	0.096	0.73	167	6	11.71	169.91	5.9
V044	建筑结构学报	2726	0.988	0.131	0.86	207	10	7.59	323.57	5.9
V005	建筑科学	792	0.282	0.014	0.88	224	18	28.28	94.33	5.8
V013	建筑科学与工程学报	364	0.394	0.061	0.89	153	22	42.03	42.95	6.4
V047	建筑学报	550	0.125	0.031	0.80	117	7	21.27	74.79	8.5
Y564	舰船科学技术	866	0.186	0.033	0.74	224	11	25.87	109.12	5.6
G453	江苏大学学报医学版	328	0.265	0.041	0.92	194	45	59.15	25.89	5.3
J035	江苏大学学报自然科学版	686	0.416	0.025	0.96	332	55	48.40	76.11	6.5
X015	江苏科技大学学报自然科学版	316	0.329	0.018	0.82	170	27	53.80	37.44	5.6
H700	江苏农业科学	4122	0.428	0.018	0.80	495	22	12.01	357.33	3.8
H199	江苏农业学报	1675	0.983	0.081	0.91	282	22	16.84	142.48	4.8
G397	江苏中医药	1758	0.428	0.044	0.97	229	18	13.03	127.77	6.6
H283	江西农业大学学报	1384	0.544	0.059	0.92	300	40	21.68	120.26	6.8
H701	江西农业学报	1711	0.422	0.042	0.91	343	25	20.05	148.50	5.7
A112	江西师范大学学报自然科学版	394	0.420	0.056	0.64	165	11	41.88	45.90	4.7
X002	交通科学与工程	180	0.171	0.042	0.91	101	19	56.11	21.20	6.8
X020	交通信息与安全	386	0.285	0.048	0.85	147	18	38.08	46.42	5.4
X672	交通运输工程学报	906	0.639	0.019	0.91	235	23	25.94	109.26	7.2
X685	交通运输系统工程与信息	856	0.523	0.029	0.83	216	21	25.23	105.16	5.0
L587	节能技术	407	0.388	0.063	0.72	145	10	35.63	46.71	5.3

表 4-1　2016 年中国科技核心期刊（中文）被引用指标刊名字顺索引（续）

CODE	刊　名	核心总被引频次	核心影响因子	核心即年指标	核心他引率	核心引用刊数	核心开放因子	核心扩散因子	核心权威因子	核心被引半衰期
W567	节水灌溉	1094	0.427	0.018	0.71	195	7	17.82	102.57	5.5
K553	洁净煤技术	546	0.509	0.065	0.78	139	9	25.46	60.75	3.8
V049	结构工程师	566	0.246	0.018	0.73	123	8	21.73	67.35	6.4
G869	结直肠肛门外科	657	0.448	0.037	0.49	132	1	20.09	53.21	4.7
G316	解放军护理杂志	2846	0.637	0.024	0.87	294	9	10.33	216.85	4.7
A121	解放军理工大学学报自然科学版	461	0.319	0.022	0.96	259	58	56.18	53.92	6.8
G295	解放军药学学报	675	0.354	0.017	0.92	243	30	36.00	53.30	6.0
G187	解放军医学院学报	1181	0.613	0.078	0.83	405	51	34.29	95.65	3.6
G048	解放军医学杂志	1812	1.243	0.188	0.85	448	39	24.72	144.25	4.9
G671	解放军医药杂志	1319	0.855	0.165	0.86	314	18	23.81	104.18	3.0
G315	解放军医院管理杂志	1430	0.466	0.042	0.74	171	8	11.96	119.15	4.4
G961	解放军预防医学杂志	928	0.647	0.065	0.59	195	4	21.01	78.84	5.0
G507	解剖科学进展	426	0.386	0.045	0.70	183	14	42.96	34.02	4.4
G049	解剖学报	580	0.448	0.089	0.72	210	16	36.21	48.00	5.6
G358	解剖学研究	300	0.244	0.014	0.89	155	25	51.67	24.11	5.8
G050	解剖学杂志	611	0.313	0.017	0.75	220	18	36.01	50.06	6.6
G886	介入放射学杂志	1965	1.156	0.117	0.76	337	25	17.15	155.75	4.2
N048	金刚石与磨料磨具工程	390	0.294	0.048	0.74	93	9	23.85	46.31	7.2
M051	金属功能材料	281	0.504	0.177	0.78	91	7	32.38	32.92	5.8
K022	金属矿山	2718	0.691	0.080	0.69	288	7	10.60	309.75	5.7
N083	金属热处理	2382	0.569	0.112	0.59	191	2	8.02	265.77	5.8
M012	金属学报	2952	0.970	0.049	0.87	252	12	8.54	338.34	7.8
E599	经济地理	5239	1.747	0.159	0.85	419	20	8.00	623.40	5.0
S759	经济管理	1385	0.778	0.062	0.94	279	30	20.14	210.65	5.1
S762	经济理论与经济管理	829	0.931	0.094	0.97	235	42	28.35	125.44	5.3
H266	经济林研究	1092	1.144	0.068	0.79	179	9	16.39	95.43	4.9
S773	经济与管理研究	669	0.490	0.118	0.96	222	34	33.18	101.16	4.4
G953	精神医学杂志	611	0.619	0.110	0.72	170	10	27.82	49.12	4.5
T102	精细化工	1203	0.407	0.111	0.83	299	26	24.85	128.94	6.6
T955	精细化工中间体	428	0.260	0.080	0.77	156	13	36.45	46.25	7.8
T542	精细石油化工	372	0.281	0.064	0.91	135	17	36.29	42.13	7.1
G677	颈腰痛杂志	644	0.605	0.026	0.84	166	20	25.78	49.83	5.0
Z553	净水技术	567	0.519	0.101	0.73	143	5	25.22	59.00	5.3
G553	局解手术学杂志	857	0.687	0.082	0.70	251	19	29.29	68.38	3.8
T512	聚氨酯工业	420	0.683	0.090	0.66	91	5	21.67	52.75	6.9
R016	绝缘材料	744	0.664	0.056	0.51	121	2	16.26	90.14	4.9
G052	军事医学	730	0.470	0.074	0.91	332	57	45.48	61.30	4.4
F018	菌物学报	1417	0.882	0.366	0.76	233	17	16.44	118.86	6.9
M018	勘察科学技术	242	0.130	0.010	0.89	122	24	50.41	26.38	9.8
A645	科技导报	1755	0.494	0.029	0.94	785	149	44.73	186.73	5.5
S812	科技管理研究	2716	0.336	0.044	0.75	459	18	16.90	395.45	4.5
R588	科技进步与对策	2852	0.593	0.098	0.81	379	11	13.29	426.79	4.3
A083	科技通报	957	0.183	0.025	0.91	389	29	40.65	104.76	3.8

表 4-1 2016年中国科技核心期刊（中文）被引用指标刊名字顺索引（续）

CODE	刊名	核心总被引频次	核心影响因子	核心即年指标	核心他引率	核心引用刊数	核心开放因子	核心扩散因子	核心权威因子	核心被引半衰期
S816	科学管理研究	713	0.528	0.028	0.88	187	10	26.23	105.86	5.0
A537	科学技术与工程	3060	0.239	0.029	0.87	858	99	28.04	348.40	4.0
A075	科学通报	6740	0.829	0.195	0.97	1017	65	15.09	696.67	10.0
W514	科学学研究	3142	1.569	0.164	0.93	362	12	11.52	486.53	5.1
S818	科学学与科学技术管理	2582	1.246	0.144	0.93	323	13	12.51	394.12	5.6
W531	科研管理	2927	1.576	0.269	0.87	324	11	11.07	446.19	4.5
L516	可再生能源	1030	0.398	0.087	0.83	301	24	29.22	110.65	4.8
E140	空间科学学报	342	0.365	0.043	0.79	131	16	38.30	41.26	7.7
Y051	空间控制技术与应用	147	0.243	0.015	0.83	65	11	44.22	18.55	5.1
J059	空军工程大学学报自然科学版	457	0.443	0.168	0.89	179	24	39.17	56.53	4.9
Q907	空军医学杂志	304	0.579	0.214	0.70	108	4	35.53	26.50	3.6
Y016	空气动力学学报	833	0.488	0.034	0.82	185	10	22.21	101.03	6.7
S503	控制工程	1064	0.625	0.012	0.72	291	21	27.35	127.88	4.2
R060	控制理论与应用	1877	0.977	0.069	0.83	354	27	18.86	228.00	5.4
S001	控制与决策	3321	0.991	0.111	0.87	496	34	14.94	410.52	5.2
G672	口腔材料器械杂志	169	0.647	0.098	0.68	62	5	36.69	15.31	3.5
G246	口腔颌面外科杂志	424	0.486	0.022	0.90	157	21	37.03	35.35	5.3
G894	口腔颌面修复学杂志	407	0.521	0.136	0.76	99	7	24.32	35.83	5.4
G594	口腔生物医学	83	0.341	0.000	0.89	51	11	61.45	7.02	3.6
G325	口腔医学	823	0.392	0.043	0.85	197	16	23.94	69.35	5.1
G266	口腔医学研究	1121	0.551	0.111	0.79	230	12	20.52	95.72	4.5
K525	矿产保护与利用	388	0.480	0.034	0.80	105	8	27.06	44.49	7.2
V054	矿产勘查	316	0.238	0.007	0.90	109	17	34.49	34.21	6.7
K004	矿产综合利用	471	0.385	0.037	0.87	109	11	23.14	54.60	6.7
E106	矿床地质	2366	1.168	0.105	0.89	110	8	4.65	239.26	8.4
K014	矿山机械	1016	0.240	0.026	0.75	185	9	18.21	116.08	5.4
E350	矿物学报	1024	0.598	0.110	0.91	214	15	20.90	104.92	10.5
E354	矿物岩石	867	0.513	0.071	0.92	165	19	19.03	88.64	11.3
E504	矿物岩石地球化学通报	1004	0.764	0.056	0.92	198	19	19.72	102.23	8.4
M101	矿冶	525	0.361	0.043	0.78	124	7	23.62	61.10	6.4
M045	矿冶工程	1049	0.647	0.033	0.75	183	9	17.45	121.44	5.9
K554	矿业安全与环保	1048	0.632	0.115	0.66	124	3	11.83	110.78	5.5
K010	矿业研究与开发	983	0.728	0.196	0.53	173	2	17.60	110.97	3.8
F015	昆虫学报	1980	0.788	0.087	0.87	226	8	11.41	169.82	9.0
J020	昆明理工大学学报自然科学版	462	0.299	0.098	0.92	276	65	59.74	50.79	7.8
G053	昆明医科大学学报	1220	0.414	0.070	0.85	392	48	32.13	95.99	3.6
G395	兰州大学学报医学版	357	0.497	0.483	0.81	170	24	47.62	27.91	4.5
A016	兰州大学学报自然科学版	1025	0.629	0.037	0.86	406	56	39.61	106.82	7.0
J008	兰州理工大学学报	853	0.410	0.024	0.65	283	15	33.18	98.07	5.9
G628	老年医学与保健	226	0.219	0.007	0.81	116	24	51.33	17.49	4.7
R096	雷达科学与技术	367	0.470	0.082	0.57	89	4	24.25	46.89	4.3
R758	雷达学报	231	0.713	0.113	0.74	58	5	25.11	28.39	2.8
T010	离子交换与吸附	396	0.411	0.103	0.81	157	19	39.65	41.96	7.9

表 4-1 2016 年中国科技核心期刊（中文）被引用指标刊名字顺索引（续）

CODE	刊　名	核心总被引频次	核心影响因子	核心即年指标	核心他引率	核心引用刊数	核心开放因子	核心扩散因子	核心权威因子	核心被引半衰期
M001	理化检验化学分册	1796	0.520	0.086	0.69	310	7	17.26	170.35	5.4
C101	力学季刊	405	0.317	0.034	0.65	148	10	36.54	47.85	7.1
C001	力学学报	1205	0.722	0.128	0.85	312	26	25.89	142.33	7.7
C104	力学与实践	627	0.287	0.029	0.82	253	37	40.35	73.70	10.0
G580	立体定向和功能性神经外科杂志	205	0.251	0.010	0.82	93	14	45.37	16.28	4.8
U055	粮食与饲料工业	1068	0.436	0.104	0.75	175	8	16.39	90.08	7.2
C032	量子电子学报	407	0.471	0.036	0.49	97	1	23.83	49.80	4.7
K008	辽宁工程技术大学学报自然科学版	1660	0.639	0.076	0.69	381	11	22.95	182.58	5.1
H261	辽宁农业科学	538	0.181	0.057	0.87	168	18	31.23	45.82	9.8
G850	辽宁中医药大学学报	3136	0.478	0.091	0.93	395	21	12.60	232.01	4.2
G646	辽宁中医杂志	3945	0.497	0.053	0.93	326	17	8.26	287.63	5.6
U037	林产工业	463	0.328	0.089	0.61	88	2	19.01	48.06	6.3
T017	林产化学与工业	985	0.534	0.033	0.88	269	33	27.31	94.60	7.4
H740	林业工程学报	832	0.323	0.141	0.92	197	20	23.68	75.02	6.5
H280	林业科学	4387	1.078	0.054	0.94	381	22	8.68	397.09	7.6
H281	林业科学研究	1968	0.729	0.064	0.92	239	17	12.14	174.44	9.4
H102	林业调查规划	330	0.182	0.032	0.79	131	15	39.70	31.55	5.8
T231	磷肥与复肥	472	0.154	0.005	0.71	127	8	26.91	46.46	8.0
G880	临床超声医学杂志	986	0.570	0.076	0.89	251	24	25.46	78.46	3.9
G607	临床儿科杂志	2165	1.092	0.070	0.97	385	34	17.78	168.56	4.7
G276	临床耳鼻咽喉头颈外科杂志	2333	0.692	0.127	0.81	362	12	15.52	190.44	4.7
G271	临床放射学杂志	2235	0.712	0.078	0.88	345	15	15.44	179.73	4.7
Q908	临床肺科杂志	3352	0.609	0.077	0.85	408	33	12.17	260.24	3.9
G501	临床肝胆病杂志	2127	1.253	0.241	0.79	369	27	17.35	166.03	2.9
G291	临床骨科杂志	1079	0.929	0.065	0.73	178	8	16.50	84.91	3.6
G664	临床和实验医学杂志	2693	0.624	0.113	0.88	499	42	18.53	210.30	3.6
G345	临床急诊杂志	420	0.286	0.084	0.83	187	29	44.52	32.79	3.4
G204	临床检验杂志	1020	0.549	0.081	0.81	285	16	27.94	81.19	4.3
G310	临床精神医学杂志	793	0.622	0.044	0.93	204	23	25.73	63.66	6.7
G881	临床军医杂志	1235	0.501	0.091	0.96	359	50	29.07	97.50	4.1
G287	临床口腔医学杂志	836	0.362	0.108	0.89	202	18	24.16	69.90	5.4
G222	临床麻醉学杂志	3156	1.538	0.134	0.87	350	29	11.09	246.83	4.0
G317	临床泌尿外科杂志	1237	0.518	0.074	0.89	232	18	18.76	98.60	5.4
G257	临床内科杂志	981	0.684	0.096	0.84	299	31	30.48	76.16	3.9
G230	临床皮肤科杂志	1332	0.593	0.040	0.79	247	6	18.54	105.28	7.1
G309	临床神经病学杂志	894	0.944	0.097	0.89	267	36	29.87	69.13	4.2
G802	临床神经外科杂志	402	0.587	0.069	0.76	134	12	33.33	32.27	3.2
G423	临床肾脏病杂志	232	0.265	0.031	0.80	107	17	46.12	17.90	3.5
G797	临床输血与检验	564	0.468	0.070	0.79	137	4	24.29	44.84	4.3
G256	临床外科杂志	919	0.449	0.037	0.82	260	31	28.29	73.55	4.5
G942	临床误诊误治	1445	0.529	0.128	0.80	327	24	22.63	113.93	4.0
G855	临床消化病杂志	414	0.414	0.025	0.96	186	36	44.93	31.86	4.8
Q909	临床小儿外科杂志	508	0.315	0.063	0.62	151	5	29.72	41.45	4.6

表 4-1 2016年中国科技核心期刊（中文）被引用指标刊名字顺索引（续）

CODE	刊　名	核心总被引频次	核心影响因子	核心即年指标	核心他引率	核心引用刊数	核心开放因子	核心扩散因子	核心权威因子	核心被引半衰期
G261	临床心血管病杂志	1075	0.496	0.072	0.92	290	38	26.98	83.44	4.8
G293	临床血液学杂志	593	0.638	0.082	0.95	220	25	37.10	46.78	4.3
Q913	临床眼科杂志	562	0.435	0.019	0.90	138	7	24.56	44.66	4.9
G673	临床药物治疗杂志	412	0.633	0.052	0.87	190	34	46.12	31.85	4.2
G350	临床与病理杂志	636	0.428	0.042	0.95	313	59	49.21	49.96	4.4
G274	临床与实验病理学杂志	1622	0.584	0.052	0.79	338	22	20.84	129.70	4.4
Q910	临床肿瘤学杂志	1685	0.801	0.099	0.94	402	59	23.86	132.12	4.2
G491	岭南心血管病杂志	426	0.367	0.016	0.92	167	27	39.20	32.97	3.6
N023	流体机械	1454	1.347	0.096	0.65	230	6	15.82	169.57	4.0
H748	麦类作物学报	2184	0.750	0.148	0.80	195	13	8.93	183.62	6.8
T060	煤化工	291	0.161	0.018	0.88	84	9	28.87	33.06	6.7
K558	煤矿安全	1989	0.343	0.045	0.65	143	3	7.19	210.57	4.4
K517	煤矿机械	2069	0.154	0.029	0.73	275	8	13.29	235.08	5.2
K504	煤矿开采	741	0.368	0.067	0.78	80	4	10.80	78.84	5.3
K038	煤炭工程	1695	0.433	0.095	0.62	202	3	11.92	181.38	4.4
K005	煤炭科学技术	3516	1.231	0.201	0.76	244	5	6.94	373.26	4.5
K017	煤炭学报	8777	2.260	0.271	0.87	488	9	5.56	939.50	5.7
D027	煤炭转化	706	0.571	0.042	0.75	146	9	20.68	78.93	7.9
K009	煤田地质与勘探	1297	0.775	0.040	0.80	190	6	14.65	135.31	8.1
U036	棉纺织技术	708	0.374	0.085	0.40	55	1	7.77	113.86	5.3
H037	棉花学报	1067	1.193	0.078	0.86	136	10	12.75	90.42	7.8
G056	免疫学杂志	834	0.547	0.093	0.80	321	37	38.49	65.85	4.0
B017	模糊系统与数学	570	0.266	0.000	0.74	172	8	30.18	69.97	7.2
N107	模具技术	146	0.138	0.058	0.77	42	4	28.77	17.43	7.9
S015	模式识别与人工智能	844	0.659	0.032	0.93	251	23	29.74	103.37	4.9
T077	膜科学与技术	674	0.465	0.039	0.73	147	7	21.81	75.00	5.8
N084	摩擦学学报	1392	1.039	0.094	0.78	241	10	17.31	163.04	7.6
U533	木材工业	497	0.433	0.179	0.83	79	5	15.90	50.01	6.7
M655	纳米技术与精密工程	248	0.408	0.051	0.84	120	21	48.39	29.06	5.4
A013	南昌大学学报理科版	365	0.338	0.028	0.72	183	22	50.14	37.29	7.2
G047	南昌大学学报医学版	857	0.417	0.024	0.95	371	64	43.29	66.91	4.3
R117	南方电网技术	809	0.928	0.107	0.73	84	4	10.38	88.27	3.9
V089	南方建筑	214	0.343	0.063	0.62	63	3	29.44	29.22	3.3
H069	南方农业学报	1774	0.687	0.054	0.89	299	17	16.85	151.25	4.3
H068	南方水产科学	823	1.380	0.053	0.75	121	7	14.70	73.60	4.4
G023	南方医科大学学报	2976	1.079	0.178	0.95	666	86	22.38	236.03	4.8
A025	南京大学学报自然科学版	813	0.429	0.127	0.91	391	71	48.09	88.19	9.6
T011	南京工业大学学报自然科学版	471	0.215	0.031	0.87	255	50	54.14	52.93	7.1
Y026	南京航空航天大学学报	926	0.609	0.023	0.89	295	31	31.86	112.42	6.5
N011	南京理工大学学报自然科学版	741	0.468	0.042	0.88	300	41	40.49	90.06	6.3
H033	南京林业大学学报自然科学版	1800	0.817	0.164	0.89	348	24	19.33	166.15	6.8
H021	南京农业大学学报	1499	0.673	0.088	0.94	321	39	21.41	129.74	8.6
A061	南京师大学报自然科学版	344	0.276	0.021	0.95	232	60	67.44	36.02	7.5

表 4-1　2016 年中国科技核心期刊（中文）被引用指标刊名字顺索引（续）

CODE	刊　名	核心总被引频次	核心影响因子	核心即年指标	核心他引率	核心引用刊数	核心开放因子	核心扩散因子	核心权威因子	核心被引半衰期
G058	南京医科大学学报自然科学版	1231	0.417	0.049	0.90	428	65	34.77	97.40	4.5
R008	南京邮电大学学报自然科学版	246	0.260	0.019	0.91	122	24	49.59	29.33	4.7
G059	南京中医药大学学报	1369	0.966	0.119	0.97	261	24	19.07	101.58	5.4
A008	南开大学学报自然科学版	253	0.178	0.030	0.96	186	60	73.52	25.22	6.6
S776	南开管理评论	2331	2.783	0.167	0.93	247	21	10.60	361.85	5.4
W590	南水北调与水利科技	788	0.372	0.005	0.79	231	17	29.31	82.91	4.6
G288	脑与神经疾病杂志	466	0.379	0.083	0.95	214	38	45.92	36.30	4.8
G662	内科急危重症杂志	504	0.566	0.069	0.80	202	27	40.08	39.11	3.9
G523	内科理论与实践	274	0.267	0.130	0.93	174	44	63.50	21.30	4.7
E104	内陆地震	196	0.248	0.019	0.63	40	3	20.41	23.54	8.1
A026	内蒙古大学学报自然科学版	347	0.248	0.071	0.93	211	49	60.81	35.49	9.0
A111	内蒙古师范大学学报自然科学汉文版	246	0.131	0.026	0.78	149	29	60.57	26.83	6.9
G513	内蒙古医科大学学报	434	0.542	0.132	0.75	212	30	48.85	34.68	4.1
P004	内燃机学报	765	0.584	0.051	0.81	143	9	18.69	88.97	7.0
W002	泥沙研究	950	0.724	0.041	0.85	155	14	16.32	98.88	9.9
U504	酿酒科技	1735	0.384	0.075	0.58	167	3	9.63	144.64	6.6
A506	宁波大学学报理工版	247	0.261	0.029	0.96	175	52	70.85	26.03	6.4
A110	宁夏大学学报自然科学版	209	0.213	0.020	0.89	148	44	70.81	22.43	7.5
G665	宁夏医科大学学报	1028	0.362	0.025	0.93	359	43	34.92	80.65	3.9
H071	农产品质量与安全	447	0.883	0.468	0.56	88	2	19.69	40.75	2.9
H105	农学学报	530	0.345	0.043	0.91	178	24	33.58	46.08	3.3
T034	农药	1787	0.532	0.095	0.81	274	15	15.33	158.63	6.8
T924	农药科学与管理	502	0.235	0.087	0.88	147	13	29.28	44.05	6.6
H404	农药学学报	963	0.790	0.136	0.86	208	15	21.60	84.10	6.5
H072	农业工程	295	0.163	0.023	0.86	140	21	47.46	27.28	4.1
H279	农业工程学报	17932	1.862	0.240	0.80	843	21	4.70	1674.41	5.4
Z008	农业环境科学学报	5547	1.429	0.142	0.90	482	26	8.69	513.07	6.2
H278	农业机械学报	7130	1.561	0.368	0.74	592	11	8.30	708.08	4.7
H286	农业生物技术学报	1202	0.801	0.079	0.85	236	23	19.63	101.48	5.2
H222	农业现代化研究	1314	0.833	0.110	0.90	312	30	23.74	132.23	5.7
H773	农业资源与环境学报	497	1.083	0.117	0.93	200	32	40.24	46.72	3.6
V032	暖通空调	1161	0.325	0.070	0.73	187	4	16.11	144.04	7.3
H219	排灌机械工程学报	875	0.840	0.097	0.87	163	7	18.63	92.44	3.8
U602	皮革科学与工程	313	0.491	0.092	0.44	77	1	24.60	42.06	4.9
U604	皮革与化工	95	0.119	0.000	0.83	49	9	51.58	10.90	6.8
G759	齐鲁医学杂志	704	0.344	0.102	0.69	243	5	34.52	56.52	4.8
G595	器官移植	237	0.713	0.129	0.69	72	4	30.38	20.20	2.6
E021	气候变化研究进展	1078	1.632	0.229	0.94	233	29	21.61	109.38	6.4
E361	气候与环境研究	1370	1.064	0.061	0.94	228	18	16.64	133.97	8.6
E352	气象	3666	1.806	0.558	0.71	264	6	7.20	347.43	6.1
E566	气象科技	1476	0.662	0.036	0.63	223	4	15.11	142.47	6.8
E359	气象科学	1207	0.765	0.099	0.78	187	8	15.49	116.57	6.8
E001	气象学报	3050	1.486	0.280	0.92	260	10	8.52	294.97	10.9

表4-1 2016年中国科技核心期刊（中文）被引用指标刊名字顺索引（续）

CODE	刊　名	核心总被引频次	核心影响因子	核心即年指标	核心他引率	核心引用刊数	核心开放因子	核心扩散因子	核心权威因子	核心被引半衰期
E521	气象与环境科学	638	1.647	0.256	0.68	118	3	18.50	60.47	4.1
E633	气象与环境学报	1034	0.932	0.043	0.62	190	5	18.38	98.95	4.8
X532	汽车安全与节能学报	187	0.593	0.000	0.91	91	14	48.66	21.92	4.1
X018	汽车工程	1893	0.684	0.042	0.87	266	18	14.05	223.84	6.0
X500	汽车工程学报	93	0.205	0.015	0.96	63	17	67.74	11.32	5.0
X013	汽车技术	528	0.233	0.006	0.87	157	16	29.73	62.17	6.9
P001	汽轮机技术	436	0.257	0.007	0.64	91	3	20.87	51.04	6.6
Y009	强度与环境	261	0.232	0.056	0.70	88	5	33.72	32.73	7.4
X021	桥梁建设	713	0.822	0.127	0.57	108	2	15.15	86.31	5.0
U018	青岛大学学报工程技术版	160	0.298	0.022	0.73	101	21	63.13	18.59	5.6
G061	青岛大学医学院学报	829	0.536	0.097	0.71	260	4	31.36	66.60	4.6
T012	青岛科技大学学报自然科学版	266	0.232	0.024	0.90	167	39	62.78	29.47	5.9
H267	青岛农业大学学报自然科学版	296	0.268	0.029	0.97	147	30	49.66	25.42	9.0
U535	轻工机械	324	0.299	0.045	0.86	132	15	40.74	37.34	4.9
J001	清华大学学报自然科学版	2686	0.498	0.043	0.98	792	129	29.49	318.59	8.6
D002	燃料化学学报	1967	1.002	0.129	0.83	250	14	12.71	222.34	5.6
P011	燃烧科学与技术	578	0.619	0.056	0.88	158	18	27.34	64.88	6.8
E563	热带地理	810	0.607	0.041	0.84	247	29	30.49	87.77	6.9
E642	热带海洋学报	863	0.460	0.015	0.92	210	18	24.33	86.52	9.4
H516	热带农业科学	919	0.305	0.038	0.88	213	13	23.18	80.14	6.5
E110	热带气象学报	1297	0.733	0.034	0.80	160	8	12.34	125.19	8.5
H415	热带生物学报	188	0.255	0.034	0.97	112	26	59.57	16.31	5.9
F228	热带亚热带植物学报	743	0.524	0.098	0.93	223	27	30.01	64.31	8.0
G609	热带医学杂志	1515	0.599	0.046	0.77	344	16	22.71	121.08	3.7
H223	热带作物学报	2028	0.594	0.061	0.83	294	18	14.50	172.84	4.9
T105	热固性树脂	374	0.430	0.035	0.79	107	9	28.61	45.59	6.9
N071	热加工工艺	4376	0.385	0.020	0.56	277	2	6.33	491.92	4.2
C134	热科学与技术	236	0.391	0.000	0.72	102	10	43.22	27.23	6.2
R501	热力发电	1111	0.493	0.060	0.69	198	6	17.82	126.41	4.9
P006	热能动力工程	648	0.313	0.008	0.84	174	13	26.85	74.91	7.5
T013	人工晶体学报	1231	0.360	0.036	0.69	238	7	19.33	146.62	3.9
N106	人类工效学	319	0.313	0.031	0.67	133	11	41.69	38.80	7.2
F041	人类学学报	638	0.535	0.113	0.57	80	2	12.54	81.81	12.9
W555	人民黄河	1423	0.324	0.032	0.73	276	12	19.40	147.80	5.7
T070	日用化学工业	682	0.575	0.163	0.74	192	15	28.15	70.39	7.3
H097	乳业科学与技术	253	0.359	0.000	0.90	76	8	30.04	20.95	7.1
S011	软件学报	4177	1.911	0.209	0.95	435	17	10.41	517.00	5.8
N029	润滑与密封	1671	0.343	0.077	0.66	262	10	15.68	197.46	6.9
R086	三峡大学学报自然科学版	301	0.166	0.000	0.94	188	42	62.46	32.72	6.3
D012	色谱	2916	1.798	0.247	0.85	387	11	13.27	257.69	4.9
H382	森林工程	391	0.252	0.073	0.79	157	13	40.15	40.03	4.1
H051	森林与环境学报	608	0.667	0.193	0.86	161	15	26.48	54.94	8.9
E635	沙漠与绿洲气象	582	1.158	0.075	0.63	95	3	16.32	56.27	4.4

表 4-1 2016 年中国科技核心期刊（中文）被引用指标刊名字顺索引（续）

CODE	刊　名	核心总被引频次	核心影响因子	核心即年指标	核心他引率	核心引用刊数	核心开放因子	核心扩散因子	核心权威因子	核心被引半衰期
H070	山地农业生物学报	439	0.290	0.039	0.91	182	32	41.46	37.57	7.0
E101	山地学报	1279	0.686	0.093	0.93	279	35	21.81	126.97	9.0
G742	山东大学耳鼻喉眼学报	392	0.325	0.035	0.85	146	16	37.24	31.64	4.3
J022	山东大学学报工学版	660	0.532	0.029	0.84	315	55	47.73	76.49	6.4
A020	山东大学学报理学版	592	0.388	0.040	0.87	262	34	44.26	68.50	4.7
G062	山东大学学报医学版	998	0.468	0.087	0.94	392	71	39.28	78.88	4.9
A637	山东科学	246	0.225	0.025	0.92	173	50	70.33	24.26	6.3
H031	山东农业大学学报自然科学版	735	0.239	0.033	0.96	285	44	38.78	65.61	10.8
H804	山东农业科学	1497	0.376	0.058	0.88	255	27	17.03	127.04	5.6
G511	山东医药	6797	0.585	0.072	0.90	654	49	9.62	528.18	4.0
G063	山东中医药大学学报	970	0.380	0.063	0.97	190	18	19.59	71.63	7.9
G574	山东中医杂志	1092	0.296	0.052	0.96	179	18	16.39	79.51	6.5
A014	山西大学学报自然科学版	285	0.200	0.028	0.94	174	42	61.05	29.37	7.4
H393	山西农业大学学报自然科学版	546	0.276	0.055	0.94	208	35	38.10	47.52	8.7
H390	山西农业科学	1628	0.494	0.102	0.69	233	7	14.31	137.87	5.1
G064	山西医科大学学报	950	0.360	0.044	0.96	407	80	42.84	75.46	5.3
R072	陕西电力	575	0.469	0.091	0.60	86	2	14.96	65.09	3.6
U025	陕西科技大学学报	386	0.231	0.048	0.88	218	45	56.48	41.87	4.8
H217	陕西农业科学	766	0.150	0.023	0.79	211	16	27.55	66.38	6.3
A066	陕西师范大学学报自然科学版	521	0.403	0.040	0.91	282	57	54.13	54.95	6.3
V088	上海城市规划	250	0.455	0.033	0.70	65	5	26.00	32.90	3.2
A056	上海大学学报自然科学版	324	0.275	0.088	0.93	228	66	70.37	36.70	6.3
U528	上海纺织科技	407	0.165	0.009	0.69	71	3	17.44	60.73	6.0
X038	上海海事大学学报	259	0.404	0.014	0.78	116	12	44.79	32.69	5.6
H292	上海海洋大学学报	969	0.575	0.069	0.92	193	15	19.92	88.98	6.7
G330	上海护理	603	0.444	0.034	0.93	165	10	27.36	46.11	4.7
X006	上海交通大学学报	2165	0.455	0.041	0.94	641	90	29.61	259.30	7.4
H022	上海交通大学学报农业科学版	560	0.328	0.023	0.91	207	36	36.96	48.55	8.1
G066	上海交通大学学报医学版	1556	0.421	0.063	0.97	547	98	35.15	123.99	5.0
M021	上海金属	354	0.372	0.000	0.73	89	6	25.14	41.17	8.1
G343	上海精神医学	530	0.417	0.415	0.93	193	24	36.42	42.73	10.0
G283	上海口腔医学	654	0.486	0.049	0.89	172	15	26.30	55.42	5.2
J031	上海理工大学学报	466	0.457	0.083	0.76	227	31	48.71	56.80	5.6
H282	上海农业学报	619	0.258	0.026	0.90	205	26	33.12	53.37	7.9
G069	上海医学	960	0.345	0.005	0.94	372	65	38.75	75.20	5.4
G946	上海中医药大学学报	835	0.622	0.171	0.91	185	17	22.16	61.73	5.5
G389	上海中医药杂志	2151	0.589	0.149	0.88	260	17	12.09	157.29	7.0
A515	深圳大学学报理工版	283	0.398	0.079	0.83	178	38	62.90	31.87	4.3
G329	神经疾病与精神卫生	471	0.357	0.025	0.73	176	14	37.37	37.44	4.6
G070	神经解剖学杂志	372	0.386	0.071	0.84	171	31	45.97	29.01	4.4
G319	神经损伤与功能重建	560	0.695	0.067	0.66	189	13	33.75	44.15	3.3
J052	沈阳工业大学学报	533	0.635	0.056	0.70	213	21	39.96	62.47	5.2
V011	沈阳建筑大学学报自然科学版	617	0.346	0.036	0.83	246	31	39.87	71.47	6.2

表 4-1　2016 年中国科技核心期刊（中文）被引用指标刊名字顺索引（续）

CODE	刊　名	核心总被引频次	核心影响因子	核心即年指标	核心他引率	核心引用刊数	核心开放因子	核心扩散因子	核心权威因子	核心被引半衰期
H024	沈阳农业大学学报	1213	0.412	0.050	0.92	299	35	24.65	106.45	9.5
G071	沈阳药科大学学报	1120	0.391	0.046	0.94	287	25	25.63	89.64	7.4
G202	肾脏病与透析肾移植杂志	738	0.591	0.043	0.94	235	29	31.84	57.16	5.8
F203	生理科学进展	648	0.531	0.054	0.99	342	82	52.78	51.60	6.1
F001	生理学报	486	0.556	0.075	0.95	255	56	52.47	38.69	6.5
F042	生命的化学	467	0.227	0.025	0.97	297	79	63.60	38.84	7.3
F215	生命科学	823	0.449	0.066	0.99	430	101	52.25	69.60	5.3
F046	生命科学研究	360	0.323	0.031	0.94	233	58	64.72	30.19	6.4
N759	生命科学仪器	190	0.190	0.000	0.98	129	34	67.89	16.79	7.4
Z034	生态毒理学报	830	0.612	0.044	0.75	214	12	25.78	77.11	4.8
H784	生态环境学报	5246	1.343	0.115	0.94	568	40	10.83	494.71	6.5
Z014	生态学报	21364	2.010	0.311	0.89	705	34	3.30	1979.96	6.7
Z028	生态学杂志	6541	1.195	0.085	0.91	514	34	7.86	601.44	6.8
Z023	生态与农村环境学报	1496	0.989	0.100	0.86	321	26	21.46	142.27	6.3
F049	生物多样性	2281	1.550	0.441	0.89	325	23	14.25	207.63	8.6
F003	生物工程学报	1187	0.507	0.076	0.93	386	47	32.52	103.73	6.9
G401	生物骨科材料与临床研究	298	0.372	0.036	0.84	131	15	43.96	24.32	3.9
F016	生物化学与生物物理进展	960	0.568	0.224	0.94	449	91	46.77	80.96	7.6
F229	生物技术	850	0.483	0.058	0.96	301	49	35.41	73.69	8.8
F214	生物技术进展	169	0.367	0.000	0.96	99	23	58.58	14.24	3.8
F205	生物技术通报	1520	0.469	0.069	0.92	405	50	26.64	130.32	5.2
F224	生物技术通讯	623	0.286	0.046	0.97	307	62	49.28	51.72	7.2
F204	生物加工过程	311	0.419	0.034	0.87	149	19	47.91	27.66	5.4
F213	生物学杂志	697	0.349	0.040	0.90	315	55	45.19	61.02	6.7
G006	生物医学工程学杂志	852	0.337	0.042	0.93	393	64	46.13	77.59	6.6
G332	生物医学工程研究	181	0.397	0.031	0.82	106	21	58.56	15.75	6.3
G603	生物医学工程与临床	311	0.259	0.014	0.96	197	51	63.34	25.73	4.7
F044	生物资源	453	0.287	0.000	0.97	198	31	43.71	38.09	9.5
G624	生殖医学杂志	998	0.885	0.096	0.70	196	7	19.64	77.00	3.6
C033	声学技术	514	0.279	0.073	0.91	198	27	38.52	61.05	7.3
C054	声学学报	934	0.542	0.092	0.72	179	6	19.16	117.06	8.7
E302	湿地科学	1050	1.383	0.214	0.65	186	8	17.71	100.56	4.5
E636	湿地科学与管理	144	0.213	0.083	0.73	65	8	45.14	13.84	5.1
A615	石河子大学学报自然科学版	682	0.510	0.030	0.77	263	26	38.56	60.22	5.9
T933	石化技术与应用	323	0.298	0.053	0.82	112	10	34.67	37.57	6.2
X042	石家庄铁道大学学报自然科学版	204	0.241	0.039	0.74	105	13	51.47	24.14	6.1
L016	石油地球物理勘探	1857	0.897	0.064	0.77	149	4	8.02	193.11	7.2
L015	石油化工	1473	0.573	0.058	0.78	230	11	15.61	170.79	6.8
L034	石油化工高等学校学报	376	0.389	0.121	0.76	135	11	35.90	43.29	5.3
L021	石油化工设备技术	217	0.160	0.073	0.75	67	5	30.88	26.63	8.2
L019	石油机械	1261	0.436	0.041	0.64	190	5	15.07	142.41	5.9
L031	石油勘探与开发	4907	4.024	0.432	0.93	234	16	4.77	511.16	6.8
L030	石油炼制与化工	1337	0.714	0.050	0.75	166	6	12.42	157.59	5.5

表4-1 2016年中国科技核心期刊（中文）被引用指标刊名字顺索引（续）

CODE	刊　名	核心总被引频次	核心影响因子	核心即年指标	核心他引率	核心引用刊数	核心开放因子	核心扩散因子	核心权威因子	核心被引半衰期
E126	石油实验地质	2037	2.213	0.203	0.85	137	11	6.73	208.04	6.3
L005	石油物探	1335	1.197	0.088	0.70	115	3	8.61	138.04	7.6
L028	石油学报	5396	2.625	0.316	0.89	315	18	5.84	567.33	6.7
L012	石油学报石油加工	1113	0.609	0.053	0.81	196	9	17.61	128.61	6.0
L006	石油与天然气地质	3024	2.429	0.339	0.87	157	14	5.19	309.86	6.9
L008	石油钻采工艺	1354	0.607	0.078	0.77	147	5	10.86	148.24	6.5
L025	石油钻探技术	1295	1.214	0.122	0.70	139	5	10.73	140.77	5.1
U049	食品安全质量检测学报	1228	0.593	0.095	0.71	237	7	19.30	104.74	2.3
F257	实验动物科学	463	0.315	0.095	0.84	190	22	41.04	37.19	7.2
G387	实验动物与比较医学	295	0.241	0.021	0.76	134	10	45.42	23.77	6.9
C009	实验力学	512	0.324	0.020	0.81	212	29	41.41	59.60	7.0
Y018	实验流体力学	588	0.374	0.044	0.82	157	7	26.70	70.64	6.6
G512	实用癌症杂志	1518	0.626	0.074	0.78	321	28	21.15	119.18	3.0
G534	实用放射学杂志	2621	0.686	0.038	0.69	370	8	14.12	211.44	4.4
G586	实用妇产科杂志	2470	1.239	0.073	0.97	324	30	13.12	191.45	4.3
G746	实用肝脏病杂志	1094	0.956	0.212	0.76	250	16	22.85	85.07	3.6
G457	实用骨科杂志	1141	0.561	0.098	0.84	205	17	17.97	89.61	3.8
G224	实用口腔医学杂志	1130	0.676	0.085	0.78	234	13	20.71	95.51	5.1
G700	实用老年医学	888	0.550	0.098	0.64	236	9	26.58	68.19	3.4
G652	实用皮肤病学杂志	272	0.450	0.058	0.77	103	8	37.87	21.47	3.5
G766	实用心脑肺血管病杂志	1718	0.735	0.105	0.92	333	33	19.38	132.19	3.7
G834	实用药物与临床	1321	0.640	0.056	0.95	325	32	24.60	102.25	3.2
G324	实用医学杂志	7298	0.883	0.109	0.88	673	51	9.22	570.28	4.0
G760	实用医院临床杂志	1323	0.558	0.048	0.82	376	43	28.42	104.27	3.6
G768	实用预防医学	3240	0.935	0.097	0.78	490	17	15.12	258.59	4.3
G856	实用肿瘤学杂志	330	0.329	0.043	0.93	177	39	53.64	25.93	5.1
G890	实用肿瘤杂志	644	0.514	0.126	0.88	247	34	38.35	50.48	5.0
U005	食品工业科技	8389	0.590	0.087	0.80	540	8	6.44	699.37	4.4
U006	食品科学	14687	1.031	0.155	0.84	654	8	4.45	1225.42	5.7
A117	食品科学技术学报	425	0.771	0.185	0.92	166	12	39.06	38.14	4.2
U617	食品研究与开发	3723	0.385	0.055	0.85	422	10	11.33	312.32	6.0
U035	食品与发酵工业	3474	0.557	0.092	0.91	349	8	10.05	290.11	6.6
U641	食品与发酵科技	559	0.402	0.073	0.95	147	8	26.30	46.43	4.9
U547	食品与机械	2760	0.841	0.182	0.53	267	2	9.67	225.81	4.7
U029	食品与生物技术学报	1252	0.462	0.055	0.92	270	13	21.57	106.10	6.6
G748	食品与药品	607	0.433	0.036	0.97	243	35	40.03	49.71	7.2
H838	食用菌学报	467	0.386	0.062	0.84	119	12	25.48	39.16	6.9
E363	世界地震工程	621	0.194	0.037	0.84	155	13	24.96	73.25	7.7
E548	世界地质	771	0.733	0.047	0.70	166	8	21.53	78.39	5.9
G906	世界科学技术-中医药现代化	2135	0.707	0.127	0.83	307	14	14.38	161.66	4.2
G485	世界临床药物	516	0.339	0.069	0.97	239	46	46.32	40.57	4.5
G484	世界中西医结合杂志	1588	0.511	0.071	0.93	278	20	17.51	117.27	4.1
G483	世界中医药	1465	0.697	0.055	0.91	244	17	16.66	108.39	3.0

表 4-1 2016 年中国科技核心期刊（中文）被引用指标刊名字顺索引（续）

CODE	刊　名	核心总被引频次	核心影响因子	核心即年指标	核心他引率	核心引用刊数	核心开放因子	核心扩散因子	核心权威因子	核心被引半衰期
A023	首都师范大学学报自然科学版	334	0.188	0.047	0.94	224	58	67.07	36.21	8.7
G073	首都医科大学学报	1019	0.783	0.107	0.93	397	63	38.96	80.42	4.5
F033	兽类学报	667	0.309	0.055	0.81	100	5	14.99	60.04	12.8
R005	数据采集与处理	677	0.736	0.035	0.65	198	11	29.25	82.91	4.2
W009	数理统计与管理	797	0.624	0.037	0.79	310	33	38.90	104.53	6.5
B015	数学的实践与认识	1747	0.203	0.024	0.80	518	54	29.65	212.20	4.9
B007	数学进展	189	0.149	0.022	0.95	76	13	40.21	23.31	8.2
B004	数学年刊 A	217	0.257	0.079	0.95	70	13	32.26	28.02	10.8
C036	数学物理学报	283	0.156	0.000	0.90	98	15	34.63	35.15	6.4
B006	数学学报	478	0.201	0.079	0.92	107	14	22.38	59.90	9.3
B012	数学杂志	279	0.205	0.040	0.61	79	5	28.32	35.72	5.1
H008	水产学报	2613	0.895	0.080	0.90	239	14	9.15	235.98	6.6
Z016	水处理技术	1728	0.433	0.030	0.86	294	12	17.01	185.56	5.9
X533	水道港口	323	0.239	0.034	0.80	88	5	27.24	37.25	7.2
P007	水电能源科学	1556	0.283	0.019	0.82	292	12	18.77	166.38	4.8
W004	水动力学研究与进展 A	785	0.553	0.053	0.88	244	30	31.08	90.09	8.0
W013	水科学进展	2779	1.934	0.110	0.90	338	23	12.16	282.28	7.6
R050	水力发电	761	0.175	0.034	0.69	145	6	19.05	82.52	7.8
R049	水力发电学报	1572	0.602	0.082	0.84	241	10	15.33	168.79	5.8
R587	水利经济	253	0.384	0.064	0.80	80	13	31.62	27.51	5.0
W011	水利水电技术	839	0.151	0.021	0.87	212	11	25.27	89.18	7.6
W502	水利水电科技进展	708	0.557	0.049	0.88	207	16	29.24	75.61	6.9
W006	水利水运工程学报	481	0.337	0.048	0.91	128	12	26.61	53.96	7.3
W003	水利学报	4475	1.353	0.198	0.90	483	22	10.79	466.81	9.1
F010	水生生物学报	2057	0.985	0.095	0.86	239	15	11.62	187.73	7.3
H850	水生态学杂志	899	0.576	0.047	0.94	195	24	21.69	82.93	6.9
H015	水土保持通报	2392	0.628	0.081	0.86	327	24	13.67	226.63	5.9
H287	水土保持学报	6028	1.206	0.138	0.87	386	21	6.40	553.21	7.7
H056	水土保持研究	3108	0.740	0.068	0.83	354	21	11.39	294.10	6.1
E540	水文	851	0.433	0.020	0.92	210	16	24.68	86.77	8.5
E154	水文地质工程地质	1557	0.919	0.071	0.78	281	22	18.05	165.72	7.9
X528	水运工程	918	0.172	0.054	0.64	178	4	19.39	109.48	5.7
R566	水资源保护	744	0.510	0.131	0.88	191	20	25.67	75.56	6.4
W570	水资源与水工程学报	922	0.384	0.023	0.89	252	26	27.33	93.84	4.9
U056	丝绸	371	0.232	0.030	0.59	56	2	15.09	53.02	5.8
J051	四川大学学报工程科学版	1315	0.675	0.142	0.89	443	60	33.69	147.27	6.0
G045	四川大学学报医学版	1191	0.684	0.139	0.97	465	79	39.04	94.22	5.2
A006	四川大学学报自然科学版	680	0.408	0.048	0.71	301	33	44.26	72.07	5.5
F027	四川动物	763	0.310	0.050	0.84	206	20	27.00	68.19	7.3
Z007	四川环境	505	0.219	0.017	0.90	217	29	42.97	51.64	6.7
A033	四川师范大学学报自然科学版	532	0.398	0.091	0.55	187	5	35.15	60.12	5.4
G575	四川医学	1672	0.369	0.026	0.98	420	59	25.12	130.29	4.2
G745	四川中医	2275	0.272	0.036	0.87	222	15	9.76	164.79	5.4

表 4-1　2016 年中国科技核心期刊（中文）被引用指标刊名字顺索引（续）

CODE	刊　名	核心总被引频次	核心影响因子	核心即年指标	核心他引率	核心引用刊数	核心开放因子	核心扩散因子	核心权威因子	核心被引半衰期
H862	饲料工业	1422	0.282	0.033	0.84	204	7	14.35	119.71	7.2
H864	饲料研究	812	0.231	0.026	0.83	151	6	18.60	67.96	5.7
T106	塑料	830	0.772	0.063	0.67	143	3	17.23	102.31	4.3
T014	塑料工业	1316	0.537	0.083	0.79	201	4	15.27	160.86	4.5
T536	塑料科技	747	0.459	0.102	0.85	156	5	20.88	90.80	4.8
T079	塑料助剂	274	0.307	0.042	0.84	92	7	33.58	32.29	6.7
T580	塑性工程学报	816	0.449	0.037	0.77	132	4	16.18	93.60	6.8
X634	隧道建设	574	0.496	0.072	0.48	110	1	19.16	70.30	3.9
R652	太赫兹科学与电子信息学报	306	0.282	0.005	0.65	117	10	38.24	37.56	3.8
L009	太阳能学报	2164	0.277	0.014	0.78	403	22	18.62	245.81	7.1
J011	太原理工大学学报	630	0.310	0.027	0.93	308	55	48.89	69.13	8.6
M544	钛工业进展	341	0.372	0.036	0.88	95	10	27.86	38.79	7.7
T500	弹性体	483	0.363	0.033	0.72	111	6	22.98	60.05	6.8
T015	炭素技术	258	0.136	0.010	0.75	99	10	38.37	29.85	8.1
N043	探测与控制学报	407	0.304	0.050	0.70	110	7	27.03	50.63	6.5
V531	陶瓷学报	334	0.415	0.054	0.57	101	3	30.24	40.49	4.5
H041	特产研究	306	0.243	0.000	0.92	129	23	42.16	25.05	10.2
L505	特种油气藏	1443	1.157	0.067	0.80	142	7	9.84	153.50	4.3
N065	特种铸造及有色合金	1562	0.521	0.063	0.52	123	2	7.87	173.52	5.9
A041	天津大学学报	1270	0.575	0.063	0.87	525	86	41.34	150.80	7.0
U017	天津工业大学学报	326	0.279	0.011	0.83	146	20	44.79	40.45	6.6
A504	天津师范大学学报自然科学版	244	0.286	0.064	0.75	127	16	52.05	25.58	5.9
G076	天津医药	1525	0.787	0.124	0.90	432	51	28.33	119.40	3.6
G626	天津中医药	1325	0.620	0.083	0.86	193	14	14.57	96.61	5.9
G914	天津中医药大学学报	548	0.685	0.029	0.86	125	10	22.81	40.12	5.4
T611	天然产物研究与开发	2373	0.630	0.085	0.88	401	22	16.90	193.65	6.1
L518	天然气地球科学	2968	1.706	0.193	0.72	152	10	5.12	302.89	4.5
L029	天然气工业	5089	1.946	0.272	0.87	334	16	6.56	540.73	6.7
T074	天然气化工	481	0.454	0.015	0.75	111	6	23.08	55.87	5.7
L507	天然气与石油	527	0.356	0.085	0.59	116	3	22.01	60.09	5.1
E023	天文学报	229	0.517	0.076	0.57	60	3	26.20	29.86	6.1
E114	天文学进展	120	0.156	1.000	0.60	43	2	35.83	16.33	4.9
X521	铁道工程学报	978	0.378	0.045	0.66	194	6	19.84	116.40	6.3
X007	铁道科学与工程学报	771	0.608	0.058	0.49	171	1	22.18	92.25	4.6
X005	铁道学报	1721	0.632	0.049	0.85	303	16	17.61	205.00	6.2
G238	听力学及言语疾病杂志	1050	0.758	0.111	0.85	173	7	16.48	86.98	5.1
R065	通信学报	1889	0.947	0.085	0.92	288	20	15.25	231.77	4.6
G965	同济大学学报医学版	596	0.369	0.024	0.86	298	54	50.00	47.48	5.5
J032	同济大学学报自然科学版	2531	0.492	0.079	0.96	623	70	24.61	296.03	7.8
Q003	同位素	115	0.190	0.000	0.75	67	12	58.26	11.54	5.7
N061	图学学报	567	0.460	0.000	0.65	164	10	28.92	67.86	5.5
T103	涂料工业	773	0.374	0.027	0.79	168	13	21.73	92.89	6.6
V029	土木工程学报	3222	0.962	0.128	0.96	329	24	10.21	381.34	7.7

表 4-1　2016 年中国科技核心期刊（中文）被引用指标刊名字顺索引（续）

CODE	刊　名	核心总被引频次	核心影响因子	核心即年指标	核心他引率	核心引用刊数	核心开放因子	核心扩散因子	核心权威因子	核心被引半衰期
V035	土木工程与管理学报	323	0.317	0.065	0.94	170	34	52.63	38.69	6.7
V019	土木建筑与环境工程	755	0.416	0.026	0.95	276	46	36.56	86.65	6.0
H043	土壤	2712	1.274	0.080	0.90	316	19	11.65	243.49	7.3
H057	土壤通报	3534	0.777	0.044	0.94	369	26	10.44	317.55	8.5
H012	土壤学报	5242	2.338	0.464	0.92	382	20	7.29	473.31	8.6
H048	土壤与作物	98	0.686	0.075	0.86	58	15	59.18	8.74	3.5
Y025	推进技术	1581	0.612	0.049	0.55	150	2	9.49	195.01	6.1
S795	外国经济与管理	1037	0.936	0.083	0.93	227	18	21.89	160.60	5.8
G601	外科理论与实践	583	0.349	0.083	0.95	208	25	35.68	47.15	6.7
G996	皖南医学院学报	310	0.225	0.048	0.94	182	41	58.71	24.47	4.4
S017	网络新媒体技术	154	0.063	0.016	0.97	80	15	51.95	18.36	6.7
R070	微波学报	406	0.389	0.033	0.67	122	7	30.05	49.60	5.4
G866	微创泌尿外科杂志	226	0.528	0.041	0.81	73	7	32.30	18.25	2.9
R057	微电机	667	0.275	0.020	0.75	149	5	22.34	81.24	5.5
R064	微电子学	352	0.211	0.010	0.64	95	4	26.99	43.68	5.6
R004	微电子学与计算机	956	0.263	0.017	0.82	248	16	25.94	116.37	4.9
R098	微纳电子技术	341	0.301	0.037	0.81	141	19	41.35	40.66	6.0
F004	微生物学报	1741	0.711	0.086	0.95	377	42	21.65	151.42	7.0
F206	微生物学免疫学进展	328	0.425	0.090	0.92	156	22	47.56	26.53	4.6
F011	微生物学通报	2337	0.925	0.136	0.88	423	33	18.10	203.84	6.3
F225	微生物学杂志	1015	0.681	0.061	0.95	382	57	37.64	86.66	6.6
G651	微生物与感染	170	0.269	0.094	0.97	111	31	65.29	13.72	5.3
R085	微特电机	537	0.242	0.028	0.66	139	5	25.88	65.22	4.9
E052	微体古生物学报	307	0.468	0.053	0.69	64	5	20.85	32.76	10.9
S033	微型电脑应用	226	0.135	0.007	0.85	114	15	50.44	26.70	4.8
G210	微循环学杂志	403	0.636	0.122	0.92	194	35	48.14	30.94	4.5
G079	卫生研究	1634	0.628	0.126	0.93	419	28	25.64	136.15	6.7
G800	胃肠病学	1255	0.664	0.036	0.96	320	42	25.50	96.30	4.8
G326	胃肠病学和肝病学杂志	1453	0.550	0.037	0.93	341	41	23.47	112.57	3.9
G702	温州医科大学学报	533	0.398	0.065	0.77	253	37	47.47	42.19	3.8
D003	无机材料学报	1318	0.456	0.069	0.88	289	20	21.93	153.46	6.8
D023	无机化学学报	1552	0.557	0.087	0.75	307	19	19.78	177.29	5.2
T072	无机盐工业	943	0.450	0.145	0.67	216	10	22.91	108.64	6.0
N044	无损检测	767	0.294	0.036	0.61	164	5	21.38	90.07	7.6
W014	武汉大学学报工学版	882	0.324	0.038	0.94	357	43	40.48	97.67	7.7
A024	武汉大学学报理学版	537	0.622	0.045	0.98	320	75	59.59	58.45	7.6
E107	武汉大学学报信息科学版	3527	1.077	0.147	0.82	444	8	12.59	402.16	6.7
G038	武汉大学学报医学版	810	0.514	0.073	0.96	342	58	42.22	63.36	4.2
M032	武汉科技大学学报自然科学版	298	0.224	0.023	0.94	172	38	57.72	34.09	7.6
X017	武汉理工大学学报交通科学与工程版	702	0.203	0.041	0.93	290	46	41.31	84.51	6.3
J018	武汉理工大学学报信息与管理工程版	417	0.153	0.030	0.95	242	57	58.03	51.69	7.4
G771	武警后勤学院学报医学版	633	0.263	0.034	0.95	249	29	39.34	49.97	4.4
G707	武警医学	886	0.349	0.045	0.84	308	31	34.76	70.26	4.1

表 4-1　2016 年中国科技核心期刊（中文）被引用指标刊名字顺索引（续）

CODE	刊　名	核心总被引频次	核心影响因子	核心即年指标	核心他引率	核心引用刊数	核心开放因子	核心扩散因子	核心权威因子	核心被引半衰期
D001	物理化学学报	2280	0.849	0.199	0.78	396	28	17.37	260.36	5.5
C006	物理学报	7796	0.848	0.120	0.77	724	29	9.29	921.10	4.4
C509	物理与工程	122	0.153	0.045	0.52	61	2	50.00	16.69	6.5
E136	物探化探计算技术	385	0.207	0.016	0.88	112	7	29.09	40.84	7.7
E138	物探与化探	1377	0.557	0.056	0.72	207	7	15.03	145.33	6.9
R009	西安电子科技大学学报自然科学版	868	0.728	0.087	0.75	217	18	25.00	106.59	4.1
J036	西安工业大学学报	489	0.280	0.065	0.52	162	2	33.13	60.13	5.6
V018	西安建筑科技大学学报自然科学版	556	0.271	0.000	0.94	245	41	44.06	65.02	7.2
X030	西安交通大学学报	2535	0.801	0.091	0.93	598	74	23.59	298.20	6.4
G081	西安交通大学学报医学版	1048	0.769	0.138	0.96	404	65	38.55	82.37	4.5
A150	西安科技大学学报	803	0.623	0.029	0.71	213	8	26.53	87.10	6.0
J002	西安理工大学学报	356	0.359	0.012	0.87	212	48	59.55	39.93	6.6
L010	西安石油大学学报自然科学版	820	0.518	0.017	0.95	205	24	25.00	88.87	7.2
R671	西安邮电大学学报	349	0.516	0.036	0.67	112	6	32.09	42.89	3.4
A032	西北大学学报自然科学版	805	0.263	0.031	0.94	403	73	50.06	85.63	8.0
E125	西北地质	686	0.434	0.034	0.81	115	9	16.76	69.66	6.9
Y023	西北工业大学学报	728	0.376	0.036	0.95	276	41	37.91	88.91	6.2
H224	西北林学院学报	2379	0.795	0.130	0.67	311	12	13.07	213.98	6.1
H018	西北农林科技大学学报自然科学版	3214	0.562	0.099	0.95	506	49	15.74	281.84	7.4
H288	西北农业学报	2438	0.536	0.042	0.96	318	33	13.04	207.36	6.5
A022	西北师范大学学报自然科学版	375	0.272	0.054	0.85	226	49	60.27	39.59	5.8
G792	西北药学杂志	1141	0.672	0.088	0.65	262	11	22.96	89.74	4.8
F020	西北植物学报	4523	0.786	0.075	0.93	383	31	8.47	389.17	7.9
H385	西部林业科学	543	0.391	0.024	0.83	144	15	26.52	48.38	6.2
G588	西部医学	1891	0.529	0.108	0.83	393	33	20.78	147.06	4.0
G699	西部中医药	1497	0.364	0.030	0.78	239	14	15.97	110.13	4.2
J045	西华大学学报自然科学版	325	0.266	0.054	0.79	180	35	55.38	36.19	5.3
H004	西南大学学报自然科学版	1983	0.595	0.049	0.82	440	27	22.19	184.36	6.5
G312	西南国防医药	1126	0.343	0.022	0.92	338	45	30.02	89.38	3.9
X032	西南交通大学学报	1217	0.725	0.047	0.87	366	44	30.07	145.32	5.9
H270	西南林业大学学报	602	0.513	0.059	0.88	190	20	31.56	54.69	5.6
H061	西南农业学报	2569	0.536	0.060	0.88	315	25	12.26	218.37	5.6
A064	西南师范大学学报自然科学版	1215	0.441	0.021	0.75	401	21	33.00	123.56	4.5
L002	西南石油大学学报自然科学版	1544	0.870	0.140	0.87	208	15	13.47	166.05	6.7
M041	稀土	1068	1.091	0.058	0.55	177	2	16.57	122.15	5.8
M029	稀有金属	1251	1.204	0.036	0.83	220	12	17.59	143.98	5.4
M052	稀有金属材料与工程	3294	0.410	0.038	0.75	330	11	10.02	378.88	6.3
S505	系统仿真技术	103	0.171	0.017	0.97	81	30	78.64	12.67	5.0
S003	系统仿真学报	3217	0.418	0.026	0.90	585	50	18.18	391.84	7.8
B028	系统工程	1573	0.423	0.044	0.91	407	34	25.87	212.07	6.9
B025	系统工程理论与实践	4723	1.213	0.087	0.87	657	25	13.91	620.37	6.1
B018	系统工程学报	1065	0.801	0.061	0.85	262	13	24.60	141.33	6.0
R059	系统工程与电子技术	3584	0.815	0.071	0.88	481	30	13.42	445.41	5.7

表 4-1　2016 年中国科技核心期刊（中文）被引用指标刊名字顺索引（续）

CODE	刊　名	核心总被引频次	核心影响因子	核心即年指标	核心他引率	核心引用刊数	核心开放因子	核心扩散因子	核心权威因子	核心被引半衰期
B027	系统管理学报	855	0.682	0.058	0.77	212	10	24.80	116.51	5.0
B021	系统科学与数学	515	0.359	0.014	0.83	194	23	37.67	64.34	5.3
G188	细胞与分子免疫学杂志	1541	0.693	0.131	0.85	446	52	28.94	121.28	4.1
A063	厦门大学学报自然科学版	793	0.233	0.027	0.94	408	78	51.45	81.15	9.6
V087	现代城市研究	656	0.368	0.034	0.83	170	11	25.91	84.31	5.0
E027	现代地质	1967	0.873	0.121	0.85	252	19	12.81	201.15	7.5
R089	现代电力	350	0.460	0.047	0.91	110	12	31.43	39.24	5.1
R748	现代电子技术	2164	0.269	0.041	0.76	387	13	17.88	259.05	4.6
Y561	现代防御技术	539	0.285	0.016	0.76	100	7	18.55	68.92	5.0
U634	现代纺织技术	143	0.168	0.034	0.76	43	4	30.07	20.97	5.9
G300	现代妇产科进展	1205	0.660	0.098	0.96	271	27	22.49	93.57	4.2
T063	现代化工	1430	0.311	0.041	0.87	363	32	25.38	159.37	5.7
N100	现代科学仪器	581	0.122	0.029	0.84	253	33	43.55	56.31	7.2
G321	现代口腔医学杂志	466	0.266	0.011	0.95	142	16	30.47	39.36	8.8
R087	现代雷达	889	0.305	0.039	0.65	143	5	16.09	111.29	6.6
G438	现代临床护理	1217	0.599	0.120	0.77	193	7	15.86	92.73	4.3
G798	现代泌尿生殖肿瘤杂志	221	0.387	0.082	0.83	104	17	47.06	17.59	3.6
G341	现代泌尿外科杂志	862	0.681	0.084	0.85	200	19	23.20	68.39	3.7
G067	现代免疫学	343	0.344	0.065	0.78	166	26	48.40	27.12	5.8
H417	现代农药	395	0.420	0.100	0.83	117	9	29.62	34.94	6.3
F250	现代生物医学进展	3649	0.353	0.038	0.93	748	74	20.50	288.87	3.7
U010	现代食品科技	3323	0.936	0.115	0.85	348	7	10.47	277.84	3.8
T929	现代塑料加工应用	309	0.309	0.049	0.90	84	7	27.18	37.68	8.2
X673	现代隧道技术	944	0.647	0.066	0.61	134	2	14.19	113.86	4.5
G451	现代消化及介入诊疗	954	0.721	0.055	0.58	221	8	23.17	73.32	4.3
G421	现代药物与临床	1225	0.739	0.111	0.87	317	25	25.88	95.90	3.5
G223	现代医学	767	0.294	0.067	0.82	259	20	33.77	60.28	3.8
N115	现代仪器与医疗	640	1.154	0.064	0.98	204	28	31.88	50.85	2.2
G963	现代预防医学	7601	0.891	0.141	0.77	707	21	9.30	608.88	4.0
N111	现代制造工程	873	0.199	0.005	0.86	250	16	28.64	104.25	6.8
G951	现代中西医结合杂志	5892	0.615	0.086	0.89	559	37	9.49	447.08	4.0
G486	现代中药研究与实践	656	0.345	0.027	0.97	210	25	32.01	52.04	7.1
G896	现代中医临床	440	0.329	0.020	0.96	115	15	26.14	32.03	5.2
G826	现代肿瘤医学	3179	0.643	0.121	0.84	479	41	15.07	249.29	3.3
T073	香料香精化妆品	329	0.292	0.029	0.85	120	16	36.47	29.60	7.1
A018	湘潭大学自然科学学报	242	0.382	0.070	0.85	150	30	61.98	27.61	5.2
T064	橡胶工业	545	0.188	0.046	0.78	144	7	26.42	66.38	9.1
T953	消防科学与技术	1817	0.534	0.116	0.18	158	1	8.70	169.68	4.7
P010	小型内燃机与车辆技术	170	0.134	0.018	0.81	73	11	42.94	19.66	6.7
S027	小型微型计算机系统	1506	0.418	0.034	0.81	274	11	18.19	187.66	4.1
G083	心肺血管病杂志	995	0.944	0.169	0.69	248	16	24.92	77.58	3.7
S918	心理科学	2120	0.528	0.054	0.91	332	10	15.66	252.93	8.5
S919	心理科学进展	2428	1.098	0.082	0.89	390	12	16.06	301.23	6.0

表 4-1　2016 年中国科技核心期刊（中文）被引用指标刊名字顺索引（续）

CODE	刊　名	核心总被引频次	核心影响因子	核心即年指标	核心他引率	核心引用刊数	核心开放因子	核心扩散因子	核心权威因子	核心被引半衰期
E046	心理学报	2817	1.334	0.176	0.91	369	14	13.10	361.43	8.3
G476	心脑血管病防治	391	0.320	0.050	0.95	187	37	47.83	30.20	4.0
G419	心血管病学进展	947	0.440	0.024	0.98	321	48	33.90	73.96	5.5
G578	心血管康复医学杂志	672	0.424	0.048	0.82	198	20	29.46	51.68	4.5
G260	心脏杂志	466	0.347	0.104	0.91	214	35	45.92	36.17	4.7
E159	新疆地质	837	0.351	0.000	0.87	116	10	13.86	85.23	10.8
H908	新疆农业大学学报	572	0.492	0.000	0.91	184	26	32.17	50.26	7.5
H276	新疆农业科学	1609	0.412	0.046	0.83	280	22	17.40	137.66	5.8
L007	新疆石油地质	1623	0.809	0.097	0.86	146	12	9.00	167.97	8.3
G980	新疆医科大学学报	1210	0.395	0.055	0.90	407	63	33.64	96.28	4.4
G328	新乡医学院学报	796	0.572	0.100	0.80	266	19	33.42	62.75	2.9
V056	新型建筑材料	1103	0.340	0.021	0.62	188	3	17.04	132.26	5.9
M102	新型炭材料	518	0.715	0.051	0.84	171	15	33.01	60.53	6.6
G721	新医学	837	0.411	0.064	0.82	329	42	39.31	65.27	5.6
R034	信号处理	964	0.508	0.065	0.78	217	17	22.51	117.74	5.0
R519	信息技术	594	0.129	0.021	0.92	241	25	40.57	71.04	4.5
S046	信息网络安全	708	0.877	0.431	0.35	100	1	14.12	94.13	2.0
S002	信息与控制	587	0.643	0.045	0.84	206	23	35.09	70.42	5.6
A510	信阳师范学院学报自然科学版	276	0.341	0.041	0.73	144	18	52.17	30.59	4.4
J061	徐州工程学院学报自然科学版	158	0.376	0.031	0.89	115	36	72.78	18.64	4.4
G565	徐州医学院学报	400	0.192	0.013	0.98	220	44	55.00	31.34	5.5
H023	畜牧兽医学报	1617	0.526	0.099	0.86	207	8	12.80	134.09	6.0
H218	畜牧与兽医	916	0.221	0.041	0.88	182	11	19.87	76.05	5.6
G627	循证医学	391	0.448	0.062	0.98	212	47	54.22	31.10	6.7
R069	压电与声光	682	0.355	0.030	0.71	195	16	28.59	81.79	5.2
N052	压力容器	1000	1.152	0.167	0.67	160	3	16.00	119.58	4.7
G189	牙体牙髓牙周病学杂志	706	0.476	0.063	0.89	159	15	22.52	59.16	5.3
E047	亚热带资源与环境学报	213	0.404	0.000	0.90	105	22	49.30	21.16	6.0
U562	烟草科技	2210	0.838	0.061	0.74	189	7	8.55	192.96	7.2
E053	岩矿测试	1344	0.944	0.149	0.89	243	13	18.08	135.82	6.0
E157	岩石矿物学杂志	1285	0.711	0.171	0.92	168	10	13.07	130.69	7.9
C005	岩石力学与工程学报	10151	1.728	0.163	0.92	426	18	4.20	1128.29	8.8
E309	岩石学报	8951	1.705	0.477	0.82	173	9	1.93	898.46	7.2
V574	岩土工程技术	148	0.099	0.000	0.89	83	17	56.08	16.92	10.5
V037	岩土工程学报	5918	1.147	0.131	0.90	360	21	6.08	671.23	8.3
C004	岩土力学	8304	1.275	0.188	0.89	563	27	6.78	928.07	6.7
E163	岩性油气藏	1241	1.130	0.103	0.66	107	6	8.62	129.82	4.8
S821	研究与发展管理	949	1.104	0.058	0.93	172	9	18.12	145.57	5.3
E500	盐湖研究	328	0.230	0.048	0.88	115	12	35.06	36.04	9.1
T054	盐业与化工	556	0.462	0.109	0.38	106	1	19.06	65.81	3.8
G962	眼科	486	0.358	0.059	0.88	123	7	25.31	38.83	5.9
G554	眼科新进展	1313	0.633	0.138	0.83	203	7	15.46	104.40	4.1
J025	燕山大学学报	266	0.306	0.012	0.91	149	32	56.02	31.30	6.1

表 4-1　2016 年中国科技核心期刊（中文）被引用指标刊名字顺索引（续）

CODE	刊　名	核心总被引频次	核心影响因子	核心即年指标	核心他引率	核心引用刊数	核心开放因子	核心扩散因子	核心权威因子	核心被引半衰期
H016	扬州大学学报农业与生命科学版	669	0.614	0.233	0.83	196	20	29.30	56.50	7.5
A514	扬州大学学报自然科学版	168	0.291	0.045	0.67	93	11	55.36	18.62	5.2
S031	遥测遥控	132	0.276	0.031	0.86	80	18	60.61	16.28	4.8
Z543	遥感技术与应用	1318	0.827	0.130	0.85	316	27	23.98	136.46	6.5
S024	遥感信息	747	0.475	0.037	0.90	238	24	31.86	78.04	6.2
Z006	遥感学报	2016	1.083	0.117	0.92	357	24	17.71	210.58	9.4
G403	药物不良反应杂志	709	1.053	0.035	0.90	197	17	27.79	54.64	6.1
G087	药物分析杂志	3057	0.851	0.107	0.86	381	16	12.46	244.91	5.3
G877	药物流行病学杂志	695	0.604	0.123	0.87	201	10	28.92	53.65	4.0
G836	药物评价研究	825	1.184	0.219	0.90	214	14	25.94	63.48	3.4
G514	药物生物技术	467	0.402	0.024	0.79	202	28	43.25	38.85	5.6
G977	药学服务与研究	440	0.381	0.064	0.91	185	22	42.05	34.51	5.1
G440	药学实践杂志	567	0.463	0.055	0.96	221	31	38.98	44.34	5.5
G008	药学学报	3130	1.125	0.220	0.90	509	23	16.26	248.80	6.8
G527	药学与临床研究	599	0.488	0.083	0.96	238	35	39.73	46.77	4.5
M023	冶金分析	1188	0.916	0.071	0.53	155	2	13.05	122.13	5.3
M047	冶金能源	275	0.343	0.085	0.57	71	3	25.82	35.81	5.5
C503	液晶与显示	635	0.827	0.084	0.77	112	4	17.64	75.38	3.2
N079	液压气动与密封	676	0.272	0.038	0.60	110	2	16.27	79.69	4.7
N035	液压与气动	1095	0.349	0.029	0.75	171	3	15.62	128.57	5.2
G605	医疗卫生装备	2057	0.481	0.022	0.67	279	3	13.56	179.82	4.7
G482	医学动物防制	1291	0.438	0.066	0.55	198	3	15.34	108.02	4.0
G333	医学分子生物学杂志	204	0.168	0.029	0.98	160	58	78.43	16.36	9.8
G545	医学临床研究	1682	0.311	0.024	0.80	379	22	22.53	131.35	4.0
G281	医学研究生学报	1895	1.234	0.217	0.69	434	20	22.90	150.16	3.4
G480	医学研究杂志	1765	0.357	0.024	0.96	528	74	29.92	137.99	4.5
G265	医学影像学杂志	2199	0.514	0.047	0.79	370	21	16.83	176.57	3.9
G860	医学综述	5132	0.487	0.070	0.94	707	69	13.78	400.05	3.8
G844	医药导报	2112	0.496	0.061	0.89	435	31	20.60	163.68	5.1
G088	医用生物力学	537	0.798	0.132	0.63	166	4	30.91	49.07	4.3
N074	仪表技术与传感器	1417	0.441	0.043	0.74	259	12	18.28	166.23	4.8
N066	仪器仪表学报	4993	1.937	0.268	0.81	563	13	11.28	578.57	4.6
F024	遗传	1831	0.939	0.110	0.93	427	45	23.32	154.47	8.1
G455	疑难病杂志	1547	0.927	0.224	0.81	328	18	21.20	118.92	3.0
T104	印染助剂	446	0.260	0.031	0.72	112	7	25.11	57.62	6.3
G089	营养学报	1273	0.592	0.069	0.95	353	34	27.73	104.16	8.4
D014	影像科学与光化学	132	0.333	0.081	0.78	85	19	64.39	14.91	5.3
G649	影像诊断与介入放射学	340	0.527	0.084	0.90	160	25	47.06	27.28	4.0
B008	应用概率统计	187	0.144	0.043	0.92	89	16	47.59	22.78	8.8
C109	应用光学	809	0.442	0.037	0.74	177	9	21.88	94.31	5.7
E123	应用海洋学学报	655	0.344	0.056	0.93	164	22	25.04	64.74	10.6
T949	应用化工	1447	0.315	0.045	0.85	397	39	27.44	155.58	4.6
D016	应用化学	981	0.444	0.095	0.91	314	43	32.01	106.87	6.7

表 4-1　2016 年中国科技核心期刊（中文）被引用指标刊名字顺索引（续）

CODE	刊　名	核心总被引频次	核心影响因子	核心即年指标	核心他引率	核心引用刊数	核心开放因子	核心扩散因子	核心权威因子	核心被引半衰期
A580	应用基础与工程科学学报	750	0.623	0.034	0.82	326	48	43.47	81.10	5.8
R033	应用激光	416	0.394	0.043	0.85	115	8	27.64	45.99	6.0
X693	应用科技	293	0.226	0.020	0.93	194	52	66.21	34.15	6.7
A015	应用科学学报	403	0.388	0.038	0.95	272	71	67.49	47.32	6.1
F035	应用昆虫学报	2034	0.691	0.070	0.85	230	9	11.31	174.91	7.0
C008	应用力学学报	708	0.299	0.044	0.92	280	46	39.55	83.64	6.9
E122	应用气象学报	2369	1.354	0.197	0.80	272	9	11.48	229.03	9.1
Z018	应用生态学报	12948	1.967	0.244	0.90	583	33	4.50	1172.55	7.5
C052	应用声学	303	0.287	0.013	0.86	144	23	47.52	35.99	7.2
B011	应用数学	175	0.209	0.000	0.91	78	16	44.57	21.34	4.9
B020	应用数学和力学	623	0.644	0.126	0.78	243	25	39.00	74.04	6.7
B001	应用数学学报	333	0.381	0.012	0.93	126	18	37.84	40.29	6.7
F100	应用与环境生物学报	1882	0.832	0.063	0.89	369	40	19.61	168.58	7.6
M014	硬质合金	355	0.543	0.159	0.57	79	3	22.25	42.42	6.2
L027	油气储运	1416	0.672	0.063	0.63	196	3	13.84	164.26	4.9
L504	油气地质与采收率	1752	2.341	0.320	0.75	152	6	8.68	185.19	4.2
L033	油田化学	1174	0.884	0.086	0.69	124	5	10.56	132.42	6.9
K020	铀矿冶	212	0.297	0.036	0.65	70	5	33.02	23.68	8.9
T916	有机硅材料	383	0.582	0.054	0.61	88	4	22.98	47.44	5.9
D025	有机化学	1672	0.695	0.112	0.66	260	6	15.55	175.82	5.2
M036	有色金属工程	566	0.373	0.040	0.93	190	20	33.57	64.86	8.8
M504	有色金属科学与工程	520	0.582	0.033	0.67	138	6	26.54	60.09	4.0
K580	有色金属选矿部分	682	0.618	0.049	0.71	61	4	8.94	80.01	5.6
M020	有色金属冶炼部分	714	0.610	0.102	0.53	93	2	13.03	85.45	3.9
N907	鱼雷技术	270	0.202	0.057	0.59	70	3	25.93	35.12	6.8
H998	渔业科学进展	1061	0.514	0.076	0.84	154	11	14.51	97.78	7.9
H220	渔业现代化	441	0.414	0.116	0.69	113	9	25.62	40.92	6.2
Y020	宇航材料工艺	608	0.326	0.018	0.87	180	19	29.61	73.51	7.1
Y008	宇航计测技术	186	0.167	0.009	0.87	108	22	58.06	22.12	6.3
Y024	宇航学报	2371	0.885	0.111	0.75	289	18	12.19	298.56	6.5
H909	玉米科学	2116	0.732	0.089	0.85	174	14	8.22	178.58	7.6
G479	预防医学	1416	0.642	0.137	0.81	304	17	21.47	113.85	3.7
G518	预防医学情报杂志	844	0.437	0.021	0.80	209	12	24.76	69.18	4.4
H039	园艺学报	4467	0.845	0.120	0.90	269	19	6.02	376.91	7.8
C108	原子核物理评论	127	0.169	0.023	0.65	47	4	37.01	15.20	7.4
Q008	原子能科学技术	832	0.206	0.024	0.76	242	12	29.09	98.27	5.4
A038	云南大学学报自然科学版	564	0.410	0.069	0.84	278	47	49.29	54.28	6.5
A654	云南民族大学学报自然科学版	184	0.215	0.000	0.83	116	24	63.04	19.76	5.2
H269	云南农业大学学报	1148	0.607	0.046	0.95	285	35	24.83	99.56	7.2
A053	云南师范大学学报自然科学版	243	0.329	0.048	0.82	148	27	60.91	25.28	7.8
B013	运筹学学报	111	0.272	0.038	0.88	67	14	60.36	13.87	6.4
B522	运筹与管理	910	0.451	0.017	0.87	261	19	28.68	121.89	4.9
H989	杂草学报	380	0.703	0.000	0.82	78	6	20.53	32.31	6.8

表 4-1 2016 年中国科技核心期刊（中文）被引用指标刊名字顺索引（续）

CODE	刊　名	核心总被引频次	核心影响因子	核心即年指标	核心他引率	核心引用刊数	核心开放因子	核心扩散因子	核心权威因子	核心被引半衰期
H293	杂交水稻	818	0.349	0.063	0.81	97	7	11.86	70.12	8.5
E148	灾害学	1173	0.979	0.166	0.74	285	21	24.30	123.43	5.4
Y057	载人航天	233	0.525	0.063	0.67	62	4	26.61	30.18	3.1
U643	造纸科学与技术	182	0.102	0.018	0.73	82	9	45.05	20.56	6.5
C100	噪声与振动控制	1098	0.459	0.061	0.63	254	11	23.13	131.79	5.0
M043	轧钢	633	0.559	0.165	0.41	57	1	9.00	81.92	4.9
T569	粘接	427	0.299	0.069	0.79	114	7	26.70	51.19	6.3
R081	照明工程学报	454	0.506	0.060	0.50	97	1	21.37	56.40	3.8
A017	浙江大学学报工学版	1972	0.568	0.053	0.92	597	88	30.27	230.29	6.6
A002	浙江大学学报理学版	561	0.496	0.049	0.94	321	74	57.22	60.52	7.5
H035	浙江大学学报农业与生命科学版	1105	0.491	0.125	0.98	324	51	29.32	97.33	10.3
G091	浙江大学学报医学版	494	0.630	0.041	0.99	298	83	60.32	39.44	4.8
J016	浙江工业大学学报	685	0.623	0.015	0.55	267	9	38.98	74.25	5.1
H019	浙江农林大学学报	1018	0.631	0.136	0.91	244	26	23.97	92.22	6.0
H201	浙江农业学报	1223	0.444	0.062	0.89	294	32	24.04	105.35	5.6
G810	浙江医学	1035	0.334	0.040	0.91	332	46	32.08	80.98	3.5
G092	浙江中医药大学学报	1538	0.530	0.032	0.91	317	23	20.61	114.57	5.2
G093	针刺研究	1211	1.249	0.154	0.86	172	10	14.20	87.99	6.1
G488	针灸临床杂志	1796	0.572	0.065	0.86	167	12	9.30	129.26	5.7
N086	真空	232	0.121	0.000	0.73	107	13	46.12	27.96	7.6
C038	真空与低温	262	0.422	0.039	0.59	85	5	32.44	33.23	6.9
G259	诊断病理学杂志	768	0.419	0.061	0.85	235	20	30.60	61.58	5.0
G615	诊断学理论与实践	490	0.371	0.065	0.96	252	50	51.43	38.72	5.5
Y010	振动测试与诊断	994	0.556	0.038	0.72	240	11	24.14	117.74	4.6
Y004	振动工程学报	1090	0.538	0.029	0.91	268	24	24.59	130.33	7.4
N030	振动与冲击	5049	0.687	0.059	0.79	514	29	10.18	599.71	4.6
E316	震灾防御技术	243	0.349	0.048	0.77	69	8	28.40	28.29	5.5
J012	郑州大学学报工学版	456	0.311	0.042	0.84	246	46	53.95	52.07	5.6
A019	郑州大学学报理学版	228	0.305	0.088	0.73	133	21	58.33	26.88	4.8
G036	郑州大学学报医学版	1133	0.750	0.091	0.89	388	48	34.25	89.82	4.1
G884	职业与健康	2711	0.425	0.046	0.75	409	11	15.09	221.18	3.8
H577	植物保护	2156	0.722	0.130	0.87	220	18	10.20	182.64	6.6
H014	植物保护学报	1670	0.886	0.308	0.84	178	15	10.66	140.70	8.2
H052	植物病理学报	1332	0.572	0.066	0.94	186	21	13.96	112.44	10.5
H584	植物检疫	650	0.362	0.032	0.70	120	7	18.46	55.76	6.4
F008	植物科学学报	1107	0.872	0.142	0.87	239	26	21.59	96.62	9.0
F038	植物生理学报	3360	0.939	0.135	0.90	312	28	9.29	286.24	11.5
F009	植物生态学报	5320	2.267	0.262	0.94	337	18	6.33	479.78	8.8
F023	植物学报	1647	0.981	0.110	0.94	289	30	17.55	142.31	10.4
F050	植物研究	1142	0.673	0.045	0.90	226	23	19.79	99.22	7.9
H238	植物遗传资源学报	1768	1.180	0.093	0.80	180	15	10.18	147.59	4.9
H890	植物营养与肥料学报	5325	2.318	0.156	0.91	263	19	4.94	458.01	6.9
Z551	植物资源与环境学报	671	0.727	0.045	0.90	195	26	29.06	58.06	8.3

表 4-1 2016年中国科技核心期刊（中文）被引用指标刊名字顺索引（续）

CODE	刊 名	核心总被引频次	核心影响因子	核心即年指标	核心他引率	核心引用刊数	核心开放因子	核心扩散因子	核心权威因子	核心被引半衰期
N091	指挥控制与仿真	460	0.296	0.029	0.82	111	8	24.13	58.56	4.9
U011	制冷学报	549	0.583	0.056	0.60	103	4	18.76	63.04	5.8
U640	制冷与空调(四川)	246	0.122	0.040	0.53	65	2	26.42	31.44	5.5
N046	制造技术与机床	997	0.210	0.038	0.85	175	6	17.55	119.11	5.8
S023	制造业自动化	1332	0.205	0.014	0.89	312	21	23.42	157.88	4.1
C034	质谱学报	564	0.677	0.162	0.91	183	18	32.45	50.52	6.2
S052	智能系统学报	406	0.573	0.078	0.90	182	28	44.83	50.08	3.8
G007	中草药	8211	1.578	0.297	0.80	581	17	7.08	642.60	5.5
G520	中成药	5009	0.935	0.105	0.87	481	21	9.60	384.76	5.2
G538	中国癌症杂志	1518	1.123	0.115	0.97	382	56	25.16	119.58	4.6
G985	中国艾滋病性病	1741	0.990	0.143	0.79	171	8	9.82	139.01	4.1
G129	中国安全科学学报	3157	1.009	0.201	0.76	460	12	14.57	357.09	5.3
Z552	中国安全生产科学技术	1745	0.773	0.154	0.65	297	5	17.02	193.60	3.9
F048	中国比较医学杂志	871	0.468	0.045	0.85	303	26	34.79	69.47	6.0
N103	中国表面工程	628	0.502	0.113	0.84	131	8	20.86	73.09	6.4
G750	中国病案	1321	0.709	0.114	0.47	193	1	14.61	107.14	3.4
G769	中国病毒病杂志	259	0.608	0.000	0.89	104	20	40.15	20.62	4.0
G096	中国病理生理杂志	2503	0.774	0.111	0.83	524	50	20.93	195.27	4.9
G339	中国病原生物学杂志	1442	1.007	0.078	0.68	285	7	19.76	117.54	3.6
M053	中国材料进展	708	0.475	0.049	0.96	233	30	32.91	81.63	6.0
H213	中国草地学报	1662	1.378	0.127	0.76	198	5	11.91	145.62	7.1
N830	中国测试	650	0.386	0.082	0.80	249	28	38.31	70.76	4.4
G097	中国超声医学杂志	2449	1.364	0.147	0.76	344	16	14.05	195.60	3.9
G529	中国卒中杂志	707	0.656	0.096	0.89	233	40	32.96	54.97	3.8
G901	中国当代儿科杂志	1868	1.094	0.176	0.93	394	33	21.09	145.85	3.8
H939	中国稻米	689	0.402	0.058	0.76	131	10	19.01	58.39	5.4
G099	中国地方病防治杂志	781	0.665	0.032	0.86	188	8	24.07	64.29	5.8
E654	中国地质	2803	1.391	0.116	0.81	231	12	8.24	283.36	6.6
E604	中国地质灾害与防治学报	853	0.858	0.042	0.77	208	18	24.38	92.51	8.4
R040	中国电机工程学报	19265	2.717	0.240	0.81	568	9	2.95	2159.09	5.2
R511	中国电力	2104	0.881	0.051	0.60	249	4	11.83	235.25	4.3
G234	中国动脉硬化杂志	1336	0.785	0.122	0.82	319	30	23.88	103.23	4.3
H891	中国动物传染病学报	277	0.247	0.000	0.88	71	7	25.63	23.04	5.7
G825	中国儿童保健杂志	1914	0.611	0.115	0.84	311	18	16.25	152.49	4.4
G270	中国耳鼻咽喉颅底外科杂志	512	0.364	0.082	0.66	128	4	25.00	42.26	4.7
G543	中国耳鼻咽喉头颈外科	1099	0.717	0.095	0.74	209	6	19.02	90.85	5.3
G100	中国法医学杂志	460	0.290	0.051	0.65	124	3	26.96	42.00	6.5
G290	中国防痨杂志	1973	1.070	0.311	0.70	249	10	12.62	156.19	4.1
V023	中国非金属矿工业导刊	288	0.108	0.025	0.87	113	12	39.24	32.29	7.8
G320	中国肺癌杂志	1294	1.283	0.358	0.95	317	36	24.50	101.72	4.7
G402	中国分子心脏病学杂志	230	0.192	0.052	0.94	142	34	61.74	17.89	5.1
V568	中国粉体技术	440	0.329	0.067	0.80	184	26	41.82	48.45	6.4
G587	中国辐射卫生	635	0.260	0.023	0.76	148	8	23.31	54.04	5.8

表 4-1　2016 年中国科技核心期刊（中文）被引用指标刊名字顺索引（续）

CODE	刊　名	核心总被引频次	核心影响因子	核心即年指标	核心他引率	核心引用刊数	核心开放因子	核心扩散因子	核心权威因子	核心被引半衰期
M007	中国腐蚀与防护学报	799	0.705	0.065	0.88	139	7	17.40	93.88	8.9
G456	中国妇产科临床杂志	850	0.594	0.082	0.96	242	31	28.47	66.05	4.7
G680	中国妇幼保健	8610	0.614	0.102	0.81	527	25	6.12	669.62	4.0
G475	中国肝脏病杂志电子版	300	0.695	0.019	0.80	114	10	38.00	23.18	3.1
G631	中国感染控制杂志	1247	1.264	0.113	0.69	231	10	18.52	98.42	3.2
G337	中国感染与化疗杂志	1701	3.068	0.111	0.89	266	23	15.64	133.67	3.4
X035	中国港湾建设	389	0.257	0.076	0.59	97	2	24.94	47.87	4.8
V036	中国给水排水	3536	0.410	0.043	0.74	350	7	9.90	372.44	6.5
N089	中国工程机械学报	283	0.203	0.000	0.93	126	19	44.52	33.42	6.3
N754	中国工程科学	1438	0.417	0.112	1.00	648	134	45.06	159.58	7.5
G244	中国工业医学杂志	666	0.388	0.011	0.88	170	5	25.53	54.74	6.7
G102	中国公共卫生	5021	1.048	0.157	0.83	648	24	12.91	408.71	5.4
X031	中国公路学报	1780	0.969	0.120	0.83	302	19	16.97	211.25	7.0
G103	中国骨伤	2158	1.091	0.325	0.75	291	12	13.48	167.28	4.3
G249	中国骨与关节损伤杂志	2819	1.004	0.078	0.70	242	8	8.58	221.40	3.9
G648	中华骨与关节外科杂志	485	0.900	0.097	0.93	159	19	32.78	38.08	3.2
G857	中国骨与关节杂志	517	0.541	0.155	0.88	173	27	33.46	40.84	3.1
G663	中国骨质疏松杂志	2100	1.211	0.086	0.77	357	27	17.00	164.31	4.0
W021	中国管理科学	2591	1.355	0.243	0.77	374	12	14.43	360.77	5.2
N104	中国惯性技术学报	952	0.873	0.122	0.73	174	10	18.28	119.40	5.0
C099	中国光学	845	1.821	0.228	0.87	143	4	16.92	99.10	3.0
G637	中国国境卫生检疫杂志	411	0.360	0.105	0.55	90	2	21.90	38.01	5.7
H215	中国果树	683	0.328	0.079	0.81	123	8	18.01	57.40	8.0
L013	中国海上油气	1257	0.700	0.044	0.81	171	15	13.60	135.02	8.1
E313	中国海洋大学学报自然科学版	1722	0.470	0.026	0.93	454	31	26.36	169.78	8.3
L026	中国海洋平台	245	0.118	0.022	0.89	73	9	29.80	29.44	8.2
G104	中国海洋药物	447	0.411	0.011	0.86	146	16	32.66	37.78	8.2
X039	中国航海	342	0.300	0.009	0.75	103	7	30.12	43.34	5.2
G973	中国呼吸与危重监护杂志	921	0.544	0.077	0.89	252	30	27.36	71.27	4.8
G417	中国护理管理	3409	1.210	0.149	0.88	238	6	6.98	257.60	4.0
Z030	中国环境监测	1578	1.045	0.079	0.81	339	14	21.48	157.56	5.5
Z001	中国环境科学	5863	1.818	0.261	0.78	629	13	10.73	587.87	4.8
N059	中国机械工程	3983	0.581	0.055	0.86	483	21	12.13	473.76	6.4
A079	中国基础科学	180	0.178	0.020	0.99	122	32	67.78	22.53	8.6
R066	中国激光	4185	1.563	0.146	0.77	319	3	7.62	471.51	3.6
R013	中国激光医学杂志	243	0.279	0.033	0.86	111	20	45.68	20.08	6.2
G852	中国急救复苏与灾害医学杂志	632	0.266	0.038	0.81	172	14	27.22	50.16	4.2
G241	中国急救医学	1734	0.829	0.065	0.88	331	31	19.09	134.33	4.4
G192	中国脊柱脊髓杂志	2288	1.051	0.112	0.92	259	19	11.32	180.39	5.3
G105	中国寄生虫学与寄生虫病杂志	1106	1.319	0.111	0.69	148	3	13.38	91.41	4.9
G560	中国计划生育和妇产科	395	0.403	0.118	0.92	136	19	34.43	30.74	2.8
G907	中国计划生育学杂志	1020	0.733	0.116	0.84	202	14	19.80	79.86	4.6
G787	中国健康教育	1797	0.731	0.049	0.81	263	11	14.64	146.38	4.7

表 4-1　2016 年中国科技核心期刊（中文）被引用指标刊名字顺索引（续）

CODE	刊　名	核心总被引频次	核心影响因子	核心即年指标	核心他引率	核心引用刊数	核心开放因子	核心扩散因子	核心权威因子	核心被引半衰期
G784	中国健康心理学杂志	3477	0.770	0.095	0.54	323	3	9.29	304.16	4.4
N108	中国舰船研究	353	0.292	0.076	0.79	110	5	31.16	44.58	5.1
T075	中国胶粘剂	607	0.321	0.072	0.75	148	8	24.38	72.01	6.7
G233	中国矫形外科杂志	3735	0.962	0.107	0.84	350	19	9.37	294.40	4.8
G239	中国介入心脏病学杂志	708	1.009	0.095	0.83	180	23	25.42	54.95	3.0
G206	中国介入影像与治疗学	675	0.505	0.120	0.85	213	22	31.56	54.10	4.2
G323	中国康复	832	0.761	0.052	0.88	213	21	25.60	63.83	4.7
G400	中国康复理论与实践	2352	0.839	0.103	0.83	389	20	16.54	184.09	5.2
G106	中国康复医学杂志	2860	1.034	0.162	0.86	390	22	13.64	222.53	5.5
G107	中国抗生素杂志	1016	0.549	0.030	0.89	335	46	32.97	83.57	5.5
A098	中国科技论坛	1350	0.535	0.085	0.91	274	11	20.30	198.90	4.8
A108	中国科学 地球科学	4776	1.639	0.128	0.95	484	33	10.13	498.22	8.6
A106	中国科学 化学	1288	0.597	0.051	0.96	452	66	35.09	137.26	7.6
A109	中国科学 技术科学	1138	0.749	0.121	0.96	457	82	40.16	137.11	6.9
A107	中国科学 生命科学	871	0.746	0.101	0.96	385	73	44.20	78.28	5.9
A105	中国科学 数学	386	0.166	0.016	0.99	217	50	56.22	45.30	14.6
A103	中国科学 物理学力学天文学	646	0.475	0.239	0.85	253	28	39.16	76.43	4.3
Z317	中国科学 信息科学	643	1.166	0.064	0.92	255	39	39.66	77.58	3.7
A081	中国科学基金	418	0.556	0.155	0.73	188	15	44.98	51.78	5.9
A007	中国科学技术大学学报	535	0.195	0.007	0.97	316	73	59.07	61.74	8.0
A102	中国科学院大学学报	473	0.389	0.058	0.98	277	63	58.56	51.87	6.6
A636	中国科学院院刊	870	0.682	0.326	0.93	372	58	42.76	101.31	4.4
Y003	中国空间科学技术	351	0.371	0.043	0.84	125	13	35.61	44.24	7.1
G441	中国口腔颌面外科杂志	437	0.357	0.018	0.84	150	17	34.32	36.96	5.5
K030	中国矿业	1408	0.406	0.054	0.86	302	17	21.45	158.04	5.7
K015	中国矿业大学学报	3161	1.590	0.253	0.88	424	12	13.41	339.67	7.7
U001	中国粮油学报	2425	0.659	0.035	0.84	269	8	11.09	203.44	6.1
G447	中国临床保健杂志	731	0.508	0.075	0.69	238	21	32.56	56.43	4.4
G108	中国临床解剖学杂志	1125	0.540	0.072	0.86	265	18	23.56	90.65	7.5
G536	中国临床神经科学	471	0.545	0.082	0.90	211	38	44.80	36.76	4.8
G794	中国临床神经外科杂志	985	0.463	0.072	0.67	215	10	21.83	78.71	4.7
G221	中国临床心理学杂志	2616	1.189	0.154	0.74	300	6	11.47	242.82	5.9
G754	中国临床研究	1152	0.462	0.070	0.91	350	41	30.38	89.32	3.0
G870	中国临床药理学与治疗学	1404	0.649	0.092	0.90	393	46	27.99	108.56	5.6
G109	中国临床药理学杂志	2050	0.900	0.148	0.90	409	42	19.95	158.78	2.9
G544	中国临床药学杂志	349	0.474	0.029	0.88	150	17	42.98	27.32	6.3
G814	中国临床医生杂志	2157	1.268	0.169	0.72	367	11	17.01	164.64	2.9
G974	中国临床医学	967	0.409	0.050	0.96	375	67	38.78	75.84	5.1
G304	中国临床医学影像杂志	1246	0.742	0.068	0.95	298	32	23.92	99.81	4.4
G110	中国麻风皮肤病杂志	758	0.355	0.056	0.84	207	12	27.31	59.57	6.0
H212	中国麻业科学	390	0.405	0.000	0.71	87	4	22.31	34.62	9.7
G613	中国慢性病预防与控制	1632	0.948	0.096	0.90	344	27	21.08	128.94	5.3
G598	中国媒介生物学及控制杂志	1461	0.976	0.133	0.76	146	3	9.99	129.93	6.0

表 4-1　2016 年中国科技核心期刊（中文）被引用指标刊名字顺索引（续）

CODE	刊　名	核心总被引频次	核心影响因子	核心即年指标	核心他引率	核心引用刊数	核心开放因子	核心扩散因子	核心权威因子	核心被引半衰期
K037	中国煤炭地质	871	0.342	0.048	0.68	131	4	15.04	89.84	6.3
G582	中国煤炭工业医学杂志	1454	0.433	0.074	0.79	323	13	22.21	113.22	3.5
G428	中国美容医学	2615	0.400	0.065	0.71	361	14	13.80	212.34	4.6
G297	中国美容整形外科杂志	867	0.655	0.067	0.72	143	3	16.49	71.63	4.1
K036	中国锰业	247	0.384	0.024	0.55	59	2	23.89	29.06	6.7
H211	中国棉花	733	0.474	0.068	0.60	100	4	13.64	62.89	5.8
G111	中国免疫学杂志	1460	0.737	0.089	0.90	400	49	27.40	114.20	3.7
Y028	中国民航大学学报	176	0.148	0.000	0.95	100	24	56.82	21.55	6.8
K550	中国钼业	306	0.296	0.064	0.62	88	6	28.76	36.16	7.2
G303	中国男科学杂志	934	0.442	0.105	0.67	182	3	19.49	73.38	6.4
H273	中国南方果树	796	0.319	0.018	0.71	113	6	14.20	66.58	6.0
G422	中国脑血管病杂志	816	0.884	0.096	0.91	241	33	29.53	63.60	4.3
G277	中国内镜杂志	1863	0.747	0.170	0.86	316	33	16.96	147.10	4.4
R524	中国能源	367	0.570	0.140	0.85	170	28	46.32	44.30	4.6
U609	中国酿造	2895	0.694	0.175	0.68	262	4	9.05	238.14	5.5
W005	中国农村水利水电	1528	0.292	0.024	0.84	305	14	19.96	154.09	5.8
H958	中国农学通报	10629	0.518	0.075	0.89	703	43	6.61	931.91	5.7
H027	中国农业大学学报	1732	0.691	0.122	0.94	402	48	23.21	157.27	6.3
H567	中国农业科技导报	1032	0.739	0.095	0.94	308	42	29.84	92.20	5.5
H030	中国农业科学	11241	1.854	0.260	0.94	522	34	4.64	964.31	6.7
H210	中国农业气象	1627	1.157	0.143	0.87	251	19	15.43	147.16	6.8
H221	中国农业资源与区划	1633	1.843	0.118	0.39	188	1	11.51	152.17	4.0
G311	中国皮肤性病学杂志	1816	0.472	0.042	0.77	304	12	16.74	142.12	5.0
G226	中国普通外科杂志	2427	1.181	0.335	0.71	340	16	14.01	195.45	3.5
G269	中国普外基础与临床杂志	1598	0.624	0.113	0.80	310	33	19.40	128.16	4.5
G776	中国全科医学	7658	1.068	0.164	0.92	643	46	8.40	598.08	4.0
H081	中国热带农业	327	0.257	0.049	0.85	75	5	22.94	28.56	5.5
G629	中国热带医学	2176	0.815	0.215	0.74	407	14	18.70	174.87	4.1
Z546	中国人口资源与环境	4709	2.270	0.175	0.94	559	37	11.87	580.72	4.7
G112	中国人兽共患病学报	1282	0.560	0.075	0.89	250	19	19.50	105.57	5.8
U052	中国乳品工业	881	0.334	0.036	0.82	137	6	15.55	73.78	7.9
S825	中国软科学	3483	1.468	0.249	0.95	481	37	13.81	508.25	5.7
E124	中国沙漠	3787	1.650	0.136	0.76	328	11	8.66	359.72	6.5
G366	中国社会医学杂志	625	0.440	0.043	0.80	200	20	32.00	51.59	5.0
G114	中国神经精神疾病杂志	1338	0.863	0.088	0.87	340	39	25.41	106.11	5.6
G242	中国神经免疫学和神经病学杂志	558	0.758	0.105	0.91	216	34	38.71	43.37	4.7
H555	中国生态农业学报	3865	1.462	0.259	0.92	385	30	9.96	344.26	6.3
H044	中国生物防治学报	1011	0.960	0.069	0.84	176	14	17.41	85.76	6.2
F255	中国生物工程杂志	1134	0.499	0.101	0.94	396	48	34.92	98.27	6.3
F002	中国生物化学与分子生物学报	707	0.514	0.059	0.83	313	47	44.27	57.95	5.4
G115	中国生物医学工程学报	595	0.495	0.093	0.88	258	34	43.36	58.97	5.8
G258	中国生物制品学杂志	804	0.335	0.027	0.86	267	31	33.21	65.17	4.5
G715	中国生育健康杂志	439	0.353	0.044	0.97	173	31	39.41	34.00	4.0

表 4-1　2016 年中国科技核心期刊（中文）被引用指标刊名字顺索引（续）

CODE	刊　名	核心总被引频次	核心影响因子	核心即年指标	核心他引率	核心引用刊数	核心开放因子	核心扩散因子	核心权威因子	核心被引半衰期
L001	中国石油大学学报自然科学版	2180	1.057	0.077	0.90	358	25	16.42	236.35	7.7
L532	中国石油勘探	948	2.654	0.456	0.77	107	8	11.29	96.98	3.9
F047	中国实验动物学报	656	0.631	0.098	0.90	248	30	37.80	51.76	5.3
G604	中国实验方剂学杂志	9238	0.948	0.114	0.87	581	21	6.29	700.39	4.0
G883	中国实验血液学杂志	1521	0.755	0.095	0.74	334	17	21.96	120.23	3.9
G853	中国实验诊断学	2660	0.650	0.034	0.95	497	47	18.68	208.07	3.8
G273	中国实用儿科杂志	1857	1.122	0.097	0.86	348	21	18.74	144.21	4.9
G228	中国实用妇科与产科杂志	2344	0.998	0.333	0.92	341	32	14.55	181.50	4.8
G305	中国实用护理杂志	5047	0.866	0.038	0.76	344	7	6.82	383.46	4.3
G867	中国实用口腔科杂志	771	0.532	0.046	0.87	171	15	22.18	65.35	4.6
G267	中国实用内科杂志	2281	1.007	0.092	0.96	469	70	20.56	177.35	5.2
G272	中国实用外科杂志	3620	1.624	0.248	0.86	425	24	11.74	291.93	5.0
G872	中国实用眼科杂志	1720	0.563	0.054	0.82	203	5	11.80	137.81	5.3
U635	中国食品添加剂	1302	0.501	0.058	0.90	243	8	18.66	109.23	6.7
G429	中国食品卫生杂志	1316	1.063	0.161	0.88	236	10	17.93	109.70	5.3
U007	中国食品学报	2540	0.742	0.046	0.92	330	8	12.99	211.96	4.5
U563	中国食物与营养	1380	0.517	0.071	0.88	313	16	22.68	115.55	5.9
H317	中国兽药杂志	567	0.330	0.063	0.79	170	12	29.98	48.19	5.6
H326	中国兽医科学	895	0.433	0.100	0.78	162	6	18.10	74.42	5.8
H225	中国兽医学报	1343	0.606	0.074	0.75	200	8	14.89	111.34	4.2
H207	中国蔬菜	1561	0.549	0.128	0.86	200	19	12.81	133.76	5.7
G796	中国输血杂志	2376	0.634	0.083	0.65	242	3	10.19	189.60	4.5
G926	中国数字医学	1240	0.635	0.147	0.60	170	3	13.71	109.35	2.9
H290	中国水产科学	1938	0.911	0.132	0.91	200	13	10.32	176.59	7.2
H020	中国水稻科学	1978	1.411	0.095	0.94	200	17	10.11	167.92	8.6
W557	中国水利水电科学研究院学报	261	0.197	0.040	0.93	115	16	44.06	27.08	7.6
H295	中国水土保持科学	1166	0.791	0.116	0.87	221	17	18.95	109.05	6.4
T022	中国塑料	1013	0.492	0.047	0.82	158	4	15.60	124.03	6.0
G211	中国糖尿病杂志	2195	1.265	0.084	0.92	401	51	18.27	169.63	4.3
G521	中国疼痛医学杂志	1333	0.950	0.170	0.73	281	29	21.08	102.55	4.0
G561	中国体视学与图像分析	197	0.182	0.070	0.66	101	12	51.27	20.07	9.3
G444	中国体外循环杂志	291	0.662	0.031	0.84	107	16	36.77	22.77	4.7
G101	中国天然药物	795	0.665	0.061	0.95	223	22	28.05	62.25	6.8
U501	中国调味品	1453	0.390	0.033	0.66	171	4	11.77	119.81	5.6
X004	中国铁道科学	1368	0.699	0.077	0.84	246	14	17.98	163.08	7.3
G437	中国听力语言康复科学杂志	269	0.214	0.033	0.67	55	3	20.45	23.53	6.8
R083	中国图象图形学报	2163	0.962	0.028	0.91	398	28	18.40	255.48	6.7
H350	中国土地科学	1856	1.259	0.180	0.83	266	14	14.33	203.74	5.5
H233	中国土壤与肥料	1715	0.972	0.060	0.90	219	21	12.77	149.08	7.6
G373	中国微创外科杂志	2449	1.162	0.149	0.84	347	34	14.17	195.56	4.2
G959	中国微侵袭神经外科杂志	837	0.644	0.170	0.64	190	6	22.70	68.19	4.6
G517	中国微生态学杂志	1768	0.639	0.131	0.76	421	34	23.81	142.40	4.2
S725	中国卫生经济	1733	0.669	0.143	0.79	252	9	14.54	151.79	4.4

表 4-1　2016 年中国科技核心期刊（中文）被引用指标刊名字顺索引（续）

CODE	刊　名	核心总被引频次	核心影响因子	核心即年指标	核心他引率	核心引用刊数	核心开放因子	核心扩散因子	核心权威因子	核心被引半衰期
G253	中国卫生统计	2084	0.703	0.083	0.76	417	19	20.01	173.83	4.7
G540	中国卫生信息管理杂志	507	0.956	0.217	0.65	106	4	20.91	45.60	2.9
G716	中国卫生政策研究	794	0.972	0.117	0.84	165	9	20.78	68.92	3.5
G752	中国卫生质量管理	802	0.631	0.111	0.64	140	6	17.46	65.26	4.1
G541	中国卫生资源	494	0.473	0.098	0.89	138	13	27.94	42.35	4.5
K035	中国钨业	395	0.600	0.059	0.54	81	2	20.51	47.38	5.5
M022	中国稀土学报	950	1.025	0.134	0.75	218	10	22.95	106.36	7.3
F025	中国细胞生物学学报	791	0.368	0.045	0.94	364	73	46.02	64.16	4.9
G841	中国现代普通外科进展	1037	0.673	0.090	0.79	260	24	25.07	83.13	3.5
G623	中国现代神经疾病杂志	812	0.690	0.082	0.82	263	32	32.39	63.54	3.8
G885	中国现代手术学杂志	286	0.217	0.016	0.94	152	36	53.15	22.77	4.8
G237	中国现代医学杂志	3226	0.539	0.081	0.94	602	62	18.66	252.54	4.4
G849	中国现代应用药学	1501	0.700	0.090	0.82	352	19	23.45	117.87	4.2
G377	中国现代中药	1074	0.527	0.082	0.88	228	14	21.23	84.32	4.3
G284	中国消毒学杂志	1394	0.576	0.057	0.64	228	7	16.36	113.16	3.9
G765	中国小儿急救医学	997	0.905	0.133	0.85	196	8	19.66	77.25	3.3
G845	中国小儿血液与肿瘤杂志	204	0.338	0.030	0.96	117	29	57.35	15.92	4.2
G298	中国斜视与小儿眼科杂志	333	0.485	0.080	0.87	70	6	21.02	26.70	6.7
G117	中国心理卫生杂志	2907	1.062	0.057	0.93	415	21	14.28	249.34	8.2
G718	中国心血管病研究	860	0.514	0.047	0.78	222	14	25.81	66.32	4.0
G380	中国心血管杂志	480	0.649	0.088	0.91	194	32	40.42	37.35	4.3
G203	中国心脏起搏与心电生理杂志	576	0.491	0.072	0.70	155	10	26.91	44.94	5.7
G082	中国新生儿科杂志	850	1.114	0.117	0.86	198	19	23.29	66.30	4.4
G250	中国新药与临床杂志	1106	0.592	0.130	0.88	306	27	27.67	85.57	5.6
G747	中国新药杂志	3053	0.702	0.128	0.89	534	33	17.49	241.83	4.7
G727	中国性科学	1412	0.695	0.065	0.55	222	3	15.72	109.79	3.1
G232	中国胸心血管外科临床杂志	1105	0.843	0.158	0.63	224	9	20.27	87.56	4.6
G118	中国修复重建外科杂志	2135	0.818	0.158	0.87	352	19	16.49	170.97	5.0
H294	中国畜牧兽医	2295	0.563	0.091	0.69	286	7	12.46	190.45	4.6
H242	中国畜牧杂志	1506	0.438	0.042	0.87	220	7	14.61	127.59	5.7
G908	中国学校卫生	4190	1.074	0.056	0.56	286	3	6.83	343.20	4.3
G464	中国血管外科杂志电子版	220	0.543	0.113	0.80	96	15	43.64	17.49	3.5
G675	中国血吸虫病防治杂志	1381	1.140	0.270	0.47	122	1	8.83	113.34	4.5
G633	中国血液净化	1200	0.853	0.105	0.87	236	23	19.67	92.91	4.8
G119	中国循环杂志	2060	1.773	0.191	0.78	366	27	17.77	160.08	2.9
G756	中国循证儿科杂志	622	0.695	0.091	0.95	213	28	34.24	48.79	5.1
G645	中国循证心血管医学杂志	930	0.800	0.156	0.83	250	24	26.88	72.67	3.0
G396	中国循证医学杂志	1946	0.910	0.251	0.89	445	55	22.87	152.66	4.8
H208	中国烟草科学	1736	1.027	0.049	0.85	150	8	8.64	147.37	7.3
U647	中国烟草学报	1327	0.911	0.072	0.90	171	8	12.89	114.13	6.8
E303	中国岩溶	895	1.047	0.057	0.65	173	9	19.33	90.35	7.6
G619	中国眼耳鼻喉科杂志	379	0.486	0.061	0.94	145	19	38.26	30.53	4.5
G318	中国药房	5735	0.564	0.106	0.73	540	16	9.42	445.20	4.1

表 4-1 2016 年中国科技核心期刊（中文）被引用指标刊名字顺索引（续）

CODE	刊　名	核心总被引频次	核心影响因子	核心即年指标	核心他引率	核心引用刊数	核心开放因子	核心扩散因子	核心权威因子	核心被引半衰期
G120	中国药科大学学报	790	0.496	0.050	0.92	276	33	34.94	63.19	9.1
G121	中国药理学通报	3835	1.311	0.257	0.83	560	35	14.60	297.06	4.9
G122	中国药理学与毒理学杂志	807	0.648	0.089	0.91	304	43	37.67	63.41	4.3
G878	中国药师	2339	0.590	0.101	0.77	376	17	16.08	181.66	3.8
G913	中国药事	1075	0.459	0.042	0.83	246	16	22.88	85.89	4.9
G220	中国药物化学杂志	438	0.329	0.000	0.96	164	21	37.44	37.44	7.9
G227	中国药物警戒	917	0.614	0.045	0.87	215	15	23.45	71.22	4.5
G248	中国药物依赖性杂志	383	0.337	0.045	0.64	130	8	33.94	30.89	6.1
G713	中国药物应用与监测	573	1.113	0.104	0.76	186	14	32.46	44.40	3.5
G009	中国药学杂志	3487	0.798	0.083	0.90	521	22	14.94	275.97	6.0
M628	中国冶金	600	0.559	0.156	0.60	92	2	15.33	73.31	4.3
G809	中国医刊	1761	0.796	0.135	0.75	368	12	20.90	136.10	3.4
G123	中国医科大学学报	1410	0.702	0.115	0.98	442	70	31.35	111.02	4.1
G124	中国医疗器械杂志	502	0.542	0.060	0.87	172	4	34.26	45.48	4.9
G679	中国医疗设备	1828	0.552	0.035	0.64	302	2	16.52	157.89	3.5
G306	中国医师进修杂志	1458	0.334	0.020	0.89	357	39	24.49	113.73	4.3
G313	中国医师杂志	1345	0.393	0.055	0.75	383	33	28.48	105.35	3.8
G236	中国医学计算机成像杂志	597	0.646	0.033	0.89	184	18	30.82	48.20	4.3
G125	中国医学科学院学报	1209	1.004	0.072	0.98	496	101	41.03	95.85	6.3
G471	中国医学前沿杂志电子版	1253	0.721	0.065	0.92	351	44	28.01	96.70	3.0
G622	中国医学物理学杂志	591	0.411	0.065	0.85	206	14	34.86	52.66	4.8
G127	中国医学影像技术	3582	0.709	0.133	0.87	432	20	12.06	288.53	5.5
G193	中国医学影像学杂志	1550	1.024	0.054	0.84	323	22	20.84	125.08	4.2
S591	中国医学装备	1572	0.649	0.117	0.53	233	2	14.82	132.97	3.1
G519	中国医药	1842	0.754	0.191	0.84	327	13	17.75	142.66	3.1
G644	中国医药导报	6349	0.658	0.110	0.86	668	45	10.52	493.44	3.8
T019	中国医药工业杂志	1159	0.412	0.059	0.85	264	19	22.78	97.72	6.1
G531	中国医药生物技术	232	0.222	0.154	0.95	148	38	63.79	18.84	4.6
Q918	中国医院	1437	0.889	0.188	0.83	216	10	15.03	118.37	3.9
G454	中国医院管理	2520	1.279	0.196	0.77	252	9	10.00	207.43	3.9
G243	中国医院药学杂志	3205	0.782	0.155	0.87	497	27	15.51	248.99	4.5
G314	中国疫苗和免疫	1674	1.690	0.075	0.79	138	6	8.24	134.06	5.9
G130	中国应用生理学杂志	681	0.866	0.050	0.73	250	20	36.71	54.12	4.2
G706	中国优生与遗传杂志	1824	0.398	0.034	0.76	321	13	17.60	142.69	4.8
H205	中国油料作物学报	1544	0.895	0.122	0.89	210	17	13.60	130.15	7.6
U032	中国油脂	1968	0.605	0.058	0.71	259	5	13.16	168.98	6.8
M028	中国有色金属学报	3883	0.900	0.077	0.81	383	13	9.86	442.88	5.8
H099	中国预防兽医学报	906	0.440	0.040	0.83	124	6	13.69	75.23	5.7
G753	中国预防医学杂志	1305	0.729	0.071	0.95	332	22	25.44	105.25	4.8
V039	中国园林	1217	0.411	0.072	0.66	182	8	14.95	138.59	6.6
X012	中国造船	547	0.428	0.022	0.89	135	9	24.68	68.31	6.4
U033	中国造纸学报	224	0.301	0.024	0.71	81	5	36.16	24.99	8.2
H204	中国沼气	539	0.651	0.049	0.72	124	6	23.01	52.45	5.1

表 4-1 2016年中国科技核心期刊（中文）被引用指标刊名字顺索引（续）

CODE	刊 名	核心总被引频次	核心影响因子	核心即年指标	核心他引率	核心引用刊数	核心开放因子	核心扩散因子	核心权威因子	核心被引半衰期
G600	中国针灸	3748	1.113	0.117	0.87	251	11	6.70	270.67	6.6
H067	中国真菌学杂志	324	0.385	0.030	0.74	130	12	40.12	25.81	5.2
G945	中国职业医学	1177	1.026	0.337	0.68	203	4	17.25	97.28	4.5
G347	中国中西医结合耳鼻咽喉科杂志	365	0.389	0.007	0.88	146	21	40.00	28.73	4.6
G843	中国中西医结合急救杂志	1607	1.942	0.145	0.77	219	3	13.63	120.18	4.1
G757	中国中西医结合皮肤性病学杂志	497	0.468	0.035	0.94	150	23	30.18	37.86	4.9
G846	中国中西医结合肾病杂志	1887	0.708	0.040	0.74	284	20	15.05	141.65	4.7
G758	中国中西医结合外科杂志	839	0.499	0.053	0.91	254	37	30.27	64.08	4.9
G528	中国中西医结合消化杂志	959	0.562	0.047	0.91	213	20	22.21	70.81	5.2
G182	中国中西医结合杂志	5001	1.043	0.106	0.95	446	22	8.92	369.74	6.1
G132	中国中药杂志	10286	1.303	0.166	0.88	682	20	6.63	796.90	5.5
G240	中国中医骨伤科杂志	1245	0.557	0.075	0.75	210	13	16.87	92.79	4.8
G632	中国中医基础医学杂志	2854	0.483	0.046	0.92	271	16	9.50	207.90	6.3
G524	中国中医急症	3514	0.646	0.067	0.84	309	16	8.79	257.09	4.4
G749	中国中医眼科杂志	401	0.314	0.009	0.81	124	14	30.92	30.35	4.9
G832	中国中医药信息杂志	2644	0.509	0.092	0.92	370	21	13.99	197.25	5.9
G642	中国肿瘤	2578	1.942	0.829	0.91	457	48	17.73	203.44	3.7
G133	中国肿瘤临床	2346	1.189	0.228	0.98	471	61	20.08	185.50	4.2
G255	中国肿瘤生物治疗杂志	510	0.538	0.132	0.91	224	34	43.92	40.01	4.3
G667	中国综合临床	1186	0.520	0.064	0.85	311	30	26.22	92.79	3.9
G299	中国组织工程研究	8868	0.621	0.052	0.84	863	59	9.73	709.00	5.9
G134	中国组织化学与细胞化学杂志	368	0.469	0.045	0.86	188	28	51.09	29.15	4.8
G502	中华保健医学杂志	463	0.359	0.039	0.90	208	41	44.92	36.33	4.8
G135	中华病理学杂志	1546	0.828	0.084	0.84	356	33	23.03	123.59	5.4
G195	中华超声影像学杂志	1873	0.859	0.040	0.87	318	21	16.98	149.42	5.0
G136	中华传染病杂志	1070	0.657	0.051	0.91	273	36	25.51	83.74	5.5
G408	中华创伤骨科杂志	2124	1.121	0.105	0.88	239	15	11.25	168.01	4.9
G137	中华创伤杂志	1926	0.919	0.193	0.86	312	28	16.20	152.71	4.5
G098	中华地方病学杂志	1584	1.221	0.198	0.63	183	2	11.55	129.49	4.5
G138	中华儿科杂志	4003	1.704	0.556	0.95	437	29	10.92	310.99	6.4
G139	中华耳鼻咽喉头颈外科杂志	3057	1.261	0.277	0.91	352	9	11.51	249.31	6.8
G743	中华耳科学杂志	969	0.810	0.183	0.66	172	4	17.75	80.85	3.9
G140	中华放射学杂志	3423	1.515	0.133	0.88	398	13	11.63	276.15	5.9
G141	中华放射医学与防护杂志	1013	0.587	0.098	0.82	233	14	23.00	84.83	5.3
G251	中华放射肿瘤学杂志	1366	0.977	0.062	0.76	198	9	14.49	110.56	5.4
G474	中华肺部疾病杂志电子版	666	0.746	0.095	0.77	199	21	29.88	51.88	3.1
G286	中华风湿病学杂志	1353	0.412	0.077	0.90	342	52	25.28	104.10	6.3
G142	中华妇产科杂志	3482	2.496	0.281	0.95	411	30	11.80	271.09	4.8
G689	中华妇幼临床医学杂志电子版	715	0.741	0.007	0.90	232	27	32.45	55.79	3.8
G262	中华肝胆外科杂志	1651	1.645	0.101	0.77	259	15	15.69	133.92	3.6
G231	中华肝脏病杂志	2853	1.493	0.166	0.94	417	34	14.62	222.23	5.6
G054	中华肝脏外科手术学电子杂志	201	0.524	0.075	0.76	83	11	41.29	16.73	2.6
G235	中华高血压杂志	2262	1.063	0.165	0.78	358	31	15.83	175.58	5.3

表 4-1　2016 年中国科技核心期刊（中文）被引用指标刊名字顺索引（续）

CODE	刊　名	核心总被引频次	核心影响因子	核心即年指标	核心他引率	核心引用刊数	核心开放因子	核心扩散因子	核心权威因子	核心被引半衰期
G143	中华骨科杂志	3257	1.717	0.312	0.82	323	15	9.92	256.74	6.5
G728	中华骨质疏松和骨矿盐疾病杂志	511	0.951	0.090	0.95	193	25	37.77	39.79	5.1
G691	中华关节外科杂志电子版	853	0.957	0.145	0.86	206	18	24.15	66.82	3.8
G335	中华航海医学与高气压医学杂志	435	0.483	0.031	0.60	122	5	28.05	36.67	5.1
G144	中华航空航天医学杂志	313	0.281	0.014	0.64	65	3	20.77	30.02	9.6
G145	中华核医学与分子影像杂志	743	0.640	0.226	0.68	186	11	25.03	60.26	4.9
G146	中华护理杂志	8369	2.589	0.326	0.94	440	8	5.26	637.45	5.1
G555	中华急诊医学杂志	2440	1.011	0.281	0.77	367	19	15.04	189.35	4.3
G302	中华疾病控制杂志	2714	1.591	0.166	0.81	376	14	13.85	216.60	3.6
G055	中华肩肘外科电子杂志	66	0.426	0.041	0.76	32	6	48.48	5.38	2.4
G174	中华检验医学杂志	2198	0.958	0.182	0.90	387	17	17.61	174.37	5.5
G751	中华健康管理学杂志	385	0.377	0.103	0.83	141	20	36.62	30.44	4.2
G147	中华结核和呼吸杂志	4473	1.280	0.309	0.93	488	43	10.91	346.52	6.5
G060	中华结直肠疾病电子杂志	179	0.289	0.092	0.91	80	14	44.69	14.35	2.2
G159	中华精神科杂志	806	0.777	0.203	0.87	230	22	28.54	64.40	10.3
G579	中华口腔医学研究杂志电子版	274	0.387	0.123	0.88	100	12	36.50	23.45	4.3
G148	中华口腔医学杂志	1350	0.805	0.119	0.91	262	14	19.41	115.14	8.6
G280	中华口腔正畸学杂志	279	0.481	0.038	0.86	68	8	24.37	23.91	7.5
G149	中华劳动卫生职业病杂志	1521	0.631	0.155	0.80	272	6	17.88	123.98	5.4
G639	中华老年多器官疾病杂志	560	0.420	0.117	0.89	249	46	44.46	43.69	3.8
G833	中华老年口腔医学杂志	368	0.526	0.070	0.71	118	9	32.07	31.73	5.2
G876	中华老年心脑血管病杂志	2219	1.188	0.140	0.94	366	37	16.49	171.90	3.3
G150	中华老年医学杂志	1745	0.860	0.061	0.87	387	47	22.18	135.45	3.8
G692	中华临床感染病杂志	471	0.738	0.132	0.90	187	31	39.70	36.89	4.0
G693	中华临床免疫和变态反应杂志	273	0.472	0.039	0.89	157	37	57.51	21.33	4.6
G824	中华临床营养杂志	529	0.676	0.042	0.91	190	27	35.92	41.35	6.0
G152	中华流行病学杂志	5251	1.618	0.305	0.93	563	29	10.72	420.00	6.2
G153	中华麻醉学杂志	1994	0.652	0.090	0.87	308	26	15.45	155.78	4.5
G154	中华泌尿外科杂志	2306	1.541	0.142	0.81	287	14	12.45	184.29	4.7
G282	中华男科学杂志	1820	0.972	0.102	0.75	292	9	16.04	142.69	5.0
G155	中华内分泌代谢杂志	2377	1.209	0.126	0.97	448	61	18.85	185.43	4.6
G736	中华内分泌外科杂志	352	0.444	0.080	0.85	145	19	41.19	28.21	3.5
G156	中华内科杂志	3813	1.336	0.306	0.96	540	83	14.16	295.48	6.2
G157	中华皮肤科杂志	1815	0.950	0.107	0.86	309	11	17.02	143.49	6.3
G461	中华普通外科学文献电子版	359	0.589	0.115	0.85	162	22	45.13	28.90	3.9
G254	中华普通外科杂志	1925	0.985	0.090	0.80	323	25	16.78	154.89	4.6
G462	中华普外科手术学杂志电子版	566	1.165	0.245	0.65	130	7	22.97	46.73	2.9
G158	中华器官移植杂志	528	0.470	0.013	0.77	160	16	30.30	43.08	4.4
G473	中华腔镜泌尿外科杂志电子版	511	0.799	0.089	0.79	131	11	25.64	41.12	4.2
G463	中华腔镜外科杂志电子版	533	0.931	0.087	0.80	145	14	27.20	43.12	3.6
G526	中华全科医师杂志	892	0.549	0.072	0.83	278	38	31.17	69.86	4.1
G515	中华全科医学	3429	0.877	0.162	0.92	496	34	14.46	266.61	3.4
G505	中华乳腺病杂志电子版	392	0.585	0.022	0.88	164	28	41.84	30.77	4.5

表 4-1　2016 年中国科技核心期刊（中文）被引用指标刊名字顺索引（续）

CODE	刊　名	核心总被引频次	核心影响因子	核心即年指标	核心他引率	核心引用刊数	核心开放因子	核心扩散因子	核心权威因子	核心被引半衰期
G900	中华烧伤杂志	1014	1.077	0.346	0.79	238	20	23.47	80.77	4.4
G197	中华神经科杂志	3950	1.846	0.221	0.93	418	41	10.58	303.64	7.0
G976	中华神经外科疾病研究杂志	708	0.707	0.054	0.83	236	22	33.33	56.50	4.4
G160	中华神经外科杂志	2171	0.826	0.069	0.84	303	20	13.96	173.25	4.9
G446	中华神经医学杂志	1484	0.907	0.100	0.86	316	29	21.29	116.78	3.9
G161	中华肾脏病杂志	1333	0.895	0.072	0.92	297	32	22.28	103.17	5.4
G737	中华生物医学工程杂志	229	0.154	0.000	0.89	154	40	67.25	18.22	6.3
G072	中华生殖与避孕杂志	1127	0.965	0.118	0.79	219	10	19.43	87.44	4.7
G162	中华实验和临床病毒学杂志	851	0.669	0.058	0.90	227	29	26.67	67.62	5.0
G703	中华实验和临床感染病杂志电子版	766	0.862	0.103	0.83	239	28	31.20	59.96	3.0
G773	中华实验眼科杂志	1088	0.612	0.087	0.83	211	6	19.39	86.76	4.8
G875	中华实用儿科临床杂志	3466	0.917	0.106	0.91	470	31	13.56	269.93	4.5
G367	中华实用诊断与治疗杂志	2487	0.788	0.114	0.72	448	24	18.01	194.35	3.9
G848	中华手外科杂志	1748	1.085	0.026	0.50	156	2	8.92	138.19	7.2
G506	中华损伤与修复杂志电子版	584	0.773	0.055	0.82	186	19	31.85	46.21	3.8
G739	中华糖尿病杂志	1020	1.663	0.138	0.84	275	34	26.96	78.87	2.7
G164	中华外科杂志	3492	1.455	0.322	0.96	471	59	13.49	277.94	6.9
G165	中华微生物学和免疫学杂志	752	0.627	0.058	0.86	265	32	35.24	59.86	4.8
G116	中华危重病急救医学	3413	2.652	0.285	0.76	387	10	11.34	260.69	4.1
G761	中华危重症医学杂志电子版	418	0.910	0.254	0.75	171	18	40.91	32.43	3.2
G296	中华围产医学杂志	1273	1.286	0.223	0.82	225	17	17.67	98.87	3.5
G740	中华卫生杀虫药械	736	0.516	0.046	0.52	83	2	11.28	68.65	5.2
G793	中华胃肠外科杂志	2621	1.339	0.159	0.85	335	26	12.78	209.37	4.1
G166	中华物理医学与康复杂志	1955	0.901	0.090	0.78	313	14	16.01	151.52	4.9
G470	中华细胞与干细胞杂志电子版	91	0.528	0.123	0.76	49	6	53.85	7.51	2.6
G167	中华显微外科杂志	2259	2.179	0.208	0.46	204	1	9.03	179.90	3.9
G847	中华现代护理杂志	4685	0.545	0.054	0.75	342	7	7.30	356.96	3.8
G285	中华消化内镜杂志	1552	0.819	0.082	0.84	259	23	16.69	121.48	4.9
G978	中华消化外科杂志	1747	1.905	0.342	0.87	257	16	14.71	140.87	2.9
G168	中华消化杂志	2130	1.009	0.094	0.92	385	42	18.08	164.73	5.4
G169	中华小儿外科杂志	1243	0.688	0.055	0.75	253	15	20.35	100.32	5.0
G892	中华心律失常学杂志	445	0.696	0.202	0.73	118	9	26.52	34.66	4.3
G170	中华心血管病杂志	5237	2.794	0.275	0.95	464	48	8.86	404.05	6.2
G263	中华行为医学与脑科学杂志	2356	1.066	0.176	0.73	378	18	16.04	188.93	5.2
G171	中华胸心血管外科杂志	1227	0.826	0.052	0.91	238	29	19.40	97.03	4.7
G172	中华血液学杂志	1693	0.926	0.165	0.83	335	25	19.79	133.14	4.4
G191	中华眼底病杂志	993	1.010	0.156	0.84	157	6	15.81	79.51	4.5
G173	中华眼科杂志	2299	1.265	0.129	0.89	270	6	11.74	183.98	6.1
G873	中华眼视光学与视觉科学杂志	620	0.581	0.045	0.82	125	5	20.16	50.24	4.3
S590	中华医学教育探索杂志	759	0.334	0.042	0.70	162	7	21.34	61.98	4.9
Q920	中华医学超声杂志电子版	1412	1.011	0.074	0.89	281	23	19.90	112.31	4.5
G705	中华医学教育杂志	554	0.236	0.038	0.75	126	6	22.74	45.23	5.2
G307	中华医学科研管理杂志	442	0.447	0.033	0.43	84	1	19.00	42.29	4.2

表 4-1 2016 年中国科技核心期刊（中文）被引用指标刊名字顺索引（续）

CODE	刊　名	核心总被引频次	核心影响因子	核心即年指标	核心他引率	核心引用刊数	核心开放因子	核心扩散因子	核心权威因子	核心被引半衰期
G489	中华医学美学美容杂志	763	0.922	0.154	0.64	121	2	15.86	63.90	4.7
G915	中华医学图书情报杂志	506	0.523	0.177	0.56	104	3	20.55	68.33	2.8
G175	中华医学遗传学杂志	1066	0.631	0.028	0.77	256	9	24.02	83.59	5.1
G176	中华医学杂志	7763	1.156	0.206	0.93	730	105	9.40	612.30	4.5
G591	中华医院管理杂志	1795	0.907	0.167	0.81	212	11	11.81	147.43	4.9
G610	中华胰腺病杂志	413	0.594	0.044	0.86	171	30	41.40	32.66	3.7
G897	中华移植杂志电子版	148	0.585	0.032	0.88	71	10	47.97	12.18	3.5
G177	中华预防医学杂志	3015	1.501	0.530	0.89	510	30	16.92	241.41	4.6
G178	中华整形外科杂志	848	0.824	0.093	0.85	188	8	22.17	69.38	5.8
G859	中华中医药学刊	5122	0.583	0.079	0.93	450	18	8.79	377.55	4.9
G910	中华中医药杂志	6460	0.782	0.111	0.81	451	14	6.98	472.15	4.3
G858	中华肿瘤防治杂志	2391	1.010	0.053	0.84	429	35	17.94	188.28	3.8
G179	中华肿瘤杂志	2353	1.788	0.201	0.91	427	50	18.15	185.87	4.9
G472	中华疝和腹壁外科杂志电子版	459	0.507	0.071	0.57	73	2	15.90	38.92	3.5
G039	中南大学学报医学版	1440	0.891	0.091	0.97	534	94	37.08	115.72	4.5
K001	中南大学学报自然科学版	3442	0.511	0.056	0.91	689	78	20.02	391.88	4.7
H053	中南林业科技大学学报	2275	1.161	0.073	0.76	356	10	15.65	207.66	4.4
A550	中南民族大学学报自然科学版	248	0.243	0.050	0.72	137	22	55.24	25.88	4.7
G599	中南药学	1145	0.545	0.067	0.81	271	21	23.67	89.61	4.1
G682	中南医学科学杂志	379	0.304	0.043	0.95	221	53	58.31	29.90	4.3
G180	中日友好医院学报	362	0.507	0.059	0.98	211	52	58.29	28.03	5.3
G181	中山大学学报医学科学版	1062	0.866	0.045	0.96	411	63	38.70	84.00	4.6
A036	中山大学学报自然科学版	1085	0.521	0.129	0.87	509	90	46.91	110.72	8.2
X539	中外公路	868	0.204	0.018	0.63	188	3	21.66	102.96	5.4
S020	中文信息学报	1138	0.517	0.024	0.75	149	10	13.09	164.13	6.7
G842	中西医结合肝病杂志	642	0.567	0.028	0.90	170	23	26.48	48.10	5.6
G597	中西医结合心脑血管病杂志	2885	0.686	0.053	0.88	346	28	11.99	216.44	4.1
R775	中兴通讯技术	127	0.221	0.012	0.94	75	20	59.06	16.16	4.3
G183	中药材	4481	0.707	0.069	0.93	497	26	11.09	350.46	6.6
G564	中药新药与临床药理	1351	0.564	0.101	0.96	267	26	19.76	102.99	6.6
G685	中医学报	2350	0.610	0.059	0.83	284	15	12.09	172.53	3.7
G681	中医药导报	2340	0.400	0.049	0.78	296	13	12.65	171.72	4.3
G010	中医杂志	5200	0.976	0.162	0.91	339	15	6.52	377.52	5.2
G184	肿瘤	1216	0.610	0.179	0.87	371	49	30.51	95.86	4.8
Q929	肿瘤代谢与营养电子杂志	54	0.406	0.033	0.74	28	5	51.85	4.41	1.8
G185	肿瘤防治研究	1186	0.698	0.107	0.95	367	53	30.94	92.97	3.9
G412	肿瘤学杂志	790	0.544	0.100	0.94	278	43	35.19	62.00	4.0
G522	肿瘤研究与临床	643	0.481	0.044	0.83	238	32	37.01	50.66	3.8
G196	肿瘤药学	255	0.462	0.101	0.96	138	30	54.12	19.75	3.4
G838	肿瘤影像学	291	0.424	0.247	0.96	142	23	48.80	23.28	4.6
G695	肿瘤预防与治疗	239	0.506	0.162	0.82	118	20	49.37	18.85	3.9
H103	种子	1924	0.345	0.020	0.77	231	15	12.01	161.78	6.7
G094	中风与神经疾病杂志	985	0.362	0.045	0.92	278	44	28.22	76.23	4.6

表 4-1 2016 年中国科技核心期刊（中文）被引用指标刊名字顺索引（续）

CODE	刊　名	核心总被引频次	核心影响因子	核心即年指标	核心他引率	核心引用刊数	核心开放因子	核心扩散因子	核心权威因子	核心被引半衰期
N022	轴承	558	0.235	0.026	0.65	115	6	20.61	66.04	6.7
H026	竹子学报	273	0.204	0.000	0.84	90	10	32.97	25.20	11.8
N075	铸造	1332	0.417	0.030	0.69	141	3	10.59	151.11	7.7
N081	铸造技术	1663	0.287	0.035	0.47	169	1	10.16	184.02	4.4
G407	转化医学杂志	209	0.408	0.061	0.94	140	36	66.99	17.11	3.4
N034	装备环境工程	834	1.075	0.077	0.49	150	1	17.99	100.90	3.9
A133	装备学院学报	402	0.326	0.046	0.74	115	7	28.61	51.39	5.1
N990	装甲兵工程学院学报	288	0.236	0.069	0.78	128	15	44.44	35.42	5.3
Z022	资源科学	5207	1.816	0.205	0.93	563	31	10.81	550.97	5.7
R737	自动化技术与应用	509	0.166	0.037	0.84	202	24	39.69	60.56	5.6
S026	自动化学报	2967	1.407	0.217	0.88	477	35	16.08	358.90	4.8
N013	自动化仪表	755	0.372	0.043	0.75	221	16	29.27	88.99	4.5
S501	自动化与仪表	366	0.245	0.024	0.89	124	11	33.88	43.28	4.5
R611	自动化与仪器仪表	747	0.209	0.045	0.49	161	1	21.55	90.16	2.7
A905	自然杂志	489	0.308	0.031	0.99	371	127	75.87	51.60	9.2
E137	自然灾害学报	2091	0.602	0.047	0.86	389	37	18.60	215.42	8.4
Z012	自然资源学报	4851	1.912	0.094	0.93	509	30	10.49	487.92	6.8
G229	卒中与神经疾病	496	0.735	0.065	0.97	211	40	42.54	38.27	3.9
N088	组合机床与自动化加工技术	1501	0.507	0.029	0.56	203	2	13.52	178.65	3.9
G701	组织工程与重建外科杂志	332	0.583	0.071	0.93	146	14	43.98	27.45	3.7
L018	钻井液与完井液	1072	0.797	0.187	0.58	86	3	8.02	118.27	6.0
G720	遵义医学院学报	424	0.570	0.095	0.78	200	29	47.17	33.52	3.8
H034	作物学报	6574	1.785	0.220	0.93	290	20	4.41	554.91	8.2
H410	作物研究	786	0.442	0.055	0.89	169	18	21.50	66.96	5.6
H202	作物杂志	1274	0.678	0.134	0.84	196	16	15.38	107.97	5.2

表 4-2　2016 年中国科技核心期刊（中文）来源指标刊名字顺索引

CODE	刊名	来源文献量	文献选出率	AR 论文量	平均引文数	平均作者数	地区分布数	机构分布数	海外论文比	基金论文比	引用半衰期
E626	CT 理论与应用研究	90	0.85	90	17.2	4.8	19	69	0.02	0.32	7.0
G549	癌变·畸变·突变	105	0.97	102	21.4	5.4	23	62	0.04	0.70	6.1
G481	癌症进展	365	0.98	210	19.6	3.8	27	230	0.00	0.18	4.4
A003	安徽大学学报自然科学版	97	1.00	92	18.5	3.5	24	58	0.00	0.85	7.4
M031	安徽工业大学学报自然科学版	73	0.96	71	15.1	3.8	7	16	0.00	0.85	6.8
H002	安徽农业大学学报	183	0.97	183	20.5	5.0	25	96	0.00	0.74	8.2
A009	安徽师范大学学报自然科学版	113	0.99	110	14.7	3.0	19	60	0.02	0.83	8.8
G012	安徽医科大学学报	439	1.00	408	13.2	5.3	20	77	0.00	0.92	5.2
G786	安徽医学	500	0.94	191	13.6	3.6	20	196	0.00	0.19	4.6
Q906	安徽医药	720	0.97	403	14.5	3.4	26	377	0.00	0.26	3.9
G013	安徽中医药大学学报	163	0.99	103	12.6	4.4	17	71	0.00	0.50	6.4
Z549	安全与环境学报	463	0.99	449	19.0	4.1	27	180	0.01	0.73	7.7
H340	桉树科技	36	0.86	34	15.3	3.8	7	20	0.00	0.67	7.5
R024	半导体光电	196	1.00	194	12.6	4.1	25	102	0.00	0.70	6.9
R063	半导体技术	167	0.97	167	14.7	4.2	23	81	0.00	0.54	6.9
G741	蚌埠医学院学报	575	0.97	195	12.7	3.5	22	287	0.00	0.17	5.0
U521	包装与食品机械	101	0.98	85	14.9	3.8	22	60	0.00	0.40	6.0
U645	保鲜与加工	141	0.90	137	18.1	4.2	28	98	0.01	0.64	6.9
E045	暴雨灾害	72	0.92	72	21.0	4.3	18	50	0.00	0.72	7.7
N017	爆破	113	0.97	112	19.2	4.2	23	59	0.01	0.61	5.7
N012	爆破器材	79	0.94	75	12.7	4.5	15	33	0.00	0.28	8.1
N006	爆炸与冲击	124	1.00	124	15.9	4.2	22	63	0.00	0.75	10.5
A652	北华大学学报自然科学版	185	0.96	144	12.6	3.6	19	62	0.00	0.82	6.9
G002	北京大学学报医学版	208	0.97	194	18.4	5.6	14	31	0.04	0.46	7.0
A005	北京大学学报自然科学版	141	0.99	137	26.1	3.6	17	52	0.04	0.87	9.2
J030	北京工业大学学报	266	0.98	265	17.6	3.8	23	53	0.02	0.97	7.4
Y001	北京航空航天大学学报	344	0.97	344	18.9	3.7	20	64	0.01	0.66	7.9
T020	北京化工大学学报自然科学版	123	0.98	122	14.2	4.0	11	21	0.00	0.69	6.7
X014	北京交通大学学报	124	0.94	124	13.9	3.4	12	33	0.02	0.74	7.4
G500	北京口腔医学	99	0.85	54	16.1	3.8	15	43	0.01	0.40	7.8
N001	北京理工大学学报	234	0.95	234	10.8	3.8	20	56	0.00	0.72	8.3
H025	北京林业大学学报	184	0.98	180	30.0	4.9	17	31	0.01	0.74	8.5
H263	北京农学院学报	91	0.98	89	16.5	5.0	6	11	0.00	0.82	7.8
G004	北京生物医学工程	125	0.97	124	16.4	3.7	19	59	0.00	0.56	6.8
A010	北京师范大学学报自然科学版	135	0.97	128	27.8	3.8	11	21	0.02	0.81	8.5
L530	北京石油化工学院学报	52	0.93	47	11.1	3.8	13	21	0.00	0.40	7.0
G016	北京医学	430	0.93	167	11.6	4.0	20	148	0.00	0.23	5.3
R018	北京邮电大学学报	141	0.99	141	8.5	3.6	25	60	0.01	0.85	4.9

表 4-2 2016 年中国科技核心期刊（中文）来源指标刊名字顺索引（续）

CODE	刊名	来源文献量	文献选出率	AR论文量	平均引文数	平均作者数	地区分布数	机构分布数	海外论文比	基金论文比	引用半衰期
G620	北京中医药	356	0.96	149	11.3	3.8	23	127	0.00	0.44	7.0
G017	北京中医药大学学报	199	0.90	176	13.5	5.2	27	72	0.03	0.80	6.9
N101	变压器	206	0.92	157	6.1	3.7	26	130	0.00	0.05	8.0
G410	标记免疫分析与临床	398	0.99	249	13.4	3.8	28	265	0.00	0.18	4.9
T098	表面技术	378	0.98	378	23.8	4.1	29	210	0.00	0.55	7.3
E135	冰川冻土	201	0.98	201	28.6	4.3	22	97	0.00	0.89	8.1
N008	兵工学报	313	1.00	313	16.4	4.1	20	92	0.01	0.65	7.1
R730	兵工自动化	287	1.00	213	9.1	3.2	23	118	0.00	0.16	7.2
N085	兵器材料科学与工程	182	0.97	164	14.7	4.2	23	83	0.00	0.63	7.4
T094	兵器装备工程学报	478	0.99	434	12.3	3.3	25	163	0.00	0.26	7.1
G018	病毒学报	119	0.95	119	27.3	6.2	24	67	0.01	0.84	6.0
C060	波谱学杂志	62	0.91	62	24.6	4.6	21	38	0.06	0.77	9.3
A808	渤海大学学报自然科学版	73	0.97	67	11.8	2.9	2	10	0.01	0.95	6.4
M005	材料保护	245	0.95	203	14.7	4.2	29	163	0.01	0.54	8.4
M103	材料导报	691	0.97	683	31.8	4.6	30	260	0.01	0.82	6.6
Y007	材料工程	225	0.98	225	23.8	4.7	25	116	0.01	0.79	7.0
M010	材料开发与应用	122	0.98	116	11.2	3.9	15	51	0.00	0.28	9.2
M008	材料科学与工程学报	202	0.98	201	19.7	4.4	27	123	0.00	0.74	7.9
M006	材料科学与工艺	89	0.98	89	20.1	4.5	20	66	0.00	0.79	5.6
N026	材料热处理学报	451	1.00	451	16.4	4.8	28	162	0.01	0.79	7.9
M009	材料研究学报	134	1.00	134	20.3	4.9	21	87	0.01	0.75	7.6
M704	材料与冶金学报	56	0.98	56	13.9	4.4	10	20	0.04	0.80	8.0
K512	采矿与安全工程学报	172	0.97	172	16.1	4.4	16	36	0.00	0.97	7.8
H009	蚕业科学	147	0.95	145	22.1	6.1	16	45	0.00	0.88	8.5
H525	草地学报	210	0.95	207	26.8	5.1	26	86	0.00	0.85	9.3
H234	草业科学	304	0.90	303	33.7	4.9	30	119	0.00	0.77	8.3
H527	草业学报	290	0.95	289	54.4	5.5	29	98	0.00	0.78	8.8
H538	草原与草坪	98	0.92	98	24.3	4.6	14	37	0.00	0.76	9.6
E616	测绘地理信息	147	0.98	127	10.0	3.1	22	54	0.01	0.52	7.0
E543	测绘工程	198	0.99	189	13.2	3.6	24	84	0.01	0.54	6.0
E600	测绘科学	473	1.00	472	15.3	3.6	29	203	0.01	0.69	7.6
E615	测绘科学技术学报	120	0.98	120	14.3	4.0	16	39	0.00	0.82	7.0
E510	测绘通报	454	0.98	372	11.4	3.3	26	204	0.00	0.49	6.4
E152	测绘学报	184	0.84	184	23.4	4.0	19	54	0.02	0.85	7.5
L017	测井技术	143	0.99	140	12.5	4.7	18	64	0.01	0.58	9.6
Y022	测控技术	455	0.98	426	10.0	3.3	24	248	0.01	0.52	6.6
R711	测试技术学报	92	0.94	92	10.9	3.5	20	56	0.00	0.53	8.1
H001	茶叶科学	79	0.87	77	26.8	5.3	17	39	0.00	0.73	7.5
X036	长安大学学报自然科学版	98	0.94	98	22.5	3.6	14	29	0.00	0.91	7.7
N056	长春理工大学学报自然科学版	187	1.00	176	11.4	3.8	13	29	0.01	0.38	7.7
G992	长春中医药大学学报	465	0.99	89	14.7	3.3	24	164	0.00	0.70	4.9
W010	长江科学院院报	346	0.94	342	14.5	3.8	26	135	0.00	0.68	8.9
Z029	长江流域资源与环境	228	0.99	226	26.4	4.1	18	103	0.01	0.88	7.3

表 4-2 2016 年中国科技核心期刊（中文）来源指标刊名字顺索引（续）

CODE	刊名	来源文献量	文献选出率	AR论文量	平均引文数	平均作者数	地区分布数	机构分布数	海外论文比	基金论文比	引用半衰期
J066	长沙理工大学学报自然科学版	62	0.93	62	13.7	3.9	3	5	0.00	0.94	4.0
G264	肠外与肠内营养	98	0.92	72	16.7	4.5	21	67	0.01	0.29	5.7
N024	车用发动机	99	0.98	99	13.1	4.8	23	51	0.00	0.53	6.9
E113	沉积学报	113	0.99	113	40.6	5.7	22	62	0.04	0.87	10.7
E102	成都理工大学学报自然科学版	85	0.97	85	23.9	5.0	15	36	0.02	0.80	8.7
G670	成都医学院学报	188	0.99	151	16.1	4.4	19	93	0.00	0.45	4.8
G019	成都中医药大学学报	143	1.00	89	12.2	3.8	18	75	0.03	0.51	5.8
V050	城市规划	160	0.75	153	22.1	2.4	20	82	0.09	0.49	10.2
V028	城市规划学刊	86	0.83	85	24.0	2.3	12	34	0.03	0.44	8.8
X043	城市轨道交通研究	381	0.89	328	7.0	2.5	26	190	0.01	0.19	7.1
X046	城市交通	78	0.78	77	12.6	2.9	13	45	0.09	0.29	6.1
J021	重庆大学学报自然科学版	112	0.97	112	19.3	4.1	22	70	0.00	0.85	6.8
X029	重庆交通大学学报自然科学版	210	1.00	209	13.2	3.3	27	96	0.00	0.71	7.5
N757	重庆理工大学学报自然科学版	317	0.97	285	14.1	3.0	25	91	0.00	0.77	6.7
A512	重庆师范大学学报自然科学版	193	0.99	184	17.5	3.0	25	96	0.01	0.81	8.8
G186	重庆医科大学学报	273	0.93	251	18.2	4.9	21	85	0.00	0.61	5.7
R559	重庆邮电大学学报自然科学版	135	0.99	135	14.7	3.3	18	58	0.01	0.85	5.3
L508	储能科学与技术	116	0.90	112	33.0	4.8	15	59	0.02	0.56	2.9
G432	川北医学院学报	262	0.97	151	15.6	3.6	22	154	0.00	0.34	4.8
N060	传感技术学报	322	1.00	320	15.6	3.9	27	151	0.01	0.82	5.0
R532	传感器与微系统	556	0.98	418	10.6	3.6	28	193	0.01	0.62	6.2
G458	传染病信息	87	0.85	69	24.8	4.7	17	41	0.00	0.59	4.2
X010	船舶工程	244	0.82	234	10.3	3.4	18	96	0.01	0.39	6.8
X633	船舶力学	165	0.95	165	15.4	3.6	14	50	0.05	0.72	10.4
X635	船海工程	233	0.99	199	9.3	3.0	14	97	0.00	0.50	6.7
G322	创伤外科杂志	241	0.84	94	12.7	3.9	28	172	0.01	0.13	5.6
G552	磁共振成像	181	0.84	166	22.0	4.7	27	129	0.01	0.55	4.9
D013	催化学报	235	0.97	232	48.8	5.0	25	139	0.29	0.70	6.2
E144	大地测量与地球动力学	248	0.95	236	11.2	3.9	27	91	0.00	0.82	8.5
E146	大地构造与成矿学	97	0.94	97	53.7	5.8	18	47	0.02	0.68	11.1
R051	大电机技术	85	0.99	76	7.5	3.6	17	54	0.02	0.27	8.9
H038	大豆科学	176	0.97	169	21.3	5.7	24	63	0.01	0.80	8.8
U512	大连工业大学学报	117	0.92	103	14.8	4.6	5	7	0.00	0.61	7.7
X024	大连海事大学学报	82	0.99	82	14.4	3.4	8	14	0.01	0.80	6.4
H005	大连海洋大学学报	113	0.98	113	27.6	5.8	15	27	0.00	0.76	9.5
X001	大连交通大学学报	153	0.97	146	10.7	3.3	15	32	0.01	0.54	8.2
J024	大连理工大学学报	96	0.98	95	15.5	3.4	17	31	0.02	0.91	8.0
G020	大连医科大学学报	140	0.90	122	17.2	3.7	18	66	0.00	0.33	5.3
E109	大气科学	97	0.98	97	37.3	3.9	14	35	0.03	0.85	10.1
E091	大气科学学报	86	0.98	86	25.7	3.8	8	19	0.00	0.84	9.3
S086	单片机与嵌入式系统应用	268	0.74	198	6.7	2.4	26	151	0.01	0.16	5.2
H040	淡水渔业	110	0.98	110	22.8	5.9	21	46	0.00	0.57	9.5
N004	弹道学报	68	1.00	68	11.0	3.7	14	28	0.00	0.38	8.3

表 4-2　2016 年中国科技核心期刊（中文）来源指标刊名字顺索引（续）

CODE	刊名	来源文献量	文献选出率	AR论文量	平均引文数	平均作者数	地区分布数	机构分布数	海外论文比	基金论文比	引用半衰期
T941	当代化工	900	0.93	464	10.8	3.3	29	283	0.00	0.20	7.6
Y503	导弹与航天运载技术	143	0.87	131	8.8	4.0	9	34	0.00	0.09	9.9
Y585	导航与控制	115	0.98	115	10.1	3.7	8	33	0.00	0.18	8.3
N019	低温工程	71	0.92	71	9.5	4.3	14	33	0.01	0.59	9.3
C055	低温物理学报	86	1.00	84	17.7	5.0	19	48	0.01	0.76	8.8
E133	地层学杂志	45	0.92	45	37.7	4.4	13	29	0.04	0.67	13.5
E130	地理科学	232	0.99	232	28.3	3.7	25	101	0.04	0.94	7.7
E584	地理科学进展	144	0.95	143	45.3	3.7	23	69	0.03	0.95	7.5
E639	地理空间信息	412	0.96	145	9.9	3.0	30	224	0.01	0.58	7.1
E315	地理信息世界	131	0.87	129	13.4	3.5	17	65	0.02	0.44	6.5
E305	地理学报	165	0.77	162	40.0	4.1	23	58	0.06	0.87	8.2
E310	地理研究	184	0.92	184	34.6	3.7	25	79	0.05	0.97	7.3
E527	地理与地理信息科学	127	0.99	127	25.4	3.8	24	77	0.01	0.83	6.8
E024	地球化学	46	0.94	46	47.4	5.5	15	25	0.02	0.76	10.9
E570	地球环境学报	59	0.97	59	43.8	4.2	14	19	0.03	0.98	10.1
E142	地球科学	174	0.91	174	64.2	5.5	22	67	0.03	0.79	10.2
E115	地球科学进展	120	0.89	119	49.4	4.0	19	73	0.03	0.82	7.8
E004	地球科学与环境学报	75	0.90	75	43.3	5.1	17	47	0.00	0.79	9.3
E153	地球物理学报	417	0.97	417	46.2	4.6	25	119	0.09	0.92	9.7
E308	地球物理学进展	370	1.00	369	47.2	4.2	28	148	0.02	0.74	8.3
E656	地球信息科学学报	184	0.87	184	26.4	3.9	21	64	0.01	0.89	7.6
E300	地球学报	75	0.77	75	56.6	5.4	13	27	0.04	0.52	10.2
E549	地球与环境	95	0.97	95	28.1	4.6	21	61	0.01	0.91	8.8
V031	地下空间与工程学报	251	1.00	251	14.4	3.4	27	142	0.02	0.71	9.3
E357	地学前缘	159	0.94	158	42.7	5.5	16	59	0.04	0.75	10.0
S741	地域研究与开发	189	0.97	189	25.9	2.9	29	121	0.01	0.88	7.1
E306	地震	65	1.00	65	26.2	4.3	17	27	0.02	0.91	11.2
E150	地震地质	84	0.99	84	34.4	4.8	16	31	0.04	0.94	10.8
E307	地震工程学报	144	0.98	142	16.9	4.1	23	76	0.01	0.81	9.6
E118	地震工程与工程振动	156	0.99	156	15.8	3.5	23	68	0.01	0.90	8.8
E143	地震学报	87	0.82	86	28.9	4.2	20	37	0.00	0.86	11.3
E112	地震研究	95	0.95	95	19.2	4.1	20	46	0.00	0.91	10.1
E362	地质科技情报	211	1.00	208	27.1	4.8	21	85	0.00	0.62	9.9
E139	地质科学	86	0.97	86	43.0	5.5	16	39	0.07	0.91	11.4
E026	地质力学学报	87	0.97	87	28.3	4.7	15	37	0.00	0.23	12.3
E009	地质论评	115	0.90	115	78.4	5.7	20	55	0.01	0.71	11.3
E127	地质通报	217	0.93	217	34.3	6.2	21	74	0.05	0.44	11.1
E010	地质学报	245	0.95	245	80.8	5.7	19	67	0.02	0.66	10.5
E151	地质与勘探	129	0.96	129	46.5	5.0	26	82	0.00	0.62	8.6
E525	地质与资源	101	1.00	95	15.6	3.9	17	45	0.00	0.32	10.3
E132	地质找矿论丛	83	0.94	83	21.2	4.2	22	55	0.00	0.27	10.9
G005	第二军医大学学报	290	0.95	274	21.4	5.5	24	88	0.00	0.57	5.7
G021	第三军医大学学报	498	0.96	485	18.5	5.6	25	130	0.01	0.64	5.1

表 4-2 2016 年中国科技核心期刊（中文）来源指标刊名字顺索引（续）

CODE	刊名	来源文献量	文献选出率	AR论文量	平均引文数	平均作者数	地区分布数	机构分布数	海外论文比	基金论文比	引用半衰期
E301	第四纪研究	136	0.96	136	60.5	5.1	22	59	0.04	0.90	10.0
R007	电波科学学报	181	0.98	181	15.0	3.9	20	78	0.01	0.77	8.1
R003	电池	91	0.93	62	9.4	3.6	22	59	0.01	0.49	4.3
Z015	电镀与环保	120	0.96	19	6.0	3.2	23	73	0.00	0.23	9.9
T508	电镀与精饰	125	0.93	110	13.2	3.6	23	90	0.00	0.26	7.4
T598	电镀与涂饰	250	0.92	232	12.2	4.0	24	158	0.01	0.30	7.1
R010	电工电能新技术	144	0.97	144	16.0	4.2	22	64	0.00	0.75	6.0
R043	电工技术学报	615	0.96	614	22.5	4.2	25	114	0.02	0.84	6.0
R740	电光与控制	269	0.95	265	11.9	3.6	20	85	0.00	0.52	7.0
N067	电焊机	348	0.88	289	7.0	3.6	29	190	0.01	0.26	7.7
D036	电化学	70	0.88	70	35.9	4.5	21	46	0.06	0.94	4.3
R088	电机与控制学报	186	0.99	186	17.2	3.8	23	81	0.03	0.93	7.1
R045	电机与控制应用	211	0.90	207	12.8	3.2	26	110	0.00	0.55	6.3
N027	电加工与模具	89	0.77	82	10.9	4.1	18	44	0.01	0.70	6.9
R011	电力电子技术	381	0.99	211	6.2	3.4	25	151	0.01	0.68	5.9
A199	电力建设	247	0.95	246	19.2	4.3	24	88	0.01	0.70	4.3
R654	电力科学与技术学报	99	0.94	98	15.7	4.6	21	62	0.00	0.76	5.5
N102	电力系统保护与控制	588	1.00	588	17.9	4.3	29	226	0.00	0.52	4.1
R071	电力系统及其自动化学报	234	0.91	234	17.1	4.3	27	100	0.00	0.60	6.5
S019	电力系统自动化	579	0.99	577	21.6	4.6	23	138	0.03	0.74	4.6
R750	电力需求侧管理	93	0.82	63	7.4	3.2	19	69	0.01	0.18	6.0
R090	电力自动化设备	321	1.00	321	20.4	4.3	26	83	0.01	0.77	5.7
R044	电气传动	220	0.98	208	9.3	3.7	26	115	0.00	0.50	6.6
R058	电气自动化	214	0.99	122	9.5	3.1	26	137	0.00	0.28	6.2
R039	电网技术	559	0.96	559	22.2	4.8	26	122	0.02	0.77	4.6
R116	电网与清洁能源	302	0.98	302	14.9	4.1	29	167	0.00	0.82	5.0
R684	电信科学	316	1.00	315	12.8	3.1	26	155	0.00	0.48	4.0
R754	电讯技术	240	0.96	240	11.6	3.1	22	104	0.01	0.45	5.7
R019	电源技术	747	0.97	388	8.8	3.5	29	344	0.01	0.48	6.9
R055	电子测量技术	483	0.89	475	13.0	3.1	26	178	0.00	0.25	4.0
R021	电子测量与仪器学报	246	0.92	245	18.4	3.7	25	108	0.01	0.86	4.5
R067	电子技术应用	468	0.92	424	9.2	3.3	29	213	0.01	0.58	6.0
R036	电子科技大学学报	159	0.98	158	21.1	3.8	21	71	0.00	0.88	6.7
R512	电子器件	295	1.00	291	11.6	3.2	28	138	0.01	0.55	5.9
R724	电子设计工程	1371	0.98	823	10.8	2.5	30	478	0.00	0.36	5.9
R001	电子显微学报	90	0.89	88	17.2	5.0	20	55	0.00	0.67	9.3
R006	电子学报	433	1.00	432	19.0	3.7	26	184	0.01	0.91	6.8
R022	电子与信息学报	447	0.98	447	19.9	3.8	23	120	0.02	0.88	4.6
R020	电子元件与材料	236	0.93	217	16.2	3.9	25	133	0.00	0.65	5.8
J023	东北大学学报自然科学版	366	0.99	366	11.6	3.6	15	24	0.04	0.91	8.0
H262	东北林业大学学报	280	0.99	251	20.1	4.4	24	79	0.00	0.66	8.6
H006	东北农业大学学报	165	0.99	165	24.4	5.6	17	40	0.01	0.90	7.7
A030	东北师大学报自然科学版	125	1.00	110	14.2	3.5	20	66	0.01	0.99	7.7

表 4-2 2016 年中国科技核心期刊（中文）来源指标刊名字顺索引（续）

CODE	刊名	来源文献量	文献选出率	AR论文量	平均引文数	平均作者数	地区分布数	机构分布数	海外论文比	基金论文比	引用半衰期
L004	东北石油大学学报	83	0.87	83	25.0	5.0	14	40	0.01	0.93	6.7
U014	东华大学学报自然科学版	153	0.96	153	13.7	3.8	15	30	0.01	0.65	7.9
G057	东南大学学报医学版	238	0.98	199	18.9	4.0	19	126	0.00	0.42	5.2
J028	东南大学学报自然科学版	198	0.97	198	15.5	3.9	17	43	0.04	0.93	6.9
G944	东南国防医药	214	0.98	95	14.1	4.5	17	122	0.00	0.13	4.4
P003	动力工程学报	157	0.93	157	14.1	4.2	17	39	0.01	0.66	6.4
P018	动力学与控制学报	91	1.00	91	16.9	3.0	21	57	0.00	0.86	10.3
F014	动物分类学报	46	0.90	45	25.0	3.5	16	28	0.17	0.70	17.0
F022	动物学研究	46	0.81	43	41.0	4.4	13	27	0.28	0.72	7.9
F043	动物学杂志	123	0.81	121	31.2	5.0	26	84	0.02	0.78	10.3
G775	动物医学进展	356	0.98	324	18.6	5.9	30	152	0.00	0.72	4.5
F231	动物营养学报	480	1.00	480	31.6	6.0	30	109	0.01	0.81	8.6
X034	都市快轨交通	165	0.95	157	9.9	2.1	17	84	0.01	0.31	5.0
G542	毒理学杂志	121	0.99	97	16.6	5.5	25	74	0.00	0.67	6.8
N070	锻压技术	366	0.97	362	11.4	3.7	26	179	0.00	0.75	6.1
G920	儿科药学杂志	264	0.96	149	15.5	3.0	25	144	0.01	0.09	5.2
C071	发光学报	239	0.98	239	19.6	5.2	29	119	0.00	0.85	5.3
G874	法医学杂志	147	0.89	67	11.5	4.4	23	97	0.00	0.34	7.3
U013	纺织高校基础科学学报	94	0.98	92	17.0	2.8	6	21	0.01	0.94	8.4
U053	纺织学报	357	0.98	357	14.5	3.8	21	74	0.01	0.67	7.3
G608	放射学实践	268	0.82	220	16.1	4.8	26	149	0.00	0.27	5.6
Y571	飞航导弹	213	0.91	197	11.3	2.9	17	74	0.00	0.08	5.4
Y006	飞行力学	124	0.95	122	10.9	3.2	14	42	0.00	0.48	8.4
K002	非金属矿	154	0.97	82	9.4	4.1	25	59	0.00	0.66	6.6
D022	分析测试学报	285	0.99	284	23.7	5.2	30	200	0.00	0.74	5.4
D005	分析化学	280	0.88	278	26.2	5.5	28	180	0.01	0.84	5.4
D026	分析科学学报	184	0.99	174	16.5	4.7	29	135	0.01	0.71	6.4
D004	分析试验室	334	0.98	290	13.1	4.7	29	231	0.00	0.64	5.0
D062	分析仪器	127	0.85	97	9.8	3.9	23	101	0.00	0.28	8.3
D015	分子催化	66	0.96	66	33.1	5.0	21	43	0.00	0.85	5.6
D035	分子科学学报	76	0.90	76	23.5	4.2	19	51	0.01	0.87	6.1
G556	分子诊断与治疗杂志	80	0.88	79	21.0	4.3	15	55	0.01	0.53	4.4
H845	分子植物育种	481	0.98	480	24.5	5.5	30	174	0.00	0.84	8.2
V052	粉煤灰综合利用	100	0.99	64	9.3	3.4	18	55	0.01	0.41	8.1
M105	粉末冶金工业	86	0.53	83	16.5	3.7	17	57	0.02	0.53	8.6
M039	粉末冶金技术	79	0.92	79	15.9	4.5	22	51	0.03	0.52	8.6
Q006	辐射防护	64	0.93	64	14.5	5.3	16	34	0.00	0.36	9.5
Q005	辐射研究与辐射工艺学报	54	0.92	54	25.7	5.1	12	32	0.00	0.78	7.7
H268	福建农林大学学报自然科学版	120	0.99	119	21.7	5.3	16	31	0.01	0.82	7.8
H265	福建农业学报	245	0.97	237	20.2	5.4	20	76	0.00	0.82	7.6
A078	福建师范大学学报自然科学版	114	0.95	112	18.0	4.0	9	21	0.00	0.92	7.1
G024	福建医科大学学报	97	0.88	77	15.9	4.6	10	35	0.01	0.59	6.2
A029	福州大学学报自然科学版	152	0.99	145	14.1	2.9	11	30	0.01	0.97	7.6

表 4-2 2016 年中国科技核心期刊（中文）来源指标刊名字顺索引（续）

CODE	刊名	来源文献量	文献选出率	AR论文量	平均引文数	平均作者数	地区分布数	机构分布数	海外论文比	基金论文比	引用半衰期
M003	腐蚀科学与防护技术	103	1.00	100	22.7	5.0	21	72	0.01	0.57	8.7
M505	腐蚀与防护	219	0.96	211	13.6	4.1	25	143	0.01	0.47	8.5
G068	复旦学报医学版	129	0.96	126	25.0	4.2	9	30	0.00	0.63	5.9
A001	复旦学报自然科学版	110	0.95	106	20.5	3.9	10	31	0.01	0.72	9.1
Y019	复合材料学报	359	0.97	359	21.1	4.5	25	145	0.01	0.83	7.6
B029	复杂系统与复杂性科学	54	0.96	53	27.0	3.2	16	37	0.00	0.78	7.8
G957	腹部外科	122	0.88	95	19.1	4.1	19	78	0.00	0.19	5.2
G338	腹腔镜外科杂志	264	0.83	152	13.1	3.9	29	199	0.00	0.14	4.9
A034	甘肃科学学报	181	1.00	164	11.7	2.8	15	49	0.00	0.48	8.0
H844	甘蔗糖业	76	0.96	67	9.1	5.2	7	35	0.04	0.63	7.8
G879	肝胆外科杂志	145	0.94	65	15.4	3.7	20	91	0.00	0.17	5.5
G690	肝胆胰外科杂志	151	0.96	89	15.9	4.3	27	116	0.00	0.31	4.9
G803	肝脏	310	0.82	151	15.5	3.9	28	200	0.01	0.24	4.8
H045	干旱地区农业研究	262	0.99	260	23.7	5.2	19	98	0.01	0.82	8.5
E048	干旱气象	137	0.95	137	25.9	4.5	23	79	0.01	0.71	7.1
E020	干旱区地理	165	0.97	165	24.8	4.3	23	85	0.02	0.86	7.5
E105	干旱区研究	179	0.98	176	27.8	4.6	21	69	0.01	0.88	9.3
M050	钢铁	189	0.87	188	15.8	4.3	21	65	0.00	0.57	7.3
M013	钢铁钒钛	170	0.97	170	11.3	3.9	18	65	0.03	0.46	8.1
M027	钢铁研究	93	0.99	67	7.2	3.9	19	59	0.00	0.11	8.4
M019	钢铁研究学报	158	0.89	158	17.2	4.4	21	65	0.03	0.66	8.8
D020	高等学校化学学报	329	0.97	326	27.8	5.1	30	164	0.02	0.92	6.1
B002	高等学校计算数学学报	31	0.89	31	15.9	2.3	18	29	0.03	0.77	12.4
R038	高电压技术	510	1.00	510	25.3	4.8	28	149	0.01	0.81	5.7
T001	高分子材料科学与工程	401	1.00	401	13.3	4.8	29	157	0.00	0.78	7.0
T002	高分子通报	171	0.95	165	41.3	4.1	21	90	0.00	0.71	6.8
D021	高分子学报	211	1.00	207	31.8	4.7	26	98	0.01	0.84	7.0
A080	高技术通讯	124	0.95	116	17.2	3.9	23	62	0.04	0.96	5.8
T078	高科技纤维与应用	66	0.46	66	15.4	3.5	15	37	0.00	0.32	7.2
E358	高校地质学报	78	0.99	78	38.0	5.3	16	42	0.03	0.78	10.8
T016	高校化学工程学报	205	0.98	205	21.0	4.6	27	88	0.00	0.80	7.6
B003	高校应用数学学报	51	0.91	51	15.0	2.3	20	41	0.02	0.92	9.3
R037	高压电器	411	0.99	410	20.5	4.8	27	194	0.01	0.46	7.5
C056	高压物理学报	80	0.93	79	16.9	4.4	16	41	0.01	0.81	10.0
E005	高原气象	150	0.98	150	32.3	4.2	20	64	0.05	0.79	9.1
V021	给水排水	376	0.93	301	7.2	3.3	25	235	0.01	0.28	8.3
N105	工程爆破	114	0.94	107	10.0	4.2	25	78	0.00	0.40	7.3
E360	工程地质学报	162	0.87	162	34.6	4.1	22	79	0.02	0.80	8.5
S712	工程管理学报	170	1.00	170	14.2	2.7	25	80	0.01	0.55	5.3
V030	工程勘察	180	0.94	175	10.8	3.3	27	131	0.00	0.37	8.0
V033	工程抗震与加固改造	129	1.00	129	12.6	3.3	24	80	0.00	0.57	8.8
M030	工程科学学报	240	0.99	240	18.2	4.5	19	48	0.02	0.87	7.8
C002	工程力学	370	0.97	370	19.6	3.5	25	127	0.02	0.92	8.4

表 4-2 2016 年中国科技核心期刊（中文）来源指标刊名字顺索引（续）

CODE	刊名	来源文献量	文献选出率	AR论文量	平均引文数	平均作者数	地区分布数	机构分布数	海外论文比	基金论文比	引用半衰期
C073	工程热物理学报	472	1.00	469	13.2	4.2	21	98	0.02	0.94	8.9
N590	工程设计学报	94	0.95	94	16.8	4.0	21	56	0.01	0.94	6.8
B031	工程数学学报	55	0.96	55	16.1	2.5	26	44	0.00	0.96	10.3
T003	工程塑料应用	356	0.85	352	16.8	4.2	28	186	0.01	0.52	4.3
J064	工程研究—跨学科视野中的工程	72	0.95	72	18.5	2.6	17	47	0.08	0.47	8.8
N064	工具技术	324	0.61	228	10.0	3.3	26	158	0.00	0.54	7.4
K018	工矿自动化	241	1.00	206	10.0	3.1	23	93	0.00	0.70	5.3
T563	工业催化	187	0.89	162	19.7	4.2	25	116	0.00	0.27	9.0
J057	工业工程	130	0.97	130	17.8	3.0	21	70	0.03	0.92	7.0
N110	工业工程与管理	139	0.99	139	20.8	3.0	19	59	0.01	0.90	6.5
P009	工业加热	128	0.97	79	8.4	3.7	20	69	0.00	0.29	9.3
V010	工业建筑	430	0.99	421	12.5	3.6	28	170	0.03	0.75	8.8
P005	工业炉	115	0.98	68	5.2	2.8	22	82	0.00	0.12	9.2
Z013	工业水处理	339	0.95	246	12.7	4.1	27	214	0.01	0.51	7.2
G025	工业卫生与职业病	136	0.90	73	11.4	4.6	26	102	0.00	0.30	8.1
N037	工业仪表与自动化装置	198	0.98	146	7.7	2.6	25	118	0.00	0.27	6.8
Z032	工业用水与废水	125	0.95	79	12.9	3.2	24	103	0.00	0.22	6.4
G207	公共卫生与预防医学	223	0.98	90	17.8	4.6	22	140	0.00	0.21	3.7
X579	公路	685	0.98	623	8.9	2.9	29	310	0.01	0.42	8.4
N039	功能材料	558	0.99	550	20.4	4.8	30	214	0.01	0.87	6.9
D503	功能高分子学报	58	0.94	58	29.2	4.4	15	23	0.02	0.78	6.6
E601	古地理学报	79	0.92	79	42.3	5.5	17	40	0.01	0.81	9.9
E304	古脊椎动物学报	20	0.95	20	45.1	3.9	4	8	0.45	0.90	20.1
E022	古生物学报	44	0.90	44	43.8	4.0	14	24	0.07	0.82	19.0
G478	骨科	114	0.94	81	16.8	4.6	22	81	0.01	0.37	6.1
R047	固体电子学研究与进展	99	0.94	98	11.2	4.0	19	50	0.00	0.46	8.2
Y013	固体火箭技术	149	1.00	149	15.8	4.4	19	55	0.01	0.46	9.7
C103	固体力学学报	43	0.88	43	47.7	3.8	16	33	0.00	0.84	8.2
W007	管理工程学报	114	0.97	114	31.4	2.7	21	70	0.01	0.96	10.8
W018	管理科学	74	0.91	74	41.4	2.5	19	46	0.04	0.92	5.7
W008	管理科学学报	114	0.90	114	34.9	3.0	19	56	0.05	0.98	9.4
W025	管理评论	277	0.98	276	37.5	2.9	24	115	0.02	0.90	7.3
S744	管理世界	244	0.95	153	36.5	2.3	25	102	0.04	0.67	9.9
S745	管理现代化	225	1.00	80	8.9	2.2	27	105	0.01	0.97	6.0
W016	管理学报	213	1.00	213	31.0	2.7	25	91	0.05	0.94	8.6
H226	灌溉排水学报	238	1.00	236	14.0	4.4	27	88	0.00	0.84	7.7
R026	光电工程	197	0.99	197	14.2	4.1	24	98	0.00	0.81	6.3
R082	光电子技术	57	0.98	56	10.6	4.0	14	34	0.00	0.51	5.9
C091	光谱学与光谱分析	746	0.93	734	15.7	5.2	30	307	0.04	0.90	6.8
C097	光散射学报	65	0.94	63	17.4	4.8	18	48	0.05	0.69	9.2
N015	光学技术	118	1.00	107	13.2	3.6	19	68	0.00	0.70	7.9
N033	光学精密工程	373	1.00	373	17.4	4.4	26	144	0.02	0.88	5.4
C050	光学学报	519	1.00	519	20.6	4.7	26	194	0.02	0.88	6.2

表 4-2 2016 年中国科技核心期刊（中文）来源指标刊名字顺索引（续）

CODE	刊名	来源文献量	文献选出率	AR论文量	平均引文数	平均作者数	地区分布数	机构分布数	海外论文比	基金论文比	引用半衰期
R097	光学与光电技术	113	0.99	112	10.3	2.9	18	63	0.06	0.40	8.5
C037	光子学报	338	0.97	338	18.8	4.7	25	143	0.01	0.92	6.3
R547	广东电力	280	0.97	279	13.7	3.8	21	111	0.00	0.42	6.5
H272	广东海洋大学学报	100	0.97	97	24.5	4.2	9	17	0.00	0.73	8.2
G027	广东药学院学报	179	0.97	164	15.9	4.7	9	54	0.00	0.68	5.8
A042	广西大学学报自然科学版	263	0.98	255	16.1	4.5	28	65	0.01	0.98	6.3
A535	广西科学	94	0.97	91	19.2	4.7	12	46	0.06	0.93	8.6
H364	广西林业科学	94	0.93	89	16.2	5.1	10	26	0.01	0.81	8.7
A062	广西师范大学学报自然科学版	99	0.99	94	15.6	4.1	18	37	0.00	0.98	7.5
G028	广西医科大学学报	349	0.97	127	12.0	3.9	22	176	0.00	0.36	4.2
G816	广西医学	544	0.97	243	14.9	4.2	27	295	0.00	0.39	5.3
F028	广西植物	216	0.98	214	24.3	4.9	26	124	0.01	0.90	9.6
G030	广州中医药大学学报	213	0.94	182	15.1	4.3	21	95	0.01	0.64	7.3
V572	规划师	278	0.91	277	12.9	2.6	23	130	0.04	0.38	6.4
T004	硅酸盐通报	758	0.98	758	16.9	4.3	30	265	0.01	0.69	7.3
T005	硅酸盐学报	274	0.98	274	23.5	4.8	26	137	0.03	0.82	7.2
M048	贵金属	65	0.92	64	18.6	5.4	15	33	0.02	0.69	7.4
A077	贵州大学学报自然科学版	174	0.98	157	10.7	3.3	14	36	0.01	0.90	8.0
H275	贵州农业科学	528	1.00	395	18.4	4.7	28	290	0.00	0.69	7.8
A527	贵州师范大学学报自然科学版	137	0.99	120	15.1	3.0	19	63	0.00	0.66	7.9
G031	贵州医科大学学报	366	0.93	305	13.4	4.3	22	137	0.00	0.53	5.3
G808	贵州医药	570	0.91	47	9.6	3.6	27	299	0.00	0.22	5.0
M033	桂林理工大学学报	133	0.99	131	18.1	4.5	20	50	0.00	0.74	8.7
A040	国防科技大学学报	180	0.99	180	17.1	4.0	12	32	0.00	0.87	7.7
G495	国际病毒学杂志	119	0.95	72	15.7	4.8	21	83	0.00	0.50	4.9
V529	国际城市规划	107	0.80	105	25.5	2.4	13	65	0.29	0.54	10.1
G936	国际儿科学杂志	250	0.91	190	28.2	2.5	25	120	0.00	0.27	5.3
G436	国际耳鼻咽喉头颈外科杂志	89	0.85	75	27.9	2.9	22	57	0.00	0.31	6.0
G659	国际妇产科学杂志	169	0.89	135	22.6	2.9	24	95	0.02	0.30	4.1
G498	国际骨科学杂志	87	0.87	81	31.5	3.7	17	41	0.00	0.51	4.2
G938	国际呼吸杂志	465	0.82	374	20.7	3.6	30	313	0.00	0.28	5.5
G362	国际检验医学杂志	1647	0.98	117	11.5	3.5	30	1126	0.00	0.12	5.2
G997	国际口腔医学杂志	155	0.92	135	24.0	3.4	26	65	0.01	0.47	6.6
G496	国际老年医学杂志	82	0.93	49	14.1	3.2	22	66	0.00	0.34	4.9
G930	国际流行病学传染病学杂志	103	0.92	71	17.4	4.2	21	81	0.00	0.40	4.8
G975	国际麻醉学与复苏杂志	249	0.98	239	20.7	3.9	30	156	0.00	0.37	5.5
G349	国际泌尿系统杂志	281	0.97	184	18.6	3.5	29	219	0.00	0.16	5.7
G983	国际免疫学杂志	141	0.95	126	22.0	3.6	22	87	0.01	0.52	4.1
G939	国际脑血管病杂志	195	0.74	184	32.1	4.7	28	139	0.01	0.37	5.7
G415	国际内分泌代谢杂志	104	0.90	75	19.8	4.2	21	67	0.03	0.39	4.8
G889	国际皮肤性病学杂志	107	0.82	60	22.4	3.3	17	60	0.01	0.37	4.0
G426	国际神经病学神经外科学杂志	144	0.92	123	21.5	3.0	26	102	0.01	0.28	4.8
G928	国际生物医学工程杂志	81	0.95	78	22.7	4.7	13	50	0.02	0.78	5.3

表 4-2　2016 年中国科技核心期刊（中文）来源指标刊名字顺索引（续）

CODE	刊名	来源文献量	文献选出率	AR论文量	平均引文数	平均作者数	地区分布数	机构分布数	海外论文比	基金论文比	引用半衰期
S157	国际生殖健康/计划生育杂志	112	0.87	91	24.5	3.2	20	80	0.00	0.37	4.3
B525	国际输血及血液学杂志	106	0.97	102	27.1	3.2	22	73	0.00	0.63	5.0
G954	国际外科学杂志	244	0.96	183	18.8	4.0	28	142	0.00	0.25	4.8
G660	国际消化病杂志	110	0.94	62	23.4	3.3	23	86	0.00	0.20	4.6
G940	国际心血管病杂志	104	0.90	62	22.6	3.7	20	64	0.00	0.43	4.9
Q911	国际眼科杂志	651	0.97	287	18.0	3.5	29	448	0.05	0.21	5.7
G933	国际药学研究杂志	196	0.77	192	28.6	4.6	27	114	0.01	0.63	5.7
G661	国际医学放射学杂志	110	0.96	102	27.3	2.9	21	73	0.00	0.39	4.5
G984	国际遗传学杂志	64	0.93	63	28.9	4.4	13	29	0.02	0.72	5.5
G934	国际中医中药杂志	331	0.90	171	12.0	3.7	26	193	0.00	0.27	5.2
G937	国际肿瘤学杂志	251	0.87	141	19.7	3.8	27	179	0.00	0.44	3.9
E578	国土资源科技管理	102	0.94	102	15.3	3.4	16	40	0.01	0.85	5.9
E591	国土资源遥感	120	0.95	120	18.7	4.1	25	69	0.03	0.60	8.0
R683	国外电子测量技术	259	0.85	241	10.6	2.8	20	103	0.00	0.22	4.4
H028	果树学报	209	0.97	195	22.6	6.2	26	84	0.01	0.76	7.7
T008	过程工程学报	165	1.00	165	22.5	5.0	25	65	0.00	0.87	7.4
X025	哈尔滨工程大学学报	282	0.99	282	15.2	3.9	21	81	0.02	0.93	7.5
J003	哈尔滨工业大学学报	354	0.97	353	19.5	4.0	23	99	0.02	0.85	7.6
J013	哈尔滨理工大学学报	138	0.96	138	18.8	3.7	16	23	0.01	0.78	6.2
G033	哈尔滨医科大学学报	146	0.97	107	12.0	4.3	10	42	0.00	0.40	6.6
J055	海军工程大学学报	131	0.98	128	9.1	3.6	9	18	0.01	0.59	8.0
Y029	海军航空工程学院学报	100	0.97	100	18.6	3.1	12	38	0.00	0.43	6.5
G899	海军医学杂志	213	0.95	72	9.8	3.5	21	130	0.00	0.09	5.5
A012	海南大学学报自然科学版	59	0.98	55	15.1	3.5	8	16	0.02	0.69	6.4
G416	海南医学院学报	890	1.00	675	16.5	2.9	26	594	0.00	0.64	2.0
L037	海相油气地质	37	0.82	37	24.5	5.6	13	24	0.03	0.73	7.4
E651	海洋测绘	118	0.94	110	14.9	4.0	15	59	0.00	0.53	8.3
E569	海洋地质前沿	119	0.90	119	21.6	4.9	10	35	0.02	0.63	9.0
E155	海洋地质与第四纪地质	123	0.87	123	33.9	5.1	18	48	0.02	0.83	11.4
E131	海洋工程	94	0.93	94	18.2	4.0	12	43	0.02	0.81	9.8
E312	海洋湖沼通报	57	0.93	57	26.6	4.3	11	32	0.00	0.65	10.5
Z010	海洋环境科学	152	1.00	149	23.2	4.7	14	69	0.01	0.65	9.7
E145	海洋科学	245	1.00	243	27.4	5.0	18	94	0.00	0.85	9.8
E006	海洋科学进展	57	0.89	57	27.0	4.7	9	28	0.02	0.75	9.9
E311	海洋通报	87	1.00	87	23.0	4.7	13	54	0.00	0.67	10.0
E003	海洋学报	157	0.95	157	31.9	4.9	14	65	0.03	0.89	10.9
E149	海洋学研究	48	0.92	48	19.5	4.5	11	26	0.00	0.77	9.3
H284	海洋渔业	78	1.00	78	31.2	5.5	10	19	0.03	0.71	9.8
E008	海洋与湖沼	151	0.99	151	30.2	5.3	18	53	0.01	0.85	10.0
E108	海洋预报	67	0.94	67	18.2	3.7	12	40	0.00	0.75	9.8
L586	含能材料	206	0.91	203	18.9	5.0	16	39	0.00	0.53	8.3
N076	焊接	185	0.80	158	10.6	3.8	26	128	0.01	0.35	6.7
N624	焊接技术	387	0.96	222	6.5	3.6	26	237	0.00	0.22	8.5

表 4-2　2016 年中国科技核心期刊（中文）来源指标刊名字顺索引（续）

CODE	刊名	来源文献量	文献选出率	AR论文量	平均引文数	平均作者数	地区分布数	机构分布数	海外论文比	基金论文比	引用半衰期
N021	焊接学报	352	0.98	349	9.5	4.2	24	107	0.01	0.81	7.8
A191	杭州师范大学学报自然科学版	113	0.95	111	19.0	3.8	10	23	0.00	0.73	8.9
Y556	航空兵器	93	0.78	85	15.1	3.2	16	31	0.00	0.38	7.7
Y027	航空材料学报	87	0.96	87	23.5	4.7	15	45	0.00	0.57	7.8
Y017	航空动力学报	375	0.97	375	20.3	3.9	21	82	0.00	0.60	10.1
Y554	航空发动机	110	0.94	110	16.4	3.6	12	38	0.00	0.50	10.7
Y031	航空计算技术	193	0.99	179	9.1	3.2	13	48	0.01	0.63	6.4
Y012	航空精密制造技术	89	0.92	76	6.3	3.0	14	51	0.00	0.17	8.6
Y002	航空学报	366	0.96	364	25.9	3.8	22	88	0.01	0.75	8.6
Y014	航空制造技术	406	0.92	373	16.0	3.4	22	137	0.00	0.33	7.2
Y034	航天返回与遥感	82	0.89	82	19.4	3.6	7	29	0.00	0.68	7.7
Y015	航天控制	99	0.98	99	11.5	3.6	12	39	0.00	0.28	8.1
Y033	航天器工程	118	0.96	118	13.0	4.0	10	25	0.00	0.57	6.5
Y032	航天器环境工程	119	0.97	117	13.4	4.4	14	47	0.00	0.45	9.2
G034	航天医学与医学工程	84	0.93	84	22.3	5.1	16	47	0.01	0.69	6.7
T057	合成材料老化与应用	169	0.96	145	12.3	3.3	23	94	0.00	0.29	8.3
D602	合成化学	243	0.89	221	15.6	4.5	29	133	0.00	0.70	7.7
T505	合成树脂及塑料	140	0.84	120	14.7	3.4	27	104	0.00	0.28	6.6
T067	合成纤维	148	0.86	113	9.7	3.4	17	61	0.00	0.28	8.5
T065	合成纤维工业	109	0.75	89	9.7	4.0	16	55	0.00	0.42	7.7
T018	合成橡胶工业	103	0.89	99	11.9	4.9	19	47	0.00	0.46	8.5
J053	合肥工业大学学报自然科学版	324	0.98	322	14.0	3.7	23	74	0.00	0.81	7.6
A031	河北大学学报自然科学版	103	1.00	95	16.4	3.8	13	33	0.00	0.91	7.8
K032	河北工程大学学报自然科学版	94	0.99	92	12.0	3.7	15	31	0.00	0.91	8.1
J017	河北工业大学学报	112	1.00	111	13.0	4.1	9	18	0.01	0.91	7.6
J019	河北工业科技	91	0.95	91	17.8	3.7	16	48	0.00	0.73	6.1
J058	河北科技大学学报	92	0.96	85	25.8	4.2	17	36	0.01	0.91	6.7
H244	河北农业大学学报	146	0.96	146	18.0	5.3	12	34	0.00	0.84	8.2
A076	河北师范大学学报自然科学版	91	0.94	84	17.9	3.3	25	57	0.02	0.88	7.9
G035	河北医科大学学报	412	0.96	315	15.9	4.4	17	167	0.00	0.33	3.5
G641	河北医学	870	0.99	287	4.7	3.1	28	567	0.00	0.57	4.2
G898	河北医药	1223	0.99	347	15.5	3.9	26	568	0.00	0.19	4.5
G301	河北中医药学报	83	0.99	33	12.6	4.5	10	59	0.00	0.60	6.9
W012	河海大学学报自然科学版	88	0.82	88	20.0	3.9	14	29	0.02	0.85	8.4
A067	河南大学学报自然科学版	99	0.99	97	22.6	3.7	16	35	0.00	0.96	6.6
U004	河南工业大学学报自然科学版	132	0.96	131	17.1	4.3	16	32	0.00	0.70	6.6
J014	河南科技大学学报自然科学版	127	0.97	117	13.9	3.5	22	58	0.02	0.99	5.5
A011	河南科学	394	0.97	367	17.9	3.0	22	147	0.00	0.77	6.9
K526	河南理工大学学报自然科学版	148	1.00	147	13.4	3.4	16	44	0.01	0.91	5.9
H011	河南农业大学学报	138	1.00	138	19.1	5.2	21	50	0.00	0.87	8.2
H356	河南农业科学	389	0.98	372	22.2	5.2	30	188	0.00	0.69	7.7
A058	河南师范大学学报自然科学版	188	1.00	184	17.8	3.3	26	90	0.00	0.97	6.8
Q004	核动力工程	235	1.00	206	6.1	4.5	17	65	0.01	0.26	9.3

表 4-2 2016 年中国科技核心期刊（中文）来源指标刊名字顺索引（续）

CODE	刊名	来源文献量	文献选出率	AR论文量	平均引文数	平均作者数	地区分布数	机构分布数	海外论文比	基金论文比	引用半衰期
Q002	核化学与放射化学	59	0.97	59	18.2	4.9	13	27	0.00	0.37	10.9
Q001	核技术	166	0.89	166	14.6	5.3	19	60	0.01	0.75	7.4
C092	核聚变与等离子体物理	65	0.98	64	11.4	4.7	17	24	0.00	0.65	10.5
Q009	核科学与工程	142	0.98	142	10.5	4.7	15	46	0.00	0.37	9.5
H042	核农学报	311	1.00	311	35.5	5.6	28	117	0.00	0.82	7.1
A084	黑龙江大学自然科学学报	132	0.96	126	17.2	3.3	24	64	0.02	0.95	6.7
K505	黑龙江科技大学学报	141	0.96	137	12.5	3.4	10	27	0.02	0.77	5.6
R535	红外技术	184	0.96	182	14.4	4.4	24	100	0.00	0.50	7.5
C035	红外与毫米波学报	122	0.99	119	19.1	5.4	21	74	0.03	0.83	8.5
R084	红外与激光工程	566	0.99	566	13.3	4.6	26	197	0.01	0.75	6.5
A039	湖北大学学报自然科学版	101	0.98	98	14.5	3.9	16	40	0.00	0.68	8.9
H203	湖北农业科学	1619	0.97	1212	15.1	4.5	30	656	0.00	0.67	8.1
G334	湖北中医药大学学报	252	0.99	84	13.5	3.3	23	132	0.00	0.66	5.3
E111	湖泊科学	156	0.97	156	34.0	5.1	25	90	0.01	0.88	9.0
A028	湖南大学学报自然科学版	257	1.00	257	16.1	4.0	19	41	0.02	0.95	7.6
K016	湖南科技大学学报自然科学版	85	1.00	85	16.0	3.4	17	43	0.00	0.85	7.5
H060	湖南农业大学学报自然科学版	127	0.99	126	18.9	5.3	17	51	0.01	0.74	8.1
G548	湖南师范大学学报医学版	294	1.00	136	12.2	3.2	24	220	0.00	0.13	3.8
A055	湖南师范大学自然科学学报	93	0.95	90	17.1	3.7	20	54	0.01	0.88	7.5
G041	湖南中医药大学学报	295	0.98	192	13.2	4.7	23	101	0.00	0.71	5.6
G987	护理学报	532	0.91	283	14.9	4.1	26	296	0.00	0.45	4.8
G503	护理学杂志	880	0.99	336	16.1	4.0	29	392	0.01	0.22	5.0
G654	护理研究	1641	0.96	570	14.4	3.7	29	721	0.00	0.37	5.7
H665	花生学报	49	0.89	48	19.8	6.5	9	28	0.02	0.69	8.0
E141	华北地震科学	54	0.89	54	14.1	4.4	14	30	0.00	0.81	9.6
R046	华北电力大学学报	99	1.00	99	17.5	3.5	11	14	0.02	0.63	5.1
H032	华北农学报	215	0.92	215	27.1	6.0	27	84	0.00	0.86	6.8
X003	华东交通大学学报	125	0.98	125	14.2	3.1	17	44	0.00	0.66	6.1
T021	华东理工大学学报自然科学版	131	0.96	131	18.5	3.7	8	10	0.01	0.54	8.2
A054	华东师范大学学报自然科学版	108	0.93	106	17.6	3.0	19	49	0.01	0.81	8.4
E103	华南地震	65	0.94	65	13.0	3.4	22	32	0.03	0.71	9.7
G340	华南国防医学杂志	263	0.92	117	14.8	4.4	21	120	0.00	0.18	4.7
J004	华南理工大学学报自然科学版	251	0.95	251	18.0	3.6	20	45	0.01	0.96	6.7
H013	华南农业大学学报	114	0.96	114	23.6	5.6	14	31	0.01	0.85	7.9
A052	华南师范大学学报自然科学版	124	0.97	123	22.6	3.8	11	29	0.01	0.96	7.5
G525	华南预防医学	149	0.96	89	12.6	5.2	18	92	0.00	0.15	5.4
A021	华侨大学学报自然科学版	158	0.97	141	15.2	2.8	23	72	0.01	0.94	5.8
G043	华西口腔医学杂志	130	0.84	121	18.5	4.5	27	75	0.00	0.56	6.5
G044	华西药学杂志	212	0.97	76	7.3	4.6	26	113	0.01	0.54	7.0
G294	华西医学	573	0.99	322	16.6	3.8	24	154	0.00	0.21	6.2
G077	华中科技大学学报医学版	153	0.94	143	19.6	5.0	19	87	0.02	0.59	6.3
J033	华中科技大学学报自然科学版	295	1.00	295	13.6	3.6	23	92	0.01	0.93	6.2
H003	华中农业大学学报	130	0.98	130	21.4	4.8	17	29	0.02	0.88	8.2

表 4-2 2016 年中国科技核心期刊（中文）来源指标刊名字顺索引（续）

CODE	刊名	来源文献量	文献选出率	AR论文量	平均引文数	平均作者数	地区分布数	机构分布数	海外论文比	基金论文比	引用半衰期
A004	华中师范大学学报自然科学版	155	0.96	146	16.6	3.3	25	87	0.01	0.91	7.8
Z009	化工环保	126	0.88	124	21.7	4.1	26	93	0.00	0.56	5.9
T006	化工机械	178	0.98	150	11.8	3.7	23	79	0.00	0.39	7.9
T101	化工进展	570	0.91	567	32.3	4.4	30	183	0.01	0.68	6.1
T532	化工科技	120	0.98	99	14.5	4.4	18	45	0.00	0.52	7.8
T146	化工设备与管道	125	0.95	101	9.0	2.9	19	91	0.00	0.30	9.4
T007	化工学报	650	0.98	650	27.4	4.5	26	165	0.01	0.89	7.2
T009	化学反应工程与工艺	83	0.93	83	16.4	4.2	19	42	0.00	0.52	9.8
D604	化学分析计量	176	0.63	120	15.6	3.9	27	136	0.00	0.31	7.1
T025	化学工程	185	0.99	182	14.0	4.4	25	92	0.01	0.56	8.2
T567	化学工程师	278	0.97	155	10.5	3.5	23	137	0.00	0.35	7.3
T076	化学工业与工程	96	0.99	96	17.5	3.8	6	8	0.00	0.53	9.2
T501	能源化工	105	0.96	98	12.9	3.1	19	64	0.00	0.19	7.5
D506	化学进展	160	0.94	160	87.0	4.2	24	107	0.06	0.94	5.1
D011	化学试剂	300	0.97	254	16.4	4.4	28	197	0.00	0.63	7.5
D018	化学通报	206	0.95	200	30.5	4.1	28	125	0.01	0.70	6.7
D030	化学学报	116	0.98	115	45.5	4.7	20	68	0.03	0.88	5.5
D501	化学研究	144	0.99	131	22.4	4.6	21	62	0.01	0.73	7.4
D037	化学研究与应用	316	0.99	306	17.4	4.3	30	187	0.00	0.68	7.4
T931	化学与粘合	131	1.00	85	11.9	4.7	14	45	0.00	0.27	8.1
T553	化学与生物工程	192	0.95	157	16.0	4.3	25	111	0.00	0.61	7.3
Z017	环境保护科学	152	0.98	142	15.6	3.9	28	85	0.01	0.36	6.6
Z005	环境工程	443	0.99	422	18.8	4.4	30	247	0.01	0.73	6.8
Z550	环境工程技术学报	90	0.91	90	29.3	5.5	20	53	0.01	0.66	7.7
Z021	环境工程学报	1156	1.00	1148	21.8	4.9	30	352	0.01	0.82	7.4
D024	环境化学	324	1.00	311	27.0	5.0	29	189	0.01	0.76	6.7
Z554	环境监测管理与技术	106	0.97	87	13.9	4.2	24	82	0.01	0.64	7.0
Z506	环境科技	101	0.96	91	14.7	3.7	14	70	0.02	0.49	6.2
Z004	环境科学	606	0.96	605	34.1	5.6	29	207	0.01	0.89	6.3
Z003	环境科学学报	553	1.00	552	30.7	5.3	29	215	0.01	0.89	7.1
Z002	环境科学研究	238	1.00	235	34.9	5.4	25	131	0.01	0.89	7.1
Z521	环境科学与管理	547	0.98	458	7.3	3.1	29	355	0.00	0.28	4.0
Z025	环境科学与技术	420	1.00	417	23.7	4.8	29	242	0.01	0.85	7.6
H049	环境昆虫学报	181	0.98	180	28.9	4.6	27	98	0.02	0.79	10.0
Z035	环境卫生工程	188	0.98	52	5.8	3.1	22	101	0.01	0.21	6.6
Z019	环境污染与防治	242	0.92	241	21.2	4.9	29	154	0.01	0.69	6.9
Z031	环境与健康杂志	299	0.98	207	16.0	5.6	29	141	0.00	0.71	6.4
G882	环境与职业医学	248	0.96	230	18.1	5.3	28	125	0.04	0.57	5.8
G656	环球中医药	500	0.96	185	12.8	4.0	29	197	0.01	0.44	6.4
M631	黄金	231	0.77	184	9.2	3.6	28	141	0.00	0.20	7.9
Y040	火箭推进	103	0.94	103	11.3	3.6	4	13	0.00	0.46	9.5
N005	火力与指挥控制	515	0.97	483	10.5	3.4	24	164	0.00	0.46	7.3
N007	火炸药学报	116	0.96	115	18.3	5.5	16	27	0.00	0.51	8.7

表 4-2　2016 年中国科技核心期刊（中文）来源指标刊名字顺索引（续）

CODE	刊名	来源文献量	文献选出率	AR论文量	平均引文数	平均作者数	地区分布数	机构分布数	海外论文比	基金论文比	引用半衰期
X011	机车电传动	167	0.97	129	6.5	3.2	21	71	0.01	0.19	7.2
N069	机床与液压	1069	0.96	763	9.1	3.2	29	469	0.00	0.50	7.7
N672	机电工程	290	0.99	290	13.7	3.7	24	136	0.00	0.65	5.7
S004	机器人	91	0.99	91	18.8	4.3	17	50	0.00	0.89	6.2
N040	机械传动	488	1.00	434	10.4	3.4	28	226	0.00	0.58	7.6
M004	机械工程材料	289	0.96	287	14.8	4.3	27	154	0.00	0.65	8.0
N051	机械工程学报	618	0.97	618	20.9	4.2	24	160	0.02	0.90	7.8
N050	机械科学与技术	334	0.97	334	15.8	3.7	25	131	0.01	0.77	8.8
N057	机械强度	244	1.00	244	13.0	3.6	24	133	0.00	0.73	8.5
N047	机械设计	321	0.94	293	11.7	3.5	27	155	0.00	0.72	7.7
N054	机械设计与研究	257	0.98	238	13.6	3.9	26	130	0.01	0.72	7.3
N028	机械设计与制造	852	1.00	738	10.6	3.2	29	298	0.00	0.70	7.1
N063	机械设计与制造工程	262	0.98	204	8.9	2.7	23	130	0.02	0.35	6.4
N053	机械与电子	231	0.98	210	8.8	3.0	20	97	0.00	0.36	7.4
N515	机械制造与自动化	395	0.99	261	8.7	3.0	24	159	0.00	0.31	8.3
G003	基础医学与临床	349	0.96	314	13.2	4.9	30	175	0.01	0.66	4.0
H245	基因组学与应用生物学	538	0.98	535	19.8	5.4	30	242	0.00	0.78	6.8
R025	激光技术	194	0.97	190	16.5	4.2	24	99	0.01	0.70	6.9
F045	激光生物学报	89	0.96	89	25.1	5.1	19	50	0.01	0.83	7.2
R514	激光与光电子学进展	455	1.00	455	21.0	4.3	29	222	0.00	0.80	6.0
R521	激光与红外	297	0.97	290	11.4	3.9	27	144	0.00	0.46	7.2
R028	激光杂志	470	1.00	346	17.2	2.7	29	291	0.00	0.71	6.1
E116	吉林大学学报地球科学版	164	0.96	164	33.7	5.1	24	69	0.01	0.80	10.0
J042	吉林大学学报工学版	303	1.00	303	14.4	4.2	21	74	0.03	0.96	7.0
A035	吉林大学学报理学版	250	0.97	241	13.7	3.0	27	104	0.02	0.95	7.0
R586	吉林大学学报信息科学版	123	0.98	123	14.7	3.3	14	30	0.00	0.74	5.9
G014	吉林大学学报医学版	245	0.99	241	19.2	5.6	27	95	0.01	0.98	4.8
H243	吉林农业大学学报	133	0.97	131	23.4	4.9	15	32	0.00	0.83	7.5
H227	吉林农业科学	144	1.00	128	17.1	5.9	17	44	0.00	0.76	8.2
G719	吉林中医药	372	1.00	216	19.9	3.5	25	160	0.00	0.79	5.8
E007	极地研究	62	0.95	62	30.0	4.5	15	35	0.00	0.95	10.2
G452	疾病监测	210	0.85	190	15.2	5.9	26	108	0.01	0.44	5.4
G439	脊柱外科杂志	82	0.80	78	21.7	5.4	16	54	0.00	0.27	7.1
N014	计量学报	144	0.98	136	11.5	4.0	19	69	0.01	0.73	8.4
S050	计算机测量与控制	999	0.99	751	10.0	3.3	29	396	0.00	0.41	6.4
S049	计算机仿真	1188	1.00	1187	11.1	2.6	30	404	0.00	0.44	4.8
S013	计算机辅助设计与图形学学报	259	0.99	259	22.7	3.9	23	122	0.03	0.94	7.3
S012	计算机工程	659	0.99	659	16.7	3.2	28	235	0.00	0.82	6.1
S034	计算机工程与科学	374	0.97	374	20.7	3.3	28	174	0.01	0.80	6.0
S022	计算机工程与设计	624	1.00	624	13.1	3.2	29	241	0.01	0.75	4.5
S025	计算机工程与应用	1181	1.00	1171	17.0	3.0	30	365	0.01	0.81	6.9
S030	计算机集成制造系统	300	0.99	300	21.0	3.6	25	116	0.02	0.90	6.4
S520	计算机技术与发展	529	0.97	519	15.5	2.9	29	190	0.00	0.93	6.7

表 4-2　2016 年中国科技核心期刊（中文）来源指标刊名字顺索引（续）

CODE	刊名	来源文献量	文献选出率	AR论文量	平均引文数	平均作者数	地区分布数	机构分布数	海外论文比	基金论文比	引用半衰期
S006	计算机科学	744	0.99	722	17.9	3.2	28	251	0.01	0.82	6.8
S085	计算机科学与探索	177	0.91	177	23.7	3.4	25	101	0.01	0.97	5.9
S509	计算机系统应用	575	0.99	572	12.6	2.9	29	263	0.01	0.51	6.1
S018	计算机学报	177	1.00	177	36.6	4.1	24	80	0.03	0.98	7.2
S021	计算机研究与发展	244	0.90	243	29.2	3.9	23	104	0.02	0.95	5.8
S029	计算机应用	651	1.00	651	16.9	3.3	28	241	0.01	0.86	5.5
S016	计算机应用研究	872	1.00	841	17.5	3.2	29	311	0.01	0.90	6.1
S009	计算机应用与软件	914	0.99	885	14.7	3.0	30	369	0.01	0.74	5.9
S048	计算机与数字工程	543	0.98	526	12.1	2.5	28	249	0.00	0.31	7.3
S500	计算机与现代化	296	0.99	295	17.4	2.7	26	164	0.00	0.52	5.8
S014	计算机与应用化学	249	0.95	237	17.1	3.9	28	136	0.01	0.71	8.4
S507	计算技术与自动化	114	0.99	106	10.9	2.9	22	78	0.00	0.46	6.6
C003	计算力学学报	140	0.98	139	18.9	3.3	24	79	0.05	0.88	9.8
B014	计算数学	30	0.88	30	26.5	2.6	14	27	0.13	0.87	13.4
C094	计算物理	89	0.98	89	19.5	3.6	22	53	0.02	0.79	10.3
A656	济南大学学报自然科学版	80	1.00	70	24.3	3.3	17	45	0.00	0.98	7.3
G292	寄生虫与医学昆虫学报	40	0.95	39	21.8	5.5	14	28	0.00	0.78	7.9
A045	暨南大学学报自然科学与医学版	97	0.98	95	18.2	4.5	19	56	0.03	0.84	6.2
H240	家畜生态学报	228	0.95	204	21.5	5.3	28	115	0.00	0.70	7.4
G638	检验医学	244	0.88	189	14.1	4.4	24	171	0.00	0.27	5.3
V051	建筑材料学报	190	0.98	189	13.7	3.9	24	88	0.02	0.91	8.6
V057	建筑钢结构进展	63	0.97	63	13.8	3.3	13	46	0.06	0.46	7.7
V523	建筑节能	355	0.92	304	9.7	3.2	28	175	0.01	0.43	7.1
V014	建筑结构	469	0.95	459	8.3	3.8	26	189	0.01	0.32	7.2
V044	建筑结构学报	259	0.99	259	17.0	3.9	22	82	0.02	0.90	8.1
V005	建筑科学	291	0.99	291	12.9	3.6	26	120	0.02	0.64	8.0
V013	建筑科学与工程学报	98	0.91	98	20.8	3.6	24	39	0.02	0.90	9.1
V047	建筑学报	225	0.86	156	12.0	2.0	20	82	0.10	0.46	15.7
Y564	舰船科学技术	399	0.99	382	10.8	3.2	22	133	0.00	0.36	8.2
G453	江苏大学学报医学版	121	0.95	111	15.5	5.3	9	41	0.00	0.46	5.7
J035	江苏大学学报自然科学版	121	0.99	121	14.0	3.8	18	47	0.02	0.92	6.0
X015	江苏科技大学学报自然科学版	113	0.99	113	12.8	3.6	12	35	0.01	0.61	6.1
H700	江苏农业科学	1920	1.00	1160	17.3	4.5	30	609	0.01	0.79	8.2
H199	江苏农业学报	222	0.99	220	24.8	5.5	28	104	0.00	0.79	7.9
G397	江苏中医药	383	0.94	62	7.8	2.8	23	176	0.00	0.30	6.8
H283	江西农业大学学报	169	0.99	169	23.2	5.6	20	62	0.01	0.90	8.0
H701	江西农业学报	330	0.99	318	18.8	4.8	27	149	0.00	0.65	7.5
A112	江西师范大学学报自然科学版	124	0.97	116	19.0	3.0	19	64	0.02	0.98	7.2
X002	交通科学与工程	72	0.94	72	11.6	3.0	16	33	0.00	0.53	6.8
X020	交通信息与安全	105	0.86	105	18.5	3.3	12	42	0.02	0.68	5.9
X672	交通运输工程学报	105	0.95	105	25.5	4.0	20	44	0.13	0.94	6.4
X685	交通运输系统工程与信息	208	0.98	208	11.4	3.4	21	68	0.02	0.86	6.7
L587	节能技术	126	0.95	118	13.2	3.6	19	92	0.01	0.37	6.4

表 4-2　2016 年中国科技核心期刊（中文）来源指标刊名字顺索引（续）

CODE	刊名	来源文献量	文献选出率	AR论文量	平均引文数	平均作者数	地区分布数	机构分布数	海外论文比	基金论文比	引用半衰期
W567	节水灌溉	342	0.97	300	14.6	4.0	27	127	0.00	0.78	7.9
K553	洁净煤技术	153	0.99	150	19.5	3.5	21	86	0.00	0.63	7.3
V049	结构工程师	167	0.98	167	11.3	2.9	23	74	0.01	0.43	8.3
G869	结直肠肛门外科	191	0.97	155	12.7	2.8	21	158	0.00	0.05	3.5
G316	解放军护理杂志	508	0.90	308	16.8	3.7	25	247	0.01	0.18	5.5
A121	解放军理工大学学报自然科学版	93	0.99	93	15.0	4.0	15	38	0.00	0.85	5.9
G295	解放军药学学报	176	0.96	83	10.6	4.5	23	107	0.00	0.19	5.0
G187	解放军医学院学报	344	0.97	271	22.6	4.9	19	74	0.01	0.44	5.4
G048	解放军医学杂志	202	0.98	192	21.7	5.7	24	112	0.00	0.47	5.6
G671	解放军医药杂志	346	0.97	296	20.3	4.1	28	197	0.00	0.47	3.9
G315	解放军医院管理杂志	425	0.95	75	7.7	3.8	26	173	0.00	0.14	4.7
G961	解放军预防医学杂志	321	0.81	72	13.3	4.4	25	202	0.01	0.15	4.8
G507	解剖科学进展	202	0.97	115	15.4	4.5	16	66	0.00	0.86	6.3
G049	解剖学报	146	0.96	137	18.7	5.5	26	87	0.01	0.86	6.1
G358	解剖学研究	147	0.94	80	12.0	4.3	26	101	0.02	0.33	5.9
G050	解剖学杂志	235	0.94	135	13.8	4.9	29	131	0.01	0.52	6.4
G886	介入放射学杂志	256	0.90	214	15.8	5.6	27	151	0.00	0.28	5.6
N048	金刚石与磨料磨具工程	104	0.97	100	10.5	4.1	18	55	0.00	0.58	8.6
M051	金属功能材料	62	0.85	58	18.0	3.8	18	42	0.00	0.56	8.1
K022	金属矿山	477	0.98	453	12.9	3.8	28	150	0.00	0.61	5.9
N083	金属热处理	555	0.87	503	11.5	4.4	28	269	0.01	0.44	7.9
M012	金属学报	185	0.99	185	33.4	4.8	25	67	0.04	0.92	8.7
E599	经济地理	339	0.97	339	26.1	3.1	28	139	0.01	0.91	6.9
S759	经济管理	193	0.89	193	35.7	2.2	23	70	0.03	0.82	9.0
S762	经济理论与经济管理	96	0.97	96	28.3	2.1	15	43	0.03	0.70	9.4
H266	经济林研究	118	0.97	117	21.0	5.4	21	49	0.01	0.83	7.5
S773	经济与管理研究	204	0.98	204	19.8	2.2	20	82	0.03	0.83	9.2
G953	精神医学杂志	136	0.90	65	19.0	3.9	20	81	0.00	0.35	6.3
T102	精细化工	243	1.00	242	20.9	4.8	28	114	0.01	0.72	6.5
T955	精细化工中间体	112	0.96	72	14.4	4.7	18	61	0.00	0.38	7.4
T542	精细石油化工	110	0.95	104	14.6	4.1	21	66	0.01	0.52	7.2
G677	颈腰痛杂志	153	0.96	83	13.4	5.0	22	128	0.00	0.10	5.4
Z553	净水技术	139	0.97	130	15.7	3.3	18	91	0.02	0.45	7.1
G553	局解手术学杂志	269	0.94	162	16.5	4.3	24	152	0.00	0.39	4.6
T512	聚氨酯工业	78	0.68	54	9.5	3.7	19	63	0.01	0.27	7.3
R016	绝缘材料	177	0.95	177	18.3	4.6	22	102	0.00	0.55	7.7
G052	军事医学	243	0.88	203	17.3	5.7	23	102	0.00	0.53	6.3
F018	菌物学报	164	0.92	163	33.6	4.4	25	67	0.02	0.83	8.7
M018	勘察科学技术	98	0.99	76	8.3	3.2	19	56	0.00	0.13	9.2
A645	科技导报	487	0.68	405	21.3	3.1	26	256	0.05	0.43	6.2
S812	科技管理研究	1109	1.00	1104	18.8	2.5	29	387	0.01	0.82	6.7
R588	科技进步与对策	614	0.99	613	21.9	2.4	28	227	0.00	0.85	7.3
A083	科技通报	635	0.99	555	11.2	2.6	29	331	0.00	0.51	6.0

表 4-2　2016 年中国科技核心期刊（中文）来源指标刊名字顺索引（续）

CODE	刊名	来源文献量	文献选出率	AR论文量	平均引文数	平均作者数	地区分布数	机构分布数	海外论文比	基金论文比	引用半衰期
S816	科学管理研究	178	0.99	174	9.2	2.1	24	109	0.00	0.74	4.9
A537	科学技术与工程	1939	0.99	1923	14.1	3.9	30	562	0.01	0.65	7.6
A075	科学通报	421	0.85	392	43.8	4.1	23	208	0.05	0.76	7.6
W514	科学学研究	219	0.99	218	28.0	2.5	21	106	0.02	0.84	8.8
S818	科学学与科学技术管理	194	0.98	194	37.2	2.5	23	101	0.02	0.87	8.5
W531	科研管理	219	0.95	219	27.2	2.6	23	111	0.03	0.90	8.9
L516	可再生能源	289	0.97	289	22.9	4.2	28	155	0.01	0.80	5.4
E140	空间科学学报	116	0.99	114	21.2	4.1	18	57	0.02	0.59	7.5
Y051	空间控制技术与应用	66	1.00	66	11.2	3.7	5	16	0.00	0.76	8.9
J059	空军工程大学学报自然科学版	119	0.98	118	17.6	4.1	6	12	0.01	0.91	6.5
Q907	空军医学杂志	117	0.87	65	13.4	4.4	18	56	0.01	0.22	5.5
Y016	空气动力学学报	116	0.91	116	19.6	4.1	14	41	0.07	0.50	13.9
S503	控制工程	340	0.98	339	14.6	3.0	26	197	0.02	0.80	6.7
R060	控制理论与应用	202	0.98	201	23.9	3.4	22	99	0.03	0.94	6.2
S001	控制与决策	350	0.96	349	18.9	3.1	26	129	0.00	0.95	6.8
G672	口腔材料器械杂志	51	1.00	47	15.6	3.2	13	32	0.00	0.35	6.1
G246	口腔颌面外科杂志	92	0.78	74	18.3	3.6	17	58	0.01	0.45	6.0
G894	口腔颌面修复学杂志	88	0.94	69	17.4	3.8	17	59	0.00	0.51	5.5
G594	口腔生物医学	50	0.82	42	24.2	4.2	12	15	0.00	0.82	6.4
G325	口腔医学	281	0.95	223	21.3	4.0	25	140	0.00	0.56	5.4
G266	口腔医学研究	314	0.95	249	14.5	4.6	28	175	0.02	0.65	6.5
K525	矿产保护与利用	88	0.99	86	17.8	3.9	15	38	0.00	0.64	7.2
V054	矿产勘查	134	0.96	133	15.8	4.9	24	75	0.00	0.30	11.0
K004	矿产综合利用	134	1.00	121	12.5	3.6	25	71	0.00	0.38	7.4
E106	矿床地质	95	0.97	94	66.1	5.4	19	40	0.02	0.64	11.3
K014	矿山机械	302	0.90	220	7.4	3.1	28	174	0.00	0.28	7.0
E350	矿物学报	82	0.96	82	25.7	5.3	17	42	0.02	0.62	10.8
E354	矿物岩石	56	0.95	56	24.4	5.1	15	34	0.00	0.63	11.3
E504	矿物岩石地球化学通报	142	0.77	142	46.7	5.0	23	69	0.01	0.76	10.4
M101	矿冶	117	0.98	107	10.1	3.8	18	46	0.01	0.33	7.8
M045	矿冶工程	181	0.96	156	11.6	4.3	22	86	0.00	0.46	7.5
K554	矿业安全与环保	174	0.99	162	11.4	2.9	21	72	0.00	0.56	6.3
K010	矿业研究与开发	306	1.00	271	12.2	3.6	25	99	0.00	0.52	5.1
F015	昆虫学报	161	1.00	161	34.9	5.3	26	84	0.06	0.75	8.7
J020	昆明理工大学学报自然科学版	133	0.96	129	19.4	4.0	17	40	0.01	0.89	7.3
G053	昆明医科大学学报	429	0.98	349	17.5	4.8	18	153	0.00	0.85	5.2
G395	兰州大学学报医学版	89	0.94	85	19.3	4.9	15	43	0.03	0.60	5.8
A016	兰州大学学报自然科学版	135	0.99	130	23.0	4.4	14	48	0.01	0.92	9.5
J008	兰州理工大学学报	206	0.97	194	13.3	3.5	23	66	0.00	0.83	7.9
G628	老年医学与保健	134	0.96	73	15.5	3.9	11	62	0.00	0.39	5.9
R096	雷达科学与技术	122	1.00	121	10.9	3.1	15	48	0.00	0.40	5.1
R758	雷达学报	71	0.91	71	30.4	3.4	14	31	0.01	0.87	7.6
T010	离子交换与吸附	58	1.00	58	18.5	4.6	19	40	0.00	0.76	7.1

表 4-2　2016 年中国科技核心期刊（中文）来源指标刊名字顺索引（续）

CODE	刊名	来源文献量	文献选出率	AR论文量	平均引文数	平均作者数	地区分布数	机构分布数	海外论文比	基金论文比	引用半衰期
M001	理化检验化学分册	348	0.87	236	15.1	4.2	31	262	0.00	0.43	7.3
C101	力学季刊	87	0.95	87	18.5	3.0	17	48	0.00	0.83	9.4
C001	力学学报	149	0.97	148	32.7	3.4	20	74	0.00	0.89	9.3
C104	力学与实践	136	0.86	104	14.2	2.9	24	83	0.01	0.47	10.5
G580	立体定向和功能性神经外科杂志	99	0.97	66	12.4	4.7	22	74	0.01	0.21	4.9
U055	粮食与饲料工业	201	0.91	164	14.0	4.4	27	122	0.00	0.51	7.7
C032	量子电子学报	112	0.97	112	17.2	3.6	21	72	0.00	0.80	7.1
K008	辽宁工程技术大学学报自然科学版	289	1.00	277	12.5	3.2	26	103	0.01	0.75	7.0
H261	辽宁农业科学	157	0.99	70	9.6	3.6	11	66	0.00	0.54	7.3
G850	辽宁中医药大学学报	890	0.98	319	17.1	3.4	28	308	0.00	0.51	5.8
G646	辽宁中医杂志	904	1.00	337	13.9	4.2	29	290	0.00	0.80	6.4
U037	林产工业	180	0.93	89	9.8	3.3	19	56	0.00	0.40	7.4
T017	林产化学与工业	120	0.87	120	20.4	4.9	20	42	0.00	0.76	6.7
H740	林业工程学报	149	0.96	142	19.7	4.3	18	34	0.02	0.80	6.9
H280	林业科学	221	0.86	221	40.7	4.9	26	72	0.01	0.75	8.3
H281	林业科学研究	140	0.99	139	29.7	5.1	20	45	0.01	0.75	9.1
H102	林业调查规划	186	0.97	164	11.8	3.4	20	111	0.01	0.34	8.5
T231	磷肥与复肥	217	0.92	49	5.5	3.0	26	118	0.00	0.12	7.5
G880	临床超声医学杂志	275	0.70	97	9.7	4.4	27	210	0.00	0.20	5.7
G607	临床儿科杂志	227	0.88	164	17.3	4.4	26	117	0.00	0.26	5.8
G276	临床耳鼻咽喉头颈外科杂志	505	0.90	329	16.3	4.4	30	292	0.01	0.29	6.1
G271	临床放射学杂志	410	0.78	359	14.6	5.0	29	259	0.00	0.22	6.0
Q908	临床肺科杂志	718	0.98	389	13.7	3.5	29	496	0.00	0.11	4.5
G501	临床肝胆病杂志	514	0.86	380	21.7	4.1	30	271	0.00	0.33	4.4
G291	临床骨科杂志	246	0.71	98	7.3	4.6	26	213	0.00	0.08	4.5
G664	临床和实验医学杂志	866	0.99	515	13.9	3.4	28	526	0.00	0.17	3.7
G345	临床急诊杂志	287	0.97	148	14.0	3.7	26	191	0.00	0.16	4.2
G204	临床检验杂志	258	0.96	141	13.6	4.9	28	159	0.01	0.56	4.0
G310	临床精神医学杂志	135	0.64	26	12.9	4.7	21	92	0.01	0.35	6.3
G881	临床军医杂志	384	0.93	183	15.1	4.4	26	165	0.01	0.28	5.4
G287	临床口腔医学杂志	250	0.91	106	13.4	3.9	27	136	0.00	0.31	7.3
G222	临床麻醉学杂志	328	0.75	198	12.5	4.4	28	217	0.00	0.25	4.7
G317	临床泌尿外科杂志	299	0.92	194	17.4	5.6	28	187	0.00	0.24	5.7
G257	临床内科杂志	230	0.65	31	13.0	4.0	26	162	0.00	0.17	4.8
G230	临床皮肤科杂志	275	0.80	85	11.3	4.3	27	172	0.00	0.11	7.6
G309	临床神经病学杂志	134	0.69	66	19.4	4.4	22	90	0.00	0.25	6.4
G802	临床神经外科杂志	131	0.91	92	15.3	5.2	20	94	0.00	0.38	6.0
G423	临床肾脏病杂志	162	0.99	142	21.6	3.9	25	128	0.01	0.33	6.2
G797	临床输血与检验	199	0.96	91	9.8	3.7	23	149	0.00	0.14	5.8
G256	临床外科杂志	327	0.88	64	14.1	3.6	26	197	0.00	0.15	4.9
G942	临床误诊误治	445	0.92	190	17.5	3.9	28	278	0.00	0.22	5.3
G855	临床消化病杂志	120	0.95	58	13.9	3.8	25	94	0.00	0.12	6.1
Q909	临床小儿外科杂志	158	0.78	98	15.9	4.7	23	77	0.01	0.26	6.9

表 4-2 2016 年中国科技核心期刊（中文）来源指标刊名字顺索引（续）

CODE	刊名	来源文献量	文献选出率	AR论文量	平均引文数	平均作者数	地区分布数	机构分布数	海外论文比	基金论文比	引用半衰期
G261	临床心血管病杂志	304	0.93	228	16.9	4.7	30	217	0.00	0.36	5.3
G293	临床血液学杂志	134	0.92	79	17.2	4.9	25	88	0.00	0.31	4.9
Q913	临床眼科杂志	161	0.75	68	13.4	3.4	21	124	0.00	0.18	6.1
G673	临床药物治疗杂志	134	0.89	96	15.8	3.6	15	86	0.00	0.13	4.8
G350	临床与病理杂志	382	0.96	371	19.4	3.7	27	252	0.00	0.33	4.2
G274	临床与实验病理学杂志	422	0.96	211	12.7	4.8	28	280	0.00	0.33	5.8
Q910	临床肿瘤学杂志	242	0.96	211	18.8	4.4	26	171	0.00	0.25	3.3
G491	岭南心血管病杂志	189	0.93	145	15.5	4.3	23	126	0.00	0.25	5.6
N023	流体机械	208	0.95	202	14.7	3.8	26	124	0.00	0.54	6.3
H748	麦类作物学报	230	0.89	229	25.4	6.2	19	75	0.01	0.88	8.9
T060	煤化工	111	0.95	83	7.2	3.2	21	88	0.00	0.14	6.5
K558	煤矿安全	805	1.00	655	10.6	3.0	26	233	0.00	0.54	6.7
K517	煤矿机械	848	1.00	144	4.2	2.6	29	416	0.00	0.25	6.1
K504	煤矿开采	194	0.95	159	11.2	2.7	22	74	0.00	0.61	6.5
K038	煤炭工程	528	0.99	330	9.3	2.9	25	202	0.00	0.41	6.4
K005	煤炭科学技术	433	0.98	432	20.1	3.6	22	130	0.00	0.82	5.7
K017	煤炭学报	420	0.97	420	21.6	4.8	21	92	0.01	0.90	7.2
D027	煤炭转化	72	1.00	72	17.5	4.8	19	39	0.00	0.75	8.7
K009	煤田地质与勘探	174	0.99	173	16.6	3.9	21	74	0.00	0.70	8.1
U036	棉纺织技术	246	0.90	199	8.1	3.0	20	118	0.00	0.29	6.8
H037	棉花学报	77	0.94	77	25.4	6.6	15	32	0.00	0.90	8.6
G056	免疫学杂志	216	0.95	210	19.0	5.6	28	149	0.00	0.74	5.8
B017	模糊系统与数学	150	1.00	149	15.7	2.4	29	98	0.00	0.78	10.0
N107	模具技术	86	0.93	78	5.4	2.3	19	57	0.02	0.16	8.2
S015	模式识别与人工智能	126	0.98	126	22.0	3.4	21	67	0.03	0.96	6.2
T077	膜科学与技术	127	0.96	126	20.0	4.7	22	71	0.01	0.77	6.6
N084	摩擦学学报	106	0.95	106	24.0	4.6	18	56	0.01	0.86	8.5
U533	木材工业	78	0.87	54	8.3	3.7	15	40	0.04	0.56	6.4
M655	纳米技术与精密工程	79	0.94	77	17.4	4.1	15	33	0.00	0.68	6.1
A013	南昌大学学报理科版	109	1.00	106	17.6	3.9	17	44	0.00	0.95	7.7
G047	南昌大学学报医学版	164	0.96	121	16.7	4.5	14	72	0.00	0.37	4.4
R117	南方电网技术	159	0.89	157	19.3	4.8	22	70	0.04	0.57	4.9
V089	南方建筑	126	0.96	121	17.9	2.1	19	56	0.09	0.58	8.0
H069	南方农业学报	369	0.97	367	24.5	5.7	25	209	0.01	0.85	6.8
H068	南方水产科学	95	0.98	95	33.0	6.1	10	20	0.00	0.85	7.8
G023	南方医科大学学报	321	0.99	311	22.2	6.2	23	123	0.01	0.79	4.8
A025	南京大学学报自然科学版	126	0.99	125	24.1	3.9	19	55	0.01	0.90	7.7
T011	南京工业大学学报自然科学版	129	0.98	129	14.9	4.3	6	22	0.02	0.83	7.6
Y026	南京航空航天大学学报	131	0.96	131	17.9	3.8	18	40	0.00	0.60	9.2
N011	南京理工大学学报自然科学版	119	0.98	119	14.6	3.4	18	51	0.02	0.75	6.2
H033	南京林业大学学报自然科学版	183	0.98	183	27.5	4.7	18	46	0.02	0.77	8.1
H021	南京农业大学学报	148	0.96	147	23.4	5.8	9	19	0.01	0.87	8.0
A061	南京师大学报自然科学版	97	0.97	93	18.5	3.4	14	45	0.02	0.89	8.6

表 4-2 2016 年中国科技核心期刊（中文）来源指标刊名字顺索引（续）

CODE	刊名	来源文献量	文献选出率	AR 论文量	平均引文数	平均作者数	地区分布数	机构分布数	海外论文比	基金论文比	引用半衰期
G058	南京医科大学学报自然科学版	348	0.97	276	16.5	5.1	20	129	0.01	0.65	5.0
R008	南京邮电大学学报自然科学版	108	0.95	108	17.5	3.1	11	21	0.01	0.84	5.7
G059	南京中医药大学学报	151	0.95	108	11.6	4.5	20	76	0.01	0.77	5.8
A008	南开大学学报自然科学版	100	0.97	93	14.7	4.0	18	36	0.01	0.71	8.6
S776	南开管理评论	96	0.91	96	54.7	2.8	18	51	0.04	0.93	9.8
W590	南水北调与水利科技	193	0.99	193	21.6	4.0	25	85	0.00	0.83	7.7
G288	脑与神经疾病杂志	216	0.96	174	16.7	4.8	21	99	0.00	0.43	6.5
G662	内科急危重症杂志	145	0.88	41	15.8	3.5	23	110	0.00	0.17	5.2
G523	内科理论与实践	92	0.94	76	23.2	3.7	14	47	0.01	0.33	4.9
E104	内陆地震	53	1.00	53	12.6	4.2	15	24	0.00	0.75	8.6
A026	内蒙古大学学报自然科学版	99	0.94	98	16.5	3.4	12	33	0.01	0.95	9.3
A111	内蒙古师范大学学报自然科学汉文版	189	0.99	161	12.4	2.4	21	103	0.00	0.92	8.7
G513	内蒙古医科大学学报	136	1.00	116	19.9	3.5	9	32	0.00	0.65	4.8
P004	内燃机学报	78	0.99	78	18.2	4.7	18	35	0.01	0.88	6.9
W002	泥沙研究	74	0.96	74	17.3	3.4	16	33	0.03	0.81	11.5
U504	酿酒科技	347	0.75	233	13.7	4.6	29	196	0.00	0.33	7.7
A506	宁波大学学报理工版	102	0.96	91	15.2	3.9	3	9	0.01	0.81	7.5
A110	宁夏大学学报自然科学版	99	0.99	94	13.5	2.9	21	69	0.00	0.95	8.0
G665	宁夏医科大学学报	445	0.94	247	11.6	4.5	19	139	0.00	0.37	5.3
H071	农产品质量与安全	94	0.84	84	18.1	3.9	17	50	0.00	0.41	4.8
H105	农学学报	233	0.96	216	26.3	4.6	30	152	0.00	0.68	6.6
T034	农药	264	0.97	139	13.4	4.8	29	142	0.00	0.40	6.4
T924	农药科学与管理	126	0.71	103	6.7	3.9	25	71	0.01	0.16	6.5
H404	农药学学报	110	0.87	110	24.8	5.4	26	65	0.00	0.67	7.4
H072	农业工程	256	0.90	103	7.9	2.7	30	169	0.00	0.28	6.5
H279	农业工程学报	1028	0.99	1028	28.7	5.1	30	263	0.02	0.88	6.3
Z008	农业环境科学学报	318	0.94	318	31.6	5.7	29	126	0.02	0.86	6.8
H278	农业机械学报	657	1.00	657	25.4	4.7	28	160	0.06	0.93	6.4
H286	农业生物技术学报	214	1.00	214	29.6	6.1	26	74	0.01	0.93	7.7
H222	农业现代化研究	163	0.97	163	21.2	3.5	26	89	0.02	0.86	5.6
H773	农业资源与环境学报	94	1.00	94	29.5	5.7	23	55	0.00	0.79	6.6
V032	暖通空调	287	0.83	272	10.1	3.4	24	137	0.03	0.32	7.0
H219	排灌机械工程学报	165	0.93	165	16.5	4.4	20	58	0.00	0.91	6.3
U602	皮革科学与工程	87	0.84	80	13.5	4.0	14	31	0.00	0.51	8.4
U604	皮革与化工	49	0.61	44	9.9	3.4	16	32	0.00	0.31	8.0
G759	齐鲁医学杂志	256	0.95	87	13.8	3.9	21	121	0.00	0.13	5.8
G595	器官移植	85	0.84	80	21.7	5.1	19	51	0.00	0.66	3.6
E021	气候变化研究进展	70	0.89	70	23.5	3.5	16	48	0.01	0.81	5.8
E361	气候与环境研究	66	1.00	66	29.6	4.0	14	32	0.02	0.89	9.1
E352	气象	172	0.95	172	26.0	4.1	24	74	0.01	0.67	7.1
E566	气象科技	166	0.98	164	17.7	4.2	28	124	0.01	0.54	7.5
E359	气象科学	101	1.00	101	21.8	3.7	14	34	0.02	0.87	8.9
E001	气象学报	75	0.99	75	39.3	4.0	14	33	0.01	0.93	9.0

表 4-2　2016 年中国科技核心期刊（中文）来源指标刊名字顺索引（续）

CODE	刊名	来源文献量	文献选出率	AR论文量	平均引文数	平均作者数	地区分布数	机构分布数	海外论文比	基金论文比	引用半衰期
E521	气象与环境科学	78	0.95	78	27.1	3.8	19	56	0.00	0.79	6.8
E633	气象与环境学报	116	0.98	116	20.9	5.2	25	86	0.01	0.72	7.3
X532	汽车安全与节能学报	55	0.95	55	23.7	3.8	15	34	0.18	0.75	7.8
X018	汽车工程	240	0.96	240	13.9	4.3	21	72	0.03	0.78	8.4
X500	汽车工程学报	68	0.99	67	11.9	4.1	13	37	0.01	0.72	6.8
X013	汽车技术	159	0.96	154	9.4	3.8	19	67	0.01	0.32	7.2
P001	汽轮机技术	137	1.00	96	8.3	3.5	23	52	0.00	0.19	7.8
Y009	强度与环境	54	0.93	54	13.5	4.4	8	20	0.00	0.33	10.5
X021	桥梁建设	126	0.98	126	10.8	2.9	21	58	0.00	0.54	4.5
U018	青岛大学学报工程技术版	93	0.96	93	12.2	3.8	2	5	0.01	0.66	6.7
G061	青岛大学医学院学报	238	0.96	110	14.8	4.2	8	55	0.00	0.24	6.6
T012	青岛科技大学学报自然科学版	127	0.99	121	15.1	3.4	15	35	0.02	0.69	7.9
H267	青岛农业大学学报自然科学版	69	0.93	65	16.6	3.9	4	9	0.00	0.57	8.8
U535	轻工机械	132	1.00	126	12.3	3.3	16	47	0.00	0.46	7.7
J001	清华大学学报自然科学版	209	1.00	209	16.3	3.8	17	42	0.02	0.79	7.8
D002	燃料化学学报	202	0.97	202	24.7	5.2	27	85	0.02	0.88	7.3
P011	燃烧科学与技术	90	0.94	90	15.6	4.7	15	38	0.03	0.94	8.9
E563	热带地理	121	0.97	121	39.8	4.0	16	48	0.06	0.88	9.3
E642	热带海洋学报	68	0.94	68	34.3	4.6	9	31	0.03	0.81	10.9
H516	热带农业科学	262	0.99	242	17.0	4.8	14	107	0.00	0.65	7.5
E110	热带气象学报	88	0.96	88	31.8	4.1	13	32	0.06	0.89	10.5
H415	热带生物学报	89	0.99	85	22.7	5.2	6	21	0.01	0.82	8.4
F228	热带亚热带植物学报	92	0.95	89	24.3	4.9	19	62	0.01	0.74	9.6
G609	热带医学杂志	454	0.99	318	13.2	4.2	26	288	0.00	0.28	3.7
H223	热带作物学报	375	0.98	373	26.2	5.5	21	107	0.00	0.75	8.0
T105	热固性树脂	85	0.94	79	14.3	4.1	19	54	0.01	0.40	7.9
N071	热加工工艺	1762	1.00	1195	10.1	3.7	30	588	0.00	0.51	7.6
C134	热科学与技术	53	0.95	53	14.8	3.8	20	39	0.00	0.74	7.6
R501	热力发电	267	0.99	262	16.3	4.4	24	88	0.00	0.46	6.9
P006	热能动力工程	259	0.96	258	13.2	3.3	24	104	0.00	0.58	8.0
T013	人工晶体学报	505	0.98	503	18.3	4.9	30	216	0.01	0.84	7.0
N106	人类工效学	96	0.98	93	17.9	3.3	18	52	0.00	0.53	8.4
F041	人类学学报	53	0.96	53	38.1	3.9	17	28	0.02	0.92	14.3
W555	人民黄河	436	0.98	365	11.3	3.6	28	199	0.00	0.63	8.6
T070	日用化学工业	129	0.82	123	17.8	4.4	22	83	0.02	0.57	7.7
H097	乳业科学与技术	52	0.73	43	24.9	4.3	15	24	0.00	0.63	7.5
S011	软件学报	211	0.95	210	40.5	4.0	24	94	0.05	0.96	6.4
N029	润滑与密封	338	0.95	327	12.7	3.9	27	176	0.01	0.67	8.4
R086	三峡大学学报自然科学版	135	0.93	128	12.5	3.9	10	29	0.00	0.79	7.9
D012	色谱	186	0.90	181	28.0	5.2	28	130	0.02	0.73	5.0
H382	森林工程	124	0.95	109	18.1	3.7	19	38	0.05	0.55	7.0
H051	森林与环境学报	83	0.95	81	21.0	4.7	16	30	0.02	0.83	8.5
E635	沙漠与绿洲气象	80	0.94	80	25.3	4.6	14	37	0.01	0.75	8.0

表 4-2 2016 年中国科技核心期刊（中文）来源指标刊名字顺索引（续）

CODE	刊名	来源文献量	文献选出率	AR论文量	平均引文数	平均作者数	地区分布数	机构分布数	海外论文比	基金论文比	引用半衰期
H070	山地农业生物学报	103	0.94	96	18.8	4.6	10	20	0.00	0.72	8.2
E101	山地学报	97	0.93	97	22.7	4.1	20	59	0.02	0.82	9.2
G742	山东大学耳鼻喉眼学报	170	0.91	128	14.7	4.1	24	132	0.01	0.21	6.5
J022	山东大学学报工学版	105	0.99	105	23.3	3.8	18	65	0.02	0.85	7.2
A020	山东大学学报理学版	223	1.00	217	16.9	2.9	26	120	0.00	0.87	8.2
G062	山东大学学报医学版	230	0.93	221	18.2	5.0	22	85	0.00	0.60	5.1
A637	山东科学	119	0.94	108	15.5	4.7	10	43	0.00	0.63	6.8
H031	山东农业大学学报自然科学版	182	0.99	173	15.0	3.6	21	93	0.00	0.58	8.0
H804	山东农业科学	464	1.00	377	17.3	5.5	21	132	0.01	0.71	8.6
G511	山东医药	1938	0.94	293	15.5	4.3	29	863	0.00	0.44	5.0
G063	山东中医药大学学报	190	0.98	56	11.7	2.9	20	73	0.00	0.45	7.3
G574	山东中医杂志	382	0.97	96	10.9	3.0	25	146	0.00	0.37	6.8
A014	山西大学学报自然科学版	109	1.00	103	17.4	3.4	16	35	0.00	0.93	7.5
H393	山西农业大学学报自然科学版	163	0.93	162	19.2	4.3	17	34	0.01	0.77	8.2
H390	山西农业科学	461	0.99	364	20.4	4.5	20	99	0.01	0.65	7.6
G064	山西医科大学学报	273	0.93	211	15.3	4.7	23	133	0.00	0.45	5.5
R072	陕西电力	230	0.95	226	14.7	3.9	27	155	0.00	0.53	5.6
U025	陕西科技大学学报	210	0.99	202	16.7	4.0	9	24	0.00	0.97	6.7
H217	陕西农业科学	480	0.98	204	9.7	3.5	22	227	0.00	0.33	7.2
A066	陕西师范大学学报自然科学版	124	0.95	118	20.4	3.5	17	39	0.00	0.93	8.6
V088	上海城市规划	122	0.77	122	14.2	2.1	11	60	0.07	0.30	6.8
A056	上海大学学报自然科学版	91	0.94	83	21.7	3.6	9	22	0.03	0.87	6.9
U528	上海纺织科技	232	0.95	109	7.8	3.3	20	80	0.01	0.39	7.2
X038	上海海事大学学报	70	0.96	70	15.5	3.2	6	10	0.03	0.74	5.7
H292	上海海洋大学学报	116	0.98	114	26.8	5.1	12	22	0.02	0.83	10.3
G330	上海护理	175	0.89	76	13.2	3.1	16	98	0.00	0.10	5.8
X006	上海交通大学学报	319	1.00	317	13.4	3.8	22	96	0.03	0.82	7.5
H022	上海交通大学学报农业科学版	87	0.94	87	18.4	4.3	13	24	0.03	0.72	8.7
G066	上海交通大学学报医学版	363	0.94	348	23.0	4.6	21	92	0.01	0.66	5.7
M021	上海金属	93	1.00	93	13.1	4.3	11	27	0.00	0.37	8.9
G343	上海精神医学	53	0.90	43	20.9	4.5	1	1	0.00	0.36	6.9
G283	上海口腔医学	163	0.96	145	17.2	4.3	22	91	0.01	0.38	7.5
J031	上海理工大学学报	96	0.95	92	16.6	3.3	8	15	0.01	0.78	7.4
H282	上海农业学报	189	0.98	180	16.4	5.1	19	79	0.00	0.78	8.2
G069	上海医学	185	0.96	141	16.4	4.5	23	114	0.01	0.37	6.6
G946	上海中医药大学学报	129	0.99	118	17.5	4.8	15	50	0.00	0.80	5.8
G389	上海中医药杂志	343	0.98	173	14.7	3.8	22	145	0.01	0.64	6.4
A515	深圳大学学报理工版	89	0.98	89	19.8	4.0	19	43	0.00	0.96	6.3
G329	神经疾病与精神卫生	201	0.93	132	23.5	4.1	25	121	0.00	0.39	5.7
G070	神经解剖学杂志	140	0.99	136	22.3	5.5	23	84	0.01	0.84	4.8
G319	神经损伤与功能重建	210	0.95	36	15.1	3.8	24	156	0.00	0.20	4.8
J052	沈阳工业大学学报	124	1.00	124	12.8	3.5	17	33	0.00	0.82	4.5
V011	沈阳建筑大学学报自然科学版	138	0.96	138	20.7	3.6	15	30	0.00	0.99	5.6

表 4-2 2016 年中国科技核心期刊（中文）来源指标刊名字顺索引（续）

CODE	刊名	来源文献量	文献选出率	AR论文量	平均引文数	平均作者数	地区分布数	机构分布数	海外论文比	基金论文比	引用半衰期
H024	沈阳农业大学学报	119	0.97	119	24.0	5.5	10	21	0.00	0.79	7.7
G071	沈阳药科大学学报	175	0.99	175	14.2	4.8	14	48	0.00	0.39	6.6
G202	肾脏病与透析肾移植杂志	116	0.97	99	20.1	3.7	17	45	0.01	0.51	6.1
F203	生理科学进展	92	0.78	91	27.3	3.4	22	60	0.01	0.75	3.9
F001	生理学报	93	0.97	93	47.9	4.5	23	68	0.04	0.86	8.3
F042	生命的化学	157	0.96	153	35.7	3.4	25	111	0.00	0.69	4.6
F215	生命科学	182	0.90	182	58.6	3.2	22	108	0.02	0.86	6.0
F046	生命科学研究	97	0.94	97	31.2	4.6	23	62	0.01	0.87	7.3
N759	生命科学仪器	48	0.92	42	24.3	4.2	14	30	0.00	0.73	5.1
Z034	生态毒理学报	273	1.00	273	35.2	5.3	28	155	0.04	0.83	7.6
H784	生态环境学报	286	0.97	285	32.8	5.1	29	174	0.01	0.86	7.3
Z014	生态学报	861	0.98	861	38.2	5.1	30	268	0.02	0.85	9.0
Z028	生态学杂志	446	1.00	446	36.7	5.2	30	188	0.02	0.82	8.7
Z023	生态与农村环境学报	160	0.92	159	25.8	5.0	26	80	0.00	0.84	7.1
F049	生物多样性	152	0.84	147	39.5	5.0	26	84	0.03	0.80	8.8
F003	生物工程学报	158	0.93	158	33.7	5.3	22	96	0.01	0.89	6.9
G401	生物骨科材料与临床研究	138	0.93	83	16.2	4.8	24	116	0.00	0.22	5.8
F016	生物化学与生物物理进展	125	0.95	124	47.7	4.6	23	79	0.06	0.85	6.1
F229	生物技术	103	1.00	103	20.1	5.1	24	79	0.02	0.77	4.2
F214	生物技术进展	79	0.91	77	27.9	5.1	20	55	0.00	0.63	7.2
F205	生物技术通报	405	0.99	405	31.6	4.8	30	233	0.00	0.81	7.1
F224	生物技术通讯	197	0.97	168	20.1	5.5	27	109	0.00	0.63	6.5
F204	生物加工过程	87	0.98	86	18.9	4.9	16	43	0.01	0.83	7.8
F213	生物学杂志	175	0.98	148	22.2	4.4	23	96	0.00	0.77	7.5
G006	生物医学工程学杂志	192	0.96	192	21.0	4.5	29	107	0.00	0.80	5.2
G332	生物医学工程研究	65	0.93	59	15.2	4.6	17	40	0.00	0.60	6.0
G603	生物医学工程与临床	138	0.85	118	16.4	4.4	25	112	0.00	0.38	5.6
F044	生物资源	57	0.92	56	22.2	4.2	18	47	0.00	0.56	7.6
G624	生殖医学杂志	230	0.89	207	20.5	4.3	25	124	0.00	0.35	6.0
C033	声学技术	109	0.85	107	13.2	3.4	19	69	0.05	0.50	9.8
C054	声学学报	109	0.94	108	21.6	3.9	17	53	0.04	0.83	9.7
E302	湿地科学	131	1.00	131	29.7	4.8	26	83	0.02	0.79	7.8
E636	湿地科学与管理	60	0.82	44	13.3	4.1	19	51	0.00	0.38	8.0
A615	石河子大学学报自然科学版	133	0.96	130	18.9	5.0	8	18	0.02	0.77	6.2
T933	石化技术与应用	114	0.97	96	18.0	3.7	19	64	0.00	0.26	5.6
X042	石家庄铁道大学学报自然科学版	77	0.96	77	11.2	2.5	14	32	0.00	0.53	8.1
L016	石油地球物理勘探	157	0.95	157	19.5	4.4	18	71	0.03	0.78	9.5
L015	石油化工	241	0.82	239	22.5	4.2	26	104	0.00	0.44	7.3
L034	石油化工高等学校学报	107	0.99	107	15.3	3.8	14	49	0.02	0.77	7.7
L021	石油化工设备技术	96	0.87	60	5.1	2.4	20	64	0.00	0.09	9.5
L019	石油机械	290	0.93	269	11.3	4.4	17	123	0.00	0.69	6.5
L031	石油勘探与开发	125	0.95	124	23.3	6.0	15	56	0.10	0.86	7.0
L030	石油炼制与化工	240	0.85	235	11.8	3.5	24	93	0.00	0.38	8.2

表 4-2 2016 年中国科技核心期刊（中文）来源指标刊名字顺索引（续）

CODE	刊名	来源文献量	文献选出率	AR论文量	平均引文数	平均作者数	地区分布数	机构分布数	海外论文比	基金论文比	引用半衰期
E126	石油实验地质	118	0.94	118	26.8	4.9	12	53	0.03	0.92	7.8
L005	石油物探	102	0.94	102	23.9	4.4	19	49	0.02	0.89	9.0
L028	石油学报	158	0.93	158	34.5	5.5	15	57	0.02	0.91	7.9
L012	石油学报石油加工	171	0.92	171	21.2	4.7	24	61	0.02	0.74	8.3
L006	石油与天然气地质	121	0.95	121	27.6	5.7	16	43	0.02	0.93	7.8
L008	石油钻采工艺	167	0.92	164	13.8	4.5	15	69	0.01	0.61	6.6
L025	石油钻探技术	123	0.89	123	16.6	3.9	17	67	0.02	0.65	5.8
U049	食品安全质量检测学报	811	0.97	810	24.6	4.8	29	312	0.00	0.45	6.8
F257	实验动物科学	84	0.97	77	16.7	5.4	21	61	0.00	0.62	7.5
G387	实验动物与比较医学	97	0.98	87	15.5	5.2	20	76	0.00	0.71	6.6
C009	实验力学	102	1.00	102	17.3	4.2	22	59	0.01	0.90	9.0
Y018	实验流体力学	91	0.97	91	20.8	4.2	17	42	0.01	0.42	10.7
G512	实用癌症杂志	652	0.97	234	11.9	3.1	27	414	0.00	0.11	4.5
G534	实用放射学杂志	523	0.80	381	15.0	5.0	29	309	0.00	0.22	5.3
G586	实用妇产科杂志	316	0.94	145	9.7	3.6	27	159	0.01	0.24	5.8
G746	实用肝脏病杂志	217	0.93	138	21.5	3.8	29	167	0.00	0.31	5.1
G457	实用骨科杂志	348	0.88	215	13.8	4.5	28	271	0.00	0.13	6.1
G224	实用口腔医学杂志	201	0.86	159	14.4	4.4	28	129	0.00	0.43	7.4
G700	实用老年医学	328	0.92	117	12.4	3.6	27	217	0.00	0.13	5.2
G652	实用皮肤病学杂志	104	0.62	37	13.9	4.3	23	83	0.00	0.18	5.3
G766	实用心脑肺血管病杂志	400	0.94	249	16.5	3.2	27	330	0.00	0.24	3.7
G834	实用药物与临床	410	0.94	324	17.0	3.5	26	220	0.00	0.25	4.4
G324	实用医学杂志	1205	0.87	649	15.0	4.7	30	586	0.00	0.50	4.1
G760	实用医院临床杂志	392	0.95	151	16.2	3.5	21	168	0.00	0.17	5.2
G768	实用预防医学	483	0.99	220	13.0	4.9	27	308	0.01	0.32	5.3
G856	实用肿瘤学杂志	117	0.80	112	23.2	3.5	22	63	0.00	0.34	4.3
G890	实用肿瘤杂志	127	0.96	107	18.7	4.0	26	96	0.00	0.20	4.8
U005	食品工业科技	1705	0.84	1688	22.8	5.1	30	489	0.00	0.70	6.5
U006	食品科学	1176	0.99	1176	29.6	5.3	30	335	0.00	0.75	6.6
A117	食品科学技术学报	81	0.96	81	24.8	4.4	18	43	0.01	0.67	7.2
U617	食品研究与开发	1263	0.96	1067	15.3	4.1	30	596	0.00	0.47	7.6
U035	食品与发酵工业	564	1.00	560	23.1	5.0	30	172	0.01	0.74	6.9
U641	食品与发酵科技	150	1.00	125	13.5	4.6	24	89	0.00	0.51	7.2
U547	食品与机械	631	0.97	571	19.9	4.3	30	282	0.01	0.61	5.8
U029	食品与生物技术学报	200	0.93	199	18.9	4.8	25	73	0.02	0.87	8.1
G748	食品与药品	110	0.91	79	14.6	4.0	25	82	0.00	0.25	7.6
H838	食用菌学报	65	0.98	61	19.2	5.9	16	33	0.03	0.91	6.8
E363	世界地震工程	161	0.99	161	12.0	3.5	22	68	0.01	0.75	9.9
E548	世界地质	129	0.96	129	22.8	5.0	15	35	0.02	0.60	10.6
G906	世界科学技术-中医药现代化	338	0.94	336	24.8	5.6	27	137	0.02	0.86	5.6
G485	世界临床药物	174	0.92	160	19.5	3.5	19	103	0.00	0.37	5.2
G484	世界中西医结合杂志	478	0.95	366	14.8	3.9	27	242	0.00	0.42	6.1
G483	世界中医药	724	0.96	541	18.2	4.3	27	369	0.01	0.63	5.2

表 4-2　2016 年中国科技核心期刊（中文）来源指标刊名字顺索引（续）

CODE	刊名	来源文献量	文献选出率	AR论文量	平均引文数	平均作者数	地区分布数	机构分布数	海外论文比	基金论文比	引用半衰期
A023	首都师范大学学报自然科学版	106	0.95	94	13.7	2.5	16	37	0.00	0.39	9.5
G073	首都医科大学学报	159	0.94	147	18.2	5.2	11	54	0.00	0.71	5.6
F033	兽类学报	55	0.92	55	48.1	6.0	26	44	0.05	0.91	10.1
R005	数据采集与处理	144	0.97	144	25.7	3.6	22	84	0.01	0.89	6.8
W009	数理统计与管理	107	0.96	107	19.7	2.7	23	71	0.01	0.87	10.1
B015	数学的实践与认识	911	1.00	908	12.6	2.7	30	446	0.01	0.72	8.5
B007	数学进展	93	0.97	93	18.5	2.1	24	76	0.02	0.86	11.0
B004	数学年刊 A	38	0.90	38	15.5	2.1	19	36	0.00	0.89	12.3
C036	数学物理学报	104	0.95	104	19.1	2.1	25	82	0.03	0.92	11.2
B006	数学学报	76	0.93	76	16.2	2.2	24	62	0.04	0.92	10.9
B012	数学杂志	151	0.98	151	12.9	2.2	25	108	0.01	0.82	11.5
H008	水产学报	199	0.98	199	30.7	5.7	23	62	0.03	0.84	9.5
Z016	水处理技术	372	0.97	308	16.9	4.4	27	187	0.01	0.71	7.0
X533	水道港口	116	0.72	116	10.7	3.4	14	41	0.00	0.39	9.4
P007	水电能源科学	636	1.00	579	8.1	3.6	29	236	0.00	0.60	7.4
W004	水动力学研究与进展 A	94	0.98	94	16.0	3.7	19	52	0.02	0.83	8.8
W013	水科学进展	100	0.93	100	25.5	4.4	21	50	0.02	0.95	7.1
R050	水力发电	327	0.97	279	8.6	3.2	29	118	0.02	0.41	8.1
R049	水力发电学报	170	0.93	170	24.6	3.8	24	61	0.02	0.89	8.1
R587	水利经济	109	0.91	105	11.9	2.7	12	39	0.04	0.57	6.6
W011	水利水电技术	375	0.98	334	7.5	3.3	29	138	0.00	0.37	8.5
W502	水利水电科技进展	103	0.88	102	21.0	3.7	27	57	0.02	0.88	9.1
W006	水利水运工程学报	104	0.98	104	14.9	3.7	22	42	0.00	0.78	9.0
W003	水利学报	177	0.97	177	25.8	3.9	22	69	0.03	0.90	8.9
F010	水生生物学报	168	0.99	168	32.0	5.6	22	70	0.01	0.77	9.5
H850	水生态学杂志	86	1.00	86	27.4	5.3	24	59	0.00	0.78	9.3
H015	水土保持通报	372	0.99	371	19.7	4.3	30	198	0.01	0.84	8.1
H287	水土保持学报	349	0.99	349	20.3	5.3	27	122	0.00	0.87	7.1
H056	水土保持研究	385	0.98	384	21.1	4.3	29	169	0.01	0.81	7.9
E540	水文	102	0.96	100	13.2	4.0	26	71	0.00	0.68	9.0
E154	水文地质工程地质	156	0.94	155	15.8	4.3	23	77	0.03	0.74	8.3
X528	水运工程	406	0.98	401	8.1	3.1	23	110	0.00	0.31	8.4
R566	水资源保护	168	0.91	166	17.5	3.9	24	82	0.02	0.62	7.5
W570	水资源与水工程学报	265	1.00	264	16.4	3.8	27	97	0.00	0.75	7.0
U056	丝绸	166	0.92	166	12.9	3.0	25	70	0.02	0.63	8.0
J051	四川大学学报工程科学版	183	0.97	183	18.0	4.1	24	79	0.03	0.94	6.9
G045	四川大学学报医学版	209	0.92	180	17.3	5.6	19	48	0.01	0.65	6.3
A006	四川大学学报自然科学版	227	0.97	221	18.1	3.8	23	84	0.01	0.85	8.5
F027	四川动物	159	0.85	153	23.9	4.9	28	116	0.01	0.72	10.6
Z007	四川环境	174	1.00	162	15.2	3.4	20	91	0.00	0.30	7.2
A033	四川师范大学学报自然科学版	165	0.96	163	20.0	3.1	15	67	0.00	0.99	8.3
G575	四川医学	417	0.95	224	13.1	3.8	16	175	0.00	0.18	5.9
G745	四川中医	1142	1.00	167	9.5	2.9	30	596	0.00	0.19	5.5

表 4-2　2016 年中国科技核心期刊（中文）来源指标刊名字顺索引（续）

CODE	刊名	来源文献量	文献选出率	AR论文量	平均引文数	平均作者数	地区分布数	机构分布数	海外论文比	基金论文比	引用半衰期
H862	饲料工业	337	0.93	280	14.1	4.8	30	165	0.01	0.54	8.7
H864	饲料研究	313	0.90	227	16.1	4.9	28	157	0.01	0.47	8.3
T106	塑料	192	0.97	151	15.4	4.2	25	96	0.00	0.49	7.2
T014	塑料工业	412	0.97	382	12.5	3.9	29	224	0.00	0.39	7.1
T536	塑料科技	205	0.93	190	12.1	3.7	28	135	0.00	0.44	7.7
T079	塑料助剂	71	0.84	57	14.5	2.8	18	53	0.00	0.06	8.7
T580	塑性工程学报	188	0.97	187	13.1	4.2	22	83	0.01	0.70	8.3
X634	隧道建设	221	0.76	219	13.7	3.0	25	113	0.00	0.33	6.0
R652	太赫兹科学与电子信息学报	190	0.91	183	11.3	3.7	18	88	0.01	0.36	7.1
L009	太阳能学报	484	0.98	483	19.7	4.3	30	180	0.01	0.83	7.0
J011	太原理工大学学报	149	0.96	148	14.6	3.6	15	31	0.02	0.95	7.1
M544	钛工业进展	56	0.56	51	11.9	4.6	12	37	0.00	0.50	7.7
T500	弹性体	120	0.99	110	13.6	4.4	19	53	0.00	0.34	8.2
T015	炭素技术	96	0.79	77	14.4	4.0	24	66	0.01	0.44	7.6
N043	探测与控制学报	139	0.97	135	10.4	3.6	17	36	0.00	0.29	7.4
V531	陶瓷学报	147	0.96	139	15.4	4.1	19	67	0.00	0.65	7.2
H041	特产研究	67	0.85	57	19.1	5.7	8	19	0.00	0.54	7.8
L505	特种油气藏	210	0.98	187	14.1	3.8	16	77	0.00	0.91	5.8
N065	特种铸造及有色合金	366	0.99	269	12.5	4.2	28	185	0.01	0.57	7.6
A041	天津大学学报	190	0.94	190	15.8	4.1	14	23	0.02	0.87	7.7
U017	天津工业大学学报	93	0.98	93	18.6	4.2	7	11	0.00	1.00	6.6
A504	天津师范大学学报自然科学版	94	0.98	84	17.8	4.0	10	17	0.00	0.87	8.6
G076	天津医药	387	0.97	320	16.5	4.9	23	163	0.00	0.60	4.0
G626	天津中医药	193	0.90	132	18.6	4.1	15	60	0.03	0.65	6.1
G914	天津中医药大学学报	103	0.95	85	20.2	4.6	17	35	0.01	0.63	6.4
T611	天然产物研究与开发	351	0.99	348	18.6	4.9	30	218	0.01	0.74	6.5
L518	天然气地球科学	243	0.95	242	27.7	5.7	17	81	0.01	0.95	7.3
L029	天然气工业	217	0.98	217	19.9	4.7	21	103	0.01	0.71	5.5
T074	天然气化工	130	0.95	114	16.6	4.5	23	70	0.01	0.42	8.0
L507	天然气与石油	142	0.94	142	19.1	3.6	17	72	0.01	0.54	6.8
E023	天文学报	66	0.92	64	18.8	3.5	13	19	0.03	0.89	7.8
E114	天文学进展	38	0.97	38	66.0	3.4	10	19	0.00	0.79	10.3
X521	铁道工程学报	267	0.99	266	7.8	2.7	18	60	0.00	0.33	7.7
X007	铁道科学与工程学报	360	0.99	360	15.1	3.5	22	106	0.01	0.78	7.4
X005	铁道学报	205	0.80	205	15.7	3.8	18	42	0.01	0.78	7.6
G238	听力学及言语疾病杂志	144	0.84	109	16.8	4.8	23	98	0.01	0.45	8.6
R065	通信学报	248	1.00	248	23.9	4.0	22	100	0.01	0.94	5.9
G965	同济大学学报医学版	166	0.98	164	15.6	4.0	5	49	0.00	0.50	5.3
J032	同济大学学报自然科学版	280	0.96	277	16.8	3.3	18	26	0.01	0.83	8.2
Q003	同位素	42	0.95	41	15.7	5.2	12	25	0.00	0.40	8.6
N061	图学学报	137	0.99	136	13.2	3.2	27	93	0.00	0.64	7.0
T103	涂料工业	188	0.93	186	12.7	4.3	24	124	0.00	0.28	6.1
V029	土木工程学报	156	0.94	156	25.1	3.8	23	62	0.01	0.86	8.8

表 4-2 2016 年中国科技核心期刊（中文）来源指标刊名字顺索引（续）

CODE	刊名	来源文献量	文献选出率	AR论文量	平均引文数	平均作者数	地区分布数	机构分布数	海外论文比	基金论文比	引用半衰期
V035	土木工程与管理学报	123	0.97	123	13.8	3.0	19	62	0.00	0.59	7.0
V019	土木建筑与环境工程	114	0.98	114	18.6	4.1	22	58	0.02	0.87	6.1
H043	土壤	175	0.98	175	31.3	5.4	25	90	0.01	0.89	7.4
H057	土壤通报	227	0.97	226	29.3	4.9	30	127	0.01	0.78	8.3
H012	土壤学报	153	0.96	153	31.6	5.1	26	78	0.00	0.97	8.0
H048	土壤与作物	40	0.93	39	34.8	4.6	9	19	0.05	0.78	9.8
Y025	推进技术	307	0.99	307	20.0	4.2	18	58	0.00	0.59	11.6
S795	外国经济与管理	96	0.99	96	47.6	2.6	21	54	0.03	0.84	8.0
G601	外科理论与实践	133	0.79	91	19.9	3.7	13	61	0.00	0.29	5.4
G996	皖南医学院学报	186	0.95	91	12.1	4.1	13	58	0.00	0.26	5.2
S017	网络新媒体技术	62	0.91	58	10.1	2.9	15	37	0.00	0.63	5.6
R070	微波学报	123	0.97	121	11.5	3.7	19	73	0.02	0.60	7.5
G866	微创泌尿外科杂志	98	0.97	57	15.5	5.7	23	65	0.00	0.31	5.3
R057	微电机	246	0.98	232	9.7	3.3	26	134	0.00	0.43	7.4
R064	微电子学	194	1.00	192	9.5	3.9	18	70	0.00	0.70	7.4
R004	微电子学与计算机	422	0.99	416	8.6	3.0	29	172	0.00	0.63	5.6
R098	微纳电子技术	136	1.00	136	20.1	4.4	22	65	0.01	0.76	6.6
F004	微生物学报	186	0.94	185	32.7	4.7	26	111	0.00	0.90	7.8
F206	微生物学免疫学进展	111	0.80	105	19.5	4.3	17	37	0.01	0.41	5.1
F011	微生物学通报	317	0.90	316	27.1	5.1	28	177	0.02	0.81	7.4
F225	微生物学杂志	115	0.94	113	24.7	4.8	23	71	0.00	0.77	7.9
G651	微生物与感染	64	0.76	62	26.3	4.8	12	41	0.00	0.72	5.6
R085	微特电机	284	0.98	244	11.0	3.1	25	167	0.01	0.51	6.9
E052	微体古生物学报	38	0.88	38	56.2	4.7	18	26	0.03	0.74	15.2
S033	微型电脑应用	278	0.97	154	8.5	2.2	26	136	0.00	0.40	5.4
G210	微循环学杂志	74	0.94	62	19.1	3.9	17	54	0.00	0.28	4.8
G079	卫生研究	207	0.97	185	17.6	5.5	27	88	0.01	0.57	6.1
G800	胃肠病学	166	0.87	112	20.8	4.2	22	114	0.00	0.28	5.4
G326	胃肠病学和肝病学杂志	403	0.98	229	17.7	4.1	27	253	0.00	0.23	5.4
G702	温州医科大学学报	217	0.90	175	15.3	4.7	6	71	0.00	0.38	6.1
D003	无机材料学报	216	0.99	214	25.0	5.1	27	124	0.03	0.83	6.6
D023	无机化学学报	287	0.99	287	28.3	5.0	29	170	0.01	0.87	5.8
T072	无机盐工业	255	0.94	170	12.1	4.2	28	147	0.00	0.52	6.8
N044	无损检测	224	0.91	184	7.9	3.8	22	131	0.00	0.36	8.1
W014	武汉大学学报工学版	158	1.00	158	16.5	3.8	20	56	0.03	0.78	8.5
A024	武汉大学学报理学版	88	1.00	80	20.5	4.0	14	33	0.00	0.93	5.3
E107	武汉大学学报信息科学版	259	1.00	259	17.1	4.1	22	88	0.02	0.89	8.1
G038	武汉大学学报医学版	234	1.00	213	14.3	4.9	17	67	0.02	0.43	5.8
M032	武汉科技大学学报自然科学版	88	0.99	88	11.5	4.1	7	16	0.02	0.91	7.4
X017	武汉理工大学学报交通科学与工程版	220	0.98	218	11.1	3.4	25	71	0.01	0.66	6.9
J018	武汉理工大学学报信息与管理工程版	164	0.97	160	12.0	2.8	17	59	0.01	0.46	6.5
G771	武警后勤学院学报医学版	295	0.94	162	13.6	4.0	24	147	0.00	0.22	5.0
G707	武警医学	402	0.91	200	13.3	4.1	29	161	0.00	0.08	5.4

表 4-2　2016 年中国科技核心期刊（中文）来源指标刊名字顺索引（续）

CODE	刊名	来源文献量	文献选出率	AR论文量	平均引文数	平均作者数	地区分布数	机构分布数	海外论文比	基金论文比	引用半衰期
D001	物理化学学报	351	0.92	314	41.6	4.4	27	165	0.03	0.82	5.9
C006	物理学报	957	0.99	957	28.6	4.8	28	292	0.03	0.88	7.6
C509	物理与工程	132	0.94	97	7.5	2.7	23	84	0.02	0.32	8.6
E136	物探化探计算技术	129	1.00	129	13.5	4.0	24	66	0.00	0.59	9.6
E138	物探与化探	196	0.99	195	18.1	4.3	26	101	0.01	0.61	8.7
R009	西安电子科技大学学报自然科学版	195	0.96	195	13.1	3.6	19	48	0.00	0.93	4.7
J036	西安工业大学学报	169	0.91	168	14.3	3.2	6	24	0.01	0.80	7.2
V018	西安建筑科技大学学报自然科学版	151	0.97	151	13.6	3.6	17	31	0.01	0.94	7.7
X030	西安交通大学学报	276	0.96	276	15.0	4.2	23	53	0.00	0.89	6.6
G081	西安交通大学学报医学版	181	0.98	180	18.0	5.8	23	66	0.01	0.70	5.8
A150	西安科技大学学报	139	0.94	139	15.6	3.9	13	39	0.00	0.68	6.8
J002	西安理工大学学报	83	0.94	83	16.5	4.0	5	14	0.00	0.93	6.4
L010	西安石油大学学报自然科学版	120	0.99	120	15.8	4.5	18	56	0.02	0.86	8.6
R671	西安邮电大学学报	139	0.96	138	14.7	2.7	10	30	0.05	0.80	4.8
A032	西北大学学报自然科学版	161	0.96	154	15.8	3.6	19	60	0.01	0.92	8.3
E125	西北地质	89	0.94	89	23.0	4.6	18	55	0.00	0.42	11.0
Y023	西北工业大学学报	168	0.92	168	12.3	3.7	9	20	0.03	0.76	6.6
H224	西北林学院学报	315	0.98	312	22.9	4.5	27	109	0.00	0.61	8.2
H018	西北农林科技大学学报自然科学版	382	0.97	382	23.2	5.1	28	106	0.01	0.85	9.2
H288	西北农业学报	265	0.99	265	22.6	5.1	24	107	0.00	0.76	9.0
A022	西北师范大学学报自然科学版	147	0.94	144	17.3	3.1	22	79	0.00	0.90	8.3
G792	西北药学杂志	205	0.97	121	12.3	4.0	24	133	0.00	0.40	6.1
F020	西北植物学报	334	1.00	325	29.4	5.1	29	143	0.00	0.88	9.7
H385	西部林业科学	167	0.94	162	20.0	4.6	24	84	0.01	0.74	9.2
G588	西部医学	452	0.99	379	20.7	4.3	25	224	0.00	0.83	4.7
G699	西部中医药	595	0.98	168	12.1	3.3	24	277	0.00	0.31	6.0
J045	西华大学学报自然科学版	130	0.96	126	14.9	3.5	15	39	0.02	0.72	7.3
H004	西南大学学报自然科学版	349	1.00	345	17.2	3.9	24	116	0.00	0.88	8.3
G312	西南国防医药	587	0.92	140	10.6	3.5	26	323	0.00	0.09	4.0
X032	西南交通大学学报	148	0.99	148	24.8	3.9	20	39	0.05	0.88	7.3
H270	西南林业大学学报	170	0.99	167	22.4	4.7	22	60	0.02	0.68	8.6
H061	西南农业学报	536	1.00	530	20.2	5.9	28	203	0.01	0.76	9.0
A064	西南师范大学学报自然科学版	420	1.00	385	12.7	3.0	28	197	0.00	0.57	6.9
L002	西南石油大学学报自然科学版	136	0.99	136	20.7	4.3	17	60	0.01	0.72	8.4
M041	稀土	154	0.97	153	20.1	4.6	23	79	0.00	0.76	7.6
M029	稀有金属	192	1.00	192	21.8	4.9	23	94	0.00	0.95	8.0
M052	稀有金属材料与工程	607	1.00	601	18.8	5.0	26	181	0.02	0.77	8.9
S505	系统仿真技术	59	0.92	59	8.2	2.6	16	39	0.00	0.29	7.0
S003	系统仿真学报	419	0.99	419	15.4	3.6	27	214	0.01	0.77	6.5
B028	系统工程	272	0.96	272	20.6	2.6	28	132	0.00	0.87	8.2
B025	系统工程理论与实践	321	0.96	321	27.0	3.1	23	130	0.04	0.90	7.4
B018	系统工程学报	82	0.91	82	22.6	2.8	20	42	0.04	0.95	8.5
R059	系统工程与电子技术	421	0.98	421	19.3	3.7	23	99	0.00	0.77	6.2

表 4-2 2016 年中国科技核心期刊（中文）来源指标刊名字顺索引（续）

CODE	刊名	来源文献量	文献选出率	AR论文量	平均引文数	平均作者数	地区分布数	机构分布数	海外论文比	基金论文比	引用半衰期
B027	系统管理学报	138	0.97	138	25.6	2.6	19	77	0.03	0.93	8.6
B021	系统科学与数学	208	0.96	208	20.8	2.7	26	131	0.02	0.90	8.5
G188	细胞与分子免疫学杂志	383	0.97	355	28.5	5.3	29	224	0.00	0.83	2.9
A063	厦门大学学报自然科学版	148	0.95	136	21.9	4.1	11	30	0.01	0.80	8.7
V087	现代城市研究	238	0.97	234	18.4	2.5	25	130	0.03	0.58	7.2
E027	现代地质	141	0.95	141	32.7	5.6	19	66	0.00	0.70	10.2
R089	现代电力	85	0.94	84	15.9	4.2	20	34	0.00	0.65	5.8
R748	现代电子技术	1019	0.98	875	10.2	2.5	30	530	0.00	0.66	4.9
Y561	现代防御技术	189	1.00	189	15.8	3.2	19	77	0.00	0.18	7.6
U634	现代纺织技术	87	1.00	72	9.9	3.1	16	42	0.00	0.26	6.8
G300	现代妇产科进展	256	0.90	150	18.6	4.2	29	155	0.00	0.37	4.7
T063	现代化工	613	0.97	523	15.4	4.3	29	253	0.00	0.49	6.0
N100	现代科学仪器	173	0.97	151	12.6	3.7	26	121	0.01	0.32	8.2
G321	现代口腔医学杂志	93	0.94	64	17.7	4.1	19	59	0.00	0.41	7.3
R087	现代雷达	232	0.95	217	10.7	3.0	19	81	0.00	0.28	7.7
G438	现代临床护理	242	0.84	198	16.6	3.9	25	170	0.00	0.31	5.6
G798	现代泌尿生殖肿瘤杂志	97	0.74	52	19.1	5.1	19	62	0.01	0.13	6.0
G341	现代泌尿外科杂志	237	0.80	167	17.5	5.1	27	133	0.00	0.29	4.9
G067	现代免疫学	108	0.97	101	21.9	4.5	20	69	0.03	0.72	4.9
H417	现代农药	100	0.97	46	8.6	3.9	19	59	0.00	0.17	6.4
F250	现代生物医学进展	1868	0.98	1562	22.6	5.6	30	768	0.00	0.65	3.7
U010	现代食品科技	584	1.00	584	17.7	5.3	28	179	0.01	0.84	6.4
T929	现代塑料加工应用	102	0.94	70	5.0	3.9	22	62	0.00	0.39	5.9
X673	现代隧道技术	181	0.98	181	13.5	3.5	23	92	0.01	0.60	7.7
G451	现代消化及介入诊疗	361	0.98	54	12.1	2.9	23	289	0.00	0.09	3.7
G421	现代药物与临床	470	0.99	447	13.2	3.1	26	337	0.00	0.12	5.0
G223	现代医学	478	0.98	344	15.1	3.2	27	323	0.00	0.08	4.2
N115	现代仪器与医疗	282	1.00	36	16.4	3.1	26	235	0.00	0.06	3.8
G963	现代预防医学	1158	0.99	983	12.8	4.8	29	560	0.00	0.33	4.0
N111	现代制造工程	365	0.94	351	10.6	3.5	28	193	0.00	0.67	8.1
G951	现代中西医结合杂志	1474	0.98	408	14.7	3.2	29	932	0.00	0.15	4.6
G486	现代中药研究与实践	149	1.00	91	10.5	4.6	26	99	0.00	0.56	6.3
G896	现代中医临床	100	0.88	56	11.6	4.6	9	40	0.00	0.45	7.2
G826	现代肿瘤医学	1129	0.96	802	19.2	4.4	30	521	0.00	0.44	4.8
T073	香料香精化妆品	102	0.82	78	12.0	4.3	19	67	0.01	0.19	7.9
A018	湘潭大学自然科学学报	100	1.00	76	11.5	3.0	22	65	0.00	0.79	5.1
T064	橡胶工业	151	0.88	130	9.6	3.9	19	58	0.00	0.33	10.3
T953	消防科学与技术	524	1.00	310	10.1	2.7	30	250	0.00	0.37	7.1
P010	小型内燃机与车辆技术	113	0.95	98	9.2	4.0	18	48	0.00	0.22	8.0
S027	小型微型计算机系统	530	0.98	528	20.9	3.4	27	167	0.02	0.93	5.6
G083	心肺血管病杂志	243	0.89	168	18.4	5.2	24	93	0.00	0.41	5.6
S918	心理科学	224	0.98	224	31.2	3.4	23	80	0.04	0.76	7.4
S919	心理科学进展	184	0.95	183	68.7	3.3	24	71	0.05	0.77	6.6

表 4-2 2016 年中国科技核心期刊（中文）来源指标刊名字顺索引（续）

CODE	刊名	来源文献量	文献选出率	AR论文量	平均引文数	平均作者数	地区分布数	机构分布数	海外论文比	基金论文比	引用半衰期
E046	心理学报	142	0.93	141	49.1	3.6	20	58	0.04	0.88	8.5
G476	心脑血管病防治	160	0.91	34	11.5	3.6	16	119	0.00	0.11	4.8
G419	心血管病学进展	170	0.95	159	28.7	1.9	26	97	0.01	0.34	4.7
G578	心血管康复医学杂志	186	0.98	139	13.4	3.4	21	141	0.00	0.16	5.0
G260	心脏杂志	192	0.94	142	15.8	4.9	24	91	0.00	0.40	6.5
E159	新疆地质	89	0.96	88	20.1	5.3	7	32	0.00	0.43	10.4
H908	新疆农业大学学报	85	1.00	85	21.2	5.1	4	6	0.00	0.78	8.0
H276	新疆农业科学	307	0.97	305	18.7	5.7	6	39	0.00	0.79	8.7
L007	新疆石油地质	134	0.97	128	19.2	4.7	18	65	0.01	0.84	8.3
G980	新疆医科大学学报	402	0.98	318	13.8	4.7	11	51	0.01	0.67	6.0
G328	新乡医学院学报	309	1.00	185	17.2	3.8	19	136	0.00	0.42	4.8
V056	新型建筑材料	335	0.96	269	9.0	3.7	28	204	0.01	0.51	6.9
M102	新型炭材料	79	0.82	79	31.5	5.0	18	50	0.10	0.80	6.1
G721	新医学	188	0.94	161	16.1	4.2	22	117	0.01	0.26	4.8
R034	信号处理	186	0.94	186	17.5	3.3	19	60	0.01	0.78	5.4
R519	信息技术	618	0.98	533	9.6	2.6	28	215	0.00	0.39	6.7
S046	信息网络安全	204	0.69	191	16.5	2.9	21	103	0.00	0.65	4.2
S002	信息与控制	112	0.93	112	22.2	3.3	23	69	0.00	0.90	6.0
A510	信阳师范学院学报自然科学版	146	0.98	123	13.3	3.3	20	78	0.00	0.98	6.9
J061	徐州工程学院学报自然科学版	65	0.96	65	14.3	3.4	12	33	0.02	0.85	6.9
G565	徐州医学院学报	240	0.90	118	12.8	4.8	12	73	0.00	0.39	6.3
H023	畜牧兽医学报	313	0.99	313	26.8	6.5	27	80	0.00	0.85	7.4
H218	畜牧与兽医	543	0.98	293	12.2	5.3	29	224	0.00	0.55	8.2
G627	循证医学	97	0.91	58	11.1	3.0	14	44	0.01	0.13	4.5
R069	压电与声光	231	0.99	208	11.2	4.1	26	105	0.01	0.74	6.9
N052	压力容器	144	0.87	144	13.7	3.9	19	88	0.00	0.31	7.8
G189	牙体牙髓牙周病学杂志	176	0.94	146	18.5	4.8	26	99	0.01	0.61	7.4
E047	亚热带资源与环境学报	49	0.94	48	27.4	5.2	9	15	0.00	0.98	9.2
U562	烟草科技	180	0.91	165	21.9	6.7	20	79	0.00	0.22	7.8
E053	岩矿测试	87	0.83	87	27.0	5.2	21	62	0.02	0.64	7.0
E157	岩石矿物学杂志	82	0.98	82	69.5	5.1	19	40	0.00	0.74	10.4
C005	岩石力学与工程学报	257	0.95	257	23.4	4.6	24	85	0.02	0.95	9.0
E309	岩石学报	264	0.98	264	94.6	5.4	24	57	0.09	0.89	10.4
V574	岩土工程技术	69	0.92	63	7.3	2.3	17	52	0.00	0.09	9.1
V037	岩土工程学报	283	0.88	282	20.4	4.0	26	104	0.04	0.88	9.8
C004	岩土力学	441	0.98	441	20.5	4.1	26	139	0.04	0.89	9.8
E163	岩性油气藏	107	0.94	107	23.9	4.8	17	42	0.01	0.93	6.9
S821	研究与发展管理	86	0.97	86	31.3	2.5	23	60	0.01	0.85	8.8
E500	盐湖研究	42	0.91	42	27.5	5.1	8	13	0.00	0.69	9.7
T054	盐业与化工	192	0.95	87	8.3	2.7	21	81	0.00	0.12	8.2
G962	眼科	101	0.78	78	13.4	4.4	18	52	0.01	0.40	8.2
G554	眼科新进展	318	0.99	229	21.0	4.2	27	194	0.00	0.48	5.7
J025	燕山大学学报	81	0.98	81	19.9	3.9	12	25	0.01	0.96	5.6

表 4-2　2016 年中国科技核心期刊（中文）来源指标刊名字顺索引（续）

CODE	刊名	来源文献量	文献选出率	AR论文量	平均引文数	平均作者数	地区分布数	机构分布数	海外论文比	基金论文比	引用半衰期
H016	扬州大学学报农业与生命科学版	86	0.96	86	20.8	6.2	12	33	0.00	0.91	8.1
A514	扬州大学学报自然科学版	66	1.00	61	11.7	3.3	11	31	0.00	0.98	5.1
S031	遥测遥控	65	0.97	64	10.3	3.5	10	30	0.00	0.29	7.1
Z543	遥感技术与应用	146	0.99	146	25.4	4.5	19	80	0.01	0.82	8.1
S024	遥感信息	135	1.00	135	19.1	3.6	26	84	0.01	0.74	8.4
Z006	遥感学报	128	0.99	128	43.4	4.7	18	62	0.02	0.86	7.2
G403	药物不良反应杂志	143	0.82	52	13.9	3.4	22	112	0.00	0.20	5.8
G087	药物分析杂志	327	0.99	326	17.5	5.3	29	190	0.01	0.53	5.9
G877	药物流行病学杂志	187	0.89	143	16.0	4.1	23	137	0.01	0.29	4.7
G836	药物评价研究	210	0.99	194	19.3	4.1	26	139	0.00	0.38	5.2
G514	药物生物技术	124	1.00	111	21.0	4.0	19	66	0.01	0.47	5.3
G977	药学服务与研究	140	0.92	88	9.8	4.2	22	95	0.01	0.19	4.9
G440	药学实践杂志	145	0.97	115	14.3	4.2	25	91	0.00	0.33	6.0
G008	药学学报	282	0.98	277	29.5	5.1	24	116	0.02	0.80	5.8
G527	药学与临床研究	145	0.93	71	10.3	4.2	15	79	0.00	0.23	5.8
M023	冶金分析	184	0.88	182	15.4	3.8	27	140	0.00	0.38	6.8
M047	冶金能源	94	0.99	67	7.1	3.5	18	60	0.00	0.19	7.7
C503	液晶与显示	166	0.94	166	14.9	4.1	23	88	0.00	0.69	6.7
N079	液压气动与密封	291	0.85	136	8.2	3.3	25	162	0.00	0.27	8.1
N035	液压与气动	273	0.97	265	11.4	3.4	29	164	0.00	0.48	5.8
G605	医疗卫生装备	641	0.98	234	10.6	4.0	28	382	0.00	0.16	5.8
G482	医学动物防制	498	1.00	135	12.1	4.1	28	268	0.00	0.17	5.5
G333	医学分子生物学杂志	70	0.97	70	24.1	4.5	19	48	0.00	0.67	5.6
G545	医学临床研究	870	0.98	211	11.8	3.2	26	549	0.00	0.07	4.0
G281	医学研究生学报	281	0.98	262	23.6	4.4	27	137	0.01	0.58	4.1
G480	医学研究杂志	573	0.98	474	16.2	4.3	29	312	0.00	0.54	4.7
G265	医学影像学杂志	721	0.98	434	12.0	4.1	29	502	0.00	0.12	5.4
G860	医学综述	1463	0.97	1088	26.2	2.6	30	817	0.00	0.20	4.8
G844	医药导报	345	0.77	245	14.3	4.2	27	244	0.01	0.31	5.8
G088	医用生物力学	91	0.95	89	26.8	3.9	19	59	0.08	0.81	8.6
N074	仪表技术与传感器	396	0.99	323	9.6	3.7	25	183	0.00	0.59	6.3
N066	仪器仪表学报	347	0.97	347	21.7	4.0	24	129	0.02	0.88	5.1
F024	遗传	100	0.83	100	53.6	5.2	23	61	0.01	0.88	6.0
G455	疑难病杂志	340	0.89	299	20.2	4.4	27	227	0.00	0.26	3.3
T104	印染助剂	162	0.89	136	9.4	3.3	19	71	0.01	0.37	7.3
G089	营养学报	131	0.89	97	15.2	5.1	25	87	0.01	0.71	6.7
D014	影像科学与光化学	62	0.89	62	23.0	4.4	21	42	0.03	0.76	6.0
G649	影像诊断与介入放射学	107	0.70	83	14.6	4.7	18	79	0.00	0.24	6.4
B008	应用概率统计	47	0.87	47	17.0	2.3	20	43	0.02	0.77	13.1
C109	应用光学	163	0.97	163	13.3	4.2	22	82	0.01	0.74	7.5
E123	应用海洋学学报	72	0.92	72	25.8	4.4	11	32	0.00	0.63	10.0
T949	应用化工	595	0.99	513	16.8	4.3	30	243	0.00	0.83	7.0
D016	应用化学	189	0.94	183	26.5	4.7	27	125	0.01	0.88	5.8

表 4-2 2016 年中国科技核心期刊（中文）来源指标刊名字顺索引（续）

CODE	刊名	来源文献量	文献选出率	AR论文量	平均引文数	平均作者数	地区分布数	机构分布数	海外论文比	基金论文比	引用半衰期
A580	应用基础与工程科学学报	117	0.95	117	19.3	4.2	24	75	0.03	0.88	7.7
R033	应用激光	138	1.00	134	13.3	4.3	24	75	0.01	0.57	7.0
X693	应用科技	100	0.96	99	12.0	3.2	18	36	0.00	0.74	5.4
A015	应用科学学报	78	0.93	78	19.8	3.6	20	48	0.01	0.90	5.7
F035	应用昆虫学报	172	0.96	171	26.0	5.3	28	81	0.02	0.90	9.1
C008	应用力学学报	181	0.98	181	14.8	3.5	25	105	0.00	0.76	9.6
E122	应用气象学报	76	1.00	76	37.9	4.3	17	39	0.00	0.71	8.8
Z018	应用生态学报	480	1.00	480	38.0	5.2	30	171	0.02	0.88	7.9
C052	应用声学	77	0.93	77	14.6	3.9	21	50	0.00	0.77	9.2
B011	应用数学	112	0.97	111	13.7	2.3	27	86	0.00	0.90	11.1
B020	应用数学和力学	127	0.91	124	19.9	3.0	24	84	0.02	0.86	9.3
B001	应用数学学报	83	1.00	83	16.6	2.2	27	74	0.02	0.89	11.6
F100	应用与环境生物学报	175	1.00	174	34.3	6.0	24	82	0.01	0.90	8.4
M014	硬质合金	63	0.93	63	16.7	4.0	13	29	0.02	0.43	8.4
L027	油气储运	255	1.00	250	14.6	4.1	19	123	0.01	0.42	6.1
L504	油气地质与采收率	125	0.95	125	19.6	4.7	15	46	0.00	0.91	5.6
L033	油田化学	152	0.99	151	15.6	4.9	16	68	0.00	0.60	7.9
K020	铀矿冶	56	1.00	53	7.6	4.6	9	17	0.00	0.13	8.0
T916	有机硅材料	92	0.84	72	20.9	3.8	15	59	0.00	0.20	3.8
D025	有机化学	329	0.97	326	47.2	4.8	29	174	0.01	0.86	6.2
M036	有色金属工程	126	0.99	122	12.5	4.3	21	60	0.02	0.58	7.4
M504	有色金属科学与工程	150	0.98	150	22.7	4.4	9	25	0.01	0.91	6.5
K580	有色金属选矿部分	123	1.00	112	8.6	3.2	20	65	0.01	0.38	7.1
M020	有色金属冶炼部分	206	1.00	165	12.4	4.5	26	87	0.00	0.81	6.9
N907	鱼雷技术	87	0.97	87	10.9	3.3	13	32	0.00	0.20	7.6
H998	渔业科学进展	132	0.99	132	26.9	6.1	14	34	0.00	0.76	10.3
H220	渔业现代化	86	0.72	70	22.9	4.6	16	50	0.00	0.74	6.5
Y020	宇航材料工艺	109	0.98	98	15.0	4.2	16	47	0.00	0.39	8.5
Y008	宇航计测技术	108	0.91	102	6.5	3.7	16	58	0.00	0.10	8.7
Y024	宇航学报	190	0.98	190	19.6	3.9	16	62	0.01	0.68	7.1
H909	玉米科学	168	0.98	165	19.7	6.1	20	67	0.00	0.75	8.9
G479	预防医学	401	0.96	176	12.5	4.3	18	209	0.00	0.18	5.0
G518	预防医学情报杂志	339	0.96	248	12.4	4.3	26	177	0.00	0.12	6.2
H039	园艺学报	291	0.98	234	27.1	5.8	28	112	0.01	0.86	8.6
C108	原子核物理评论	87	0.95	87	23.1	7.9	16	45	0.11	0.77	11.2
Q008	原子能科学技术	371	0.98	370	12.2	5.1	22	89	0.01	0.48	10.0
A038	云南大学学报自然科学版	131	0.96	129	19.5	4.3	21	71	0.01	0.90	8.5
A654	云南民族大学学报自然科学版	109	0.96	97	14.1	3.4	17	44	0.00	0.84	8.0
H269	云南农业大学学报	174	0.96	173	22.1	5.8	20	68	0.00	0.69	8.5
A053	云南师范大学学报自然科学版	84	0.97	78	14.2	4.3	13	23	0.00	0.94	7.4
B013	运筹学学报	52	1.00	52	15.7	2.4	18	37	0.00	0.94	10.6
B522	运筹与管理	230	0.99	230	20.1	2.7	24	112	0.02	0.90	8.5
H989	杂草学报	45	0.94	42	17.0	5.2	15	37	0.00	0.80	7.9

表 4-2 2016 年中国科技核心期刊（中文）来源指标刊名字顺索引（续）

CODE	刊名	来源文献量	文献选出率	AR论文量	平均引文数	平均作者数	地区分布数	机构分布数	海外论文比	基金论文比	引用半衰期
H293	杂交水稻	174	0.98	57	6.6	5.6	20	118	0.00	0.69	8.2
E148	灾害学	163	0.99	162	20.9	3.8	27	105	0.01	0.93	7.1
Y057	载人航天	128	1.00	127	17.6	4.4	15	65	0.00	0.80	8.9
U643	造纸科学与技术	111	1.00	99	14.3	3.7	15	41	0.00	0.73	8.2
C100	噪声与振动控制	262	0.97	256	11.7	3.5	23	131	0.00	0.56	7.6
M043	轧钢	139	0.97	95	7.1	3.7	23	75	0.00	0.14	7.4
T569	粘接	145	0.67	113	11.4	4.1	20	85	0.00	0.13	6.6
R081	照明工程学报	166	0.85	155	10.9	3.1	24	114	0.01	0.43	6.3
A017	浙江大学学报工学版	318	0.96	318	20.2	4.2	23	83	0.02	0.89	6.6
A002	浙江大学学报理学版	123	1.00	113	16.4	3.2	24	70	0.01	0.86	7.7
H035	浙江大学学报农业与生命科学版	88	0.89	88	30.8	5.3	20	39	0.00	0.89	7.7
G091	浙江大学学报医学版	98	0.78	97	26.4	4.7	15	54	0.02	0.82	5.7
J016	浙江工业大学学报	133	0.96	133	15.3	3.6	5	9	0.00	0.74	6.4
H019	浙江农林大学学报	147	0.98	146	23.6	4.9	20	48	0.01	0.82	8.2
H201	浙江农业学报	308	0.96	304	21.2	5.4	29	149	0.01	0.81	7.8
G810	浙江医学	652	0.94	305	12.9	4.2	15	270	0.00	0.23	5.6
G092	浙江中医药大学学报	248	0.93	124	11.4	3.6	22	84	0.02	0.49	6.3
G093	针刺研究	104	0.90	99	24.0	5.4	25	62	0.01	0.74	7.0
G488	针灸临床杂志	355	0.96	163	14.1	4.1	25	166	0.00	0.43	6.0
N086	真空	106	0.90	90	10.8	4.0	16	52	0.03	0.22	10.1
C038	真空与低温	77	0.90	70	16.8	4.5	11	20	0.00	0.32	8.6
G259	诊断病理学杂志	309	0.92	157	11.9	4.5	27	215	0.01	0.12	7.3
G615	诊断学理论与实践	138	0.85	115	19.4	3.9	20	70	0.01	0.38	5.6
Y010	振动测试与诊断	184	0.94	184	14.8	3.9	23	93	0.01	0.89	7.5
Y004	振动工程学报	138	0.97	138	17.1	3.7	20	66	0.01	0.93	9.0
N030	振动与冲击	869	0.99	868	15.7	3.8	27	230	0.01	0.86	8.5
E316	震灾防御技术	83	1.00	76	19.1	4.2	19	41	0.00	0.72	10.0
J012	郑州大学学报工学版	119	0.96	119	13.1	3.6	16	47	0.00	0.91	6.6
A019	郑州大学学报理学版	91	0.98	86	13.5	2.9	23	54	0.00	0.78	6.1
G036	郑州大学学报医学版	220	0.98	181	14.0	5.7	13	49	0.01	0.59	5.0
G884	职业与健康	984	0.98	577	13.6	3.9	30	537	0.00	0.16	5.6
H577	植物保护	277	0.96	267	21.9	5.5	30	126	0.01	0.63	9.2
H014	植物保护学报	156	0.98	141	25.0	5.0	27	79	0.01	0.78	8.8
H052	植物病理学报	106	0.99	104	21.8	5.8	24	55	0.02	0.83	9.7
H584	植物检疫	125	0.85	97	13.5	5.8	24	81	0.00	0.58	8.6
F008	植物科学学报	106	1.00	105	34.0	5.1	23	70	0.02	0.88	8.5
F038	植物生理学报	229	0.93	225	39.0	5.0	28	110	0.01	0.86	8.2
F009	植物生态学报	122	0.96	121	48.4	5.3	28	65	0.02	0.93	9.1
F023	植物学报	91	1.00	89	42.6	4.8	23	59	0.04	0.78	8.5
F050	植物研究	134	0.96	126	24.5	4.7	24	60	0.01	0.69	9.8
H238	植物遗传资源学报	151	0.98	150	29.4	6.5	28	79	0.01	0.83	8.7
H890	植物营养与肥料学报	192	0.95	192	37.0	5.8	25	69	0.01	0.86	8.7
Z551	植物资源与环境学报	67	0.93	50	25.9	5.4	20	44	0.00	0.81	8.2

表 4-2　2016 年中国科技核心期刊（中文）来源指标刊名字顺索引（续）

CODE	刊名	来源文献量	文献选出率	AR论文量	平均引文数	平均作者数	地区分布数	机构分布数	海外论文比	基金论文比	引用半衰期
N091	指挥控制与仿真	170	0.96	162	10.0	2.9	19	77	0.00	0.18	6.4
U011	制冷学报	108	0.99	108	20.2	4.3	13	36	0.06	0.53	7.4
U640	制冷与空调(四川)	149	0.98	139	10.2	3.0	23	73	0.01	0.34	8.4
N046	制造技术与机床	396	0.75	314	8.0	3.0	28	237	0.01	0.54	7.1
S023	制造业自动化	442	0.99	353	8.1	3.3	28	243	0.00	0.45	6.9
C034	质谱学报	68	0.97	68	20.7	5.7	19	53	0.01	0.68	8.0
S052	智能系统学报	103	0.84	103	25.3	3.5	23	68	0.00	0.96	6.5
G007	中草药	716	0.99	699	23.5	5.6	29	287	0.01	0.77	6.2
G520	中成药	628	1.00	533	18.1	4.9	30	316	0.00	0.65	6.1
G538	中国癌症杂志	165	0.91	161	20.1	5.1	26	102	0.02	0.44	5.5
G985	中国艾滋病性病	308	0.91	148	12.3	5.1	29	193	0.01	0.34	5.1
G129	中国安全科学学报	359	1.00	355	15.4	3.6	25	122	0.01	0.81	6.3
Z552	中国安全生产科学技术	396	0.88	378	15.5	3.8	25	135	0.01	0.80	6.0
F048	中国比较医学杂志	200	0.96	185	18.1	5.2	27	136	0.03	0.60	6.2
N103	中国表面工程	106	0.88	106	20.7	4.6	24	70	0.04	0.77	7.3
G750	中国病案	456	0.98	88	7.9	3.4	28	231	0.00	0.09	4.6
G769	中国病毒病杂志	78	0.90	77	26.3	5.5	18	50	0.00	0.71	5.4
G096	中国病理生理杂志	407	0.87	373	16.8	5.6	28	241	0.01	0.79	5.2
G339	中国病原生物学杂志	283	0.98	249	20.7	5.2	29	169	0.00	0.60	6.2
M053	中国材料进展	123	0.74	120	37.6	3.7	22	72	0.07	0.79	6.4
H213	中国草地学报	110	0.96	110	20.1	5.0	21	52	0.01	0.77	7.6
N830	中国测试	353	1.00	347	13.1	4.1	27	170	0.00	0.58	6.8
G097	中国超声医学杂志	339	0.78	143	7.8	5.2	28	201	0.00	0.30	4.6
G529	中国卒中杂志	188	0.84	156	19.3	4.4	23	74	0.01	0.23	5.8
G901	中国当代儿科杂志	250	0.94	244	21.7	4.9	28	145	0.01	0.41	4.8
H939	中国稻米	191	0.85	92	10.9	5.6	23	126	0.01	0.61	8.5
G099	中国地方病防治杂志	562	0.69	34	7.2	3.9	31	355	0.00	0.31	3.7
E654	中国地质	172	0.97	172	41.4	5.8	24	85	0.00	0.45	10.6
E604	中国地质灾害与防治学报	96	0.92	96	15.1	3.7	20	56	0.02	0.54	7.1
R040	中国电机工程学报	757	0.73	756	24.6	4.6	25	113	0.03	0.81	5.5
R511	中国电力	412	1.00	409	13.7	4.3	27	211	0.00	0.33	5.8
G234	中国动脉硬化杂志	255	0.97	248	20.1	5.1	28	171	0.01	0.58	5.2
H891	中国动物传染病学报	85	0.98	85	17.2	7.6	22	38	0.00	0.76	7.8
G825	中国儿童保健杂志	408	1.00	221	14.3	4.3	28	265	0.01	0.38	5.1
G270	中国耳鼻咽喉颅底外科杂志	134	0.94	88	16.7	4.5	23	98	0.01	0.31	8.1
G543	中国耳鼻咽喉头颈外科	199	0.80	96	13.1	4.6	24	136	0.02	0.28	6.8
G100	中国法医学杂志	237	0.81	69	7.3	4.5	28	162	0.03	0.29	7.6
G290	中国防痨杂志	228	0.94	177	16.9	4.9	25	115	0.01	0.36	4.8
V023	中国非金属矿工业导刊	80	0.95	28	6.1	2.1	23	55	0.00	0.10	8.8
G320	中国肺癌杂志	134	0.81	129	25.8	6.5	22	66	0.00	0.34	5.1
G402	中国分子心脏病学杂志	96	0.95	73	20.4	5.4	14	42	0.01	0.52	6.1
V568	中国粉体技术	135	0.99	122	14.6	3.9	23	86	0.01	0.59	6.5
G587	中国辐射卫生	261	0.96	92	7.9	4.2	29	157	0.00	0.18	8.2

表 4-2　2016 年中国科技核心期刊（中文）来源指标刊名字顺索引（续）

CODE	刊名	来源文献量	文献选出率	AR论文量	平均引文数	平均作者数	地区分布数	机构分布数	海外论文比	基金论文比	引用半衰期
M007	中国腐蚀与防护学报	92	1.00	92	23.8	5.1	20	53	0.01	0.80	7.8
G456	中国妇产科临床杂志	183	0.88	48	12.7	4.0	25	111	0.00	0.26	4.5
G680	中国妇幼保健	2059	1.00	471	11.7	3.6	30	1084	0.00	0.25	4.7
G475	中国肝脏病杂志电子版	103	0.80	81	24.7	4.2	22	74	0.00	0.36	4.4
G631	中国感染控制杂志	247	0.95	173	12.9	5.3	26	183	0.00	0.31	4.9
G337	中国感染与化疗杂志	144	0.79	126	15.5	6.5	23	97	0.00	0.34	5.3
X035	中国港湾建设	236	0.96	196	6.0	2.9	15	86	0.01	0.27	7.7
V036	中国给水排水	759	0.97	651	7.2	4.1	28	375	0.01	0.47	6.2
N089	中国工程机械学报	104	1.00	103	9.2	3.5	21	59	0.00	0.60	8.5
N754	中国工程科学	107	0.92	107	13.6	3.8	14	60	0.03	1.00	4.6
G244	中国工业医学杂志	182	0.91	57	9.6	4.6	25	100	0.01	0.37	7.6
G102	中国公共卫生	465	1.00	338	17.3	5.3	30	238	0.02	0.55	5.6
X031	中国公路学报	225	0.99	225	25.1	3.9	22	56	0.09	0.93	8.0
G103	中国骨伤	246	0.95	204	18.0	4.8	26	162	0.00	0.22	6.3
G249	中国骨与关节损伤杂志	510	0.97	99	10.7	5.1	29	381	0.00	0.18	6.2
G648	中华骨与关节外科杂志	113	0.93	103	20.2	5.3	21	92	0.02	0.26	6.2
G857	中国骨与关节杂志	200	0.77	173	24.0	5.8	25	118	0.02	0.28	6.9
G663	中国骨质疏松杂志	336	0.97	315	20.1	5.0	29	232	0.01	0.47	6.1
W021	中国管理科学	239	0.95	239	24.5	2.7	25	119	0.00	0.93	7.3
N104	中国惯性技术学报	148	0.97	146	12.8	4.0	20	72	0.01	0.79	4.4
C099	中国光学	79	0.79	79	22.1	4.2	12	28	0.04	0.86	6.0
G637	中国国境卫生检疫杂志	124	0.98	71	12.8	5.4	23	82	0.00	0.42	6.8
H215	中国果树	151	0.96	122	11.6	5.2	23	88	0.00	0.60	7.3
L013	中国海上油气	136	0.94	136	14.9	4.7	9	38	0.01	0.69	8.5
E313	中国海洋大学学报自然科学版	228	1.00	228	26.0	4.4	9	29	0.02	0.82	10.8
L026	中国海洋平台	93	1.00	93	7.5	4.0	11	45	0.01	0.46	8.9
G104	中国海洋药物	92	0.99	91	21.1	5.3	13	32	0.01	0.87	8.8
X039	中国航海	114	1.00	114	12.2	3.4	12	27	0.02	0.64	6.5
G973	中国呼吸与危重监护杂志	143	0.97	110	19.9	4.6	22	99	0.00	0.43	5.8
G417	中国护理管理	404	0.88	361	19.0	4.2	26	223	0.02	0.22	5.2
Z030	中国环境监测	139	0.87	135	18.4	4.9	27	89	0.02	0.49	6.8
Z001	中国环境科学	472	0.87	472	30.9	5.4	28	196	0.01	0.89	6.9
N059	中国机械工程	561	0.98	560	14.6	3.9	25	177	0.01	0.89	7.1
A079	中国基础科学	51	0.94	48	35.7	2.7	12	34	0.00	0.63	5.5
R066	中国激光	425	0.97	425	19.6	5.1	25	141	0.02	0.84	6.3
R013	中国激光医学杂志	60	0.79	51	20.8	5.2	15	45	0.02	0.35	6.7
G852	中国急救复苏与灾害医学杂志	390	0.88	100	10.7	4.1	29	218	0.01	0.18	5.6
G241	中国急救医学	231	0.94	204	17.5	4.4	28	168	0.00	0.39	5.2
G192	中国脊柱脊髓杂志	206	0.96	173	23.1	5.3	27	113	0.01	0.26	6.5
G105	中国寄生虫学与寄生虫病杂志	126	0.93	100	22.2	5.7	25	75	0.00	0.61	6.9
G560	中国计划生育和妇产科	245	0.98	173	14.2	3.4	28	164	0.00	0.23	5.0
G907	中国计划生育学杂志	225	0.94	134	13.1	3.8	26	160	0.00	0.27	5.2
G787	中国健康教育	306	0.97	208	12.5	4.3	29	225	0.00	0.28	5.0

表 4-2　2016 年中国科技核心期刊（中文）来源指标刊名字顺索引（续）

CODE	刊名	来源文献量	文献选出率	AR论文量	平均引文数	平均作者数	地区分布数	机构分布数	海外论文比	基金论文比	引用半衰期
G784	中国健康心理学杂志	495	0.98	436	19.7	3.5	29	296	0.02	0.40	6.9
N108	中国舰船研究	119	0.98	119	17.6	3.4	11	32	0.00	0.41	9.3
T075	中国胶粘剂	167	0.93	151	14.5	4.1	24	105	0.01	0.43	7.3
G233	中国矫形外科杂志	504	0.98	405	15.5	5.2	30	330	0.00	0.26	6.0
G239	中国介入心脏病学杂志	148	0.72	118	18.0	5.4	22	83	0.00	0.24	5.1
G206	中国介入影像与治疗学	175	0.85	162	16.3	4.9	24	112	0.00	0.40	5.1
G323	中国康复	154	0.87	41	16.9	4.3	22	110	0.02	0.25	6.4
G400	中国康复理论与实践	329	0.95	273	26.3	4.7	25	172	0.01	0.42	5.6
G106	中国康复医学杂志	314	0.96	230	22.5	4.6	25	195	0.02	0.44	6.9
G107	中国抗生素杂志	165	0.98	159	21.8	5.1	27	122	0.00	0.51	6.7
A098	中国科技论坛	293	0.95	293	14.9	2.4	24	150	0.01	0.85	6.4
A108	中国科学 地球科学	133	0.91	133	63.3	4.9	18	64	0.08	0.94	9.8
A106	中国科学 化学	138	0.90	135	54.9	4.3	20	70	0.00	0.90	5.5
A109	中国科学 技术科学	132	0.94	132	33.1	4.1	23	74	0.05	0.90	7.5
A107	中国科学 生命科学	149	0.81	141	51.1	4.6	18	61	0.03	0.85	7.1
A105	中国科学 数学	122	0.92	122	27.9	2.3	21	79	0.18	0.84	11.4
A103	中国科学 物理学力学天文学	142	0.88	142	46.1	4.0	23	76	0.04	0.93	8.0
Z317	中国科学 信息科学	110	0.88	110	49.0	3.8	19	70	0.05	0.89	6.5
A081	中国科学基金	103	0.90	90	13.5	3.5	19	62	0.00	0.33	5.3
A007	中国科学技术大学学报	140	0.95	137	22.0	3.0	18	79	0.28	0.58	7.7
A102	中国科学院大学学报	120	0.97	118	20.0	3.4	18	44	0.01	0.89	8.3
A636	中国科学院院刊	175	0.93	163	17.5	3.2	15	75	0.01	0.59	4.7
Y003	中国空间科学技术	70	0.95	70	18.0	4.0	12	36	0.00	0.50	8.1
G441	中国口腔颌面外科杂志	112	0.96	102	23.8	5.0	17	48	0.01	0.60	7.8
K030	中国矿业	426	0.92	410	13.0	3.6	26	175	0.01	0.42	6.2
K015	中国矿业大学学报	166	0.97	166	23.1	4.6	21	53	0.01	0.97	7.1
U001	中国粮油学报	339	0.97	338	18.3	5.0	28	123	0.01	0.75	8.4
G447	中国临床保健杂志	213	0.97	87	15.0	4.9	24	119	0.00	0.36	4.9
G108	中国临床解剖学杂志	152	0.89	131	16.2	5.5	24	117	0.00	0.62	7.4
G536	中国临床神经科学	122	0.98	116	25.1	4.4	22	65	0.00	0.39	6.2
G794	中国临床神经外科杂志	292	0.89	59	11.5	4.7	30	190	0.00	0.18	5.8
G221	中国临床心理学杂志	260	1.00	240	25.5	3.9	22	102	0.04	0.73	7.5
G754	中国临床研究	545	0.99	207	16.1	3.8	27	389	0.00	0.41	4.2
G870	中国临床药理学与治疗学	261	0.99	257	19.6	4.9	23	151	0.00	0.61	5.0
G109	中国临床药理学杂志	677	0.99	323	8.7	4.4	29	357	0.00	0.58	4.5
G544	中国临床药学杂志	104	0.91	82	12.8	4.0	20	83	0.00	0.20	5.5
G814	中国临床医生杂志	484	0.98	142	14.1	3.5	26	291	0.00	0.20	4.5
G974	中国临床医学	218	0.99	139	15.7	4.7	17	94	0.00	0.43	5.9
G304	中国临床医学影像杂志	222	0.74	150	14.9	4.4	26	150	0.00	0.23	6.1
G110	中国麻风皮肤病杂志	232	0.66	65	12.1	4.1	23	162	0.00	0.20	7.1
H212	中国麻业科学	48	0.73	47	17.8	5.6	17	26	0.00	0.65	9.4
G613	中国慢性病预防与控制	291	1.00	137	14.1	5.1	26	196	0.00	0.31	5.4
G598	中国媒介生物学及控制杂志	173	0.96	98	15.4	5.7	27	122	0.00	0.58	7.6

表 4-2 2016 年中国科技核心期刊（中文）来源指标刊名字顺索引（续）

CODE	刊名	来源文献量	文献选出率	AR论文量	平均引文数	平均作者数	地区分布数	机构分布数	海外论文比	基金论文比	引用半衰期
K037	中国煤炭地质	189	0.94	178	13.9	2.8	23	98	0.00	0.40	7.4
G582	中国煤炭工业医学杂志	474	0.97	348	15.8	4.3	23	214	0.00	0.59	4.8
G428	中国美容医学	479	0.92	132	14.0	3.7	29	315	0.01	0.14	5.5
G297	中国美容整形外科杂志	240	0.92	93	15.4	4.5	24	123	0.01	0.16	4.0
K036	中国锰业	246	0.99	105	6.9	2.8	25	128	0.00	0.20	7.5
H211	中国棉花	192	0.96	63	7.7	4.8	16	89	0.01	0.49	6.4
G111	中国免疫学杂志	425	0.97	379	21.7	4.7	30	292	0.01	0.59	5.3
Y028	中国民航大学学报	80	1.00	78	12.2	3.0	6	9	0.03	0.65	8.2
K550	中国钼业	78	0.87	56	9.3	3.1	10	31	0.00	0.12	8.2
G303	中国男科学杂志	200	0.92	145	18.4	5.6	27	158	0.00	0.30	6.7
H273	中国南方果树	279	0.99	147	13.1	5.1	24	137	0.01	0.58	8.4
G422	中国脑血管病杂志	136	0.88	121	22.1	4.9	22	73	0.01	0.43	5.8
G277	中国内镜杂志	311	0.92	240	13.5	4.8	28	247	0.00	0.10	5.1
R524	中国能源	107	0.70	96	10.1	2.6	14	56	0.02	0.33	3.5
U609	中国酿造	480	0.97	458	20.5	4.6	29	230	0.00	0.66	6.3
W005	中国农村水利水电	539	0.98	471	12.7	3.7	29	208	0.00	0.71	8.2
H958	中国农学通报	1230	0.97	1208	27.4	4.8	31	550	0.00	0.71	8.2
H027	中国农业大学学报	255	0.95	255	25.2	4.8	29	87	0.02	0.91	7.7
H567	中国农业科技导报	169	0.97	165	26.8	5.3	28	84	0.00	0.70	7.5
H030	中国农业科学	439	1.00	436	36.8	6.2	27	119	0.01	0.91	7.6
H210	中国农业气象	84	0.98	80	27.4	5.0	18	47	0.02	0.64	8.1
H221	中国农业资源与区划	466	0.99	447	16.4	2.4	30	290	0.03	0.77	5.9
G311	中国皮肤性病学杂志	384	0.76	149	12.3	4.6	29	234	0.00	0.28	6.1
G226	中国普通外科杂志	316	0.95	309	24.7	4.4	30	210	0.01	0.34	3.8
G269	中国普外基础与临床杂志	346	0.87	272	26.6	4.7	25	179	0.00	0.20	5.1
G776	中国全科医学	959	0.86	875	18.6	4.8	30	506	0.03	0.52	5.4
H081	中国热带农业	144	0.99	62	6.8	4.2	8	80	0.00	0.40	7.6
G629	中国热带医学	331	0.97	214	14.0	4.7	28	227	0.00	0.31	4.3
Z546	中国人口资源与环境	257	1.00	254	24.6	2.7	25	123	0.04	0.91	6.4
G112	中国人兽共患病学报	212	0.95	205	20.9	5.9	30	130	0.01	0.78	6.8
U052	中国乳品工业	193	0.94	131	16.7	4.4	25	116	0.00	0.48	8.0
S825	中国软科学	209	1.00	209	30.6	2.5	22	106	0.06	0.78	7.1
E124	中国沙漠	220	1.00	220	32.1	4.7	18	64	0.00	0.90	9.6
G366	中国社会医学杂志	185	0.97	89	12.1	4.1	24	131	0.01	0.57	5.4
G114	中国神经精神疾病杂志	160	0.88	140	18.6	5.6	27	109	0.01	0.53	5.5
G242	中国神经免疫学和神经病学杂志	95	0.71	82	18.5	4.7	26	71	0.00	0.32	5.8
H555	中国生态农业学报	189	0.86	182	32.5	5.5	26	87	0.01	0.83	7.4
H044	中国生物防治学报	116	1.00	116	24.9	5.5	27	66	0.01	0.66	8.7
F255	中国生物工程杂志	198	0.92	198	28.4	5.2	28	118	0.01	0.83	6.4
F002	中国生物化学与分子生物学报	187	0.99	187	35.3	4.2	26	110	0.01	0.90	6.3
G115	中国生物医学工程学报	108	0.98	108	24.5	4.4	19	65	0.05	0.87	6.9
G258	中国生物制品学杂志	296	0.97	272	15.2	6.0	25	129	0.00	0.49	5.5
G715	中国生育健康杂志	181	0.97	78	15.3	3.9	24	126	0.01	0.22	5.4

表 4-2　2016 年中国科技核心期刊（中文）来源指标刊名字顺索引（续）

CODE	刊名	来源文献量	文献选出率	AR论文量	平均引文数	平均作者数	地区分布数	机构分布数	海外论文比	基金论文比	引用半衰期
L001	中国石油大学学报自然科学版	143	0.96	143	20.7	5.2	14	32	0.03	0.92	8.5
L532	中国石油勘探	79	0.90	79	21.6	4.8	18	58	0.00	0.87	6.4
F047	中国实验动物学报	122	0.97	122	19.8	5.9	22	81	0.00	0.85	6.7
G604	中国实验方剂学杂志	1094	0.99	1065	18.0	5.0	30	380	0.00	0.79	5.9
G883	中国实验血液学杂志	357	0.98	356	18.8	5.5	28	215	0.01	0.46	5.5
G853	中国实验诊断学	817	0.97	203	11.4	4.1	27	378	0.00	0.23	5.5
G273	中国实用儿科杂志	226	0.89	180	18.9	3.3	28	92	0.00	0.17	5.3
G228	中国实用妇科与产科杂志	279	0.89	226	14.7	3.3	25	120	0.00	0.19	5.4
G305	中国实用护理杂志	765	0.90	536	17.0	3.9	29	419	0.00	0.24	4.8
G867	中国实用口腔科杂志	174	0.93	152	19.5	3.7	22	82	0.01	0.44	6.4
G267	中国实用内科杂志	262	0.87	143	16.9	4.0	24	139	0.00	0.50	5.0
G272	中国实用外科杂志	343	0.88	234	17.9	3.7	21	109	0.01	0.32	4.4
G872	中国实用眼科杂志	312	0.78	212	13.3	3.9	30	204	0.00	0.17	8.0
U635	中国食品添加剂	293	0.94	290	16.3	4.4	31	195	0.01	0.50	6.9
G429	中国食品卫生杂志	168	0.93	155	16.7	5.3	22	94	0.01	0.46	5.8
U007	中国食品学报	415	0.96	415	22.9	5.1	26	100	0.01	0.79	8.5
U563	中国食物与营养	252	1.00	200	17.6	4.4	27	131	0.00	0.47	6.6
H317	中国兽药杂志	159	0.98	149	14.0	6.0	26	76	0.00	0.36	7.4
H326	中国兽医科学	261	0.99	261	16.9	7.0	28	77	0.00	0.82	7.5
H225	中国兽医学报	407	1.00	400	19.3	6.5	29	100	0.00	0.85	8.2
H207	中国蔬菜	312	0.86	174	9.4	4.9	29	182	0.01	0.58	7.8
G796	中国输血杂志	446	0.97	183	12.4	4.9	29	230	0.01	0.22	5.8
G926	中国数字医学	421	0.84	130	7.6	3.6	25	264	0.01	0.34	4.2
H290	中国水产科学	136	0.96	136	32.7	5.9	15	36	0.00	0.85	9.6
H020	中国水稻科学	74	0.90	74	32.3	7.2	17	33	0.00	0.88	8.7
W557	中国水利水电科学研究院学报	75	0.96	74	15.4	3.5	15	37	0.00	0.55	8.7
H295	中国水土保持科学	112	0.95	112	26.1	4.7	20	43	0.01	0.76	7.9
T022	中国塑料	233	0.96	232	14.6	4.0	29	125	0.00	0.43	7.0
G211	中国糖尿病杂志	262	0.96	200	14.4	4.7	28	184	0.00	0.42	5.1
G521	中国疼痛医学杂志	218	0.84	148	16.4	4.4	26	145	0.00	0.33	5.8
G561	中国体视学与图像分析	57	0.93	56	19.3	4.5	12	34	0.02	0.63	7.4
G444	中国体外循环杂志	64	0.94	52	16.5	5.8	11	34	0.00	0.48	5.9
G101	中国天然药物	115	0.98	111	36.4	5.5	18	70	0.22	0.66	7.3
U501	中国调味品	430	1.00	369	13.1	3.8	28	208	0.00	0.44	7.9
X004	中国铁道科学	117	0.96	117	13.8	3.8	16	31	0.01	0.82	7.7
G437	中国听力语言康复科学杂志	122	0.88	78	14.0	3.5	20	58	0.02	0.39	7.7
R083	中国图象图形学报	180	0.99	180	21.5	3.7	25	106	0.02	0.94	6.0
H350	中国土地科学	128	0.98	128	27.3	3.0	22	59	0.00	0.84	4.7
H233	中国土壤与肥料	150	0.94	150	25.6	5.9	27	83	0.00	0.71	8.2
G373	中国微创外科杂志	302	0.94	219	16.3	4.8	27	184	0.00	0.22	5.1
G959	中国微侵袭神经外科杂志	176	0.80	57	12.9	5.3	27	122	0.01	0.33	5.0
G517	中国微生态学杂志	375	1.00	283	16.3	4.3	28	247	0.00	0.39	5.8
S725	中国卫生经济	328	0.95	147	8.2	3.6	26	150	0.01	0.44	4.8

表 4-2 2016 年中国科技核心期刊（中文）来源指标刊名字顺索引（续）

CODE	刊名	来源文献量	文献选出率	AR论文量	平均引文数	平均作者数	地区分布数	机构分布数	海外论文比	基金论文比	引用半衰期
G253	中国卫生统计	350	0.99	152	11.6	4.4	29	199	0.01	0.53	6.1
G540	中国卫生信息管理杂志	120	0.72	106	8.0	3.8	20	77	0.00	0.38	3.5
G716	中国卫生政策研究	154	0.88	154	18.6	4.7	22	69	0.07	0.62	5.2
G752	中国卫生质量管理	225	0.97	91	8.6	3.9	25	142	0.01	0.28	4.4
G541	中国卫生资源	122	0.95	112	11.8	5.2	15	52	0.00	0.59	4.4
K035	中国钨业	85	0.81	85	14.2	3.8	14	33	0.00	0.49	5.8
M022	中国稀土学报	97	0.97	97	24.6	4.9	23	61	0.01	0.86	7.0
F025	中国细胞生物学学报	201	1.00	201	36.2	5.0	27	116	0.01	0.84	6.3
G841	中国现代普通外科进展	300	0.89	123	13.6	3.5	23	246	0.00	0.11	4.4
G623	中国现代神经疾病杂志	159	0.90	141	23.1	4.1	23	80	0.00	0.31	5.8
G885	中国现代手术学杂志	122	0.93	73	12.3	3.6	22	108	0.00	0.11	4.0
G237	中国现代医学杂志	732	0.96	655	14.9	4.4	30	463	0.00	0.25	4.6
G849	中国现代应用药学	377	0.96	333	13.5	4.4	29	231	0.00	0.44	5.3
G377	中国现代中药	355	0.98	307	16.7	5.0	30	182	0.00	0.54	7.0
G284	中国消毒学杂志	455	0.97	81	7.5	4.3	30	317	0.00	0.18	5.2
G765	中国小儿急救医学	218	0.87	169	19.1	3.7	26	103	0.00	0.21	5.6
G845	中国小儿血液与肿瘤杂志	67	0.83	59	17.8	5.2	18	39	0.00	0.36	5.6
G298	中国斜视与小儿眼科杂志	50	0.68	24	10.1	4.1	21	39	0.00	0.10	8.2
G117	中国心理卫生杂志	176	0.99	156	24.0	4.4	23	109	0.02	0.56	7.5
G718	中国心血管病研究	297	0.98	229	16.7	4.3	26	187	0.00	0.34	5.3
G380	中国心血管杂志	114	0.89	89	16.3	4.0	21	69	0.00	0.20	5.6
G203	中国心脏起搏与心电生理杂志	139	0.95	78	13.5	4.6	26	100	0.00	0.32	6.3
G082	中国新生儿科杂志	111	0.71	81	17.4	4.4	22	85	0.01	0.21	5.5
G250	中国新药与临床杂志	185	0.98	165	21.3	3.9	27	134	0.01	0.35	4.2
G747	中国新药杂志	509	0.98	492	19.2	4.5	29	253	0.01	0.48	5.1
G727	中国性科学	600	0.95	266	17.0	3.6	28	444	0.01	0.17	4.4
G232	中国胸心血管外科临床杂志	272	0.94	206	22.7	5.2	26	151	0.00	0.43	6.4
G118	中国修复重建外科杂志	311	0.93	272	21.9	5.6	28	186	0.00	0.38	5.0
H294	中国畜牧兽医	484	0.98	484	25.2	6.3	28	162	0.01	0.77	6.9
H242	中国畜牧杂志	406	0.91	388	14.9	4.9	28	142	0.00	0.69	7.5
G908	中国学校卫生	604	0.98	278	17.7	4.3	30	354	0.01	0.39	5.0
G464	中国血管外科杂志电子版	80	0.82	62	20.0	4.6	21	57	0.00	0.29	6.0
G675	中国血吸虫病防治杂志	189	0.95	124	17.1	5.5	18	110	0.00	0.56	6.6
G633	中国血液净化	181	0.87	114	15.4	4.5	25	114	0.00	0.28	6.2
G119	中国循环杂志	299	0.81	204	18.4	5.3	29	156	0.01	0.31	5.5
G756	中国循证儿科杂志	88	0.85	82	26.0	5.4	13	40	0.02	0.39	6.2
G645	中国循证心血管医学杂志	455	0.86	182	16.2	4.2	28	302	0.01	0.16	4.9
G396	中国循证医学杂志	195	0.87	192	26.9	5.4	23	100	0.02	0.45	6.0
H208	中国烟草科学	103	0.93	102	24.7	6.8	18	43	0.00	0.30	7.9
U647	中国烟草学报	111	0.94	107	22.8	6.3	22	62	0.00	0.24	8.3
E303	中国岩溶	87	0.96	87	26.7	4.6	17	42	0.05	0.82	8.7
G619	中国眼耳鼻喉科杂志	131	0.87	64	15.8	3.5	24	78	0.01	0.20	6.5
G318	中国药房	1627	0.95	659	14.6	4.0	30	898	0.00	0.29	4.6

表4-2 2016年中国科技核心期刊（中文）来源指标刊名字顺索引（续）

CODE	刊名	来源文献量	文献选出率	AR论文量	平均引文数	平均作者数	地区分布数	机构分布数	海外论文比	基金论文比	引用半衰期
G120	中国药科大学学报	119	0.96	115	21.5	4.6	18	47	0.03	0.71	5.0
G121	中国药理学通报	358	0.96	320	23.0	5.5	29	207	0.02	0.94	4.6
G122	中国药理学与毒理学杂志	169	0.83	169	35.9	4.5	24	110	0.05	0.74	5.4
G878	中国药师	762	0.99	327	12.5	3.9	29	442	0.00	0.27	5.2
G913	中国药事	237	0.98	213	15.1	3.9	29	157	0.00	0.18	4.9
G220	中国药物化学杂志	85	0.73	71	16.7	4.7	19	43	0.02	0.45	6.3
G227	中国药物警戒	201	0.89	128	16.8	4.0	24	135	0.00	0.25	5.8
G248	中国药物依赖性杂志	112	0.93	96	18.5	4.3	23	74	0.08	0.39	7.1
G713	中国药物应用与监测	115	0.95	72	12.1	4.2	23	73	0.00	0.18	3.7
G009	中国药学杂志	400	0.95	381	18.2	5.1	29	224	0.02	0.60	5.4
M628	中国冶金	173	0.87	165	13.1	3.7	22	97	0.01	0.21	7.6
G809	中国医刊	392	0.95	236	16.6	3.8	28	196	0.00	0.18	5.1
G123	中国医科大学学报	278	0.99	213	13.2	4.3	21	72	0.00	0.55	5.4
G124	中国医疗器械杂志	133	0.83	66	10.8	3.8	23	95	0.02	0.35	6.0
G679	中国医疗设备	708	0.96	251	12.2	3.4	28	411	0.02	0.20	5.3
G306	中国医师进修杂志	348	0.94	213	13.5	4.1	26	258	0.00	0.11	5.0
G313	中国医师杂志	602	0.98	276	14.1	3.8	28	396	0.00	0.21	4.4
G236	中国医学计算机成像杂志	121	0.96	114	12.9	5.0	19	82	0.00	0.37	5.5
G125	中国医学科学院学报	139	0.99	132	20.1	5.4	19	56	0.02	0.53	6.3
G471	中国医学前沿杂志电子版	369	0.87	294	20.1	3.3	25	223	0.00	0.27	3.7
G622	中国医学物理学杂志	261	1.00	245	17.5	4.8	25	159	0.02	0.69	6.2
G127	中国医学影像技术	442	0.78	407	15.5	5.0	30	228	0.01	0.41	5.1
G193	中国医学影像学杂志	240	0.91	188	15.8	4.5	28	173	0.01	0.33	5.1
S591	中国医学装备	571	0.95	342	15.9	3.8	28	359	0.00	0.20	4.7
G519	中国医药	460	0.97	399	19.6	4.3	29	255	0.00	0.46	5.3
G644	中国医药导报	1620	0.96	1548	22.7	3.8	30	899	0.00	0.46	3.8
T019	中国医药工业杂志	358	0.96	280	11.3	3.8	26	180	0.01	0.32	5.9
G531	中国医药生物技术	78	0.48	74	23.8	5.0	16	48	0.01	0.58	4.7
Q918	中国医院	319	0.93	55	7.6	4.1	22	164	0.00	0.34	4.3
G454	中国医院管理	363	0.94	55	8.2	4.3	27	171	0.02	0.53	4.0
G243	中国医院药学杂志	562	0.97	499	16.9	4.6	30	369	0.00	0.43	5.3
G314	中国疫苗和免疫	147	0.95	137	14.6	5.7	23	73	0.00	0.29	5.7
G130	中国应用生理学杂志	139	0.95	121	14.7	5.5	25	83	0.00	0.68	6.4
G706	中国优生与遗传杂志	669	0.96	118	11.7	4.2	29	375	0.00	0.19	6.2
H205	中国油料作物学报	123	0.95	123	26.7	6.6	25	59	0.01	0.87	8.7
U032	中国油脂	309	0.95	269	14.7	4.8	28	162	0.00	0.52	7.1
M028	中国有色金属学报	310	0.97	310	25.5	5.1	25	100	0.01	0.89	6.7
H099	中国预防兽医学报	223	0.97	207	13.7	6.7	28	82	0.00	0.83	6.8
G753	中国预防医学杂志	240	0.96	160	13.6	4.8	27	179	0.00	0.33	4.9
V039	中国园林	276	0.90	240	17.3	2.3	19	119	0.06	0.46	9.0
X012	中国造船	92	0.99	92	16.1	3.7	10	30	0.02	0.53	8.1
U033	中国造纸学报	42	0.98	41	17.6	4.1	12	16	0.05	0.67	7.4
H204	中国沼气	122	0.95	103	17.5	4.9	23	67	0.03	0.61	6.3

表 4-2 2016 年中国科技核心期刊（中文）来源指标刊名字顺索引（续）

CODE	刊名	来源文献量	文献选出率	AR论文量	平均引文数	平均作者数	地区分布数	机构分布数	海外论文比	基金论文比	引用半衰期
G600	中国针灸	309	0.76	222	15.8	4.4	28	168	0.03	0.59	7.7
H067	中国真菌学杂志	99	0.97	66	15.2	5.1	20	70	0.00	0.41	7.2
G945	中国职业医学	178	0.87	140	20.2	5.7	22	94	0.01	0.57	4.1
G347	中国中西医结合耳鼻咽喉科杂志	150	0.94	66	11.7	3.8	20	129	0.00	0.19	7.1
G843	中国中西医结合急救杂志	186	0.94	106	20.1	4.6	27	155	0.00	0.59	5.9
G757	中国中西医结合皮肤性病学杂志	143	0.89	33	10.7	4.0	25	113	0.00	0.19	6.8
G846	中国中西医结合肾病杂志	401	0.96	121	15.1	4.0	30	252	0.00	0.35	6.0
G758	中国中西医结合外科杂志	207	0.89	87	15.4	3.6	20	129	0.00	0.21	5.2
G528	中国中西医结合消化杂志	279	0.96	134	13.4	3.6	27	217	0.00	0.30	5.0
G182	中国中西医结合杂志	303	0.94	240	19.4	5.0	26	188	0.02	0.69	7.4
G132	中国中药杂志	741	0.98	724	24.0	5.9	30	240	0.02	0.81	6.1
G240	中国中医骨伤科杂志	292	0.97	134	16.4	4.7	26	184	0.00	0.25	5.0
G632	中国中医基础医学杂志	648	0.97	147	11.0	3.8	30	261	0.00	0.54	8.0
G524	中国中医急症	835	0.99	239	15.8	3.6	30	450	0.00	0.43	5.4
G749	中国中医眼科杂志	115	0.97	81	14.2	3.8	25	76	0.00	0.35	7.4
G832	中国中医药信息杂志	436	0.98	272	11.5	4.4	27	206	0.00	0.64	6.1
G642	中国肿瘤	193	0.96	183	21.0	4.5	26	117	0.00	0.40	4.4
G133	中国肿瘤临床	224	0.76	213	23.0	4.7	26	123	0.01	0.42	4.1
G255	中国肿瘤生物治疗杂志	151	0.96	141	27.2	4.8	22	99	0.00	0.83	3.9
G667	中国综合临床	329	0.97	221	15.9	4.0	29	260	0.00	0.21	4.7
G299	中国组织工程研究	1142	0.96	1142	35.0	4.5	30	622	0.00	0.51	5.4
G134	中国组织化学与细胞化学杂志	111	0.97	96	19.4	4.9	23	70	0.02	0.59	6.3
G502	中华保健医学杂志	181	0.90	35	12.1	4.3	23	116	0.00	0.17	5.3
G135	中华病理学杂志	238	0.82	107	14.0	4.9	26	149	0.02	0.29	5.4
G195	中华超声影像学杂志	225	0.76	195	14.1	5.9	25	127	0.00	0.50	5.4
G136	中华传染病杂志	177	0.79	101	16.8	5.4	28	134	0.01	0.45	5.2
G408	中华创伤骨科杂志	220	0.72	196	18.1	6.0	27	129	0.01	0.41	6.8
G137	中华创伤杂志	249	0.95	181	19.9	5.3	25	154	0.00	0.36	5.7
G098	中华地方病学杂志	207	0.82	169	13.8	5.9	24	103	0.00	0.59	6.5
G138	中华儿科杂志	189	0.72	141	20.2	5.1	22	75	0.02	0.39	5.4
G139	中华耳鼻咽喉头颈外科杂志	177	0.72	143	21.5	5.4	25	112	0.00	0.46	7.0
G743	中华耳科学杂志	180	0.90	163	20.9	4.8	22	117	0.05	0.46	7.1
G140	中华放射学杂志	210	0.73	167	14.6	5.8	25	138	0.01	0.36	5.6
G141	中华放射医学与防护杂志	193	0.93	173	16.5	5.5	26	114	0.03	0.53	5.9
G251	中华放射肿瘤学杂志	291	0.87	256	17.7	6.6	28	133	0.03	0.38	6.6
G474	中华肺部疾病杂志电子版	220	0.96	87	17.4	4.1	24	102	0.00	0.38	5.2
G286	中华风湿病学杂志	194	0.82	143	19.2	4.7	26	108	0.01	0.53	5.7
G142	中华妇产科杂志	196	0.70	138	19.0	5.0	22	93	0.01	0.39	5.5
G689	中华妇幼临床医学杂志电子版	134	0.84	130	23.5	4.4	19	77	0.00	0.91	5.3
G262	中华肝胆外科杂志	237	0.93	152	17.4	5.4	29	155	0.00	0.41	5.5
G231	中华肝脏病杂志	199	0.91	148	17.8	5.2	26	128	0.00	0.48	5.2
G054	中华肝脏外科手术学电子杂志	93	0.98	75	21.2	5.4	19	54	0.00	0.58	4.3
G235	中华高血压杂志	243	0.89	178	19.3	4.1	28	134	0.02	0.27	5.8

表 4-2 2016 年中国科技核心期刊（中文）来源指标刊名字顺索引（续）

CODE	刊名	来源文献量	文献选出率	AR论文量	平均引文数	平均作者数	地区分布数	机构分布数	海外论文比	基金论文比	引用半衰期
G143	中华骨科杂志	215	0.88	207	28.4	6.0	24	116	0.03	0.56	6.5
G728	中华骨质疏松和骨矿盐疾病杂志	67	0.91	65	26.0	5.1	17	48	0.00	0.55	5.2
G691	中华关节外科杂志电子版	124	0.84	113	22.2	4.8	25	86	0.00	0.39	6.5
G335	中华航海医学与高气压医学杂志	161	0.93	71	12.4	4.3	22	105	0.00	0.16	7.4
G144	中华航空航天医学杂志	71	0.80	47	15.8	5.5	14	35	0.00	0.10	6.6
G145	中华核医学与分子影像杂志	124	0.82	93	15.9	5.5	22	84	0.01	0.41	5.5
G146	中华护理杂志	328	0.96	268	21.3	4.3	26	196	0.01	0.27	5.0
G555	中华急诊医学杂志	270	0.69	224	18.8	5.2	25	157	0.05	0.46	5.5
G302	中华疾病控制杂志	326	0.98	275	17.2	6.0	30	165	0.01	0.56	5.2
G055	中华肩肘外科电子杂志	49	0.58	39	20.9	4.4	11	31	0.00	0.47	8.1
G174	中华检验医学杂志	220	0.60	151	18.2	4.9	24	146	0.01	0.50	4.7
G751	中华健康管理学杂志	97	0.76	80	16.6	4.9	19	82	0.00	0.32	5.4
G147	中华结核和呼吸杂志	220	0.77	123	19.7	4.4	25	112	0.01	0.45	6.1
G060	中华结直肠疾病电子杂志	119	0.90	84	18.7	3.5	20	74	0.00	0.34	5.9
G159	中华精神科杂志	79	0.77	68	23.2	5.4	19	47	0.03	0.56	5.0
G579	中华口腔医学研究杂志电子版	81	0.94	77	20.5	4.4	14	40	0.00	0.62	5.9
G148	中华口腔医学杂志	151	0.84	140	21.3	3.9	24	60	0.03	0.54	5.8
G280	中华口腔正畸学杂志	52	0.91	39	13.1	3.6	16	32	0.00	0.42	8.5
G149	中华劳动卫生职业病杂志	271	0.89	135	14.9	5.0	26	147	0.01	0.52	6.8
G639	中华老年多器官疾病杂志	222	0.84	193	17.8	4.8	21	111	0.00	0.36	5.5
G833	中华老年口腔医学杂志	86	0.93	71	19.3	3.9	21	54	0.00	0.44	6.4
G876	中华老年心脑血管病杂志	379	0.98	192	17.1	4.7	30	242	0.00	0.43	3.7
G150	中华老年医学杂志	309	0.95	237	15.1	4.9	27	174	0.02	0.37	5.6
G692	中华临床感染病杂志	106	0.85	79	21.5	4.8	20	83	0.00	0.35	4.9
G693	中华临床免疫和变态反应杂志	76	0.89	71	22.1	4.1	19	46	0.00	0.43	6.5
G824	中华临床营养杂志	71	0.89	63	17.6	5.1	21	57	0.00	0.23	5.3
G152	中华流行病学杂志	334	0.98	315	20.1	6.6	28	133	0.03	0.60	5.2
G153	中华麻醉学杂志	368	0.96	251	11.4	5.3	29	217	0.02	0.51	5.7
G154	中华泌尿外科杂志	233	0.75	165	17.0	6.2	24	119	0.00	0.32	4.7
G282	中华男科学杂志	226	0.95	189	22.1	5.1	28	165	0.01	0.40	6.1
G155	中华内分泌代谢杂志	214	0.89	158	20.5	6.0	25	144	0.02	0.49	6.1
G736	中华内分泌外科杂志	137	0.98	93	13.9	4.8	25	93	0.01	0.40	5.2
G156	中华内科杂志	219	0.81	112	15.9	4.9	24	100	0.01	0.38	5.5
G157	中华皮肤科杂志	205	0.63	145	14.2	5.2	26	114	0.00	0.47	5.9
G461	中华普通外科学文献电子版	104	0.90	78	16.2	5.0	19	75	0.00	0.24	5.0
G254	中华普通外科杂志	335	0.83	135	9.6	5.5	29	215	0.01	0.30	5.2
G462	中华普外科手术学杂志电子版	151	0.77	62	14.1	3.8	24	126	0.00	0.25	3.6
G158	中华器官移植杂志	156	0.88	121	17.8	6.5	20	74	0.01	0.67	5.7
G473	中华腔镜泌尿外科杂志电子版	101	0.93	68	17.2	6.0	18	65	0.00	0.46	5.4
G463	中华腔镜外科杂志电子版	104	0.98	60	16.3	5.1	24	72	0.00	0.19	4.8
G526	中华全科医师杂志	263	0.83	149	13.3	3.8	23	157	0.01	0.24	5.5
G515	中华全科医学	702	1.00	270	16.1	4.2	28	351	0.00	0.45	3.2
G505	中华乳腺病杂志电子版	89	0.87	61	21.8	4.7	23	66	0.00	0.24	5.3

表 4-2　2016 年中国科技核心期刊（中文）来源指标刊名字顺索引（续）

CODE	刊名	来源文献量	文献选出率	AR论文量	平均引文数	平均作者数	地区分布数	机构分布数	海外论文比	基金论文比	引用半衰期
G900	中华烧伤杂志	179	0.89	105	15.1	4.9	27	91	0.01	0.43	4.6
G197	中华神经科杂志	190	0.70	142	24.0	5.1	23	100	0.02	0.44	5.9
G976	中华神经外科疾病研究杂志	167	0.91	81	12.4	4.9	26	114	0.00	0.36	6.2
G160	中华神经外科杂志	305	0.94	223	19.8	5.2	29	157	0.01	0.43	6.0
G446	中华神经医学杂志	261	0.91	216	18.3	5.3	25	177	0.00	0.49	4.8
G161	中华肾脏病杂志	181	0.84	139	21.4	5.8	27	109	0.01	0.65	5.4
G737	中华生物医学工程杂志	102	0.72	99	18.8	5.0	20	74	0.00	0.44	5.2
G072	中华生殖与避孕杂志	170	0.93	168	26.5	4.4	27	112	0.00	0.41	6.7
G162	中华实验和临床病毒学杂志	139	0.96	113	12.9	6.0	21	96	0.00	0.55	5.1
G703	中华实验和临床感染病杂志电子版	165	0.96	135	22.6	4.1	23	107	0.01	0.28	4.1
G773	中华实验眼科杂志	218	0.87	207	23.9	3.8	27	125	0.03	0.61	6.6
G875	中华实用儿科临床杂志	482	0.85	327	20.5	4.7	26	185	0.00	0.43	4.0
G367	中华实用诊断与治疗杂志	439	0.99	44	12.5	4.1	27	241	0.01	0.57	4.3
G848	中华手外科杂志	191	0.84	29	9.9	5.4	22	123	0.01	0.14	7.8
G506	中华损伤与修复杂志电子版	110	0.93	74	20.1	4.1	22	74	0.02	0.60	5.4
G739	中华糖尿病杂志	174	0.71	115	19.1	4.3	22	95	0.01	0.51	5.1
G164	中华外科杂志	202	0.82	161	18.5	5.6	26	116	0.01	0.32	5.6
G165	中华微生物学和免疫学杂志	173	0.76	160	21.3	6.2	26	124	0.02	0.67	5.0
G116	中华危重病急救医学	249	0.72	196	23.1	5.1	27	180	0.00	0.78	4.8
G761	中华危重症医学杂志电子版	67	0.65	55	24.4	4.7	14	54	0.00	0.49	5.2
G296	中华围产医学杂志	188	0.78	150	20.8	4.7	21	90	0.01	0.28	5.8
G740	中华卫生杀虫药械	194	0.99	77	10.2	4.7	25	131	0.01	0.24	7.4
G793	中华胃肠外科杂志	347	0.82	229	17.4	4.9	21	150	0.00	0.36	5.5
G166	中华物理医学与康复杂志	266	0.90	133	19.0	4.8	23	183	0.02	0.45	6.4
G470	中华细胞与干细胞杂志电子版	65	0.94	62	26.0	5.1	17	47	0.02	0.63	4.9
G167	中华显微外科杂志	197	0.87	90	16.2	6.2	27	137	0.01	0.39	5.4
G847	中华现代护理杂志	1438	0.86	1011	13.9	3.9	28	594	0.00	0.27	5.0
G285	中华消化内镜杂志	232	0.72	107	9.9	5.9	27	146	0.00	0.25	5.6
G978	中华消化外科杂志	228	0.92	191	22.7	5.1	30	132	0.00	0.76	4.6
G168	中华消化杂志	213	0.84	103	14.7	4.6	26	115	0.01	0.33	5.3
G169	中华小儿外科杂志	199	0.88	183	21.3	5.6	24	75	0.00	0.44	5.9
G892	中华心律失常学杂志	124	0.91	80	14.0	5.7	18	66	0.01	0.35	5.8
G170	中华心血管病杂志	229	0.87	151	18.3	5.1	28	127	0.03	0.41	5.3
G263	中华行为医学与脑科学杂志	238	0.85	231	21.7	5.1	28	163	0.01	0.70	4.8
G171	中华胸心血管外科杂志	191	0.75	114	16.4	6.0	24	99	0.01	0.39	6.7
G172	中华血液学杂志	218	0.84	173	19.8	6.9	25	100	0.01	0.59	5.6
G191	中华眼底病杂志	154	0.83	115	21.3	4.2	26	87	0.00	0.40	5.6
G173	中华眼科杂志	171	0.75	142	22.1	3.7	20	74	0.02	0.24	6.8
G873	中华眼视光学与视觉科学杂志	156	0.84	143	19.2	4.6	24	99	0.03	0.33	6.5
S590	中华医学教育探索杂志	307	0.95	279	8.5	4.6	26	161	0.00	0.42	4.4
Q920	中华医学超声杂志电子版	188	0.93	154	18.6	5.1	23	120	0.01	0.32	5.6
G705	中华医学教育杂志	239	0.95	184	8.9	4.6	27	137	0.00	0.38	5.1
G307	中华医学科研管理杂志	123	0.97	95	11.3	4.3	20	88	0.00	0.33	4.7

表 4-2　2016 年中国科技核心期刊（中文）来源指标刊名字顺索引（续）

CODE	刊名	来源文献量	文献选出率	AR论文量	平均引文数	平均作者数	地区分布数	机构分布数	海外论文比	基金论文比	引用半衰期
G489	中华医学美学美容杂志	123	0.92	40	14.5	4.8	23	89	0.00	0.18	6.0
G915	中华医学图书情报杂志	192	0.94	174	14.0	3.2	24	82	0.00	0.23	4.1
G175	中华医学遗传学杂志	217	0.69	166	17.0	5.7	24	138	0.00	0.53	7.3
G176	中华医学杂志	914	0.87	602	16.9	5.4	30	354	0.01	0.46	5.2
G591	中华医院管理杂志	275	0.85	129	8.1	4.7	27	162	0.03	0.43	3.9
G610	中华胰腺病杂志	90	0.69	58	15.4	5.4	23	67	0.00	0.41	5.7
G897	中华移植杂志电子版	31	0.76	27	22.4	5.3	12	25	0.00	0.48	6.4
G177	中华预防医学杂志	217	0.83	182	20.9	6.9	26	98	0.02	0.72	4.9
G178	中华整形外科杂志	129	0.97	78	16.5	5.6	21	82	0.01	0.33	6.9
G859	中华中医药学刊	889	1.00	494	17.2	4.2	30	390	0.01	0.72	5.7
G910	中华中医药杂志	1413	0.99	817	13.8	4.6	30	395	0.01	0.68	6.9
G858	中华肿瘤防治杂志	323	0.93	308	20.7	5.3	27	217	0.01	0.48	3.6
G179	中华肿瘤杂志	169	0.61	159	18.0	6.5	23	92	0.00	0.53	5.8
G472	中华疝和腹壁外科杂志电子版	154	0.97	47	13.0	4.0	24	121	0.00	0.05	5.6
G039	中南大学学报医学版	220	0.95	213	19.8	5.1	25	91	0.01	0.60	5.8
K001	中南大学学报自然科学版	567	0.98	567	19.0	4.3	25	140	0.01	0.94	7.5
H053	中南林业科技大学学报	300	0.97	295	20.7	4.7	24	87	0.01	0.75	8.4
A550	中南民族大学学报自然科学版	119	1.00	108	14.9	3.7	7	14	0.01	0.95	7.8
G599	中南药学	345	0.98	271	16.8	4.5	27	206	0.00	0.34	5.6
G682	中南医学科学杂志	186	0.96	136	16.0	3.6	18	103	0.01	0.28	4.2
G180	中日友好医院学报	118	0.78	41	13.6	4.3	8	39	0.00	0.13	4.9
G181	中山大学学报医学科学版	156	0.98	156	17.6	5.7	13	56	0.01	0.73	6.0
A036	中山大学学报自然科学版	147	1.00	141	20.1	3.9	19	86	0.01	0.89	7.8
X539	中外公路	448	1.00	404	9.5	3.1	29	222	0.00	0.43	8.3
S020	中文信息学报	168	0.99	168	20.5	3.7	24	73	0.02	0.89	8.9
G842	中西医结合肝病杂志	145	0.97	41	13.0	4.0	21	107	0.00	0.37	6.1
G597	中西医结合心脑血管病杂志	1061	0.98	328	13.6	3.5	30	589	0.00	0.29	6.0
R775	中兴通讯技术	83	0.81	74	10.5	2.4	13	49	0.04	0.35	4.0
G183	中药材	699	0.99	485	10.8	4.8	30	357	0.01	0.67	6.8
G564	中药新药与临床药理	178	0.96	171	17.8	5.2	26	82	0.01	0.77	5.8
G685	中医学报	564	0.98	310	15.4	3.1	24	312	0.00	0.65	5.8
G681	中医药导报	1035	0.98	310	12.1	3.7	30	460	0.03	0.41	6.2
G010	中医杂志	550	0.97	370	14.5	4.3	28	214	0.01	0.64	7.2
G184	肿瘤	190	0.98	189	25.1	5.2	24	133	0.01	0.48	4.6
Q929	肿瘤代谢与营养电子杂志	61	0.68	49	25.2	4.9	20	37	0.00	0.64	5.9
G185	肿瘤防治研究	215	0.94	203	20.6	4.6	26	156	0.01	0.54	4.6
G412	肿瘤学杂志	231	0.97	186	18.6	4.2	28	161	0.00	0.35	5.0
G522	肿瘤研究与临床	229	0.89	170	17.5	4.5	27	163	0.00	0.35	5.4
G196	肿瘤药学	99	0.92	91	22.4	5.0	18	67	0.00	0.29	3.8
G838	肿瘤影像学	73	0.86	61	16.5	4.5	9	39	0.01	0.33	5.6
G695	肿瘤预防与治疗	74	0.86	63	24.1	4.6	15	40	0.00	0.42	4.8
H103	种子	456	0.98	262	13.6	4.8	30	269	0.00	0.59	8.9
G094	中风与神经疾病杂志	334	0.96	149	15.7	4.6	28	191	0.00	0.34	6.5

表 4-2 2016 年中国科技核心期刊（中文）来源指标刊名字顺索引（续）

CODE	刊名	来源文献量	文献选出率	AR论文量	平均引文数	平均作者数	地区分布数	机构分布数	海外论文比	基金论文比	引用半衰期
N022	轴承	195	0.96	131	7.9	3.7	21	81	0.00	0.36	8.8
H026	竹子学报	44	0.94	42	20.9	4.3	11	29	0.00	0.66	8.0
N075	铸造	237	0.76	194	10.1	4.0	27	148	0.01	0.35	8.3
N081	铸造技术	774	0.97	430	8.5	3.2	29	410	0.00	0.34	7.3
G407	转化医学杂志	99	0.89	67	19.6	4.1	19	56	0.01	0.39	5.3
N034	装备环境工程	168	0.99	168	19.7	3.8	20	95	0.00	0.26	8.2
A133	装备学院学报	151	0.86	147	11.1	2.9	14	37	0.00	0.52	5.0
N990	装甲兵工程学院学报	130	0.98	125	13.8	3.7	11	24	0.00	0.22	6.0
Z022	资源科学	219	0.97	216	34.1	3.6	25	93	0.01	0.92	6.2
R737	自动化技术与应用	433	1.00	372	8.9	2.7	27	262	0.00	0.25	6.6
S026	自动化学报	175	0.97	174	36.2	3.6	24	100	0.06	0.92	5.9
N013	自动化仪表	302	0.96	257	10.7	3.3	27	197	0.01	0.48	5.9
S501	自动化与仪表	209	0.99	193	8.3	3.1	28	125	0.00	0.61	6.2
R611	自动化与仪器仪表	1172	0.99	107	9.3	1.9	30	428	0.00	0.17	5.6
A905	自然杂志	65	0.82	58	21.3	2.5	8	33	0.05	0.38	7.8
E137	自然灾害学报	129	0.96	127	21.2	3.9	24	80	0.02	0.89	7.5
Z012	自然资源学报	180	0.98	178	31.5	4.1	26	86	0.02	0.94	7.6
G229	卒中与神经疾病	138	0.91	75	17.7	4.1	25	100	0.00	0.19	5.9
N088	组合机床与自动化加工技术	517	1.00	413	11.3	3.5	26	183	0.00	0.74	6.1
G701	组织工程与重建外科杂志	99	0.96	53	20.0	4.9	11	30	0.00	0.28	7.6
L018	钻井液与完井液	150	0.99	148	12.0	4.9	14	79	0.00	0.61	6.5
G720	遵义医学院学报	137	0.99	128	20.1	4.8	14	38	0.01	0.71	5.1
H034	作物学报	191	0.89	190	33.1	7.3	26	60	0.01	0.89	8.7
H410	作物研究	165	0.98	121	14.9	5.1	17	77	0.00	0.44	7.3
H202	作物杂志	179	0.98	176	24.3	5.7	26	103	0.00	0.80	7.5
H034	作物学报	201	0.87	201	32.3	7.0	24	67	0.02	0.77	8.9
H410	作物研究	164	0.97	128	16.5	4.5	16	63	0.00	0.54	8.4
H202	作物杂志	194	0.97	174	23.1	5.6	26	96	0.01	0.74	8.1

5 2016年中国科技核心期刊（英文）指标

表5-1 2016年中国科技核心期刊（英文）被引用指标刊名字顺索引

CODE	刊 名	核心总被引频次	核心影响因子	核心即年指标	核心他引率	核心引用刊数	核心开放因子	核心扩散因子	核心权威因子	核心被引半衰期
F034	ACTA BIOCHIMICA ET BIOPHYSICA SINICA	695	0.657	0.297	0.90	343	76	49.35	56.77	5.1
C096	ACTA MATHEMATICA SCIENTIA	314	0.250	0.048	0.72	82	6	26.11	43.84	5.5
B030	ACTA MATHEMATICA SINICA ENGLISH SERIES	318	0.141	0.017	0.85	77	10	24.21	42.45	8.1
I051	ACTA MATHEMATICAE APPLICATAE SINICA	144	0.065	0.022	0.92	69	14	47.92	18.24	10.8
C105	ACTA MECHANICA SINICA	368	0.419	0.084	0.70	127	10	34.51	44.71	5.7
M100	ACTA METALLURGICA SINICA	474	0.669	0.085	0.57	103	3	21.73	55.02	3.0
I209	ACTA OCEANOLOGICA SINICA	515	0.334	0.049	0.75	112	6	21.75	52.69	5.5
G001	ACTA PHARMACOLOGICA SINICA	1550	0.820	0.358	0.90	474	64	30.58	122.79	6.3
I062	ADVANCES IN ATMOSPHERIC SCIENCES	1138	0.548	0.282	0.86	155	8	13.62	111.73	8.0
I124	ADVANCES IN POLAR SCIENCE	28	0.056	0.032	0.86	17	4	60.71	3.25	5.8
I282	ASIAN JOURNAL OF ANDROLOGY	862	0.613	1.103	0.70	183	7	21.23	69.04	3.5
I072	CELL RESEARCH	1848	1.299	0.768	0.95	483	55	26.14	152.99	4.9
I139	CHEMICAL RESEARCH IN CHINESE UNIVERSITIES	766	0.890	0.205	0.65	158	2	20.63	83.89	3.1
I710	CHINA COMMUNICATIONS	363	0.484	0.047	0.65	110	6	30.30	46.97	2.9
I165	CHINA FOUNDRY	146	0.298	0.066	0.66	30	3	20.55	16.77	4.3
E158	CHINA OCEAN ENGINEERING	312	0.426	0.122	0.79	103	9	33.01	36.50	7.0
B023	CHINESE ANNALS OF MATHEMATICS SERIES B	120	0.123	0.000	0.84	46	7	38.33	16.42	8.0
D031	CHINESE CHEMICAL LETTERS	1071	0.537	0.130	0.66	247	10	23.06	108.47	3.9
I154	CHINESE GEOGRAPHICAL SCIENCE	428	0.705	0.087	0.91	173	24	40.42	43.85	5.3
I207	CHINESE HERBAL MEDICINES	135	0.693	0.185	0.92	54	5	40.00	10.57	2.6
I166	CHINESE JOURNAL OF ACOUSTICS	119	0.368	0.119	0.87	24	1	20.17	15.28	6.0
I122	CHINESE JOURNAL OF AERONAUTICS	886	0.710	0.053	0.78	219	13	24.72	108.16	4.3
G011	CHINESE JOURNAL OF CANCER	1221	0.969	0.196	0.90	363	52	29.73	96.92	8.4
I037	CHINESE JOURNAL OF CANCER RESEARCH	667	2.074	0.507	0.95	263	44	39.43	52.94	2.4
T100	CHINESE JOURNAL OF CHEMICAL ENGINEERING	856	0.470	0.027	0.79	272	15	31.78	95.79	5.4
C070	CHINESE JOURNAL OF CHEMICAL PHYSICS	169	0.180	0.009	0.61	77	6	45.56	20.21	5.4
E012	CHINESE JOURNAL OF OCEANOLOGY AND LIMNOLOGY	557	0.277	0.199	0.90	148	13	26.57	55.14	5.7
D017	CHINESE JOURNAL OF POLYMER SCIENCE	507	0.638	0.135	0.50	83	1	16.37	62.63	3.1
I200	CHINESE JOURNAL OF TRAUMATOLOGY	278	0.351	0.085	0.97	140	24	50.36	22.16	6.0
I201	CHINESE MEDICAL JOURNAL	4301	0.801	0.204	0.94	699	119	16.25	339.40	4.5
G126	CHINESE MEDICAL SCIENCES JOURNAL	185	0.438	0.043	1.00	129	40	69.73	14.67	6.4
I071	CHINESE OPTICS LETTERS	1190	1.137	0.144	0.46	128	1	10.76	133.73	2.9
C106	CHINESE PHYSICS B	4092	0.709	0.132	0.56	327	2	7.99	489.53	3.3
C058	CHINESE PHYSICS C	476	0.367	0.050	0.47	52	1	10.92	68.65	3.7
C059	CHINESE PHYSICS LETTERS	1925	0.424	0.063	0.77	252	3	13.09	233.26	4.9
B022	CHINESE QUARTERLY JOURNAL OF MATHEMATICS	100	0.127	0.000	0.54	37	2	37.00	15.77	5.6
C095	COMMUNICATIONS IN THEORETICAL PHYSICS	421	0.214	0.055	0.60	89	3	21.14	54.28	5.4
F005	ENTOMOTAXONOMIA	161	0.137	0.089	0.80	54	5	33.54	13.97	9.6

表5-1 2016年中国科技核心期刊（英文）被引用指标刊名字顺索引（续）

CODE	刊名	核心总被引频次	核心影响因子	核心即年指标	核心他引率	核心引用刊数	核心开放因子	核心扩散因子	核心权威因子	核心被引半衰期
I733	FRONTIERS OF BIOLOGY	78	0.265	0.196	0.79	56	17	71.79	6.81	3.4
I248	FRONTIERS OF CHEMICAL SCIENCE AND ENGINEERING	88	0.257	0.020	0.80	52	11	59.09	9.96	4.1
I735	FRONTIERS OF COMPUTER SCIENCE	154	0.404	0.088	0.77	69	9	44.81	19.25	3.3
I243	FRONTIERS OF MATERIALS SCIENCE	62	0.293	0.156	0.73	36	6	58.06	6.70	2.7
I250	FRONTIERS OF MATHEMATICS IN CHINA	97	0.131	0.011	0.86	42	7	43.30	13.10	5.0
I237	FRONTIERS OF MEDICINE	280	1.083	0.115	0.99	191	52	68.21	22.13	3.1
I132	FRONTIERS OF OPTOELECTRONICS IN CHINA	29	0.192	0.000	0.79	23	9	79.31	3.42	2.6
I725	FRONTIERS OF STRUCTURAL AND CIVIL ENGINEERING	48	0.132	0.021	0.81	28	6	58.33	5.58	5.6
E050	GEOSCIENCE FRONTIERS	190	0.444	0.558	0.66	50	2	26.32	19.01	2.8
I012	INSECT SCIENCE	262	0.288	0.337	0.81	79	6	30.15	22.42	3.7
I168	INTERNATIONAL JOURNAL OF COAL SCIENCE & TECHNOLOGY	377	3.034	0.103	0.97	63	1	16.71	39.59	2.5
I184	INTERNATIONAL JOURNAL OF MINING SCIENCE AND TECHNOLOGY	1059	0.954	0.077	0.69	206	5	19.45	114.67	4.5
E049	JOURNAL OF ARID LAND	212	1.038	0.085	0.84	78	11	36.79	19.99	2.9
N764	JOURNAL OF BIONIC ENGINEERING	322	0.852	0.113	0.45	90	1	27.95	40.39	4.2
I226	JOURNAL OF CHINA ORDNANCE	73	0.305	0.054	0.68	39	5	53.42	9.16	3.1
I227	JOURNAL OF CHINESE PHARMACEUTICAL SCIENCES	275	0.341	0.087	0.85	120	17	43.64	22.25	5.5
S051	JOURNAL OF COMPUTER SCIENCE AND TECHNOLOGY	266	0.209	0.035	0.89	97	13	36.47	33.65	5.6
I105	JOURNAL OF ENERGY CHEMISTRY	393	0.811	0.204	0.55	95	3	24.17	47.32	3.0
Z027	JOURNAL OF ENVIRONMENTAL SCIENCES	2371	0.834	0.097	0.86	451	18	19.02	238.67	5.6
I018	JOURNAL OF FORESTRY RESEARCH	486	0.298	0.073	0.85	158	15	32.51	44.78	6.9
F013	JOURNAL OF GENETICS AND GENOMICS	1093	0.750	0.148	0.97	290	28	26.53	92.53	11.5
I063	JOURNAL OF GEOGRAPHICAL SCIENCES	360	0.594	0.009	0.88	135	17	37.50	35.84	4.7
W015	JOURNAL OF HYDRODYNAMICS SERIES B	605	0.654	0.174	0.77	181	18	29.92	70.07	5.3
H017	JOURNAL OF INTEGRATIVE AGRICULTURE	1048	0.501	0.084	0.90	265	33	25.29	90.92	4.7
G442	JOURNAL OF INTEGRATIVE MEDICINE	1231	0.696	0.143	0.96	292	24	23.72	92.81	7.0
F029	JOURNAL OF INTEGRATIVE PLANT BIOLOGY	2237	0.767	0.393	0.96	347	37	15.51	195.39	14.9
I142	JOURNAL OF IRON AND STEEL RESEARCH, INTERNATIONAL	912	0.623	0.070	0.72	136	7	14.91	105.86	4.8
I229	JOURNAL OF MARINE SCIENCE AND APPLICATION	145	0.241	0.060	0.86	71	10	48.97	17.70	5.8
M015	JOURNAL OF MATERIALS SCIENCE & TECHNOLOGY	961	0.772	0.164	0.74	184	9	19.15	111.43	4.5
F021	JOURNAL OF MOLECULAR CELL BIOLOGY	323	0.840	0.180	0.91	193	49	59.75	26.70	5.3
I230	JOURNAL OF MOUNTAIN SCIENCE	364	0.500	0.043	0.63	121	9	33.24	36.55	3.5
I120	JOURNAL OF OCEAN UNIVERSITY OF CHINA	300	0.281	0.014	0.84	124	14	41.33	29.68	4.4
M035	JOURNAL OF RARE EARTHS	1299	1.366	0.260	0.53	196	2	15.09	147.67	3.6
F208	JOURNAL OF RESOURCES AND ECOLOGY	181	0.347	0.033	0.91	90	14	49.72	18.05	4.3
R062	JOURNAL OF SEMICONDUCTORS	869	0.516	0.091	0.50	136	1	15.65	109.29	3.8
F039	JOURNAL OF SYSTEMATICS AND EVOLUTION	738	0.516	0.712	0.82	164	10	22.22	63.82	13.5
X053	JOURNAL OF TRAFFIC AND TRANSPORTATION ENGINEERING ENGLISH EDITION	42	0.333	0.105	0.79	27	7	64.29	5.06	2.2
I090	JOURNAL OF WUHAN UNIVERSITY OF TECHNOLOGY MATERIALS SCIENCE EDITION	427	0.180	0.027	0.75	160	11	37.47	49.93	4.9

表 5-1 2016 年中国科技核心期刊（英文）被引用指标刊名字顺索引（续）

CODE	刊 名	核心总被引频次	核心影响因子	核心即年指标	核心他引率	核心引用刊数	核心开放因子	核心扩散因子	核心权威因子	核心被引半衰期
I041	JOURNAL OF ZHEJIANG UNIVERSITY SCIENCE A	469	0.553	0.104	0.86	265	59	56.50	53.65	6.5
I159	JOURNAL OF ZHEJIANG UNIVERSITY SCIENCE B	682	0.903	0.152	0.90	388	83	56.89	56.79	4.4
I254	LIGHT SCIENCE & APPLICATIONS	255	1.518	0.157	0.80	42	4	16.47	29.03	2.4
F019	MOLECULAR PLANT	950	0.908	0.233	0.82	136	10	14.32	81.59	3.6
I232	NEURAL REGENERATION RESEARCH	1052	0.755	0.116	0.83	298	25	28.33	82.73	2.6
G278	NEUROSCIENCE BULLETIN	356	0.614	0.412	0.79	170	27	47.75	29.05	3.9
G616	ONCOLOGY AND TRANSLATIONAL MEDICINE	139	0.155	0.000	0.88	88	23	63.31	11.03	5.3
I202	PARTICUOLOGY	499	0.690	0.035	0.78	189	15	37.88	56.64	4.4
H046	PEDOSPHERE	930	0.591	0.114	0.94	229	24	24.62	85.31	7.8
F007	PLANT DIVERSITY	1040	0.310	0.362	0.95	232	23	22.31	88.84	13.0
I129	PROTEIN & CELL	311	0.650	0.237	0.87	158	29	50.80	25.89	2.9
I050	RARE METALS	525	0.723	0.058	0.76	132	7	25.14	60.01	4.1
C072	RESEARCH IN ASTRONOMY AND ASTROPHYSICS	313	0.413	0.058	0.51	41	2	13.10	43.13	3.4
I065	RICE SCIENCE	128	0.175	0.027	0.90	67	17	52.34	10.90	6.2
H064	THE CROP JOURNAL	67	0.471	0.109	0.91	39	11	58.21	5.66	2.1
I017	TRANSACTIONS OF NANJING UNIVERSITY OF AERONAUTICS & ASTRONAUTICS	194	0.314	0.044	0.75	89	11	45.88	23.45	4.5
M104	TRANSACTIONS OF NONFERROUS METALS SOCIETY OF CHINA	3523	0.983	0.117	0.74	343	8	9.74	402.05	4.3
G095	VIROLOGICA SINICA	249	0.294	0.278	0.82	103	15	41.37	20.54	6.5
W030	WATER SCIENCE AND ENGINEERING	105	0.371	0.395	0.75	54	9	51.43	11.28	3.3
I008	WUHAN UNIVERSITY JOURNAL OF NATURAL SCIENCES	86	0.118	0.000	0.95	62	19	72.09	10.12	5.7

表5-2　2016年中国科技核心期刊（英文）来源指标刊名字顺索引

CODE	刊名	来源文献量	文献选出率	AR论文量	平均引文数	平均作者数	地区分布数	机构分布数	海外论文比	基金论文比	引用半衰期
F034	ACTA BIOCHIMICA ET BIOPHYSICA SINICA	138	0.97	124	52.7	5.5	22	121	0.18	0.78	7.1
C096	ACTA MATHEMATICA SCIENTIA	125	0.98	125	24.6	2.4	24	106	0.38	0.43	11.2
B030	ACTA MATHEMATICA SINICA ENGLISH SERIES	117	0.91	116	20.9	2.1	25	96	0.19	0.70	14.3
I051	ACTA MATHEMATICAE APPLICATAE SINICA	92	0.97	92	18.6	2.4	22	85	0.15	0.86	14.3
C105	ACTA MECHANICA SINICA	107	0.96	103	33.2	3.4	15	61	0.30	0.67	9.6
M100	ACTA METALLURGICA SINICA	141	0.97	141	33.8	4.7	20	101	0.39	0.54	7.7
I209	ACTA OCEANOLOGICA SINICA	182	0.97	182	35.6	4.8	15	78	0.16	0.71	10.9
G001	ACTA PHARMACOLOGICA SINICA	162	0.99	161	46.7	6.0	22	115	0.20	0.77	7.3
I062	ADVANCES IN ATMOSPHERIC SCIENCES	117	0.88	114	40.6	3.9	12	57	0.40	0.74	9.9
I124	ADVANCES IN POLAR SCIENCE	31	0.84	31	37.5	3.7	8	27	0.52	0.06	8.8
I282	ASIAN JOURNAL OF ANDROLOGY	145	0.72	116	47.4	4.0	13	116	0.73	0.17	8.2
I072	CELL RESEARCH	99	0.66	99	51.4	6.4	12	77	0.45	0.61	6.3
I139	CHEMICAL RESEARCH IN CHINESE UNIVERSITIES	176	0.97	174	32.2	5.2	26	112	0.06	0.88	7.5
I710	CHINA COMMUNICATIONS	254	0.99	249	23.9	4.0	19	113	0.13	0.70	5.2
I165	CHINA FOUNDRY	61	1.00	61	19.0	4.4	16	34	0.08	0.59	8.4
E158	CHINA OCEAN ENGINEERING	74	0.95	74	23.3	3.7	13	34	0.20	0.74	10.5
B023	CHINESE ANNALS OF MATHEMATICS SERIES B	73	0.92	73	18.7	2.0	18	62	0.19	0.70	16.6
D031	CHINESE CHEMICAL LETTERS	332	0.97	314	35.9	4.9	28	209	0.19	0.70	5.8
I154	CHINESE GEOGRAPHICAL SCIENCE	69	1.00	69	44.2	4.8	13	43	0.22	0.80	9.7
I207	CHINESE HERBAL MEDICINES	54	0.93	50	31.5	5.4	17	45	0.11	0.63	6.5
I166	CHINESE JOURNAL OF ACOUSTICS	42	0.91	42	20.4	3.8	11	27	0.02	0.76	11.2
I122	CHINESE JOURNAL OF AERONAUTICS	171	0.99	171	30.8	3.9	16	65	0.19	0.62	8.3
G011	CHINESE JOURNAL OF CANCER	97	0.92	84	34.4	6.9	11	57	0.38	0.19	6.4
I037	CHINESE JOURNAL OF CANCER RESEARCH	73	0.99	69	33.4	5.2	17	66	0.27	0.41	6.4
T100	CHINESE JOURNAL OF CHEMICAL ENGINEERING	225	0.97	225	35.5	4.3	24	143	0.29	0.61	8.5
C070	CHINESE JOURNAL OF CHEMICAL PHYSICS	114	0.92	113	35.1	4.5	23	62	0.09	0.80	9.5
E012	CHINESE JOURNAL OF OCEANOLOGY AND LIMNOLOGY	136	0.98	136	42.1	5.1	12	77	0.11	0.69	12.3
D017	CHINESE JOURNAL OF POLYMER SCIENCE	141	0.92	141	37.8	4.9	20	85	0.12	0.80	8.1
I200	CHINESE JOURNAL OF TRAUMATOLOGY	94	1.00	60	19.7	4.1	15	87	0.53	0.09	9.7
I201	CHINESE MEDICAL JOURNAL	564	0.98	394	22.8	5.3	29	357	0.12	0.44	6.5
G126	CHINESE MEDICAL SCIENCES JOURNAL	47	0.96	40	22.7	5.5	13	25	0.00	0.36	6.7
I071	CHINESE OPTICS LETTERS	264	0.95	255	22.8	5.0	20	152	0.17	0.72	6.0
C106	CHINESE PHYSICS B	1072	0.99	1062	34.8	4.7	28	515	0.17	0.77	7.8
C058	CHINESE PHYSICS C	241	0.99	241	29.0	4.9	20	117	0.17	0.74	10.0
C059	CHINESE PHYSICS LETTERS	447	0.97	404	25.8	4.7	27	244	0.15	0.78	8.0
B022	CHINESE QUARTERLY JOURNAL OF MATHEMATICS	48	0.96	48	16.0	2.3	20	42	0.00	0.81	11.4
C095	COMMUNICATIONS IN THEORETICAL PHYSICS	217	0.95	214	34.1	2.9	25	163	0.42	0.53	9.9
F005	ENTOMOTAXONOMIA	45	0.94	45	15.0	3.1	16	28	0.16	0.91	20.9

表 5-2 2016 年中国科技核心期刊（英文）来源指标刊名字顺索引（续）

CODE	刊名	来源文献量	文献选出率	AR论文量	平均引文数	平均作者数	地区分布数	机构分布数	海外论文比	基金论文比	引用半衰期
I733	FRONTIERS OF BIOLOGY	46	0.90	46	84.1	3.6	3	44	0.96	0.09	8.6
I248	FRONTIERS OF CHEMICAL SCIENCE AND ENGINEERING	50	0.94	50	60.0	4.4	8	41	0.58	0.42	7.1
I735	FRONTIERS OF COMPUTER SCIENCE	80	0.98	78	46.1	4.0	19	55	0.33	0.84	7.8
I243	FRONTIERS OF MATERIALS SCIENCE	45	0.88	45	39.1	5.3	14	41	0.29	0.71	6.3
I250	FRONTIERS OF MATHEMATICS IN CHINA	90	0.99	87	22.2	2.2	22	72	0.26	0.72	12.7
I237	FRONTIERS OF MEDICINE	61	1.00	59	44.9	4.9	13	56	0.25	0.64	6.4
I132	FRONTIERS OF OPTOELECTRONICS IN CHINA	73	0.99	70	33.8	4.3	11	45	0.41	0.60	6.0
I725	FRONTIERS OF STRUCTURAL AND CIVIL ENGINEERING	47	1.00	46	26.2	3.4	4	39	0.83	0.19	8.8
E050	GEOSCIENCE FRONTIERS	77	0.92	76	71.7	3.8	3	70	0.82	0.12	12.9
I012	INSECT SCIENCE	89	1.00	87	45.2	5.0	12	64	0.56	0.37	10.6
I168	INTERNATIONAL JOURNAL OF COAL SCIENCE & TECHNOLOGY	39	0.98	39	42.1	3.7	7	33	0.77	0.23	11.3
I184	INTERNATIONAL JOURNAL OF MINING SCIENCE AND TECHNOLOGY	156	0.96	156	22.5	4.0	14	90	0.48	0.44	8.5
E049	JOURNAL OF ARID LAND	82	0.96	82	47.1	4.5	15	53	0.28	0.84	9.9
N764	JOURNAL OF BIONIC ENGINEERING	62	0.94	62	38.8	4.0	15	44	0.45	0.61	7.0
I226	JOURNAL OF CHINA ORDNANCE	56	0.92	56	24.9	3.8	4	44	0.75	0.02	9.8
I227	JOURNAL OF CHINESE PHARMACEUTICAL SCIENCES	103	0.91	102	31.6	5.3	16	44	0.04	0.56	7.3
S051	JOURNAL OF COMPUTER SCIENCE AND TECHNOLOGY	85	0.93	84	33.8	3.7	14	54	0.40	0.68	6.7
I105	JOURNAL OF ENERGY CHEMISTRY	142	0.94	141	49.6	5.2	22	102	0.46	0.50	5.5
Z027	JOURNAL OF ENVIRONMENTAL SCIENCES	319	1.00	313	44.8	5.1	24	181	0.39	0.52	8.3
I018	JOURNAL OF FORESTRY RESEARCH	150	1.00	149	39.4	4.4	20	116	0.53	0.36	11.2
F013	JOURNAL OF GENETICS AND GENOMICS	81	0.96	75	50.2	5.2	16	68	0.51	0.58	6.7
I063	JOURNAL OF GEOGRAPHICAL SCIENCES	108	0.89	106	58.7	4.8	18	49	0.15	0.83	7.3
W015	JOURNAL OF HYDRODYNAMICS SERIES B	109	0.96	109	23.8	3.8	8	55	0.40	0.52	7.3
H017	JOURNAL OF INTEGRATIVE AGRICULTURE	296	0.98	295	40.8	6.3	24	156	0.16	0.70	9.4
G442	JOURNAL OF INTEGRATIVE MEDICINE	56	0.89	53	42.3	3.9	5	51	0.84	0.11	7.1
F029	JOURNAL OF INTEGRATIVE PLANT BIOLOGY	84	0.99	82	58.2	6.2	11	66	0.35	0.32	7.7
I142	JOURNAL OF IRON AND STEEL RESEARCH, INTERNATIONAL	187	1.00	187	24.0	4.7	23	97	0.17	0.67	8.5
I229	JOURNAL OF MARINE SCIENCE AND APPLICATION	50	0.94	50	25.4	3.1	8	44	0.74	0.26	9.0
M015	JOURNAL OF MATERIALS SCIENCE & TECHNOLOGY	189	0.95	189	38.9	4.7	23	127	0.34	0.64	7.1
F021	JOURNAL OF MOLECULAR CELL BIOLOGY	50	0.86	44	44.4	6.3	12	47	0.64	0.52	7.6
I230	JOURNAL OF MOUNTAIN SCIENCE	187	0.94	187	46.4	4.5	20	143	0.50	0.55	9.9
I120	JOURNAL OF OCEAN UNIVERSITY OF CHINA	138	0.97	138	34.6	4.7	13	57	0.14	0.72	10.5
M035	JOURNAL OF RARE EARTHS	181	0.98	181	31.8	5.2	19	68	0.23	0.69	6.7
F208	JOURNAL OF RESOURCES AND ECOLOGY	60	0.97	59	28.3	3.4	11	32	0.30	0.62	8.2
R062	JOURNAL OF SEMICONDUCTORS	242	0.98	234	24.2	4.7	24	128	0.20	0.63	7.0
F039	JOURNAL OF SYSTEMATICS AND EVOLUTION	52	0.95	52	87.8	4.2	10	37	0.56	0.44	9.6
X053	JOURNAL OF TRAFFIC AND TRANSPORTATION ENGINEERING ENGLISH EDITION	57	0.98	57	31.6	2.9	4	52	0.93	0.11	9.2
I090	JOURNAL OF WUHAN UNIVERSITY OF TECHNOLOGY MATERIALS SCIENCE EDITION	226	0.99	226	22.6	4.8	27	131	0.10	0.83	8.7

表 5-2 2016年中国科技核心期刊（英文）来源指标刊名字顺索引（续）

CODE	刊名	来源文献量	文献选出率	AR论文量	平均引文数	平均作者数	地区分布数	机构分布数	海外论文比	基金论文比	引用半衰期
I041	JOURNAL OF ZHEJIANG UNIVERSITY SCIENCE A	77	0.88	72	35.1	4.1	9	27	0.23	0.74	8.0
I159	JOURNAL OF ZHEJIANG UNIVERSITY SCIENCE B	105	0.98	103	39.9	5.9	19	70	0.17	0.68	8.4
I254	LIGHT SCIENCE & APPLICATIONS	83	0.99	83	44.7	5.7	12	76	0.81	0.25	6.3
F019	MOLECULAR PLANT	176	0.97	138	50.8	5.2	16	132	0.62	0.42	7.7
I232	NEURAL REGENERATION RESEARCH	379	0.82	240	27.3	4.1	25	328	0.59	0.35	6.4
G278	NEUROSCIENCE BULLETIN	68	0.94	58	50.1	5.1	16	56	0.16	0.72	7.3
G616	ONCOLOGY AND TRANSLATIONAL MEDICINE	56	1.00	47	25.0	5.0	16	40	0.14	0.20	6.0
I202	PARTICUOLOGY	113	1.00	111	41.5	4.3	17	99	0.64	0.45	9.7
H046	PEDOSPHERE	79	0.93	79	59.0	4.7	11	69	0.62	0.44	10.7
F007	PLANT DIVERSITY	47	0.94	46	41.9	3.2	6	19	0.23	0.36	10.4
I129	PROTEIN & CELL	97	0.95	89	40.3	5.4	14	58	0.32	0.74	6.8
I050	RARE METALS	139	0.99	139	29.1	4.8	23	72	0.14	0.86	8.1
C072	RESEARCH IN ASTRONOMY AND ASTROPHYSICS	190	0.94	190	40.8	5.0	19	99	0.44	0.68	10.4
I065	RICE SCIENCE	37	0.84	37	46.7	5.1	4	35	0.73	0.19	11.1
H064	THE CROP JOURNAL	55	0.87	55	49.3	5.8	13	42	0.47	0.16	9.3
I017	TRANSACTIONS OF NANJING UNIVERSITY OF AERONAUTICS & ASTRONAUTICS	90	0.95	89	19.2	3.5	12	25	0.06	0.58	8.0
M104	TRANSACTIONS OF NONFERROUS METALS SOCIETY OF CHINA	368	1.00	368	28.3	4.7	26	173	0.29	0.60	7.7
G095	VIROLOGICA SINICA	72	0.91	66	37.2	5.5	19	52	0.31	0.53	7.1
W030	WATER SCIENCE AND ENGINEERING	38	0.90	37	29.7	3.9	8	29	0.50	0.50	9.7
I008	WUHAN UNIVERSITY JOURNAL OF NATURAL SCIENCES	77	1.00	76	20.8	3.6	19	53	0.00	0.92	7.7

6　2016年各学科分类期刊整体情况

表6　2016年各学科分类期刊数量、核心总被引频次和核心影响因子

表格	学科分类	期刊数量	核心总被引频次		核心影响因子	
			平均值	中值	平均值	中值
表7-1	自然科学综合	12	1113	454	0.367	0.287
表7-2	自然科学综合大学学报	59	623	452	0.399	0.332
表7-3	自然科学师范大学学报	25	395	344	0.291	0.280
表7-4	数学	26	369	273	0.254	0.204
表7-5	信息科学与系统科学	10	1551	960	0.791	0.742
表7-6	力学	18	1787	637	0.597	0.490
表7-7	物理学	37	1091	476	0.519	0.397
表7-8	化学	38	1338	1026	0.686	0.577
表7-9	天文学	5	330	313	0.385	0.413
表7-10	地球科学综合	14	2012	1865	1.027	0.831
表7-11	大气科学	18	1685	1334	1.186	1.158
表7-12	地球物理学	16	1294	699	0.553	0.460
表7-13	地理学	24	2116	1198	1.226	1.001
表7-14	地质学	36	1747	1382	0.872	0.752
表7-15	海洋科学、水文学	26	930	684	0.480	0.436
表7-16	生物学基础学科	27	862	695	0.641	0.568
表7-17	生态学	7	7085	5246	1.192	1.195
表7-18	植物学	12	1996	1144	0.849	0.777
表7-19	昆虫学、动物学	13	772	656	0.401	0.310
表7-20	微生物学、病毒学	11	979	851	0.706	0.711
表7-21	心理学	7	2486	2616	0.983	1.062
表7-22	农业综合	35	2120	1627	0.624	0.494
表7-23	农业大学学报	33	1208	1025	0.545	0.562
表7-24	农艺学	21	1403	1274	0.669	0.564
表7-25	园艺学	11	1592	1327	0.745	0.838
表7-26	土壤学	8	2677	2284	1.277	1.116
表7-27	植物保护学	11	1043	963	0.606	0.572
表7-28	林学	23	1182	832	0.551	0.513
表7-29	畜牧、兽医科学	16	1212	992	0.443	0.435
表7-30	草原学	5	2374	1958	1.203	1.378
表7-31	水产学	12	1092	861	0.654	0.573
表7-32	医学综合	42	1867	1286	0.545	0.458
表7-33	医药大学学报	56	992	948	0.552	0.508
表7-34	基础医学	30	738	586	0.508	0.469
表7-35	临床医学综合	35	1777	1345	0.738	0.634

表6 2016年各学科分类期刊数量、核心总被引频次和核心影响因子（续）

表格	学科分类	期刊数量	核心总被引频次		核心影响因子	
			平均值	中值	平均值	中值
表7-36	临床诊断学	14	1481	975	0.725	0.673
表7-37	保健医学	13	1152	832	0.575	0.550
表7-38	内科学综合	5	1571	981	0.772	0.684
表7-39	心血管病学	21	1277	930	0.803	0.686
表7-40	呼吸病学、结核病学	6	2077	1525	0.760	0.678
表7-41	消化病学	16	1107	957	0.744	0.629
表7-42	血液病学、肾脏病学	11	1075	1200	0.613	0.638
表7-43	内分泌病学与代谢病学、风湿病学	8	1288	1187	0.942	1.080
表7-44	感染性疾病学、传染病学	8	777	660	0.990	0.758
表7-45	外科学综合	20	1325	886	0.802	0.657
表7-46	普通外科学、胸外科学、心血管外科学	24	1025	823	0.814	0.704
表7-47	泌尿外科学	7	899	738	0.702	0.591
表7-48	骨外科学	16	1157	749	0.808	0.794
表7-49	烧伤外科学、整形外科学	9	1291	848	0.797	0.824
表7-50	妇产科学	9	1501	1205	1.008	0.741
表7-51	儿科学	16	1395	940	0.825	0.823
表7-52	眼科学	10	1187	1041	0.652	0.578
表7-53	耳鼻咽喉科学	11	970	512	0.564	0.486
表7-54	口腔医学	20	620	560	0.499	0.484
表7-55	皮肤病学	8	1072	1045	0.566	0.470
表7-56	性医学	4	1257	1173	0.681	0.654
表7-57	神经病学、精神病学	31	955	708	0.697	0.656
表7-58	核医学、医学影像学	21	1541	1412	0.765	0.686
表7-59	肿瘤学	29	1042	667	0.761	0.610
表7-60	护理学	10	4234	4047	0.951	0.764
表7-61	预防医学与公共卫生学综合	18	1983	1387	0.782	0.662
表7-62	流行病学、环境医学	24	1399	1287	0.704	0.615
表7-63	优生学、计划生育学	8	1864	1009	0.618	0.603
表7-64	卫生管理学、健康教育学	26	1297	1319	0.688	0.640
表7-65	军事医学与特种医学	7	542	457	0.393	0.339
表7-66	药学	47	1323	917	0.615	0.564
表7-67	中医学	24	2260	1995	0.508	0.491
表7-68	中医药大学学报	13	1343	1234	0.597	0.530
表7-69	中西医结合医学	12	1949	1410	0.724	0.591
表7-70	中药学	24	3051	1995	0.649	0.586
表7-71	针灸、中医骨伤	5	2032	1796	0.916	1.091
表7-72	工程与技术科学基础学科	20	999	663	0.408	0.346
表7-73	工程技术大学学报	99	825	558	0.421	0.382
表7-74	信息与系统科学相关工程与技术	19	1156	755	0.454	0.346
表7-75	生物工程	8	813	781	0.411	0.444

表6 2016年各学科分类期刊数量、核心总被引频次和核心影响因子（续）

表格	学科分类	期刊数量	核心总被引频次		核心影响因子	
			平均值	中值	平均值	中值
表7-76	农业工程	21	2727	1314	0.804	0.740
表7-77	生物医学工程学	12	1238	451	0.461	0.336
表7-78	测绘科学技术	15	1381	1110	0.710	0.611
表7-79	材料科学综合	26	1192	1015	0.592	0.492
表7-80	金属材料	23	1082	520	0.582	0.543
表7-81	矿山工程技术	22	1147	1000	0.549	0.491
表7-82	冶金工程技术	12	819	617	0.546	0.540
表7-83	机械工程设计	24	1666	1097	0.510	0.460
表7-84	机械制造工艺与设备	26	1080	792	0.409	0.299
表7-85	动力工程	14	620	493	0.353	0.294
表7-86	电气工程	32	2801	918	0.917	0.509
表7-87	能源科学综合	14	1715	951	0.851	0.524
表7-88	石油天然气工程	38	1438	1249	1.008	0.756
表7-89	核科学技术	8	390	324	0.227	0.198
表7-90	电子技术	27	1279	845	0.581	0.436
表7-91	光电子学与激光技术	17	1094	845	0.638	0.519
表7-92	通信技术	17	591	474	0.480	0.470
表7-93	计算机科学技术	30	1980	1605	0.594	0.435
表7-94	化学工程综合	34	899	551	0.414	0.413
表7-95	高聚物工程	12	669	525	0.427	0.371
表7-96	精细化学工程	11	639	446	0.379	0.299
表7-97	应用化学工程	13	571	395	0.376	0.412
表7-98	仪器仪表技术	13	1363	640	0.661	0.372
表7-99	兵器科学与技术	20	681	578	0.401	0.318
表7-100	纺织科学技术	8	503	368	0.273	0.259
表7-101	食品科学技术	25	2397	1380	0.576	0.517
表7-102	建筑科学与技术	29	950	656	0.432	0.343
表7-103	土木工程	10	3111	1121	0.672	0.377
表7-104	水利工程	23	1074	788	0.513	0.384
表7-105	交通运输工程	9	507	386	0.352	0.333
表7-106	公路运输	11	841	868	0.451	0.450
表7-107	铁路运输	9	769	639	0.405	0.378
表7-108	水路运输	14	507	435	0.321	0.275
表7-109	航空、航天科学技术	36	772	501	0.401	0.340
表7-110	环境科学技术及资源科学技术	35	2361	1665	0.869	0.727
表7-111	安全科学技术	9	1522	1745	0.765	0.773
表7-112	管理学	28	1792	1316	1.014	0.934

7　2016年各学科分类期刊指标情况
自然科学综合

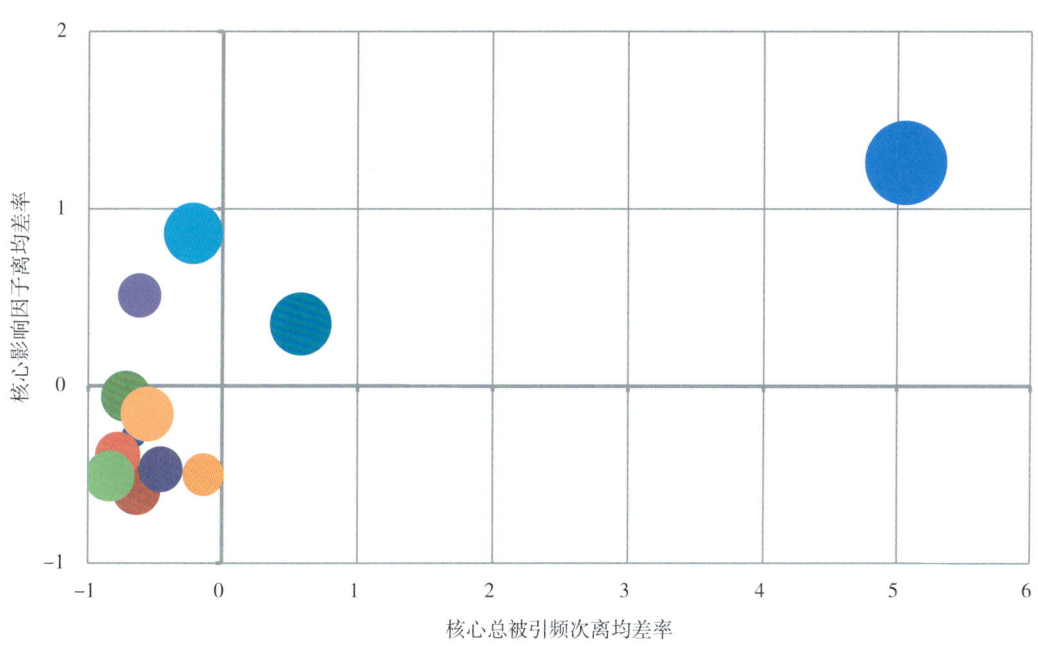

2016年自然科学综合类期刊核心总被引频次和核心影响因子离均差率的分布图（节点大小表示综合评价总分）

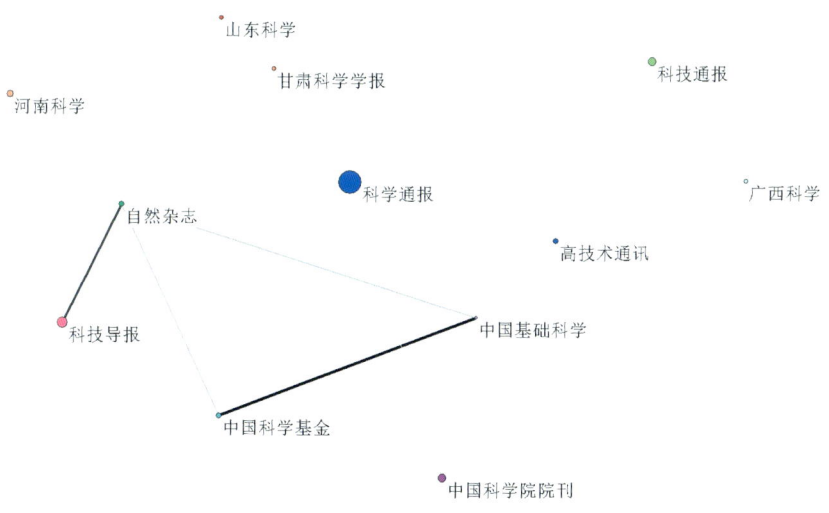

2016年自然科学综合类期刊互引关系示意图

表 7-1 2016年自然科学综合类期刊主要指标

CODE	刊名	核心总被引频次			核心影响因子			综合评价总分		学科扩散指标	学科影响指标	红点指标
		数值	排名	离均差率	数值	排名	离均差率	数值	排名			
A034	甘肃科学学报	380	9	-0.66	0.265	7	-0.28	7.70	12	13.75	0.25	0.23
A080	高技术通讯	401	8	-0.64	0.150	12	-0.59	31.30	7	21.00	0.50	0.23
A535	广西科学	315	10	-0.72	0.344	5	-0.06	32.90	6	13.75	0.17	0.22
A011	河南科学	603	5	-0.46	0.193	9	-0.47	26.50	9	27.25	0.25	0.30
A645	科技导报	1755	2	0.58	0.494	4	0.35	50.00	2	65.42	0.83	0.23
A083	科技通报	957	3	-0.14	0.183	10	-0.50	23.40	11	32.42	0.33	0.26
A075	科学通报	6740	1	5.06	0.829	1	1.26	90.10	1	84.75	1.00	0.25
A637	山东科学	246	11	-0.78	0.225	8	-0.39	27.30	8	14.42	0.17	0.32
A079	中国基础科学	180	12	-0.84	0.178	11	-0.51	33.10	5	10.17	0.33	0.35
A081	中国科学基金	418	7	-0.62	0.556	3	0.51	24.90	10	15.67	0.33	0.49
A636	中国科学院院刊	870	4	-0.22	0.682	2	0.86	48.20	3	31.00	0.58	0.34
A905	自然杂志	489	6	-0.56	0.308	6	-0.16	37.60	4	30.92	0.42	0.35
	12种期刊平均值	1113			0.367							

自然科学综合大学学报

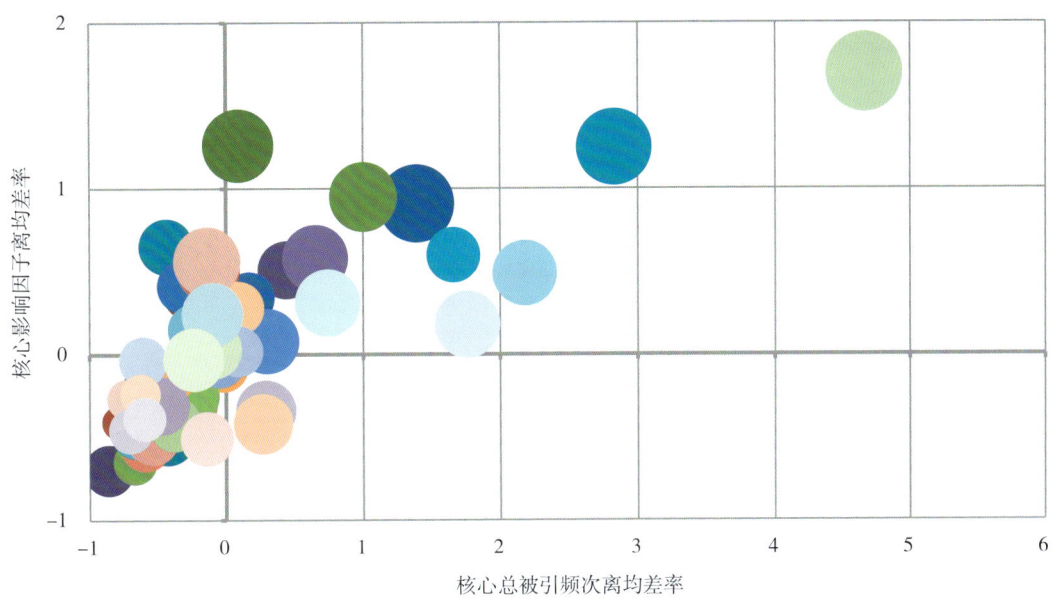

2016年自然科学综合大学学报类期刊核心总被引频次和核心影响因子离均差率的分布图
（节点大小表示综合评价总分）

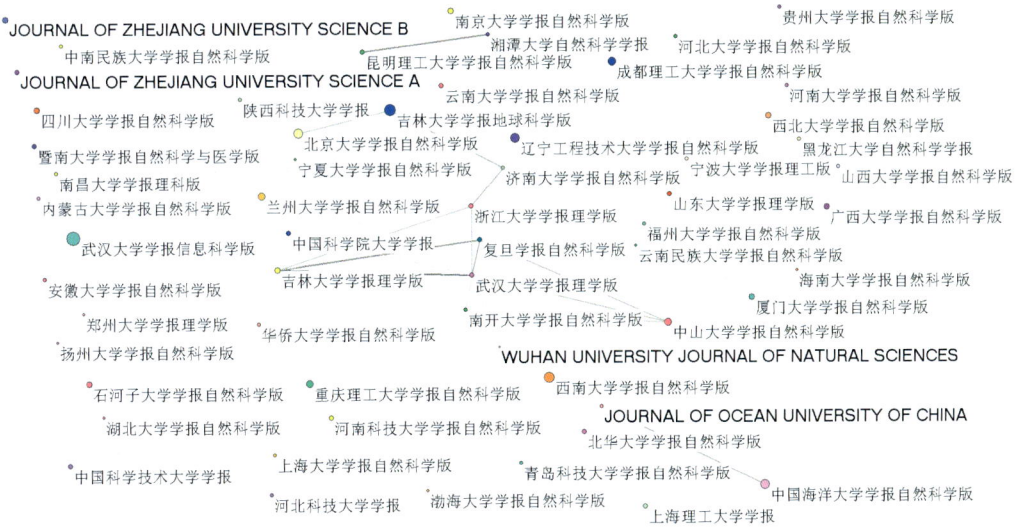

2016年自然科学综合大学学报类期刊互引关系示意图

表 7-2 2016 年自然科学综合大学学报类期刊主要指标

CODE	刊名	核心总被引频次			核心影响因子			综合评价总分		学科扩散指标	学科影响指标	红点指标
		数值	排名	离均差率	数值	排名	离均差率	数值	排名			
I120	JOURNAL OF OCEAN UNIVERSITY OF CHINA	300	40	-0.52	0.281	36	-0.30	29.20	43	2.10	0.05	0.32
I041	JOURNAL OF ZHEJIANG UNIVERSITY SCIENCE A	469	26	-0.25	0.553	14	0.39	44.30	15	4.49	0.22	0.26
I159	JOURNAL OF ZHEJIANG UNIVERSITY SCIENCE B	682	15	0.09	0.903	2	1.26	60.10	4	6.58	0.08	0.12
I008	WUHAN UNIVERSITY JOURNAL OF NATURAL SCIENCES	86	59	-0.86	0.118	59	-0.70	29.20	43	1.05	0.08	0.21
A003	安徽大学学报自然科学版	260	45	-0.58	0.307	32	-0.23	33.00	35	2.97	0.24	0.40
A652	北华大学学报自然科学版	467	27	-0.25	0.362	28	-0.09	34.00	30	4.34	0.19	0.25
A005	北京大学学报自然科学版	1490	6	1.39	0.761	5	0.91	67.90	2	9.85	0.54	0.32
A808	渤海大学学报自然科学版	128	58	-0.79	0.234	45	-0.41	12.90	59	1.14	0.05	0.34
E102	成都理工大学学报自然科学版	1244	7	1.00	0.779	4	0.95	54.20	5	3.61	0.27	0.46
N757	重庆理工大学学报自然科学版	895	10	0.44	0.602	11	0.51	37.80	23	5.39	0.27	0.38
A029	福州大学学报自然科学版	357	34	-0.43	0.202	52	-0.49	39.60	19	4.31	0.31	0.43
A001	复旦学报自然科学版	452	30	-0.27	0.281	36	-0.30	37.90	22	5.03	0.25	0.39
A042	广西大学学报自然科学版	727	14	0.17	0.536	15	0.34	30.30	41	4.83	0.24	0.49
A077	贵州大学学报自然科学版	263	44	-0.58	0.179	56	-0.55	25.20	52	2.98	0.20	0.34
A012	海南大学学报自然科学版	204	55	-0.67	0.139	58	-0.65	22.30	55	2.22	0.07	0.37
A031	河北大学学报自然科学版	273	42	-0.56	0.243	42	-0.39	34.30	29	3.25	0.14	0.39
J058	河北科技大学学报	347	36	-0.44	0.660	6	0.65	35.50	26	2.73	0.17	0.45
A067	河南大学学报自然科学版	347	36	-0.44	0.331	31	-0.17	31.30	38	3.36	0.15	0.41
J014	河南科技大学学报自然科学版	421	31	-0.32	0.561	13	0.41	31.40	37	3.31	0.19	0.35
A084	黑龙江大学自然科学学报	247	48	-0.60	0.185	55	-0.54	26.70	49	2.49	0.17	0.38
A039	湖北大学学报自然科学版	235	52	-0.62	0.218	49	-0.45	28.80	45	3.05	0.15	0.36
A021	华侨大学学报自然科学版	350	35	-0.44	0.332	30	-0.17	24.80	53	3.12	0.15	0.37
E116	吉林大学学报地球科学版	2383	2	2.83	0.898	3	1.25	66.50	3	5.66	0.27	0.32
A035	吉林大学学报理学版	609	18	-0.02	0.371	27	-0.07	30.40	40	4.44	0.46	0.32
A656	济南大学学报自然科学版	247	48	-0.60	0.239	44	-0.40	41.70	17	2.95	0.12	0.43
A045	暨南大学学报自然科学与医学版	544	22	-0.13	0.606	10	0.52	48.30	11	5.47	0.12	0.20
J020	昆明理工大学学报自然科学版	462	29	-0.26	0.299	34	-0.25	39.20	20	4.68	0.15	0.32
A016	兰州大学学报自然科学版	1025	9	0.65	0.629	8	0.58	50.50	8	6.88	0.42	0.44
K008	辽宁工程技术大学学报自然科学版	1660	5	1.66	0.639	7	0.60	34.70	28	6.46	0.25	0.53
A013	南昌大学学报理科版	365	33	-0.41	0.338	29	-0.15	26.00	50	3.10	0.10	0.39
A025	南京大学学报自然科学版	813	11	0.30	0.429	21	0.08	47.40	12	6.63	0.34	0.29
A008	南开大学学报自然科学版	253	46	-0.59	0.178	57	-0.55	29.80	42	3.15	0.15	0.30
A026	内蒙古大学学报自然科学版	347	36	-0.44	0.248	41	-0.38	36.20	25	3.58	0.14	0.27
A506	宁波大学学报理工版	247	48	-0.60	0.261	40	-0.35	33.70	32	2.97	0.17	0.31
A110	宁夏大学学报自然科学版	209	54	-0.66	0.213	51	-0.47	30.70	39	2.51	0.14	0.38
T012	青岛科技大学学报自然科学版	266	43	-0.57	0.232	47	-0.42	25.80	51	2.83	0.05	0.39
A020	山东大学学报理学版	592	19	-0.05	0.388	25	-0.03	35.50	26	4.44	0.32	0.29
A014	山西大学学报自然科学版	285	41	-0.54	0.200	53	-0.50	34.00	30	2.95	0.14	0.34

表 7-2　2016 年自然科学综合大学学报类期刊主要指标（续）

CODE	刊名	核心总被引频次			核心影响因子			综合评价总分		学科扩散指标	学科影响指标	红点指标
		数值	排名	离均差率	数值	排名	离均差率	数值	排名			
U025	陕西科技大学学报	386	32	-0.38	0.231	48	-0.42	33.70	32	3.69	0.14	0.42
A056	上海大学学报自然科学版	324	39	-0.48	0.275	38	-0.31	38.40	21	3.86	0.20	0.36
J031	上海理工大学学报	466	28	-0.25	0.457	20	0.15	28.50	47	3.85	0.17	0.33
A615	石河子大学学报自然科学版	682	15	0.09	0.510	17	0.28	32.00	36	4.46	0.10	0.42
A006	四川大学学报自然科学版	680	17	0.09	0.408	23	0.02	28.80	45	5.10	0.36	0.35
A024	武汉大学学报理学版	537	23	-0.14	0.622	9	0.56	53.90	6	5.42	0.34	0.30
E107	武汉大学学报信息科学版	3527	1	4.66	1.077	1	1.70	71.70	1	7.53	0.39	0.32
A032	西北大学学报自然科学版	805	12	0.29	0.263	39	-0.34	42.20	16	6.83	0.39	0.30
H004	西南大学学报自然科学版	1983	3	2.18	0.595	12	0.49	48.80	10	7.46	0.29	0.34
A063	厦门大学学报自然科学版	793	13	0.27	0.233	46	-0.42	41.00	18	6.92	0.34	0.36
A018	湘潭大学自然科学学报	242	51	-0.61	0.382	26	-0.04	27.50	48	2.54	0.17	0.39
A514	扬州大学学报自然科学版	168	57	-0.73	0.291	35	-0.27	18.40	58	1.58	0.08	0.48
A038	云南大学学报自然科学版	564	20	-0.09	0.410	22	0.03	37.50	24	4.71	0.22	0.43
A654	云南民族大学学报自然科学版	184	56	-0.70	0.215	50	-0.46	23.00	54	1.97	0.15	0.33
A002	浙江大学学报理学版	561	21	-0.10	0.496	18	0.24	45.50	13	5.44	0.39	0.32
A019	郑州大学学报理学版	228	53	-0.63	0.305	33	-0.24	18.90	57	2.25	0.17	0.38
E313	中国海洋大学学报自然科学版	1722	4	1.76	0.470	19	0.18	50.80	7	7.69	0.29	0.40
A007	中国科学技术大学学报	535	24	-0.14	0.195	54	-0.51	33.60	34	5.36	0.20	0.22
A102	中国科学院大学学报	473	25	-0.24	0.389	24	-0.03	44.70	14	4.69	0.25	0.24
A550	中南民族大学学报自然科学版	248	47	-0.60	0.243	42	-0.39	21.70	56	2.32	0.05	0.33
A036	中山大学学报自然科学版	1085	8	0.74	0.521	16	0.31	50.40	9	8.63	0.39	0.37
	59 种期刊平均值	623			0.399							

自然科学师范大学学报

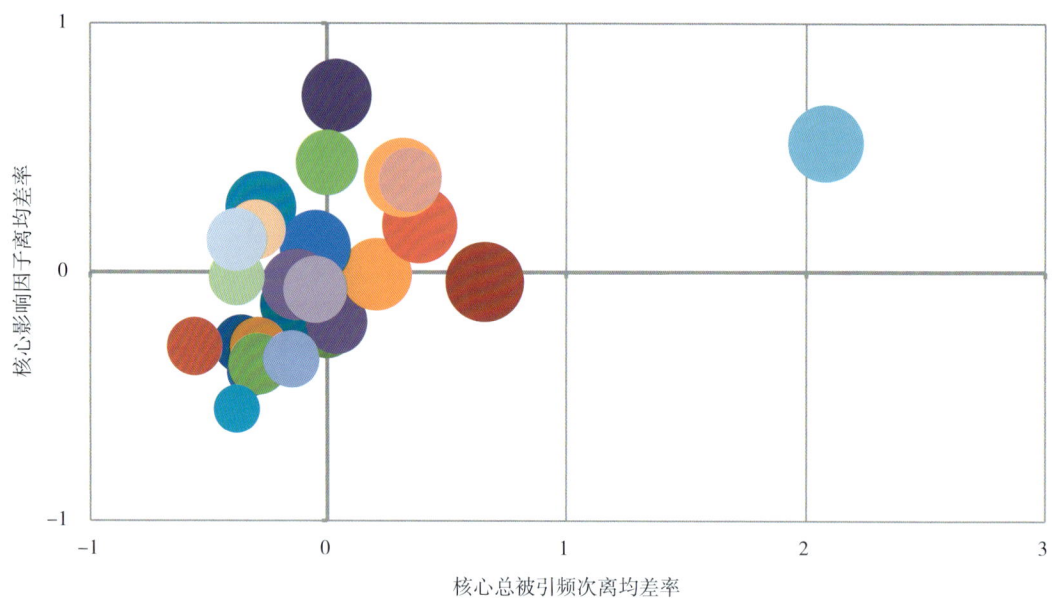

2016 年自然科学师范大学学报类期刊核心总被引频次和核心影响因子离均差率的分布图
（节点大小表示综合评价总分）

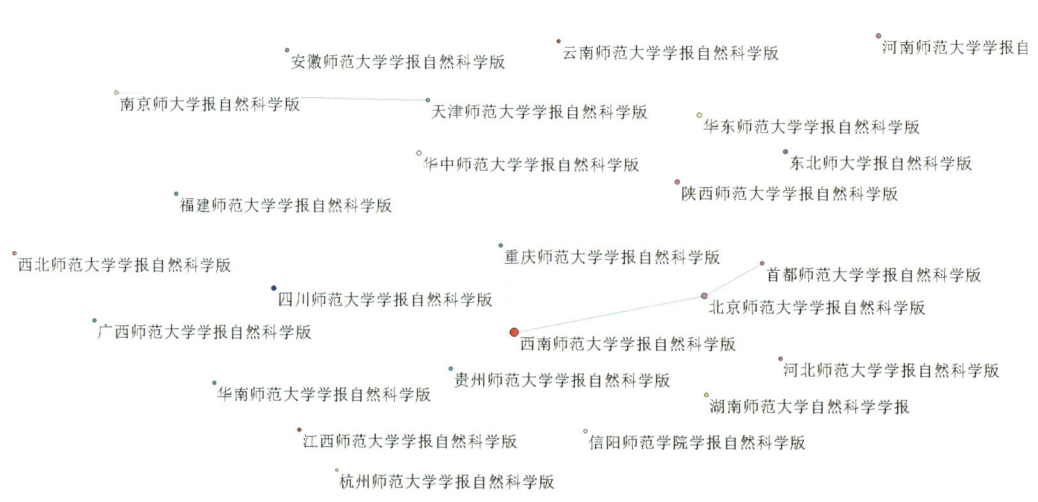

2016 年自然科学师范大学学报类期刊互引关系示意图

表 7-3 2016 年自然科学师范大学学报类期刊主要指标

CODE	刊名	核心总被引频次			核心影响因子			综合评价总分		学科扩散指标	学科影响指标	红点指标
		数值	排名	离均差率	数值	排名	离均差率	数值	排名			
A009	安徽师范大学学报自然科学版	251	21	-0.36	0.207	19	-0.29	35.60	19	6.88	0.48	0.25
A010	北京师范大学学报自然科学版	657	2	0.66	0.280	13	-0.04	66.60	1	12.68	0.44	0.30
A512	重庆师范大学学报自然科学版	394	9	0.00	0.226	18	-0.22	41.40	15	8.28	0.68	0.30
A030	东北师大学报自然科学版	410	8	0.04	0.498	1	0.71	55.60	6	7.80	0.52	0.25
A078	福建师范大学学报自然科学版	341	14	-0.14	0.252	16	-0.13	50.20	10	8.76	0.24	0.25
A062	广西师范大学学报自然科学版	279	17	-0.29	0.204	20	-0.30	35.30	20	6.28	0.40	0.34
A527	贵州师范大学学报自然科学版	267	20	-0.32	0.176	24	-0.40	25.70	24	5.84	0.44	0.41
A191	杭州师范大学学报自然科学版	174	25	-0.56	0.203	21	-0.30	35.30	20	5.04	0.24	0.30
A076	河北师范大学学报自然科学版	279	17	-0.29	0.184	23	-0.37	39.10	17	7.72	0.40	0.38
A058	河南师范大学学报自然科学版	412	7	0.04	0.232	17	-0.20	43.50	13	9.60	0.40	0.26
A055	湖南师范大学自然科学学报	283	16	-0.28	0.368	6	0.26	54.60	8	7.88	0.40	0.41
A054	华东师范大学学报自然科学版	479	6	0.21	0.288	11	-0.01	54.70	7	10.72	0.48	0.26
A052	华南师范大学学报自然科学版	375	11	-0.05	0.321	10	0.10	57.50	5	9.44	0.48	0.21
A004	华中师范大学学报自然科学版	551	3	0.39	0.345	7	0.19	61.90	4	12.16	0.56	0.30
A112	江西师范大学学报自然科学版	394	9	0.00	0.420	3	0.44	44.80	12	6.60	0.56	0.23
A061	南京师大学报自然科学版	344	13	-0.13	0.276	14	-0.05	52.60	9	9.28	0.40	0.35
A111	内蒙古师范大学学报自然科学汉文版	246	22	-0.38	0.131	25	-0.55	24.20	25	5.96	0.44	0.31
A066	陕西师范大学学报自然科学版	521	5	0.32	0.403	4	0.38	65.70	2	11.28	0.44	0.27
A023	首都师范大学学报自然科学版	334	15	-0.15	0.188	22	-0.35	33.90	23	8.96	0.32	0.25
A033	四川师范大学学报自然科学版	532	4	0.35	0.398	5	0.37	42.80	14	7.48	0.60	0.27
A504	天津师范大学学报自然科学版	244	23	-0.38	0.286	12	-0.02	34.40	22	5.08	0.36	0.27
A022	西北师范大学学报自然科学版	375	11	-0.05	0.272	15	-0.07	46.50	11	9.04	0.32	0.28
A064	西南师范大学学报自然科学版	1215	1	2.08	0.441	2	0.52	62.20	3	16.04	0.56	0.31
A510	信阳师范学院学报自然科学版	276	19	-0.30	0.341	8	0.17	37.50	18	5.76	0.28	0.27
A053	云南师范大学学报自然科学版	243	24	-0.38	0.329	9	0.13	41.00	16	5.92	0.36	0.25
	25 种期刊平均值	395			0.291							

数学

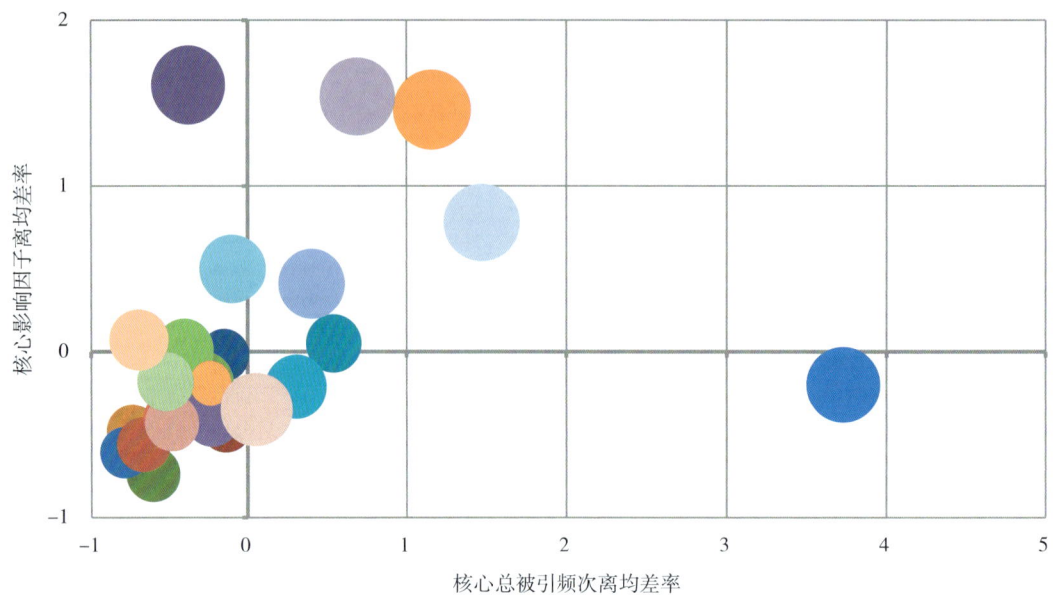

2016年数学类期刊核心总被引频次和核心影响因子离均差率的分布图（节点大小表示综合评价总分）

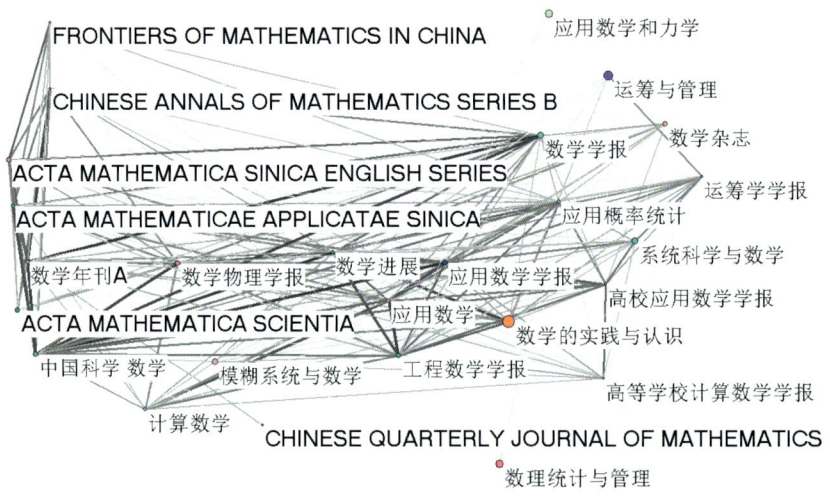

2016年数学类期刊互引关系示意图

表7-4 2016年数学类期刊主要指标

CODE	刊名	核心总被引频次			核心影响因子			综合评价总分		学科扩散指标	学科影响指标	红点指标
		数值	排名	离均差率	数值	排名	离均差率	数值	排名			
C096	ACTA MATHEMATICA SCIENTIA	314	11	-0.15	0.250	10	-0.02	27.50	22	3.15	0.81	0.27
B030	ACTA MATHEMATICA SINICA ENGLISH SERIES	318	10	-0.14	0.141	20	-0.44	31.50	18	2.96	0.69	0.09
I051	ACTA MATHEMATICAE APPLICATAE SINICA	144	20	-0.61	0.065	26	-0.74	30.60	19	2.65	0.69	0.25
B023	CHINESE ANNALS OF MATHEMATICS SERIES B	120	22	-0.67	0.123	23	-0.52	25.20	24	1.77	0.69	0.03
B022	CHINESE QUARTERLY JOURNAL OF MATHEMATICS	100	24	-0.73	0.127	22	-0.50	12.40	26	1.42	0.50	0.21
I250	FRONTIERS OF MATHEMATICS IN CHINA	97	25	-0.74	0.131	21	-0.48	28.70	21	1.62	0.58	0.04
B002	高等学校计算数学学报	79	26	-0.79	0.100	25	-0.61	26.40	23	1.54	0.38	0.26
B003	高校应用数学学报	122	21	-0.67	0.113	24	-0.56	30.50	20	2.50	0.50	0.41
B031	工程数学学报	267	14	-0.28	0.206	12	-0.19	40.00	10	4.81	0.65	0.29
B014	计算数学	228	15	-0.38	0.662	1	1.61	62.40	2	3.04	0.42	0.37
B017	模糊系统与数学	570	5	0.54	0.266	8	0.05	34.20	16	6.62	0.23	0.29
W009	数理统计与管理	797	3	1.16	0.624	3	1.46	64.40	1	11.92	0.31	0.31
B015	数学的实践与认识	1747	1	3.73	0.203	14	-0.20	57.90	5	19.92	0.62	0.36
B007	数学进展	189	17	-0.49	0.149	18	-0.41	35.90	14	2.92	0.73	0.19
B004	数学年刊 A	217	16	-0.41	0.257	9	0.01	39.60	11	2.69	0.77	0.26
C036	数学物理学报	283	12	-0.23	0.156	17	-0.39	37.50	12	3.77	0.81	0.32
B006	数学学报	478	7	0.30	0.201	15	-0.21	41.20	9	4.12	0.85	0.28
B012	数学杂志	279	13	-0.24	0.205	13	-0.19	20.10	25	3.04	0.54	0.38
B021	系统科学与数学	515	6	0.40	0.359	6	0.41	49.50	7	7.46	0.65	0.30
B008	应用概率统计	187	18	-0.49	0.144	19	-0.43	32.30	17	3.42	0.58	0.28
B011	应用数学	175	19	-0.53	0.209	11	-0.18	34.80	15	3.00	0.54	0.43
B020	应用数学和力学	623	4	0.69	0.644	2	1.54	60.60	3	9.35	0.31	0.24
B001	应用数学学报	333	9	-0.10	0.381	5	0.50	47.70	8	4.85	0.69	0.35
B013	运筹学学报	111	23	-0.70	0.272	7	0.07	37.10	13	2.58	0.35	0.23
B522	运筹与管理	910	2	1.47	0.451	4	0.78	60.00	4	10.04	0.38	0.44
A105	中国科学 数学	386	8	0.05	0.166	16	-0.35	54.20	6	8.35	0.85	0.32
	26 种期刊平均值	369			0.254							

信息科学与系统科学

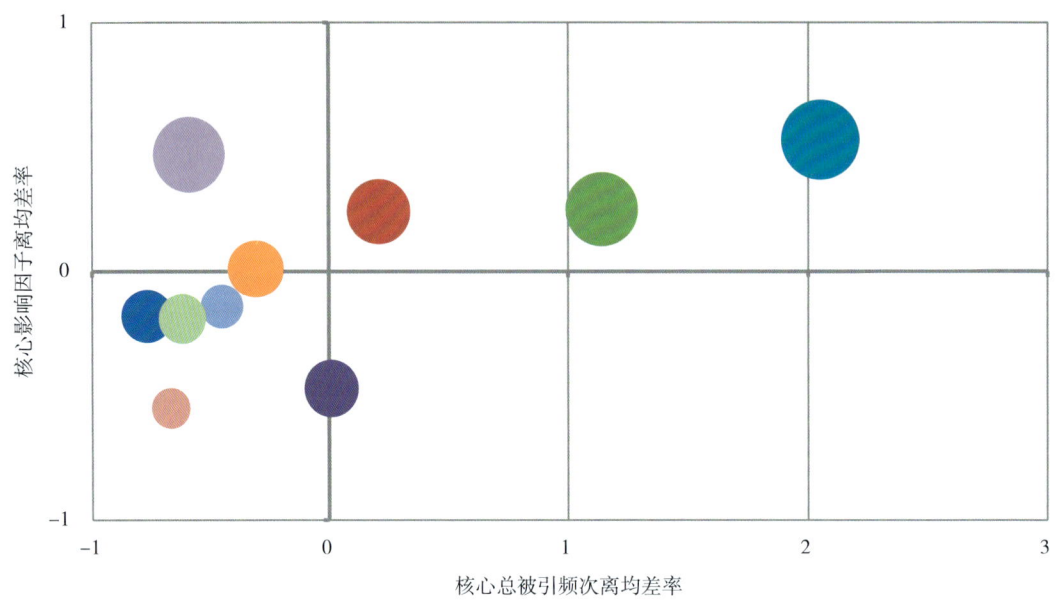

2016年信息科学与系统科学类期刊核心总被引频次和核心影响因子离均差率的分布图
（节点大小表示综合评价总分）

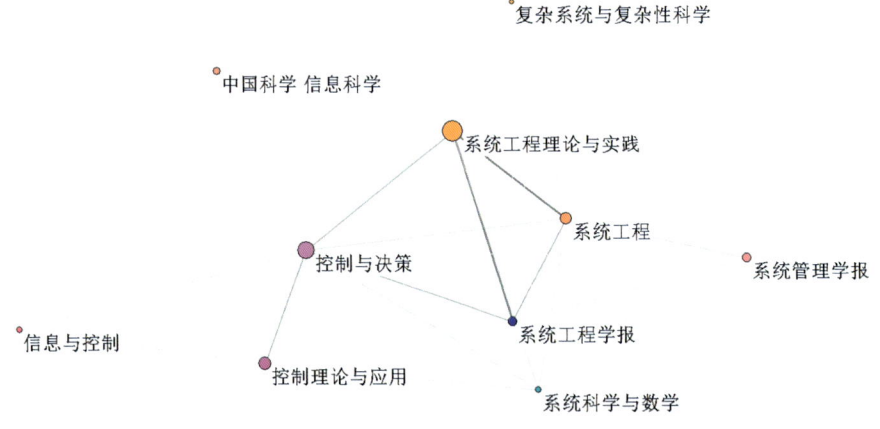

2016年信息科学与系统科学类期刊互引关系示意图

表 7-5　2016 年信息科学与系统科学类期刊主要指标

CODE	刊名	核心总被引频次			核心影响因子			综合评价总分		学科扩散指标	学科影响指标	红点指标
		数值	排名	离均差率	数值	排名	离均差率	数值	排名			
B029	复杂系统与复杂性科学	353	10	-0.77	0.652	7	-0.18	34.80	7	16.50	0.80	0.41
R060	控制理论与应用	1877	3	0.21	0.977	4	0.24	52.00	4	35.40	0.90	0.50
S001	控制与决策	3321	2	1.14	0.991	3	0.25	67.20	3	49.60	0.90	0.44
B028	系统工程	1573	4	0.01	0.423	9	-0.47	40.10	5	40.70	0.80	0.25
B025	系统工程理论与实践	4723	1	2.05	1.213	1	0.53	78.90	1	65.70	1.00	0.25
B018	系统工程学报	1065	5	-0.31	0.801	5	0.01	39.60	6	26.20	0.80	0.29
B027	系统管理学报	855	6	-0.45	0.682	6	-0.14	23.90	9	21.20	0.80	0.41
B021	系统科学与数学	515	9	-0.67	0.359	10	-0.55	20.30	10	19.40	0.90	0.30
S002	信息与控制	587	8	-0.62	0.643	8	-0.19	31.10	8	20.60	0.60	0.40
Z317	中国科学 信息科学	643	7	-0.59	1.166	2	0.47	70.80	2	25.50	0.30	0.24
	10 种期刊平均值	1551			0.791							

力学

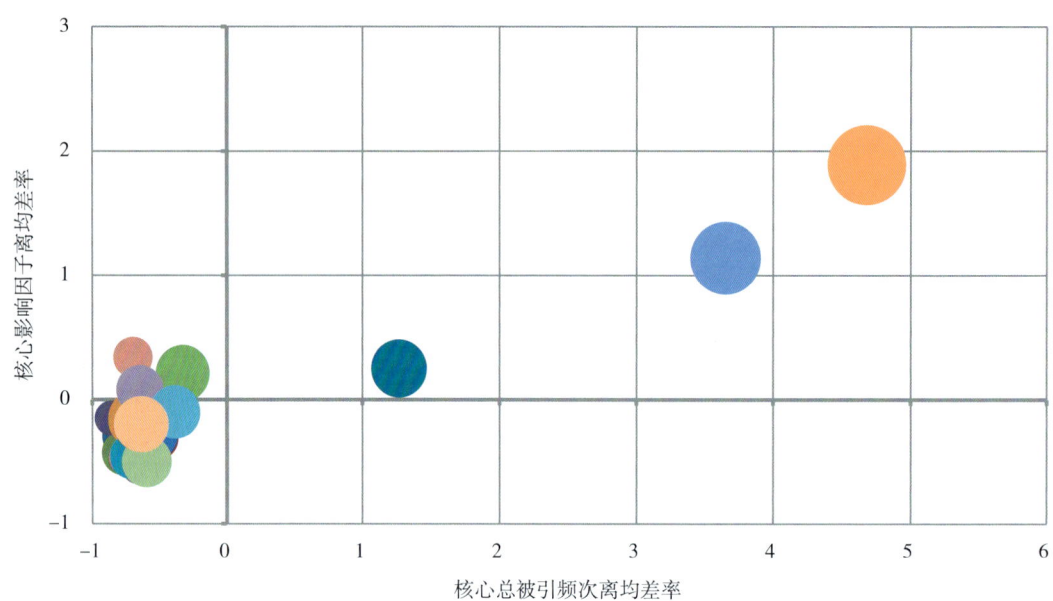

2016年力学类期刊核心总被引频次和核心影响因子离均差率的分布图（节点大小表示综合评价总分）

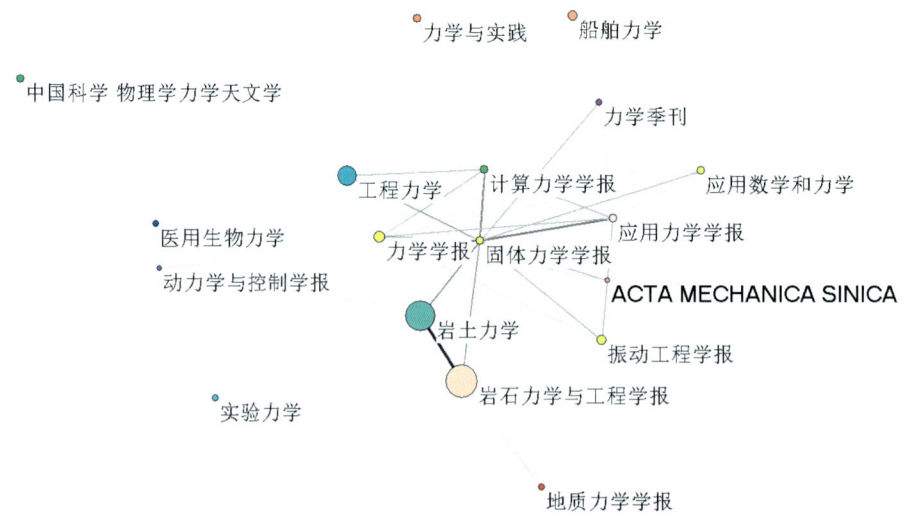

2016年力学类期刊互引关系示意图

表 7-6 2016 年力学类期刊主要指标

CODE	刊名	核心总被引频次			核心影响因子			综合评价总分		学科扩散指标	学科影响指标	红点指标
		数值	排名	离均差率	数值	排名	离均差率	数值	排名			
C105	ACTA MECHANICA SINICA	368	17	-0.79	0.419	12	-0.30	19.70	16	7.06	0.78	0.01
X633	船舶力学	869	6	-0.51	0.405	13	-0.32	21.40	15	8.44	0.50	0.42
E026	地质力学学报	418	15	-0.77	0.340	14	-0.43	26.70	12	8.17	0.22	0.24
P018	动力学与控制学报	252	18	-0.86	0.507	8	-0.15	15.90	17	4.94	0.50	0.43
C002	工程力学	4055	3	1.27	0.747	4	0.25	44.00	4	23.89	0.89	0.54
C103	固体力学学报	595	12	-0.67	0.504	9	-0.16	47.70	3	12.33	0.83	0.40
C003	计算力学学报	808	7	-0.55	0.421	11	-0.29	32.50	9	13.94	0.89	0.44
C101	力学季刊	405	16	-0.77	0.317	16	-0.47	13.10	18	8.22	0.61	0.51
C001	力学学报	1205	4	-0.33	0.722	5	0.21	42.30	5	17.33	0.83	0.40
C104	力学与实践	627	10	-0.65	0.287	18	-0.52	22.50	13	14.06	0.78	0.29
C009	实验力学	512	14	-0.71	0.324	15	-0.46	27.40	11	11.78	0.78	0.38
C005	岩石力学与工程学报	10151	1	4.68	1.728	1	1.89	83.90	1	23.67	0.83	0.92
C004	岩土力学	8304	2	3.65	1.275	2	1.14	69.70	2	31.28	0.89	0.52
G088	医用生物力学	537	13	-0.70	0.798	3	0.34	21.80	14	9.22	0.28	0.48
C008	应用力学学报	708	8	-0.60	0.299	17	-0.50	34.80	8	15.56	0.83	0.47
B020	应用数学和力学	623	11	-0.65	0.644	6	0.08	31.00	10	13.50	0.89	0.24
Y004	振动工程学报	1090	5	-0.39	0.538	7	-0.10	37.40	7	14.89	0.78	0.48
A103	中国科学 物理学力学天文学	646	9	-0.64	0.475	10	-0.20	41.40	6	14.06	0.72	0.14
	18 种期刊平均值	1787			0.597							

物理学

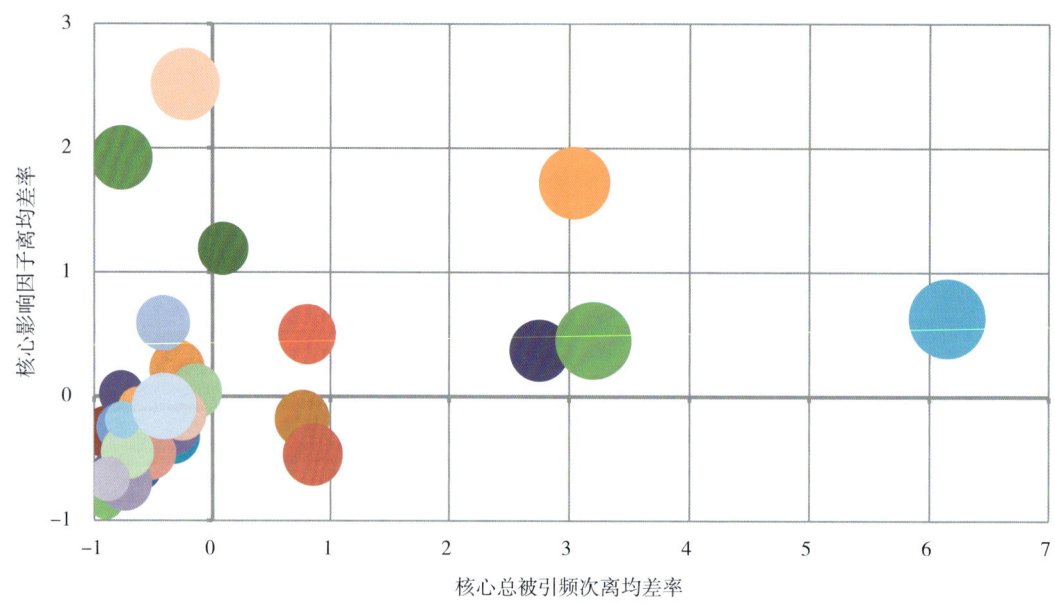

2016年物理学类期刊核心总被引频次和核心影响因子离均差率的分布图（节点大小表示综合评价总分）

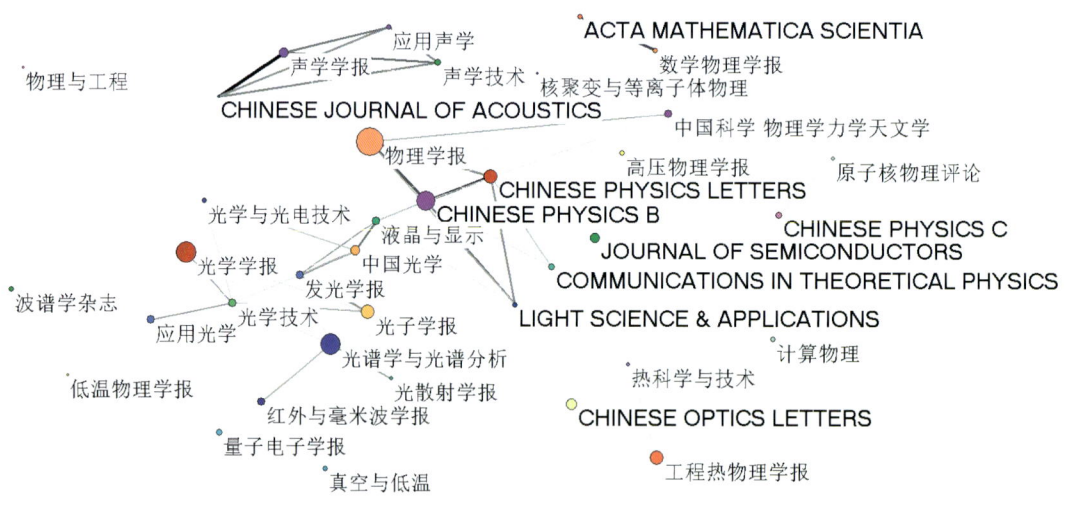

2016年物理学类期刊互引关系示意图

表 7-7 2016 年物理学类期刊主要指标

CODE	刊名	核心总被引频次			核心影响因子			综合评价总分		学科扩散指标	学科影响指标	红点指标
		数值	排名	离均差率	数值	排名	离均差率	数值	排名			
C096	ACTA MATHEMATICA SCIENTIA	314	24	-0.71	0.250	30	-0.52	21.10	27	2.22	0.11	0.27
I166	CHINESE JOURNAL OF ACOUSTICS	119	35	-0.89	0.368	21	-0.29	30.50	20	0.65	0.16	0.00
I071	CHINESE OPTICS LETTERS	1190	8	0.09	1.137	4	1.19	30.30	22	3.46	0.49	0.00
C106	CHINESE PHYSICS B	4092	4	2.75	0.709	9	0.37	41.50	8	8.84	0.78	0.34
C058	CHINESE PHYSICS C	476	19	-0.56	0.367	22	-0.29	18.70	31	1.41	0.24	0.12
C059	CHINESE PHYSICS LETTERS	1925	7	0.76	0.424	17	-0.18	35.80	11	6.81	0.78	0.00
C095	COMMUNICATIONS IN THEORETICAL PHYSICS	421	20	-0.61	0.214	31	-0.59	19.70	30	2.41	0.46	0.24
R062	JOURNAL OF SEMICONDUCTORS	869	10	-0.20	0.516	13	-0.01	20.50	29	3.68	0.51	0.33
I254	LIGHT SCIENCE & APPLICATIONS	255	29	-0.77	1.518	2	1.92	45.00	6	1.14	0.30	0.41
C060	波谱学杂志	251	30	-0.77	0.528	12	0.02	23.40	26	2.68	0.03	0.47
C055	低温物理学报	93	37	-0.91	0.133	36	-0.74	14.10	35	0.89	0.05	0.26
C071	发光学报	763	13	-0.30	0.631	10	0.22	35.50	12	4.41	0.43	0.54
C056	高压物理学报	350	23	-0.68	0.292	25	-0.44	31.00	19	3.30	0.16	0.41
C073	工程热物理学报	2021	5	0.85	0.275	28	-0.47	42.70	7	10.22	0.41	0.33
C091	光谱学与光谱分析	4583	2	3.20	0.755	8	0.45	64.80	2	19.95	0.43	0.56
C097	光散射学报	173	32	-0.84	0.188	32	-0.64	26.50	24	2.32	0.14	0.66
N015	光学技术	724	14	-0.34	0.354	23	-0.32	35.00	13	5.57	0.41	0.58
C050	光学学报	4409	3	3.04	1.411	3	1.72	57.30	3	10.46	0.65	0.96
R097	光学与光电技术	271	27	-0.75	0.262	29	-0.50	17.40	33	2.51	0.30	0.35
C037	光子学报	1965	6	0.80	0.779	7	0.50	39.40	9	8.14	0.57	0.70
C092	核聚变与等离子体物理	112	36	-0.90	0.078	37	-0.85	13.80	36	1.19	0.27	0.34
C035	红外与毫米波学报	713	15	-0.35	0.397	19	-0.24	38.90	10	6.68	0.41	0.39
C094	计算物理	366	22	-0.66	0.352	24	-0.32	30.50	20	4.30	0.30	0.43
C032	量子电子学报	407	21	-0.63	0.471	15	-0.09	18.50	32	2.62	0.32	0.84
C134	热科学与技术	236	31	-0.78	0.391	20	-0.25	25.70	25	2.76	0.14	0.51
C033	声学技术	514	18	-0.53	0.279	27	-0.46	31.50	18	5.35	0.27	0.20
C054	声学学报	934	9	-0.14	0.542	11	0.04	32.50	16	4.84	0.24	0.00
C036	数学物理学报	283	26	-0.74	0.156	34	-0.70	33.80	14	2.65	0.14	0.32
C006	物理学报	7796	1	6.15	0.848	5	0.63	69.20	1	19.57	0.92	0.37
C509	物理与工程	122	34	-0.89	0.153	35	-0.71	4.70	37	1.65	0.11	0.17
C503	液晶与显示	635	17	-0.42	0.827	6	0.59	33.50	15	3.03	0.38	0.31
C109	应用光学	809	12	-0.26	0.442	16	-0.15	28.50	23	4.78	0.43	0.47
C052	应用声学	303	25	-0.72	0.287	26	-0.45	32.50	16	3.89	0.19	0.21
C108	原子核物理评论	127	33	-0.88	0.169	33	-0.67	20.80	28	1.27	0.08	0.10
C038	真空与低温	262	28	-0.76	0.422	18	-0.19	14.80	34	2.30	0.16	0.30
C099	中国光学	845	11	-0.23	1.821	1	2.51	57.10	4	3.86	0.32	0.34
A103	中国科学 物理学力学天文学	646	16	-0.41	0.475	14	-0.08	47.60	5	6.84	0.54	0.14
	37 种期刊平均值	1091			0.519							

化学

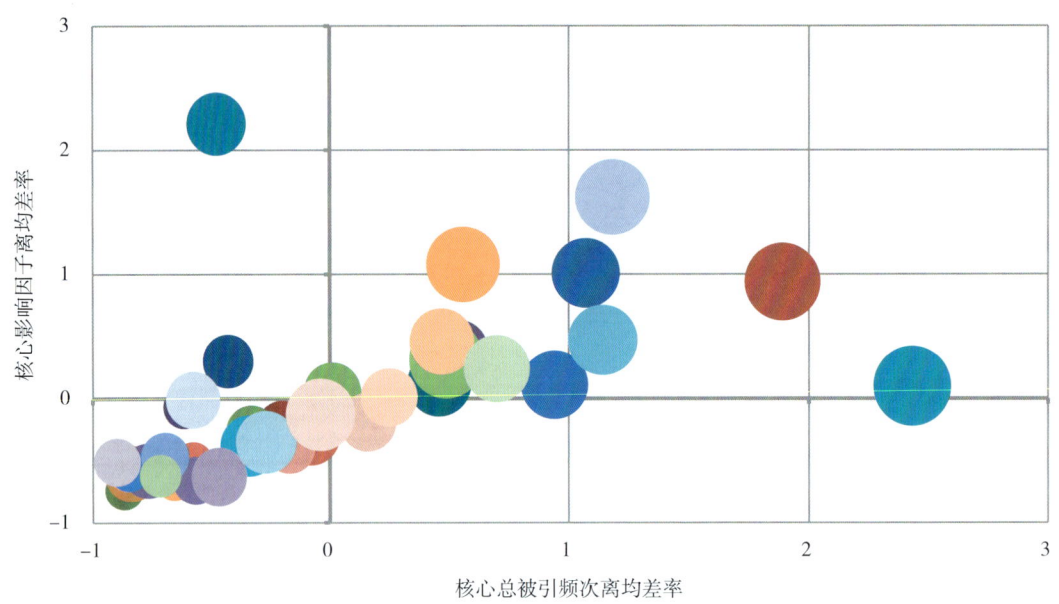

2016年化学类期刊核心总被引频次和核心影响因子离均差率的分布图（节点大小表示综合评价总分）

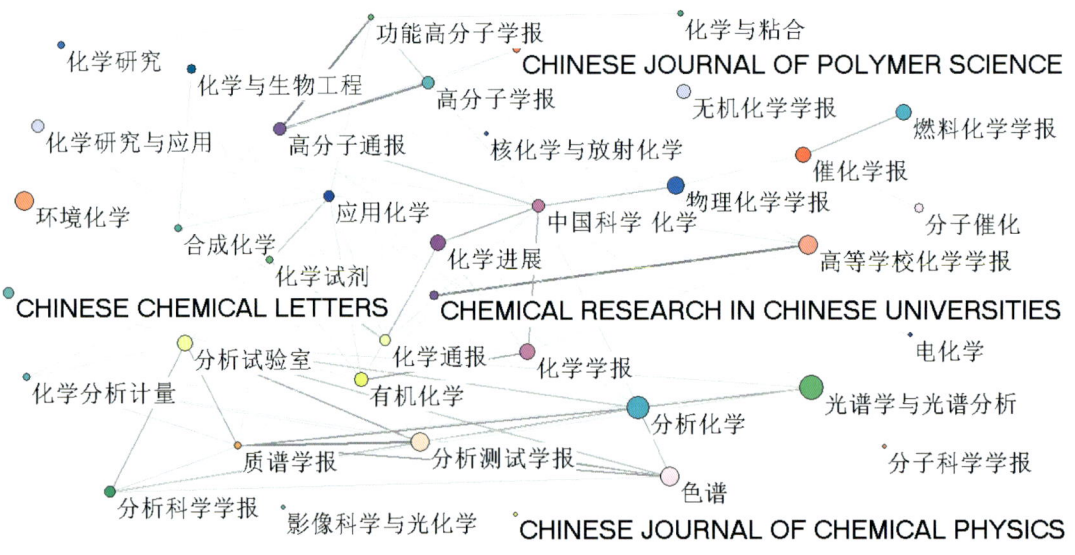

2016年化学类期刊互引关系示意图

表 7-8 2016 年化学类期刊主要指标

CODE	刊名	核心总被引频次			核心影响因子			综合评价总分		学科扩散指标	学科影响指标	红点指标
		数值	排名	离均差率	数值	排名	离均差率	数值	排名			
I139	CHEMICAL RESEARCH IN CHINESE UNIVERSITIES	766	23	-0.43	0.890	10	0.30	30.50	25	4.16	0.79	0.33
D031	CHINESE CHEMICAL LETTERS	1071	19	-0.20	0.537	21	-0.22	27.20	28	6.50	0.87	0.30
C070	CHINESE JOURNAL OF CHEMICAL PHYSICS	169	37	-0.87	0.180	38	-0.74	16.20	38	2.03	0.39	0.28
D017	CHINESE JOURNAL OF POLYMER SCIENCE	507	29	-0.62	0.638	18	-0.07	19.40	34	2.18	0.50	0.38
D013	催化学报	1958	12	0.46	0.770	12	0.12	46.30	12	6.82	0.79	0.64
D036	电化学	219	34	-0.84	0.267	33	-0.61	31.50	24	2.71	0.37	0.69
D022	分析测试学报	2773	5	1.07	1.382	4	1.01	51.20	8	10.21	0.66	0.71
D005	分析化学	3869	2	1.89	1.333	5	0.94	63.80	2	14.87	0.79	0.62
D026	分析科学学报	899	21	-0.33	0.499	22	-0.27	30.40	26	6.87	0.55	0.68
D004	分析试验室	2064	9	0.54	0.955	8	0.39	39.20	17	8.84	0.68	0.70
D015	分子催化	690	25	-0.48	2.204	1	2.21	42.40	13	3.26	0.47	0.53
D035	分子科学学报	198	36	-0.85	0.302	30	-0.56	23.60	32	2.95	0.47	0.67
D020	高等学校化学学报	2602	6	0.94	0.761	13	0.11	50.20	9	13.47	0.87	0.52
T002	高分子通报	1228	17	-0.08	0.486	23	-0.29	39.70	15	7.05	0.71	0.46
D021	高分子学报	1356	15	0.01	0.723	15	0.05	38.20	18	6.84	0.74	0.52
D503	功能高分子学报	304	33	-0.77	0.290	31	-0.58	32.30	23	3.58	0.47	0.50
C091	光谱学与光谱分析	4583	1	2.43	0.755	14	0.10	68.00	1	19.42	0.71	0.56
D602	合成化学	451	30	-0.66	0.231	37	-0.66	16.80	37	3.82	0.58	0.92
Q002	核化学与放射化学	207	35	-0.85	0.290	31	-0.58	18.60	36	2.05	0.37	0.31
D604	化学分析计量	562	28	-0.58	0.327	29	-0.52	19.60	33	4.79	0.34	0.66
D506	化学进展	1993	10	0.49	0.897	9	0.31	62.90	3	13.95	0.89	0.59
D011	化学试剂	569	26	-0.57	0.232	36	-0.66	24.60	30	5.13	0.58	0.70
D018	化学通报	888	22	-0.34	0.422	25	-0.38	39.70	15	9.55	0.87	0.61
D030	化学学报	2087	8	0.56	1.426	3	1.08	60.30	5	11.68	0.97	0.55
D501	化学研究	402	31	-0.70	0.364	27	-0.47	25.90	29	4.63	0.66	0.68
D037	化学研究与应用	1112	18	-0.17	0.419	26	-0.39	29.60	27	8.63	0.79	0.60
T931	化学与粘合	377	32	-0.72	0.263	34	-0.62	19.20	35	3.50	0.26	0.59
T553	化学与生物工程	712	24	-0.47	0.257	35	-0.63	36.80	19	8.66	0.58	0.44
D024	环境化学	2864	4	1.14	1.010	6	0.47	52.30	7	12.39	0.66	0.62
D002	燃料化学学报	1967	11	0.47	1.002	7	0.46	46.70	11	6.58	0.61	0.38
D012	色谱	2916	3	1.18	1.798	2	1.62	61.00	4	10.18	0.61	0.75
D023	无机化学学报	1552	14	0.16	0.557	20	-0.19	36.60	20	8.08	0.82	0.78
D001	物理化学学报	2280	7	0.70	0.849	11	0.24	48.20	10	10.42	0.87	0.54
D014	影像科学与光化学	132	38	-0.90	0.333	28	-0.51	24.20	31	2.24	0.34	0.32
D016	应用化学	981	20	-0.27	0.444	24	-0.35	41.60	14	8.26	0.87	0.58
D025	有机化学	1672	13	0.25	0.695	16	0.01	36.00	21	6.84	0.87	0.55
C034	质谱学报	564	27	-0.58	0.677	17	-0.01	34.50	22	4.82	0.45	0.26
A106	中国科学 化学	1288	16	-0.04	0.597	19	-0.13	54.90	6	11.89	0.79	0.54
	38 种期刊平均值	1338			0.686							

天文学

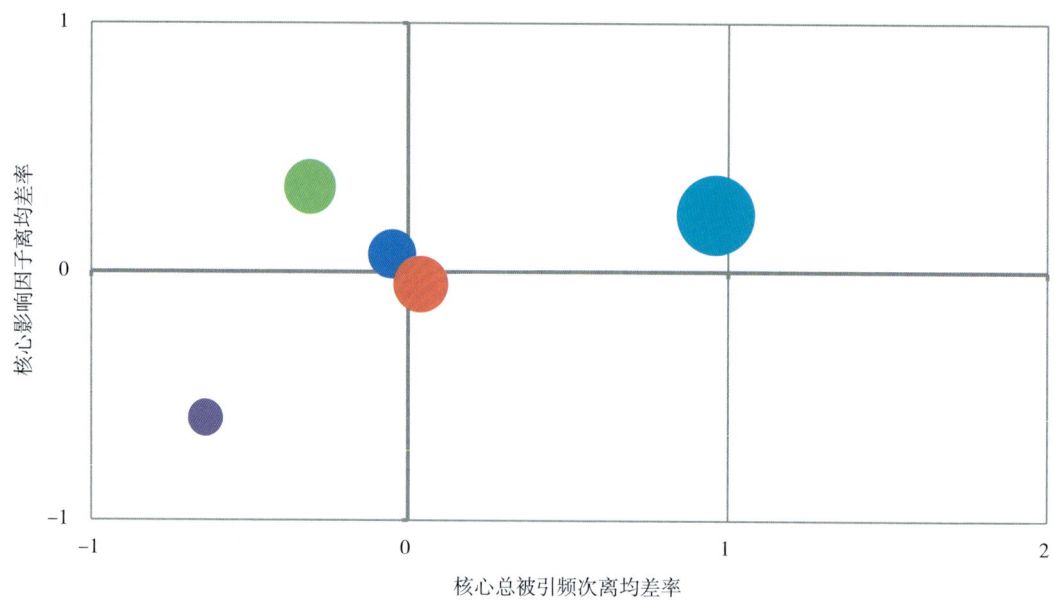

2016年天文学类期刊核心总被引频次和核心影响因子离均差率的分布图（节点大小表示综合评价总分）

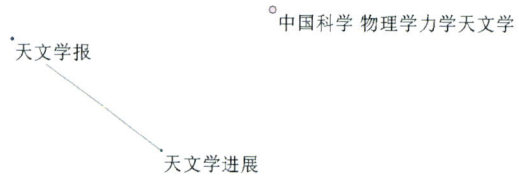

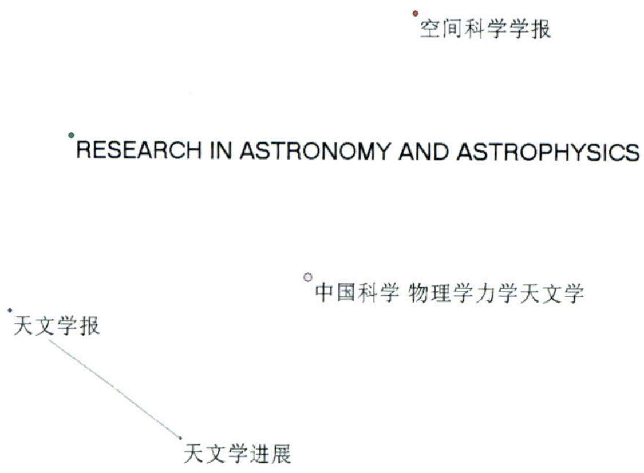

2016年天文学类期刊互引关系示意图

表 7-9　2016 年天文学类期刊主要指标

CODE	刊名	核心总被引频次			核心影响因子			综合评价总分		学科扩散指标	学科影响指标	红点指标
		数值	排名	离均差率	数值	排名	离均差率	数值	排名			
C072	RESEARCH IN ASTRONOMY AND ASTROPHYSICS	313	3	-0.05	0.413	3	0.07	35.40	4	8.20	1.00	0.42
E140	空间科学学报	342	2	0.04	0.365	4	-0.05	46.70	2	26.20	0.80	0.15
E023	天文学报	229	4	-0.31	0.517	1	0.34	43.80	3	12.00	1.00	0.80
E114	天文学进展	120	5	-0.64	0.156	5	-0.59	20.60	5	8.60	1.00	0.16
A103	中国科学 物理学力学天文学	646	1	0.96	0.475	2	0.23	92.80	1	50.60	0.80	0.14
	5 种期刊平均值	330			0.385							

地球科学综合

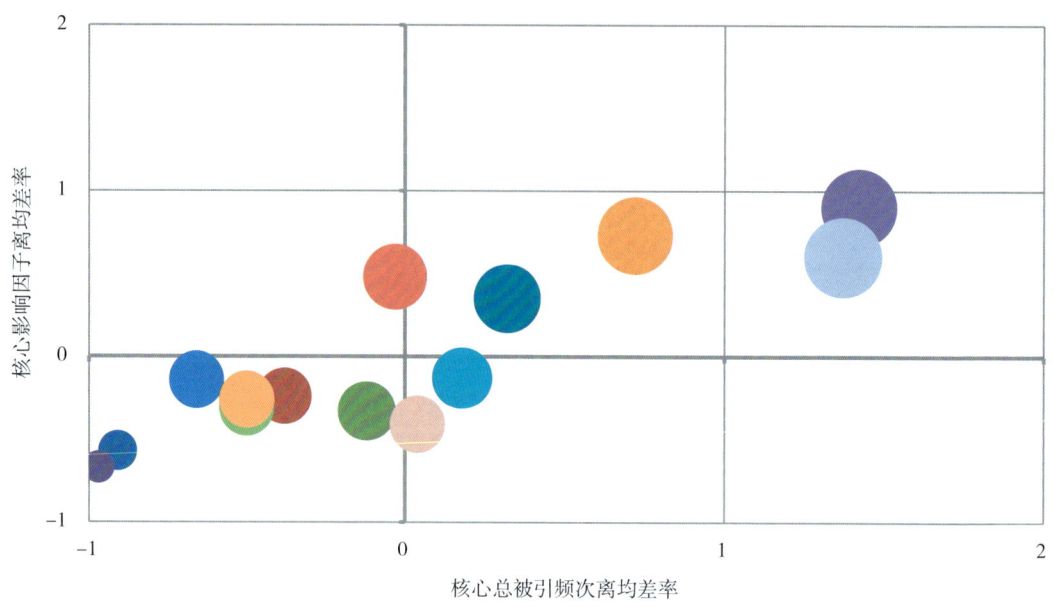

2016年地球科学综合类期刊核心总被引频次和核心影响因子离均差率的分布图
（节点大小表示综合评价总分）

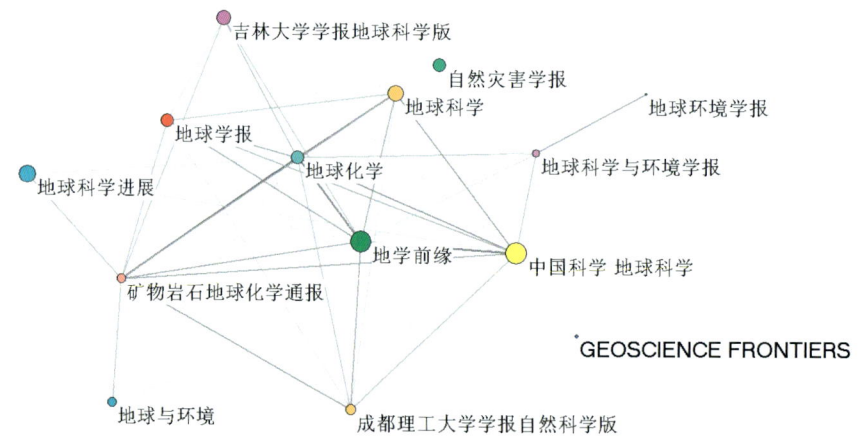

2016年地球科学综合类期刊互引关系示意图

表 7-10　2016 年地球科学综合类期刊主要指标

CODE	刊名	核心总被引频次			核心影响因子			综合评价总分		学科扩散指标	学科影响指标	红点指标
		数值	排名	离均差率	数值	排名	离均差率	数值	排名			
E050	GEOSCIENCE FRONTIERS	190	13	-0.91	0.444	13	-0.31	22.1	13	3.57	0.71	0.05
E102	成都理工大学学报自然科学版	1244	9	-0.38	0.779	8	0.22	43.9	12	15.21	0.71	0.46
E024	地球化学	1772	8	-0.12	0.683	11	0.07	48.4	7	15.86	0.93	0.57
E570	地球环境学报	63	14	-0.97	0.340	14	-0.47	14.5	14	1.14	0.14	0.22
E142	地球科学	2657	4	0.32	1.384	5	1.16	65.2	4	21.21	0.93	0.78
E115	地球科学进展	3462	3	0.72	1.781	2	1.78	82.8	3	37.71	0.93	0.23
E004	地球科学与环境学报	681	12	-0.66	0.882	7	0.38	45.8	9	16.00	0.71	0.55
E300	地球学报	1958	7	-0.03	1.520	4	1.37	60.5	5	18.64	0.93	0.23
E549	地球与环境	1003	11	-0.50	0.710	10	0.11	44.8	10	19.86	0.86	0.43
E357	地学前缘	4877	1	1.42	1.947	1	2.04	83.6	2	25.93	1.00	0.52
E116	吉林大学学报地球科学版	2383	5	0.18	0.898	6	0.40	51.8	6	23.86	1.00	0.32
E504	矿物岩石地球化学通报	1004	10	-0.50	0.764	9	0.19	44.8	10	14.14	0.93	0.46
A108	中国科学 地球科学	4776	2	1.37	1.639	3	1.56	88.1	1	34.57	0.93	0.20
E137	自然灾害学报	2091	6	0.04	0.602	12	-0.06	46	8	27.79	0.43	0.16
	14 种期刊平均值	2012			1.027							

大气科学

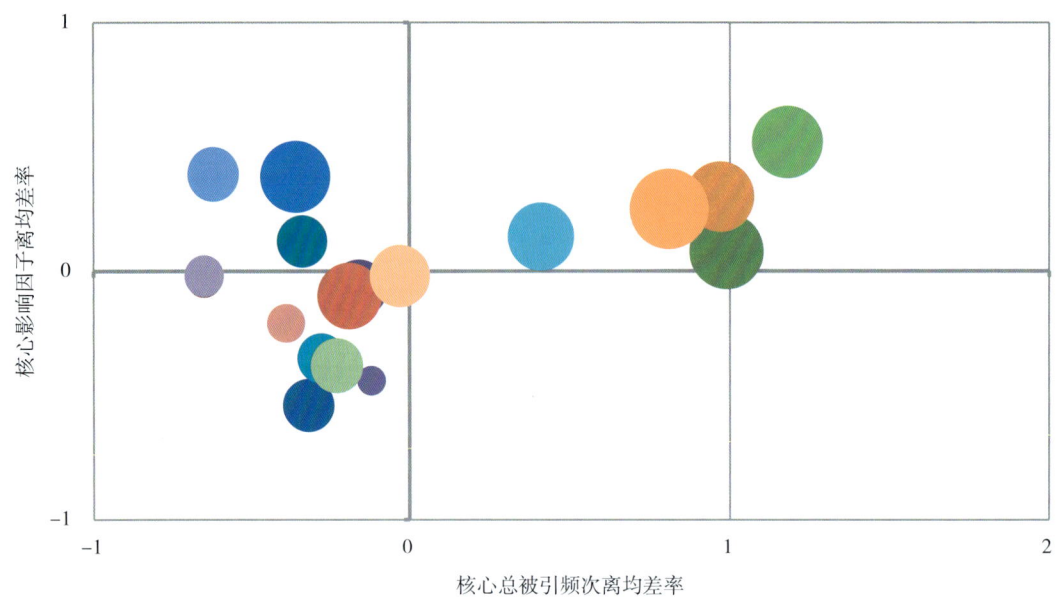

2016年大气科学类期刊核心总被引频次和核心影响因子离均差率的分布图（节点大小表示综合评价总分）

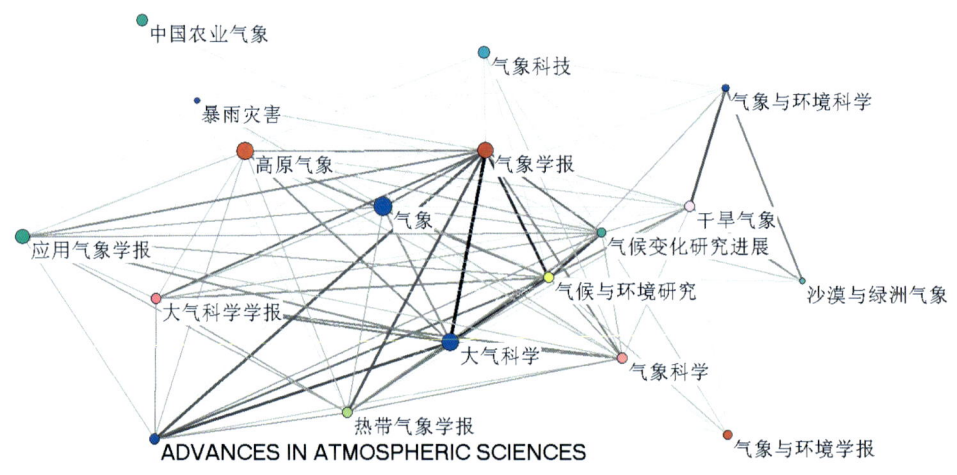

2016年大气科学类期刊互引关系示意图

表 7-11 2016年大气科学类期刊主要指标

CODE	刊名	核心总被引频次			核心影响因子			综合评价总分		学科扩散指标	学科影响指标	红点指标
		数值	排名	离均差率	数值	排名	离均差率	数值	排名			
I062	ADVANCES IN ATMOSPHERIC SCIENCES	1138	12	-0.32	0.548	18	-0.15	35.2	12	8.61	1.00	0.34
E045	暴雨灾害	588	17	-0.65	1.151	11	0.80	18.6	16	3.94	1.00	0.53
E109	大气科学	3348	2	0.99	1.285	8	1.00	71.4	2	13.17	1.00	0.64
E091	大气科学学报	1411	8	-0.16	1.099	12	0.71	42.2	9	10.89	1.00	0.56
E048	干旱气象	1117	13	-0.34	1.331	7	1.08	33.5	13	9.06	0.94	0.59
E005	高原气象	3327	3	0.97	1.536	4	1.40	60.9	5	12.78	1.00	0.56
E021	气候变化研究进展	1078	14	-0.36	1.632	3	1.55	64	4	12.94	1.00	0.43
E361	气候与环境研究	1370	9	-0.19	1.064	13	0.66	55.2	7	12.67	1.00	0.56
E352	气象	3666	1	1.18	1.806	1	1.82	65.2	3	14.67	1.00	0.51
E566	气象科技	1476	7	-0.12	0.662	17	0.03	10.8	18	12.39	0.94	0.30
E359	气象科学	1207	11	-0.28	0.765	15	0.19	30.9	14	10.39	1.00	0.48
E001	气象学报	3050	4	0.81	1.486	5	1.32	79.2	1	14.44	1.00	0.49
E521	气象与环境科学	638	16	-0.62	1.647	2	1.57	37.1	10	6.56	0.78	0.50
E633	气象与环境学报	1034	15	-0.39	0.932	14	0.45	18.5	17	10.56	1.00	0.50
E110	热带气象学报	1297	10	-0.23	0.733	16	0.14	37	11	8.89	1.00	0.60
E635	沙漠与绿洲气象	582	18	-0.65	1.158	9	0.81	21.9	15	5.28	0.78	0.48
E122	应用气象学报	2369	5	0.41	1.354	6	1.11	57.3	6	15.11	1.00	0.36
H210	中国农业气象	1627	6	-0.03	1.157	10	0.80	48.4	8	13.94	0.89	0.21
	18种期刊平均值	1685			1.186							

地球物理学

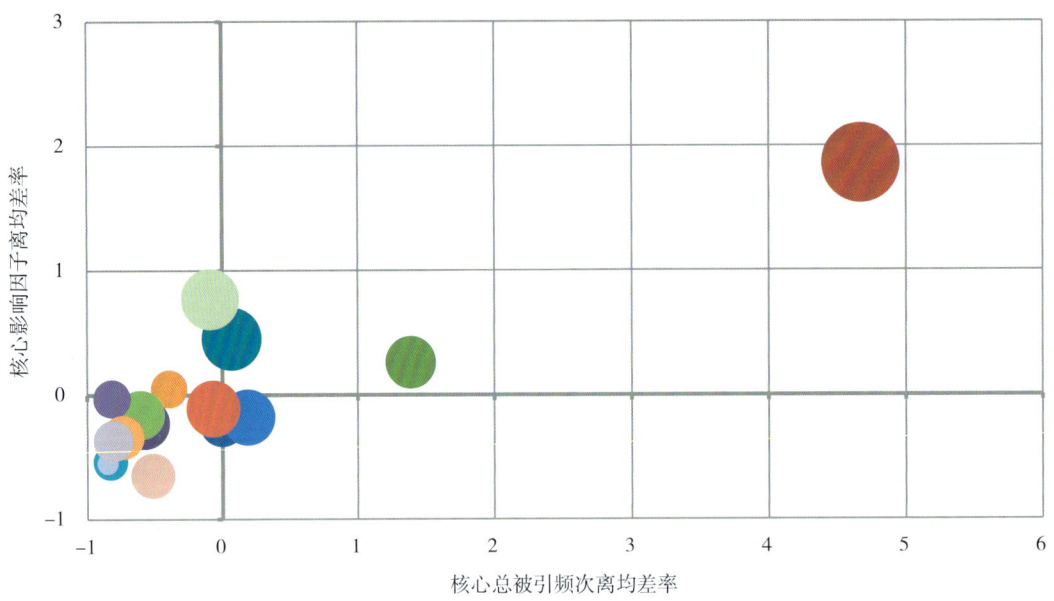

2016年地球物理学类期刊核心总被引频次和核心影响因子离均差率的分布图
(节点大小表示综合评价总分)

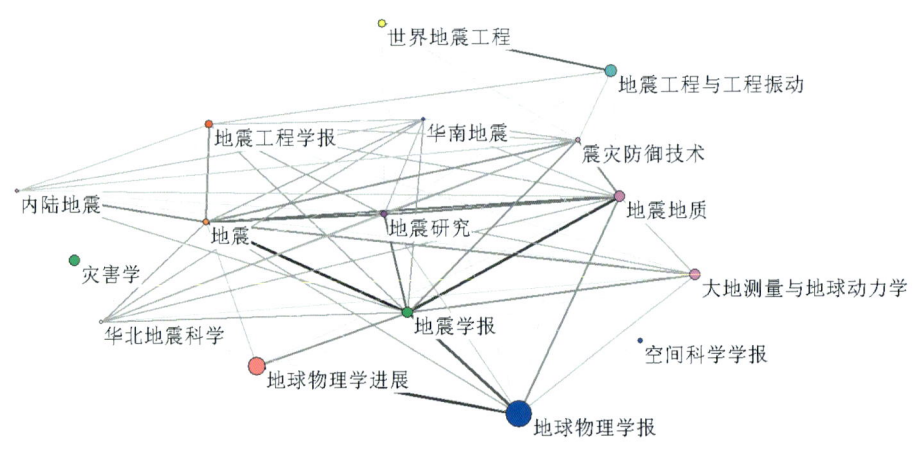

2016年地球物理学类期刊互引关系示意图

表 7-12 2016 年地球物理学类期刊主要指标

CODE	刊名	核心总被引频次			核心影响因子			综合评价总分		学科扩散指标	学科影响指标	红点指标
		数值	排名	离均差率	数值	排名	离均差率	数值	排名			
E144	大地测量与地球动力学	1291	5	0.00	0.432	10	-0.33	31	9	11.31	0.75	0.34
E153	地球物理学报	7333	1	4.67	1.580	1	1.46	82.6	1	24.13	1.00	0.30
E308	地球物理学进展	3097	2	1.39	0.696	4	0.09	35.5	6	17.63	0.94	0.29
E306	地震	540	10	-0.58	0.425	11	-0.34	34.4	7	4.88	0.88	0.40
E150	地震地质	1391	4	0.07	0.802	3	0.25	50.8	2	9.81	0.94	0.58
E307	地震工程学报	777	8	-0.40	0.581	5	-0.09	18.4	14	7.50	0.94	0.51
E118	地震工程与工程振动	1541	3	0.19	0.455	9	-0.29	41	5	13.19	0.94	0.49
E143	地震学报	1201	6	-0.07	0.490	7	-0.24	41.5	4	9.56	0.94	0.40
E112	地震研究	500	11	-0.61	0.465	8	-0.27	31.5	8	6.56	0.94	0.47
E141	华北地震科学	229	14	-0.82	0.535	6	-0.17	18.9	13	3.44	0.88	0.46
E103	华南地震	221	15	-0.83	0.257	14	-0.60	16.4	15	3.94	0.94	0.46
E140	空间科学学报	342	12	-0.74	0.365	12	-0.43	24.8	11	8.19	0.38	0.15
E104	内陆地震	196	16	-0.85	0.248	15	-0.61	6	16	2.50	0.94	0.55
E363	世界地震工程	621	9	-0.52	0.194	16	-0.70	26.4	10	9.69	0.81	0.52
E148	灾害学	1173	7	-0.09	0.979	2	0.53	48.3	3	17.81	0.88	0.45
E316	震灾防御技术	243	13	-0.81	0.349	13	-0.46	21.5	12	4.31	0.94	0.47
	16 种期刊平均值	1294			0.553							

地理学

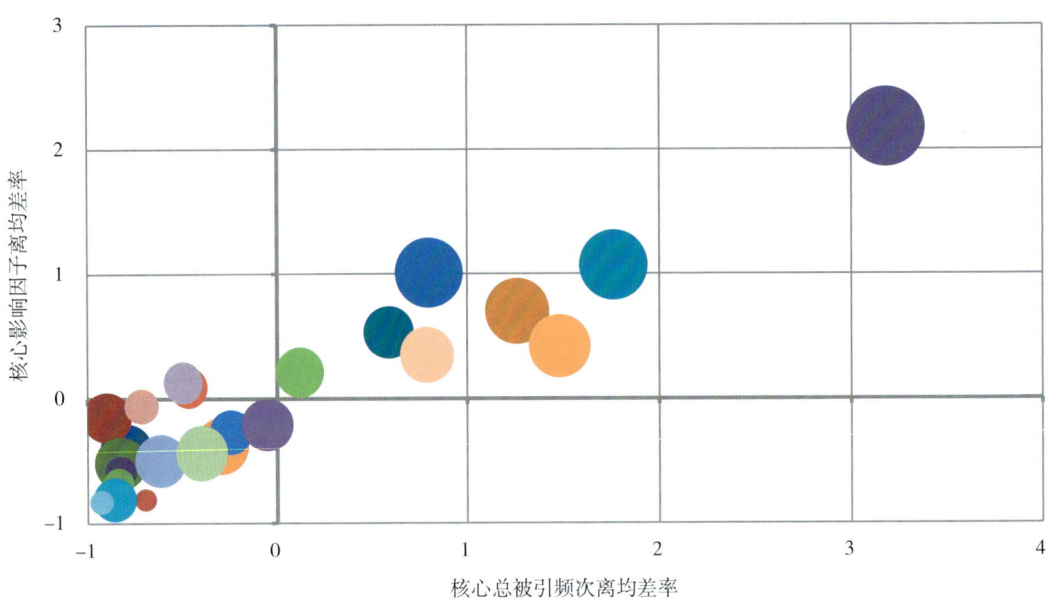

2016 年地理学类期刊核心总被引频次和核心影响因子离均差率的分布图
（节点大小表示综合评价总分）

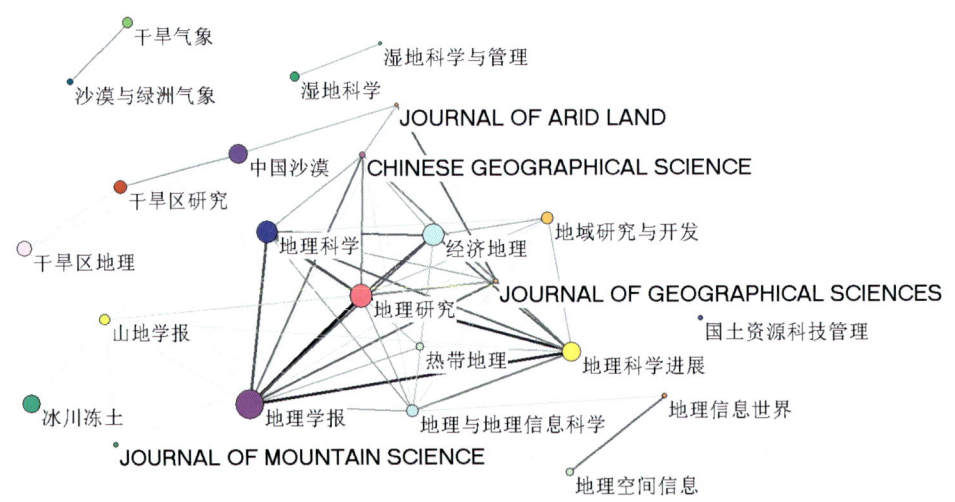

2016 年地理学类期刊互引关系示意图

表 7-13 2016年地理学类期刊主要指标

CODE	刊名	核心总被引频次			核心影响因子			综合评价总分		学科扩散指标	学科影响指标	红点指标
		数值	排名	离均差率	数值	排名	离均差率	数值	排名			
I154	CHINESE GEOGRAPHICAL SCIENCE	428	18	-0.80	0.705	16	0.10	41.1	9	7.21	0.75	0.41
E049	JOURNAL OF ARID LAND	212	23	-0.90	1.038	12	0.62	36.1	14	3.25	0.50	0.38
I063	JOURNAL OF GEOGRAPHICAL SCIENCES	360	20	-0.83	0.594	19	-0.07	39.7	10	5.63	0.83	0.68
I230	JOURNAL OF MOUNTAIN SCIENCE	364	19	-0.83	0.500	20	-0.22	14.9	21	5.04	0.58	0.19
E135	冰川冻土	3364	7	0.59	1.876	5	1.93	38.9	12	13.08	0.88	0.41
E130	地理科学	4783	4	1.26	2.079	4	2.24	61.8	4	20.75	1.00	0.56
E584	地理科学进展	3819	5	0.80	2.459	3	2.84	70	3	20.79	1.00	0.65
E639	地理空间信息	637	16	-0.70	0.235	22	-0.63	7.1	24	6.96	0.46	0.26
E315	地理信息世界	333	21	-0.84	0.397	21	-0.38	13.8	22	3.83	0.29	0.25
E305	地理学报	8839	1	3.18	3.894	1	5.07	91.4	1	24.92	1.00	0.64
E310	地理研究	5844	2	1.76	2.539	2	2.96	70.8	2	22.13	1.00	0.64
E527	地理与地理信息科学	1493	11	-0.29	0.763	15	0.19	46.1	6	15.00	0.88	0.35
S741	地域研究与开发	1611	10	-0.24	0.895	14	0.40	28.9	16	11.46	0.79	0.59
E048	干旱气象	1117	13	-0.47	1.331	10	1.08	24	19	6.79	0.67	0.59
E020	干旱区地理	2377	8	0.12	1.486	8	1.32	36	15	13.54	0.88	0.55
E105	干旱区研究	2008	9	-0.05	0.963	13	0.50	38.9	12	12.13	0.83	0.65
E578	国土资源科技管理	305	22	-0.86	0.235	22	-0.63	27.6	17	4.92	0.38	0.66
E599	经济地理	5239	3	1.48	1.747	6	1.73	56.3	5	17.46	0.88	0.65
E563	热带地理	810	15	-0.62	0.607	18	-0.05	39.4	11	10.29	0.83	0.43
E635	沙漠与绿洲气象	582	17	-0.72	1.158	11	0.81	17.4	20	3.96	0.46	0.48
E101	山地学报	1279	12	-0.40	0.686	17	0.07	43.9	8	11.63	0.96	0.41
E302	湿地科学	1050	14	-0.50	1.383	9	1.16	24.7	18	7.75	0.54	0.34
E636	湿地科学与管理	144	24	-0.93	0.213	24	-0.67	8	23	2.71	0.17	0.45
E124	中国沙漠	3787	6	0.79	1.650	7	1.57	44.4	7	13.67	0.92	0.42
	24种期刊平均值	2116			1.226							

地质学

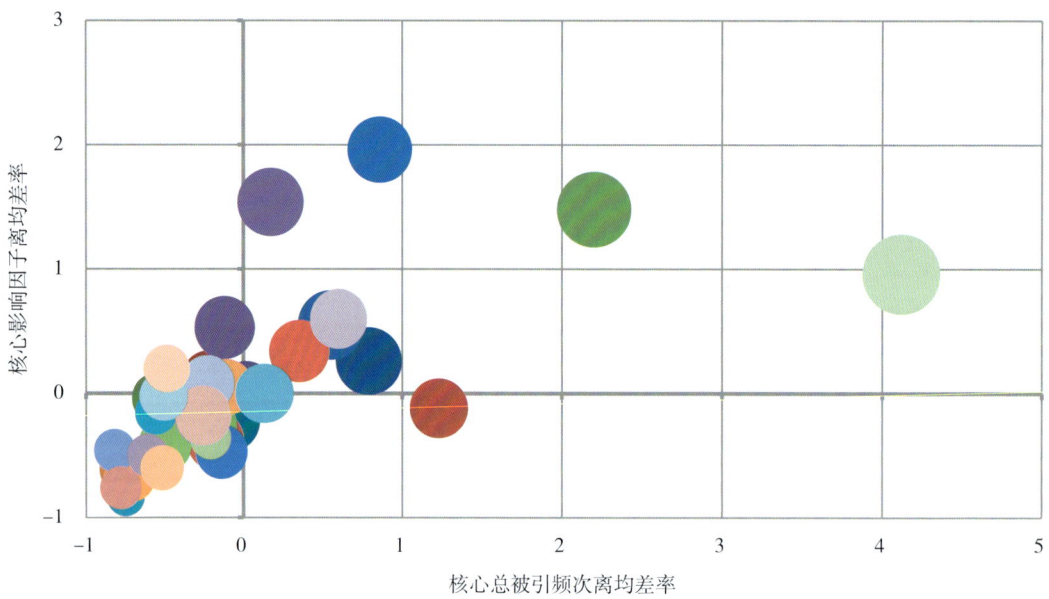

2016年地质学类期刊核心总被引频次和核心影响因子离均差率的分布图
（节点大小表示综合评价总分）

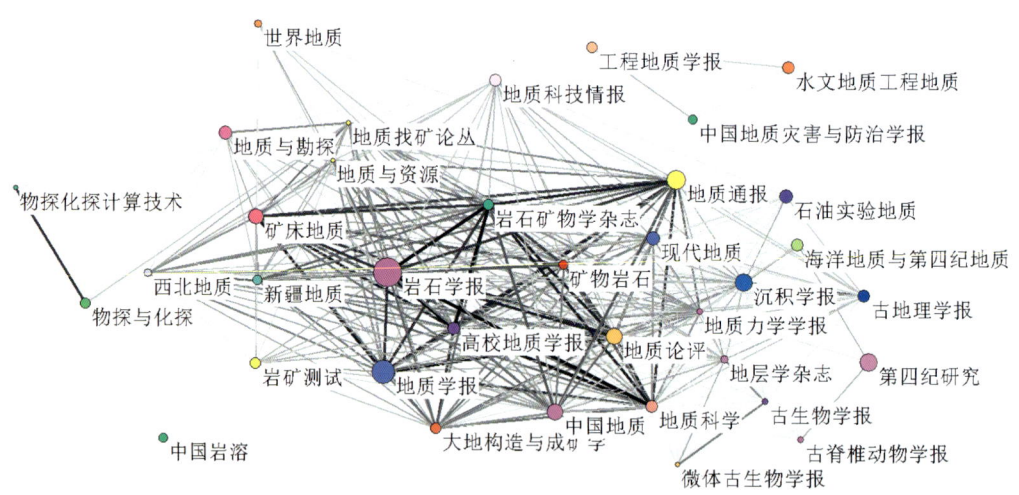

2016年地质学类期刊互引关系示意图

表 7-14　2016 年地质学类期刊主要指标

CODE	刊名	核心总被引频次			核心影响因子			综合评价总分		学科扩散指标	学科影响指标	红点指标
		数值	排名	离均差率	数值	排名	离均差率	数值	排名			
E113	沉积学报	3135	5	0.79	1.098	9	0.71	54.5	5	6.03	0.97	0.60
E146	大地构造与成矿学	1365	20	-0.22	0.971	11	0.51	41	15	3.47	0.81	0.68
E133	地层学杂志	786	27	-0.55	0.840	17	0.31	32.4	22	2.67	0.89	0.87
E362	地质科技情报	1478	16	-0.15	0.736	19	0.15	35.6	20	6.72	0.94	0.47
E139	地质科学	1590	12	-0.09	0.684	22	0.07	46.8	7	4.47	0.92	0.56
E026	地质力学学报	418	32	-0.76	0.340	31	-0.47	30.3	24	4.08	0.81	0.24
E009	地质论评	2710	7	0.55	1.349	6	1.10	56.8	3	6.14	1.00	0.57
E127	地质通报	3902	3	1.23	0.768	18	0.20	42	13	7.92	1.00	0.69
E010	地质学报	5595	2	2.20	2.166	3	2.38	68.1	2	7.17	1.00	0.65
E151	地质与勘探	1776	11	0.02	0.914	14	0.43	32.3	23	5.14	0.89	0.55
E525	地质与资源	386	34	-0.78	0.200	35	-0.69	18.9	35	2.75	0.69	0.77
E132	地质找矿论丛	394	33	-0.77	0.273	32	-0.57	19.7	34	2.42	0.75	0.60
E301	第四纪研究	3245	4	0.86	2.585	1	3.03	51.8	6	7.92	0.92	0.47
E358	高校地质学报	1429	17	-0.18	0.541	25	-0.16	42.3	10	5.17	0.83	0.64
E360	工程地质学报	1386	18	-0.21	0.633	23	-0.01	37.3	18	6.67	0.61	0.23
E601	古地理学报	1538	14	-0.12	1.336	7	1.08	46.8	7	4.08	0.89	0.71
E304	古脊椎动物学报	439	31	-0.75	0.149	36	-0.77	18.3	36	1.22	0.50	0.05
E022	古生物学报	530	30	-0.70	0.270	33	-0.58	22.8	28	1.64	0.61	0.59
E155	海洋地质与第四纪地质	1510	15	-0.14	0.458	28	-0.29	35.2	21	5.92	0.83	0.58
E106	矿床地质	2366	8	0.35	1.168	8	0.82	46.1	9	3.06	0.81	0.88
E354	矿物岩石	867	24	-0.50	0.513	26	-0.20	36	19	4.58	0.89	0.64
E126	石油实验地质	2037	9	0.17	2.213	2	2.45	55	4	3.81	0.89	0.67
E548	世界地质	771	28	-0.56	0.733	20	0.14	21.7	30	4.61	0.89	0.62
E154	水文地质工程地质	1557	13	-0.11	0.919	13	0.43	37.7	17	7.81	0.69	0.23
E052	微体古生物学报	307	36	-0.82	0.468	27	-0.27	21.8	29	1.78	0.58	0.61
E136	物探化探计算技术	385	35	-0.78	0.207	34	-0.68	21.7	30	3.11	0.44	0.26
E138	物探与化探	1377	19	-0.21	0.557	24	-0.13	21.7	30	5.75	0.72	0.26
E125	西北地质	686	29	-0.61	0.434	29	-0.32	21.4	33	3.19	0.86	0.74
E027	现代地质	1967	10	0.13	0.873	15	0.36	41.8	14	7.00	0.94	0.60
E159	新疆地质	837	26	-0.52	0.351	30	-0.45	24.1	27	3.22	0.83	0.78
E053	岩矿测试	1344	21	-0.23	0.944	12	0.47	38.2	16	6.75	0.69	0.49
E157	岩石矿物学杂志	1285	22	-0.26	0.711	21	0.11	42.2	11	4.67	0.78	0.60
E309	岩石学报	8951	1	4.12	1.705	4	1.66	75.9	1	4.81	0.92	0.62
E654	中国地质	2803	6	0.60	1.391	5	1.17	42.1	12	6.42	0.97	0.69
E604	中国地质灾害与防治学报	853	25	-0.51	0.858	16	0.34	29.6	25	5.78	0.47	0.36
E303	中国岩溶	895	23	-0.49	1.047	10	0.63	27.2	26	4.81	0.50	0.40
	36 种期刊平均值	1747			0.872							

海洋科学、水文学

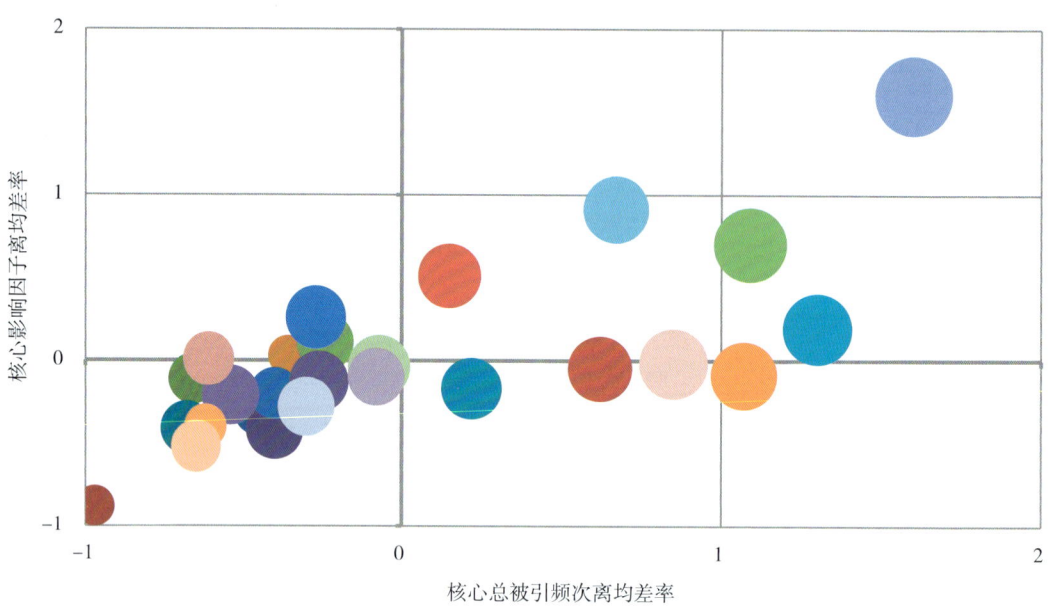

2016年海洋科学、水文学类期刊核心总被引频次和核心影响因子离均差率的分布图
（节点大小表示综合评价总分）

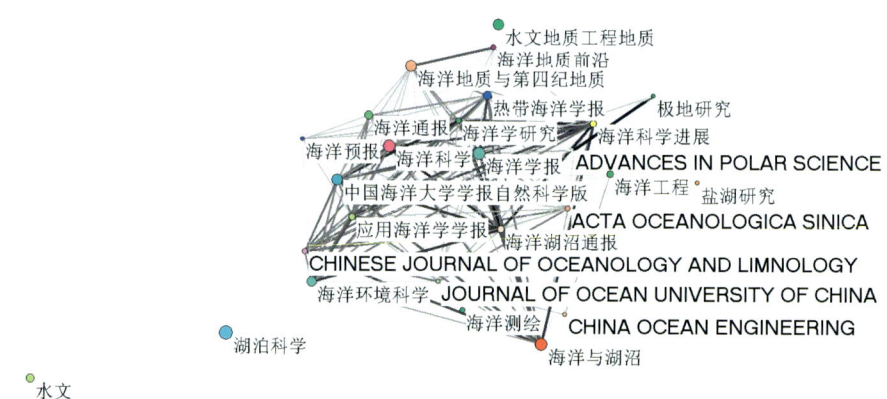

2016年海洋科学、水文学类期刊互引关系示意图

表 7-15 2016 年海洋科学、水文学类期刊主要指标

CODE	刊名	核心总被引频次			核心影响因子			综合评价总分		学科扩散指标	学科影响指标	红点指标
		数值	排名	离均差率	数值	排名	离均差率	数值	排名			
I209	ACTA OCEANOLOGICA SINICA	515	19	-0.45	0.334	21	-0.30	36.6	20	4.31	0.73	0.39
I124	ADVANCES IN POLAR SCIENCE	28	26	-0.97	0.056	26	-0.88	22.3	25	0.65	0.19	0.42
E158	CHINA OCEAN ENGINEERING	312	24	-0.66	0.426	15	-0.11	35.1	23	3.96	0.58	0.14
E012	CHINESE JOURNAL OF OCEANOLOGY AND LIMNOLOGY	557	17	-0.40	0.277	24	-0.42	46.3	16	5.69	0.88	0.29
I120	JOURNAL OF OCEAN UNIVERSITY OF CHINA	300	25	-0.68	0.281	23	-0.41	39.2	18	4.77	0.62	0.32
E651	海洋测绘	593	16	-0.36	0.494	8	0.03	21.6	26	4.35	0.58	0.11
E569	海洋地质前沿	557	17	-0.40	0.383	18	-0.20	35.9	22	5.88	0.77	0.48
E155	海洋地质与第四纪地质	1510	7	0.62	0.458	12	-0.05	57.4	7	8.19	0.85	0.58
E131	海洋工程	705	12	-0.24	0.531	7	0.11	46.7	15	6.50	0.81	0.21
E312	海洋湖沼通报	684	13	-0.26	0.420	16	-0.13	50.6	12	7.62	0.85	0.54
Z010	海洋环境科学	1130	8	0.22	0.399	17	-0.17	50.8	11	10.12	0.81	0.52
E145	海洋科学	1924	4	1.07	0.439	13	-0.09	61.5	5	12.42	0.88	0.44
E006	海洋科学进展	683	14	-0.27	0.604	5	0.26	52.9	10	7.12	0.88	0.49
E311	海洋通报	1067	9	0.15	0.723	4	0.51	55.2	8	9.42	0.85	0.45
E003	海洋学报	1946	3	1.09	0.814	3	0.70	74.3	2	11.65	0.92	0.54
E149	海洋学研究	424	20	-0.54	0.378	19	-0.21	48.1	13	6.77	0.85	0.50
E008	海洋与湖沼	2139	2	1.30	0.573	6	0.19	67.9	3	10.27	0.92	0.47
E108	海洋预报	354	22	-0.62	0.288	22	-0.40	26.2	24	3.31	0.65	0.36
E111	湖泊科学	2416	1	1.60	1.247	1	1.60	85.6	1	11.69	0.65	0.68
E007	极地研究	359	21	-0.61	0.487	9	0.01	38.6	19	4.04	0.69	0.53
E642	热带海洋学报	863	10	-0.07	0.460	11	-0.04	54.8	9	8.08	0.85	0.44
E540	水文	851	11	-0.08	0.433	14	-0.10	44.6	17	8.08	0.50	0.24
E154	水文地质工程地质	1557	6	0.67	0.919	2	0.91	60.9	6	10.81	0.38	0.23
E500	盐湖研究	328	23	-0.65	0.230	25	-0.52	36.5	21	4.42	0.08	0.17
E123	应用海洋学学报	655	15	-0.30	0.344	20	-0.28	46.8	14	6.31	0.85	0.82
E313	中国海洋大学学报自然科学版	1722	5	0.85	0.470	10	-0.02	66.5	4	17.46	0.88	0.40
	26 种期刊平均值	930			0.480							

生物学基础学科

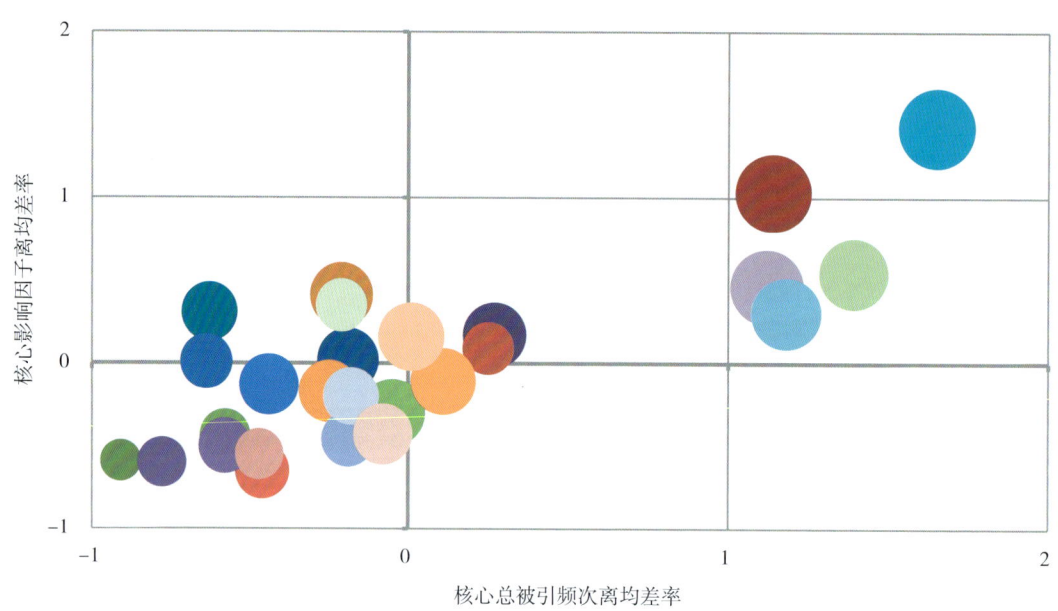

2016年生物学基础学科类期刊核心总被引频次和核心影响因子离均差率的分布图
（节点大小表示综合评价总分）

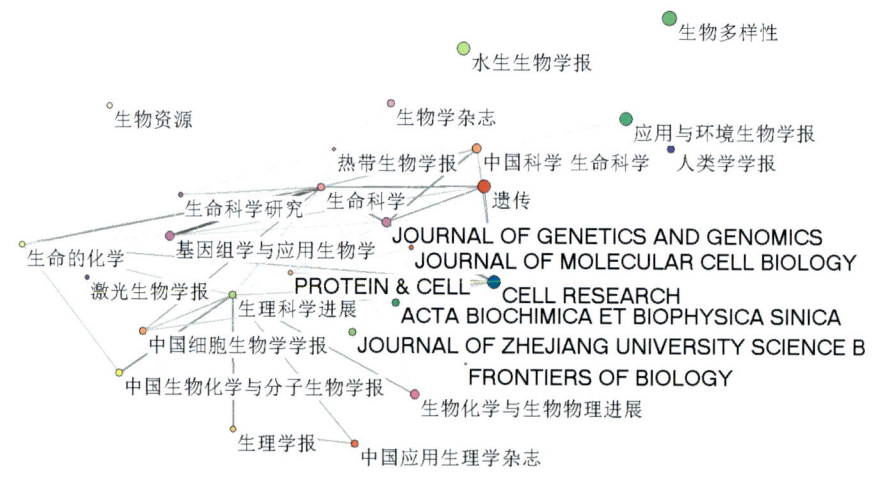

2016年生物学基础学科类期刊互引关系示意图

表 7-16 2016 年生物学基础学科类期刊主要指标

CODE	刊名	核心总被引频次			核心影响因子			综合评价总分		学科扩散指标	学科影响指标	红点指标
		数值	排名	离均差率	数值	排名	离均差率	数值	排名			
F034	ACTA BIOCHIMICA ET BIOPHYSICA SINICA	695	14	-0.19	0.657	12	0.02	51.10	11	12.70	0.70	0.38
I072	CELL RESEARCH	1848	4	1.14	1.299	2	1.03	75.10	2	17.89	0.78	0.23
I733	FRONTIERS OF BIOLOGY	78	27	-0.91	0.265	25	-0.59	21.70	27	2.07	0.26	0.28
F013	JOURNAL OF GENETICS AND GENOMICS	1093	6	0.27	0.750	9	0.17	53.00	10	10.74	0.67	0.26
F021	JOURNAL OF MOLECULAR CELL BIOLOGY	323	24	-0.63	0.840	7	0.31	43.70	15	7.15	0.74	0.22
I159	JOURNAL OF ZHEJIANG UNIVERSITY SCIENCE B	682	15	-0.21	0.903	5	0.41	53.50	9	14.37	0.44	0.12
I129	PROTEIN & CELL	311	25	-0.64	0.650	13	0.01	38.20	20	5.85	0.70	0.19
H245	基因组学与应用生物学	1074	7	0.25	0.698	11	0.09	34.10	23	9.22	0.41	0.44
F045	激光生物学报	358	23	-0.58	0.357	21	-0.44	35.70	21	7.37	0.33	0.28
H415	热带生物学报	188	26	-0.78	0.255	26	-0.60	31.40	25	4.15	0.30	0.28
F041	人类学学报	638	18	-0.26	0.535	16	-0.17	26.00	26	2.96	0.11	0.09
F203	生理科学进展	648	17	-0.25	0.531	17	-0.17	48.50	12	12.67	0.41	0.58
F001	生理学报	486	19	-0.44	0.556	15	-0.13	47.10	13	9.44	0.22	0.49
F042	生命的化学	467	20	-0.46	0.227	27	-0.65	39.80	17	11.00	0.41	0.66
F215	生命科学	823	10	-0.05	0.449	19	-0.30	56.80	7	15.93	0.56	0.59
F046	生命科学研究	360	22	-0.58	0.323	23	-0.50	38.50	18	8.63	0.33	0.43
F049	生物多样性	2281	1	1.65	1.550	1	1.42	80.00	1	12.04	0.41	0.28
F016	生物化学与生物物理进展	960	8	0.11	0.568	14	-0.11	55.90	8	16.63	0.70	0.33
F213	生物学杂志	697	13	-0.19	0.349	22	-0.46	38.50	18	11.67	0.48	0.30
F044	生物资源	453	21	-0.47	0.287	24	-0.55	32.40	24	7.33	0.19	0.30
F010	水生生物学报	2057	2	1.39	0.985	3	0.54	62.70	5	8.85	0.44	0.41
F024	遗传	1831	5	1.12	0.939	4	0.46	69.60	3	15.81	0.74	0.63
F100	应用与环境生物学报	1882	3	1.18	0.832	8	0.30	63.30	4	13.67	0.52	0.19
A107	中国科学 生命科学	871	9	0.01	0.746	10	0.16	57.80	6	14.26	0.59	0.38
F002	中国生物化学与分子生物学报	707	12	-0.18	0.514	18	-0.20	41.50	16	11.59	0.48	0.49
F025	中国细胞生物学学报	791	11	-0.08	0.368	20	-0.43	46.30	14	13.48	0.52	0.58
G130	中国应用生理学杂志	681	16	-0.21	0.866	6	0.35	35.50	22	9.26	0.26	0.64
	27 种期刊平均值	862			0.641							

生态学

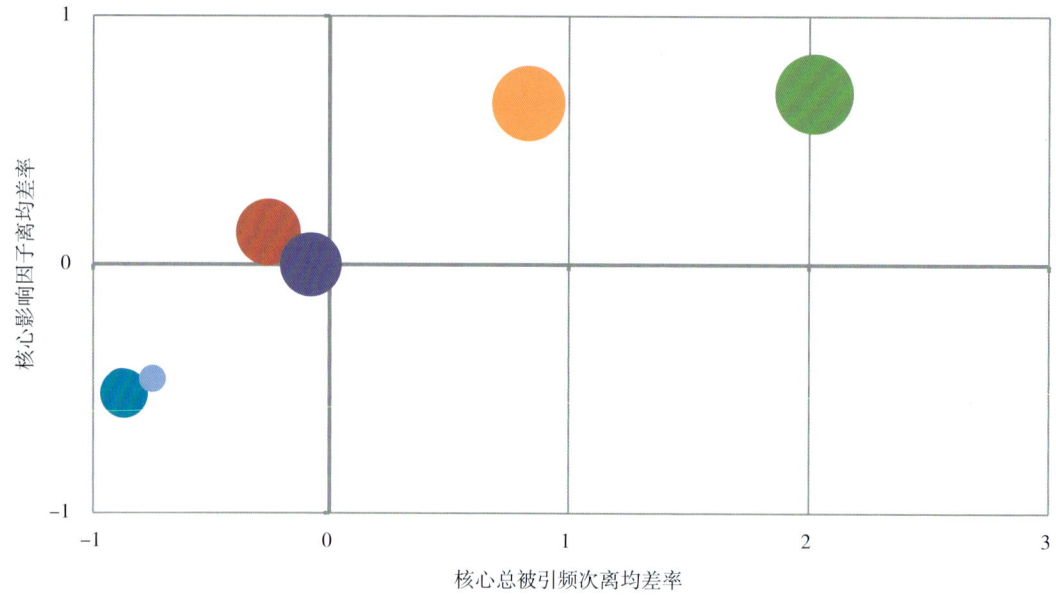

2016年生态学类期刊核心总被引频次和核心影响因子离均差率的分布图（节点大小表示综合评价总分）

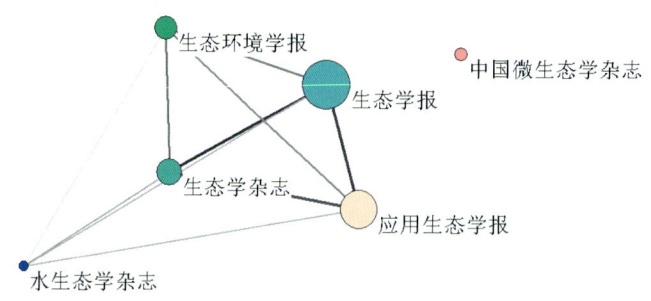

2016年生态学类期刊互引关系示意图

表 7-17 2016年生态学类期刊主要指标

CODE	刊名	核心总被引频次			核心影响因子			综合评价总分		学科扩散指标	学科影响指标	红点指数
		数值	排名	离均差率	数值	排名	离均差率	数值	排名			
Z034	生态毒理学报	830	7	-0.88	0.612	6	-0.49	18.30	6	30.57	0.86	0.46
H784	生态环境学报	5246	4	-0.26	1.343	3	0.13	64.60	3	81.14	1.00	0.60
Z014	生态学报	21364	1	2.02	2.010	1	0.69	92.50	1	100.70	1.00	0.48
Z028	生态学杂志	6541	3	-0.08	1.195	4	0.00	59.60	4	73.43	0.86	0.49
H850	水生态学杂志	899	6	-0.87	0.576	7	-0.52	35.40	5	27.86	0.86	0.43
Z018	应用生态学报	12948	2	0.83	1.967	2	0.65	82.20	2	83.29	0.86	0.45
G517	中国微生态学杂志	1768	5	-0.75	0.639	5	-0.46	11.10	7	60.14	0.57	0.35
	7种期刊平均值	7085			1.192							

植物学

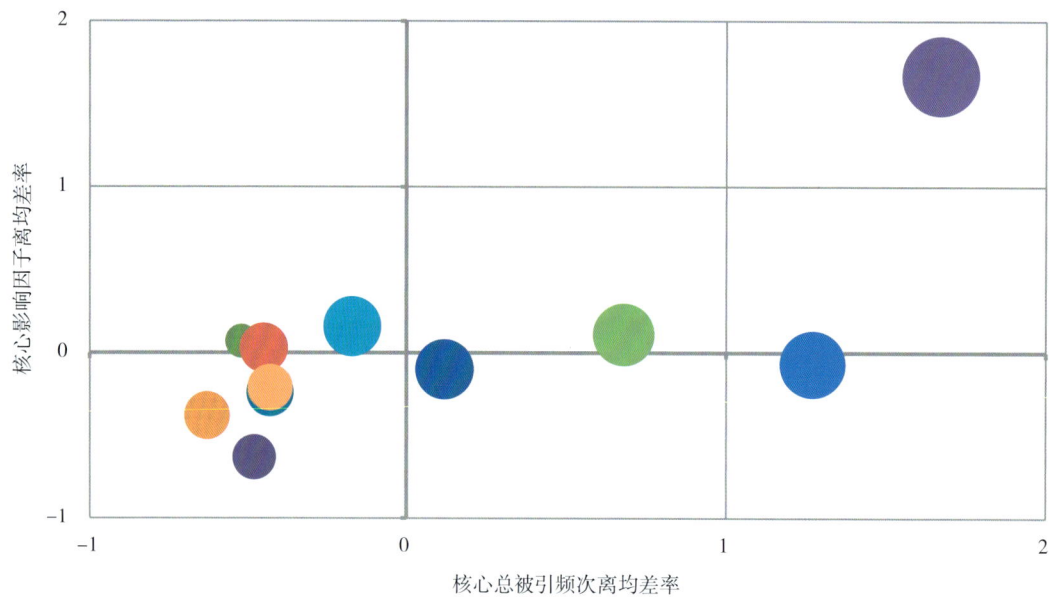

2016年植物学类期刊核心总被引频次和核心影响因子离均差率的分布图（节点大小表示综合评价总分）

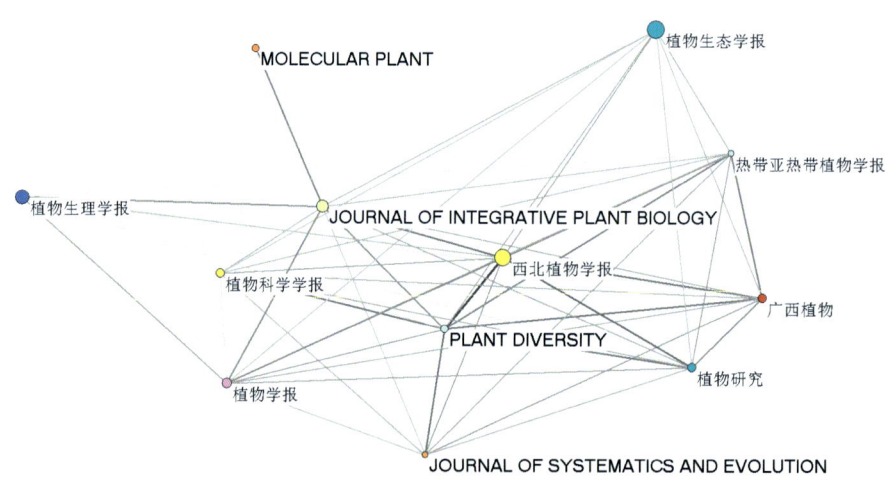

2016年植物学类期刊互引关系示意图

表 7-18　2016 年植物学类期刊主要指标

CODE	刊名	核心总被引频次			核心影响因子			综合评价总分		学科扩散指标	学科影响指标	红点指标
		数值	排名	离均差率	数值	排名	离均差率	数值	排名			
F029	JOURNAL OF INTEGRATIVE PLANT BIOLOGY	2237	4	0.12	0.767	7	-0.10	47.90	4	28.92	1.00	0.44
F039	JOURNAL OF SYSTEMATICS AND EVOLUTION	738	12	-0.63	0.516	11	-0.39	14.70	12	13.67	0.92	0.44
F019	MOLECULAR PLANT	950	10	-0.52	0.908	4	0.07	15.00	11	11.33	0.83	0.19
F007	PLANT DIVERSITY	1040	9	-0.48	0.310	12	-0.63	26.70	10	19.33	0.92	0.15
F028	广西植物	1146	6	-0.43	0.647	9	-0.24	31.00	7	20.58	0.83	0.40
F228	热带亚热带植物学报	743	11	-0.63	0.524	10	-0.38	30.20	8	18.58	0.75	0.51
F020	西北植物学报	4523	2	1.27	0.786	6	-0.07	59.70	2	31.92	0.83	0.51
F008	植物科学学报	1107	8	-0.45	0.872	5	0.03	32.60	6	19.92	0.75	0.38
F038	植物生理学报	3360	3	0.68	0.939	3	0.11	51.40	3	26.00	0.83	0.48
F009	植物生态学报	5320	1	1.67	2.267	1	1.67	84.20	1	28.08	0.75	0.25
F023	植物学报	1647	5	-0.17	0.981	2	0.16	47.30	5	24.08	0.75	0.40
F050	植物研究	1142	7	-0.43	0.673	8	-0.21	28.30	9	18.83	0.83	0.49
	12 种期刊平均值	1996			0.849							

昆虫学、动物学

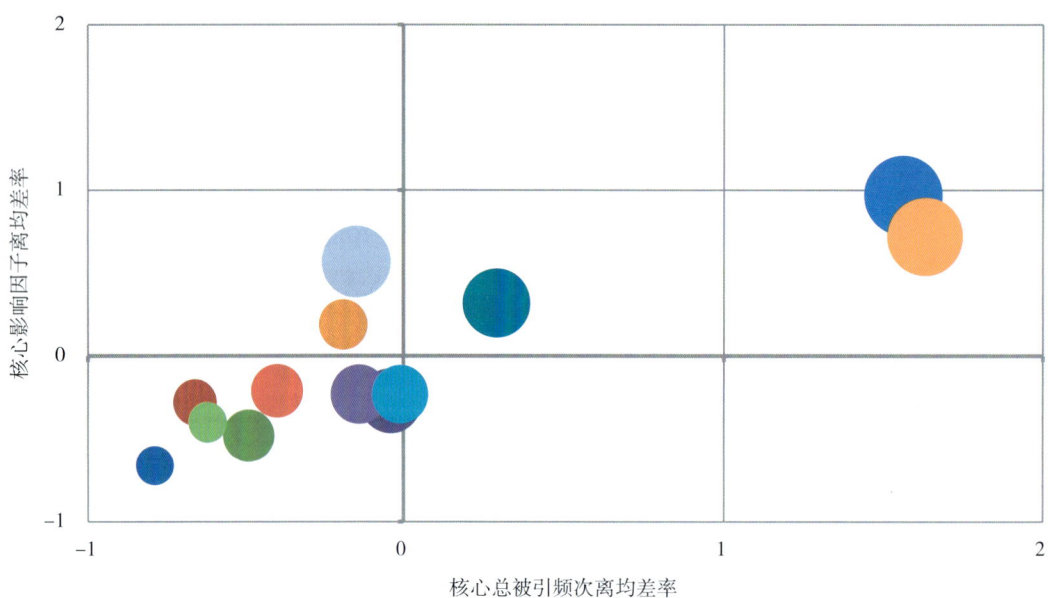

2016年昆虫学、动物学类期刊核心总被引频次和核心影响因子离均差率的分布图
（节点大小表示综合评价总分）

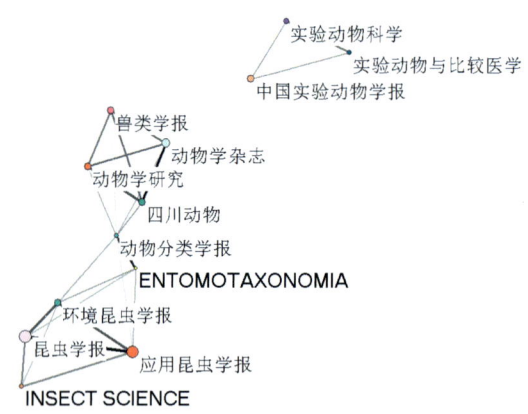

2016年昆虫学、动物学类期刊互引关系示意图

表 7-19 2016 年昆虫学、动物学类期刊主要指标

CODE	刊名	核心总被引频次			核心影响因子			综合评价总分		学科扩散指标	学科影响指标	红点指标
		数值	排名	离均差率	数值	排名	离均差率	数值	排名			
F005	ENTOMOTAXONOMIA	161	13	-0.79	0.137	13	-0.66	19.40	13	4.15	0.46	0.96
I012	INSECT SCIENCE	262	12	-0.66	0.288	10	-0.28	27.10	11	6.08	0.54	0.37
F014	动物分类学报	393	10	-0.49	0.207	12	-0.48	34.40	9	7.77	0.69	0.80
F022	动物学研究	742	5	-0.04	0.294	9	-0.27	52.70	5	16.46	0.85	0.15
F043	动物学杂志	996	3	0.29	0.529	4	0.32	59.80	4	16.46	0.77	0.19
H049	环境昆虫学报	628	8	-0.19	0.479	5	0.19	32.10	10	9.54	0.46	0.49
F015	昆虫学报	1980	2	1.56	0.788	1	0.97	80.40	1	17.38	0.62	0.65
F257	实验动物科学	463	9	-0.40	0.315	6	-0.21	35.80	8	14.62	0.46	0.35
G387	实验动物与比较医学	295	11	-0.62	0.241	11	-0.40	20.70	12	10.31	0.38	0.31
F033	兽类学报	667	6	-0.14	0.309	8	-0.23	44.10	6	7.69	0.62	0.25
F027	四川动物	763	4	-0.01	0.310	7	-0.23	43.00	7	15.85	0.85	0.35
F035	应用昆虫学报	2034	1	1.63	0.691	2	0.72	76.20	2	17.69	0.62	0.52
F047	中国实验动物学报	656	7	-0.15	0.631	3	0.57	64.20	3	19.08	0.54	0.52
	13 种期刊平均值	772			0.401							

微生物学、病毒学

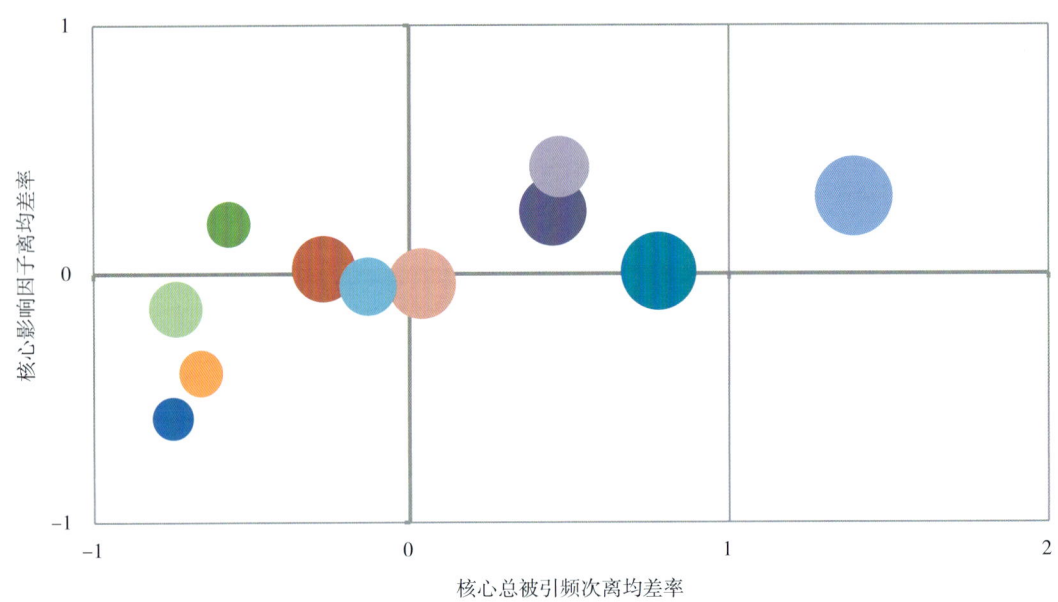

2016年微生物学、病毒学类期刊核心总被引频次和核心影响因子离均差率的分布图
（节点大小表示综合评价总分）

2016年微生物学、病毒学类期刊互引关系示意图

表 7-20 2016年微生物学、病毒学类期刊主要指标

CODE	刊名	核心总被引频次			核心影响因子			综合评价总分		学科扩散指标	学科影响指标	红点指标
		数值	排名	离均差率	数值	排名	离均差率	数值	排名			
G095	VIROLOGICA SINICA	249	11	-0.75	0.294	11	-0.58	23.50	11	9.36	0.64	0.07
G018	病毒学报	711	7	-0.27	0.720	5	0.02	55.80	5	18.36	0.82	0.34
G495	国际病毒学杂志	418	8	-0.57	0.848	4	0.20	26.60	10	8.55	0.36	0.67
F018	菌物学报	1417	4	0.45	0.882	3	0.25	60.60	4	21.18	0.36	0.35
F004	微生物学报	1741	2	0.78	0.711	6	0.01	77.00	2	34.27	0.73	0.27
F206	微生物学免疫学进展	328	9	-0.66	0.425	10	-0.40	27.60	9	14.18	0.82	0.36
F011	微生物学通报	2337	1	1.39	0.925	2	0.31	81.60	1	38.45	0.64	0.33
F225	微生物学杂志	1015	5	0.04	0.681	7	-0.04	63.90	3	34.73	0.73	0.35
G769	中国病毒病杂志	259	10	-0.74	0.608	9	-0.14	40.00	8	9.45	0.55	0.62
G339	中国病原生物学杂志	1442	3	0.47	1.007	1	0.43	48.10	6	25.91	0.73	0.54
G162	中华实验和临床病毒学杂志	851	6	-0.13	0.669	8	-0.05	43.20	7	20.64	0.73	0.45
	11 种期刊平均值	979			0.706							

心理学

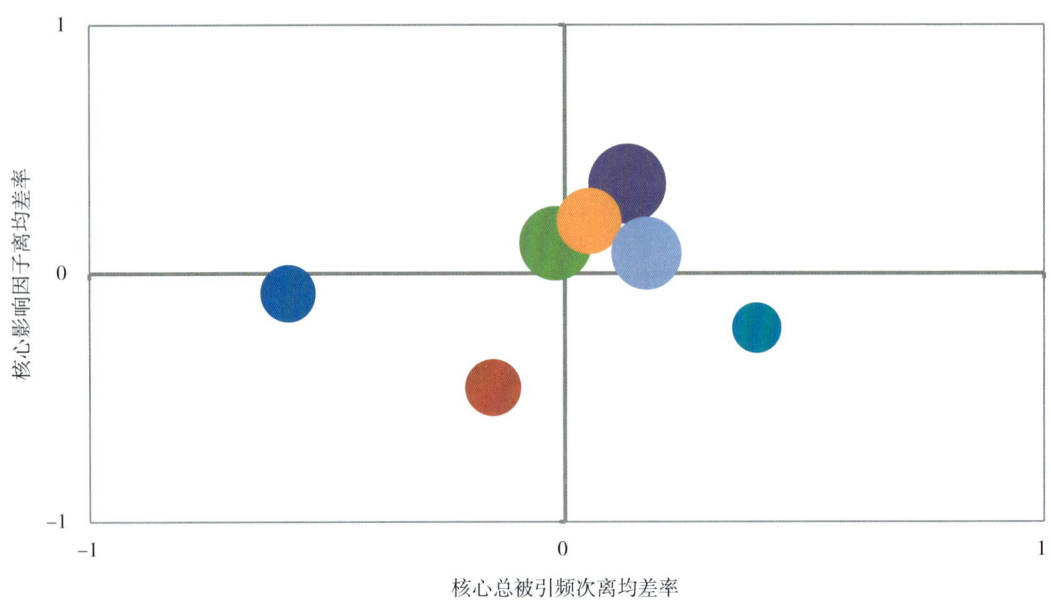

2016年心理学类期刊核心总被引频次和核心影响因子离均差率的分布图（节点大小表示综合评价总分）

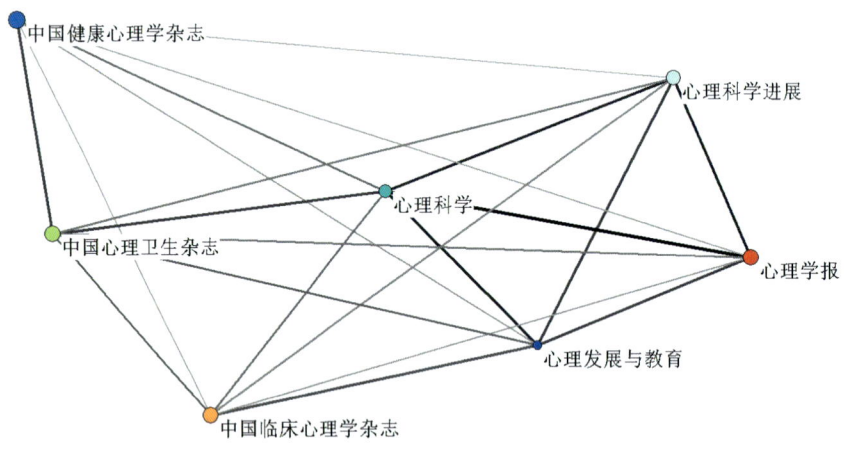

2016年心理学类期刊互引关系示意图

表 7-21 2016 年心理学类期刊主要指标

CODE	刊名	核心总被引频次			核心影响因子			综合评价总分		学科扩散指标	学科影响指标	红点指标
		数值	排名	离均差率	数值	排名	离均差率	数值	排名			
S700	心理发展与教育	1034	7	-0.58	0.903	5	-0.08	43.10	5	21.71	1.00	0.52
S918	心理科学	2120	6	-0.15	0.528	7	-0.46	42.40	6	47.43	1.00	0.23
S919	心理科学进展	2428	5	-0.02	1.098	3	0.12	72.10	2	55.71	1.00	0.25
E046	心理学报	2817	3	0.13	1.334	1	0.36	84.20	1	52.71	1.00	0.19
G784	中国健康心理学杂志	3477	1	0.40	0.770	6	-0.22	33.80	7	46.14	1.00	0.75
G221	中国临床心理学杂志	2616	4	0.05	1.189	2	0.21	57.10	4	42.86	1.00	0.58
G117	中国心理卫生杂志	2907	2	0.17	1.062	4	0.08	69.40	3	59.29	1.00	0.69
	7 种期刊平均值	2486			0.983							

农业综合

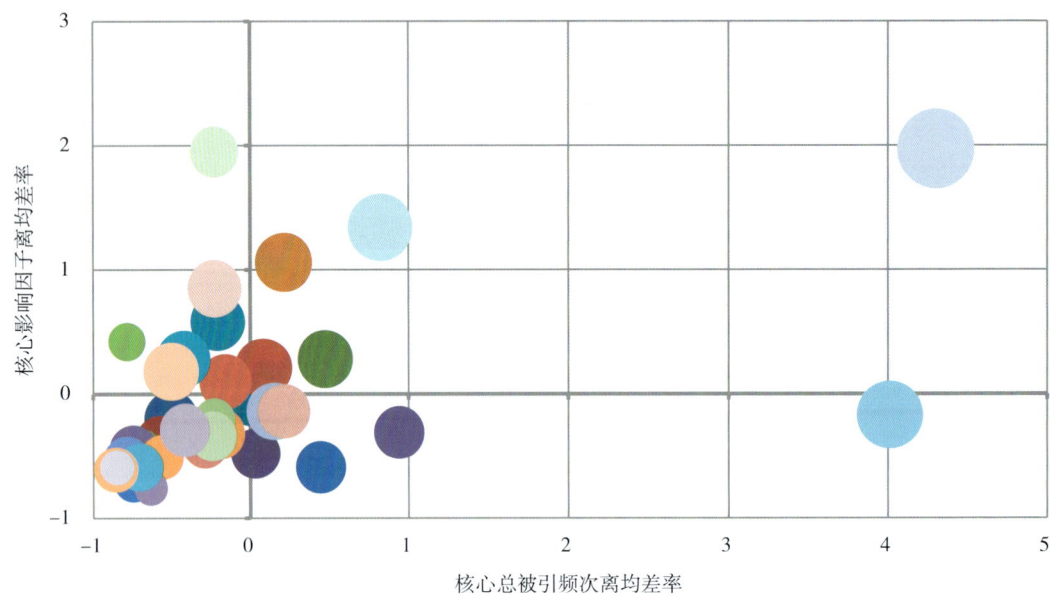

2016年农业综合类期刊核心总被引频次和核心影响因子离均差率的分布图（节点大小表示综合评价总分）

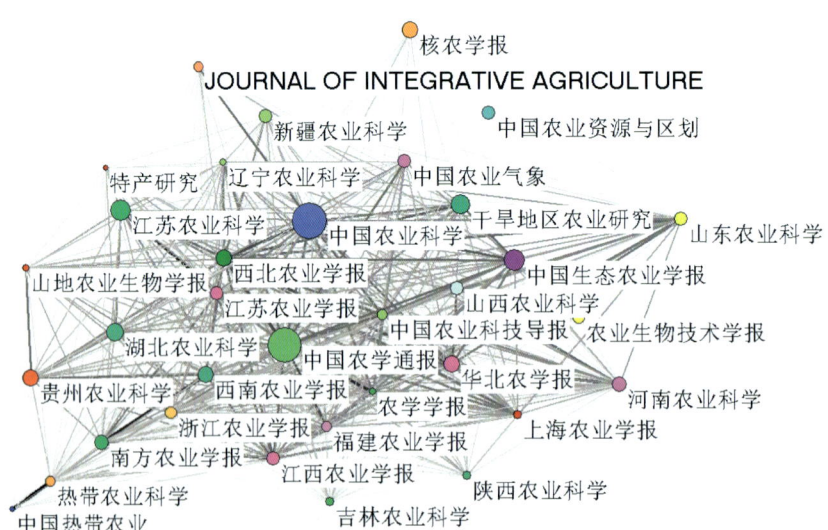

2016年农业综合类期刊互引关系示意图

表 7-22 2016 年农业综合类期刊主要指标

CODE	刊名	核心总被引频次			核心影响因子			综合评价总分		学科扩散指标	学科影响指标	红点指标
		数值	排名	离均差率	数值	排名	离均差率	数值	排名			
H017	JOURNAL OF INTEGRATIVE AGRICULTURE	1048	23	-0.51	0.501	17	-0.20	46.80	12	7.57	0.89	0.43
H265	福建农业学报	899	26	-0.58	0.386	23	-0.38	39.00	20	6.46	0.94	0.67
H045	干旱地区农业研究	3110	5	0.47	0.800	9	0.28	49.80	7	8.74	0.97	0.81
H275	贵州农业科学	2173	11	0.03	0.326	27	-0.48	37.70	22	10.74	0.97	0.74
H356	河南农业科学	2112	12	0.00	0.591	13	-0.05	39.30	18	8.54	0.97	0.76
H042	核农学报	2556	8	0.21	1.287	4	1.06	51.70	4	7.97	0.89	0.68
H203	湖北农业科学	3043	6	0.44	0.253	32	-0.59	41.70	17	15.37	0.97	0.60
H032	华北农学报	2282	10	0.08	0.755	10	0.21	50.40	5	7.40	0.97	0.80
H227	吉林农业科学	614	29	-0.71	0.341	26	-0.45	28.90	30	4.60	0.86	0.72
H700	江苏农业科学	4122	3	0.94	0.428	20	-0.31	41.90	15	14.14	1.00	0.64
H199	江苏农业学报	1675	15	-0.21	0.983	6	0.58	50.20	6	8.06	0.94	0.68
H701	江西农业学报	1711	14	-0.19	0.422	21	-0.32	38.40	21	9.80	0.97	0.64
H261	辽宁农业科学	538	30	-0.75	0.181	34	-0.71	24.50	32	4.80	0.86	0.62
H069	南方农业学报	1774	13	-0.16	0.687	12	0.10	45.10	13	8.54	0.91	0.71
H071	农产品质量与安全	447	32	-0.79	0.883	7	0.42	21.80	33	2.51	0.43	0.60
H105	农学学报	530	31	-0.75	0.345	25	-0.45	36.80	25	5.09	0.89	0.58
H286	农业生物技术学报	1202	22	-0.43	0.801	8	0.28	48.40	10	6.74	0.71	0.55
H516	热带农业科学	919	25	-0.57	0.305	28	-0.51	30.40	28	6.09	0.91	0.58
H070	山地农业生物学报	439	33	-0.79	0.290	29	-0.54	36.10	26	5.20	0.71	0.61
H804	山东农业科学	1497	20	-0.29	0.376	24	-0.40	37.20	23	7.29	0.94	0.69
H390	山西农业科学	1628	17	-0.23	0.494	18	-0.21	28.60	31	6.66	0.91	0.71
H217	陕西农业科学	766	27	-0.64	0.150	35	-0.76	18.10	35	6.03	0.91	0.64
H282	上海农业学报	619	28	-0.71	0.258	30	-0.59	34.60	27	5.86	0.83	0.65
H041	特产研究	306	35	-0.86	0.243	33	-0.61	30.40	28	3.69	0.49	0.48
H288	西北农业学报	2438	9	0.15	0.536	14	-0.14	48.20	11	9.09	1.00	0.67
H061	西南农业学报	2569	7	0.21	0.536	14	-0.14	43.40	14	9.00	0.97	0.76
H276	新疆农业科学	1609	19	-0.24	0.412	22	-0.34	37.00	24	8.00	0.89	0.69
H201	浙江农业学报	1223	21	-0.42	0.444	19	-0.29	41.90	15	8.40	0.94	0.61
H958	中国农学通报	10629	2	4.01	0.518	16	-0.17	68.10	2	20.09	1.00	0.66
H567	中国农业科技导报	1032	24	-0.51	0.739	11	0.18	49.70	8	8.80	0.97	0.60
H030	中国农业科学	11241	1	4.30	1.854	1	1.97	95.50	1	14.91	1.00	0.67
H210	中国农业气象	1627	18	-0.23	1.157	5	0.85	49.10	9	7.17	0.83	0.21
H221	中国农业资源与区划	1633	16	-0.23	1.843	2	1.95	39.10	19	5.37	0.80	0.60
H081	中国热带农业	327	34	-0.85	0.257	31	-0.59	18.30	34	2.14	0.51	0.49
H555	中国生态农业学报	3865	4	0.82	1.462	3	1.34	67.90	3	11.00	0.97	0.72
	35 种期刊平均值	2120			0.624							

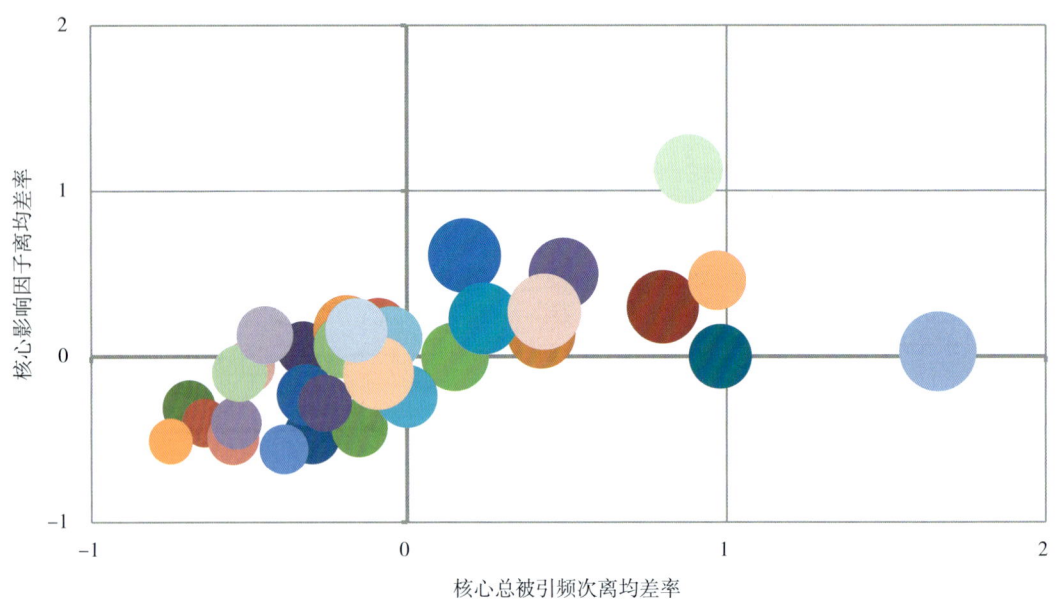

2016年农业大学学报类期刊核心总被引频次和核心影响因子离均差率的分布图（节点大小表示综合评价总分）

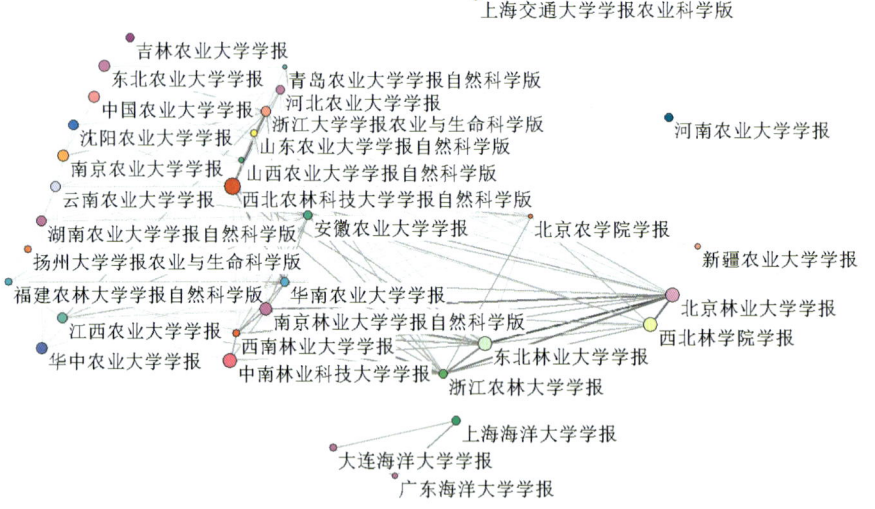

2016年农业大学学报类期刊互引关系示意图

表 7-23　2016 年农业大学学报类期刊主要指标

CODE	刊名	核心总被引频次			核心影响因子			综合评价总分		学科扩散指标	学科影响指标	红点指标
		数值	排名	离均差率	数值	排名	离均差率	数值	排名			
H002	安徽农业大学学报	849	22	-0.30	0.290	30	-0.47	40.50	21	8.24	0.85	0.49
H025	北京林业大学学报	2178	5	0.80	0.706	5	0.30	62.90	4	10.39	0.82	0.42
H263	北京农学院学报	377	32	-0.69	0.376	26	-0.31	36.10	26	5.52	0.61	0.47
H005	大连海洋大学学报	813	24	-0.33	0.571	16	0.05	34.40	27	5.03	0.48	0.41
H262	东北林业大学学报	2395	2	0.98	0.546	18	0.00	48.40	12	11.97	0.88	0.40
H006	东北农业大学学报	1713	8	0.42	0.622	11	0.14	57.70	9	10.97	0.94	0.56
H268	福建农林大学学报自然科学版	824	23	-0.32	0.419	23	-0.23	43.10	19	7.52	0.70	0.42
H272	广东海洋大学学报	440	31	-0.64	0.329	27	-0.40	27.40	32	4.12	0.27	0.30
H244	河北农业大学学报	1025	17	-0.15	0.309	29	-0.43	39.60	22	8.06	0.82	0.60
H011	河南农业大学学报	888	21	-0.26	0.393	25	-0.28	37.10	25	7.42	0.76	0.49
H060	湖南农业大学学报自然科学版	1132	14	-0.06	0.606	14	0.11	46.00	16	8.30	0.85	0.53
H013	华南农业大学学报	976	19	-0.19	0.630	10	0.16	57.20	10	8.94	0.94	0.57
H003	华中农业大学学报	1426	10	0.18	0.875	2	0.61	64.20	3	10.21	0.82	0.38
H243	吉林农业大学学报	1097	16	-0.09	0.637	8	0.17	43.80	18	8.88	0.79	0.54
H283	江西农业大学学报	1384	11	0.15	0.544	19	0.00	55.00	11	9.09	0.85	0.62
H033	南京林业大学学报自然科学版	1800	6	0.49	0.817	3	0.50	59.70	7	10.55	0.76	0.42
H021	南京农业大学学报	1499	9	0.24	0.673	7	0.23	59.80	6	9.73	0.94	0.54
H267	青岛农业大学学报自然科学版	296	33	-0.75	0.268	32	-0.51	24.10	33	4.45	0.48	0.38
H031	山东农业大学学报自然科学版	735	25	-0.39	0.239	33	-0.56	29.30	31	8.64	0.85	0.26
H393	山西农业大学学报自然科学版	546	30	-0.55	0.276	31	-0.49	33.60	28	6.30	0.67	0.48
H292	上海海洋大学学报	969	20	-0.20	0.575	15	0.06	46.30	15	5.85	0.55	0.32
H022	上海交通大学学报农业科学版	560	29	-0.54	0.328	28	-0.40	31.70	30	6.27	0.64	0.43
H024	沈阳农业大学学报	1213	12	0.00	0.412	24	-0.24	45.80	17	9.06	0.94	0.47
H224	西北林学院学报	2379	3	0.97	0.795	4	0.46	40.90	20	9.42	0.79	0.56
H018	西北农林科技大学学报自然科学版	3214	1	1.66	0.562	17	0.03	74.30	1	15.33	1.00	0.48
H270	西南林业大学学报	602	27	-0.50	0.513	20	-0.06	33.00	29	5.76	0.58	0.56
H908	新疆农业大学学报	572	28	-0.53	0.492	21	-0.10	37.50	24	5.58	0.52	0.51
H016	扬州大学学报农业与生命科学版	669	26	-0.45	0.614	12	0.13	39.30	23	5.94	0.55	0.52
H269	云南农业大学学报	1148	13	-0.05	0.607	13	0.11	48.30	13	8.64	0.85	0.53
H035	浙江大学学报农业与生命科学版	1105	15	-0.09	0.491	22	-0.10	61.70	5	9.82	0.91	0.53
H019	浙江农林大学学报	1018	18	-0.16	0.631	9	0.16	48.10	14	7.39	0.67	0.68
H027	中国农业大学学报	1732	7	0.43	0.691	6	0.27	66.90	2	12.18	0.94	0.48
H053	中南林业科技大学学报	2275	4	0.88	1.161	1	1.13	57.80	8	10.79	0.85	0.53
	33 种期刊平均值	1208			0.545							

农艺学

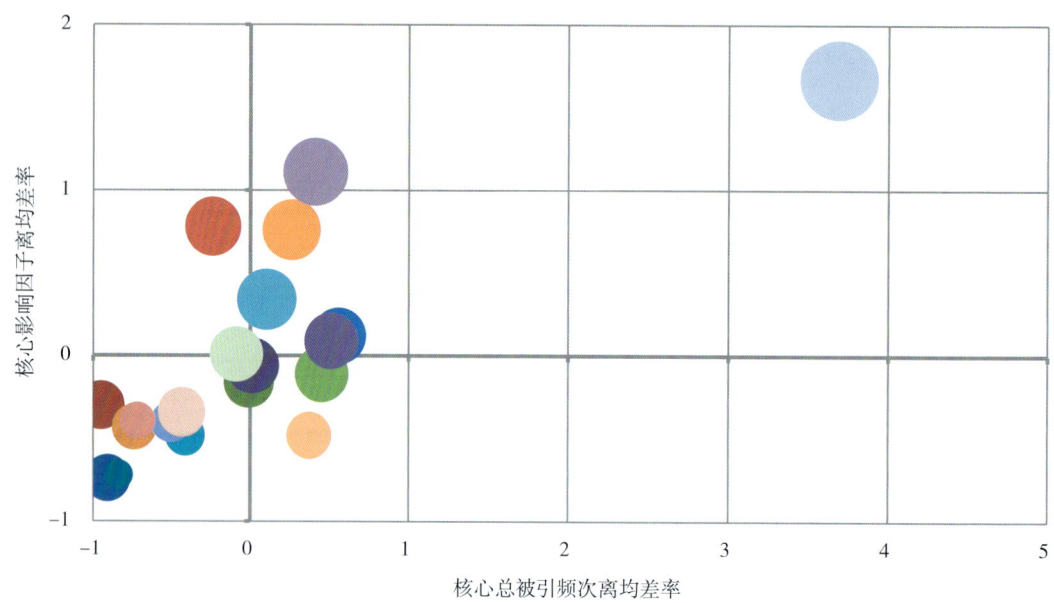

2016年农艺学类期刊核心总被引频次和核心影响因子离均差率的分布图（节点大小表示综合评价总分）

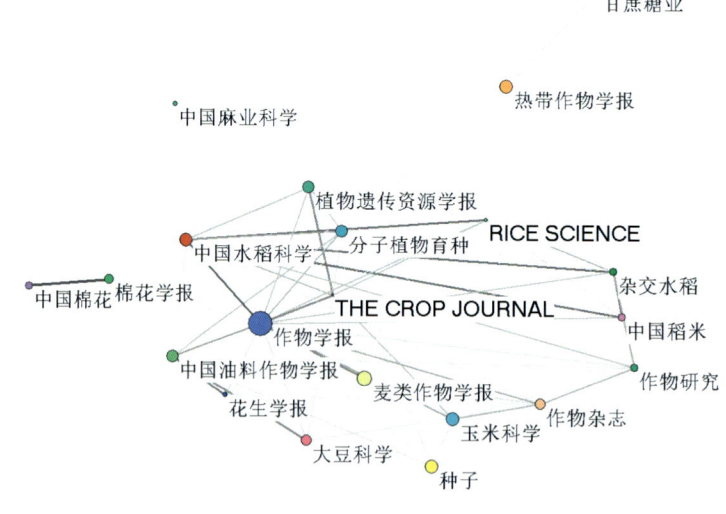

2016年农艺学类期刊互引关系示意图

表 7-24　2016 年农艺学类期刊主要指标

CODE	刊名	核心总被引频次			核心影响因子			综合评价总分		学科扩散指标	学科影响指标	红点指标
		数值	排名	离均差率	数值	排名	离均差率	数值	排名			
I065	RICE SCIENCE	128	20	-0.91	0.175	21	-0.74	34.00	14	3.19	0.67	0.84
H064	THE CROP JOURNAL	67	21	-0.95	0.471	13	-0.30	35.60	13	1.86	0.33	0.44
H038	大豆科学	1386	10	-0.01	0.564	11	-0.16	39.30	11	9.57	0.81	0.64
H845	分子植物育种	1418	9	0.01	0.632	9	-0.06	45.90	9	9.52	0.95	0.66
H844	甘蔗糖业	219	19	-0.84	0.190	20	-0.72	13.70	20	2.81	0.24	0.41
H665	花生学报	363	18	-0.74	0.379	17	-0.43	31.60	16	4.05	0.52	0.94
H748	麦类作物学报	2184	2	0.56	0.750	6	0.12	48.10	6	9.29	0.86	0.76
H037	棉花学报	1067	12	-0.24	1.193	3	0.78	52.40	5	6.48	0.76	0.78
H223	热带作物学报	2028	4	0.45	0.594	10	-0.11	48.10	6	14.00	0.86	0.43
H909	玉米科学	2116	3	0.51	0.732	7	0.09	47.70	8	8.29	0.86	0.92
H293	杂交水稻	818	13	-0.42	0.349	18	-0.48	26.00	17	4.62	0.67	0.95
H238	植物遗传资源学报	1768	7	0.26	1.180	4	0.76	54.90	4	8.57	0.90	0.74
H939	中国稻米	689	16	-0.51	0.402	16	-0.40	25.50	18	6.24	0.62	0.77
H212	中国麻业科学	390	17	-0.72	0.405	15	-0.39	20.10	19	4.14	0.48	0.33
H211	中国棉花	733	15	-0.48	0.474	12	-0.29	12.20	21	4.76	0.71	0.60
H020	中国水稻科学	1978	5	0.41	1.411	2	1.11	69.50	2	9.52	0.90	0.80
H205	中国油料作物学报	1544	8	0.10	0.895	5	0.34	55.30	3	10.00	0.76	0.71
H103	种子	1924	6	0.37	0.345	19	-0.48	33.50	15	11.00	0.95	0.67
H034	作物学报	6574	1	3.69	1.785	1	1.67	95.50	1	13.81	1.00	0.76
H410	作物研究	786	14	-0.44	0.442	14	-0.34	37.00	12	8.05	1.00	0.68
H202	作物杂志	1274	11	-0.09	0.678	8	0.01	45.90	9	9.33	0.95	0.73
	21 种期刊平均值	1403			0.669							

园艺学

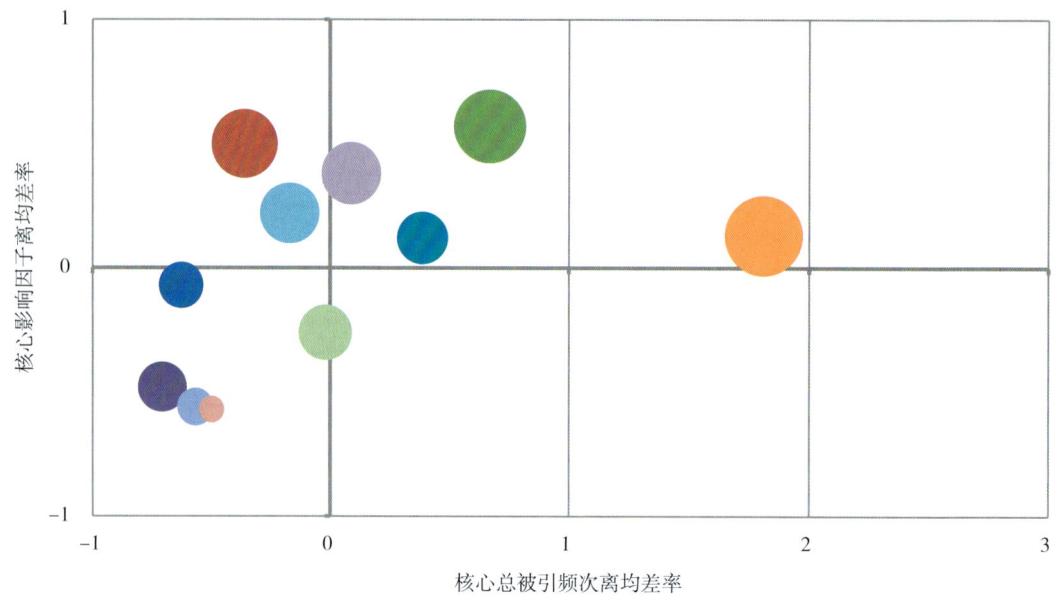

2016年园艺学类期刊核心总被引频次和核心影响因子离均差率的分布图(节点大小表示综合评价总分)

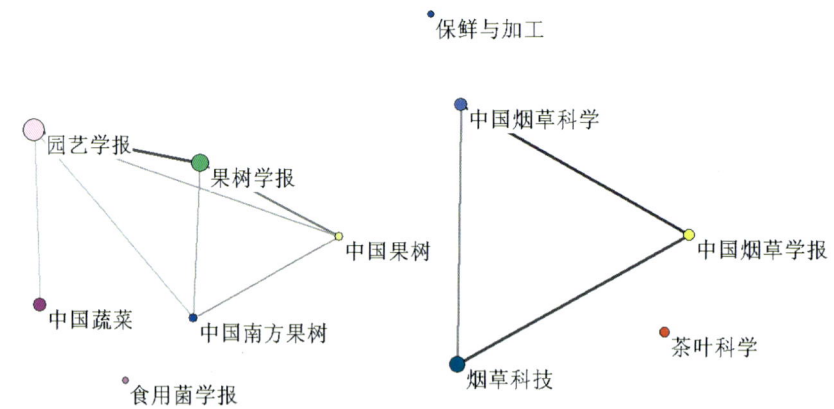

2016年园艺学类期刊互引关系示意图

表 7-25 2016年园艺学类期刊主要指标

CODE	刊名	核心总被引频次			核心影响因子			综合评价总分		学科扩散指标	学科影响指标	红点指标
		数值	排名	离均差率	数值	排名	离均差率	数值	排名			
U645	保鲜与加工	588	10	-0.63	0.696	7	-0.07	29.90	9	9.55	0.45	0.44
H001	茶叶科学	1018	7	-0.36	1.118	2	0.50	65.80	3	17.82	0.45	0.37
H028	果树学报	2664	2	0.67	1.173	1	0.57	75.50	2	19.27	0.82	0.63
H838	食用菌学报	467	11	-0.71	0.386	9	-0.48	34.90	8	10.82	0.27	0.05
U562	烟草科技	2210	3	0.39	0.838	6	0.12	38.50	7	17.18	0.36	0.59
H039	园艺学报	4467	1	1.81	0.845	5	0.13	89.30	1	24.45	1.00	0.74
H215	中国果树	683	9	-0.57	0.328	10	-0.56	20.00	10	11.18	0.64	0.81
H273	中国南方果树	796	8	-0.50	0.319	11	-0.57	10.20	11	10.27	0.55	0.52
H207	中国蔬菜	1561	5	-0.02	0.549	8	-0.26	43.50	6	18.18	0.73	0.38
H208	中国烟草科学	1736	4	0.09	1.027	3	0.38	55.00	4	13.64	0.45	0.71
U647	中国烟草学报	1327	6	-0.17	0.911	4	0.22	51.60	5	15.55	0.55	0.50
	11种期刊平均值	1592			0.745							

土壤学

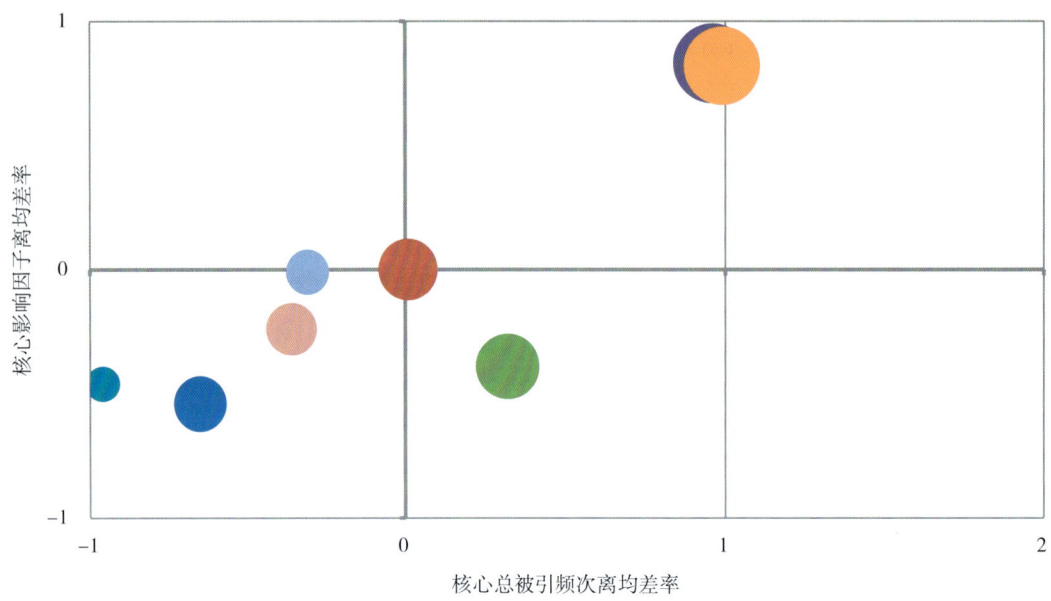

2016年土壤学类期刊核心总被引频次和核心影响因子离均差率的分布图（节点大小表示综合评价总分）

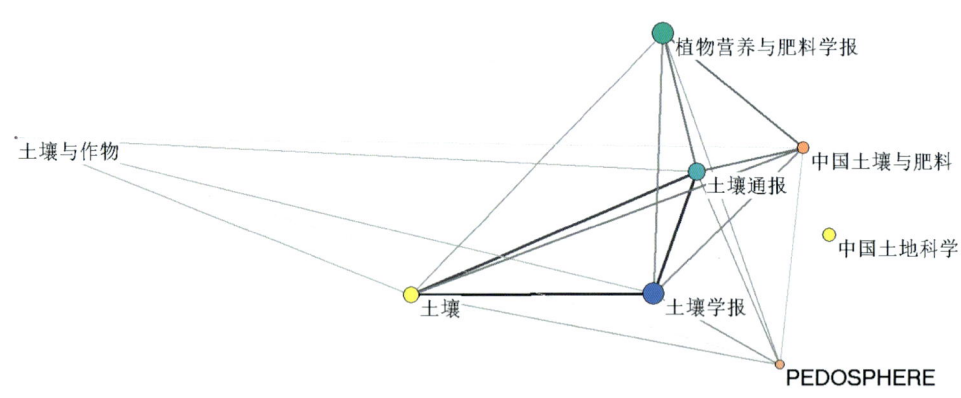

2016年土壤学类期刊互引关系示意图

表 7-26 2016 年土壤学类期刊主要指标

CODE	刊名	核心总被引频次			核心影响因子			综合评价总分		学科扩散指标	学科影响指标	红点指标
		数值	排名	离均差率	数值	排名	离均差率	数值	排名			
H046	PEDOSPHERE	930	7	-0.65	0.591	8	-0.54	40.50	5	28.63	0.88	0.08
H043	土壤	2712	4	0.01	1.274	3	0.00	49.00	4	39.50	1.00	0.50
H057	土壤通报	3534	3	0.32	0.777	6	-0.39	55.40	3	46.13	1.00	0.50
H012	土壤学报	5242	2	0.96	2.338	1	0.83	83.10	1	47.75	1.00	0.42
H048	土壤与作物	98	8	-0.96	0.686	7	-0.46	16.30	8	7.25	0.75	0.53
H890	植物营养与肥料学报	5325	1	0.99	2.318	2	0.82	80.30	2	32.88	0.88	0.56
H350	中国土地科学	1856	5	-0.31	1.259	4	-0.01	26.70	7	33.25	0.50	0.81
H233	中国土壤与肥料	1715	6	-0.36	0.972	5	-0.24	36.10	6	27.38	0.75	0.68
	8 种期刊平均值	2677			1.277							

植物保护学

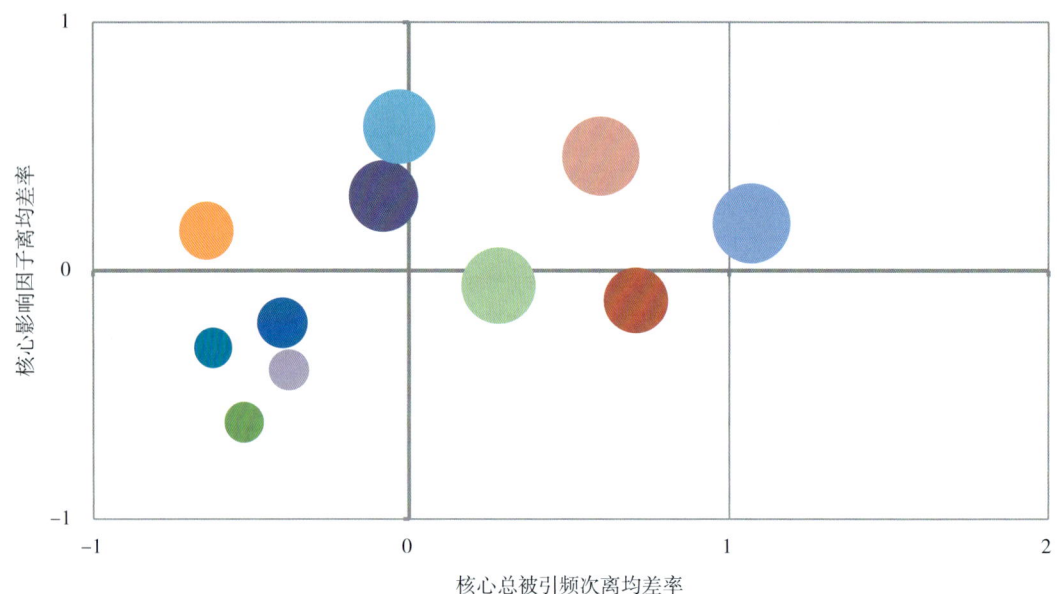

2016年植物保护学类期刊核心总被引频次和核心影响因子离均差率的分布图（节点大小表示综合评价总分）

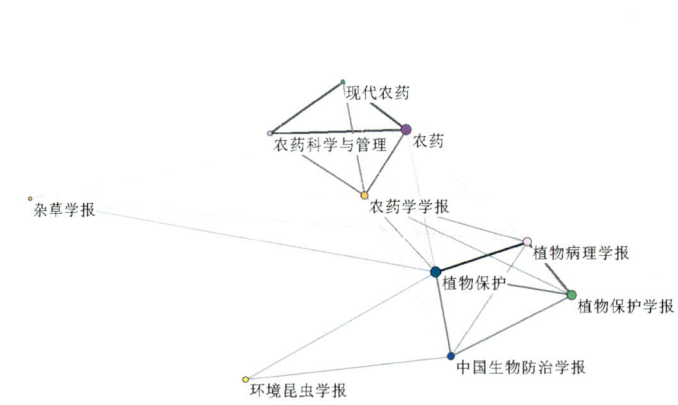

2016年植物保护学类期刊互引关系示意图

表 7-27 2016 年植物保护学类期刊主要指标

CODE	刊名	核心总被引频次			核心影响因子			综合评价总分		学科扩散指标	学科影响指标	红点指标
		数值	排名	离均差率	数值	排名	离均差率	数值	排名			
H049	环境昆虫学报	628	8	-0.40	0.479	8	-0.21	31.80	8	11.27	0.82	0.49
T034	农药	1787	2	0.71	0.532	7	-0.12	53.10	6	24.91	0.91	0.68
T924	农药科学与管理	502	9	-0.52	0.235	11	-0.61	20.60	10	13.36	0.82	0.64
H404	农药学学报	963	6	-0.08	0.790	3	0.30	62.90	5	18.91	1.00	0.71
H417	现代农药	395	10	-0.62	0.420	9	-0.34	20.70	9	10.64	0.91	0.84
H989	杂草学报	380	11	-0.64	0.703	5	0.16	41.30	7	7.09	0.82	0.40
H577	植物保护	2156	1	1.07	0.722	4	0.19	78.60	1	20.00	1.00	0.40
H014	植物保护学报	1670	3	0.60	0.886	2	0.46	77.10	2	16.18	1.00	0.43
H052	植物病理学报	1332	4	0.28	0.572	6	-0.06	70.80	3	16.91	0.91	0.36
H584	植物检疫	650	7	-0.38	0.362	10	-0.40	20.50	11	10.91	0.82	0.34
H044	中国生物防治学报	1011	5	0.03	0.960	1	0.58	67.60	4	16.00	0.82	0.38
	11 种期刊平均值	1043			0.606							

林学

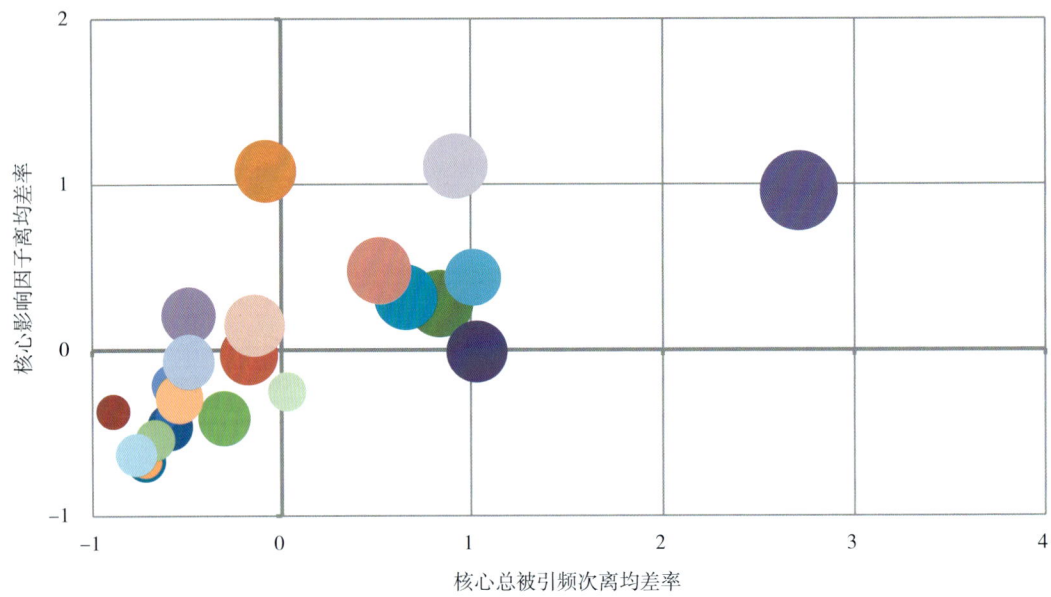

2016年林学类期刊核心总被引频次和核心影响因子离均差率的分布图（节点大小表示综合评价总分）

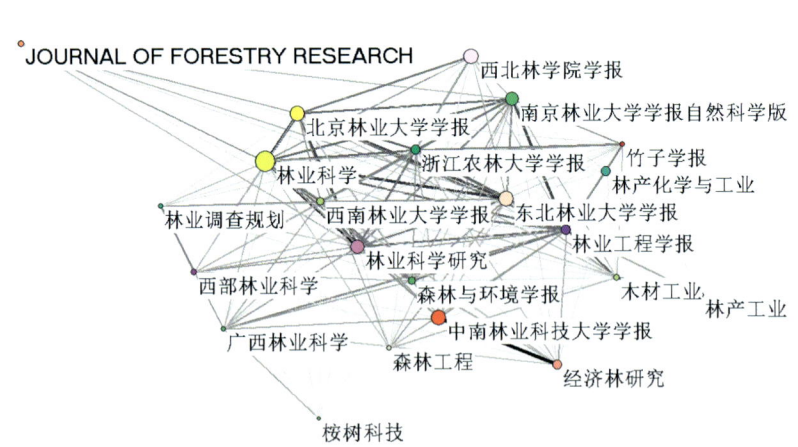

2016年林学类期刊互引关系示意图

表 7-28 2016 年林学类期刊主要指标

CODE	刊名	核心总被引频次			核心影响因子			综合评价总分		学科扩散指标	学科影响指标	红点指标
		数值	排名	离均差率	数值	排名	离均差率	数值	排名			
I018	JOURNAL OF FORESTRY RESEARCH	486	17	-0.59	0.298	19	-0.46	32.60	15	6.87	0.74	0.14
H340	桉树科技	128	23	-0.89	0.346	16	-0.37	18.00	21	1.87	0.61	0.53
H025	北京林业大学学报	2178	5	0.84	0.706	7	0.28	65.80	2	14.91	1.00	0.42
H262	东北林业大学学报	2395	2	1.03	0.546	10	-0.01	54.80	8	17.17	1.00	0.40
H364	广西林业科学	330	20	-0.72	0.184	22	-0.67	25.10	18	3.57	0.83	0.59
H266	经济林研究	1092	9	-0.08	1.144	2	1.08	57.40	6	7.78	0.78	0.58
U037	林产工业	463	18	-0.61	0.328	17	-0.40	7.60	23	3.83	0.87	0.32
T017	林产化学与工业	985	11	-0.17	0.534	11	-0.03	51.60	9	11.70	0.74	0.26
H740	林业工程学报	832	12	-0.30	0.323	18	-0.41	43.70	12	8.57	1.00	0.38
H280	林业科学	4387	1	2.71	1.078	3	0.96	92.60	1	16.57	1.00	0.50
H281	林业科学研究	1968	6	0.66	0.729	6	0.32	62.50	4	10.39	0.96	0.59
H102	林业调查规划	330	20	-0.72	0.182	23	-0.67	16.30	22	5.70	0.83	0.37
U533	木材工业	497	16	-0.58	0.433	13	-0.21	26.40	17	3.43	0.83	0.63
H033	南京林业大学学报自然科学版	1800	7	0.52	0.817	4	0.48	64.10	3	15.13	1.00	0.42
H382	森林工程	391	19	-0.67	0.252	20	-0.54	24.10	19	6.83	0.78	0.31
H051	森林与环境学报	608	13	-0.49	0.667	8	0.21	47.60	10	7.00	0.87	0.58
H224	西北林学院学报	2379	3	1.01	0.795	5	0.44	46.50	11	13.52	1.00	0.56
H385	西部林业科学	543	15	-0.54	0.391	15	-0.29	36.10	14	6.26	0.87	0.49
H270	西南林业大学学报	602	14	-0.49	0.513	12	-0.07	43.50	13	8.26	1.00	0.56
H019	浙江农林大学学报	1018	10	-0.14	0.631	9	0.15	56.00	7	10.61	0.91	0.68
V039	中国园林	1217	8	0.03	0.411	14	-0.25	22.60	20	7.91	0.70	0.99
H053	中南林业科技大学学报	2275	4	0.92	1.161	1	1.11	62.10	5	15.48	1.00	0.53
H026	竹子学报	273	22	-0.77	0.204	21	-0.63	27.00	16	3.91	0.78	0.39
	23 种期刊平均值	1182			0.551							

畜牧、兽医科学

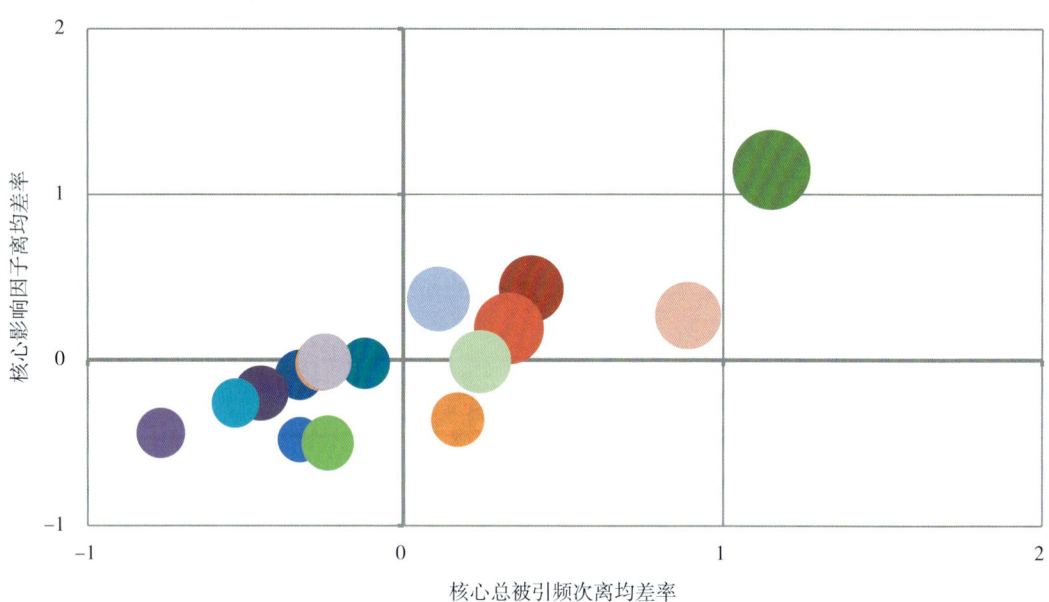

2016年畜牧、兽医科学类期刊核心总被引频次和核心影响因子离均差率的分布图
（节点大小表示综合评价总分）

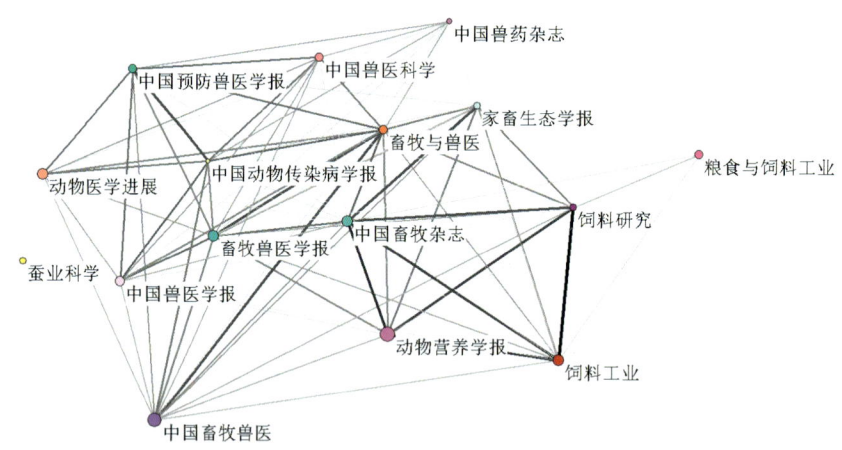

2016年畜牧、兽医科学类期刊互引关系示意图

表 7-29 2016 年畜牧、兽医科学类期刊主要指标

CODE	刊名	核心总被引频次			核心影响因子			综合评价总分		学科扩散指标	学科影响指标	红点指标
		数值	排名	离均差率	数值	排名	离均差率	数值	排名			
H009	蚕业科学	810	13	-0.33	0.402	10	-0.37	30.8	14	9.81	0.50	0.44
G775	动物医学进展	1695	3	0.40	0.632	2	-0.01	54.5	4	21.25	1.00	0.57
F231	动物营养学报	2600	1	1.15	0.954	1	0.49	77.9	1	13.50	0.94	0.77
H240	家畜生态学报	664	14	-0.45	0.354	11	-0.45	36.7	9	8.88	1.00	0.47
U055	粮食与饲料工业	1068	8	-0.12	0.436	8	-0.32	32.3	12	10.94	0.81	0.37
H862	饲料工业	1422	6	0.17	0.282	13	-0.56	36.2	11	12.75	0.88	0.66
H864	饲料研究	812	12	-0.33	0.231	15	-0.64	24.9	16	9.44	0.88	0.56
H023	畜牧兽医学报	1617	4	0.33	0.526	5	-0.18	62.7	2	12.94	1.00	0.65
H218	畜牧与兽医	916	9	-0.24	0.221	16	-0.66	37.1	8	11.38	1.00	0.45
H891	中国动物传染病学报	277	16	-0.77	0.247	14	-0.61	30.9	13	4.44	0.75	0.66
H317	中国兽药杂志	567	15	-0.53	0.330	12	-0.49	29.6	15	10.63	0.94	0.37
H326	中国兽医科学	895	11	-0.26	0.433	9	-0.32	36.5	10	10.13	0.94	0.63
H225	中国兽医学报	1343	7	0.11	0.606	3	-0.05	50.6	5	12.50	1.00	0.57
H294	中国畜牧兽医	2295	2	0.89	0.563	4	-0.12	55.3	3	17.88	1.00	0.63
H242	中国畜牧杂志	1506	5	0.24	0.438	7	-0.32	48.1	6	13.75	0.94	0.55
H099	中国预防兽医学报	906	10	-0.25	0.440	6	-0.31	39	7	7.75	1.00	0.54
	16 种期刊平均值	1212			0.443							

草原学

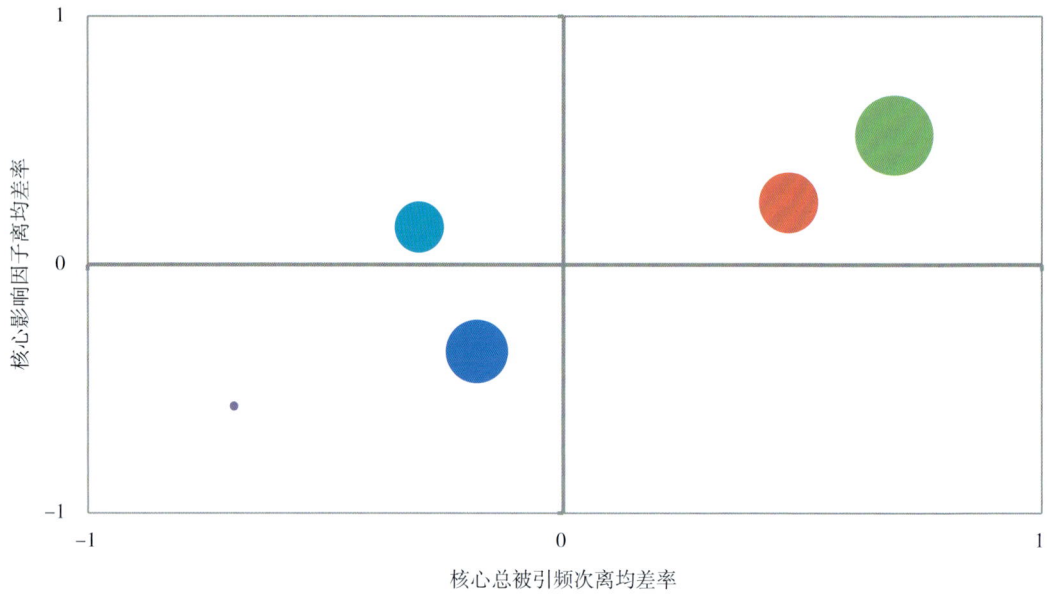

2016年草原学类期刊核心总被引频次和核心影响因子离均差率的分布图（节点大小表示综合评价总分）

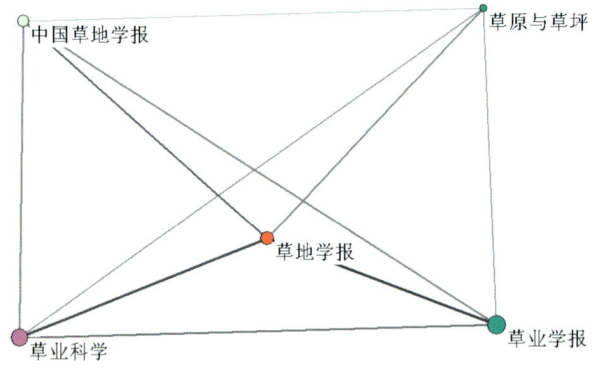

2016年草原学类期刊互引关系示意图

表 7-30 2016年草原学类期刊主要指标

CODE	刊名	核心总被引频次			核心影响因子			综合评价总分		学科扩散指标	学科影响指标	红点指标
		数值	排名	离均差率	数值	排名	离均差率	数值	排名			
H525	草地学报	1958	3	-0.18	0.786	4	-0.35	55	2	46.20	1.00	0.55
H234	草业科学	3500	2	0.47	1.508	2	0.25	50.9	3	60.20	1.00	0.43
H527	草业学报	4007	1	0.69	1.827	1	0.52	87.7	1	60.60	1.00	0.47
H538	草原与草坪	741	5	-0.69	0.516	5	-0.57	1.2	5	27.80	1.00	0.55
H213	中国草地学报	1662	4	-0.30	1.378	3	0.15	35.9	4	39.60	1.00	0.49
	5种期刊平均值	2374			1.203							

水产学

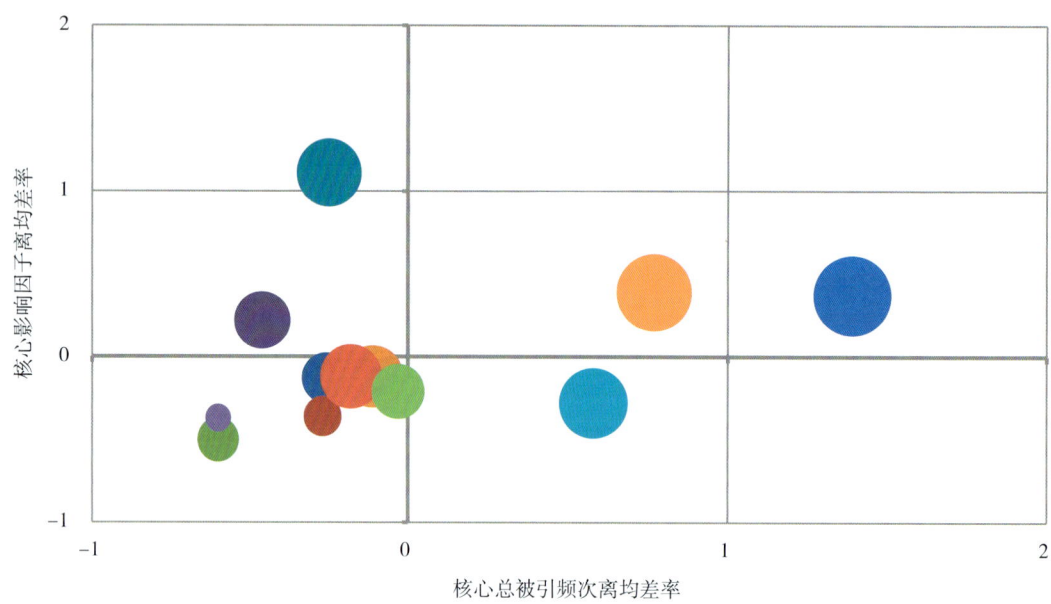

2016年水产学类期刊核心总被引频次和核心影响因子离均差率的分布图（节点大小表示综合评价总分）

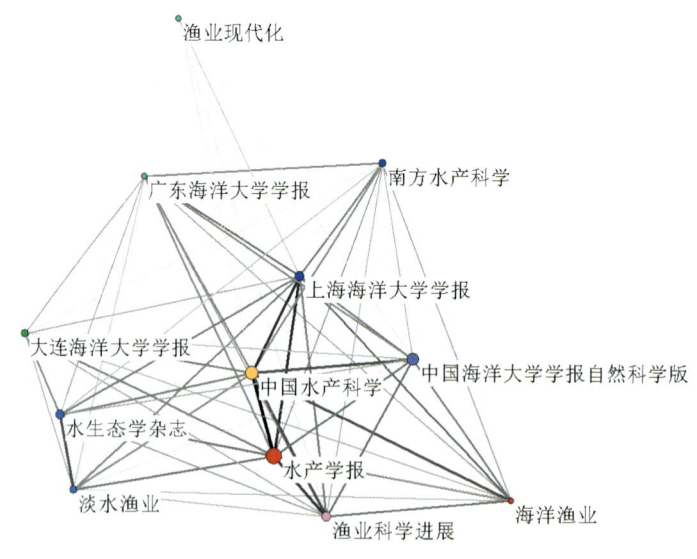

2016年水产学类期刊互引关系示意图

表 7-31 2016 年水产学类期刊主要指标

CODE	刊名	核心总被引频次			核心影响因子			综合评价总分		学科扩散指标	学科影响指标	红点指数
		数值	排名	离均差率	数值	排名	离均差率	数值	排名			
H005	大连海洋大学学报	813	8	-0.26	0.571	7	-0.13	30.50	9	13.83	1.00	0.41
H040	淡水渔业	794	9	-0.27	0.417	10	-0.36	18.90	11	10.08	1.00	0.40
H272	广东海洋大学学报	440	12	-0.60	0.329	12	-0.50	23.70	10	11.33	1.00	0.30
H284	海洋渔业	585	10	-0.46	0.799	4	0.22	38.60	7	7.92	1.00	0.32
H068	南方水产科学	823	7	-0.25	1.380	1	1.11	54.90	4	10.08	1.00	0.45
H292	上海海洋大学学报	969	5	-0.11	0.575	6	-0.12	45.50	6	16.08	1.00	0.32
H008	水产学报	2613	1	1.39	0.895	3	0.37	75.40	1	19.92	1.00	0.60
H850	水生态学杂志	899	6	-0.18	0.576	5	-0.12	48.70	5	16.25	1.00	0.43
H998	渔业科学进展	1061	4	-0.03	0.514	8	-0.21	35.30	8	12.83	1.00	0.61
H220	渔业现代化	441	11	-0.60	0.414	11	-0.37	9.10	12	9.42	1.00	0.27
E313	中国海洋大学学报自然科学版	1722	3	0.58	0.470	9	-0.28	58.20	3	37.83	1.00	0.40
H290	中国水产科学	1938	2	0.77	0.911	2	0.39	70.40	2	16.67	1.00	0.72
	12 种期刊平均值	1092			0.654							

医学综合

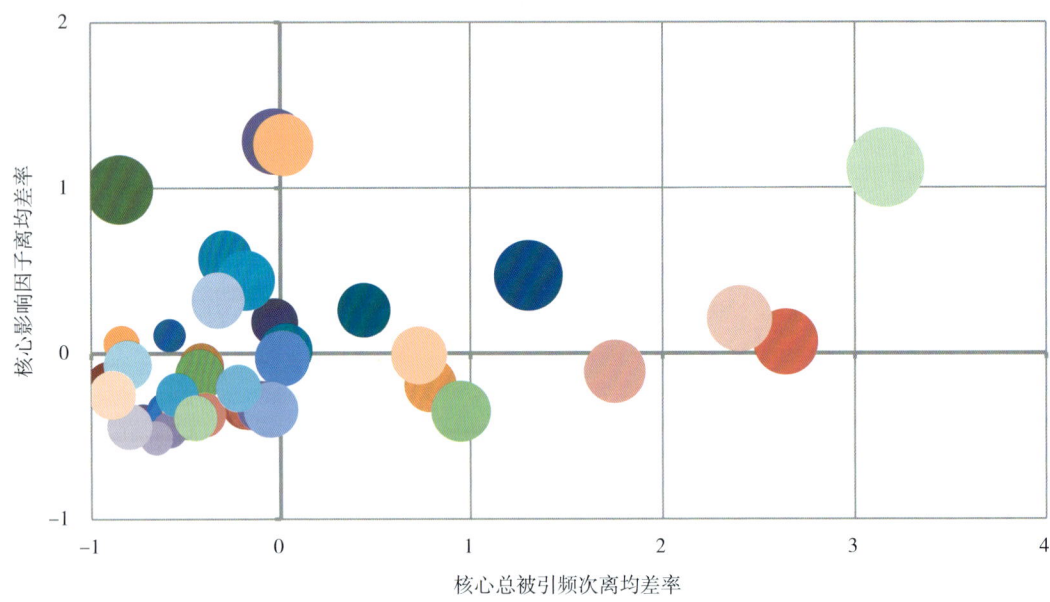

2016年医学综合类期刊核心总被引频次和核心影响因子离均差率的分布图（节点大小表示综合评价总分）

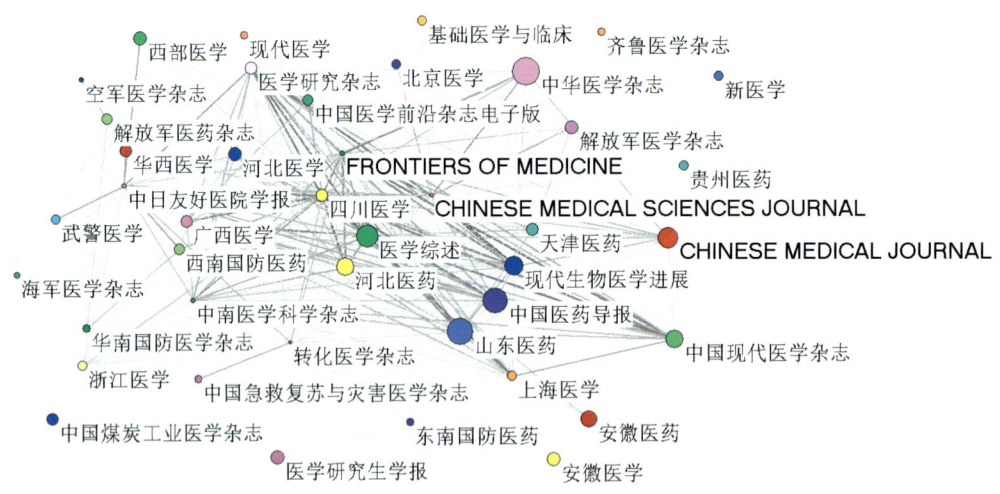

2016年医学综合类期刊互引关系示意图

表 7-32 2016 年医学综合类期刊主要指标

CODE	刊名	核心总被引频次			核心影响因子			综合评价总分		学科扩散指标	学科影响指标	红点指标
		数值	排名	离均差率	数值	排名	离均差率	数值	排名			
I201	CHINESE MEDICAL JOURNAL	4301	5	1.30	0.801	6	0.47	63.00	2	16.64	0.98	0.23
G126	CHINESE MEDICAL SCIENCES JOURNAL	185	42	-0.90	0.438	23	-0.20	33.90	20	3.07	0.33	0.30
I237	FRONTIERS OF MEDICINE	280	40	-0.85	1.083	4	0.99	61.30	3	4.55	0.43	0.31
G786	安徽医学	1819	13	-0.03	0.648	11	0.19	28.90	27	9.07	0.81	0.69
Q906	安徽医药	2696	9	0.44	0.684	9	0.26	38.20	16	11.48	0.79	0.65
G016	北京医学	1080	24	-0.42	0.502	19	-0.08	29.40	26	9.12	0.79	0.36
G944	东南国防医药	774	31	-0.59	0.607	12	0.11	14.20	41	4.83	0.67	0.58
G816	广西医学	1531	18	-0.18	0.384	28	-0.30	34.50	19	10.12	0.74	0.82
G808	贵州医药	929	28	-0.50	0.421	25	-0.23	17.70	36	6.55	0.62	0.68
G899	海军医学杂志	500	36	-0.73	0.320	39	-0.41	15.70	39	3.83	0.48	0.53
G641	河北医学	1927	10	0.03	0.554	15	0.02	37.10	18	9.05	0.71	0.64
G898	河北医药	3345	7	0.79	0.442	22	-0.19	37.60	17	12.31	0.90	0.71
G340	华南国防医学杂志	719	33	-0.61	0.352	33	-0.35	19.30	35	4.74	0.64	0.58
G294	华西医学	1570	17	-0.16	0.370	29	-0.32	27.30	29	10.64	0.83	0.60
G003	基础医学与临床	1073	25	-0.43	0.474	21	-0.13	33.60	21	9.24	0.71	0.62
G048	解放军医学杂志	1812	14	-0.03	1.243	1	1.28	55.50	6	10.67	0.83	0.67
G671	解放军医药杂志	1319	21	-0.29	0.855	5	0.57	41.70	12	7.48	0.71	0.76
Q907	空军医学杂志	304	39	-0.84	0.579	14	0.06	17.60	37	2.57	0.33	0.59
G759	齐鲁医学杂志	704	34	-0.62	0.344	36	-0.37	11.30	42	5.79	0.67	0.79
G511	山东医药	6797	2	2.64	0.585	13	0.07	56.20	5	15.57	0.95	0.75
G069	上海医学	960	27	-0.49	0.345	35	-0.37	32.20	23	8.86	0.79	0.51
G575	四川医学	1672	16	-0.10	0.369	30	-0.32	33.20	22	10.00	0.81	0.62
G076	天津医药	1525	19	-0.18	0.787	7	0.44	46.00	10	10.29	0.79	0.73
G707	武警医学	886	29	-0.53	0.349	34	-0.36	20.10	34	7.33	0.64	0.55
G588	西部医学	1891	12	0.01	0.529	17	-0.03	39.90	14	9.36	0.81	0.73
G312	西南国防医药	1126	23	-0.40	0.343	37	-0.37	24.90	32	8.05	0.83	0.81
F250	现代生物医学进展	3649	6	0.95	0.353	32	-0.35	47.30	9	17.81	0.93	0.70
G223	现代医学	767	32	-0.59	0.294	41	-0.46	16.80	38	6.17	0.60	0.76
G721	新医学	837	30	-0.55	0.411	26	-0.25	24.70	33	7.83	0.67	0.72
G281	医学研究生学报	1895	11	0.02	1.234	2	1.26	48.80	8	10.33	0.79	0.62
G480	医学研究杂志	1765	15	-0.05	0.357	31	-0.34	39.20	15	12.57	0.86	0.75
G860	医学综述	5132	4	1.75	0.487	20	-0.11	50.80	7	16.83	0.95	0.74
G810	浙江医学	1035	26	-0.45	0.334	38	-0.39	26.50	31	7.90	0.76	0.39
G852	中国急救复苏与灾害医学杂志	632	35	-0.66	0.266	42	-0.51	14.90	40	4.10	0.60	0.44
G582	中国煤炭工业医学杂志	1454	20	-0.22	0.433	24	-0.21	27.90	28	7.69	0.81	0.64
G237	中国现代医学杂志	3226	8	0.73	0.539	16	-0.01	42.90	11	14.33	0.90	0.69
G471	中国医学前沿杂志电子版	1253	22	-0.33	0.721	8	0.32	40.10	13	8.36	0.79	0.57
G644	中国医药导报	6349	3	2.40	0.658	10	0.21	56.50	4	15.90	0.90	0.66
G176	中华医学杂志	7763	1	3.16	1.156	3	1.12	81.50	1	17.38	1.00	0.45
G682	中南医学科学杂志	379	37	-0.80	0.304	40	-0.44	27.20	30	5.26	0.52	0.66

表 7-32　2016 年医学综合类期刊主要指标（续）

CODE	刊名	核心总被引频次			核心影响因子			综合评价总分		学科扩散指标	学科影响指标	红点指标
		数值	排名	离均差率	数值	排名	离均差率	数值	排名			
G180	中日友好医院学报	362	38	-0.81	0.507	18	-0.07	31.20	24	5.02	0.60	0.32
G407	转化医学杂志	209	41	-0.89	0.408	27	-0.25	29.80	25	3.33	0.45	0.64
	42 种期刊平均值	1867			0.545							

医药大学学报

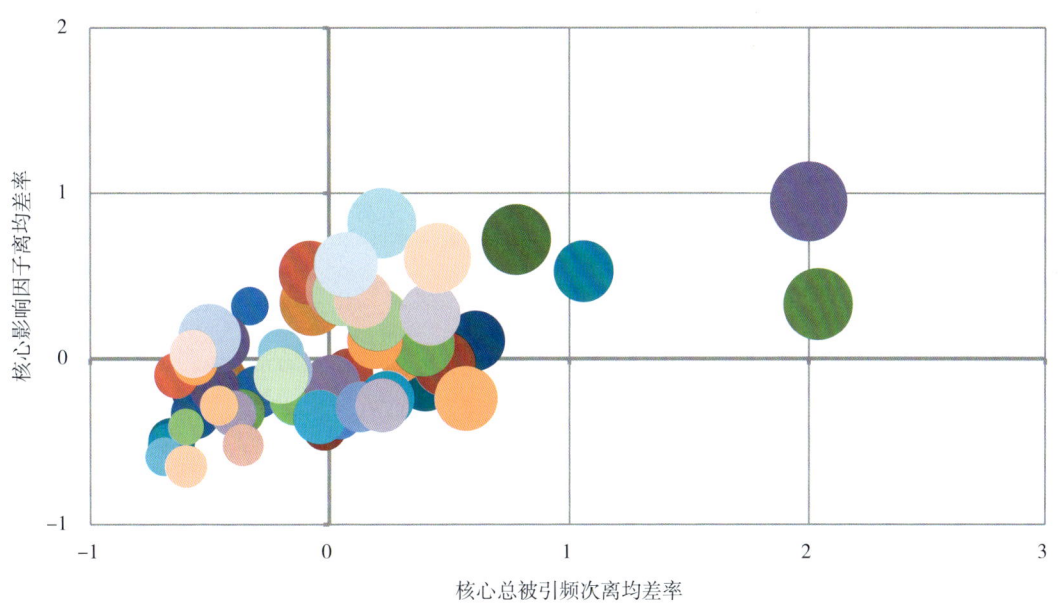

2016年医药大学学报类期刊核心总被引频次和核心影响因子离均差率的分布图
（节点大小表示综合评价总分）

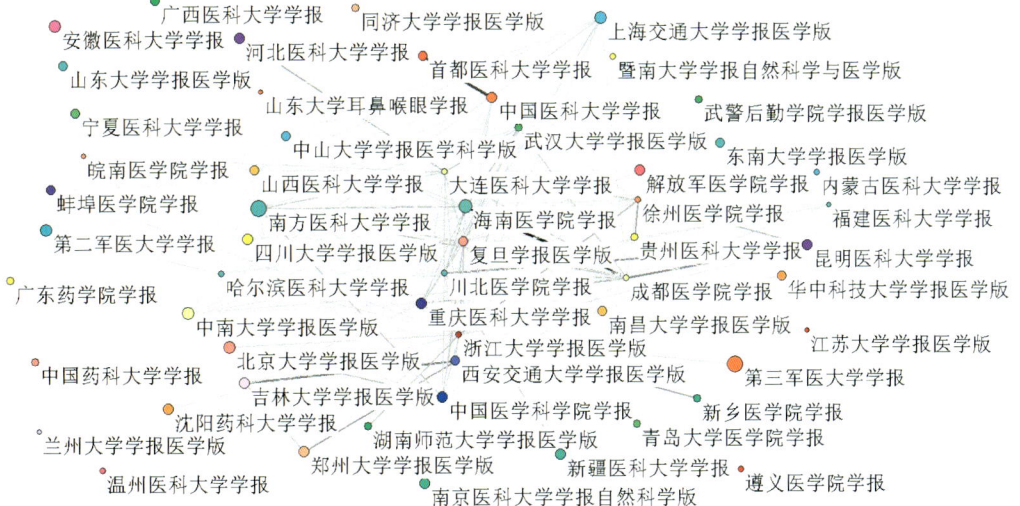

2016年医药大学学报类期刊互引关系示意图

表 7-33　2016 年医药大学学报类期刊主要指标

CODE	刊名	核心总被引频次			核心影响因子			综合评价总分		学科扩散指标	学科影响指标	红点指标
		数值	排名	离均差率	数值	排名	离均差率	数值	排名			
G012	安徽医科大学学报	1598	5	0.61	0.612	19	0.11	51.90	19	8.27	0.75	0.70
G741	蚌埠医学院学报	971	27	-0.02	0.321	51	-0.42	27.80	47	5.70	0.64	0.63
G002	北京大学学报医学版	1762	4	0.78	0.950	3	0.72	70.50	3	10.18	0.89	0.52
G670	成都医学院学报	438	47	-0.56	0.453	36	-0.18	36.60	33	3.82	0.23	0.59
G186	重庆医科大学学报	1393	10	0.40	0.481	33	-0.13	53.70	17	8.86	0.79	0.70
G432	川北医学院学报	558	42	-0.44	0.485	32	-0.12	31.10	42	3.89	0.32	0.64
G020	大连医科大学学报	434	48	-0.56	0.372	46	-0.33	36.20	34	4.48	0.36	0.64
G005	第二军医大学学报	1467	7	0.48	0.536	26	-0.03	58.80	11	9.27	0.66	0.63
G021	第三军医大学学报	3013	1	2.04	0.732	13	0.33	73.40	2	11.54	0.91	0.65
G057	东南大学学报医学版	945	29	-0.05	0.834	8	0.51	45.40	23	5.41	0.46	0.77
G024	福建医科大学学报	335	54	-0.66	0.275	52	-0.50	32.70	40	3.95	0.34	0.57
G068	复旦学报医学版	922	30	-0.07	0.737	12	0.34	63.70	6	7.59	0.61	0.63
G027	广东药学院学报	698	37	-0.30	0.444	37	-0.20	39.60	32	5.07	0.34	0.45
G028	广西医科大学学报	1073	21	0.08	0.501	29	-0.09	35.80	36	6.45	0.63	0.62
G031	贵州医科大学学报	630	40	-0.36	0.374	45	-0.32	28.60	46	4.84	0.41	0.71
G033	哈尔滨医科大学学报	519	45	-0.48	0.456	35	-0.17	36.20	34	5.04	0.43	0.60
G416	海南医学院学报	2048	3	1.06	0.846	6	0.53	53.60	18	5.73	0.48	0.80
G035	河北医科大学学报	1285	12	0.30	0.547	24	-0.01	26.00	50	6.02	0.43	0.69
G548	湖南师范大学学报医学版	663	38	-0.33	0.730	14	0.32	21.40	54	3.34	0.30	0.72
G077	华中科技大学学报医学版	917	31	-0.08	0.838	7	0.52	57.70	12	6.64	0.68	0.72
G014	吉林大学学报医学版	1380	11	0.39	0.602	21	0.09	59.90	8	8.14	0.66	0.62
A045	暨南大学学报自然科学与医学版	544	43	-0.45	0.606	20	0.10	49.20	20	5.77	0.43	0.20
G453	江苏大学学报医学版	328	55	-0.67	0.265	53	-0.52	27.00	48	3.46	0.36	0.69
G187	解放军医学院学报	1181	18	0.19	0.613	18	0.11	45.40	23	7.23	0.61	0.64
G053	昆明医科大学学报	1220	14	0.23	0.414	41	-0.25	42.10	27	7.00	0.63	0.63
G395	兰州大学学报医学版	357	53	-0.64	0.497	30	-0.10	29.70	45	3.04	0.25	0.70
G047	南昌大学学报医学版	857	32	-0.14	0.417	39	-0.24	40.00	31	6.63	0.68	0.63
G023	南方医科大学学报	2976	2	2.00	1.079	1	0.95	90.70	1	11.89	0.86	0.66
G058	南京医科大学学报自然科学版	1231	13	0.24	0.417	39	-0.24	43.90	26	7.64	0.66	0.63
G513	内蒙古医科大学学报	434	48	-0.56	0.542	25	-0.02	29.90	44	3.79	0.27	0.66
G665	宁夏医科大学学报	1028	24	0.04	0.362	48	-0.34	33.20	38	6.41	0.59	0.57
G061	青岛大学医学院学报	829	33	-0.16	0.536	26	-0.03	20.30	55	4.64	0.45	0.70
G742	山东大学耳鼻喉眼学报	392	52	-0.60	0.325	50	-0.41	18.80	56	2.61	0.27	0.46
G062	山东大学学报医学版	998	26	0.01	0.468	34	-0.15	46.70	22	7.00	0.57	0.61
G064	山西医科大学学报	950	28	-0.04	0.360	49	-0.35	41.40	28	7.27	0.57	0.66
G066	上海交通大学学报医学版	1556	6	0.57	0.421	38	-0.24	59.20	9	9.77	0.82	0.60
G071	沈阳药科大学学报	1120	20	0.13	0.391	44	-0.29	35.70	37	5.13	0.43	0.47
G073	首都医科大学学报	1019	25	0.03	0.783	9	0.42	56.00	15	7.09	0.57	0.60
G045	四川大学学报医学版	1191	17	0.20	0.684	16	0.24	57.40	14	8.30	0.75	0.59
G965	同济大学学报医学版	596	41	-0.40	0.369	47	-0.33	30.60	43	5.32	0.38	0.70

表 7-33　2016 年医药大学学报类期刊主要指标（续）

CODE	刊名	核心总被引频次			核心影响因子			综合评价总分		学科扩散指标	学科影响指标	红点指标
		数值	排名	离均差率	数值	排名	离均差率	数值	排名			
G996	皖南医学院学报	310	56	-0.69	0.225	55	-0.59	21.70	53	3.25	0.30	0.61
G702	温州医科大学学报	533	44	-0.46	0.398	42	-0.28	22.30	52	4.52	0.38	0.70
G038	武汉大学学报医学版	810	34	-0.18	0.514	28	-0.07	41.40	28	6.11	0.55	0.56
G771	武警后勤学院学报医学版	633	39	-0.36	0.263	54	-0.52	25.90	51	4.45	0.43	0.53
G081	西安交通大学学报医学版	1048	23	0.06	0.769	10	0.39	57.60	13	7.21	0.63	0.69
G980	新疆医科大学学报	1210	15	0.22	0.395	43	-0.28	41.30	30	7.27	0.61	0.47
G328	新乡医学院学报	796	35	-0.20	0.572	22	0.04	31.50	41	4.75	0.46	0.70
G565	徐州医学院学报	400	51	-0.60	0.192	56	-0.65	26.30	49	3.93	0.32	0.69
G091	浙江大学学报医学版	494	46	-0.50	0.630	17	0.14	58.90	10	5.32	0.50	0.62
G036	郑州大学学报医学版	1133	19	0.14	0.750	11	0.36	48.00	21	6.93	0.68	0.65
G120	中国药科大学学报	790	36	-0.20	0.496	31	-0.10	44.00	25	4.93	0.29	0.56
G123	中国医科大学学报	1410	9	0.42	0.702	15	0.27	55.80	16	7.89	0.68	0.66
G125	中国医学科学院学报	1209	16	0.22	1.004	2	0.82	70.30	4	8.86	0.75	0.63
G039	中南大学学报医学版	1440	8	0.45	0.891	4	0.61	68.50	5	9.54	0.77	0.56
G181	中山大学学报医学科学版	1062	22	0.07	0.866	5	0.57	60.40	7	7.34	0.59	0.65
G720	遵义医学院学报	424	50	-0.57	0.570	23	0.03	33.10	39	3.57	0.23	0.55
	56 种期刊平均值	992			0.552							

基础医学

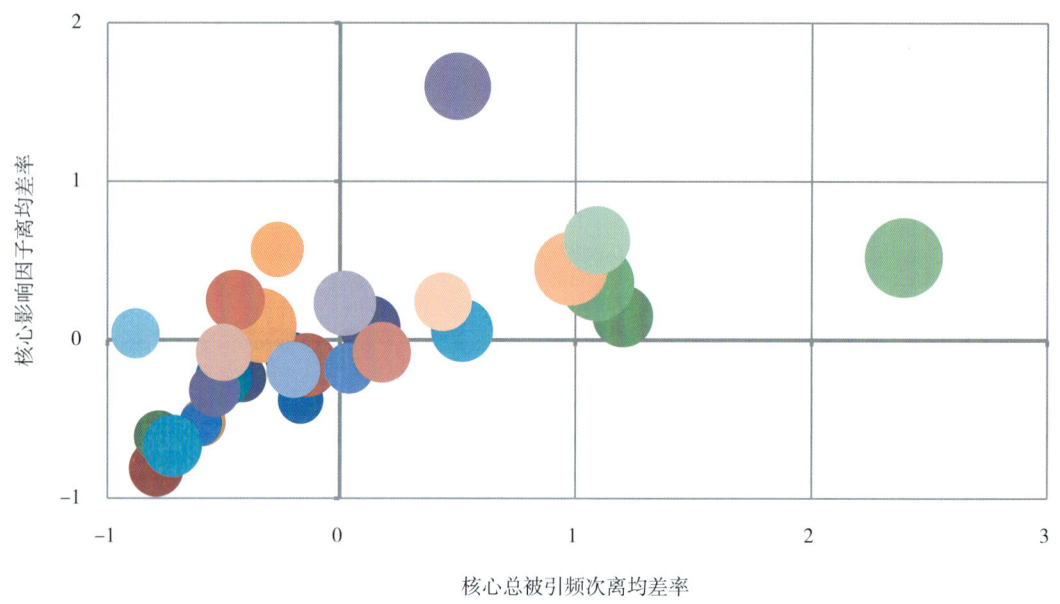

2016年基础医学类期刊核心总被引频次和核心影响因子离均差率的分布图（节点大小表示综合评价总分）

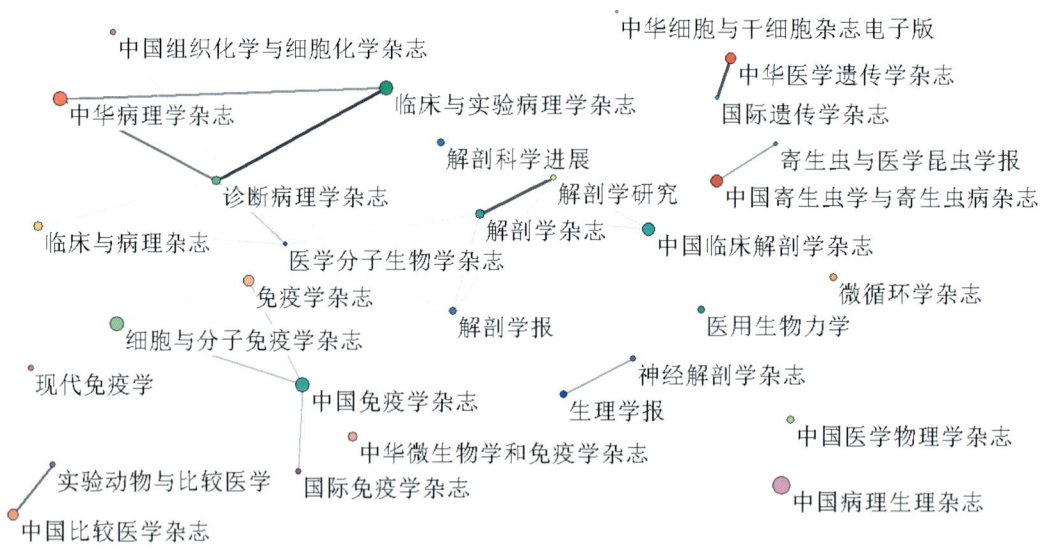

2016年基础医学类期刊互引关系示意图

表 7-34 2016年基础医学类期刊主要指标

CODE	刊名	核心总被引频次			核心影响因子			综合评价总分		学科扩散指标	学科影响指标	红点指标
		数值	排名	离均差率	数值	排名	离均差率	数值	排名			
G983	国际免疫学杂志	375	21	-0.49	0.425	19	-0.16	34.20	20	6.30	0.27	0.55
G984	国际遗传学杂志	153	29	-0.79	0.097	30	-0.81	35.10	18	3.50	0.17	0.44
G292	寄生虫与医学昆虫学报	160	28	-0.78	0.200	28	-0.61	28.70	24	1.80	0.07	0.18
G507	解剖科学进展	426	19	-0.42	0.386	22	-0.24	26.30	27	6.10	0.43	0.45
G049	解剖学报	580	16	-0.21	0.448	17	-0.12	31.60	22	7.00	0.40	0.85
G358	解剖学研究	300	25	-0.59	0.244	26	-0.52	25.50	28	5.17	0.33	0.46
G050	解剖学杂志	611	14	-0.17	0.313	25	-0.38	25.00	29	7.33	0.40	0.36
G350	临床与病理杂志	636	13	-0.14	0.428	18	-0.16	44.30	8	10.43	0.37	0.41
G274	临床与实验病理学杂志	1622	2	1.20	0.584	10	0.15	41.50	11	11.27	0.50	0.79
G056	免疫学杂志	834	10	0.13	0.547	12	0.08	42.70	10	10.70	0.47	0.55
G070	神经解剖学杂志	372	22	-0.50	0.386	22	-0.24	37.60	15	5.70	0.40	0.76
F001	生理学报	486	18	-0.34	0.556	11	0.09	59.90	3	8.50	0.40	0.49
G387	实验动物与比较医学	295	26	-0.60	0.241	27	-0.53	22.20	30	4.47	0.27	0.31
G210	微循环学杂志	403	20	-0.45	0.636	7	0.25	39.60	14	6.47	0.23	0.38
G188	细胞与分子免疫学杂志	1541	4	1.09	0.693	6	0.36	62.60	2	14.87	0.67	0.71
G067	现代免疫学	343	24	-0.54	0.344	24	-0.32	30.70	23	5.53	0.33	0.54
G333	医学分子生物学杂志	204	27	-0.72	0.168	29	-0.67	41.40	12	5.33	0.27	0.51
G088	医用生物力学	537	17	-0.27	0.798	3	0.57	33.40	21	5.53	0.20	0.48
G259	诊断病理学杂志	768	11	0.04	0.419	20	-0.18	28.50	25	7.83	0.33	0.72
F048	中国比较医学杂志	871	9	0.18	0.468	16	-0.08	39.90	13	10.10	0.50	0.57
G096	中国病理生理杂志	2503	1	2.39	0.774	4	0.52	69.50	1	17.47	0.77	0.59
G105	中国寄生虫学与寄生虫病杂志	1106	7	0.50	1.319	1	1.60	49.50	6	4.93	0.23	0.31
G108	中国临床解剖学杂志	1125	6	0.52	0.540	13	0.06	43.00	9	8.83	0.47	0.34
G111	中国免疫学杂志	1460	5	0.98	0.737	5	0.45	59.50	4	13.33	0.53	0.43
G622	中国医学物理学杂志	591	15	-0.20	0.411	21	-0.19	34.60	19	6.87	0.23	0.37
G134	中国组织化学与细胞化学杂志	368	23	-0.50	0.469	15	-0.08	35.60	17	6.27	0.43	0.52
G135	中华病理学杂志	1546	3	1.09	0.828	2	0.63	50.30	5	11.87	0.50	0.27
G165	中华微生物学和免疫学杂志	752	12	0.02	0.627	9	0.23	45.50	7	8.83	0.37	0.31
G470	中华细胞与干细胞杂志电子版	91	30	-0.88	0.528	14	0.04	27.20	26	1.63	0.10	0.63
G175	中华医学遗传学杂志	1066	8	0.44	0.631	8	0.24	37.10	16	8.53	0.43	0.31
	30种期刊平均值	738			0.508							

临床医学综合

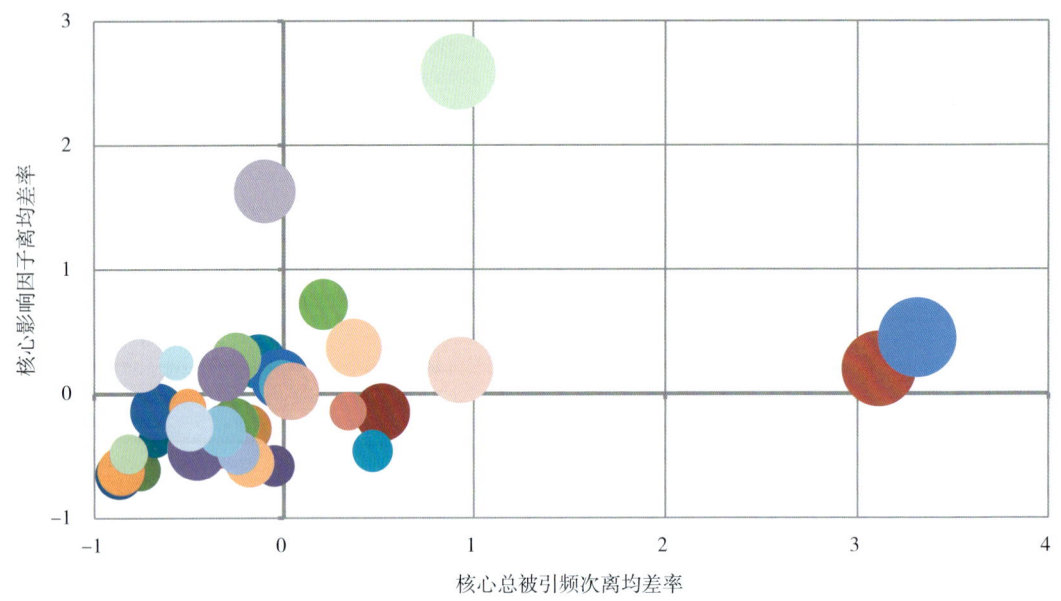

2016年临床医学综合类期刊核心总被引频次和核心影响因子离均差率的分布图（节点大小表示综合评价总分）

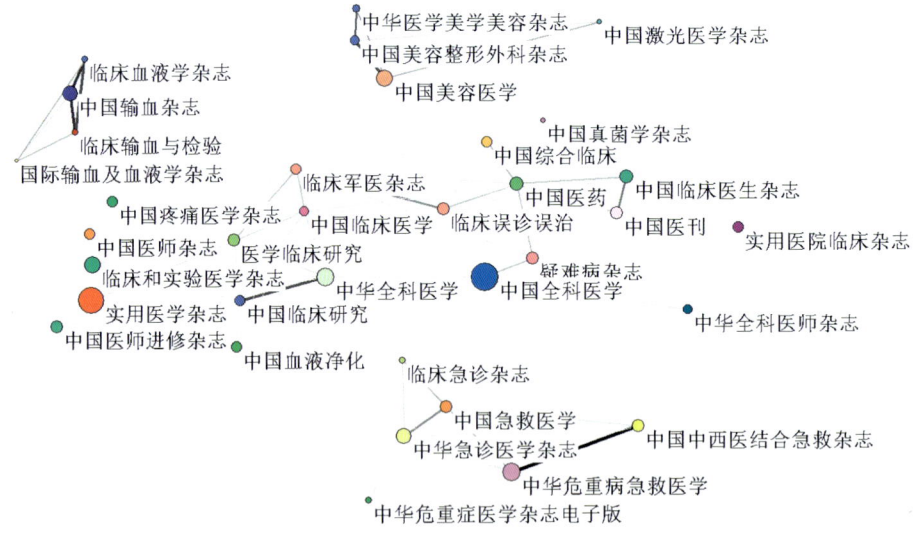

2016年临床医学综合类期刊互引关系示意图

表 6-35　2016 年临床医学综合类期刊主要指标

CODE	刊名	核心总被引频次			核心影响因子			综合评价总分		学科扩散指标	学科影响指标	红点指标
		数值	排名	离均差率	数值	排名	离均差率	数值	排名			
B525	国际输血及血液学杂志	225	35	-0.87	0.261	35	-0.65	26.20	22	3.20	0.31	0.66
G664	临床和实验医学杂志	2693	5	0.52	0.624	19	-0.15	36.00	10	14.26	0.80	0.68
G345	临床急诊杂志	420	31	-0.76	0.286	33	-0.61	19.50	28	5.34	0.69	0.68
G881	临床军医杂志	1235	21	-0.31	0.501	24	-0.32	37.50	8	10.26	0.71	0.56
G797	临床输血与检验	564	30	-0.68	0.468	25	-0.37	13.20	35	3.91	0.34	0.44
G942	临床误诊误治	1445	17	-0.19	0.529	22	-0.28	26.10	23	9.34	0.71	0.89
G293	临床血液学杂志	593	29	-0.67	0.638	17	-0.14	34.00	13	6.29	0.51	0.54
G324	实用医学杂志	7298	2	3.11	0.883	10	0.20	61.60	3	19.23	1.00	0.55
G760	实用医院临床杂志	1323	20	-0.26	0.558	20	-0.24	28.60	17	10.74	0.71	0.58
G545	医学临床研究	1682	13	-0.05	0.311	32	-0.58	18.90	30	10.83	0.83	0.60
G455	疑难病杂志	1547	15	-0.13	0.927	7	0.26	32.60	14	9.37	0.71	0.76
R013	中国激光医学杂志	243	34	-0.86	0.279	34	-0.62	25.70	25	3.17	0.23	0.58
G241	中国急救医学	1734	12	-0.02	0.829	13	0.12	38.40	7	9.46	0.77	0.64
G754	中国临床研究	1152	24	-0.35	0.462	26	-0.37	35.00	12	10.00	0.60	0.72
G814	中国临床医生杂志	2157	9	0.21	1.268	3	0.72	27.90	19	10.49	0.74	0.52
G974	中国临床医学	967	25	-0.46	0.409	27	-0.45	40.70	6	10.71	0.74	0.58
G428	中国美容医学	2615	6	0.47	0.400	28	-0.46	19.10	29	10.31	0.63	0.48
G297	中国美容整形外科杂志	867	27	-0.51	0.655	16	-0.11	15.70	33	4.09	0.49	0.46
G776	中国全科医学	7658	1	3.31	1.068	4	0.45	68.70	1	18.37	0.89	0.72
G796	中国输血杂志	2376	8	0.34	0.634	18	-0.14	15.90	32	6.91	0.57	0.46
G521	中国疼痛医学杂志	1333	19	-0.25	0.950	6	0.29	28.10	18	8.03	0.54	0.37
G633	中国血液净化	1200	22	-0.32	0.853	12	0.16	32.20	15	6.74	0.71	0.64
G809	中国医刊	1761	11	-0.01	0.796	14	0.08	24.40	26	10.51	0.66	0.54
G306	中国医师进修杂志	1458	16	-0.18	0.334	31	-0.55	27.60	21	10.20	0.77	0.69
G313	中国医师杂志	1345	18	-0.24	0.393	29	-0.47	20.80	27	10.94	0.74	0.45
G519	中国医药	1842	10	0.04	0.754	15	0.02	35.10	11	9.34	0.71	0.67
H067	中国真菌学杂志	324	33	-0.82	0.385	30	-0.48	16.80	31	3.71	0.29	0.28
G843	中国中西医结合急救杂志	1607	14	-0.10	1.942	2	1.63	43.90	5	6.26	0.57	0.62
G667	中国综合临床	1186	23	-0.33	0.520	23	-0.30	27.80	20	8.89	0.69	0.69
G555	中华急诊医学杂志	2440	7	0.37	1.011	5	0.37	36.50	9	10.49	0.77	0.51
G526	中华全科医师杂志	892	26	-0.50	0.549	21	-0.26	26.10	23	7.94	0.46	0.62
G515	中华全科医学	3429	3	0.93	0.877	11	0.19	47.60	4	14.17	0.83	0.63
G116	中华危重病急救医学	3413	4	0.92	2.652	1	2.59	62.80	2	11.06	0.89	0.61
G761	中华危重症医学杂志电子版	418	32	-0.76	0.910	9	0.23	30.70	16	4.89	0.57	0.52
G489	中华医学美学美容杂志	763	28	-0.57	0.922	8	0.25	13.30	34	3.46	0.40	0.28
	35 种期刊平均值	1777			0.738							

临床诊断学

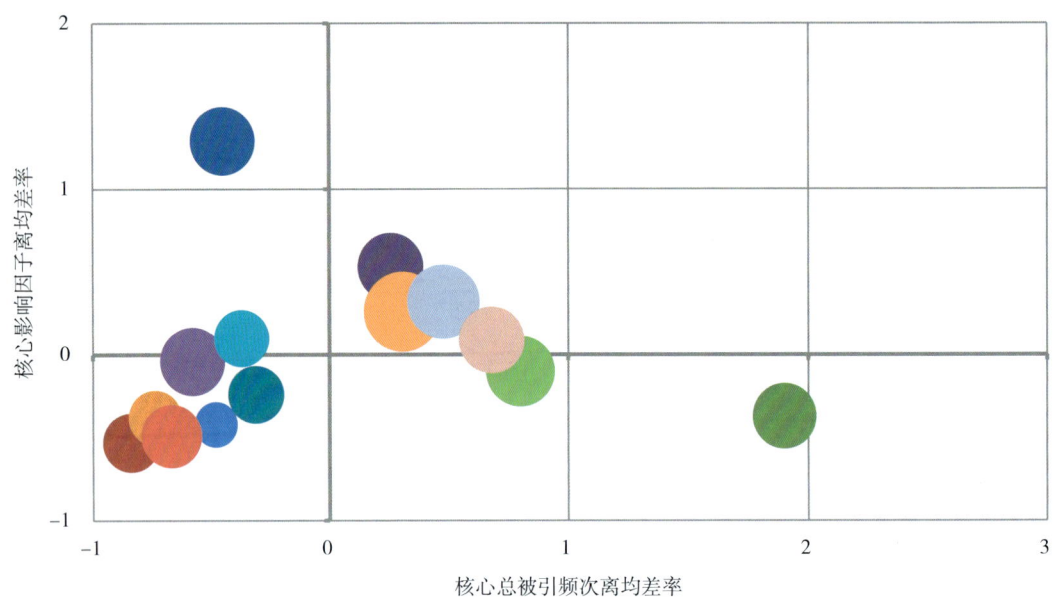

2016年临床诊断学类期刊核心总被引频次和核心影响因子离均差率的分布图（节点大小表示综合评价总分）

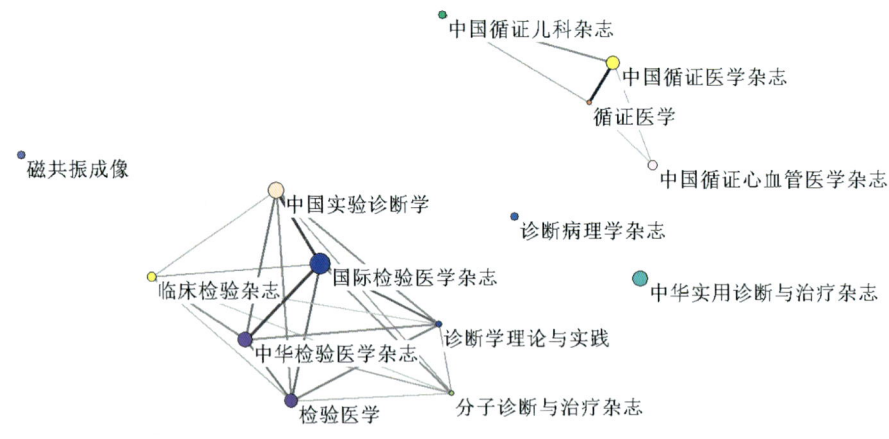

2016年临床诊断学类期刊互引关系示意图

表 7-36　2016年临床诊断学类期刊主要指标

CODE	刊名	核心总被引频次			核心影响因子			综合评价总分		学科扩散指标	学科影响指标	红点指标
		数值	排名	离均差率	数值	排名	离均差率	数值	排名			
G552	磁共振成像	818	9	-0.45	1.658	1	1.29	46.10	4	12.93	0.29	0.81
G556	分子诊断与治疗杂志	243	14	-0.84	0.342	14	-0.53	34.20	10	10.21	0.57	0.46
G362	国际检验医学杂志	4295	1	1.90	0.457	10	-0.37	42.10	8	39.00	0.93	0.53
G638	检验医学	1863	6	0.26	1.111	2	0.53	45.60	6	27.79	0.79	0.56
G204	临床检验杂志	1020	7	-0.31	0.549	9	-0.24	32.70	11	20.36	0.79	0.43
G627	循证医学	391	13	-0.74	0.448	11	-0.38	29.70	13	15.14	0.36	0.58
G259	诊断病理学杂志	768	10	-0.48	0.419	12	-0.42	20.40	14	16.79	0.57	0.72
G615	诊断学理论与实践	490	12	-0.67	0.371	13	-0.49	39.30	9	18.00	0.57	0.59
G853	中国实验诊断学	2660	2	0.80	0.650	8	-0.10	49.20	3	35.50	0.79	0.19
G756	中国循证儿科杂志	622	11	-0.58	0.695	7	-0.04	46.10	4	15.21	0.50	0.52
G645	中国循证心血管医学杂志	930	8	-0.37	0.800	5	0.10	32.40	12	17.86	0.50	0.57
G396	中国循证医学杂志	1946	5	0.31	0.910	4	0.26	63.20	1	31.79	0.79	0.79
G174	中华检验医学杂志	2198	4	0.48	0.958	3	0.32	54.40	2	27.64	0.93	0.47
G367	中华实用诊断与治疗杂志	2487	3	0.68	0.788	6	0.09	43.70	7	32.00	0.79	0.42
	14种期刊平均值	1481			0.725							

保健医学

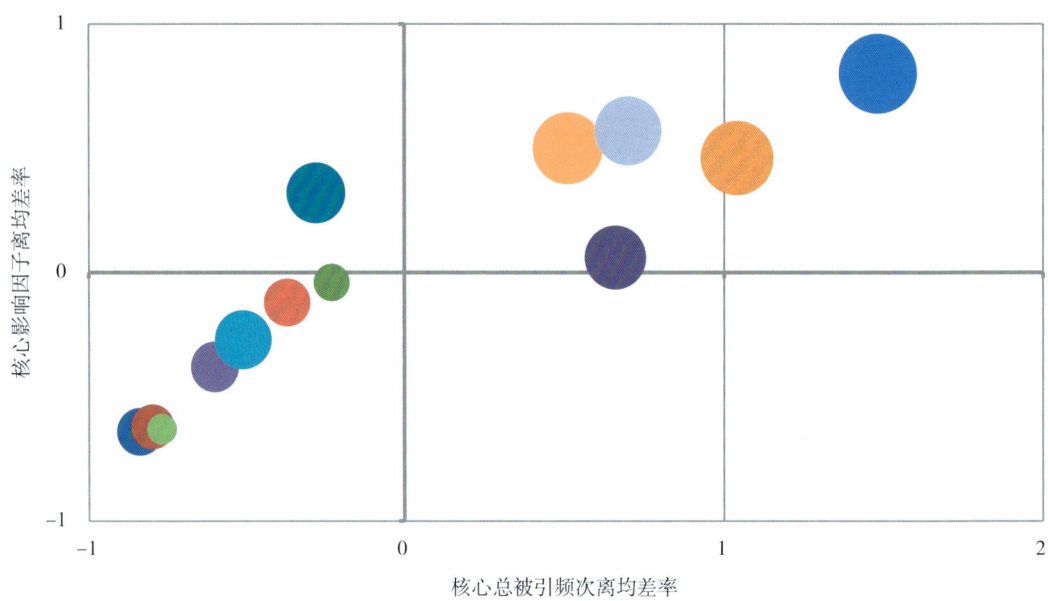

2016年保健医学类期刊核心总被引频次和核心影响因子离均差率的分布图
（节点大小表示综合评价总分）

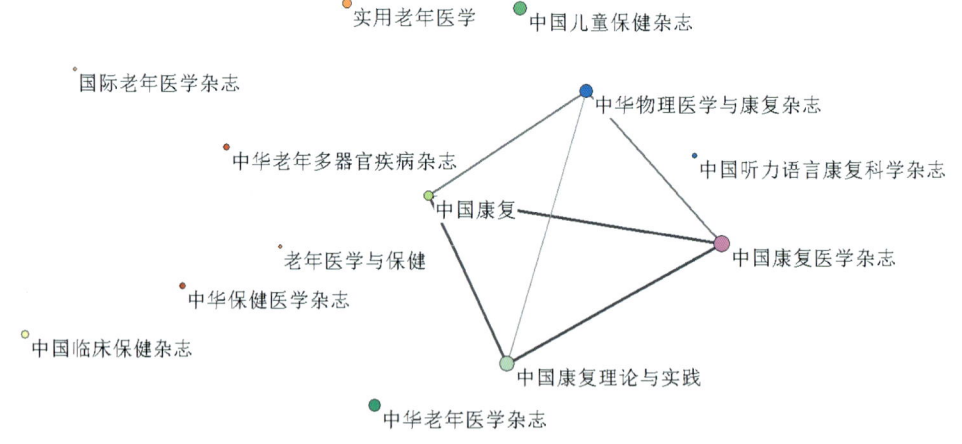

2016年保健医学类期刊互引关系示意图

表 7-37 2016 年保健医学类期刊主要指标

CODE	刊名	核心总被引频次			核心影响因子			综合评价总分		学科扩散指标	学科影响指标	红点指标
		数值	排名	离均差率	数值	排名	离均差率	数值	排名			
G496	国际老年医学杂志	180	13	-0.84	0.205	13	-0.68	31.6	9	8.77	0.31	0.46
G628	老年医学与保健	226	12	-0.80	0.219	11	-0.66	27.9	11	8.92	0.85	0.43
G700	实用老年医学	888	6	-0.23	0.550	7	-0.14	19.3	12	18.15	0.69	0.41
G825	中国儿童保健杂志	1914	4	0.66	0.611	6	-0.05	56.2	5	23.92	0.46	0.62
G323	中国康复	832	7	-0.28	0.761	5	0.19	51.6	6	16.38	0.69	0.62
G400	中国康复理论与实践	2352	2	1.04	0.839	4	0.31	77	2	29.92	1.00	0.76
G106	中国康复医学杂志	2860	1	1.48	1.034	1	0.61	88.6	1	30.00	0.85	0.35
G447	中国临床保健杂志	731	8	-0.37	0.508	8	-0.21	31.6	9	18.31	0.62	0.41
G437	中国听力语言康复科学杂志	269	11	-0.77	0.214	12	-0.67	12.7	13	4.23	0.46	0.31
G502	中华保健医学杂志	463	10	-0.60	0.359	10	-0.44	35.5	8	16.00	0.69	0.35
G639	中华老年多器官疾病杂志	560	9	-0.51	0.420	9	-0.34	48.7	7	19.15	0.77	0.53
G150	中华老年医学杂志	1745	5	0.51	0.860	3	0.34	71.3	3	29.77	0.85	0.50
G166	中华物理医学与康复杂志	1955	3	0.70	0.901	2	0.41	66.1	4	24.08	0.69	0.42
	13 种期刊平均值	1152			0.575							

内科学综合

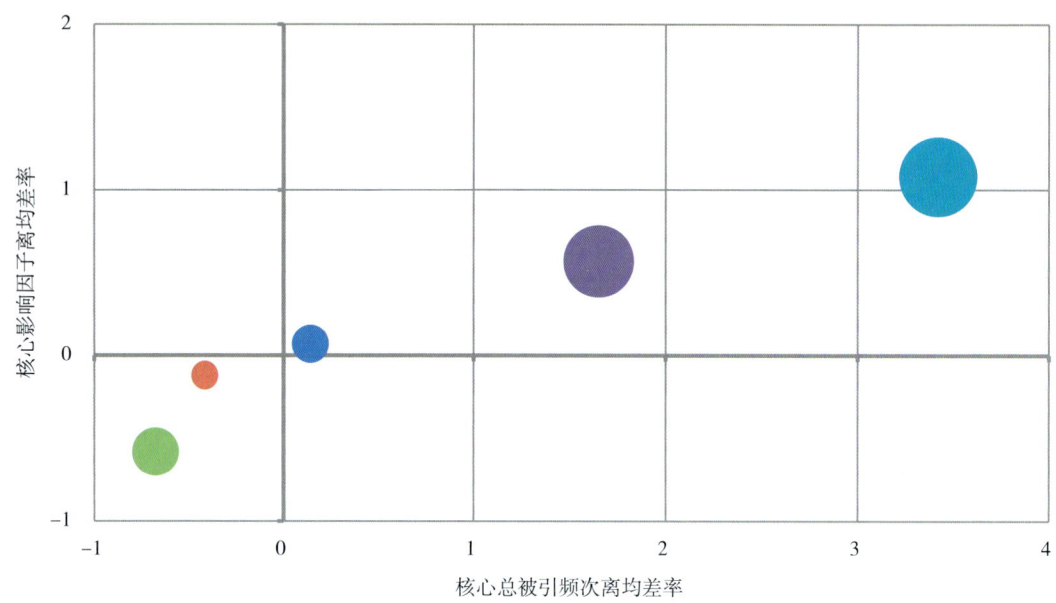

2016年内科学综合类期刊核心总被引频次和核心影响因子离均差率的分布图（节点大小表示综合评价总分）

2016年内科学综合类期刊互引关系示意图

表 7-38 2016年内科学综合类期刊主要指标

CODE	刊名	核心总被引频次			核心影响因子			综合评价总分		学科扩散指标	学科影响指标	红点指标
		数值	排名	离均差率	数值	排名	离均差率	数值	排名			
G257	临床内科杂志	981	3	-0.38	0.684	3	-0.11	20.60	4	59.80	0.40	0.34
G662	内科急危重症杂志	504	4	-0.68	0.566	4	-0.27	11.70	5	40.40	1.00	0.46
G523	内科理论与实践	274	5	-0.83	0.267	5	-0.65	32.50	3	34.80	0.80	0.57
G267	中国实用内科杂志	2281	2	0.45	1.007	2	0.30	72.20	2	93.80	0.80	0.37
G156	中华内科杂志	3813	1	1.43	1.336	1	0.73	89.20	1	108.00	1.00	0.16
	5种期刊平均值	1571			0.772							

心血管病学

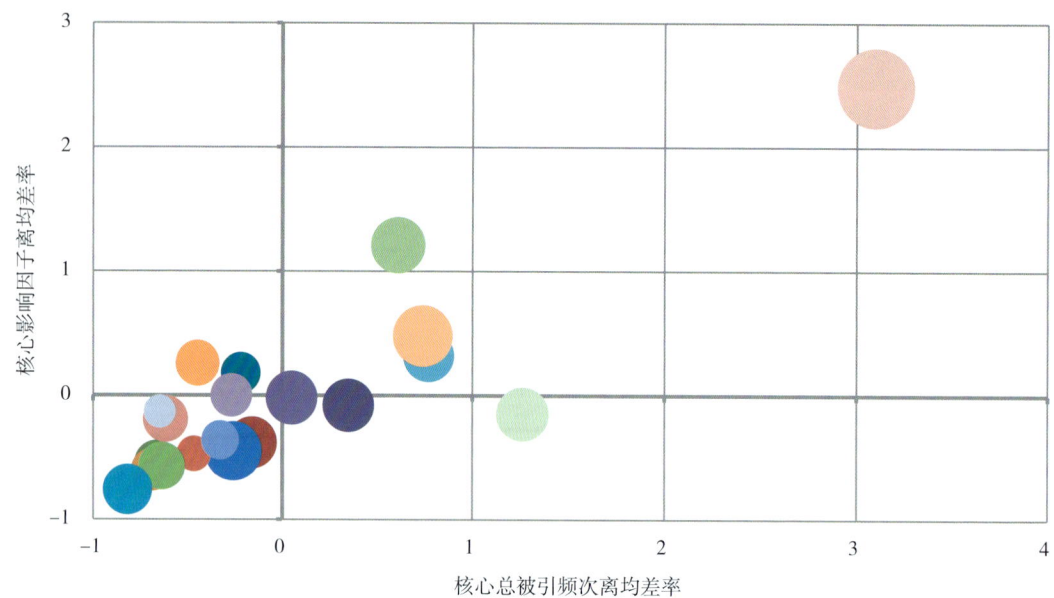

2016年心血管病学期刊核心总被引频次和核心影响因子离均差率的分布图（节点大小表示综合评价总分）

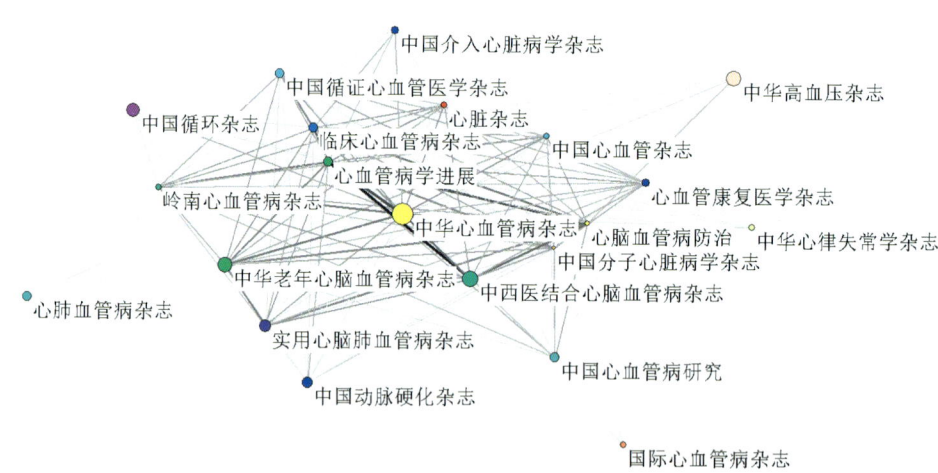

2016年心血管病学类期刊互引关系示意图

表 7-39　2016 年心血管病学类期刊主要指标

CODE	刊名	核心总被引频次			核心影响因子			综合评价总分		学科扩散指标	学科影响指标	红点指标
		数值	排名	离均差率	数值	排名	离均差率	数值	排名			
G940	国际心血管病杂志	469	16	-0.63	0.643	13	-0.20	21.80	18	7.95	0.86	0.65
G261	临床心血管病杂志	1075	8	-0.16	0.496	15	-0.38	37.60	9	13.81	0.95	0.70
G491	岭南心血管病杂志	426	19	-0.67	0.367	18	-0.54	27.00	14	7.95	0.86	0.69
G766	实用心脑肺血管病杂志	1718	6	0.35	0.735	9	-0.08	39.30	7	15.86	0.81	0.77
G083	心肺血管病杂志	995	9	-0.22	0.944	6	0.18	23.70	17	11.81	0.95	0.59
G476	心脑血管病防治	391	20	-0.69	0.320	20	-0.60	25.40	16	8.90	0.76	0.61
G419	心血管病学进展	947	10	-0.26	0.440	16	-0.45	49.10	3	15.29	1.00	0.75
G578	心血管康复医学杂志	672	14	-0.47	0.424	17	-0.47	17.70	20	9.43	0.90	0.83
G260	心脏杂志	466	17	-0.64	0.347	19	-0.57	31.80	11	10.19	0.90	0.66
G234	中国动脉硬化杂志	1336	7	0.05	0.785	8	-0.02	40.10	6	15.19	0.90	0.68
G402	中国分子心脏病学杂志	230	21	-0.82	0.192	21	-0.76	35.80	10	6.76	0.86	0.56
G239	中国介入心脏病学杂志	708	13	-0.45	1.009	5	0.26	29.50	13	8.57	1.00	0.82
G718	中国心血管病研究	860	12	-0.33	0.514	14	-0.36	21.30	19	10.57	0.81	0.71
G380	中国心血管杂志	480	15	-0.62	0.649	12	-0.19	30.10	12	9.24	0.90	0.81
G119	中国循环杂志	2060	5	0.61	1.773	2	1.21	43.80	4	17.43	1.00	0.71
G645	中国循证心血管医学杂志	930	11	-0.27	0.800	7	0.00	26.00	15	11.90	0.76	0.57
G235	中华高血压杂志	2262	3	0.77	1.063	4	0.32	38.40	8	17.05	0.86	0.35
G876	中华老年心脑血管病杂志	2219	4	0.74	1.188	3	0.48	53.00	2	17.43	0.95	0.88
G892	中华心律失常学杂志	445	18	-0.65	0.696	10	-0.13	15.20	21	5.62	0.90	0.31
G170	中华心血管病杂志	5237	1	3.10	2.794	1	2.48	88.50	1	22.10	1.00	0.32
G597	中西医结合心脑血管病杂志	2885	2	1.26	0.686	11	-0.15	40.40	5	16.48	0.86	0.73
	21 种期刊平均值	1277			0.803							

呼吸病学、结核病学

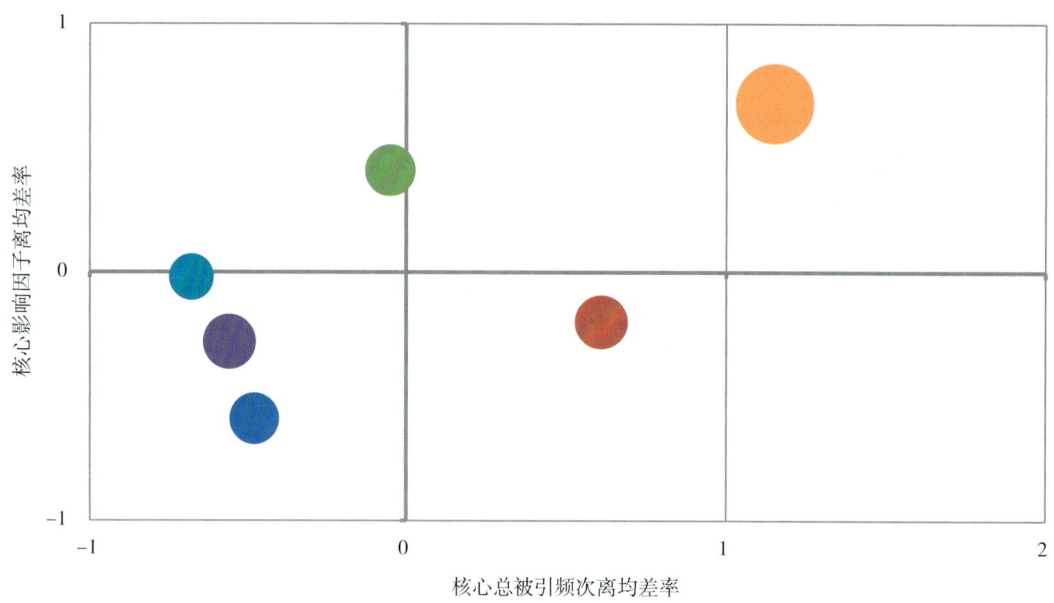

2016年呼吸病学、结核病学类期刊核心总被引频次和核心影响因子离均差率的分布图
（节点大小表示综合评价总分）

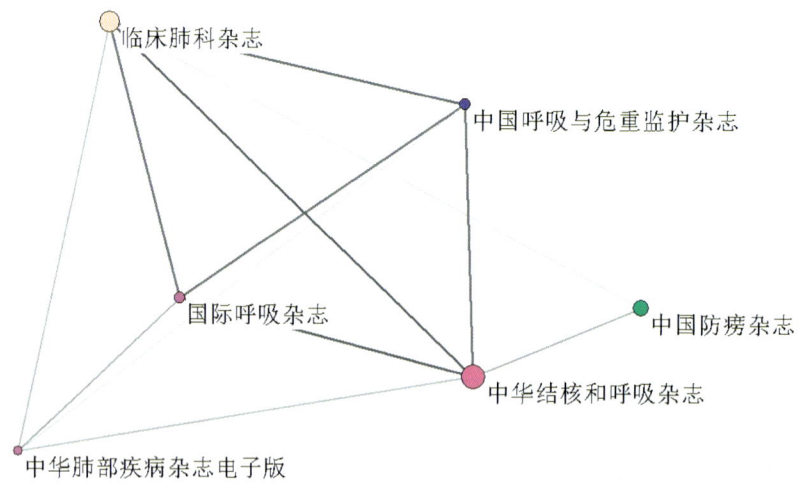

2016年呼吸病学、结核病学类期刊互引关系示意图

表 7-40　2016 年呼吸病学、结核病学类期刊主要指标

CODE	刊名	核心总被引频次			核心影响因子			综合评价总分		学科扩散指标	学科影响指标	红点指标
		数值	排名	离均差率	数值	排名	离均差率	数值	排名			
G938	国际呼吸杂志	1077	4	-0.48	0.312	6	-0.59	40.90	5	51.50	1.00	0.57
Q908	临床肺科杂志	3352	2	0.61	0.609	4	-0.20	45.00	3	68.00	1.00	0.43
G290	中国防痨杂志	1973	3	-0.05	1.070	2	0.41	41.20	4	41.50	1.00	0.62
G973	中国呼吸与危重监护杂志	921	5	-0.56	0.544	5	-0.28	47.20	2	42.00	1.00	0.43
G474	中华肺部疾病杂志电子版	666	6	-0.68	0.746	3	-0.02	33.70	6	33.17	1.00	0.51
G147	中华结核和呼吸杂志	4473	1	1.15	1.280	1	0.68	98.60	1	81.33	1.00	0.21
	6 种期刊平均值	2077			0.76							

消化病学

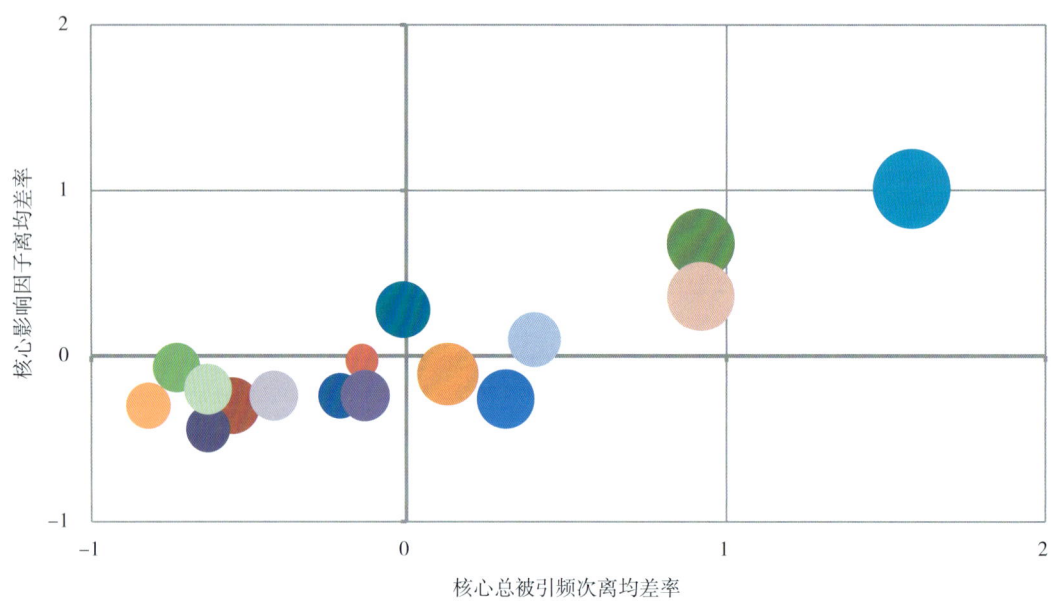

2016年消化病学类期刊核心总被引频次和核心影响因子离均差率的分布图（节点大小表示综合评价总分）

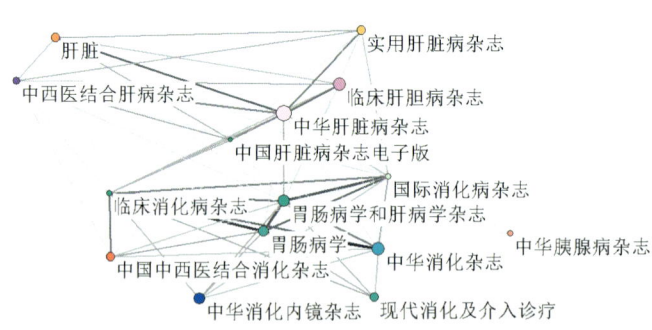

2016年消化病学类期刊互引关系示意图

表 7-41　2016 年消化病学类主要指标

CODE	刊名	核心总被引频次			核心影响因子			综合评价总分		学科扩散指标	学科影响指标	红点指标
		数值	排名	离均差率	数值	排名	离均差率	数值	排名			
G803	肝脏	871	10	-0.21	0.563	11	-0.24	28.80	15	15.56	0.75	0.43
G660	国际消化病杂志	495	12	-0.55	0.524	14	-0.30	44.40	7	14.44	0.88	0.47
G501	临床肝胆病杂志	2127	3	0.92	1.253	2	0.68	66.80	2	23.06	1.00	0.90
G855	临床消化病杂志	414	13	-0.63	0.414	16	-0.44	30.60	13	11.63	0.81	0.53
G746	实用肝脏病杂志	1094	7	-0.01	0.956	4	0.28	44.70	6	15.63	0.88	0.78
G800	胃肠病学	1255	6	0.13	0.664	8	-0.11	54.30	4	20.00	0.88	0.81
G326	胃肠病学和肝病学杂志	1453	5	0.31	0.550	13	-0.26	48.70	5	21.31	1.00	0.59
G451	现代消化及介入诊疗	954	9	-0.14	0.721	6	-0.03	16.30	16	13.81	0.88	0.52
G475	中国肝脏病杂志电子版	300	15	-0.73	0.695	7	-0.07	34.20	12	7.13	0.56	0.64
G528	中国中西医结合消化杂志	959	8	-0.13	0.562	12	-0.24	36.40	9	13.31	0.88	0.51
G231	中华肝脏病杂志	2853	1	1.58	1.493	1	1.01	89.00	1	26.06	0.88	0.74
G054	中华肝脏外科手术学电子杂志	201	16	-0.82	0.524	14	-0.30	29.60	14	5.19	0.50	0.81
G285	中华消化内镜杂志	1552	4	0.40	0.819	5	0.10	42.40	8	16.19	0.94	0.20
G168	中华消化杂志	2130	2	0.92	1.009	3	0.36	66.20	3	24.06	1.00	0.19
G610	中华胰腺病杂志	413	14	-0.63	0.594	9	-0.20	35.60	10	10.69	0.69	0.44
G842	中西医结合肝病杂志	642	11	-0.42	0.567	10	-0.24	34.80	11	10.63	0.56	0.43
	16 种期刊平均值	1107			0.744							

血液病学、肾脏病学

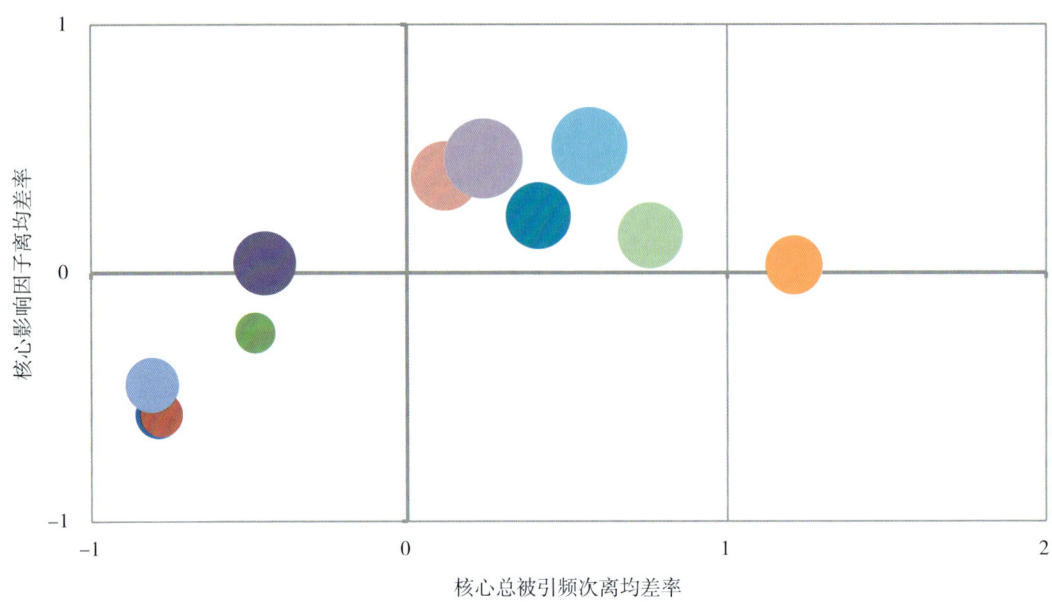

2016年血液病学、肾脏病学类期刊核心总被引频次和核心影响因子离均差率的分布图
（节点大小表示综合评价总分）

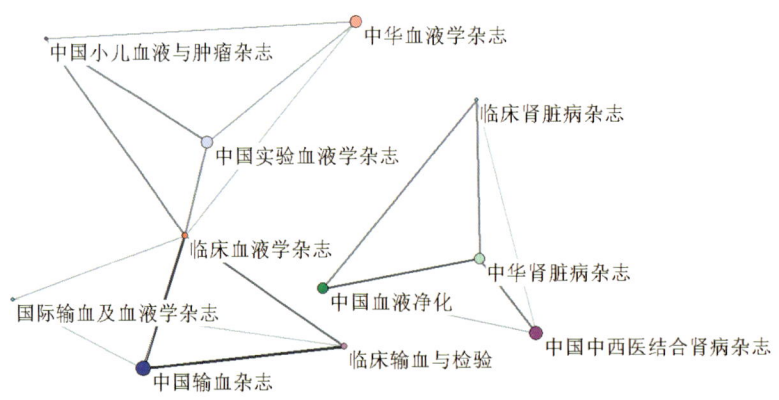

2016年血液病学、肾脏病学类期刊互引关系示意图

表 7-42　2016年血液病学、肾脏病学类期刊主要指标

CODE	刊名	核心总被引频次			核心影响因子			综合评价总分		学科扩散指标	学科影响指标	红点指标
		数值	排名	离均差率	数值	排名	离均差率	数值	排名			
B525	国际输血及血液学杂志	225	10	-0.79	0.261	11	-0.57	29.30	9	10.18	0.64	0.66
G423	临床肾脏病杂志	232	9	-0.78	0.265	10	-0.57	24.60	10	9.73	0.36	0.48
G797	临床输血与检验	564	8	-0.48	0.468	8	-0.24	20.90	11	12.45	0.55	0.44
G293	临床血液学杂志	593	7	-0.45	0.638	6	0.04	52.00	6	20.00	0.73	0.54
G883	中国实验血液学杂志	1521	4	0.41	0.755	4	0.23	56.60	4	30.36	0.91	0.56
G796	中国输血杂志	2376	1	1.21	0.634	7	0.03	43.70	7	22.00	0.36	0.46
G845	中国小儿血液与肿瘤杂志	204	11	-0.81	0.338	9	-0.45	38.90	8	10.64	0.64	0.45
G633	中国血液净化	1200	6	0.12	0.853	3	0.39	60.70	3	21.45	0.45	0.64
G846	中国中西医结合肾病杂志	1887	2	0.76	0.708	5	0.15	55.90	5	25.82	0.45	0.26
G161	中华肾脏病杂志	1333	5	0.24	0.895	2	0.46	80.70	1	27.00	0.45	0.32
G172	中华血液学杂志	1693	3	0.57	0.926	1	0.51	76.50	2	30.45	0.73	0.42
	11种期刊平均值	1075			0.613							

内分泌病学与代谢病学、风湿病学

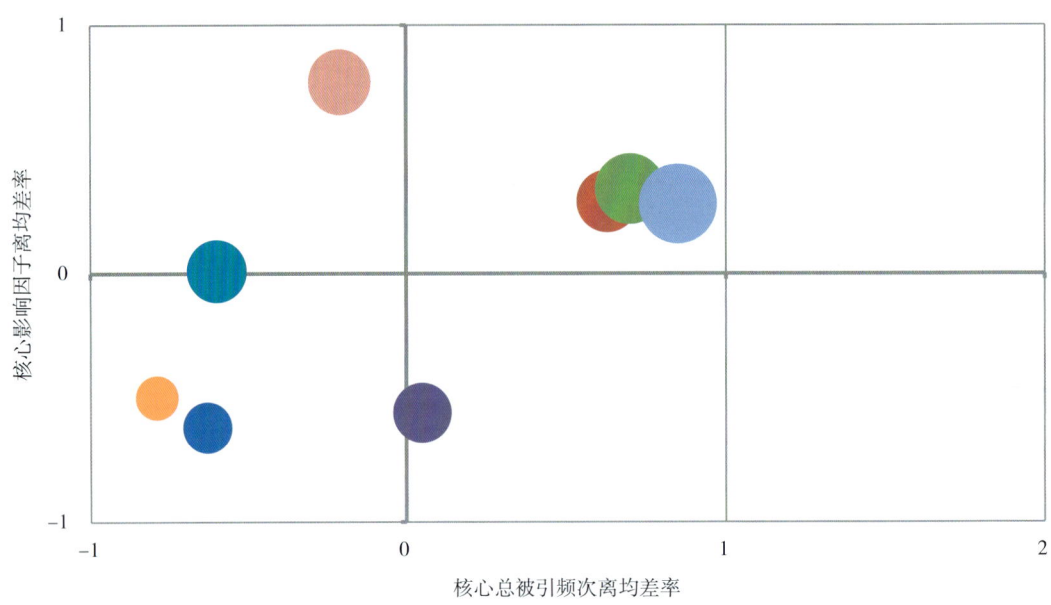

2016年内分泌病学与代谢病学、风湿病学类期刊核心总被引频次和核心影响因子离均差率的分布图
（节点大小表示综合评价总分）

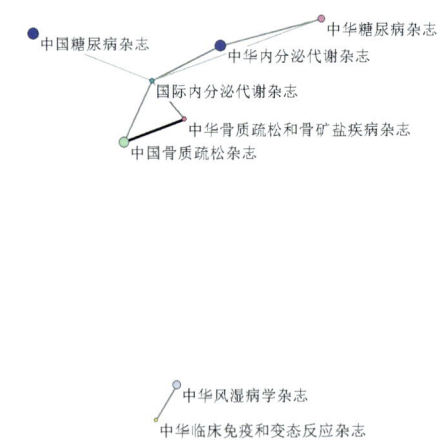

2016年内分泌病学与代谢病学、风湿病学类期刊互引关系示意图

表 7-43 2016年内分泌病学与代谢病学、风湿病学类期刊主要指标

CODE	刊名	核心总被引频次			核心影响因子			综合评价总分		学科扩散指标	学科影响指标	红点指标
		数值	排名	离均差率	数值	排名	离均差率	数值	排名			
G415	国际内分泌代谢杂志	476	7	-0.63	0.355	8	-0.62	33.80	7	30.63	0.75	0.68
G663	中国骨质疏松杂志	2100	3	0.63	1.211	3	0.29	50.10	5	44.63	0.88	0.81
G211	中国糖尿病杂志	2195	2	0.70	1.265	2	0.34	63.80	2	50.13	0.63	0.81
G286	中华风湿病学杂志	1353	4	0.05	0.412	7	-0.56	46.00	6	42.75	1.00	0.28
G728	中华骨质疏松和骨矿盐疾病杂志	511	6	-0.60	0.951	5	0.01	50.20	4	24.13	0.75	0.57
G693	中华临床免疫和变态反应杂志	273	8	-0.79	0.472	6	-0.50	25.10	8	19.63	0.38	0.13
G155	中华内分泌代谢杂志	2377	1	0.85	1.209	4	0.28	81.60	1	56.00	0.88	0.44
G739	中华糖尿病杂志	1020	5	-0.21	1.663	1	0.77	55.30	3	34.38	0.75	0.33
	8种期刊平均值	1288			0.942							

感染性疾病学、传染病学

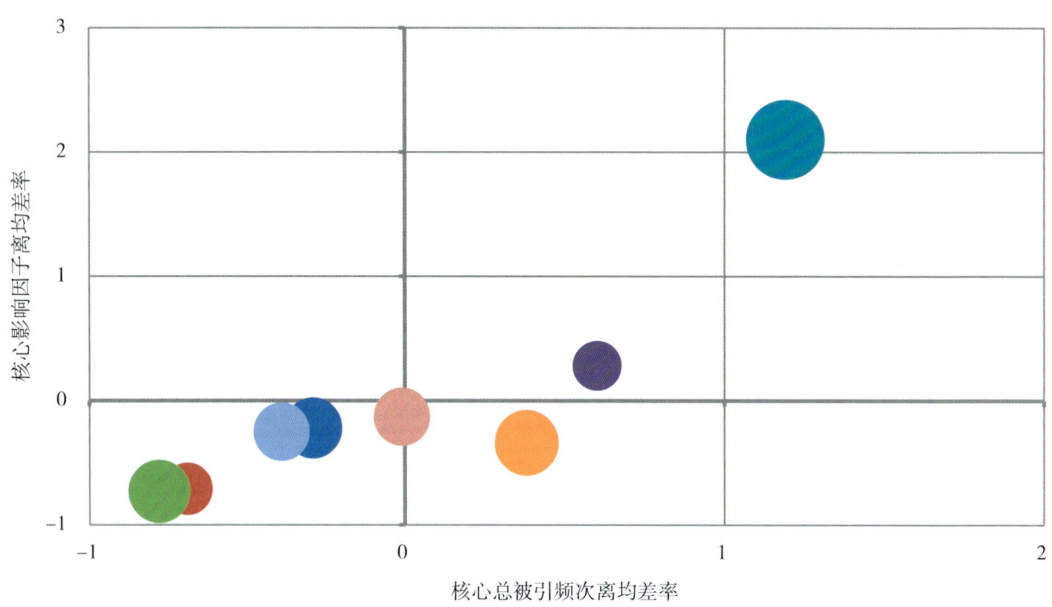

2016年感染性疾病学、传染病学类期刊核心总被引频次和核心影响因子离均差率的分布图
（节点大小表示综合评价总分）

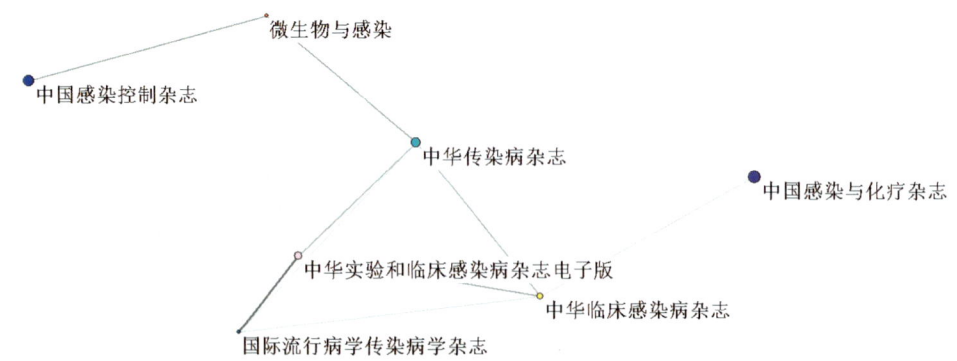

2016年感染性疾病学、传染病学类期刊互引关系示意图

表 7-44 2016年感染性疾病学、传染病学类期刊主要指标

CODE	刊名	核心总被引频次			核心影响因子			综合评价总分		学科扩散指标	学科影响指标	红点指标
		数值	排名	离均差率	数值	排名	离均差率	数值	排名			
G458	传染病信息	554	5	-0.29	0.777	4	-0.22	42.6	4	23.63	0.88	0.26
G930	国际流行病学传染病学杂志	238	7	-0.69	0.288	7	-0.71	31.8	7	16.13	0.75	0.40
G651	微生物与感染	170	8	-0.78	0.269	8	-0.73	46.1	3	13.88	0.38	0.16
G631	中国感染控制杂志	1247	2	0.60	1.264	2	0.28	28.2	8	28.88	0.75	0.74
G337	中国感染与化疗杂志	1701	1	1.19	3.068	1	2.10	73.2	1	33.25	0.88	0.70
G136	中华传染病杂志	1070	3	0.38	0.657	6	-0.34	49.8	2	34.13	1.00	0.24
G692	中华临床感染病杂志	471	6	-0.39	0.738	5	-0.25	39.1	5	23.38	0.88	0.46
G703	中华实验和临床感染病杂志电子版	766	4	-0.01	0.862	3	-0.13	38.8	6	29.88	0.63	0.54
	8 种期刊平均值	777			0.99							

外科学综合

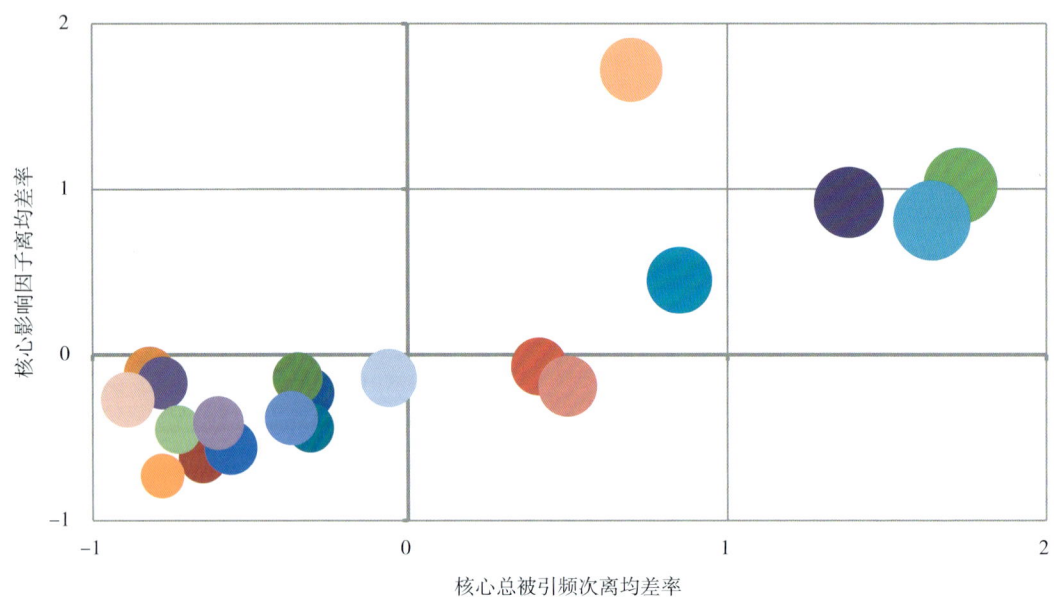

2016年外科学综合类期刊核心总被引频次和核心影响因子离均差率的分布图（节点大小表示综合评价总分）

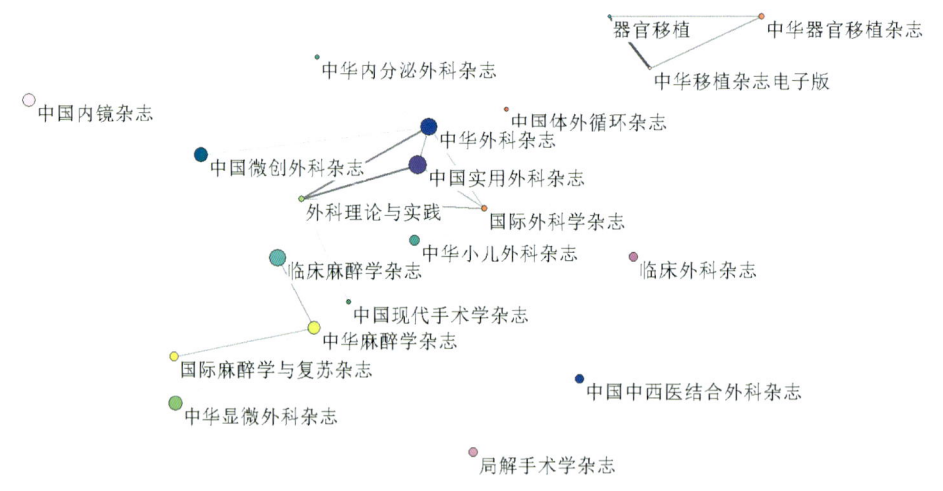

2016年外科学综合类期刊互引关系示意图

表 7-45 2016 年外科学综合类期刊主要指标

CODE	刊名	核心总被引频次			核心影响因子			综合评价总分		学科扩散指标	学科影响指标	红点指标
		数值	排名	离均差率	数值	排名	离均差率	数值	排名			
G975	国际麻醉学与复苏杂志	914	10	-0.31	0.614	12	-0.23	31.70	17	10.55	0.50	0.57
G954	国际外科学杂志	462	15	-0.65	0.307	19	-0.62	33.40	15	10.05	0.55	0.37
G553	局解手术学杂志	857	11	-0.35	0.687	9	-0.14	33.00	16	12.55	0.40	0.27
G222	临床麻醉学杂志	3156	3	1.38	1.538	3	0.92	63.30	3	17.50	0.65	0.46
G256	临床外科杂志	919	9	-0.31	0.449	16	-0.44	30.30	18	13.00	0.80	0.52
G595	器官移植	237	19	-0.82	0.713	7	-0.11	35.20	13	3.60	0.35	0.76
G601	外科理论与实践	583	13	-0.56	0.349	18	-0.56	37.80	10	10.40	0.65	0.56
G277	中国内镜杂志	1863	7	0.41	0.747	6	-0.07	41.70	8	15.80	0.70	0.39
G272	中国实用外科杂志	3620	1	1.73	1.624	2	1.02	72.80	2	21.25	0.80	0.55
G444	中国体外循环杂志	291	17	-0.78	0.662	10	-0.17	34.50	14	5.35	0.30	0.45
G373	中国微创外科杂志	2449	4	0.85	1.162	5	0.45	55.70	4	17.35	0.90	0.39
G885	中国现代手术学杂志	286	18	-0.78	0.217	20	-0.73	25.30	20	7.60	0.40	0.38
G758	中国中西医结合外科杂志	839	12	-0.37	0.499	14	-0.38	36.90	11	12.70	0.45	0.43
G153	中华麻醉学杂志	1994	6	0.50	0.652	11	-0.19	45.90	6	15.40	0.75	0.74
G736	中华内分泌外科杂志	352	16	-0.73	0.444	17	-0.45	29.20	19	7.25	0.50	0.36
G158	中华器官移植杂志	528	14	-0.60	0.470	15	-0.41	35.80	12	8.00	0.65	0.58
G164	中华外科杂志	3492	2	1.64	1.455	4	0.81	79.80	1	23.55	0.95	0.44
G167	中华显微外科杂志	2259	5	0.70	2.179	1	1.72	51.30	5	10.20	0.35	0.52
G169	中华小儿外科杂志	1243	8	-0.06	0.688	8	-0.14	42.30	7	12.65	0.75	0.38
G897	中华移植杂志电子版	148	20	-0.89	0.585	13	-0.27	38.20	9	3.55	0.30	0.55
	20 种期刊平均值	1325			0.802							

普通外科学、胸外科学、心血管外科学

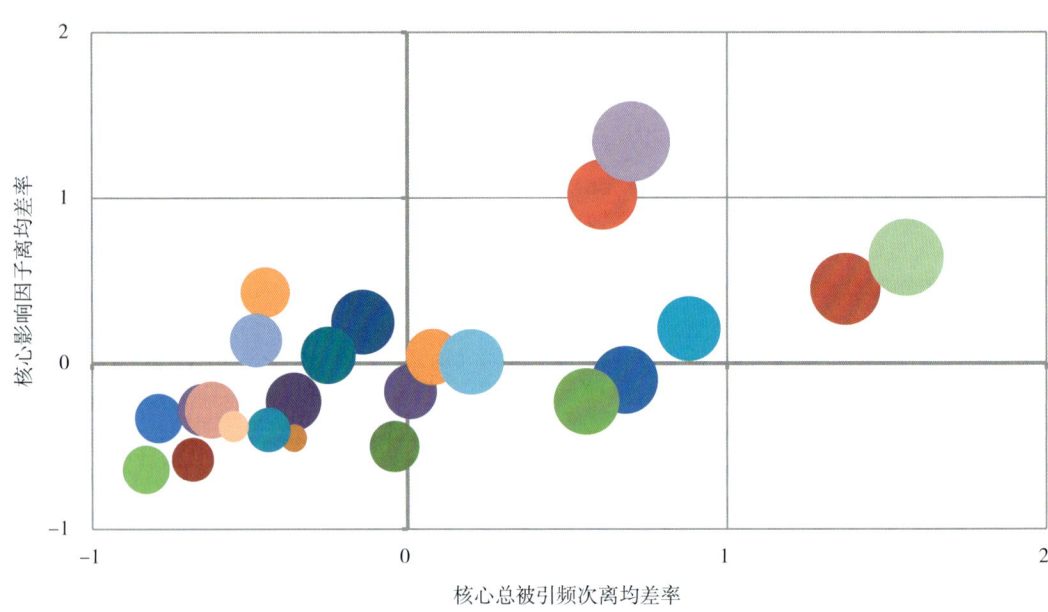

2016年普通外科学、胸外科学、心血管外科学类期刊核心总被引频次和核心影响因子离均差率的分布图
（节点大小表示综合评价总分）

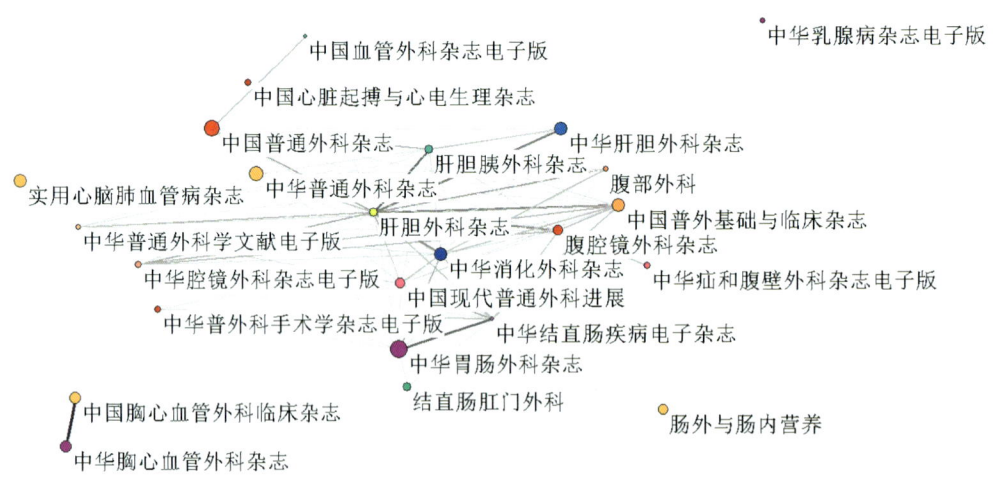

2016年普通外科学、胸外科学、心血管外科学类期刊互引关系示意图

表 7-46　2016 年普通外科学、胸外科学、心血管外科学类期刊主要指标

CODE	刊名	核心总被引频次			核心影响因子			综合评价总分		学科扩散指标	学科影响指标	红点指标
		数值	排名	离均差率	数值	排名	离均差率	数值	排名			
G264	肠外与肠内营养	881	12	-0.14	1.014	6	0.25	52.70	9	10.33	0.67	0.49
G957	腹部外科	324	22	-0.68	0.339	23	-0.58	24.50	22	4.88	0.67	0.61
G338	腹腔镜外科杂志	980	11	-0.04	0.404	22	-0.50	32.60	17	7.96	0.79	0.83
G879	肝胆外科杂志	661	14	-0.36	0.629	14	-0.23	42.10	10	7.75	0.71	0.59
G690	肝胆胰外科杂志	765	13	-0.25	0.853	9	0.05	41.40	11	7.58	0.54	0.62
G869	结直肠肛门外科	657	15	-0.36	0.448	21	-0.45	9.50	24	5.50	0.54	0.43
G766	实用心脑肺血管病杂志	1718	5	0.68	0.735	12	-0.10	57.10	5	13.88	0.21	0.77
G226	中国普通外科杂志	2427	2	1.37	1.181	4	0.45	64.50	3	14.17	0.92	0.72
G269	中国普外基础与临床杂志	1598	7	0.56	0.624	15	-0.23	54.70	6	12.92	0.92	0.49
G841	中国现代普通外科进展	1037	10	0.01	0.673	13	-0.17	37.40	14	10.83	0.79	0.69
G203	中国心脏起搏与心电生理杂志	576	16	-0.44	0.491	20	-0.40	24.60	21	6.46	0.13	0.90
G232	中国胸心血管外科临床杂志	1105	9	0.08	0.843	10	0.04	39.80	13	9.33	0.29	0.36
G464	中国血管外科杂志电子版	220	23	-0.79	0.543	18	-0.33	30.50	19	4.00	0.29	0.19
G262	中华肝胆外科杂志	1651	6	0.61	1.645	2	1.02	62.50	4	10.79	0.75	0.54
G060	中华结直肠疾病电子杂志	179	24	-0.83	0.289	24	-0.64	29.90	20	3.33	0.54	0.83
G461	中华普通外科学文献电子版	359	21	-0.65	0.589	16	-0.28	34.00	16	6.75	0.79	0.72
G254	中华普通外科杂志	1925	3	0.88	0.985	7	0.21	52.90	8	13.46	0.92	0.44
G462	中华普外科手术学杂志电子版	566	17	-0.45	1.165	5	0.43	31.80	18	5.42	0.79	0.93
G463	中华腔镜外科杂志电子版	533	18	-0.48	0.931	8	0.14	36.20	15	6.04	0.75	0.45
G505	中华乳腺病杂志电子版	392	20	-0.62	0.585	17	-0.28	40.60	12	6.83	0.33	0.87
G793	中华胃肠外科杂志	2621	1	1.56	1.339	3	0.64	73.70	2	13.96	0.88	0.69
G978	中华消化外科杂志	1747	4	0.70	1.905	1	1.34	80.00	1	10.71	0.83	0.79
G171	中华胸心血管外科杂志	1227	8	0.20	0.826	11	0.01	53.80	7	9.92	0.54	0.16
G472	中华疝和腹壁外科杂志电子版	459	19	-0.55	0.507	19	-0.38	11.90	23	3.04	0.46	0.77
	24 种期刊平均值	1025			0. 814							

泌尿外科学

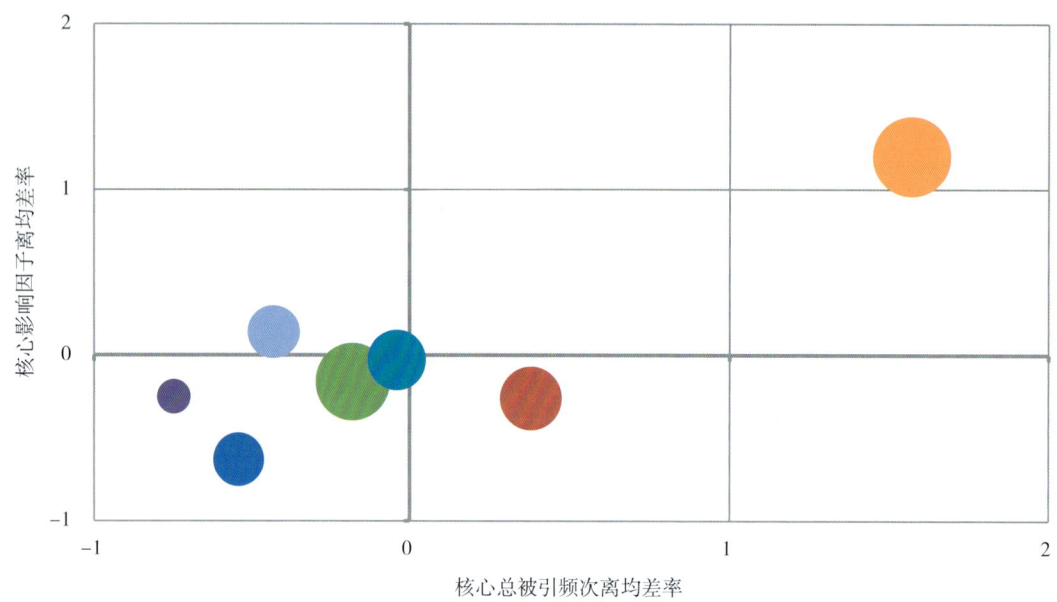

2016年泌尿外科学类期刊核心总被引频次和核心影响因子离均差率的分布图（节点大小表示综合评价总分）

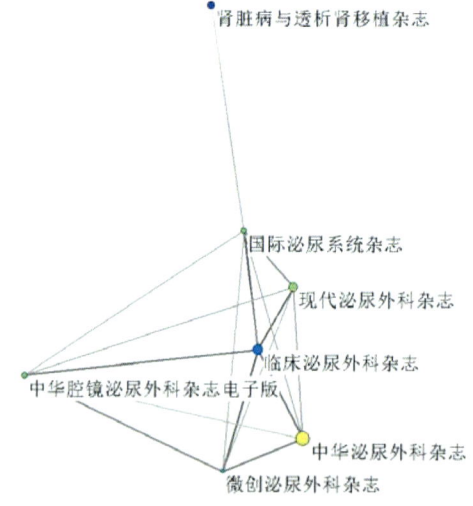

2016年泌尿外科学类期刊互引关系示意图

表 7-47 2016年泌尿外科类期刊主要指标

CODE	刊名	核心总被引频次			核心影响因子			综合评价总分		学科扩散指标	学科影响指标	红点指标
		数值	排名	离均差率	数值	排名	离均差率	数值	排名			
G349	国际泌尿系统杂志	410	6	-0.54	0.257	7	-0.63	29.80	5	24.71	0.86	0.60
G317	临床泌尿外科杂志	1237	2	0.38	0.518	6	-0.26	41.30	3	33.14	0.86	0.61
G202	肾脏病与透析肾移植杂志	738	4	-0.18	0.591	4	-0.16	61.20	2	33.57	0.43	0.38
G866	微创泌尿外科杂志	226	7	-0.75	0.528	5	-0.25	12.20	7	10.43	0.86	0.66
G341	现代泌尿外科杂志	862	3	-0.04	0.681	3	-0.03	37.30	4	28.57	0.86	0.65
G154	中华泌尿外科杂志	2306	1	1.57	1.541	1	1.20	65.40	1	41.00	0.86	0.45
G473	中华腔镜泌尿外科杂志电子版	511	5	-0.43	0.799	2	0.14	28.60	6	18.71	0.86	0.69
	7种期刊平均值	899			0.702							

骨外科学

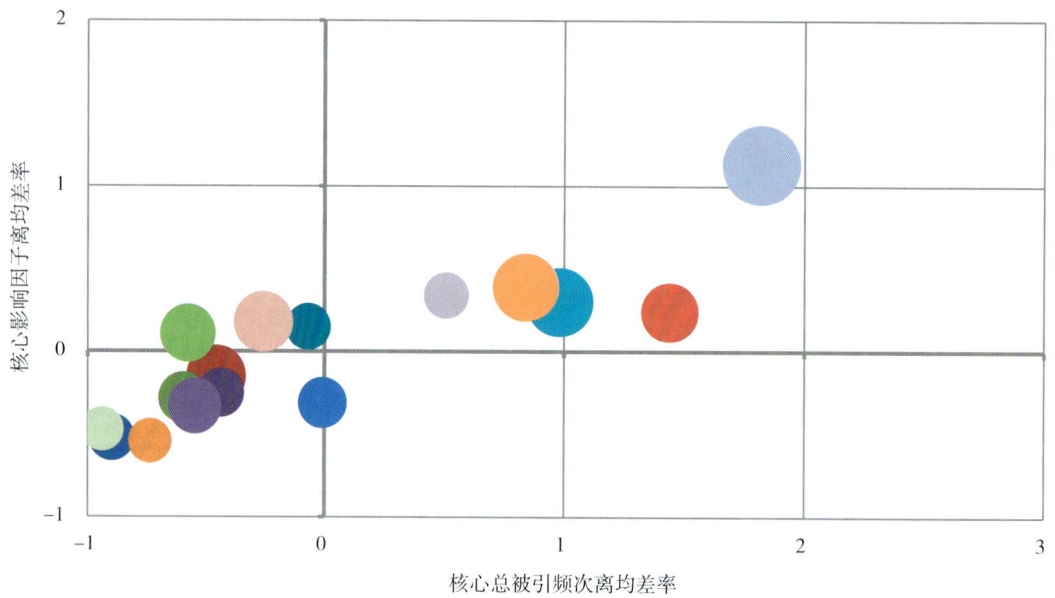

2016年骨外科学类期刊核心总被引频次和核心影响因子离均差率的分布图（节点大小表示综合评价总分）

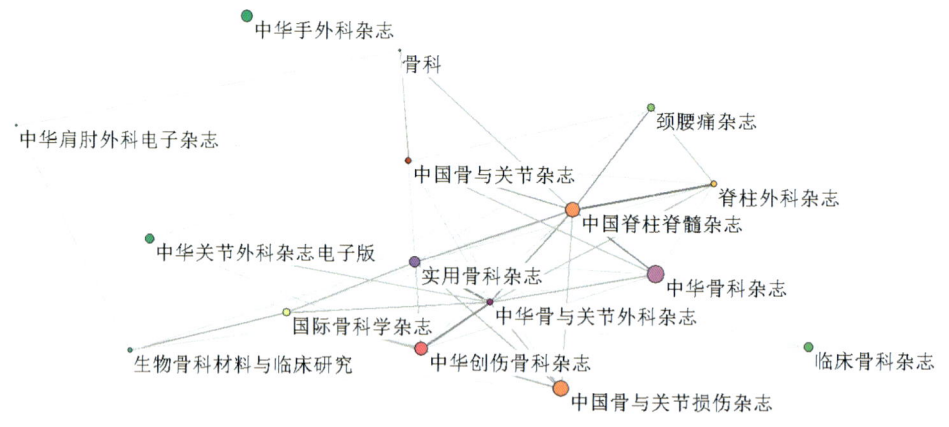

2016年骨外科学类期刊互引关系示意图

表 7-48 2016 年骨外科学类期刊主要指标

CODE	刊名	核心总被引频次			核心影响因子			综合评价总分		学科扩散指标	学科影响指标	红点指标
		数值	排名	离均差率	数值	排名	离均差率	数值	排名			
G478	骨科	111	15	-0.90	0.386	15	-0.52	30.9	13	4.31	0.50	0.67
G498	国际骨科学杂志	624	10	-0.46	0.688	9	-0.15	54.8	4	12.88	0.94	0.34
G439	脊柱外科杂志	458	13	-0.60	0.583	11	-0.28	37.1	9	8.25	0.75	0.84
G677	颈腰痛杂志	644	9	-0.44	0.605	10	-0.25	33.6	11	10.38	0.75	0.48
G291	临床骨科杂志	1079	7	-0.07	0.929	7	0.15	31	12	11.13	1.00	0.57
G401	生物骨科材料与临床研究	298	14	-0.74	0.372	16	-0.54	27.9	15	8.19	0.75	0.50
G457	实用骨科杂志	1141	6	-0.01	0.561	12	-0.31	36.4	10	12.81	0.94	0.51
G249	中国骨与关节损伤杂志	2819	2	1.44	1.004	5	0.24	48.9	6	15.13	1.00	0.65
G648	中华骨与关节外科杂志	485	12	-0.58	0.900	8	0.11	47.5	7	9.94	0.94	0.68
G857	中国骨与关节杂志	517	11	-0.55	0.541	13	-0.33	43.9	8	10.81	0.94	0.81
G192	中国脊柱脊髓杂志	2288	3	0.98	1.051	4	0.30	65.9	2	16.19	0.88	0.24
G408	中华创伤骨科杂志	2124	4	0.84	1.121	2	0.39	63.7	3	14.94	1.00	0.77
G143	中华骨科杂志	3257	1	1.82	1.717	1	1.13	89.3	1	20.19	1.00	0.57
G691	中华关节外科杂志电子版	853	8	-0.26	0.957	6	0.18	51.8	5	12.88	0.88	0.67
G055	中华肩肘外科电子杂志	66	16	-0.94	0.426	14	-0.47	27.3	16	2.00	0.44	0.47
G848	中华手外科杂志	1748	5	0.51	1.085	3	0.34	29.8	14	9.75	0.81	0.59
	16 种期刊平均值	1157			0.808							

烧伤外科学、整形外科学

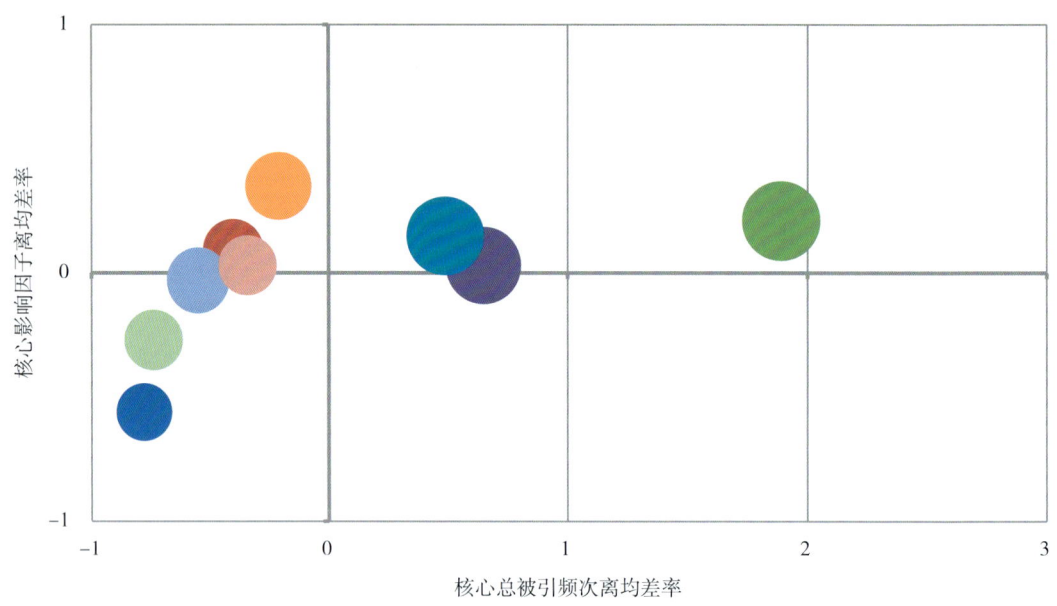

2016年烧伤外科学、整形外科学类期刊核心总被引频次和核心影响因子离均差率的分布图
（节点大小表示综合评价总分）

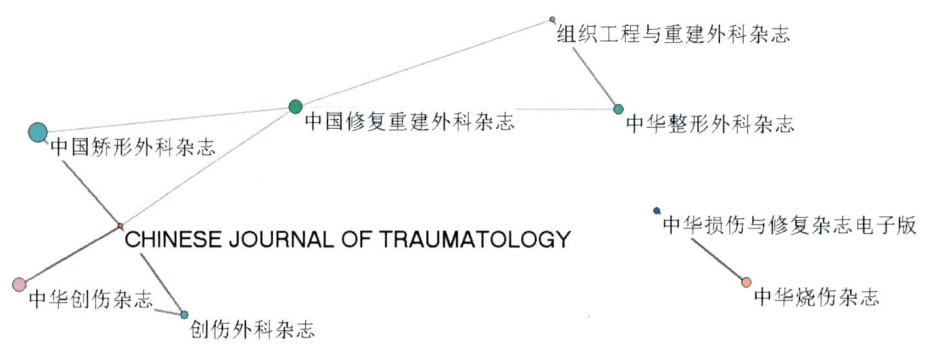

2016年烧伤外科学、整形外科学类期刊互引关系示意图

表 7-49　2016 年烧伤外科学、整形外科学类期刊主要指标

CODE	刊名	核心总被引频次			核心影响因子			综合评价总分		学科扩散指标	学科影响指标	红点指标
		数值	排名	离均差率	数值	排名	离均差率	数值	排名			
I200	CHINESE JOURNAL OF TRAUMATOLOGY	278	9	-0.78	0.351	9	-0.56	33.60	9	15.56	0.56	0.10
G322	创伤外科杂志	771	6	-0.40	0.865	4	0.09	39.90	6	26.67	0.89	0.71
G233	中国矫形外科杂志	3735	1	1.89	0.962	2	0.21	64.80	1	38.89	0.78	0.44
G118	中国修复重建外科杂志	2135	2	0.65	0.818	6	0.03	59.90	3	39.11	1.00	0.53
G137	中华创伤杂志	1926	3	0.49	0.919	3	0.15	62.90	2	34.67	0.89	0.33
G900	中华烧伤杂志	1014	4	-0.21	1.077	1	0.35	46.80	4	26.44	1.00	0.68
G506	中华损伤与修复杂志电子版	584	7	-0.55	0.773	7	-0.03	44.00	5	20.67	0.89	0.54
G178	中华整形外科杂志	848	5	-0.34	0.824	5	0.03	36.10	8	20.89	1.00	0.22
G701	组织工程与重建外科杂志	332	8	-0.74	0.583	8	-0.27	37.40	7	16.22	0.56	0.24
	9 种期刊平均值	1291			0.797							

妇产科学

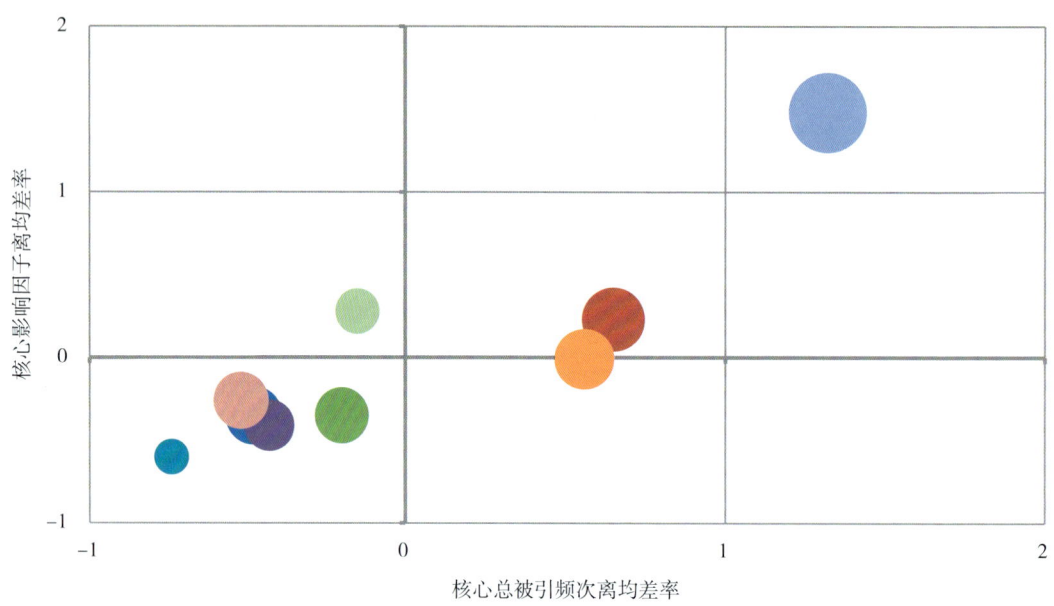

2016年妇产科学类期刊核心总被引频次和核心影响因子离均差率的分布图（节点大小表示综合评价总分）

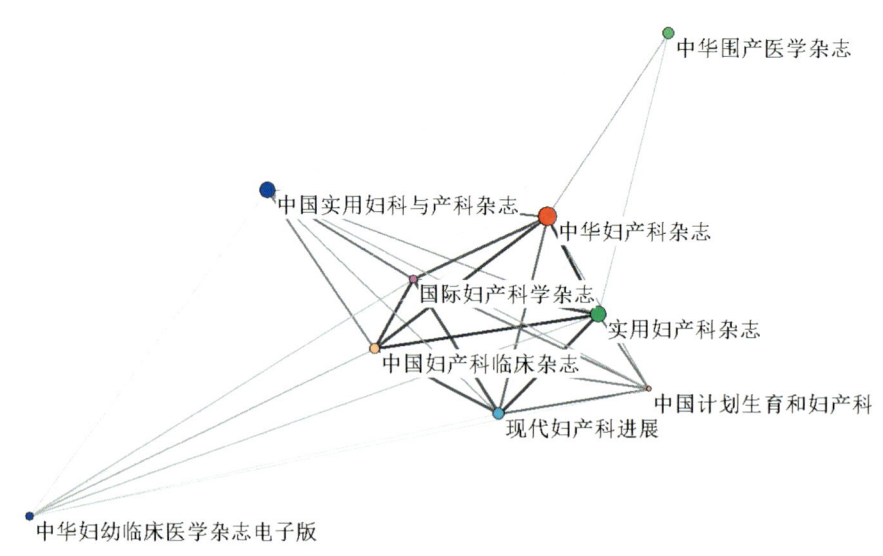

2016年妇产科学类期刊互引关系示意图

表 7-50 2016年妇产科学类期刊主要指标

CODE	刊名	核心总被引频次			核心影响因子			综合评价总分		学科扩散指标	学科影响指标	红点指标
		数值	排名	离均差率	数值	排名	离均差率	数值	排名			
G659	国际妇产科学杂志	777	7	-0.48	0.659	7	-0.35	45.3	4	27.56	1.00	0.76
G586	实用妇产科杂志	2470	2	0.65	1.239	3	0.23	54.7	2	36.00	1.00	0.30
G300	现代妇产科进展	1205	5	-0.20	0.660	6	-0.35	42	6	30.11	1.00	0.64
G456	中国妇产科临床杂志	850	6	-0.43	0.594	8	-0.41	34.9	7	26.89	1.00	0.55
G560	中国计划生育和妇产科	395	9	-0.74	0.403	9	-0.60	17.1	9	15.11	0.89	0.48
G228	中国实用妇科与产科杂志	2344	3	0.56	0.998	4	-0.01	48.8	3	37.89	1.00	0.64
G142	中华妇产科杂志	3482	1	1.32	2.496	1	1.48	85.2	1	45.67	1.00	0.38
G689	中华妇幼临床医学杂志电子版	715	8	-0.52	0.741	5	-0.26	42.7	5	25.78	0.89	0.63
G296	中华围产医学杂志	1273	4	-0.15	1.286	2	0.28	27.7	8	25.00	1.00	0.36
	9 种期刊平均值	1501			1.008							

儿科学

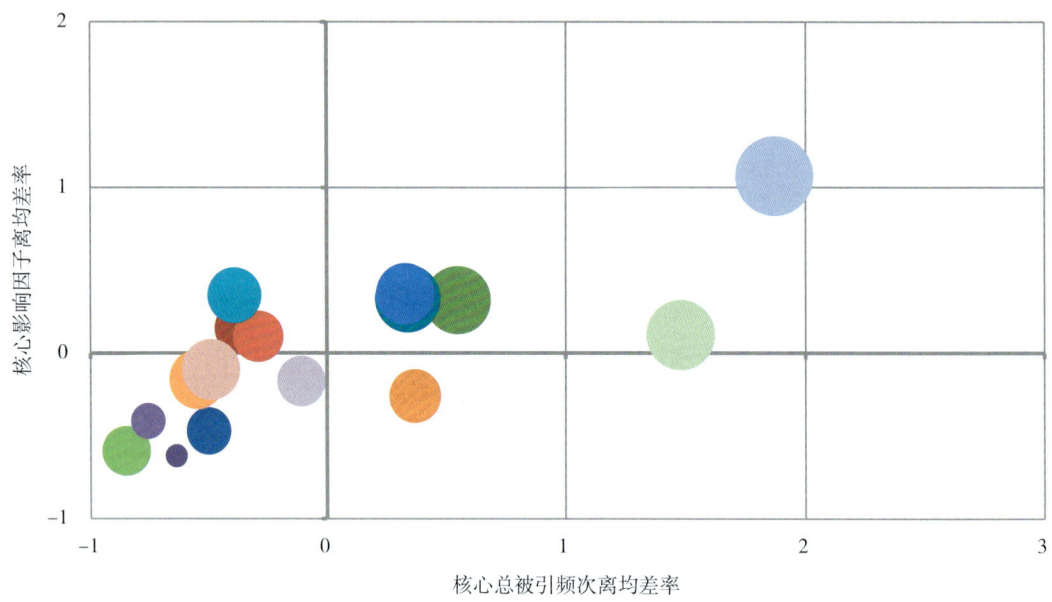

2016年儿科学类期刊核心总被引频次和核心影响因子离均差率的分布图
（节点大小表示综合评价总分）

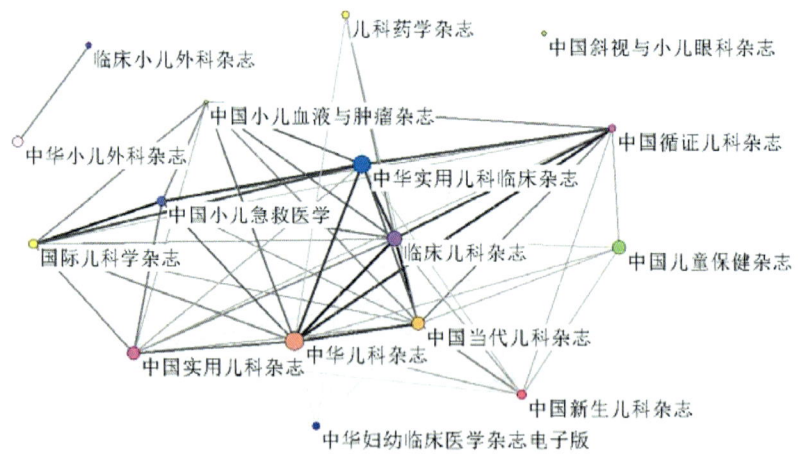

2016年儿科学类期刊互引关系示意图

表 7-51　2016 年儿科学类期刊主要指标

CODE	刊名	核心总被引频次			核心影响因子			综合评价总分		学科扩散指标	学科影响指标	红点指标
		数值	排名	离均差率	数值	排名	离均差率	数值	排名			
G920	儿科药学杂志	693	12	-0.50	0.437	14	-0.32	30.3	14	13.25	0.75	0.52
G936	国际儿科学杂志	882	9	-0.37	0.947	6	0.48	35	11	13.31	0.81	0.66
G607	临床儿科杂志	2165	3	0.55	1.092	5	0.70	62	3	24.06	0.94	0.70
Q909	临床小儿外科杂志	508	14	-0.64	0.315	16	-0.51	7.4	16	9.44	0.69	0.63
G901	中国当代儿科杂志	1868	5	0.34	1.094	4	0.71	61.9	4	24.63	0.94	0.84
G825	中国儿童保健杂志	1914	4	0.37	0.611	12	-0.05	38.9	9	19.44	0.88	0.62
G273	中国实用儿科杂志	1857	6	0.33	1.122	2	0.75	50.1	6	21.75	1.00	0.69
G765	中国小儿急救医学	997	8	-0.29	0.905	8	0.41	35.8	10	12.25	0.94	0.61
G845	中国小儿血液与肿瘤杂志	204	16	-0.85	0.338	15	-0.47	33.7	13	7.31	0.81	0.45
G298	中国斜视与小儿眼科杂志	333	15	-0.76	0.485	13	-0.24	17.4	15	4.38	0.19	0.26
G082	中国新生儿科杂志	850	10	-0.39	1.114	3	0.74	42	8	12.38	0.88	0.58
G756	中国循证儿科杂志	622	13	-0.55	0.695	10	0.08	47.3	7	13.31	0.94	0.52
G138	中华儿科杂志	4003	1	1.87	1.704	1	1.66	86.5	1	27.31	0.94	0.46
G689	中华妇幼临床医学杂志电子版	715	11	-0.49	0.741	9	0.16	50.9	5	14.50	0.75	0.63
G875	中华实用儿科临床杂志	3466	2	1.48	0.917	7	0.43	67.4	2	29.38	1.00	0.70
G169	中华小儿外科杂志	1243	7	-0.11	0.688	11	0.07	34.7	12	15.81	0.81	0.38
	16 种期刊平均值	1395			0.825							

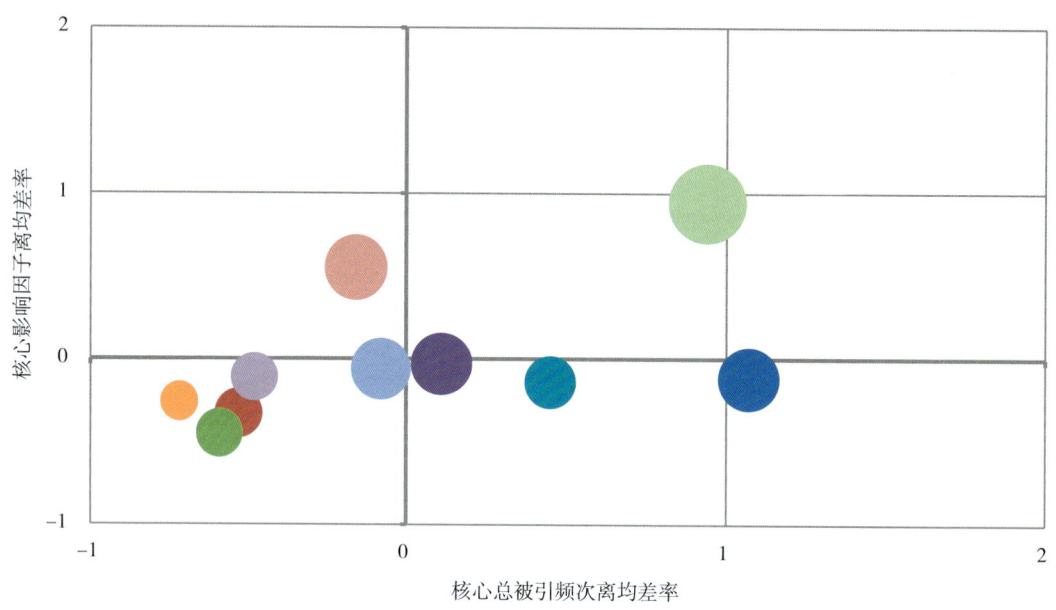

2016年眼科学类期刊核心总被引频次和核心影响因子离均差率的分布图（节点大小表示综合评价总分）

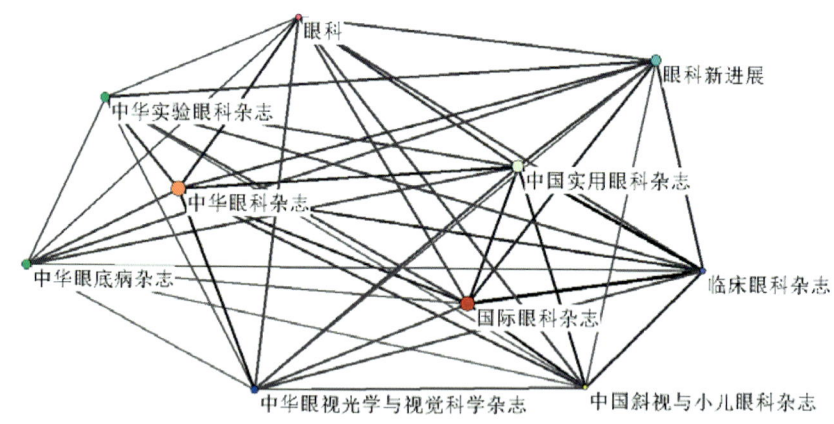

2016年眼科学类期刊互引关系示意图

表 7-52 2016年眼科学类期刊主要指标

CODE	刊名	核心总被引频次			核心影响因子			综合评价总分		学科扩散指标	学科影响指标	红点指标
		数值	排名	离均差率	数值	排名	离均差率	数值	排名			
Q911	国际眼科杂志	2455	1	1.07	0.574	6	-0.12	50.10	3	30.40	1.00	0.67
Q913	临床眼科杂志	562	8	-0.53	0.435	9	-0.33	31.00	7	13.80	1.00	0.57
G962	眼科	486	9	-0.59	0.358	10	-0.45	29.70	8	12.30	1.00	0.42
G554	眼科新进展	1313	4	0.11	0.633	3	-0.03	48.80	4	20.30	1.00	0.60
G872	中国实用眼科杂志	1720	3	0.45	0.563	7	-0.14	35.00	6	20.30	1.00	0.54
G298	中国斜视与小儿眼科杂志	333	10	-0.72	0.485	8	-0.26	20.00	10	7.00	1.00	0.26
G773	中华实验眼科杂志	1088	5	-0.08	0.612	4	-0.06	48.10	5	21.10	1.00	0.58
G191	中华眼底病杂志	993	6	-0.16	1.010	2	0.55	53.60	2	15.70	1.00	0.61
G173	中华眼科杂志	2299	2	0.94	1.265	1	0.94	80.30	1	27.00	1.00	0.40
G873	中华眼视光学与视觉科学杂志	620	7	-0.48	0.581	5	-0.11	29.40	9	12.50	1.00	0.50
	10种期刊平均值	1187			0.652							

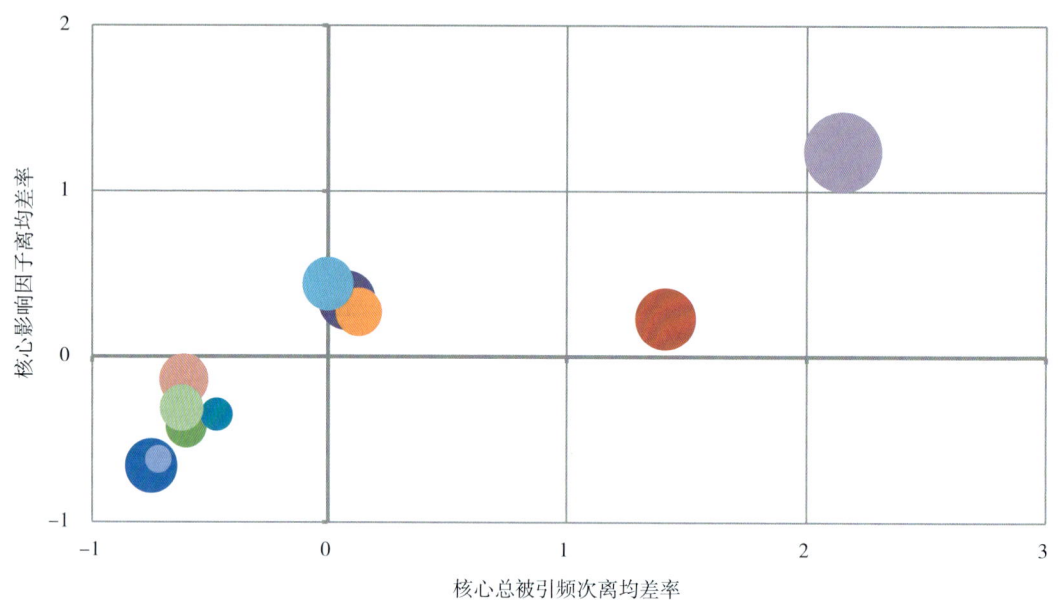

2016年耳鼻咽喉科学类期刊核心总被引频次和核心影响因子离均差率的分布图（节点大小表示综合评价总分）

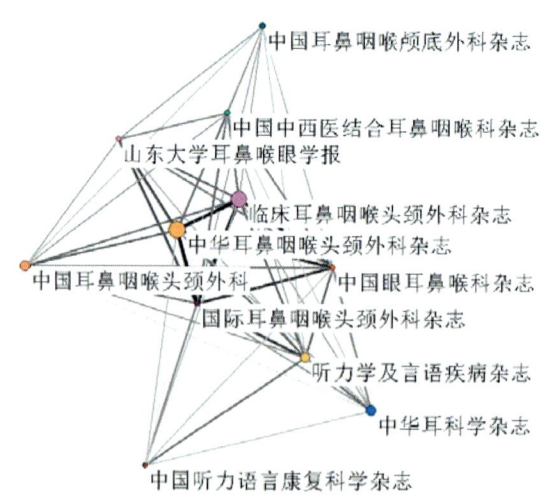

2016年耳鼻咽喉科学类期刊互引关系示意图

表 7-53　2016 年耳鼻咽喉科学类期刊主要指标

CODE	刊名	核心总被引频次			核心影响因子			综合评价总分		学科扩散指标	学科影响指标	红点指标
		数值	排名	离均差率	数值	排名	离均差率	数值	排名			
G436	国际耳鼻咽喉头颈外科杂志	247	11	-0.75	0.189	11	1.00	40.2	-0.66	10.36	1.00	0.57
G276	临床耳鼻咽喉头颈外科杂志	2333	2	1.41	0.692	5	1.00	51.8	0.23	32.91	1.00	0.68
G742	山东大学耳鼻喉眼学报	392	7	-0.60	0.325	9	1.00	25.5	-0.42	13.27	1.00	0.46
G238	听力学及言语疾病杂志	1050	4	0.08	0.758	3	1.00	47.3	0.34	15.73	1.00	0.38
G270	中国耳鼻咽喉颅底外科杂志	512	6	-0.47	0.364	8	0.91	14.8	-0.35	11.64	0.91	0.40
G543	中国耳鼻咽喉头颈外科	1099	3	0.13	0.717	4	1.00	31.2	0.27	19.00	1.00	0.64
G437	中国听力语言康复科学杂志	269	10	-0.72	0.214	10	0.91	10.2	-0.62	5.00	0.91	0.31
G619	中国眼耳鼻喉科杂志	379	8	-0.61	0.486	6	1.00	36.5	-0.14	13.18	1.00	0.26
G347	中国中西医结合耳鼻咽喉科杂志	365	9	-0.62	0.389	7	0.91	28.7	-0.31	13.27	0.91	0.46
G139	中华耳鼻咽喉头颈外科杂志	3057	1	2.15	1.261	1	1.00	85.9	1.24	32.00	1.00	0.54
G743	中华耳科学杂志	969	5	0.00	0.810	2	0.26	38	0.44	15.64	1.00	0.41
	11 种期刊平均值	970			0. 564							

口腔医学

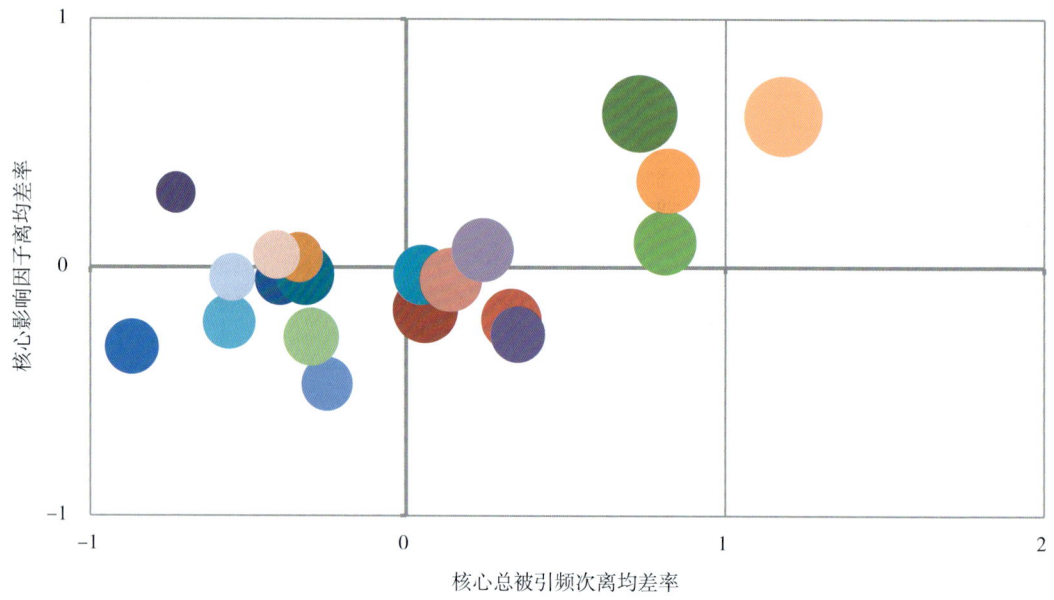

2016年口腔医学类期刊核心总被引频次和核心影响因子离均差率的分布图(节点大小表示综合评价总分)

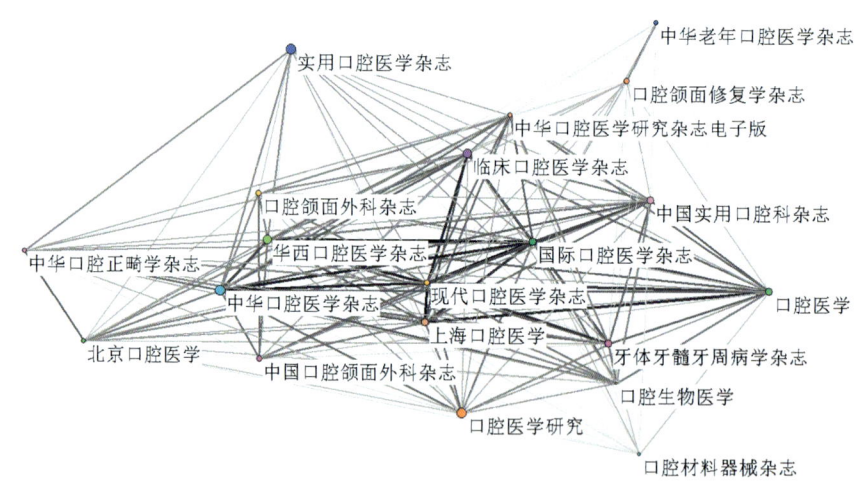

2016年口腔医学类期刊互引关系示意图

表 7-54　2016 年口腔医学类期刊主要指标

CODE	刊名	核心总被引频次			核心影响因子			综合评价总分		学科扩散指标	学科影响指标	红点指标
		数值	排名	离均差率	数值	排名	离均差率	数值	排名			
G500	北京口腔医学	372	15	-0.40	0.473	13	-0.05	34.30	16	6.40	0.95	0.37
G997	国际口腔医学杂志	659	9	0.06	0.413	14	-0.17	59.20	3	10.45	1.00	0.43
G043	华西口腔医学杂志	1070	4	0.73	0.809	1	0.62	78.30	2	11.50	1.00	0.52
G672	口腔材料器械杂志	169	19	-0.73	0.647	4	0.30	23.00	20	3.10	0.85	0.45
G246	口腔颌面外科杂志	424	13	-0.32	0.486	9	-0.03	49.10	9	7.85	0.85	0.47
G894	口腔颌面修复学杂志	407	14	-0.34	0.521	8	0.04	33.00	17	4.95	0.95	0.56
G594	口腔生物医学	83	20	-0.87	0.341	19	-0.32	40.80	13	2.55	0.70	0.44
G325	口腔医学	823	6	0.33	0.392	15	-0.21	51.30	8	9.85	1.00	0.51
G266	口腔医学研究	1121	3	0.81	0.551	5	0.10	54.30	5	11.50	1.00	0.48
G287	临床口腔医学杂志	836	5	0.35	0.362	17	-0.27	41.90	12	10.10	1.00	0.46
G283	上海口腔医学	654	10	0.05	0.486	9	-0.03	47.10	10	8.60	1.00	0.52
G224	实用口腔医学杂志	1130	2	0.82	0.676	3	0.35	56.10	4	11.70	1.00	0.40
G321	现代口腔医学杂志	466	11	-0.25	0.266	20	-0.47	38.20	15	7.10	1.00	0.39
G189	牙体牙髓牙周病学杂志	706	8	0.14	0.476	12	-0.05	53.30	7	7.95	0.85	0.46
G441	中国口腔颌面外科杂志	437	12	-0.30	0.357	18	-0.28	44.70	11	7.50	0.95	0.47
G867	中国实用口腔科杂志	771	7	0.24	0.532	6	0.07	53.60	6	8.55	1.00	0.58
G579	中华口腔医学研究杂志电子版	274	18	-0.56	0.387	16	-0.22	39.70	14	5.00	0.95	0.46
G148	中华口腔医学杂志	1350	1	1.18	0.805	2	0.61	84.10	1	13.10	1.00	0.60
G280	中华口腔正畸学杂志	279	17	-0.55	0.481	11	-0.04	29.90	19	3.40	0.90	0.31
G833	中华老年口腔医学杂志	368	16	-0.41	0.526	7	0.05	30.90	18	5.90	0.90	0.67
	20 种期刊平均值	620			0.499							

皮肤病学

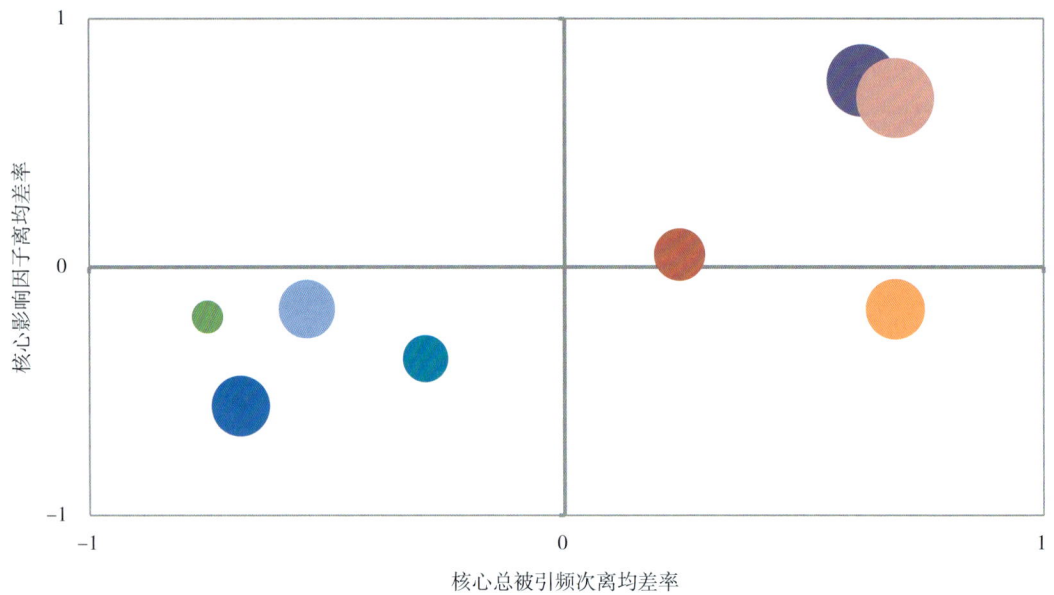

2016年皮肤病学类期刊核心总被引频次和核心影响因子离均差率的分布图
（节点大小表示综合评价总分）

● 中国艾滋病性病

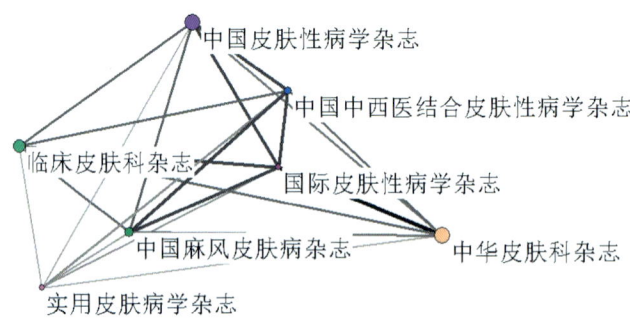

2016年皮肤病学类期刊互引关系示意图

表 7-55　2016 年皮肤病学类期刊主要指标

CODE	刊名	核心总被引频次			核心影响因子			综合评价总分		学科扩散指标	学科影响指标	红点指标
		数值	排名	离均差率	数值	排名	离均差率	数值	排名			
G889	国际皮肤性病学杂志	346	7	-0.68	0.250	8	-0.56	43.50	3	18.50	1.00	0.79
G230	临床皮肤科杂志	1332	4	0.24	0.593	3	0.05	32.40	6	30.88	1.00	0.25
G652	实用皮肤病学杂志	272	8	-0.75	0.450	6	-0.20	12.90	8	12.88	1.00	0.46
G985	中国艾滋病性病	1741	3	0.62	0.990	1	0.75	61.70	2	21.38	0.75	0.75
G110	中国麻风皮肤病杂志	758	5	-0.29	0.355	7	-0.37	26.10	7	25.88	1.00	0.31
G311	中国皮肤性病学杂志	1816	1	0.69	0.472	4	-0.17	43.40	4	38.00	1.00	0.45
G757	中国中西医结合皮肤性病学杂志	497	6	-0.54	0.468	5	-0.17	40.70	5	18.75	0.88	0.40
G157	中华皮肤科杂志	1815	2	0.69	0.950	2	0.68	75.50	1	38.63	1.00	0.54
	8 种期刊平均值	1072			0.566							

性医学

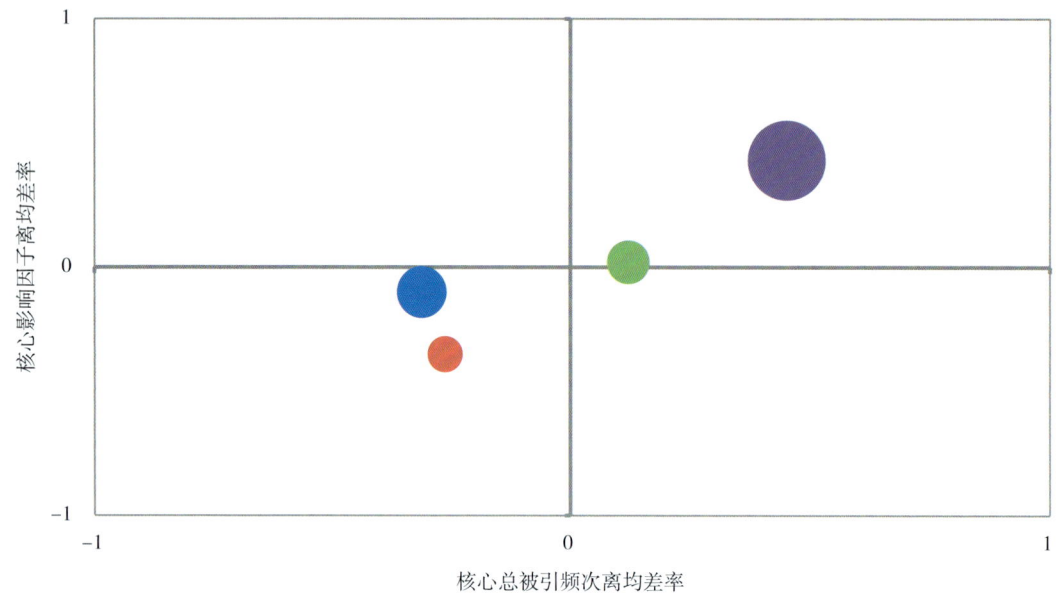

2016年性医学类期刊核心总被引频次和核心影响因子离均差率的分布图（节点大小表示综合评价总分）

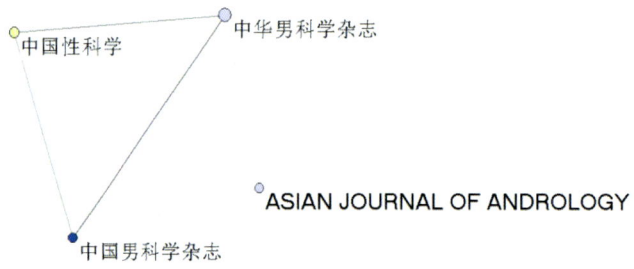

2016年性医学类期刊互引关系示意图

表 7-56　2016 年性医学类期刊主要指标

CODE	刊名	核心总被引频次			核心影响因子			综合评价总分		学科扩散指标	学科影响指标	红点指标
		数值	排名	离均差率	数值	排名	离均差率	数值	排名			
I282	ASIAN JOURNAL OF ANDROLOGY	862	4	-0.31	0.613	3	-0.10	38.60	2	45.75	1.00	0.47
G303	中国男科学杂志	934	3	-0.26	0.442	4	-0.35	18.90	4	45.50	0.75	0.63
G727	中国性科学	1412	2	0.12	0.695	2	0.02	27.30	3	55.50	0.75	0.49
G282	中华男科学杂志	1820	1	0.45	0.972	1	0.43	91.70	1	73.00	1.00	0.54
	4 种期刊平均值	1257			0.681							

神经病学、精神病学

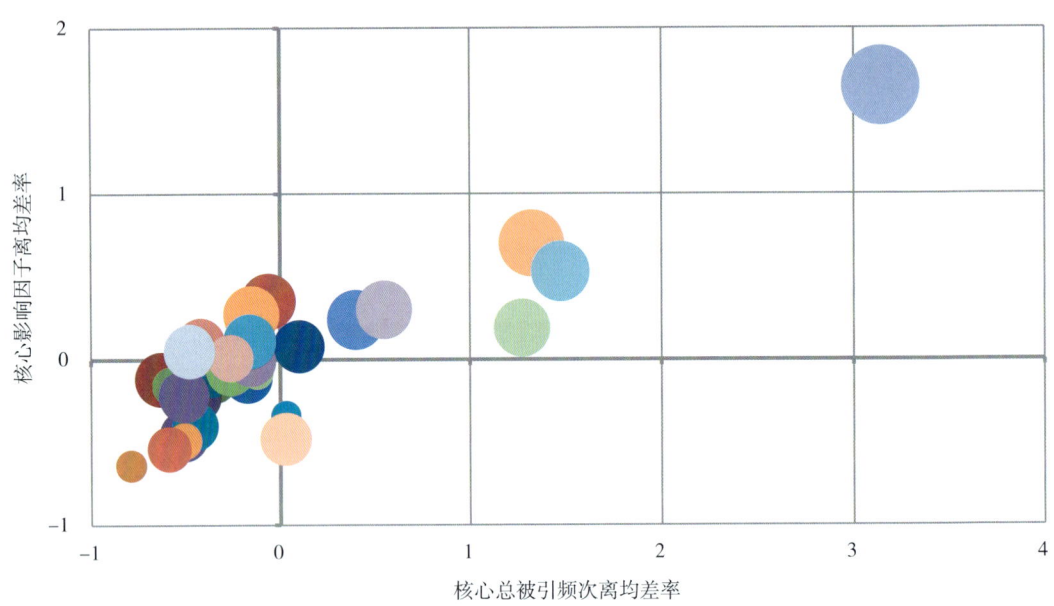

2016年神经病学、精神病学类期刊核心总被引频次和核心影响因子离均差率的分布图
（节点大小表示综合评价总分）

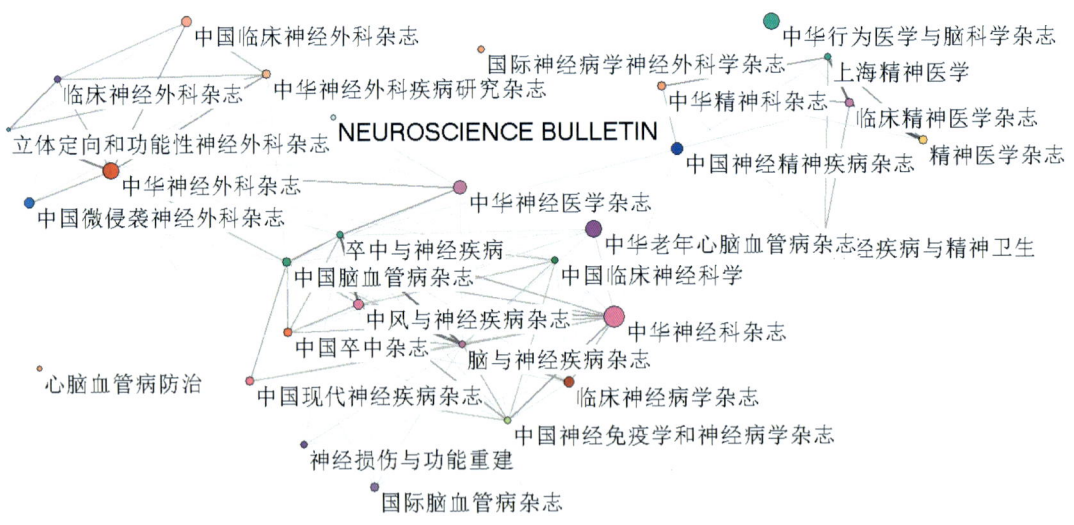

2016年神经病学、精神病学类期刊互引关系示意图

表 7-57 2016 年神经病学、精神病学类期刊主要指标

CODE	刊名	核心总被引频次			核心影响因子			综合评价总分		学科扩散指标	学科影响指标	红点指标
		数值	排名	离均差率	数值	排名	离均差率	数值	排名			
I232	NEURAL REGENERATION RESEARCH	1052	7	0.10	0.755	11	0.08	37.50	13	9.61	0.74	0.55
G278	NEUROSCIENCE BULLETIN	356	30	-0.63	0.614	20	-0.12	40.70	9	5.48	0.68	0.37
G939	国际脑血管病杂志	630	18	-0.34	0.603	21	-0.13	25.80	24	6.48	0.71	0.91
G426	国际神经病学神经外科学杂志	547	22	-0.43	0.535	24	-0.23	29.90	21	7.32	0.65	0.70
G953	精神医学杂志	611	19	-0.36	0.619	19	-0.11	20.10	26	5.48	0.32	0.57
G580	立体定向和功能性神经外科杂志	205	31	-0.79	0.251	31	-0.64	13.80	30	3.00	0.48	0.63
G310	临床精神医学杂志	793	15	-0.17	0.622	18	-0.11	34.70	18	6.58	0.42	0.62
G309	临床神经病学杂志	894	10	-0.06	0.944	4	0.35	42.00	8	8.61	0.87	0.53
G802	临床神经外科杂志	402	28	-0.58	0.587	22	-0.16	20.40	25	4.32	0.55	0.58
G288	脑与神经疾病杂志	466	27	-0.51	0.379	27	-0.46	35.80	17	6.90	0.81	0.48
G343	上海精神医学	530	23	-0.45	0.417	26	-0.40	32.10	20	6.23	0.48	0.57
G329	神经疾病与精神卫生	471	25	-0.51	0.357	29	-0.49	18.30	27	5.68	0.65	0.75
G319	神经损伤与功能重建	560	20	-0.41	0.695	14	0.00	15.00	28	6.10	0.55	0.69
G476	心脑血管病防治	391	29	-0.59	0.320	30	-0.54	27.50	23	6.03	0.23	0.61
G529	中国卒中杂志	707	17	-0.26	0.656	16	-0.06	36.70	16	7.52	0.81	0.61
G536	中国临床神经科学	471	25	-0.51	0.545	23	-0.22	37.40	14	6.81	0.71	0.68
G794	中国临床神经外科杂志	985	8	0.03	0.463	25	-0.34	12.70	31	6.94	0.68	0.83
G422	中国脑血管病杂志	816	12	-0.15	0.884	6	0.27	44.40	7	7.77	0.84	0.83
G114	中国神经精神疾病杂志	1338	6	0.40	0.863	7	0.24	47.80	4	10.97	0.97	0.63
G242	中国神经免疫学和神经病学杂志	558	21	-0.42	0.758	10	0.09	38.10	12	6.97	0.81	0.63
G959	中国微侵袭神经外科杂志	837	11	-0.12	0.644	17	-0.08	14.80	29	6.13	0.71	0.70
G623	中国现代神经疾病杂志	812	13	-0.15	0.690	15	-0.01	34.30	19	8.48	0.84	0.91
G159	中华精神科杂志	806	14	-0.16	0.777	9	0.11	39.90	10	7.42	0.58	0.48
G876	中华老年心脑血管病杂志	2219	3	1.32	1.188	2	0.70	60.50	2	11.81	0.87	0.88
G197	中华神经科杂志	3950	1	3.14	1.846	1	1.65	85.70	1	13.48	0.90	0.31
G976	中华神经外科疾病研究杂志	708	16	-0.26	0.707	13	0.01	29.80	22	7.61	0.71	0.53
G160	中华神经外科杂志	2171	4	1.27	0.826	8	0.19	45.00	6	9.77	0.77	0.50
G446	中华神经医学杂志	1484	5	0.55	0.907	5	0.30	45.60	5	10.19	0.87	0.59
G263	中华行为医学与脑科学杂志	2356	2	1.47	1.066	3	0.53	48.60	3	12.19	0.74	0.48
G094	中风与神经疾病杂志	985	8	0.03	0.362	28	-0.48	37.40	14	8.97	0.87	0.42
G229	卒中与神经疾病	496	24	-0.48	0.735	12	0.05	39.80	11	6.81	0.74	0.51
	31 种期刊平均值	955			0.697							

核医学、医学影像学

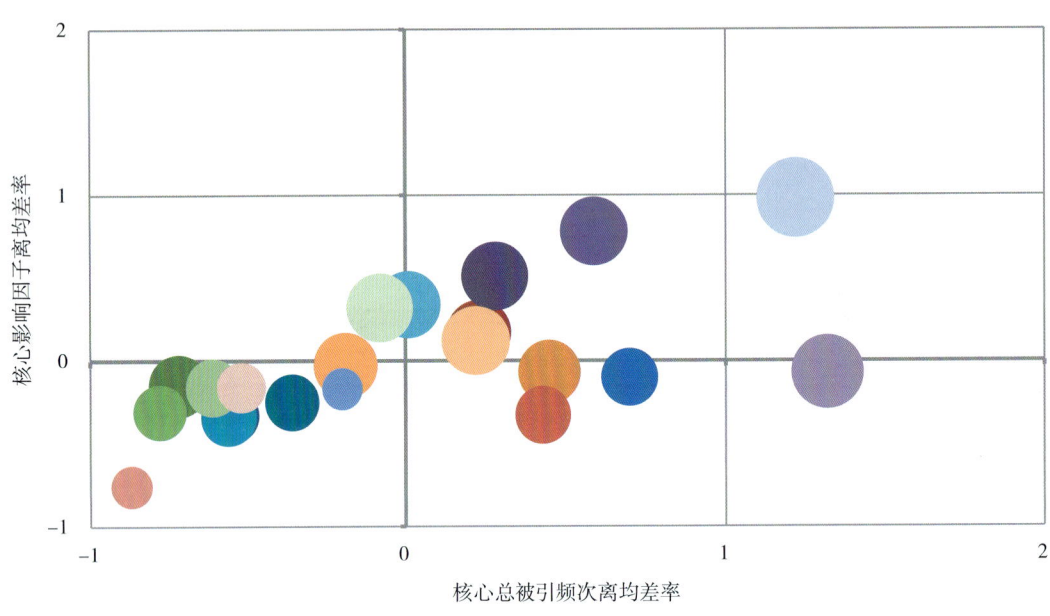

2016年核医学、医学影像学类期刊核心总被引频次和核心影响因子离均差率的分布图
（节点大小表示综合评价总分）

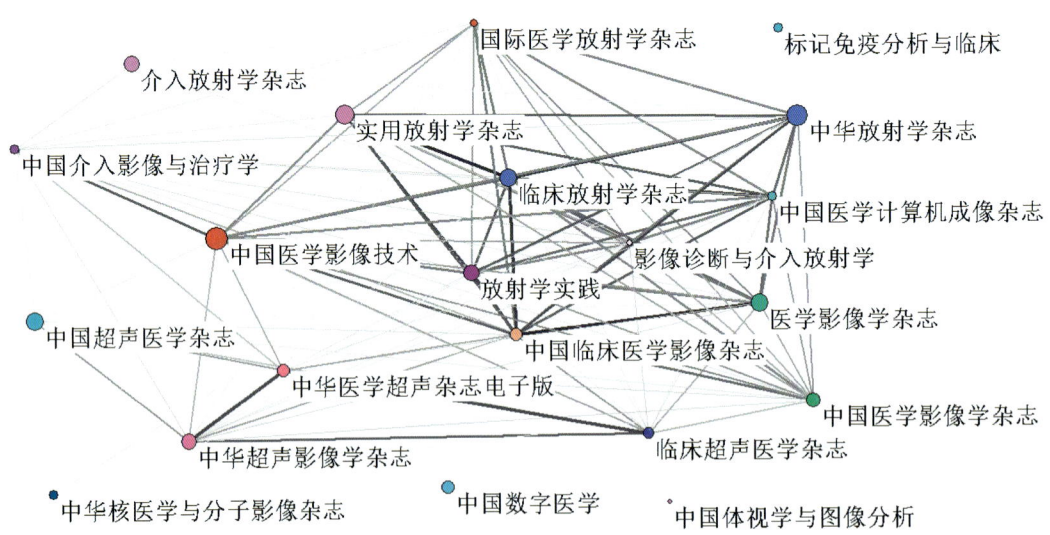

2016年核医学、医学影像学类期刊互引关系示意图

表 7-58 2016 年核医学、医学影像学类期刊主要指标

CODE	刊名	核心总被引频次			核心影响因子			综合评价总分		学科扩散指标	学科影响指标	红点指标
		数值	排名	离均差率	数值	排名	离均差率	数值	排名			
G410	标记免疫分析与临床	700	16	-0.55	0.516	18	-0.33	37.50	17	11.95	0.33	0.26
G608	放射学实践	1888	8	0.23	0.896	6	0.17	50.60	9	14.43	0.90	0.95
G661	国际医学放射学杂志	431	19	-0.72	0.651	12	-0.15	47.00	11	8.52	0.81	0.90
G886	介入放射学杂志	1965	7	0.28	1.156	3	0.51	55.70	6	16.05	0.86	0.42
G880	临床超声医学杂志	986	14	-0.36	0.570	16	-0.25	38.40	16	11.95	0.71	0.57
G271	临床放射学杂志	2235	5	0.45	0.712	9	-0.07	50.00	10	16.43	0.95	0.73
G534	实用放射学杂志	2621	3	0.70	0.686	11	-0.10	40.50	12	17.62	0.86	0.69
G265	医学影像学杂志	2199	6	0.43	0.514	19	-0.33	40.10	13	17.62	0.95	0.86
G649	影像诊断与介入放射学	340	20	-0.78	0.527	17	-0.31	36.70	18	7.62	0.81	0.64
G097	中国超声医学杂志	2449	4	0.59	1.364	2	0.78	56.70	5	16.38	0.81	0.75
G206	中国介入影像与治疗学	675	17	-0.56	0.505	20	-0.34	39.30	15	10.14	0.76	0.82
G304	中国临床医学影像杂志	1246	12	-0.19	0.742	8	-0.03	52.80	8	14.19	0.90	0.96
G926	中国数字医学	1240	13	-0.20	0.635	15	-0.17	21.20	21	8.10	0.14	0.17
G561	中国体视学与图像分析	197	21	-0.87	0.182	21	-0.76	22.10	20	4.81	0.14	0.16
G236	中国医学计算机成像杂志	597	18	-0.61	0.646	13	-0.16	39.80	14	8.76	0.95	0.71
G127	中国医学影像技术	3582	1	1.32	0.709	10	-0.07	65.70	2	20.57	0.90	0.90
G193	中国医学影像学杂志	1550	10	0.01	1.024	4	0.34	54.00	7	15.38	0.95	0.95
G195	中华超声影像学杂志	1873	9	0.22	0.859	7	0.12	56.90	3	15.14	0.86	0.73
G140	中华放射学杂志	3423	2	1.22	1.515	1	0.98	76.90	1	18.95	0.95	0.67
G145	中华核医学与分子影像杂志	743	15	-0.52	0.640	14	-0.16	29.90	19	8.86	0.67	0.70
Q920	中华医学超声杂志电子版	1412	11	-0.08	1.011	5	0.32	56.80	4	13.38	0.81	0.58
	21 种期刊平均值	1541			0.765							

肿瘤学

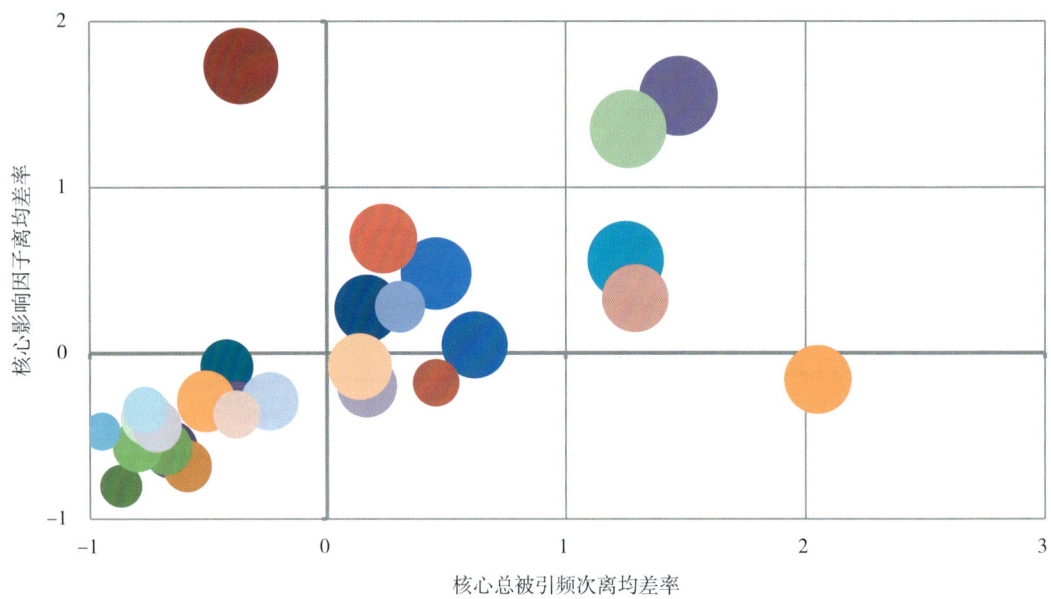

2016年肿瘤学类期刊核心总被引频次和核心影响因子离均差率的分布图（节点大小表示综合评价总分）

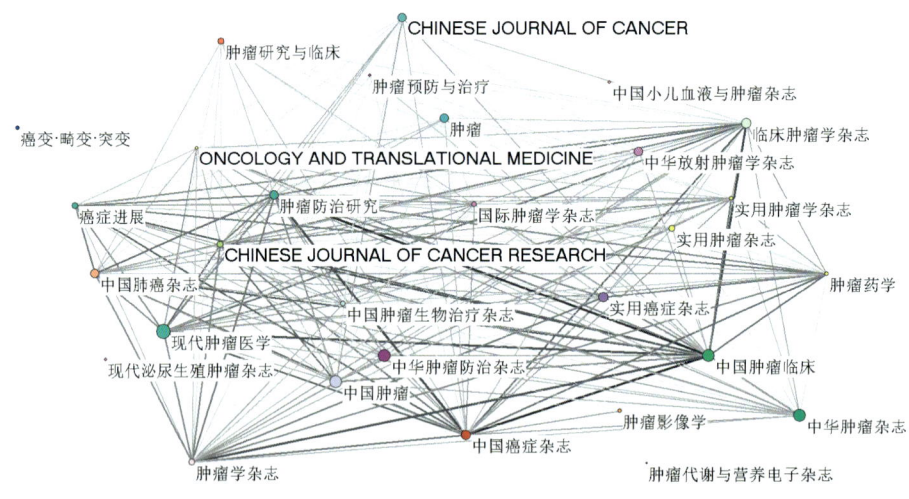

2016年肿瘤学类期刊互引关系示意图

表 7-59 2016 年肿瘤学类期刊主要指标

CODE	刊名	核心总被引频次			核心影响因子			综合评价总分		学科扩散指标	学科影响指标	红点指标
		数值	排名	离均差率	数值	排名	离均差率	数值	排名			
G011	CHINESE JOURNAL OF CANCER	1221	11	0.17	0.969	9	0.27	52.20	9	12.52	0.90	0.55
I037	CHINESE JOURNAL OF CANCER RESEARCH	667	15	-0.36	2.074	1	1.73	67.50	4	9.07	0.83	0.62
G616	ONCOLOGY AND TRANSLATIONAL MEDICINE	139	28	-0.87	0.155	29	-0.80	21.50	27	3.03	0.55	0.38
G549	癌变·畸变·突变	356	21	-0.66	0.318	27	-0.58	38.00	15	6.72	0.28	0.44
G481	癌症进展	604	18	-0.42	0.700	11	-0.08	34.90	16	7.59	0.62	0.74
G937	国际肿瘤学杂志	427	20	-0.59	0.246	28	-0.68	31.20	19	7.14	0.62	0.88
Q910	临床肿瘤学杂志	1685	6	0.62	0.801	10	0.05	52.00	10	13.86	0.93	0.80
G512	实用癌症杂志	1518	7	0.46	0.626	14	-0.18	25.70	25	11.07	0.72	0.79
G856	实用肿瘤学杂志	330	22	-0.68	0.329	26	-0.57	33.20	18	6.10	0.62	0.79
G890	实用肿瘤杂志	644	16	-0.38	0.514	18	-0.32	29.70	23	8.52	0.66	0.59
G798	现代泌尿生殖肿瘤杂志	221	26	-0.79	0.387	24	-0.49	16.90	28	3.59	0.31	0.35
G826	现代肿瘤医学	3179	1	2.05	0.643	13	-0.16	54.40	7	16.52	0.86	0.81
G538	中国癌症杂志	1518	7	0.46	1.123	6	0.48	59.90	5	13.17	0.97	0.76
G320	中国肺癌杂志	1294	10	0.24	1.283	4	0.69	56.30	6	10.93	0.83	0.81
G845	中国小儿血液与肿瘤杂志	204	27	-0.80	0.338	25	-0.56	30.60	20	4.03	0.21	0.45
G642	中国肿瘤	2578	2	1.47	1.942	2	1.55	73.70	1	15.76	1.00	0.81
G133	中国肿瘤临床	2346	5	1.25	1.189	5	0.56	70.30	3	16.24	0.97	0.83
G255	中国肿瘤生物治疗杂志	510	19	-0.51	0.538	17	-0.29	43.70	13	7.72	0.66	0.74
G251	中华放射肿瘤学杂志	1366	9	0.31	0.977	8	0.28	30.60	20	6.83	0.72	0.47
G858	中华肿瘤防治杂志	2391	3	1.29	1.010	7	0.33	52.90	8	14.79	0.90	0.86
G179	中华肿瘤杂志	2353	4	1.26	1.788	3	1.35	70.60	2	14.72	0.97	0.92
G184	肿瘤	1216	12	0.17	0.610	15	-0.20	44.40	12	12.79	0.86	0.92
Q929	肿瘤代谢与营养电子杂志	54	29	-0.95	0.406	23	-0.47	16.70	29	0.97	0.10	0.28
G185	肿瘤防治研究	1186	13	0.14	0.698	12	-0.08	50.90	11	12.66	0.79	0.87
G412	肿瘤学杂志	790	14	-0.24	0.544	16	-0.29	39.50	14	9.59	0.79	0.87
G522	肿瘤研究与临床	643	17	-0.38	0.481	20	-0.37	26.70	24	8.21	0.66	0.78
G196	肿瘤药学	255	24	-0.76	0.462	21	-0.39	34.00	17	4.76	0.28	0.78
G838	肿瘤影像学	291	23	-0.72	0.424	22	-0.44	30.40	22	4.90	0.31	0.58
G695	肿瘤预防与治疗	239	25	-0.77	0.506	19	-0.34	24.70	26	4.07	0.41	0.65
	29 种期刊平均值	1042			0.761							

护理学

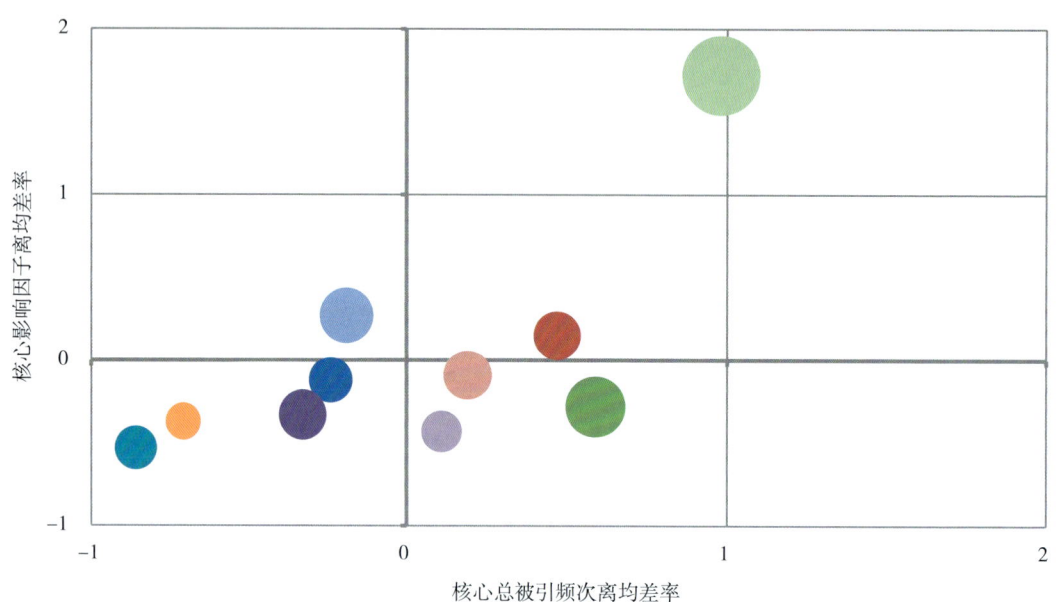

2016年护理学类期刊核心总被引频次和核心影响因子离均差率的分布图（节点大小表示综合评价总分）

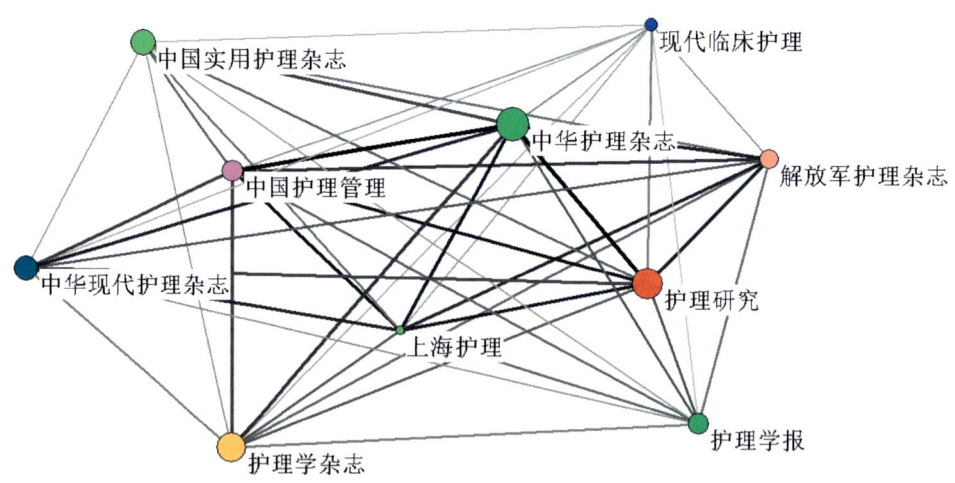

2016年护理学类期刊互引关系示意图

表 7-60　2016 年护理学类期刊主要指标

CODE	刊名	核心总被引频次			核心影响因子			综合评价总分		学科扩散指标	学科影响指标	红点指标
		数值	排名	离均差率	数值	排名	离均差率	数值	排名			
G987	护理学报	3221	7	-0.24	0.839	5	-0.12	29.50	7	32.50	1.00	0.68
G503	护理学杂志	6213	3	0.47	1.089	3	0.15	33.60	5	35.30	1.00	0.79
G654	护理研究	6734	2	0.59	0.688	6	-0.28	52.20	2	42.60	1.00	0.77
G316	解放军护理杂志	2846	8	-0.33	0.637	7	-0.33	35.90	4	29.40	1.00	0.76
G330	上海护理	603	10	-0.86	0.444	10	-0.53	27.10	8	16.50	1.00	0.82
G438	现代临床护理	1217	9	-0.71	0.599	8	-0.37	20.00	10	19.30	1.00	0.79
G417	中国护理管理	3409	6	-0.19	1.210	2	0.27	43.60	3	23.80	1.00	0.75
G305	中国实用护理杂志	5047	4	0.19	0.866	4	-0.09	33.60	5	34.40	1.00	0.69
G146	中华护理杂志	8369	1	0.98	2.589	1	1.72	90.90	1	44.00	1.00	0.77
G847	中华现代护理杂志	4685	5	0.11	0.545	9	-0.43	24.60	9	34.20	1.00	0.81
	10 种期刊平均值	4234			0.951							

预防医学与公共卫生学综合

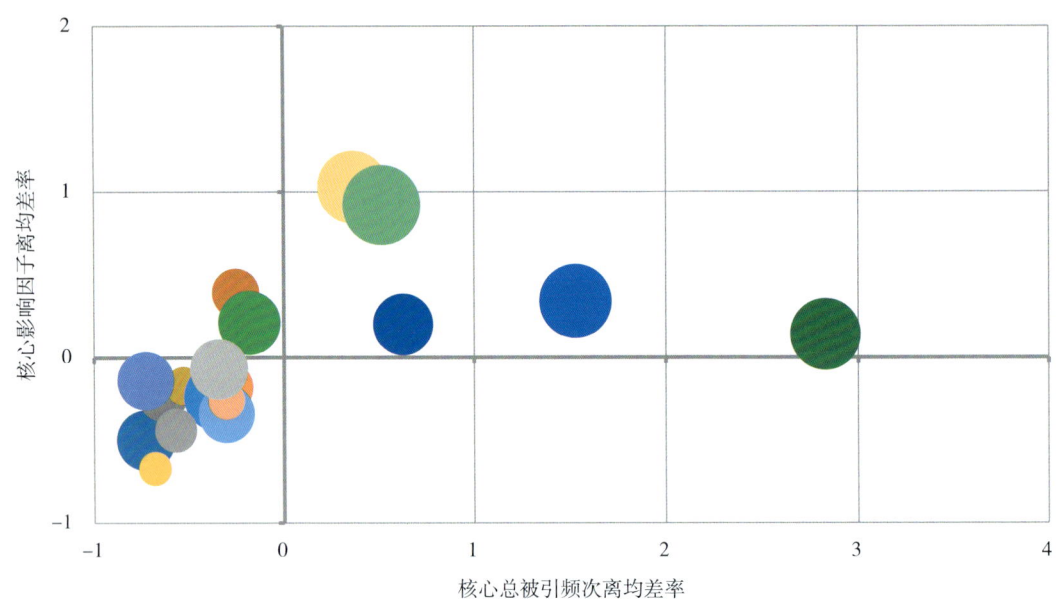

2016年预防医学与公共卫生学综合类期刊核心总被引频次和核心影响因子离均差率的分布图
（节点大小表示综合评价总分）

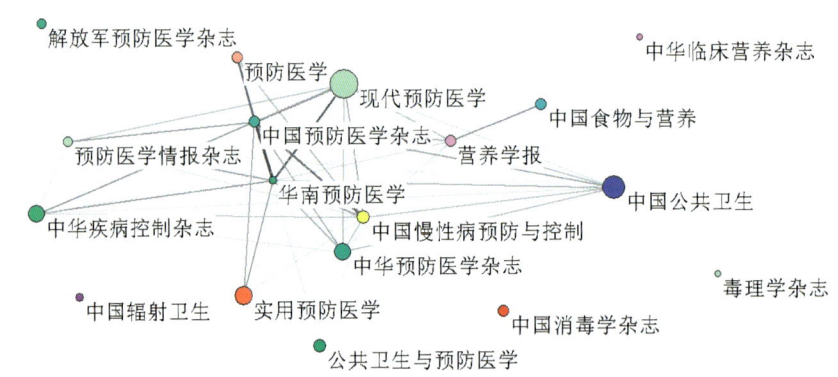

2016年预防医学与公共卫生学综合类期刊互引关系示意图

表 7-61　2016 年预防医学与公共卫生学综合类期刊主要指标

CODE	刊名	核心总被引频次			核心影响因子			综合评价总分		学科扩散指标	学科影响指标	红点指标
		数值	排名	离均差率	数值	排名	离均差率	数值	排名			
G542	毒理学杂志	542	17	-0.73	0.394	17	-0.50	44.00	9	12.50	0.44	0.13
G207	公共卫生与预防医学	1494	7	-0.25	1.087	3	0.39	28.90	14	11.94	0.89	0.72
G525	华南预防医学	723	15	-0.64	0.600	12	-0.23	31.90	13	9.39	0.89	0.69
G961	解放军预防医学杂志	928	13	-0.53	0.647	10	-0.17	17.80	16	10.83	0.72	0.29
G768	实用预防医学	3240	3	0.63	0.935	6	0.20	46.30	7	27.22	0.94	0.62
G963	现代预防医学	7601	1	2.83	0.891	7	0.14	62.40	4	39.28	1.00	0.66
G089	营养学报	1273	12	-0.36	0.592	13	-0.24	52.80	5	19.61	0.89	0.31
G479	预防医学	1416	8	-0.29	0.642	11	-0.18	32.40	12	16.89	0.89	0.67
G518	预防医学情报杂志	844	14	-0.57	0.437	16	-0.44	23.30	15	11.61	0.83	0.73
G587	中国辐射卫生	635	16	-0.68	0.260	18	-0.67	13.80	18	8.22	0.50	0.33
G102	中国公共卫生	5021	2	1.53	1.048	4	0.34	66.40	2	36.00	1.00	0.58
G613	中国慢性病预防与控制	1632	6	-0.18	0.948	5	0.21	49.40	6	19.11	0.89	0.71
U563	中国食物与营养	1380	10	-0.30	0.517	15	-0.34	41.00	11	17.39	0.83	0.31
G284	中国消毒学杂志	1394	9	-0.30	0.576	14	-0.26	17.20	17	12.67	0.61	0.68
G753	中国预防医学杂志	1305	11	-0.34	0.729	8	-0.07	44.30	8	18.44	0.89	0.61
G302	中华疾病控制杂志	2714	5	0.37	1.591	1	1.03	64.60	3	20.89	0.78	0.82
G824	中华临床营养杂志	529	18	-0.73	0.676	9	-0.14	41.70	10	10.56	0.50	0.39
G177	中华预防医学杂志	3015	4	0.52	1.501	2	0.92	77.70	1	28.33	1.00	0.64
	18 种期刊平均值	1983			0.782							

流行病学、环境医学

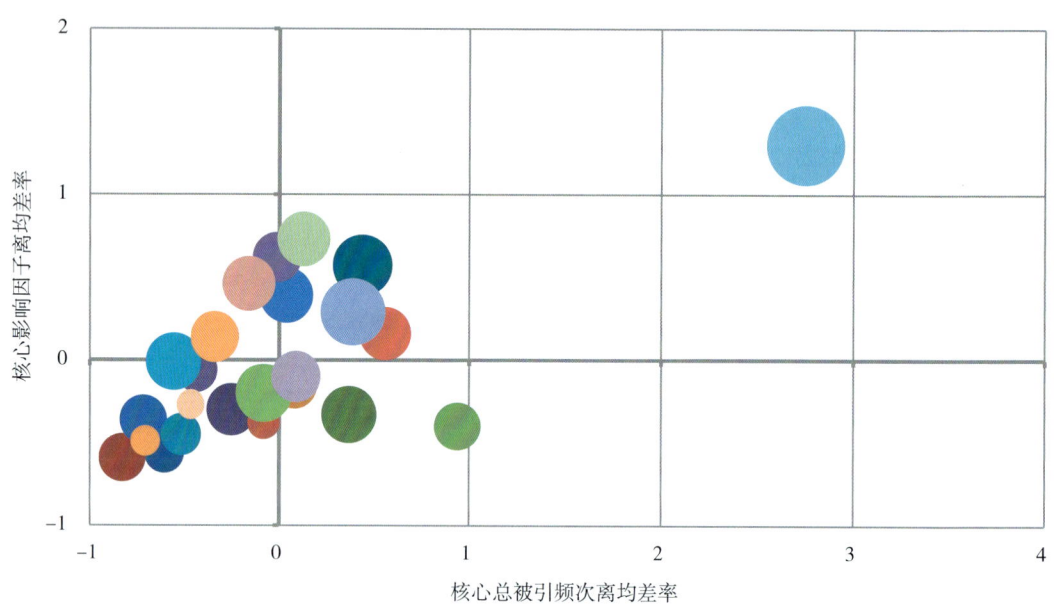

2016年流行病学、环境医学类期刊核心总被引频次和核心影响因子离均差率的分布图
（节点大小表示综合评价总分）

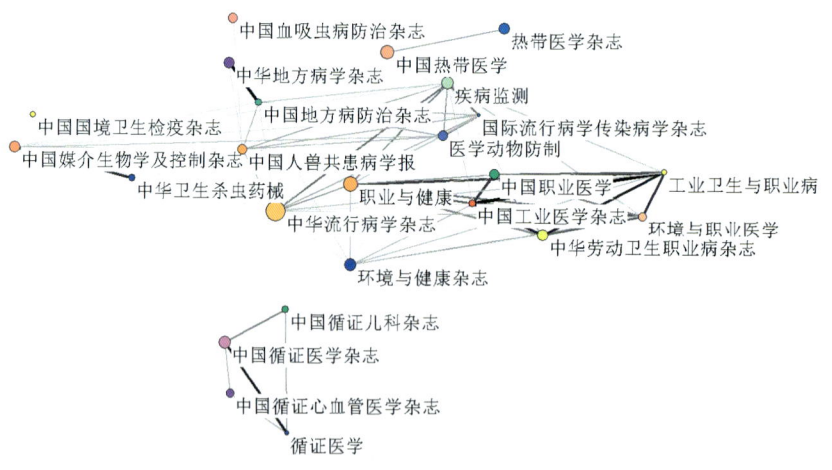

2016年流行病学、环境医学类期刊互引关系示意图

表 7-62 2016年流行病学、环境医学类期刊主要指标

CODE	刊名	核心总被引频次			核心影响因子			综合评价总分		学科扩散指标	学科影响指标	红点指标
		数值	排名	离均差率	数值	排名	离均差率	数值	排名			
G025	工业卫生与职业病	541	21	-0.61	0.313	23	-0.56	22.70	21	5.25	0.50	0.48
G930	国际流行病学传染病学杂志	238	24	-0.83	0.288	24	-0.59	31.60	16	5.38	0.46	0.40
Z031	环境与健康杂志	1916	6	0.37	0.472	17	-0.33	44.30	6	18.54	0.71	0.50
G882	环境与职业医学	1048	15	-0.25	0.496	16	-0.30	37.10	11	11.50	0.71	0.50
G452	疾病监测	2010	4	0.44	1.103	4	0.57	51.10	3	10.33	0.83	0.72
G609	热带医学杂志	1515	9	0.08	0.599	13	-0.15	31.40	17	14.33	0.75	0.40
G627	循证医学	391	23	-0.72	0.448	18	-0.36	32.40	15	8.83	0.29	0.58
G482	医学动物防制	1291	12	-0.08	0.438	19	-0.38	14.70	22	8.25	0.83	0.70
G884	职业与健康	2711	2	0.94	0.425	20	-0.40	30.90	18	17.04	0.92	0.64
G099	中国地方病防治杂志	781	17	-0.44	0.665	11	-0.06	28.00	19	7.83	0.71	0.35
G244	中国工业医学杂志	666	19	-0.52	0.388	21	-0.45	24.30	20	7.08	0.42	0.49
G637	中国国境卫生检疫杂志	411	22	-0.71	0.360	22	-0.49	12.60	23	3.75	0.46	0.58
G598	中国媒介生物学及控制杂志	1461	10	0.04	0.976	6	0.39	41.50	7	6.08	0.58	0.52
G629	中国热带医学	2176	3	0.56	0.815	8	0.16	38.50	10	16.96	0.92	0.64
G112	中国人兽共患病学报	1282	13	-0.08	0.560	14	-0.20	45.80	4	10.42	0.71	0.43
G675	中国血吸虫病防治杂志	1381	11	-0.01	1.140	3	0.62	34.20	14	5.08	0.58	0.71
G756	中国循证儿科杂志	622	20	-0.56	0.695	10	-0.01	45.40	5	8.88	0.33	0.52
G645	中国循证心血管医学杂志	930	16	-0.34	0.800	9	0.14	35.60	13	10.42	0.42	0.57
G396	中国循证医学杂志	1946	5	0.39	0.910	7	0.29	60.80	2	18.54	0.50	0.79
G945	中国职业医学	1177	14	-0.16	1.026	5	0.46	40.60	9	8.46	0.54	0.58
G098	中华地方病学杂志	1584	7	0.13	1.221	2	0.73	41.50	7	7.63	0.75	0.76
G149	中华劳动卫生职业病杂志	1521	8	0.09	0.631	12	-0.10	35.80	12	11.33	0.58	0.47
G152	中华流行病学杂志	5251	1	2.75	1.618	1	1.30	87.20	1	23.46	1.00	0.65
G740	中华卫生杀虫药械	736	18	-0.47	0.516	15	-0.27	12.20	24	3.46	0.42	0.59
	24种期刊平均值	1399			0.704							

优生学、计划生育学

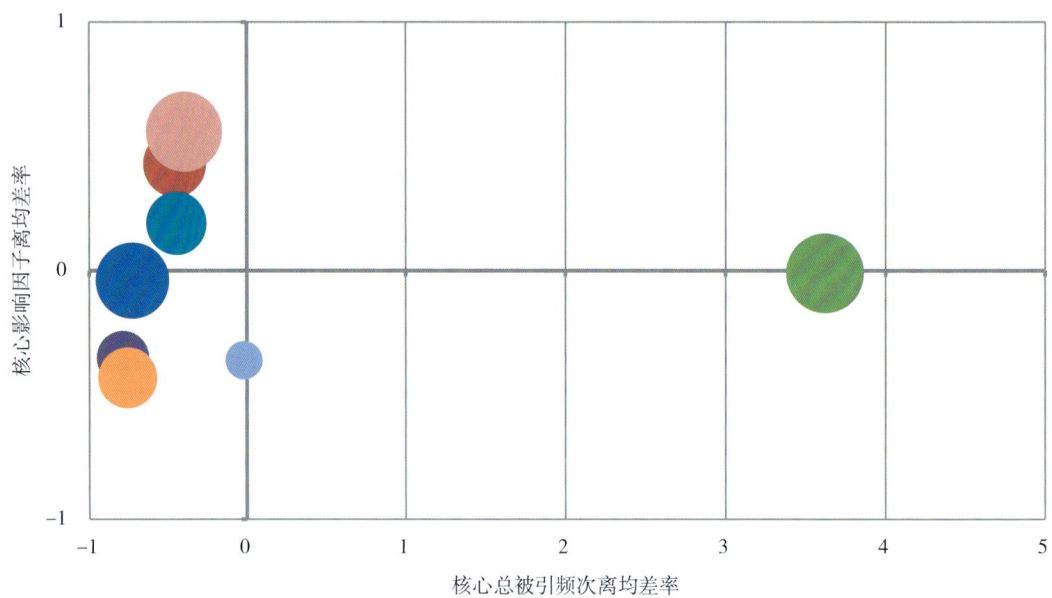

2016年优生学、计划生育学类期刊核心总被引频次和核心影响因子离均差率的分布图
（节点大小表示综合评价总分）

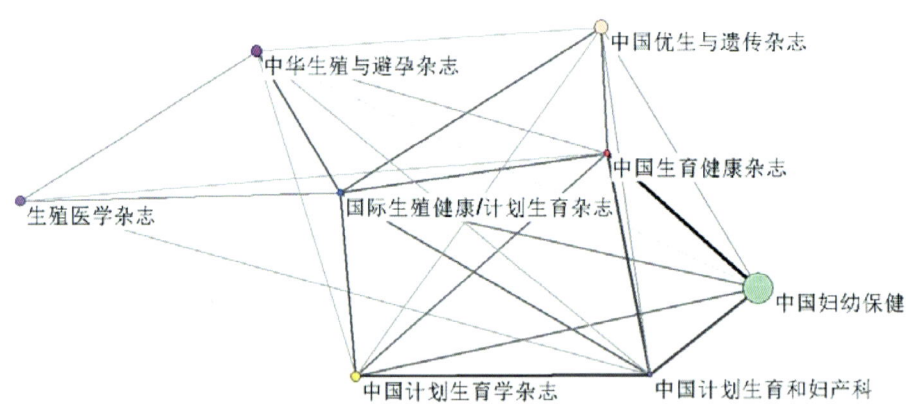

2016年优生学、计划生育学类期刊互引关系示意图

表 7-63　2016年优生学、计划生育学类期刊主要指标

CODE	刊名	核心总被引频次			核心影响因子			综合评价总分		学科扩散指标	学科影响指标	红点指标
		数值	排名	离均差率	数值	排名	离均差率	数值	排名			
S157	国际生殖健康/计划生育杂志	499	6	-0.73	0.592	5	-0.04	49.60	3	23.75	1.00	0.60
G624	生殖医学杂志	998	5	-0.46	0.885	2	0.43	37.70	4	24.50	1.00	0.63
G680	中国妇幼保健	8610	1	3.62	0.614	4	-0.01	54.60	2	65.88	1.00	0.61
G560	中国计划生育和妇产科	395	8	-0.79	0.403	6	-0.35	25.30	7	17.00	1.00	0.48
G907	中国计划生育学杂志	1020	4	-0.45	0.733	3	0.19	35.00	5	25.25	1.00	0.24
G715	中国生育健康杂志	439	7	-0.76	0.353	8	-0.43	31.90	6	21.63	1.00	0.56
G706	中国优生与遗传杂志	1824	2	-0.02	0.398	7	-0.36	12.90	8	40.13	1.00	0.67
G072	中华生殖与避孕杂志	1127	3	-0.40	0.965	1	0.56	55.60	1	27.38	1.00	0.32
	8种期刊平均值	1864			0.618							

卫生管理学、健康教育学

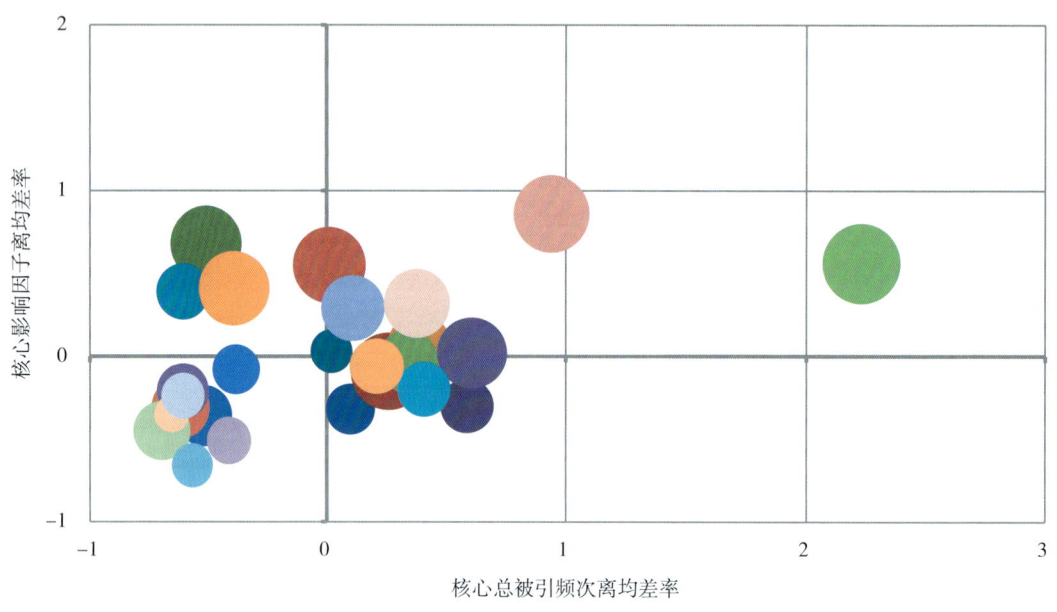

2016年卫生管理学、健康教育学类期刊核心总被引频次和核心影响因子离均差率的分布图
（节点大小表示综合评价总分）

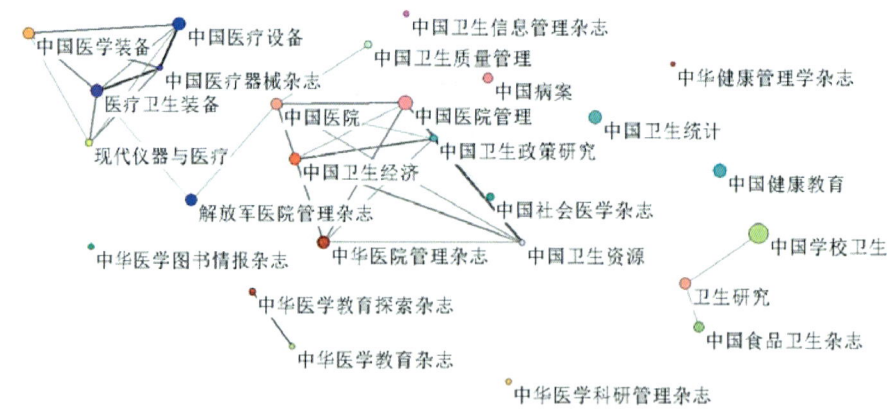

2016年卫生管理学、健康教育学类期刊互引关系示意图

表 7-64　2016年卫生管理学、健康教育学类期刊主要指标

CODE	刊名	核心总被引频次			核心影响因子			综合评价总分		学科扩散指标	学科影响指标	红点指标
		数值	排名	离均差率	数值	排名	离均差率	数值	排名			
G315	解放军医院管理杂志	1430	12	0.10	0.466	21	-0.32	27.10	20	6.58	0.81	0.57
G079	卫生研究	1634	9	0.26	0.628	15	-0.09	62.90	3	16.12	0.35	0.29
N115	现代仪器与医疗	640	18	-0.51	1.154	2	0.68	60.60	4	7.85	0.31	0.35
G605	医疗卫生装备	2057	4	0.59	0.481	19	-0.30	30.60	19	10.73	0.65	0.39
G750	中国病案	1321	13	0.02	0.709	10	0.03	20.30	25	7.42	0.77	0.64
G787	中国健康教育	1797	6	0.39	0.731	9	0.06	46.50	9	10.12	0.73	0.73
G366	中国社会医学杂志	625	19	-0.52	0.440	23	-0.36	39.10	13	7.69	0.73	0.67
G429	中国食品卫生杂志	1316	14	0.01	1.063	4	0.55	60.50	5	9.08	0.23	0.80
S725	中国卫生经济	1733	8	0.34	0.669	12	-0.03	42.10	11	9.69	0.85	0.52
G253	中国卫生统计	2084	3	0.61	0.703	11	0.02	52.70	7	16.04	0.92	0.41
G540	中国卫生信息管理杂志	507	21	-0.61	0.956	6	0.39	33.20	15	4.08	0.73	0.46
G716	中国卫生政策研究	794	16	-0.39	0.972	5	0.41	57.50	6	6.35	0.77	0.49
G752	中国卫生质量管理	802	15	-0.38	0.631	14	-0.08	26.30	21	5.38	0.85	0.64
G541	中国卫生资源	494	24	-0.62	0.473	20	-0.31	39.40	12	5.31	0.69	0.57
G908	中国学校卫生	4190	1	2.23	1.074	3	0.56	67.00	1	11.00	0.50	0.98
G124	中国医疗器械杂志	502	23	-0.61	0.542	17	-0.21	32.00	17	6.62	0.38	0.35
G679	中国医疗设备	1828	5	0.41	0.552	16	-0.20	31.70	18	11.62	0.73	0.49
S591	中国医学装备	1572	10	0.21	0.649	13	-0.06	32.10	16	8.96	0.65	0.43
Q918	中国医院	1437	11	0.11	0.889	8	0.29	44.90	10	8.31	0.88	0.59
G454	中国医院管理	2520	2	0.94	1.279	1	0.86	63.60	2	9.69	0.92	0.71
G751	中华健康管理学杂志	385	26	-0.70	0.377	24	-0.45	36.50	14	5.42	0.50	0.44
S590	中华医学教育探索杂志	759	17	-0.41	0.334	25	-0.51	23.30	22	6.23	0.58	0.58
G705	中华医学教育杂志	554	20	-0.57	0.236	26	-0.66	20.40	24	4.85	0.62	0.79
G307	中华医学科研管理杂志	442	25	-0.66	0.447	22	-0.35	13.80	26	3.23	0.54	0.52
G915	中华医学图书情报杂志	506	22	-0.61	0.523	18	-0.24	21.80	23	4.00	0.65	0.34
G591	中华医院管理杂志	1795	7	0.38	0.907	7	0.32	49.60	8	8.15	0.88	0.42
	26种期刊平均值	1297			0.688							

军事医学与特种医学

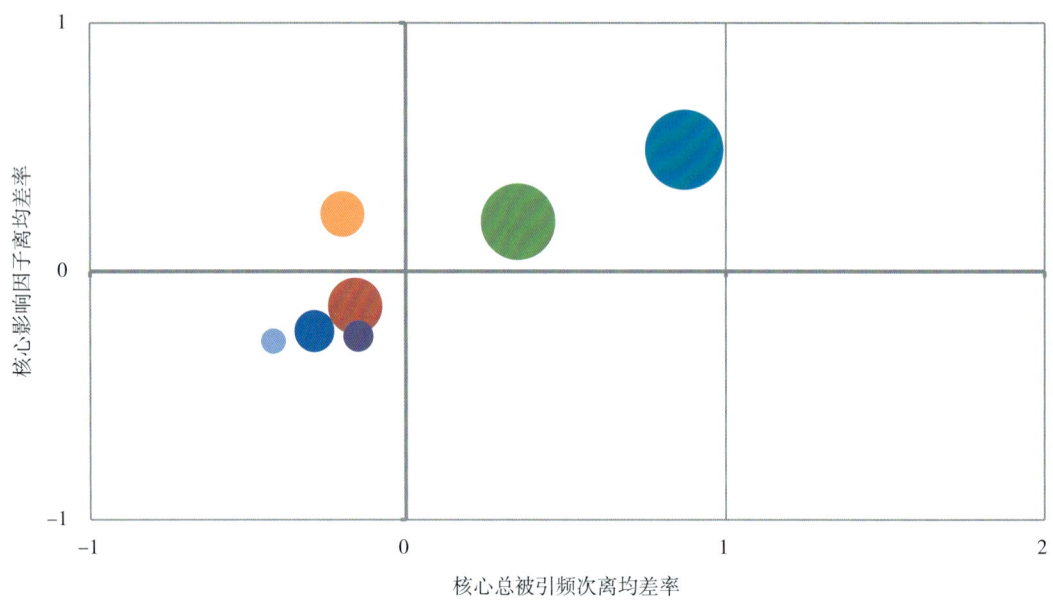

2016年军事医学与特种医学类期刊核心总被引频次和核心影响因子离均差率的分布图
（节点大小表示综合评价总分）

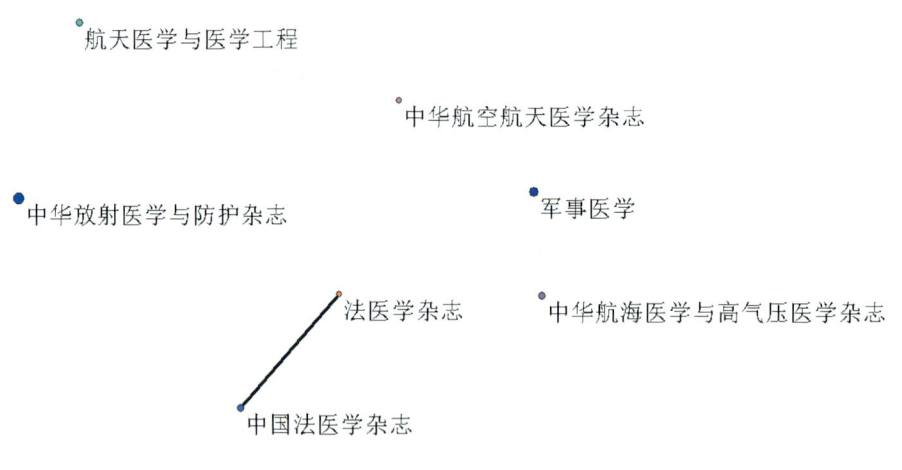

2016年军事医学与特种医学类期刊互引关系示意图

表 7-65　2016 年军事医学与特种医学类期刊主要指标

CODE	刊名	核心总被引频次			核心影响因子			综合评价总分		学科扩散指标	学科影响指标	红点指标
		数值	排名	离均差率	数值	排名	离均差率	数值	排名			
G874	法医学杂志	383	6	-0.29	0.300	5	-0.24	22.10	5	21.57	0.29	0.96
G034	航天医学与医学工程	457	4	-0.16	0.339	4	-0.14	39.90	3	24.29	0.57	0.18
G052	军事医学	730	2	0.35	0.470	3	0.20	73.50	2	47.43	0.57	0.15
G100	中国法医学杂志	460	3	-0.15	0.290	6	-0.26	12.30	6	17.71	0.29	0.94
G141	中华放射医学与防护杂志	1013	1	0.87	0.587	1	0.49	80.20	1	33.29	0.57	0.28
G335	中华航海医学与高气压医学杂志	435	5	-0.20	0.483	2	0.23	26.50	4	17.43	0.57	0.20
G144	中华航空航天医学杂志	313	7	-0.42	0.281	7	-0.28	8.00	7	9.29	0.57	0.73
	7 种期刊平均值	542			0.393							

药学

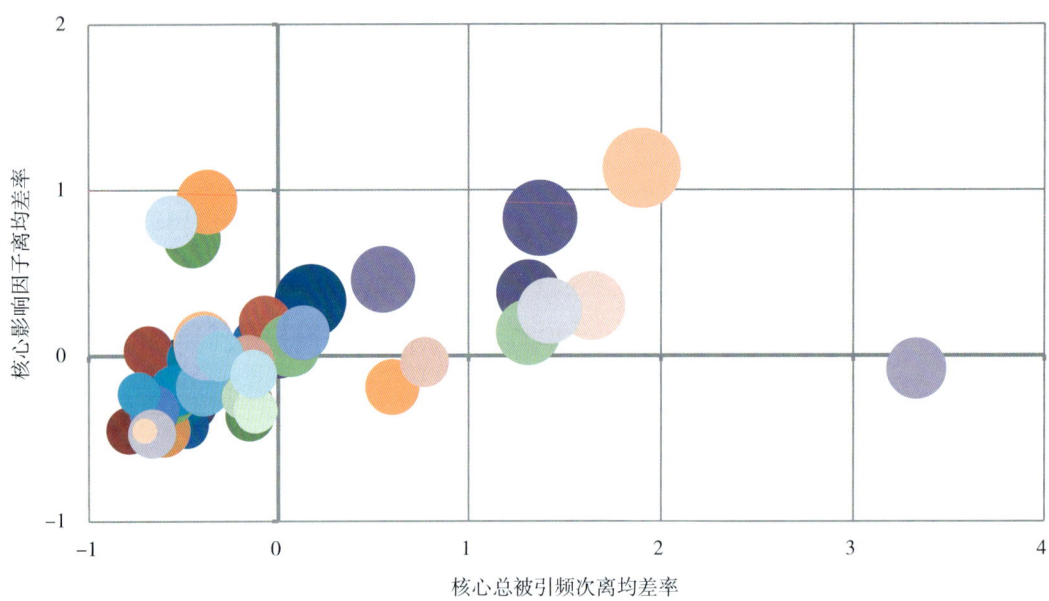

2016年药学类期刊核心总被引频次和核心影响因子离均差率的分布图（节点大小表示综合评价总分）

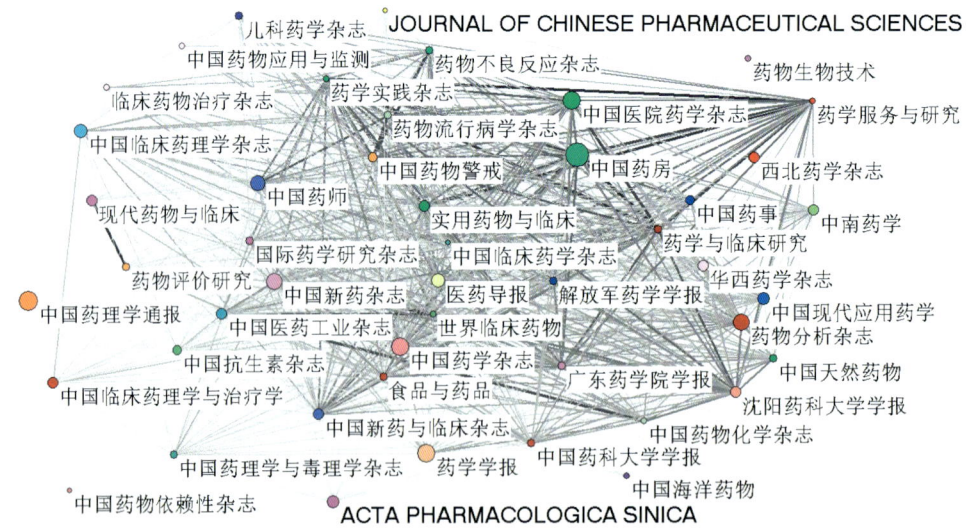

2016年药学类期刊互引关系示意图

表 7-66　2016 年药学类期刊主要指标

CODE	刊名	核心总被引频次			核心影响因子			综合评价总分		学科扩散指标	学科影响指标	红点指标
		数值	排名	离均差率	数值	排名	离均差率	数值	排名			
G001	ACTA PHARMACOLOGICA SINICA	1550	11	0.17	0.820	8	0.33	61.30	3	10.09	0.79	0.52
I227	JOURNAL OF CHINESE PHARMACEUTICAL SCIENCES	275	47	-0.79	0.341	44	-0.45	25.10	38	2.55	0.62	0.59
G920	儿科药学杂志	693	32	-0.48	0.437	35	-0.29	23.80	39	4.51	0.62	0.52
G027	广东药学院学报	698	30	-0.47	0.444	34	-0.28	36.80	19	6.04	0.77	0.45
G933	国际药学研究杂志	620	34	-0.53	0.563	25	-0.08	41.80	14	5.68	0.79	0.63
G044	华西药学杂志	1126	19	-0.15	0.434	36	-0.29	27.90	34	6.40	0.89	0.81
G295	解放军药学学报	675	33	-0.49	0.354	43	-0.42	23.80	39	5.17	0.79	0.80
G673	临床药物治疗杂志	412	44	-0.69	0.633	19	0.03	28.50	33	4.04	0.62	0.60
G071	沈阳药科大学学报	1120	20	-0.15	0.391	41	-0.36	30.30	29	6.11	0.83	0.47
G834	实用药物与临床	1321	14	0.00	0.640	18	0.04	38.80	16	6.91	0.81	0.72
G748	食品与药品	607	35	-0.54	0.433	37	-0.30	30.90	27	5.17	0.47	0.63
G485	世界临床药物	516	39	-0.61	0.339	45	-0.45	32.60	24	5.09	0.72	0.57
G792	西北药学杂志	1141	18	-0.14	0.672	14	0.09	19.20	46	5.57	0.70	0.75
G421	现代药物与临床	1225	15	-0.07	0.739	11	0.20	32.80	23	6.74	0.91	0.56
G403	药物不良反应杂志	709	29	-0.46	1.053	5	0.71	40.00	15	4.19	0.74	0.39
G087	药物分析杂志	3057	6	1.31	0.851	7	0.38	48.30	7	8.11	0.89	0.65
G877	药物流行病学杂志	695	31	-0.47	0.604	21	-0.02	26.70	37	4.28	0.62	0.78
G836	药物评价研究	825	25	-0.38	1.184	2	0.93	47.00	9	4.55	0.62	0.70
G514	药物生物技术	467	40	-0.65	0.402	40	-0.35	22.50	42	4.30	0.53	0.56
G977	药学服务与研究	440	42	-0.67	0.381	42	-0.38	21.20	45	3.94	0.72	0.79
G440	药学实践杂志	567	38	-0.57	0.463	32	-0.25	31.10	26	4.70	0.70	0.66
G008	药学学报	3130	5	1.37	1.125	3	0.83	65.50	2	10.83	0.94	0.52
G527	药学与临床研究	599	36	-0.55	0.488	30	-0.21	30.40	28	5.06	0.77	0.74
G844	医药导报	2112	9	0.60	0.496	28	-0.19	35.30	20	9.26	0.94	0.64
G104	中国海洋药物	447	41	-0.66	0.411	39	-0.33	29.10	30	3.11	0.45	0.48
G107	中国抗生素杂志	1016	23	-0.23	0.549	26	-0.11	38.40	17	7.13	0.79	0.61
G870	中国临床药理学与治疗学	1404	13	0.06	0.649	16	0.06	44.10	12	8.36	0.94	0.72
G109	中国临床药理学杂志	2050	10	0.55	0.900	6	0.46	49.90	5	8.70	0.87	0.74
G544	中国临床药学杂志	349	46	-0.74	0.474	31	-0.23	21.60	44	3.19	0.70	0.81
G101	中国天然药物	795	27	-0.40	0.665	15	0.08	44.90	11	4.74	0.74	0.22
G849	中国现代应用药学	1501	12	0.13	0.700	13	0.14	33.10	22	7.49	0.89	0.67
G250	中国新药与临床杂志	1106	21	-0.16	0.592	22	-0.04	34.00	21	6.51	0.87	0.65
G747	中国新药杂志	3053	7	1.31	0.702	12	0.14	48.80	6	11.36	0.98	0.56
G318	中国药房	5735	1	3.33	0.564	24	-0.08	42.80	13	11.49	0.94	0.82
G120	中国药科大学学报	790	28	-0.40	0.496	28	-0.19	37.50	18	5.87	0.79	0.56
G121	中国药理学通报	3835	2	1.90	1.311	1	1.13	72.10	1	11.91	0.91	0.78
G122	中国药理学与毒理学杂志	807	26	-0.39	0.648	17	0.05	46.90	10	6.47	0.74	0.67
G878	中国药师	2339	8	0.77	0.590	23	-0.04	28.90	31	8.00	0.87	0.73
G913	中国药事	1075	22	-0.19	0.459	33	-0.25	22.10	43	5.23	0.77	0.42
G220	中国药物化学杂志	438	43	-0.67	0.329	47	-0.47	27.20	35	3.49	0.68	0.73

表 7-66 2016 年药学类期刊主要指标（续）

CODE	刊名	核心总被引频次			核心影响因子			综合评价总分		学科扩散指标	学科影响指标	红点指标
		数值	排名	离均差率	数值	排名	离均差率	数值	排名			
G227	中国药物警戒	917	24	-0.31	0.614	20	0.00	28.70	32	4.57	0.79	0.60
G248	中国药物依赖性杂志	383	45	-0.71	0.337	46	-0.45	7.10	47	2.77	0.36	0.34
G713	中国药物应用与监测	573	37	-0.57	1.113	4	0.81	32.10	25	3.96	0.72	0.90
G009	中国药学杂志	3487	3	1.64	0.798	9	0.30	53.20	4	11.09	0.98	0.67
T019	中国医药工业杂志	1159	16	-0.12	0.412	38	-0.33	23.50	41	5.62	0.87	0.67
G243	中国医院药学杂志	3205	4	1.42	0.782	10	0.27	48.30	7	10.57	0.96	0.77
G599	中南药学	1145	17	-0.13	0.545	27	-0.11	26.80	36	5.77	0.94	0.75
	47 种期刊平均值	1323			0.615							

中医学

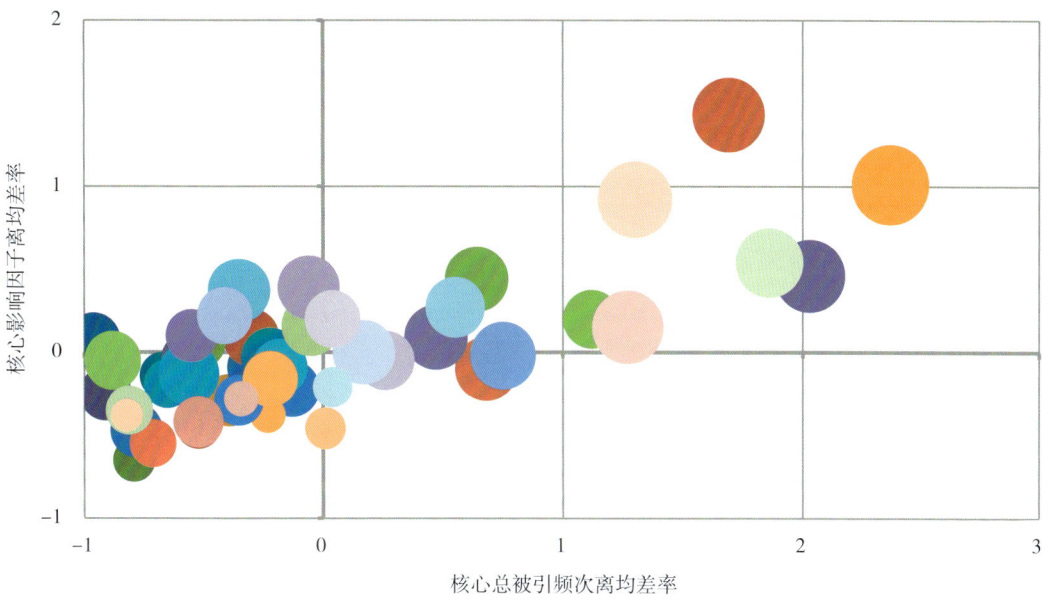

2016年中医学类期刊核心总被引频次和核心影响因子离均差率的分布图（节点大小表示综合评价总分）

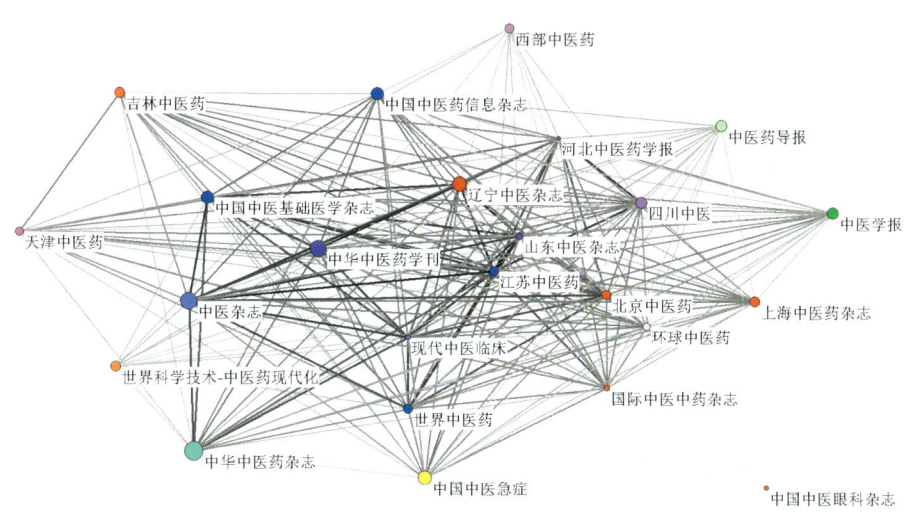

2016年中医学类期刊互引关系示意图

表 7-67 2016 年中医学类期刊主要指标

CODE	刊名	核心总被引频次			核心影响因子			综合评价总分		学科扩散指标	学科影响指标	红点指标
		数值	排名	离均差率	数值	排名	离均差率	数值	排名			
G620	北京中医药	1462	17	-0.35	0.361	19	-0.29	31.90	18	9.00	1.00	0.79
G934	国际中医中药杂志	653	21	-0.71	0.230	24	-0.55	28.50	20	7.83	0.92	0.55
G301	河北中医药学报	279	24	-0.88	0.485	13	-0.05	42.70	11	4.38	0.92	0.84
G656	环球中医药	1018	20	-0.55	0.558	10	0.10	34.00	16	7.88	1.00	0.66
G719	吉林中医药	1855	13	-0.18	0.463	15	-0.09	39.50	14	9.75	1.00	0.74
G397	江苏中医药	1758	14	-0.22	0.428	16	-0.16	38.30	15	9.54	1.00	0.85
G646	辽宁中医杂志	3945	4	0.75	0.497	12	-0.02	56.10	4	13.58	1.00	0.72
G574	山东中医杂志	1092	19	-0.52	0.296	22	-0.42	32.80	17	7.46	1.00	0.76
G389	上海中医药杂志	2151	11	-0.05	0.589	8	0.16	45.10	9	10.83	1.00	0.75
G906	世界科学技术-中医药现代化	2135	12	-0.06	0.707	3	0.39	50.30	7	12.79	1.00	0.64
G483	世界中医药	1465	16	-0.35	0.697	4	0.37	50.70	5	10.17	0.96	0.78
G745	四川中医	2275	10	0.01	0.272	23	-0.46	21.60	21	9.25	1.00	0.73
G626	天津中医药	1325	18	-0.41	0.620	6	0.22	39.90	13	8.04	0.96	0.75
G699	西部中医药	1497	15	-0.34	0.364	18	-0.28	15.20	23	9.96	0.96	0.60
G896	现代中医临床	440	22	-0.81	0.329	20	-0.35	29.50	19	4.79	1.00	0.78
G632	中国中医基础医学杂志	2854	6	0.26	0.483	14	-0.05	43.40	10	11.29	1.00	0.64
G524	中国中医急症	3514	5	0.55	0.646	5	0.27	45.40	8	12.88	1.00	0.76
G749	中国中医眼科杂志	401	23	-0.82	0.314	21	-0.38	13.50	24	5.17	0.79	0.43
G832	中国中医药信息杂志	2644	7	0.17	0.509	11	0.00	50.70	5	15.42	1.00	0.78
G859	中华中医药学刊	5122	3	1.27	0.583	9	0.15	65.90	2	18.75	1.00	0.73
G910	中华中医药杂志	6460	1	1.86	0.782	2	0.54	60.00	3	18.79	1.00	0.72
G685	中医学报	2350	8	0.04	0.610	7	0.20	40.30	12	11.83	1.00	0.79
G681	中医药导报	2340	9	0.04	0.400	17	-0.21	20.40	22	12.33	1.00	0.73
G010	中医杂志	5200	2	1.30	0.976	1	0.92	71.90	1	14.13	1.00	0.65
	24 种期刊平均值	2260			0.508							

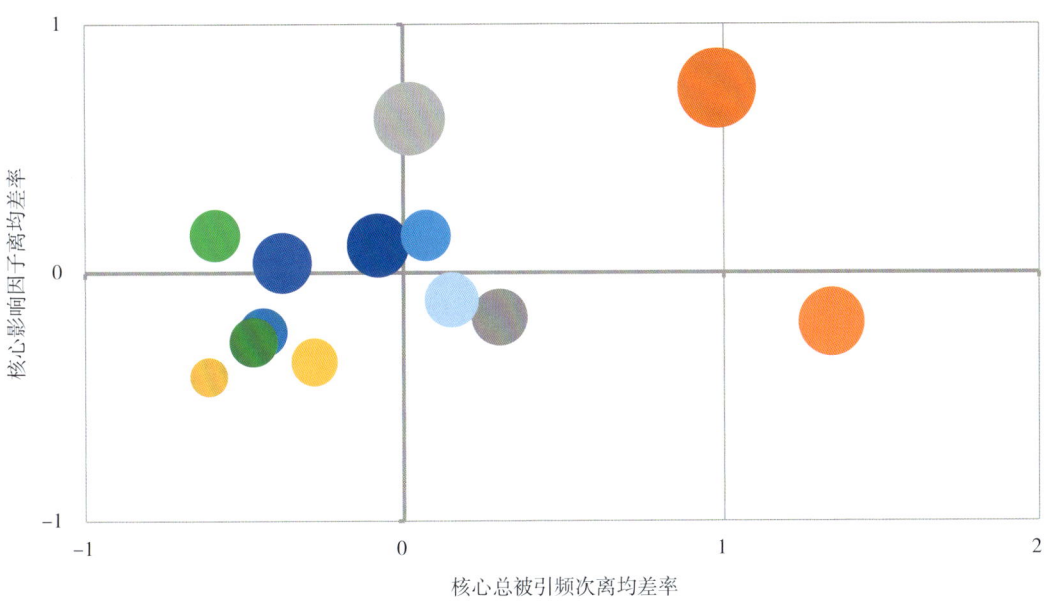

2016年中医药大学学报类期刊核心总被引频次和核心影响因子离均差率的分布图
（节点大小表示综合评价总分）

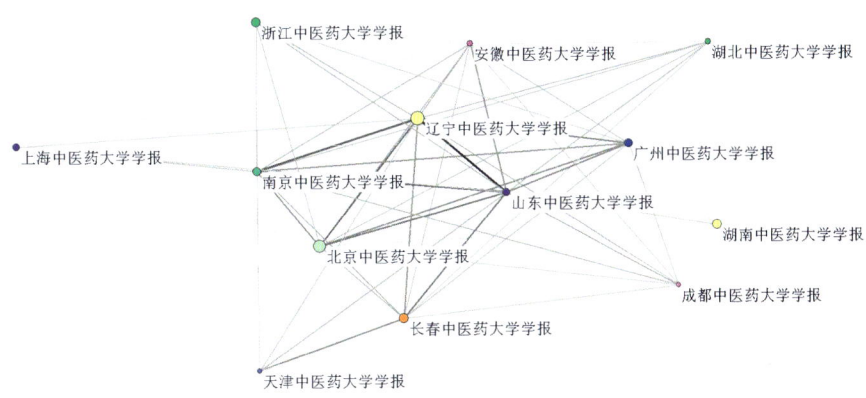

2016年中医药大学学报类期刊互引关系示意图

表 7-68 2016 年中医药大学学报类期刊主要指标

CODE	刊名	核心总被引频次			核心影响因子			综合评价总分		学科扩散指标	学科影响指标	红点指标
		数值	排名	离均差率	数值	排名	离均差率	数值	排名			
G013	安徽中医药大学学报	758	10	-0.44	0.451	10	-0.24	31.70	10	13.77	0.92	0.44
G017	北京中医药大学学报	2659	2	0.98	1.038	1	0.74	82.40	1	23.31	1.00	0.61
G992	长春中医药大学学报	1745	3	0.30	0.489	8	-0.18	42.00	6	21.31	1.00	0.55
G019	成都中医药大学学报	521	13	-0.61	0.346	13	-0.42	19.60	13	10.69	0.85	0.44
G030	广州中医药大学学报	1234	7	-0.08	0.665	5	0.11	52.60	4	19.38	1.00	0.54
G334	湖北中医药大学学报	708	11	-0.47	0.432	11	-0.28	31.30	11	14.69	1.00	0.69
G041	湖南中医药大学学报	1437	5	0.07	0.684	4	0.15	34.10	9	19.54	1.00	0.42
G850	辽宁中医药大学学报	3136	1	1.34	0.478	9	-0.20	61.00	3	30.38	1.00	0.65
G059	南京中医药大学学报	1369	6	0.02	0.966	2	0.62	69.10	2	20.08	1.00	0.45
G063	山东中医药大学学报	970	8	-0.28	0.380	12	-0.36	29.80	12	14.62	1.00	0.62
G946	上海中医药大学学报	835	9	-0.38	0.622	6	0.04	47.40	5	14.23	1.00	0.66
G914	天津中医药大学学报	548	12	-0.59	0.685	3	0.15	35.10	8	9.62	0.77	0.44
G092	浙江中医药大学学报	1538	4	0.15	0.530	7	-0.11	39.50	7	24.38	1.00	0.69
	13 种期刊平均值	1343			0.597							

中西医结合医学

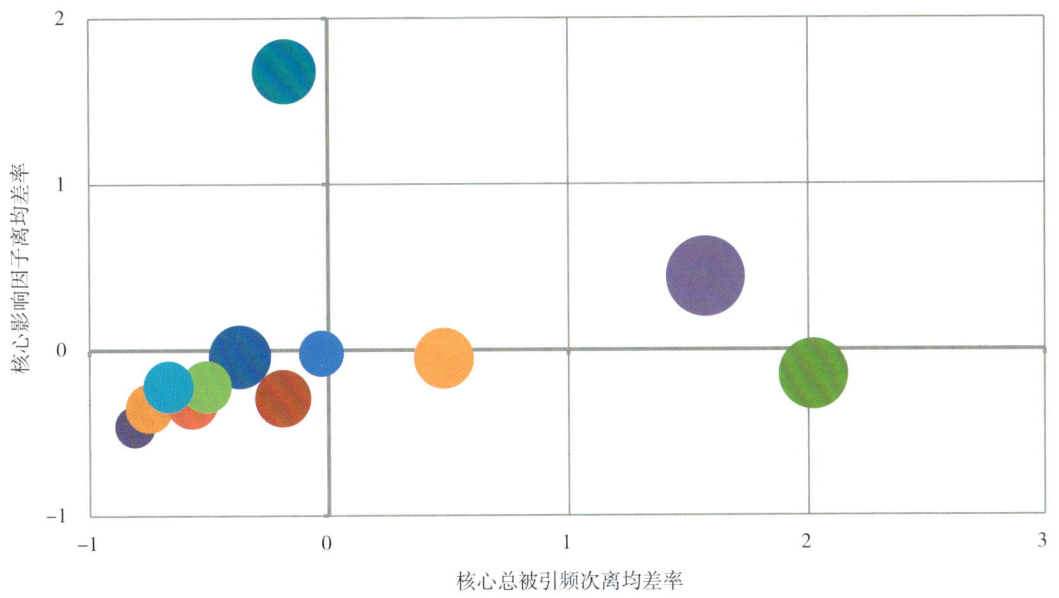

2016年中西医结合医学类期刊核心总被引频次和核心影响因子离均差率的分布图
（节点大小表示综合评价总分）

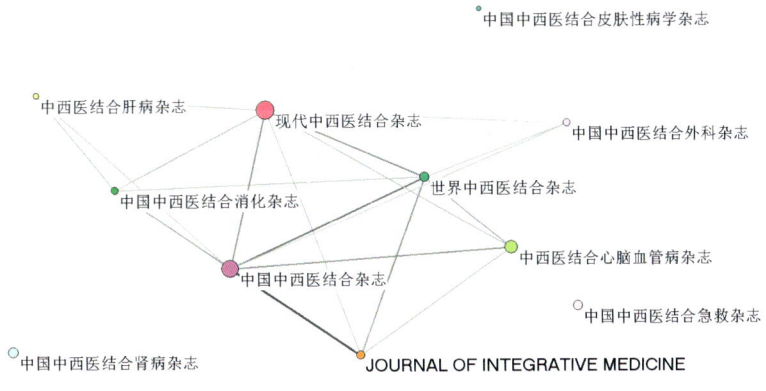

2016年中西医结合医学类期刊互引关系示意图

表 7-69　2016 年中西医结合医学类期刊主要指标

CODE	刊名	核心总被引频次			核心影响因子			综合评价总分		学科扩散指标	学科影响指标	红点指标
		数值	排名	离均差率	数值	排名	离均差率	数值	排名			
G442	JOURNAL OF INTEGRATIVE MEDICINE	1231	7	-0.37	0.696	4	-0.04	43.40	4	24.33	0.92	0.20
G484	世界中西医结合杂志	1588	6	-0.19	0.511	9	-0.29	35.00	6	23.17	0.83	0.45
G951	现代中西医结合杂志	5892	1	2.02	0.615	6	-0.15	54.00	2	46.58	0.92	0.54
G347	中国中西医结合耳鼻咽喉科杂志	365	12	-0.81	0.389	12	-0.46	18.40	12	12.17	0.33	0.46
G843	中国中西医结合急救杂志	1607	5	-0.18	1.942	1	1.68	45.50	3	18.25	0.67	0.62
G757	中国中西医结合皮肤性病学杂志	497	11	-0.75	0.468	11	-0.35	25.60	10	12.50	0.42	0.40
G846	中国中西医结合肾病杂志	1887	4	-0.03	0.708	3	-0.02	23.00	11	23.67	0.67	0.26
G758	中国中西医结合外科杂志	839	9	-0.57	0.499	10	-0.31	31.20	7	21.17	0.58	0.43
G528	中国中西医结合消化杂志	959	8	-0.51	0.562	8	-0.22	28.70	8	17.75	0.58	0.51
G182	中国中西医结合杂志	5001	2	1.57	1.043	2	0.44	68.30	1	37.17	1.00	0.40
G842	中西医结合肝病杂志	642	10	-0.67	0.567	7	-0.22	28.50	9	14.17	0.58	0.43
G597	中西医结合心脑血管病杂志	2885	3	0.48	0.686	5	-0.05	39.70	5	28.83	0.67	0.73
	12 种期刊平均值	1949			0.724							

中药学

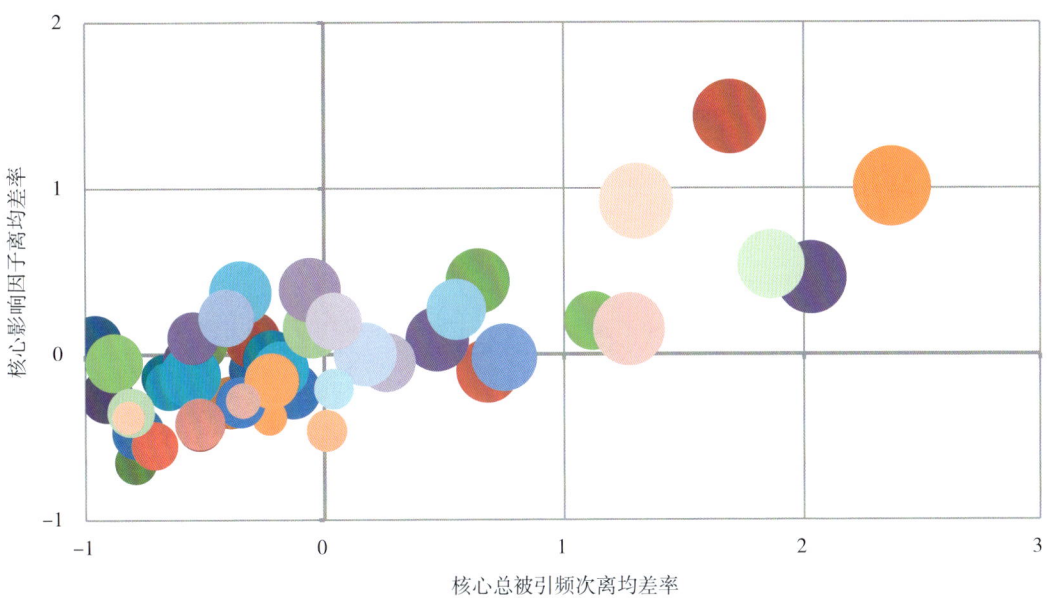

2016年中药学类期刊核心总被引频次和核心影响因子离均差率的分布图（节点大小表示综合评价总分）

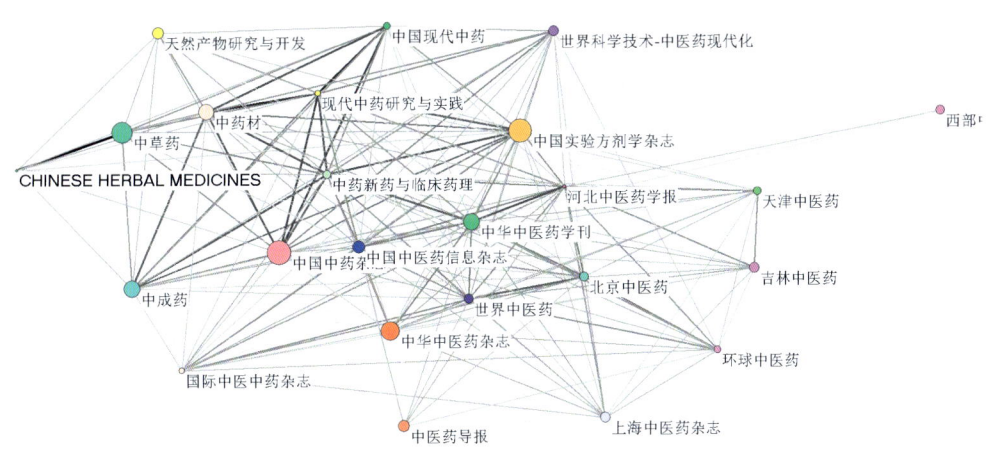

2016年中药学类期刊互引关系示意图

表 7-70 2016年中药学类期刊主要指标

CODE	刊名	核心总被引频次			核心影响因子			综合评价总分		学科扩散指标	学科影响指标	红点指标
		数值	排名	离均差率	数值	排名	离均差率	数值	排名			
I207	CHINESE HERBAL MEDICINES	135	24	-0.96	0.693	9	0.07	38.30	13	2.25	0.63	0.48
G620	北京中医药	1462	16	-0.52	0.361	22	-0.44	27.70	20	9.00	0.92	0.79
G934	国际中医中药杂志	653	22	-0.79	0.230	24	-0.65	23.40	22	7.83	0.88	0.55
G301	河北中医药学报	279	23	-0.91	0.485	18	-0.25	36.10	14	4.38	0.88	0.84
G656	环球中医药	1018	20	-0.67	0.558	15	-0.14	27.30	21	7.88	0.96	0.66
G719	吉林中医药	1855	13	-0.39	0.463	19	-0.29	34.10	17	9.75	0.92	0.74
G389	上海中医药杂志	2151	11	-0.29	0.589	12	-0.09	35.50	16	10.83	1.00	0.75
G906	世界科学技术-中医药现代化	2135	12	-0.30	0.707	6	0.09	40.20	10	12.79	1.00	0.64
G483	世界中医药	1465	15	-0.52	0.697	8	0.07	40.20	10	10.17	0.92	0.78
G626	天津中医药	1325	18	-0.57	0.620	11	-0.04	32.70	18	8.04	0.96	0.75
T611	天然产物研究与开发	2373	9	-0.22	0.630	10	-0.03	42.80	8	16.71	0.92	0.68
G699	西部中医药	1497	14	-0.51	0.364	21	-0.44	11.80	24	9.96	0.88	0.60
G486	现代中药研究与实践	656	21	-0.78	0.345	23	-0.47	36.00	15	8.75	0.88	0.72
G007	中草药	8211	3	1.69	1.578	1	1.43	69.00	2	24.21	1.00	0.70
G520	中成药	5009	6	0.64	0.935	4	0.44	52.30	4	20.04	1.00	0.78
G604	中国实验方剂学杂志	9238	2	2.03	0.948	3	0.46	65.70	3	24.21	1.00	0.72
G377	中国现代中药	1074	19	-0.65	0.527	16	-0.19	29.40	19	9.50	0.96	0.63
G132	中国中药杂志	10286	1	2.37	1.303	2	1.01	78.90	1	28.42	1.00	0.69
G832	中国中医药信息杂志	2644	8	-0.13	0.509	17	-0.22	39.40	12	15.42	1.00	0.78
G859	中华中医药学刊	5122	5	0.68	0.583	13	-0.10	50.80	6	18.75	0.96	0.73
G910	中华中医药杂志	6460	4	1.12	0.782	5	0.20	42.50	9	18.79	0.96	0.72
G183	中药材	4481	7	0.47	0.707	6	0.09	51.50	5	20.71	1.00	0.67
G564	中药新药与临床药理	1351	17	-0.56	0.564	14	-0.13	48.60	7	11.13	1.00	0.80
G681	中医药导报	2340	10	-0.23	0.400	20	-0.38	15.90	23	12.33	1.00	0.73
	24种期刊平均值	3051			0.649							

针灸、中医骨伤

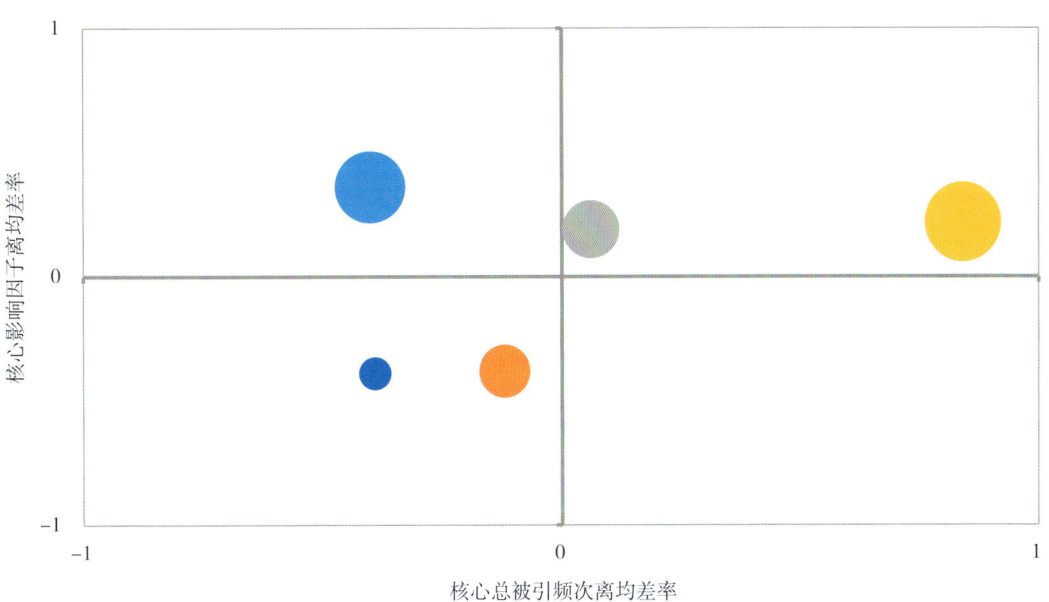

2016年针灸、中医骨伤类期刊核心总被引频次和核心影响因子离均差率的分布图
（节点大小表示综合评价总分）

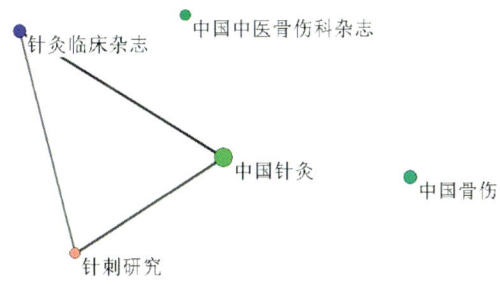

2016年针灸、中医骨伤类期刊互引关系示意图

表 7-71　2016 年针灸、中医骨伤类期刊主要指标

CODE	刊名	核心总被引频次			核心影响因子			综合评价总分		学科扩散指标	学科影响指标	红点指标
		数值	排名	离均差率	数值	排名	离均差率	数值	排名			
G093	针刺研究	1211	5	-0.40	1.249	1	0.36	62.50	2	34.40	0.60	0.63
G488	针灸临床杂志	1796	3	-0.12	0.572	4	-0.38	33.80	4	33.40	1.00	0.69
G103	中国骨伤	2158	2	0.06	1.091	3	0.19	40.40	3	58.20	0.80	0.70
G600	中国针灸	3748	1	0.84	1.113	2	0.22	77.10	1	50.20	1.00	0.60
G240	中国中医骨伤科杂志	1245	4	-0.39	0.557	5	-0.39	13.20	5	42.00	1.00	0.39
	5 种期刊平均值	2032			0.916							

工程与技术科学基础学科

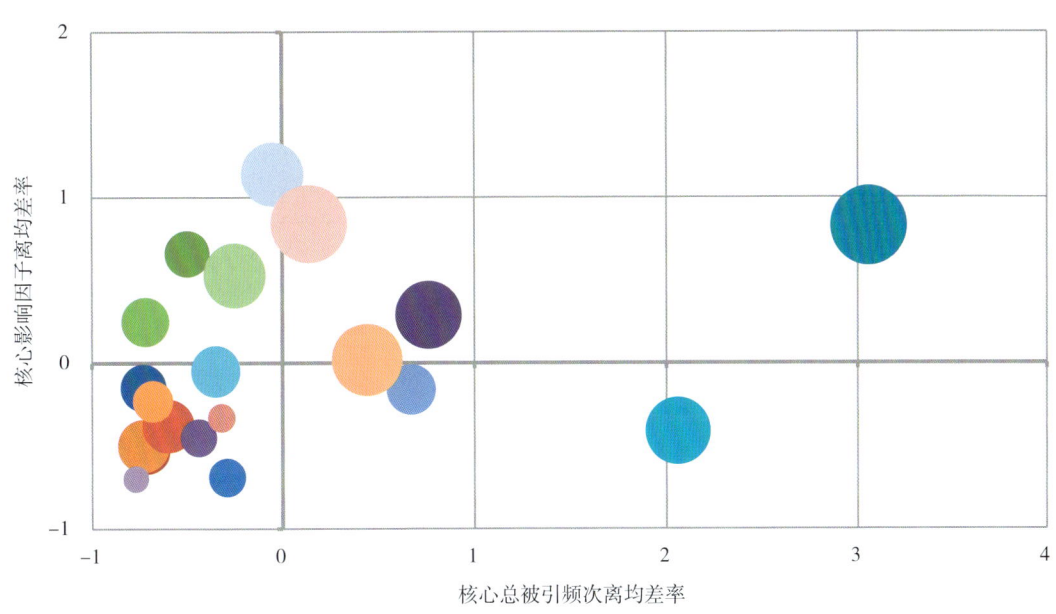

2016年工程与技术科学基础学科类期刊核心总被引频次和核心影响因子离均差率的分布图
（节点大小表示综合评价总分）

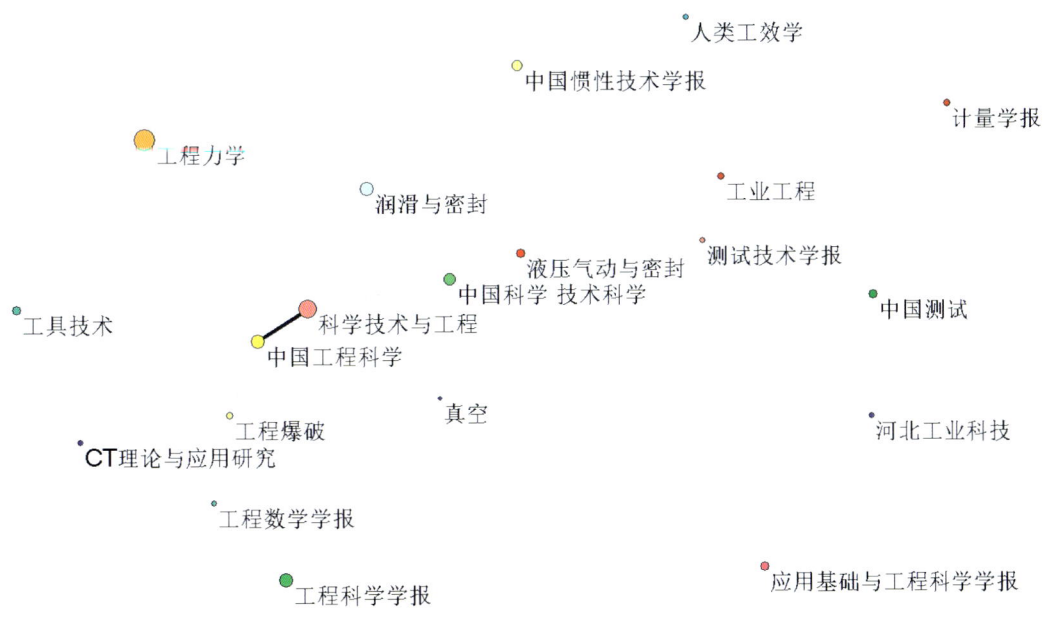

2016年工程与技术科学基础学科类期刊互引关系示意图

表 7-72　2016 年工程与技术科学基础学科类期刊主要指标

CODE	刊名	核心总被引频次			核心影响因子			综合评价总分		学科扩散指标	学科影响指标	红点指标
		数值	排名	离均差率	数值	排名	离均差率	数值	排名			
E626	CT 理论与应用研究	272	18	-0.73	0.348	10	-0.15	25.4	13	7.45	0.20	0.49
R711	测试技术学报	292	16	-0.71	0.190	18	-0.53	24.6	14	7.95	0.30	0.25
N105	工程爆破	495	13	-0.50	0.678	4	0.66	24.1	15	3.15	0.20	0.55
M030	工程科学学报	1757	3	0.76	0.527	6	0.29	52.3	4	19.20	0.40	0.55
C002	工程力学	4055	1	3.06	0.747	3	0.83	72.2	1	21.50	0.50	0.54
B031	工程数学学报	267	19	-0.73	0.206	17	-0.50	32	9	6.25	0.15	0.29
N064	工具技术	707	9	-0.29	0.128	19	-0.69	17.1	17	7.35	0.40	0.50
J057	工业工程	403	14	-0.60	0.255	14	-0.38	32.1	8	8.15	0.20	0.12
J019	河北工业科技	279	17	-0.72	0.509	7	0.25	27.6	12	6.45	0.15	0.24
N014	计量学报	562	12	-0.44	0.226	16	-0.45	16	18	8.40	0.35	1.00
A537	科学技术与工程	3060	2	2.06	0.239	15	-0.41	50.8	5	42.90	0.70	0.34
N106	人类工效学	319	15	-0.68	0.313	12	-0.23	19.3	16	6.65	0.15	0.50
N029	润滑与密封	1671	4	0.67	0.343	11	-0.16	28.7	11	13.10	0.40	0.56
N079	液压气动与密封	676	10	-0.32	0.272	13	-0.33	9.3	19	5.50	0.20	0.53
A580	应用基础与工程科学学报	750	8	-0.25	0.623	5	0.53	47.4	6	16.30	0.45	0.35
N086	真空	232	20	-0.77	0.121	20	-0.70	8	20	5.35	0.25	0.28
N830	中国测试	650	11	-0.35	0.386	9	-0.05	29.8	10	12.45	0.30	0.42
N754	中国工程科学	1438	5	0.44	0.417	8	0.02	58.6	3	32.40	0.60	0.33
N104	中国惯性技术学报	952	7	-0.05	0.873	1	1.14	46.8	7	8.70	0.40	0.34
A109	中国科学 技术科学	1138	6	0.14	0.749	2	0.84	68.9	2	22.85	0.40	0.37
	20 种期刊平均值	999			0.408							

工程技术大学学报

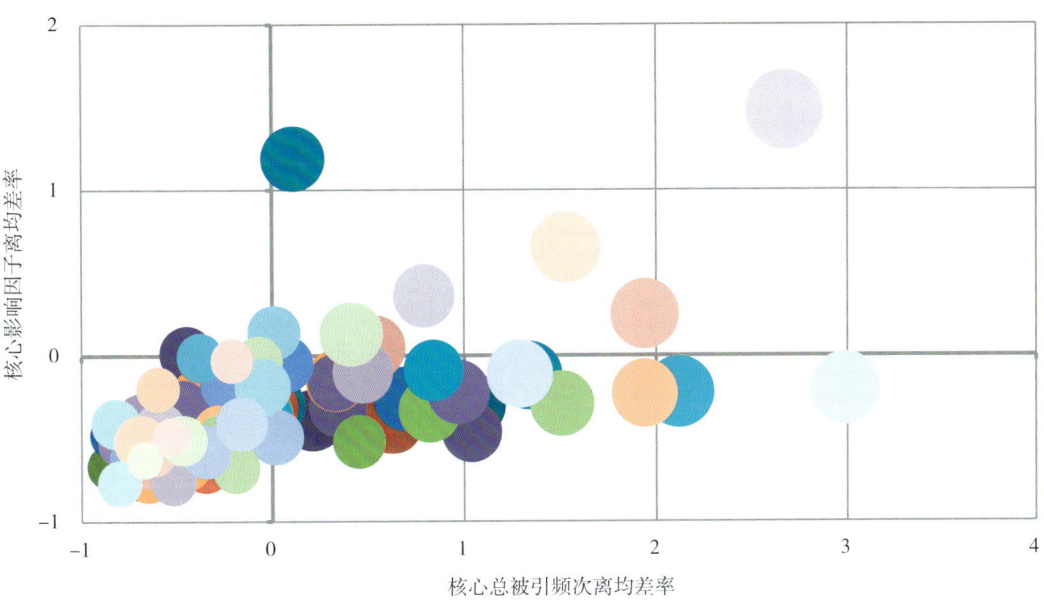

2016年工程技术大学学报类期刊核心总被引频次和核心影响因子离均差率的分布图
（节点大小表示综合评价总分）

2016年工程技术大学学报类期刊互引关系示意图

表 7-73 2016年工程技术大学学报类期刊主要指标

CODE	刊名	核心总被引频次			核心影响因子			综合评价总分		学科扩散指标	学科影响指标	红点指标
		数值	排名	离均差率	数值	排名	离均差率	数值	排名			
I090	JOURNAL OF WUHAN UNIVERSITY OF TECHNOLOGY MATERIALS SCIENCE EDITION	427	66	-0.48	0.180	95	-0.57	29.1	72	1.62	0.14	0.45
I017	TRANSACTIONS OF NANJING UNIVERSITY OF AERONAUTICS & ASTRONAUTICS	194	94	-0.76	0.314	65	-0.25	24.4	90	0.90	0.12	0.48
M031	安徽工业大学学报自然科学版	222	92	-0.73	0.235	84	-0.44	21.7	93	1.14	0.09	0.58
J030	北京工业大学学报	1042	26	0.26	0.390	47	-0.07	49.6	19	4.63	0.56	0.47
Y001	北京航空航天大学学报	1779	10	1.16	0.450	32	0.07	49.3	22	4.13	0.54	0.54
T020	北京化工大学学报自然科学版	546	52	-0.34	0.263	79	-0.38	34.7	53	2.79	0.16	0.41
X014	北京交通大学学报	566	49	-0.31	0.235	84	-0.44	36.1	51	2.93	0.40	0.53
N001	北京理工大学学报	1403	17	0.70	0.371	54	-0.12	42.7	31	4.98	0.60	0.44
L530	北京石油化工学院学报	118	99	-0.86	0.211	89	-0.50	24.7	89	0.93	0.09	0.60
R018	北京邮电大学学报	482	57	-0.42	0.408	44	-0.03	32.5	65	1.94	0.27	0.38
X036	长安大学学报自然科学版	881	30	0.07	0.450	32	0.07	44.9	27	2.33	0.45	0.97
N056	长春理工大学学报自然科学版	380	72	-0.54	0.188	94	-0.55	16.8	98	1.81	0.15	0.37
J066	长沙理工大学学报自然科学版	141	98	-0.83	0.331	59	-0.21	27.1	78	0.92	0.15	0.66
J021	重庆大学学报自然科学版	1400	18	0.70	0.383	48	-0.09	53	15	5.38	0.59	0.63
X029	重庆交通大学学报自然科学版	833	34	0.01	0.382	49	-0.09	28.3	74	2.40	0.44	0.93
R559	重庆邮电大学学报自然科学版	474	58	-0.43	0.649	9	0.54	40.6	36	1.58	0.19	0.53
U512	大连工业大学学报	342	76	-0.59	0.259	81	-0.38	25	87	1.61	0.07	0.39
X024	大连海事大学学报	388	70	-0.53	0.296	72	-0.30	32.9	63	1.84	0.20	0.43
X001	大连交通大学学报	278	86	-0.66	0.163	97	-0.61	23.3	91	1.65	0.25	0.56
J024	大连理工大学学报	843	33	0.02	0.444	35	0.05	48.8	24	4.17	0.54	0.49
R036	电子科技大学学报	734	39	-0.11	0.381	51	-0.10	45.9	25	3.05	0.43	0.40
J023	东北大学学报自然科学版	1758	11	1.13	0.348	56	-0.17	49.3	22	5.31	0.62	0.55
L004	东北石油大学学报	959	27	0.16	1.403	2	2.33	55.9	9	2.01	0.25	0.35
U014	东华大学学报自然科学版	430	65	-0.48	0.195	93	-0.54	29.3	71	1.94	0.16	0.47
J028	东南大学学报自然科学版	1455	16	0.76	0.472	28	0.12	53.2	13	5.07	0.60	0.47
M033	桂林理工大学学报	460	61	-0.44	0.293	73	-0.30	31.5	68	1.90	0.11	0.37
A040	国防科技大学学报	824	35	0.00	0.420	41	0.00	41.9	34	2.70	0.37	0.42
X025	哈尔滨工程大学学报	1152	23	0.40	0.443	36	0.05	45.5	26	3.84	0.52	0.59
J003	哈尔滨工业大学学报	2018	8	1.45	0.565	17	0.34	60.7	6	6.18	0.75	0.57
J013	哈尔滨理工大学学报	489	55	-0.41	0.439	39	0.04	34.4	54	2.29	0.29	0.55
J055	海军工程大学学报	460	61	-0.44	0.289	74	-0.31	26.8	80	2.04	0.26	0.37
Y029	海军航空工程学院学报	276	87	-0.67	0.202	92	-0.52	26.8	80	1.36	0.23	0.42
J053	合肥工业大学学报自然科学版	1252	21	0.52	0.309	69	-0.27	37.5	45	5.00	0.51	0.51
K032	河北工程大学学报自然科学版	248	90	-0.70	0.310	67	-0.26	24.9	88	1.46	0.12	0.62
J017	河北工业大学学报	300	82	-0.64	0.211	89	-0.50	37.3	47	2.29	0.19	0.53

表 7-73　2016 年工程技术大学学报类期刊主要指标（续）

CODE	刊名	核心总被引频次			核心影响因子			综合评价总分		学科扩散指标	学科影响指标	红点指标
		数值	排名	离均差率	数值	排名	离均差率	数值	排名			
W012	河海大学学报自然科学版	1145	25	0.39	0.543	18	0.29	49.6	19	3.48	0.40	0.49
U004	河南工业大学学报自然科学版	591	48	-0.28	0.382	49	-0.09	33.6	57	1.64	0.10	0.37
K526	河南理工大学学报自然科学版	594	47	-0.28	0.448	34	0.06	34.3	55	2.04	0.19	0.39
K505	黑龙江科技大学学报	305	80	-0.63	0.321	63	-0.24	22.9	92	1.34	0.16	0.54
A028	湖南大学学报自然科学版	1150	24	0.39	0.538	19	0.28	42.3	32	4.15	0.58	0.67
K016	湖南科技大学学报自然科学版	372	73	-0.55	0.337	58	-0.20	35.6	52	1.99	0.24	0.51
R046	华北电力大学学报	529	54	-0.36	0.502	24	0.19	33.4	58	1.69	0.13	0.40
X003	华东交通大学学报	383	71	-0.54	0.465	30	0.10	25.1	86	1.78	0.16	0.50
T021	华东理工大学学报自然科学版	558	50	-0.32	0.214	88	-0.49	36.2	50	2.96	0.25	0.40
J004	华南理工大学学报自然科学版	1573	14	0.91	0.429	40	0.02	53.6	12	5.49	0.65	0.62
J033	华中科技大学学报自然科学版	1701	12	1.06	0.498	25	0.18	53.2	13	5.83	0.69	0.60
J042	吉林大学学报工学版	1590	13	0.93	0.585	14	0.39	49.5	21	4.31	0.58	0.88
R586	吉林大学学报信息科学版	416	68	-0.50	0.442	38	0.05	27	79	1.74	0.24	0.46
J035	江苏大学学报自然科学版	686	42	-0.17	0.416	42	-0.01	43	30	3.35	0.33	0.74
X015	江苏科技大学学报自然科学版	316	79	-0.62	0.329	60	-0.22	26.1	83	1.72	0.22	0.53
A121	解放军理工大学学报自然科学版	461	60	-0.44	0.319	64	-0.24	39.4	38	2.62	0.34	0.43
J059	空军工程大学学报自然科学版	457	63	-0.45	0.443	36	0.05	38.5	40	1.81	0.31	0.48
J008	兰州理工大学学报	853	32	0.03	0.410	43	-0.03	27.3	76	2.86	0.27	0.56
T011	南京工业大学学报自然科学版	471	59	-0.43	0.215	87	-0.49	33.1	62	2.58	0.23	0.47
Y026	南京航空航天大学学报	926	28	0.12	0.609	13	0.45	42	33	2.98	0.45	0.53
N011	南京理工大学学报自然科学版	741	38	-0.10	0.468	29	0.11	38.3	42	3.03	0.40	0.54
R008	南京邮电大学学报自然科学版	246	91	-0.70	0.260	80	-0.38	33.4	58	1.23	0.22	0.51
U018	青岛大学学报工程技术版	160	96	-0.81	0.298	71	-0.29	20.6	94	1.02	0.10	0.69
J001	清华大学学报自然科学版	2686	3	2.26	0.498	25	0.18	66.4	3	8.00	0.81	0.41
R086	三峡大学学报自然科学版	301	81	-0.64	0.166	96	-0.61	31.1	69	1.90	0.17	0.53
J022	山东大学学报工学版	660	44	-0.20	0.532	20	0.26	44.9	27	3.18	0.33	0.59
X038	上海海事大学学报	259	89	-0.69	0.404	45	-0.04	27.6	75	1.17	0.15	0.34
X006	上海交通大学学报	2165	7	1.62	0.455	31	0.08	55.6	10	6.47	0.69	0.50
A515	深圳大学学报理工版	283	85	-0.66	0.398	46	-0.05	37.1	48	1.80	0.22	0.49
J052	沈阳工业大学学报	533	53	-0.35	0.635	10	0.51	30.9	70	2.15	0.25	0.83
V011	沈阳建筑大学学报自然科学版	617	46	-0.25	0.346	57	-0.18	39.2	39	2.48	0.36	0.66
X042	石家庄铁道大学学报自然科学版	204	93	-0.75	0.241	82	-0.43	17.4	96	1.06	0.19	0.56
J051	四川大学学报工程科学版	1315	19	0.59	0.675	8	0.60	52.9	16	4.47	0.46	0.50
J011	太原理工大学学报	630	45	-0.24	0.310	67	-0.26	40.2	37	3.11	0.22	0.50
A041	天津大学学报	1270	20	0.54	0.575	15	0.37	49.8	18	5.30	0.48	0.48
U017	天津工业大学学报	326	77	-0.60	0.279	76	-0.34	33.7	56	1.47	0.10	0.40
J032	同济大学学报自然科学版	2531	5	2.07	0.492	27	0.17	60.5	7	6.29	0.74	0.45
W014	武汉大学学报工学版	882	29	0.07	0.324	62	-0.23	40.8	35	3.61	0.35	0.66
M032	武汉科技大学学报自然科学版	298	83	-0.64	0.224	86	-0.47	32.7	64	1.74	0.17	0.53
X017	武汉理工大学学报交通科学与工程版	702	41	-0.15	0.203	91	-0.52	32.3	66	2.93	0.51	0.62

表 7-73 2016 年工程技术大学学报类期刊主要指标（续）

CODE	刊名	核心总被引频次			核心影响因子			综合评价总分		学科扩散指标	学科影响指标	红点指标
		数值	排名	离均差率	数值	排名	离均差率	数值	排名			
J018	武汉理工大学学报信息与管理工程版	417	67	-0.49	0.153	98	-0.64	28.8	73	2.44	0.33	0.34
R009	西安电子科技大学学报自然科学版	868	31	0.05	0.728	6	0.73	38.5	40	2.19	0.40	0.47
J036	西安工业大学学报	489	55	-0.41	0.280	75	-0.33	16.2	99	1.64	0.16	0.34
V018	西安建筑科技大学学报自然科学版	556	51	-0.33	0.271	77	-0.36	37.5	45	2.47	0.37	0.57
X030	西安交通大学学报	2535	4	2.07	0.801	5	0.90	64.9	5	6.04	0.74	0.50
A150	西安科技大学学报	803	37	-0.03	0.623	11	0.48	32	67	2.15	0.15	0.46
J002	西安理工大学学报	356	74	-0.57	0.359	55	-0.15	36.9	49	2.14	0.17	0.42
L010	西安石油大学学报自然科学版	820	36	-0.01	0.518	21	0.23	43.4	29	2.07	0.21	0.38
R671	西安邮电大学学报	349	75	-0.58	0.516	22	0.23	25.8	84	1.13	0.11	0.46
Y023	西北工业大学学报	728	40	-0.12	0.376	52	-0.11	38	43	2.79	0.34	0.68
J045	西华大学学报自然科学版	325	78	-0.61	0.266	78	-0.37	27.2	77	1.82	0.17	0.54
X032	西南交通大学学报	1217	22	0.48	0.725	7	0.72	54.3	11	3.70	0.52	0.59
L002	西南石油大学学报自然科学版	1544	15	0.87	0.870	4	1.07	52.7	17	2.10	0.20	0.53
J061	徐州工程学院学报自然科学版	158	97	-0.81	0.376	52	-0.11	33.2	60	1.16	0.05	0.38
J025	燕山大学学报	266	88	-0.68	0.306	70	-0.27	38	43	1.51	0.15	0.54
A017	浙江大学学报工学版	1972	9	1.39	0.568	16	0.35	60.2	8	6.03	0.72	0.41
J016	浙江工业大学学报	685	43	-0.17	0.623	11	0.48	25.5	85	2.70	0.17	0.50
J012	郑州大学学报工学版	456	64	-0.45	0.311	66	-0.26	33.2	60	2.48	0.23	0.61
K015	中国矿业大学学报	3161	2	2.83	1.590	1	2.78	83.1	1	4.28	0.40	0.43
Y028	中国民航大学学报	176	95	-0.79	0.148	99	-0.65	26.8	80	1.01	0.19	0.55
L001	中国石油大学学报自然科学版	2180	6	1.64	1.057	3	1.51	65.6	4	3.62	0.33	0.50
K001	中南大学学报自然科学版	3442	1	3.17	0.511	23	0.21	69.4	2	6.96	0.78	0.57
A133	装备学院学报	402	69	-0.51	0.326	61	-0.23	19.9	95	1.16	0.15	0.36
N990	装甲兵工程学院学报	288	84	-0.65	0.236	83	-0.44	17.3	97	1.29	0.14	0.40
	99 种期刊平均值	825			0.421							

信息与系统科学相关工程与技术

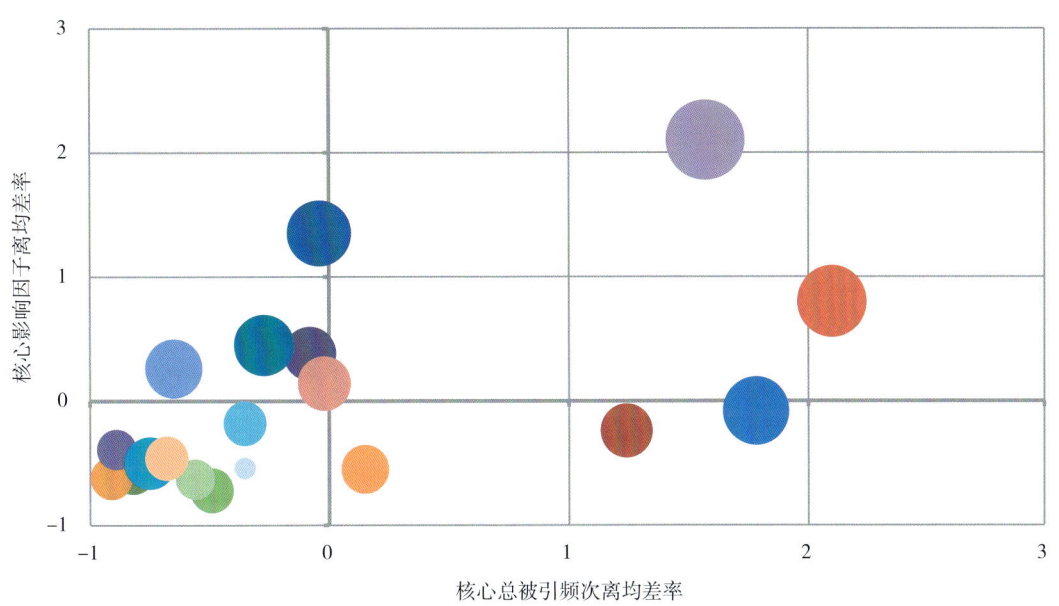

2016年信息与系统科学相关工程与技术类期刊核心总被引频次和核心影响因子离均差率的分布图
（节点大小表示综合评价总分）

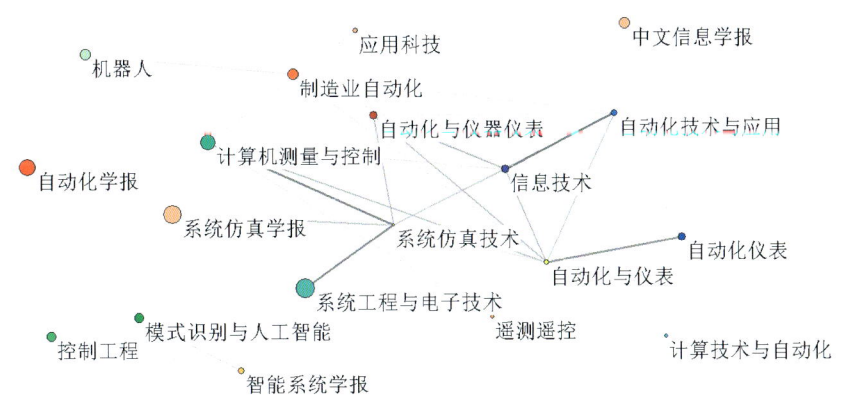

2016年信息与系统科学相关工程与技术类期刊互引关系示意图

表 7-74 2016 年信息与系统科学相关工程与技术类期刊主要指标

CODE	刊名	核心总被引频次			核心影响因子			综合评价总分		学科扩散指标	学科影响指标	红点指标
		数值	排名	离均差率	数值	排名	离均差率	数值	排名			
S004	机器人	1111	7	-0.04	1.068	2	1.35	59.60	4	13.21	0.89	0.30
S050	计算机测量与控制	2590	4	1.24	0.346	10	-0.24	40.10	8	21.21	0.74	0.54
S507	计算技术与自动化	206	17	-0.82	0.197	16	-0.57	28.30	12	7.05	0.68	0.43
S503	控制工程	1064	8	-0.08	0.625	5	0.38	40.10	8	15.32	0.79	0.54
S015	模式识别与人工智能	844	9	-0.27	0.659	4	0.45	52.10	5	13.21	0.79	0.33
S505	系统仿真技术	103	19	-0.91	0.171	17	-0.62	26.10	16	4.26	0.32	0.44
S003	系统仿真学报	3217	2	1.78	0.418	8	-0.08	64.30	3	30.79	0.89	0.39
R059	系统工程与电子技术	3584	1	2.10	0.815	3	0.80	71.80	2	25.32	0.84	0.34
R519	信息技术	594	12	-0.49	0.129	19	-0.72	27.80	13	12.68	0.53	0.51
S031	遥测遥控	132	18	-0.89	0.276	11	-0.39	22.70	17	4.21	0.37	0.32
X693	应用科技	293	16	-0.75	0.226	13	-0.50	38.50	10	10.21	0.37	0.50
S023	制造业自动化	1332	5	0.15	0.205	15	-0.55	33.20	11	16.42	0.74	0.44
S052	智能系统学报	406	14	-0.65	0.573	6	0.26	48.10	6	9.58	0.74	0.62
S020	中文信息学报	1138	6	-0.02	0.517	7	0.14	40.70	7	7.84	0.53	0.22
R737	自动化技术与应用	509	13	-0.56	0.166	18	-0.63	22.70	17	10.63	0.68	0.59
S026	自动化学报	2967	3	1.57	1.407	1	2.10	88.20	1	25.11	0.95	0.46
N013	自动化仪表	755	10	-0.35	0.372	9	-0.18	27.40	14	11.63	0.68	0.85
S501	自动化与仪表	366	15	-0.68	0.245	12	-0.46	26.90	15	6.53	0.42	0.64
R611	自动化与仪器仪表	747	11	-0.35	0.209	14	-0.54	6.90	19	8.47	0.53	0.51
	19 种期刊平均值	1156			0.454							

生物工程

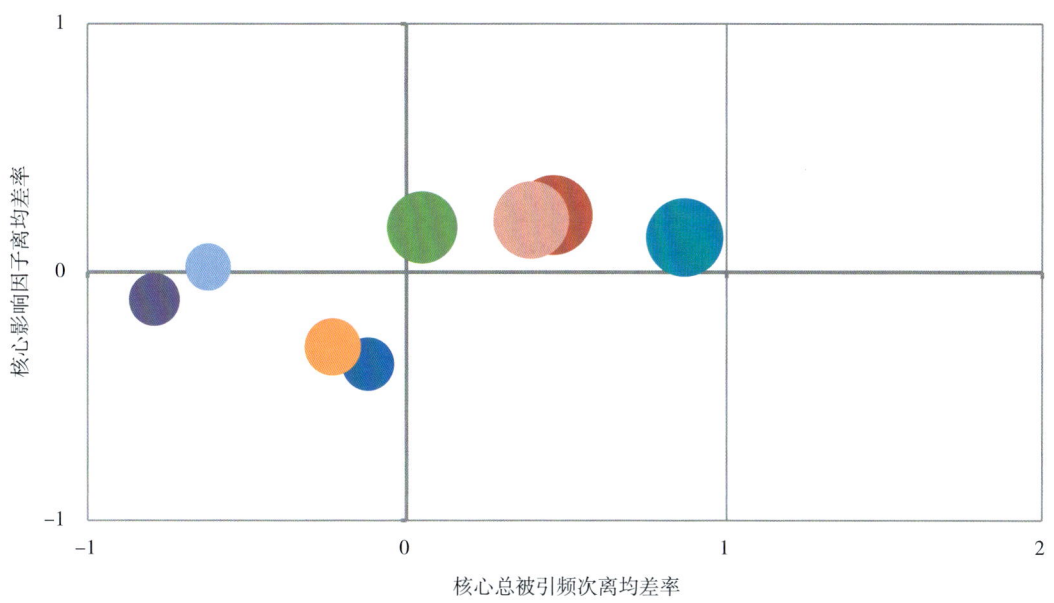

2016年生物工程类期刊核心总被引频次和核心影响因子离均差率的分布图（节点大小表示综合评价总分）

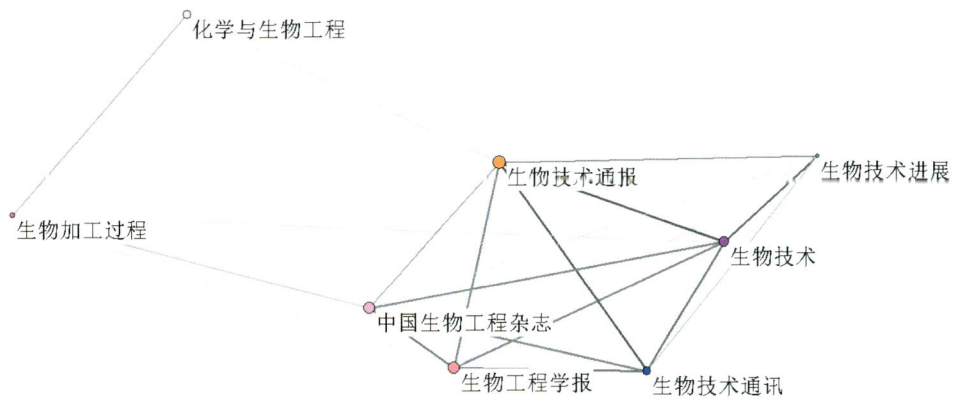

2016年生物工程类期刊互引关系示意图

表 7-75　2016 年生物工程类期刊主要指标

CODE	刊名	核心总被引频次			核心影响因子			综合评价总分		学科扩散指标	学科影响指标	红点指标
		数值	排名	离均差率	数值	排名	离均差率	数值	排名			
T553	化学与生物工程	712	5	-0.12	0.257	8	-0.37	37.50	6	41.13	0.75	0.44
F003	生物工程学报	1187	2	0.46	0.507	1	0.23	82.90	1	48.25	1.00	0.40
F229	生物技术	850	4	0.05	0.483	3	0.18	67.80	4	37.63	1.00	0.65
F214	生物技术进展	169	8	-0.79	0.367	6	-0.11	36.00	7	12.38	0.38	0.24
F205	生物技术通报	1520	1	0.87	0.469	4	0.14	80.20	2	50.63	1.00	0.40
F224	生物技术通讯	623	6	-0.23	0.286	7	-0.30	42.80	5	38.38	0.75	0.27
F204	生物加工过程	311	7	-0.62	0.419	5	0.02	29.10	8	18.63	1.00	0.32
F255	中国生物工程杂志	1134	3	0.39	0.499	2	0.21	77.90	3	49.50	1.00	0.35
	8 种期刊平均值	813			0.411							

农业工程

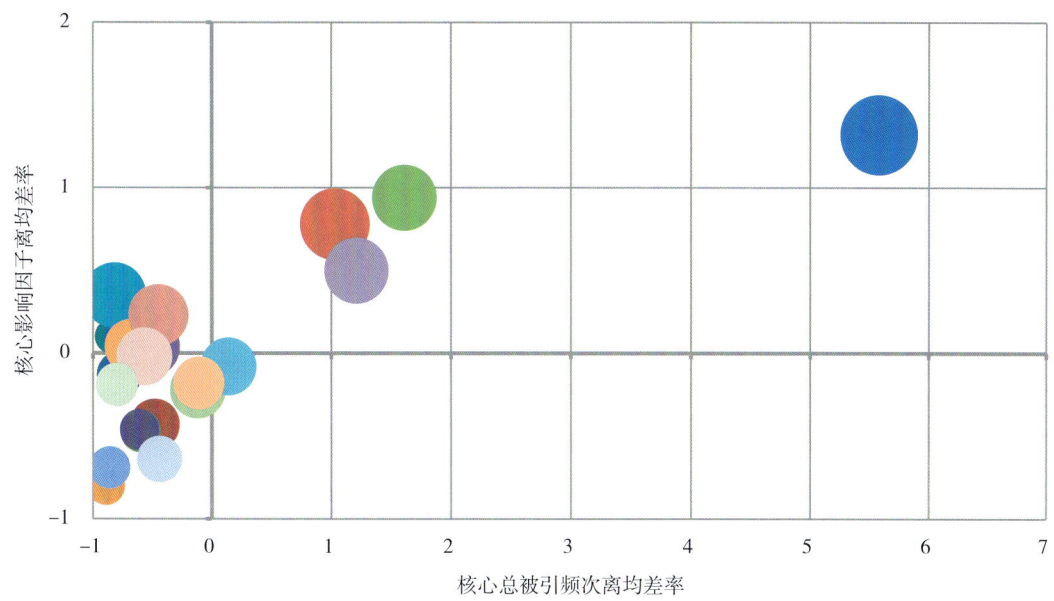

2016年农业工程类期刊核心总被引频次和核心影响因子离均差率的分布图（节点大小表示综合评价总分）

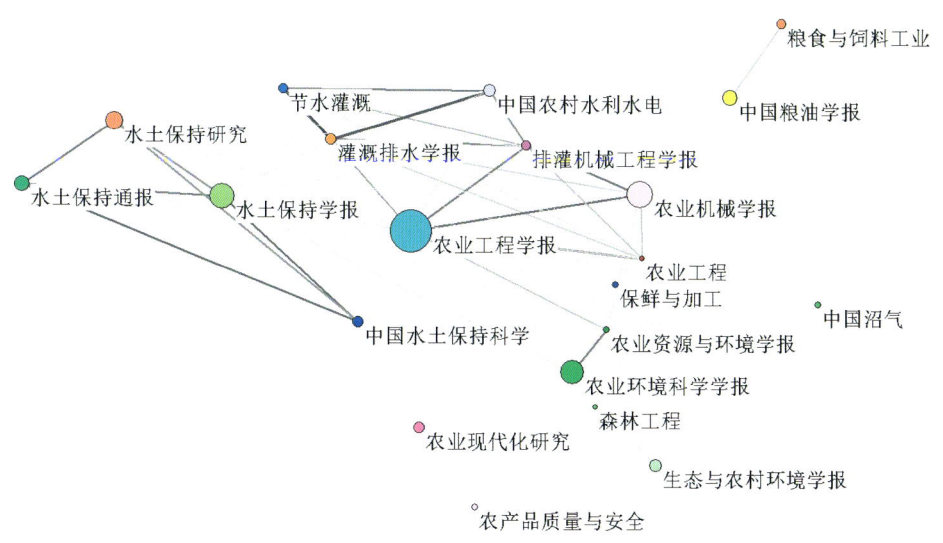

2016年农业工程类期刊互引关系示意图

表 7-76 2016 年农业工程类期刊主要指标

CODE	刊名	核心总被引频次			核心影响因子			综合评价总分		学科扩散指标	学科影响指标	红点指标
		数值	排名	离均差率	数值	排名	离均差率	数值	排名			
U645	保鲜与加工	588	16	-0.78	0.696	12	-0.13	30.10	14	5.00	0.19	0.44
H226	灌溉排水学报	1409	10	-0.48	0.457	16	-0.43	36.20	13	8.90	0.81	0.65
W567	节水灌溉	1094	13	-0.60	0.427	18	-0.47	24.70	18	9.29	0.57	0.57
U055	粮食与饲料工业	1068	14	-0.61	0.436	17	-0.46	22.70	19	8.33	0.43	0.37
H071	农产品质量与安全	447	19	-0.84	0.883	7	0.10	17.50	21	4.19	0.33	0.60
H072	农业工程	295	21	-0.89	0.163	21	-0.80	20.90	20	6.67	0.67	0.32
H279	农业工程学报	17932	1	5.58	1.862	1	1.32	88.00	1	40.14	1.00	0.93
Z008	农业环境科学学报	5547	4	1.03	1.429	3	0.78	70.60	2	22.95	0.95	0.65
H278	农业机械学报	7130	2	1.61	1.561	2	0.94	60.60	3	28.19	1.00	0.47
H222	农业现代化研究	1314	11	-0.52	0.833	9	0.04	52.20	7	14.86	0.76	0.37
H773	农业资源与环境学报	497	18	-0.82	1.083	5	0.35	59.30	5	9.52	0.67	0.64
H219	排灌机械工程学报	875	15	-0.68	0.840	8	0.04	41.30	11	7.76	0.52	0.69
H382	森林工程	391	20	-0.86	0.252	20	-0.69	24.80	17	7.48	0.29	0.31
Z023	生态与农村环境学报	1496	9	-0.45	0.989	6	0.23	53.20	6	15.29	0.81	0.43
H015	水土保持通报	2392	7	-0.12	0.628	15	-0.22	45.70	10	15.57	0.76	0.53
H287	水土保持学报	6028	3	1.21	1.206	4	0.50	60.10	4	18.38	0.86	0.56
H056	水土保持研究	3108	5	0.14	0.740	11	-0.08	46.20	8	16.86	0.76	0.60
U001	中国粮油学报	2425	6	-0.11	0.659	13	-0.18	38.00	12	12.81	0.43	0.43
W005	中国农村水利水电	1528	8	-0.44	0.292	19	-0.64	30.10	14	14.52	0.67	0.36
H295	中国水土保持科学	1166	12	-0.57	0.791	10	-0.02	46.00	9	10.52	0.67	0.55
H204	中国沼气	539	17	-0.80	0.651	14	-0.19	26.10	16	5.90	0.52	0.63
	21 种期刊平均值	2727			0.804							

生物医学工程学

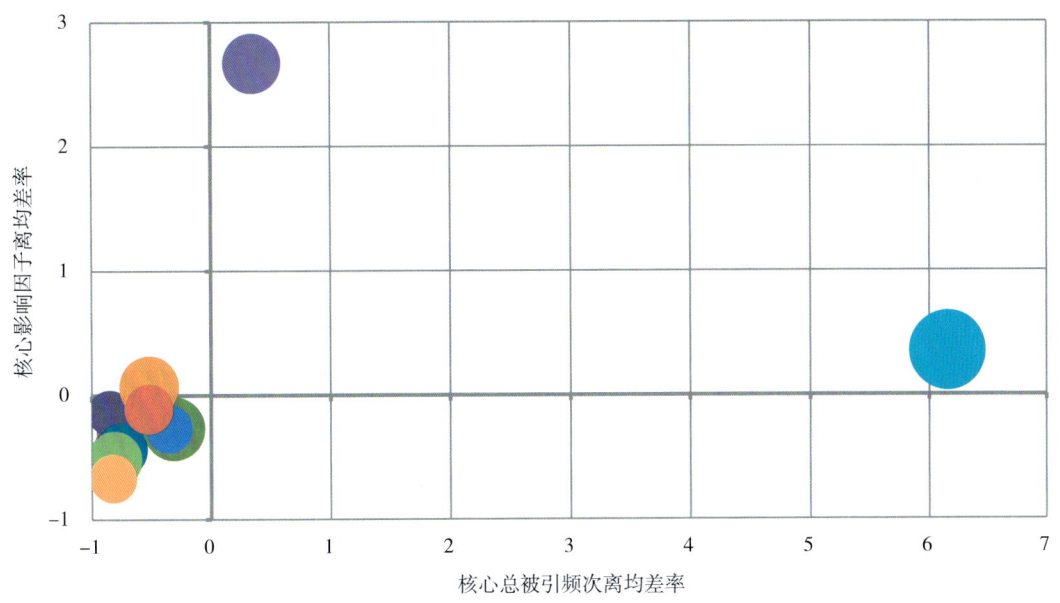

2016年生物医学工程学类期刊核心总被引频次和核心影响因子离均差率的分布图
（节点大小表示综合评价总分）

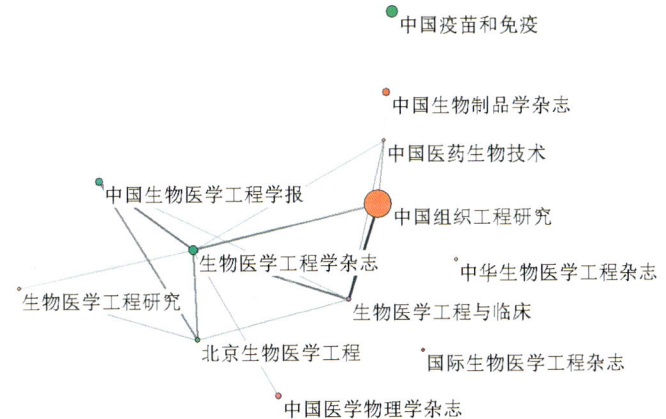

2016年生物医学工程学类期刊互引关系示意图

表 7-77　2016年生物医学工程学类期刊主要指标

CODE	刊名	核心总被引频次			核心影响因子			综合评价总分		学科扩散指标	学科影响指标	红点指标
		数值	排名	离均差率	数值	排名	离均差率	数值	排名			
G004	北京生物医学工程	295	8	-0.76	0.325	8	-0.30	25.20	8	12.25	0.50	0.17
G928	国际生物医学工程杂志	222	11	-0.82	0.283	9	-0.39	15.20	12	9.58	0.58	0.26
G006	生物医学工程学杂志	852	3	-0.31	0.337	6	-0.27	43.20	2	32.75	0.75	0.20
G332	生物医学工程研究	181	12	-0.85	0.397	5	-0.14	21.90	11	8.83	0.67	0.23
G603	生物医学工程与临床	311	7	-0.75	0.259	10	-0.44	30.40	6	16.42	0.67	0.29
G115	中国生物医学工程学报	595	5	-0.52	0.495	3	0.07	39.90	3	21.50	0.67	0.17
G258	中国生物制品学杂志	804	4	-0.35	0.335	7	-0.27	25.00	9	22.25	0.42	0.36
G622	中国医学物理学杂志	591	6	-0.52	0.411	4	-0.11	26.70	7	17.17	0.75	0.37
G531	中国医药生物技术	232	9	-0.81	0.222	11	-0.52	33.70	5	12.33	0.42	0.12
G314	中国疫苗和免疫	1674	2	0.35	1.690	1	2.67	38.30	4	11.50	0.25	0.46
G299	中国组织工程研究	8868	1	6.16	0.621	2	0.35	67.60	1	71.92	0.92	1.00
G737	中华生物医学工程杂志	229	10	-0.82	0.154	12	-0.67	24.50	10	12.83	0.50	0.22
	12种期刊平均值	1238			0.461							

测绘科学技术

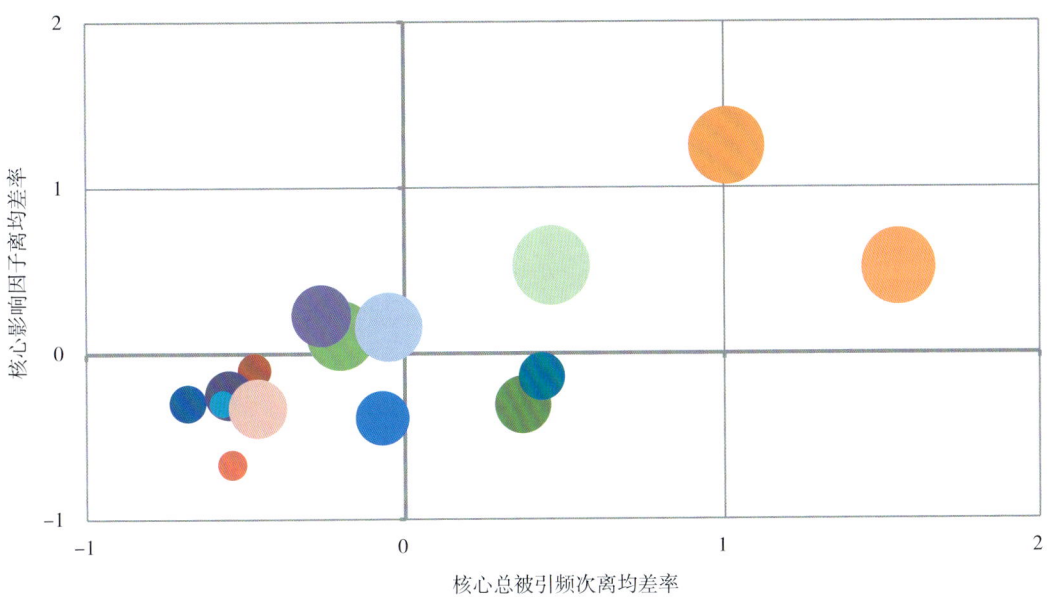

2016年测绘科学技术类期刊核心总被引频次和核心影响因子离均差率的分布图
（节点大小表示综合评价总分）

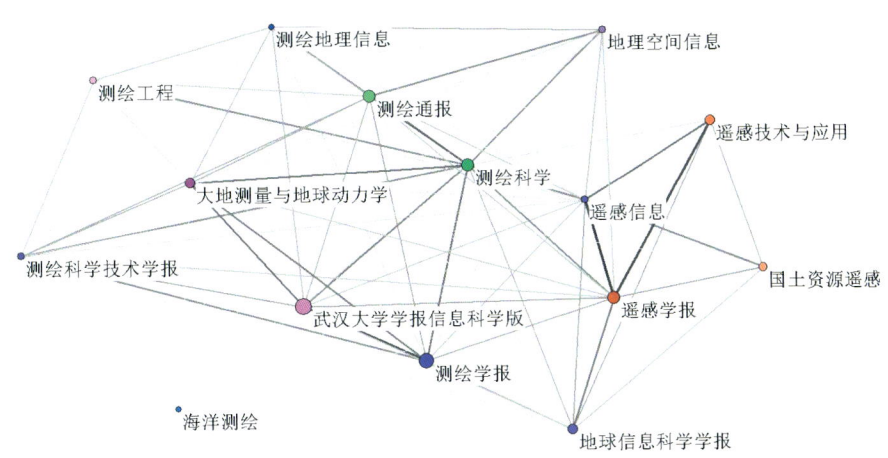

2016年测绘科学技术类期刊互引关系示意图

表 7-78 2016年测绘科学技术类期刊主要指标

CODE	刊名	核心总被引频次			核心影响因子			综合评价总分		学科扩散指标	学科影响指标	红点指标
		数值	排名	离均差率	数值	排名	离均差率	数值	排名			
E616	测绘地理信息	443	15	-0.68	0.495	10	-0.23	17.1	12	9.27	1.00	0.47
E543	测绘工程	731	11	-0.47	0.636	7	-0.01	13.7	13	9.53	0.93	0.55
E600	测绘科学	1891	5	0.37	0.493	12	-0.23	39.9	8	22.73	1.00	0.53
E615	测绘科学技术学报	628	13	-0.55	0.530	9	-0.17	29.4	10	10.07	1.00	0.51
E510	测绘通报	1981	4	0.43	0.611	8	-0.05	27	11	17.07	1.00	0.41
E152	测绘学报	2771	2	1.01	1.599	1	1.49	71.4	2	19.53	1.00	0.39
E144	大地测量与地球动力学	1291	7	-0.07	0.432	14	-0.33	35.3	9	12.07	1.00	0.34
E639	地理空间信息	637	12	-0.54	0.235	15	-0.63	10.7	14	11.13	0.93	0.26
E656	地球信息科学学报	1110	8	-0.20	0.788	6	0.23	57.2	4	20.60	0.93	0.42
E591	国土资源遥感	1024	9	-0.26	0.875	4	0.37	44.7	6	18.27	1.00	0.59
E651	海洋测绘	593	14	-0.57	0.494	11	-0.23	8.7	15	7.53	1.00	0.11
E107	武汉大学学报信息科学版	3527	1	1.55	1.077	3	0.68	70	3	29.60	1.00	0.32
Z543	遥感技术与应用	1318	6	-0.05	0.827	5	0.29	56.3	5	21.07	1.00	0.56
S024	遥感信息	747	10	-0.46	0.475	13	-0.26	42	7	15.87	0.93	0.58
Z006	遥感学报	2016	3	0.46	1.083	2	0.69	75.5	1	23.80	1.00	0.45
	15种期刊平均值	1381			0.71							

材料科学综合

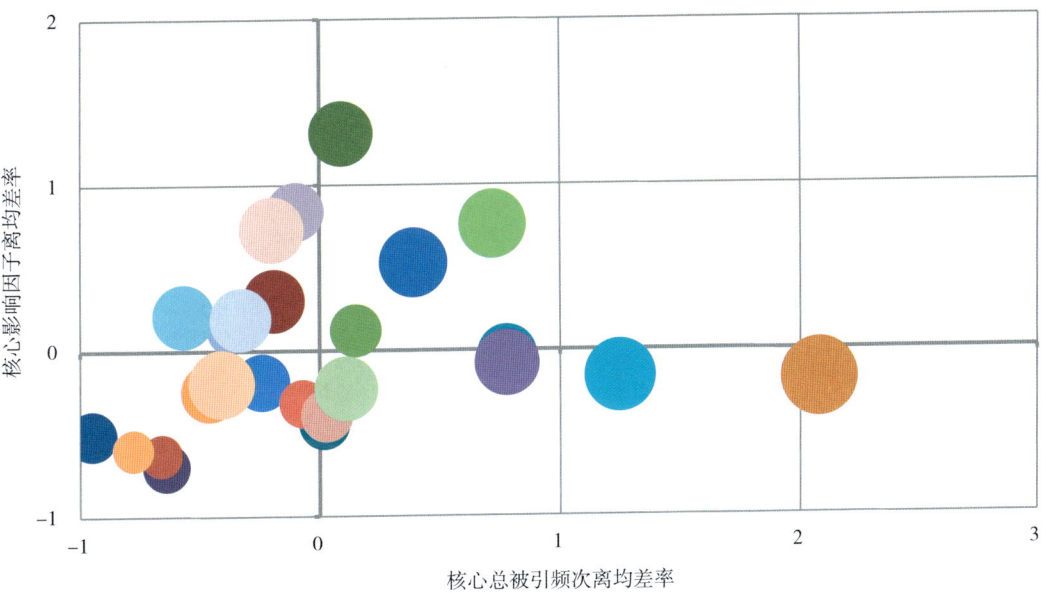

2016年材料科学综合类期刊核心总被引频次和核心影响因子离均差率的分布图
（节点大小表示综合评价总分）

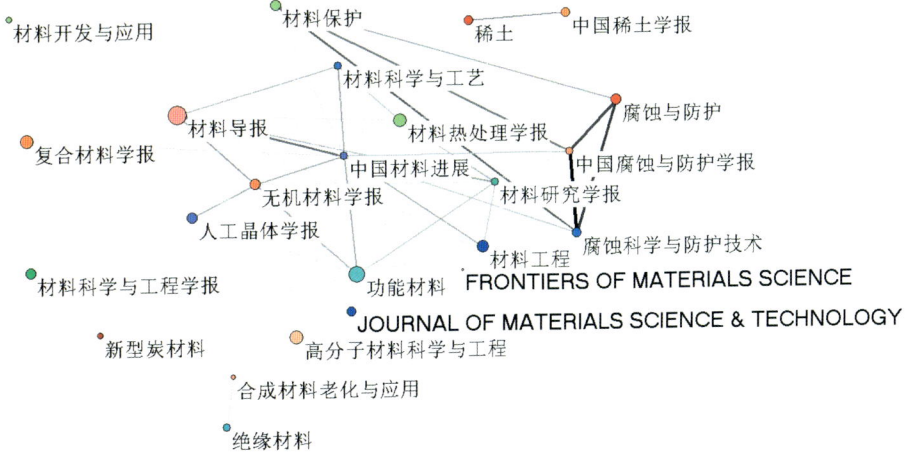

2016年材料科学综合类期刊互引关系示意图

表 7-79 2016年材料科学综合类期刊主要指标

CODE	刊名	核心总被引频次			核心影响因子			综合评价总分		学科扩散指标	学科影响指标	红点指标
		数值	排名	离均差率	数值	排名	离均差率	数值	排名			
I243	FRONTIERS OF MATERIALS SCIENCE	62	26	-0.95	0.293	23	-0.54	29.6	21	1.38	0.31	0.56
M015	JOURNAL OF MATERIALS SCIENCE & TECHNOLOGY	961	14	-0.19	0.772	6	0.20	46.6	11	7.08	0.92	0.21
M035	JOURNAL OF RARE EARTHS	1299	9	0.09	1.366	1	1.13	50	8	7.54	0.88	0.91
I090	JOURNAL OF WUHAN UNIVERSITY OF TECHNOLOGY MATERIALS SCIENCE EDITION	427	23	-0.64	0.180	26	-0.72	28.1	22	6.15	0.73	0.45
M005	材料保护	1215	11	0.02	0.334	22	-0.48	31.5	20	8.00	0.73	0.69
M103	材料导报	3670	1	2.08	0.484	14	-0.24	74	1	23.15	0.88	0.56
Y007	材料工程	1660	6	0.39	0.906	5	0.41	57	3	11.08	0.92	0.63
M010	材料开发与应用	411	24	-0.66	0.222	25	-0.65	21.2	25	6.12	0.73	0.50
M008	材料科学与工程学报	1367	7	0.15	0.663	10	0.03	32.3	19	10.96	0.88	0.47
M006	材料科学与工艺	703	20	-0.41	0.460	17	-0.28	41.4	15	7.19	0.69	0.63
N026	材料热处理学报	2120	4	0.78	0.575	11	-0.10	43.2	13	7.62	0.81	0.68
M009	材料研究学报	638	21	-0.46	0.442	19	-0.31	41.5	14	8.27	0.81	0.86
M003	腐蚀科学与防护技术	902	16	-0.24	0.478	15	-0.25	38.4	17	7.15	0.69	0.67
M505	腐蚀与防护	1114	12	-0.07	0.402	20	-0.37	27.2	23	7.35	0.77	0.58
Y019	复合材料学报	2046	5	0.72	1.044	3	0.63	55.7	4	12.65	0.81	0.67
T001	高分子材料科学与工程	2123	3	0.78	0.544	12	-0.15	50.8	7	13.35	0.88	0.59
N039	功能材料	2681	2	1.25	0.499	13	-0.22	62.1	2	18.46	0.96	0.59
T057	合成材料老化与应用	263	25	-0.78	0.237	24	-0.63	20.9	26	3.58	0.42	0.50
R016	绝缘材料	744	18	-0.38	0.664	9	0.04	22.6	24	4.65	0.42	0.45
T013	人工晶体学报	1231	10	0.03	0.360	21	-0.44	33	18	9.15	0.69	0.53
D003	无机材料学报	1318	8	0.11	0.456	18	-0.29	49	9	11.12	0.88	0.54
M041	稀土	1068	13	-0.10	1.091	2	0.70	40.1	16	6.81	0.73	0.47
M102	新型炭材料	518	22	-0.57	0.715	7	0.12	47.8	10	6.58	0.58	0.56
M053	中国材料进展	708	19	-0.41	0.475	16	-0.26	54.8	5	8.96	0.81	0.50
M007	中国腐蚀与防护学报	799	17	-0.33	0.705	8	0.10	46.3	12	5.35	0.65	0.71
M022	中国稀土学报	950	15	-0.20	1.025	4	0.60	51.3	6	8.38	0.73	0.57
	26种期刊平均值	1192			0.592							

金属材料

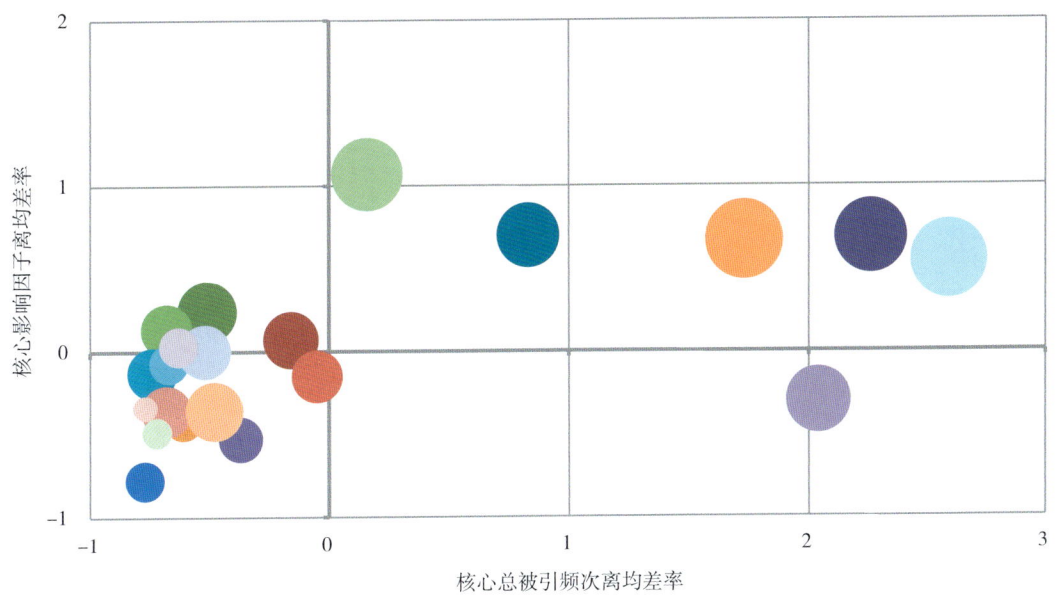

2016年金属材料类期刊核心总被引频次和核心影响因子离均差率的分布图（节点大小表示综合评价总分）

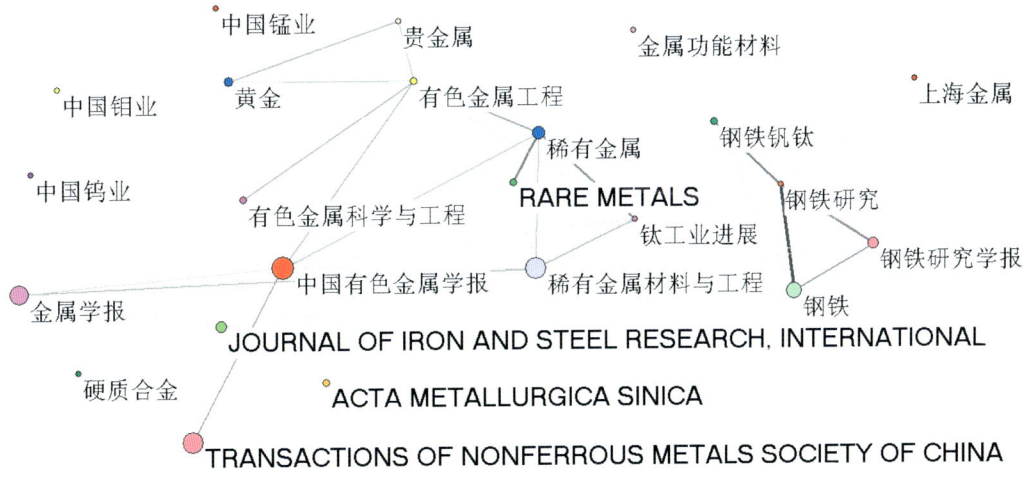

2016年金属材料类期刊互引关系示意图

表 7-80　2016 年金属材料类期刊主要指标

CODE	刊名	核心总被引频次			核心影响因子			综合评价总分		学科扩散指标	学科影响指标	红点指标
		数值	排名	离均差率	数值	排名	离均差率	数值	排名			
M100	ACTA METALLURGICA SINICA	474	13	-0.56	0.669	7	0.15	31.80	15	4.48	0.52	0.28
I142	JOURNAL OF IRON AND STEEL RESEARCH, INTERNATIONAL	912	8	-0.16	0.623	9	0.07	40.90	9	5.91	0.65	0.59
I050	RARE METALS	525	11	-0.51	0.723	6	0.24	46.50	7	5.74	0.74	0.19
M104	TRANSACTIONS OF NONFERROUS METALS SOCIETY OF CHINA	3523	2	2.26	0.983	3	0.69	70.40	3	14.91	0.91	0.69
M050	钢铁	1977	5	0.83	0.990	2	0.70	52.40	6	7.52	0.57	0.47
M013	钢铁钒钛	420	14	-0.61	0.339	20	-0.42	19.40	21	3.00	0.57	0.71
M027	钢铁研究	250	22	-0.77	0.126	23	-0.78	20.10	19	3.26	0.35	0.38
M019	钢铁研究学报	1026	7	-0.05	0.495	14	-0.15	34.80	11	5.70	0.61	0.47
M048	贵金属	344	18	-0.68	0.659	8	0.13	34.30	12	4.35	0.61	0.78
M631	黄金	680	9	-0.37	0.271	22	-0.53	26.10	16	5.70	0.48	0.28
M051	金属功能材料	281	21	-0.74	0.504	13	-0.13	32.70	14	3.96	0.61	0.45
M012	金属学报	2952	4	1.73	0.970	4	0.67	80.00	1	10.96	0.91	0.58
M021	上海金属	354	17	-0.67	0.372	18	-0.36	23.10	17	3.87	0.48	0.52
M544	钛工业进展	341	19	-0.68	0.372	18	-0.36	33.20	13	4.13	0.48	0.64
M029	稀有金属	1251	6	0.16	1.204	1	1.07	67.70	4	9.57	0.87	0.61
M052	稀有金属材料与工程	3294	3	2.04	0.410	15	-0.30	55.60	5	14.35	0.96	0.64
M014	硬质合金	355	16	-0.67	0.543	12	-0.07	20.20	18	3.43	0.43	0.68
M036	有色金属工程	566	10	-0.48	0.373	17	-0.36	43.90	8	8.26	0.70	0.43
M504	有色金属科学与工程	520	12	-0.52	0.582	11	0.00	36.60	10	6.00	0.52	0.37
K036	中国锰业	247	23	-0.77	0.384	16	-0.34	7.80	23	2.57	0.17	0.17
K550	中国钼业	306	20	-0.72	0.296	21	-0.49	11.40	22	3.83	0.43	0.23
K035	中国钨业	395	15	-0.63	0.600	10	0.03	19.70	20	3.52	0.57	0.44
M028	中国有色金属学报	3883	1	2.59	0.900	5	0.55	79.40	2	16.65	0.96	0.56
	23 种期刊平均值	1082			0.582							

矿山工程技术

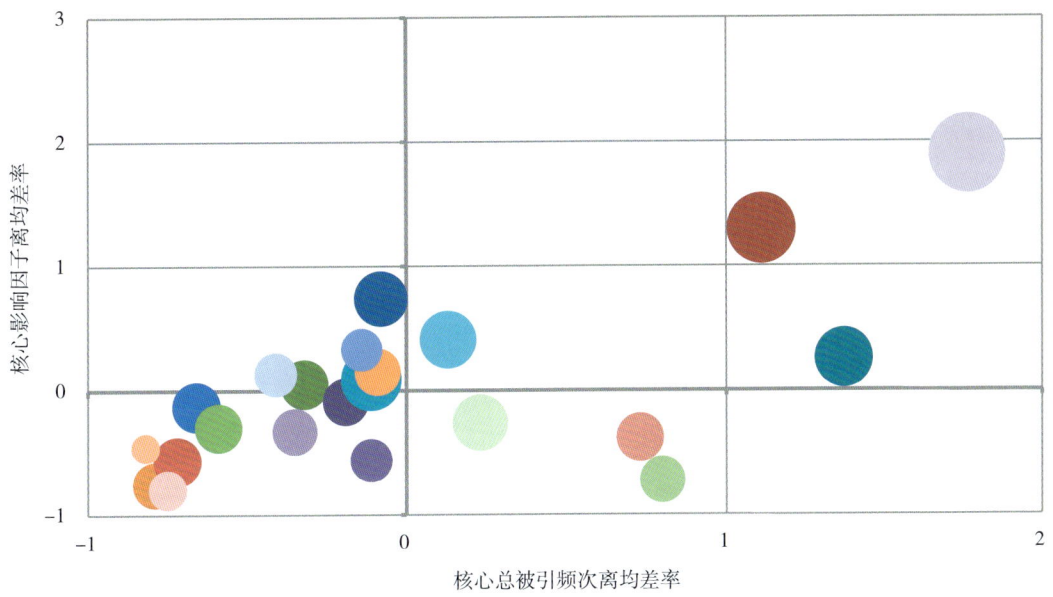

2016年矿山工程技术类期刊核心总被引频次和核心影响因子离均差率的分布图（节点大小表示综合评价总分）

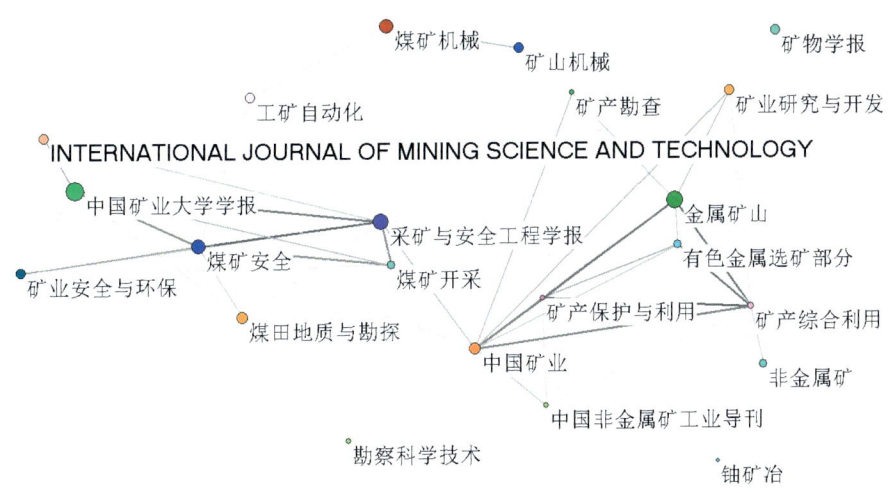

2016年矿山工程技术类期刊互引关系示意图

表 7-81 2016 年矿山工程技术类期刊主要指标

CODE	刊名	核心总被引频次			核心影响因子			综合评价总分		学科扩散指标	学科影响指标	红点指标
		数值	排名	离均差率	数值	排名	离均差率	数值	排名			
I184	INTERNATIONAL JOURNAL OF MINING SCIENCE AND TECHNOLOGY	1059	8	-0.08	0.954	3	0.74	43.70	7	9.36	0.68	0.16
K512	采矿与安全工程学报	2423	3	1.11	1.262	2	1.30	72.70	2	6.36	0.68	0.53
K002	非金属矿	776	14	-0.32	0.577	10	0.05	35.20	9	7.95	0.50	0.57
K018	工矿自动化	927	13	-0.19	0.501	11	-0.09	32.20	13	7.55	0.59	0.37
K022	金属矿山	2718	2	1.37	0.691	6	0.26	52.10	4	13.09	1.00	0.56
M018	勘察科学技术	242	21	-0.79	0.130	21	-0.76	30.00	17	5.55	0.32	0.24
K525	矿产保护与利用	388	18	-0.66	0.480	12	-0.13	36.10	8	4.77	0.64	0.55
V054	矿产勘查	316	19	-0.72	0.238	19	-0.57	35.20	9	4.95	0.32	0.63
K004	矿产综合利用	471	17	-0.59	0.385	14	-0.30	34.40	11	4.95	0.55	0.63
K014	矿山机械	1016	11	-0.11	0.240	18	-0.56	26.60	19	8.41	0.82	0.33
E350	矿物学报	1024	10	-0.11	0.598	9	0.09	55.60	3	9.73	0.45	0.40
K554	矿业安全与环保	1048	9	-0.09	0.632	7	0.15	31.80	14	5.64	0.64	0.61
K010	矿业研究与开发	983	12	-0.14	0.728	5	0.33	26.20	20	7.86	0.86	0.61
K558	煤矿安全	1989	5	0.73	0.343	16	-0.38	34.00	12	6.50	0.68	0.63
K517	煤矿机械	2069	4	0.80	0.154	20	-0.72	31.10	15	12.50	0.59	0.43
K504	煤矿开采	741	15	-0.35	0.368	15	-0.33	31.10	15	3.64	0.64	0.60
K009	煤田地质与勘探	1297	7	0.13	0.775	4	0.41	48.50	5	8.64	0.64	0.43
K020	铀矿冶	212	22	-0.82	0.297	17	-0.46	12.30	22	3.18	0.32	0.45
K580	有色金属选矿部分	682	16	-0.41	0.618	8	0.13	27.80	18	2.77	0.45	0.52
V023	中国非金属矿工业导刊	288	20	-0.75	0.108	22	-0.80	22.20	21	5.14	0.45	0.63
K030	中国矿业	1408	6	0.23	0.406	13	-0.26	46.00	6	13.73	0.91	0.35
K015	中国矿业大学学报	3161	1	1.76	1.590	1	1.90	91.90	1	19.27	0.86	0.43
	22 种期刊平均值	1147			0.549							

冶金工程技术

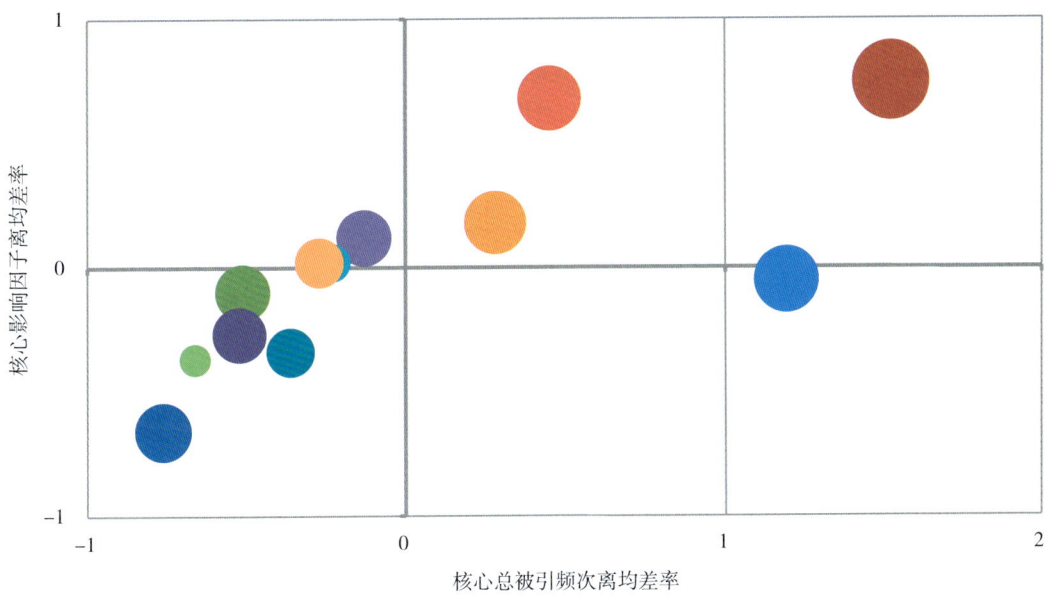

2016年冶金工程技术类期刊核心总被引频次和核心影响因子离均差率的分布图
（节点大小表示综合评价总分）

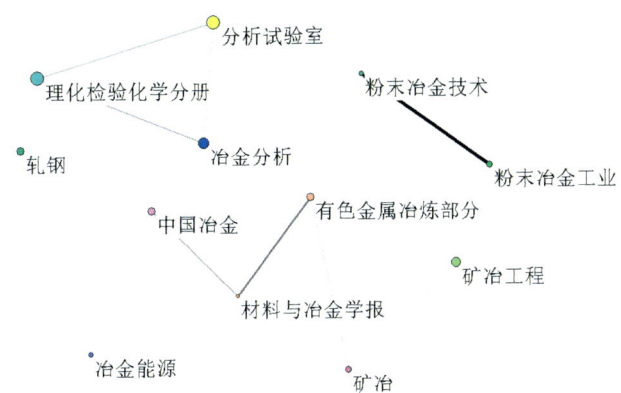

2016年冶金工程技术类期刊互引关系示意图

表 7-82　2016 年冶金工程技术类期刊主要指标

CODE	刊名	核心总被引频次			核心影响因子			综合评价总分		学科扩散指标	学科影响指标	红点指标
		数值	排名	离均差率	数值	排名	离均差率	数值	排名			
M704	材料与冶金学报	195	12	-0.76	0.185	12	-0.66	45.10	5	8.17	0.67	0.21
D004	分析试验室	2064	1	1.52	0.955	1	0.75	83.20	1	28.00	0.25	0.70
M105	粉末冶金工业	398	9	-0.51	0.490	8	-0.10	41.80	6	6.67	0.33	0.34
M039	粉末冶金技术	391	10	-0.52	0.401	9	-0.27	40.20	8	8.00	0.50	0.37
M101	矿冶	525	8	-0.36	0.361	10	-0.34	31.80	10	10.33	0.67	0.27
M045	矿冶工程	1049	4	0.28	0.647	3	0.18	52.40	4	15.25	0.75	0.36
M001	理化检验化学分册	1796	2	1.19	0.520	7	-0.05	58.70	2	25.83	0.25	0.41
M023	冶金分析	1188	3	0.45	0.916	2	0.68	55.40	3	12.92	0.58	0.65
M047	冶金能源	275	11	-0.66	0.343	11	-0.37	13.50	12	5.92	0.33	0.26
M020	有色金属冶炼部分	714	5	-0.13	0.610	4	0.12	41.70	7	7.75	0.75	0.44
M043	轧钢	633	6	-0.23	0.559	5	0.02	18.70	11	4.75	0.25	0.27
M628	中国冶金	600	7	-0.27	0.559	5	0.02	32.40	9	7.67	0.58	0.24
	12 种期刊平均值	819			0.546							

机械工程设计

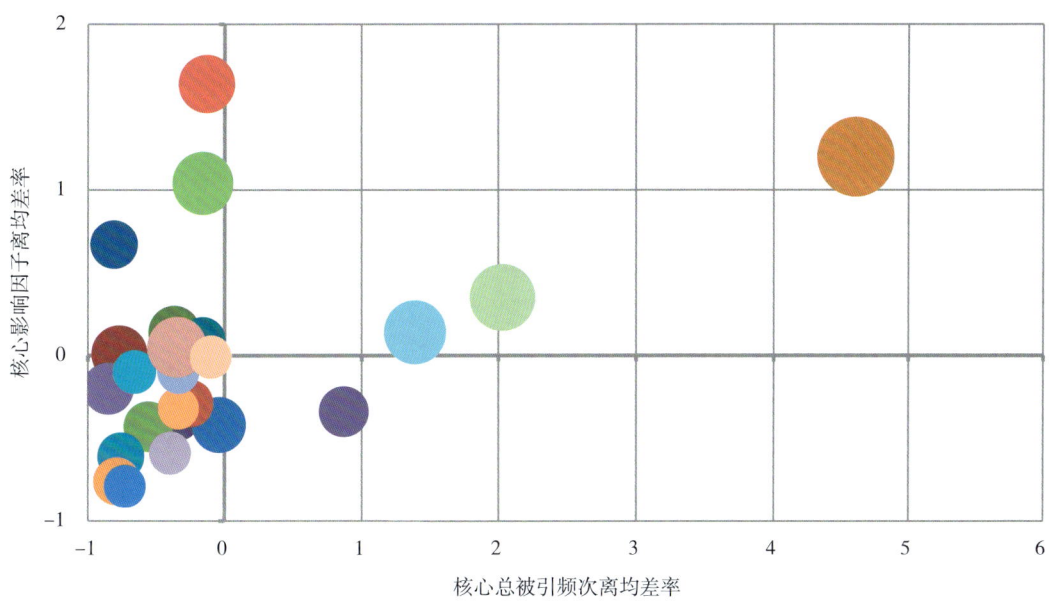

2016年机械工程设计类期刊核心总被引频次和核心影响因子离均差率的分布图
（节点大小表示综合评价总分）

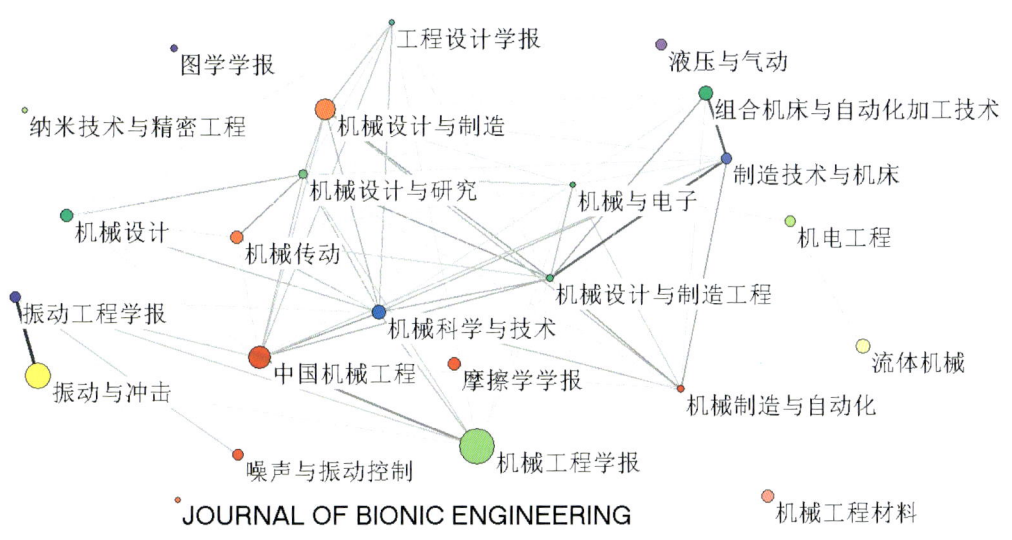

2016年机械工程设计类期刊互引关系示意图

表 7-83 2016 年机械工程设计类期刊主要指标

CODE	刊名	核心总被引频次			核心影响因子			综合评价总分		学科扩散指标	学科影响指标	红点指标
		数值	排名	离均差率	数值	排名	离均差率	数值	排名			
N764	JOURNAL OF BIONIC ENGINEERING	322	23	-0.81	0.852	4	0.67	30.60	13	3.75	0.42	0.16
N590	工程设计学报	385	21	-0.77	0.516	10	0.01	42.00	7	6.71	0.75	0.60
N672	机电工程	1050	15	-0.37	0.583	6	0.14	36.50	9	11.33	0.83	0.46
N040	机械传动	1116	11	-0.33	0.313	18	-0.39	20.90	24	8.00	0.92	0.62
M004	机械工程材料	1406	8	-0.16	0.555	8	0.09	28.50	16	9.08	0.50	0.52
N051	机械工程学报	9343	1	4.61	1.121	2	1.20	82.10	1	25.13	1.00	0.44
N050	机械科学与技术	1595	5	-0.04	0.296	19	-0.42	40.10	8	14.83	0.96	0.75
N047	机械设计	1257	10	-0.25	0.364	15	-0.29	28.50	16	10.25	0.79	0.65
N054	机械设计与研究	725	17	-0.56	0.290	20	-0.43	32.70	12	9.42	0.79	0.59
N028	机械设计与制造	3120	4	0.87	0.337	17	-0.34	33.10	11	17.79	0.88	0.65
N063	机械设计与制造工程	402	20	-0.76	0.197	22	-0.61	29.60	14	8.25	0.67	0.59
N053	机械与电子	347	22	-0.79	0.122	23	-0.76	29.30	15	7.17	0.67	0.63
N515	机械制造与自动化	449	19	-0.73	0.107	24	-0.79	23.60	22	7.96	0.63	0.57
N023	流体机械	1454	7	-0.13	1.347	1	1.64	44.00	6	9.58	0.79	0.56
N084	摩擦学学报	1392	9	-0.16	1.039	3	1.04	51.40	4	10.04	0.83	0.44
M655	纳米技术与精密工程	248	24	-0.85	0.408	14	-0.20	35.10	10	5.00	0.54	0.27
N061	图学学报	567	18	-0.66	0.460	12	-0.10	25.10	18	6.83	0.67	0.18
N035	液压与气动	1095	13	-0.34	0.349	16	-0.32	22.90	23	7.13	0.75	0.61
C100	噪声与振动控制	1098	12	-0.34	0.459	13	-0.10	24.40	19	10.58	0.79	1.00
Y004	振动工程学报	1090	14	-0.35	0.538	9	0.05	47.50	5	11.17	0.79	0.48
N030	振动与冲击	5049	2	2.03	0.687	5	0.35	57.40	2	21.42	0.96	0.56
N046	制造技术与机床	997	16	-0.40	0.210	21	-0.59	24.00	21	7.29	0.83	0.50
N059	中国机械工程	3983	3	1.39	0.581	7	0.14	52.60	3	20.13	0.96	0.54
N088	组合机床与自动化加工技术	1501	6	-0.10	0.507	11	-0.01	24.20	20	8.46	0.71	0.57
	24 种期刊平均值	1666			0. 510							

机械制造工艺与设备

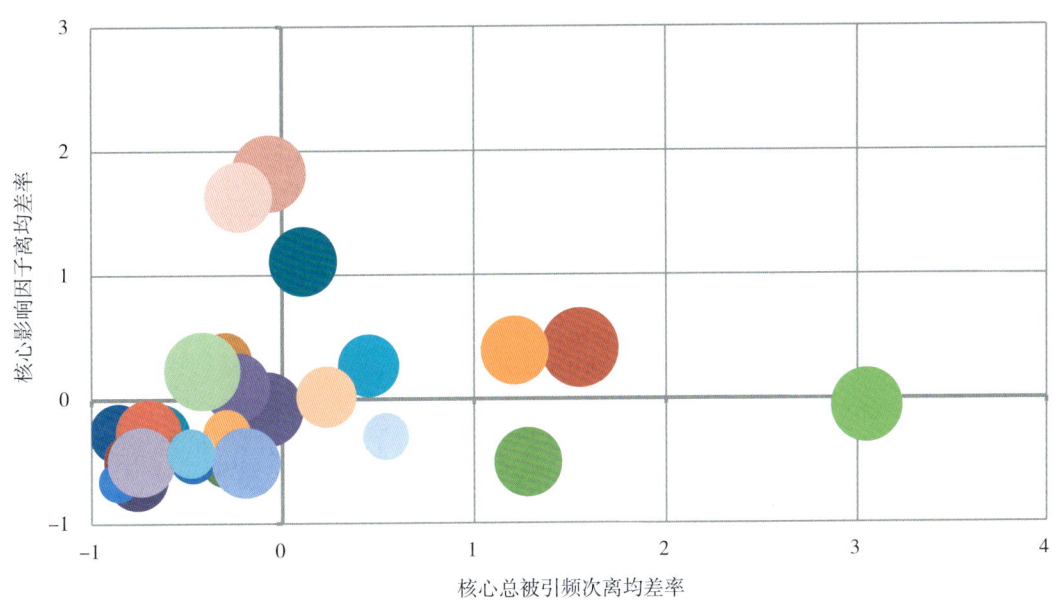

2016年机械制造工艺与设备类期刊核心总被引频次和核心影响因子离均差率的分布图
（节点大小表示综合评价总分）

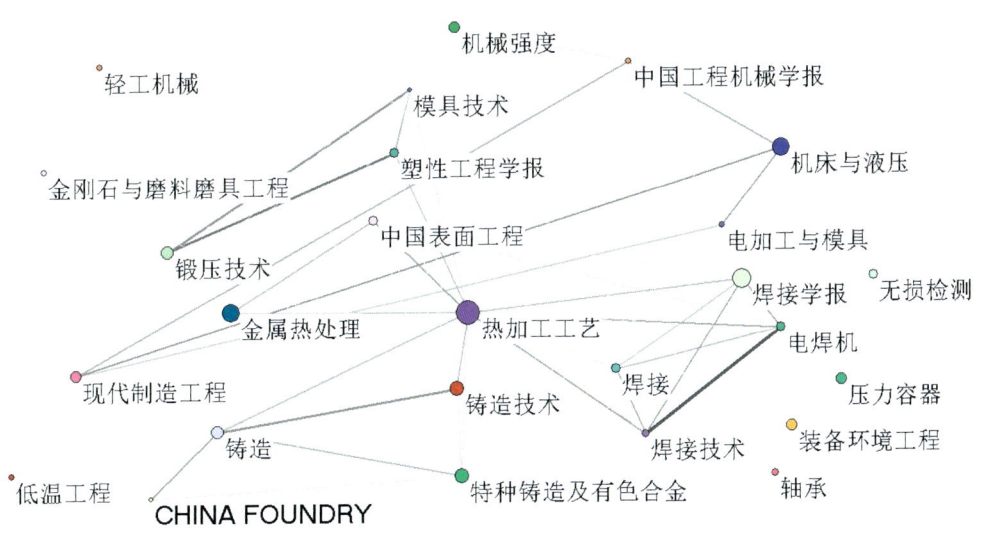

2016年机械制造工艺与设备类期刊互引关系示意图

表 7-84 2016 年机械制造工艺与设备类期刊主要指标

CODE	刊名	核心总被引频次			核心影响因子			综合评价总分		学科扩散指标	学科影响指标	红点指标
		数值	排名	离均差率	数值	排名	离均差率	数值	排名			
I165	CHINA FOUNDRY	146	25	-0.86	0.298	14	-0.27	28.00	19	1.15	0.23	0.49
N019	低温工程	242	24	-0.78	0.205	20	-0.50	29.70	18	3.81	0.27	0.18
N067	电焊机	758	15	-0.30	0.202	22	-0.51	18.80	23	4.27	0.54	0.63
N027	电加工与模具	255	23	-0.76	0.148	25	-0.64	32.30	14	3.23	0.62	0.39
N070	锻压技术	1197	8	0.11	0.863	3	1.11	38.80	8	4.85	0.69	0.58
N076	焊接	753	16	-0.30	0.539	6	0.32	24.70	20	3.85	0.50	0.70
N624	焊接技术	571	18	-0.47	0.211	19	-0.48	18.60	24	4.38	0.62	0.68
N021	焊接学报	2758	2	1.55	0.578	4	0.41	51.30	1	8.38	0.88	0.67
N069	机床与液压	2461	3	1.28	0.202	22	-0.51	38.50	11	12.38	0.73	0.40
N057	机械强度	996	10	-0.08	0.378	12	-0.08	44.90	4	10.23	0.69	0.49
N048	金刚石与磨料磨具工程	390	20	-0.64	0.294	15	-0.28	29.90	17	3.58	0.46	0.30
N083	金属热处理	2382	4	1.21	0.569	5	0.39	38.30	12	7.35	0.81	0.82
N107	模具技术	146	25	-0.86	0.138	26	-0.66	13.20	26	1.62	0.38	0.66
U535	轻工机械	324	21	-0.70	0.299	13	-0.27	36.60	13	5.08	0.50	0.33
N071	热加工工艺	4376	1	3.05	0.385	11	-0.06	44.80	5	10.65	0.92	0.75
T580	塑性工程学报	816	13	-0.24	0.449	9	0.10	38.70	10	5.08	0.58	0.63
N065	特种铸造及有色合金	1562	6	0.45	0.521	7	0.27	31.90	15	4.73	0.54	0.77
N044	无损检测	767	14	-0.29	0.294	15	-0.28	20.00	21	6.31	0.54	0.38
N111	现代制造工程	873	11	-0.19	0.199	24	-0.51	40.00	6	9.62	0.73	0.41
N052	压力容器	1000	9	-0.07	1.152	1	1.82	47.80	3	6.15	0.65	0.45
N103	中国表面工程	628	17	-0.42	0.502	8	0.23	49.70	2	5.04	0.65	0.67
N089	中国工程机械学报	283	22	-0.74	0.203	21	-0.50	38.80	8	4.85	0.31	0.45
N022	轴承	558	19	-0.48	0.235	18	-0.43	19.30	22	4.42	0.54	0.68
N075	铸造	1332	7	0.23	0.417	10	0.02	30.00	16	5.42	0.50	0.62
N081	铸造技术	1663	5	0.54	0.287	17	-0.30	17.90	25	6.50	0.65	0.72
N034	装备环境工程	834	12	-0.23	1.075	2	1.63	39.90	7	5.77	0.46	0.26
	26 种期刊平均值	1080			0.409							

动力工程

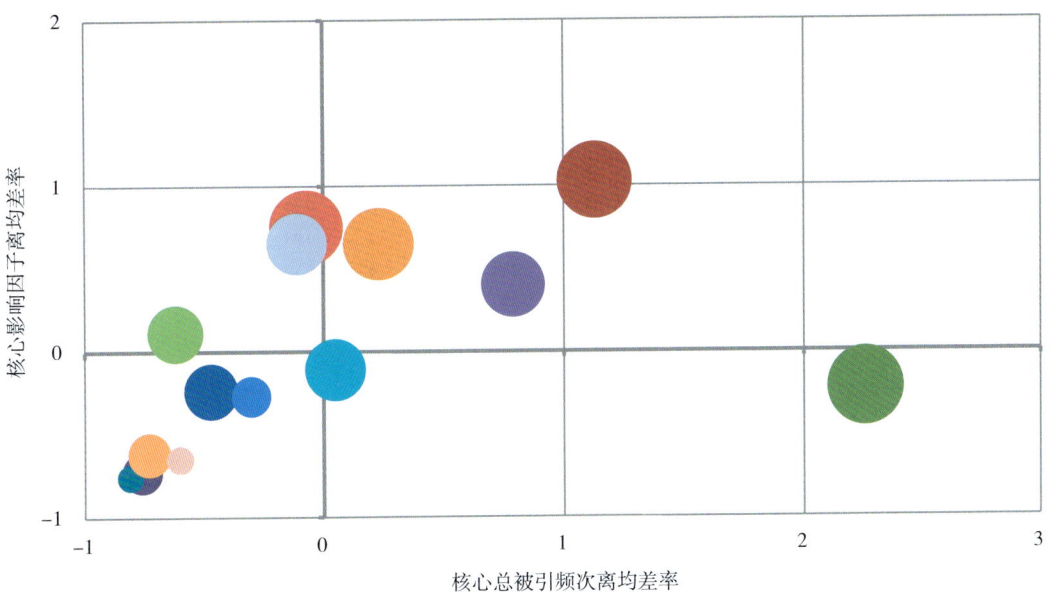

2016年动力工程类期刊核心总被引频次和核心影响因子离均差率的分布图
（节点大小表示综合评价总分）

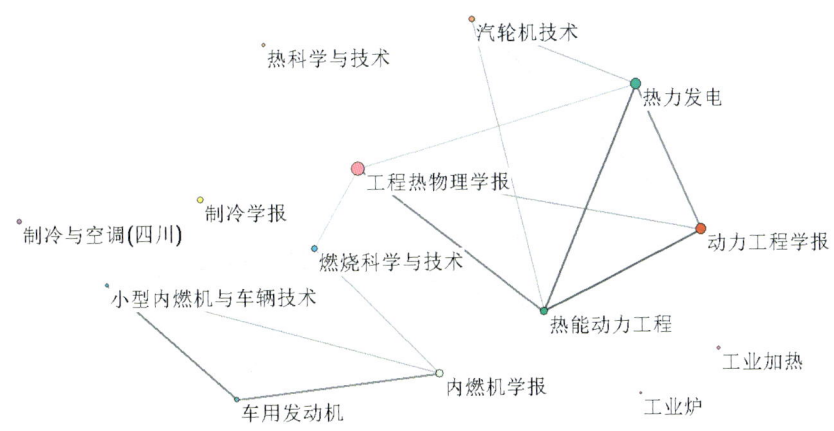

2016年动力工程类期刊互引关系示意图

表 7-85　2016 年动力工程类期刊主要指标

CODE	刊名	核心总被引频次			核心影响因子			综合评价总分		学科扩散指标	学科影响指标	红点指标
		数值	排名	离均差率	数值	排名	离均差率	数值	排名			
N024	车用发动机	326	9	-0.47	0.270	9	-0.58	37.7	9	8.14	0.36	0.66
P003	动力工程学报	1318	2	1.13	0.717	1	0.12	71.5	2	17.71	0.71	0.48
C073	工程热物理学报	2021	1	2.26	0.275	8	-0.57	77.2	1	27.00	1.00	0.33
P009	工业加热	151	13	-0.76	0.097	13	-0.85	21.3	11	5.29	0.36	0.40
P005	工业炉	119	14	-0.81	0.083	14	-0.87	8.8	14	4.00	0.36	0.38
P004	内燃机学报	765	4	0.23	0.584	3	-0.09	63.5	4	10.21	0.43	0.68
P001	汽轮机技术	436	8	-0.30	0.257	10	-0.60	20	12	6.50	0.36	0.57
P011	燃烧科学与技术	578	6	-0.07	0.619	2	-0.03	68.4	3	11.29	0.79	0.42
C134	热科学与技术	236	11	-0.62	0.391	6	-0.39	40.5	8	7.29	0.64	0.51
R501	热力发电	1111	3	0.79	0.493	5	-0.23	51.2	5	14.14	0.71	0.62
P006	热能动力工程	648	5	0.05	0.313	7	-0.51	46.9	6	12.43	0.71	0.42
P010	小型内燃机与车辆技术	170	12	-0.73	0.134	11	-0.79	23.7	10	5.21	0.36	0.50
U011	制冷学报	549	7	-0.11	0.583	4	-0.09	45.5	7	7.36	0.43	0.45
U640	制冷与空调(四川)	246	10	-0.60	0.122	12	-0.81	9.4	13	4.64	0.36	0.32
	14 种期刊平均值	620			0.353							

电气工程

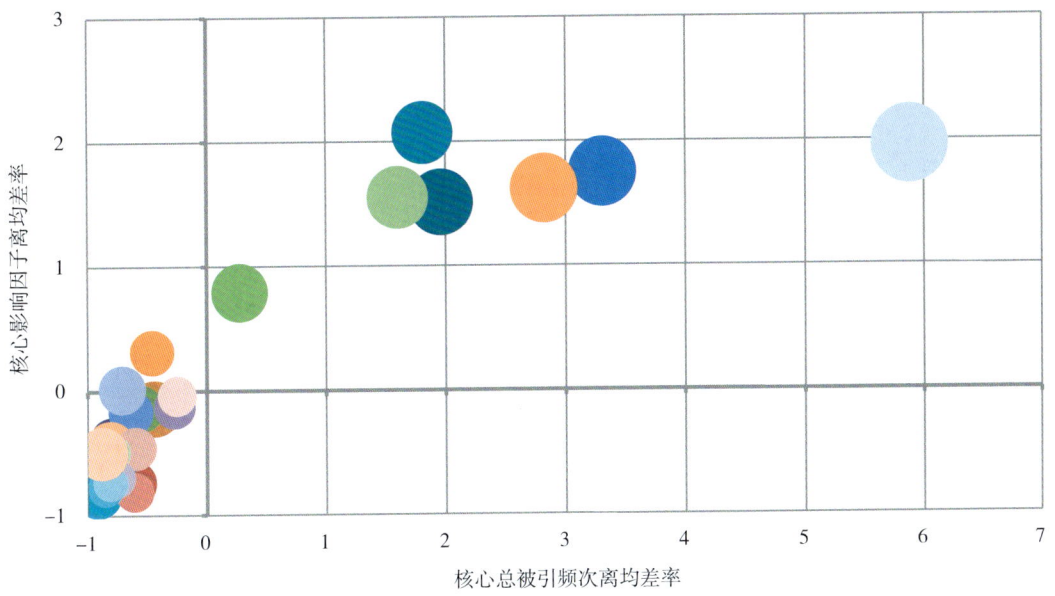

2016 年电气工程类期刊核心总被引频次和核心影响因子离均差率的分布图
（节点大小表示综合评价总分）

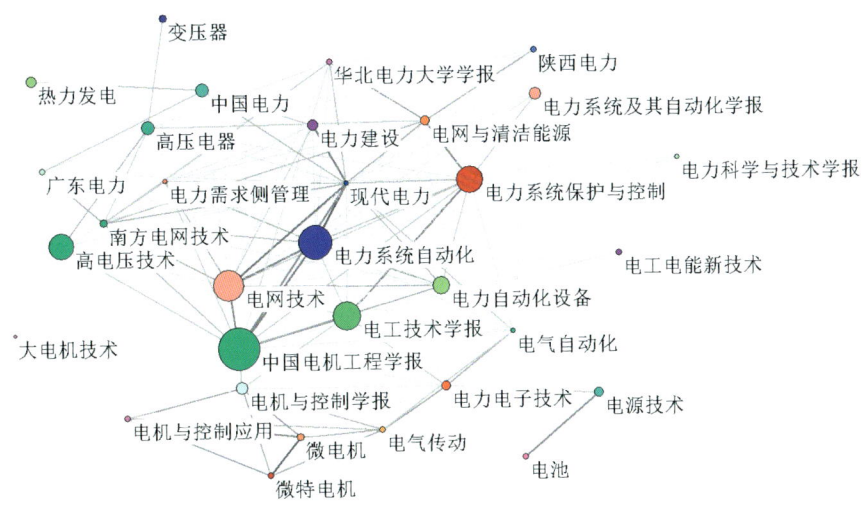

2016 年电气工程类期刊互引关系示意图

表 7-86 2016 年电气工程类期刊主要指标

CODE	刊名	核心总被引频次			核心影响因子			综合评价总分		学科扩散指标	学科影响指标	红点指标
		数值	排名	离均差率	数值	排名	离均差率	数值	排名			
N101	变压器	819	17	-0.71	0.513	16	-0.20	4.3	32	2.69	0.81	0.69
R051	大电机技术	231	32	-0.92	0.184	30	-0.71	19.1	26	2.47	0.63	0.36
R003	电池	399	27	-0.86	0.429	23	-0.33	15.9	31	3.25	0.25	0.67
R010	电工电能新技术	552	22	-0.80	0.560	15	-0.13	27	18	4.06	0.91	0.63
R043	电工技术学报	8300	4	1.96	2.301	6	2.59	60.2	4	11.22	0.97	0.57
R088	电机与控制学报	1558	10	-0.44	0.786	12	0.23	42.6	8	7.91	0.91	0.69
R045	电机与控制应用	541	23	-0.81	0.452	22	-0.29	23.3	21	4.06	0.69	0.74
R011	电力电子技术	1060	15	-0.62	0.241	28	-0.62	30.8	13	6.00	0.88	0.80
A199	电力建设	1248	12	-0.55	0.786	12	0.23	29.6	14	5.88	0.81	0.67
R654	电力科学与技术学报	325	29	-0.88	0.504	17	-0.21	23.2	22	2.94	0.88	0.64
N102	电力系统保护与控制	7872	5	1.81	2.812	1	3.39	53.4	6	8.84	0.97	0.74
R071	电力系统及其自动化学报	1519	11	-0.46	1.205	8	0.88	28.6	17	4.91	0.91	0.73
S019	电力系统自动化	12079	2	3.31	2.518	3	2.93	66.8	2	10.09	0.97	0.67
R750	电力需求侧管理	248	30	-0.91	0.277	25	-0.57	17.3	30	2.03	0.63	0.38
R090	电力自动化设备	3572	7	0.28	1.638	7	1.56	46.4	7	7.38	0.97	0.87
R044	电气传动	575	20	-0.79	0.325	24	-0.49	29.5	15	4.81	0.78	0.65
R058	电气自动化	248	30	-0.91	0.156	32	-0.76	32	12	3.34	0.66	0.64
R039	电网技术	10688	3	2.82	2.405	4	2.75	65.4	3	10.66	0.97	0.70
R116	电网与清洁能源	1016	16	-0.64	0.762	14	0.19	29	16	4.50	0.84	0.64
R019	电源技术	1082	14	-0.61	0.173	31	-0.73	21.6	24	7.94	0.84	0.66
R038	高电压技术	7280	6	1.60	2.342	5	2.65	53.7	5	11.59	0.94	0.59
R037	高压电器	2046	9	-0.27	0.794	11	0.24	25	19	4.94	0.91	0.58
R547	广东电力	433	26	-0.85	0.198	29	-0.69	18.7	27	3.47	0.72	0.55
R046	华北电力大学学报	529	25	-0.81	0.502	18	-0.22	37.4	10	5.22	0.91	0.40
R117	南方电网技术	809	18	-0.71	0.928	9	0.45	32.1	11	2.63	0.78	0.68
R501	热力发电	1111	13	-0.60	0.493	19	-0.23	24.8	20	6.19	0.59	0.62
R072	陕西电力	575	20	-0.79	0.469	20	-0.27	17.5	28	2.69	0.81	0.62
R057	微电机	667	19	-0.76	0.275	26	-0.57	20.4	25	4.66	0.63	0.67
R085	微特电机	537	24	-0.81	0.242	27	-0.62	17.5	28	4.34	0.50	0.66
R089	现代电力	350	28	-0.88	0.460	21	-0.28	38.6	9	3.44	0.88	0.78
R040	中国电机工程学报	19265	1	5.88	2.717	2	3.24	86.7	1	17.75	0.97	0.62
R511	中国电力	2104	8	-0.25	0.881	10	0.37	22	23	7.78	0.94	0.70
	32 种期刊平均值	2801			0.917							

能源科学综合

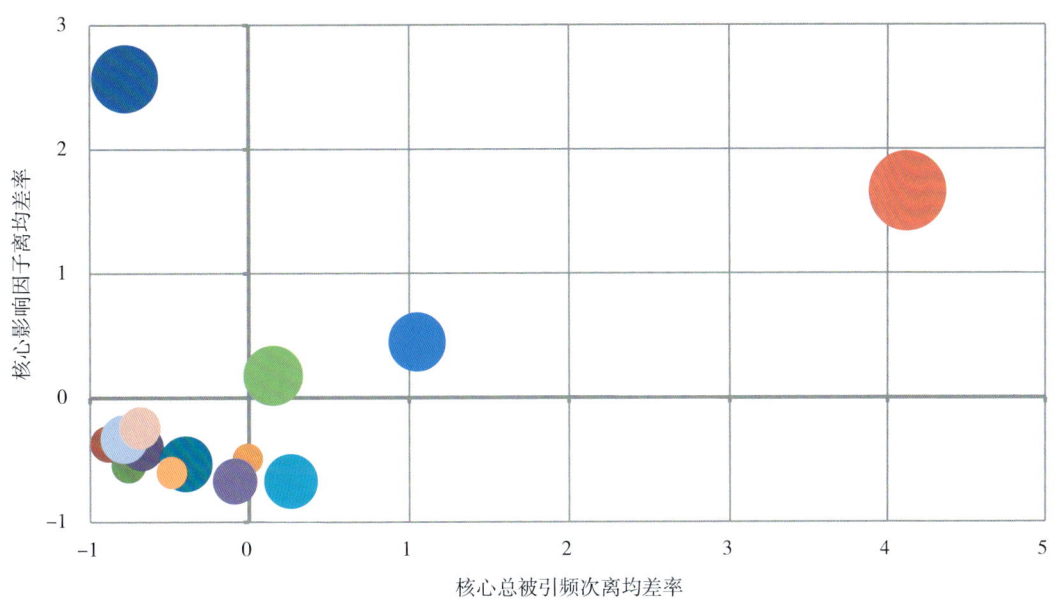

2016年能源科学综合类期刊核心总被引频次和核心影响因子离均差率的分布图（节点大小表示综合评价总分）

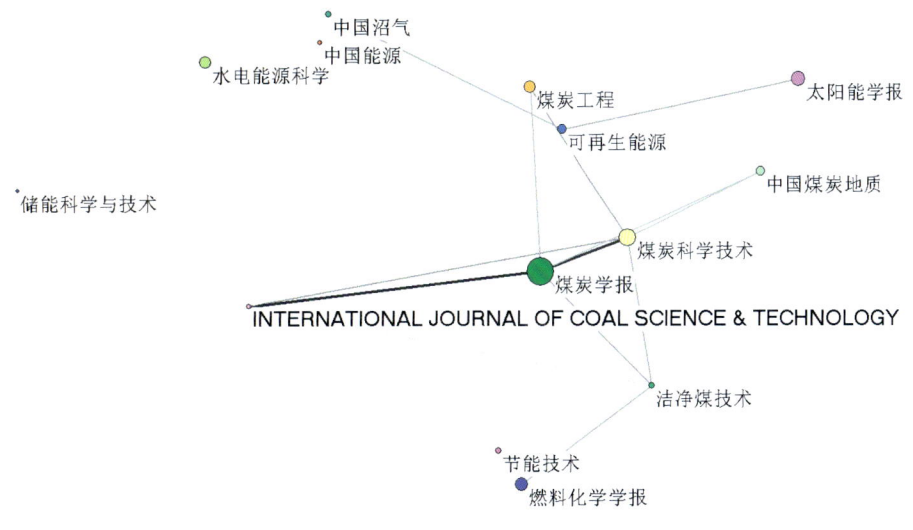

2016年能源科学综合类期刊互引关系示意图

表 7-87 2016 年能源科学综合类期刊主要指标

CODE	刊名	核心总被引频次			核心影响因子			综合评价总分		学科扩散指标	学科影响指标	红点指标
		数值	排名	离均差率	数值	排名	离均差率	数值	排名			
I168	INTERNATIONAL JOURNAL OF COAL SCIENCE & TECHNOLOGY	377	12	-0.78	3.034	1	2.57	54.60	2	4.50	0.43	0.05
L508	储能科学与技术	192	14	-0.89	0.539	7	-0.37	15.50	11	4.64	0.21	0.50
L587	节能技术	407	11	-0.76	0.388	11	-0.54	14.80	12	10.36	0.64	0.51
K553	洁净煤技术	546	9	-0.68	0.509	8	-0.40	24.50	9	9.93	0.79	0.54
L516	可再生能源	1030	7	-0.40	0.398	10	-0.53	36.40	5	21.50	0.50	0.48
K038	煤炭工程	1695	5	-0.01	0.433	9	-0.49	11.20	14	14.43	0.57	0.40
K005	煤炭科学技术	3516	2	1.05	1.231	3	0.45	40.90	4	17.43	0.57	0.54
K017	煤炭学报	8777	1	4.12	2.260	2	1.66	74.90	1	34.86	0.93	0.47
D002	燃料化学学报	1967	4	0.15	1.002	4	0.18	43.00	3	17.86	0.71	0.38
P007	水电能源科学	1556	6	-0.09	0.283	13	-0.67	24.70	8	20.86	0.36	0.37
L009	太阳能学报	2164	3	0.26	0.277	14	-0.67	35.10	6	28.79	0.71	0.51
K037	中国煤炭地质	871	8	-0.49	0.342	12	-0.60	12.30	13	9.36	0.43	0.44
R524	中国能源	367	13	-0.79	0.570	6	-0.33	27.70	7	12.14	0.71	0.36
H204	中国沼气	539	10	-0.69	0.651	5	-0.24	21.00	10	8.86	0.29	0.63
	15 种期刊平均值	1715			0.851							

石油天然气工程

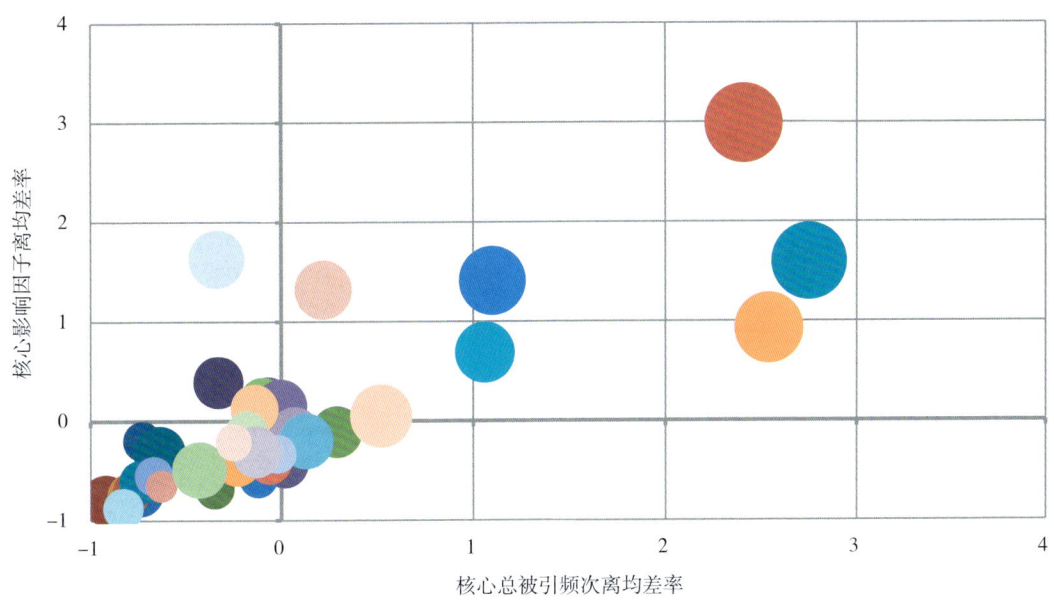

2016年石油天然气工程类期刊核心总被引频次和核心影响因子离均差率的分布图
（节点大小表示综合评价总分）

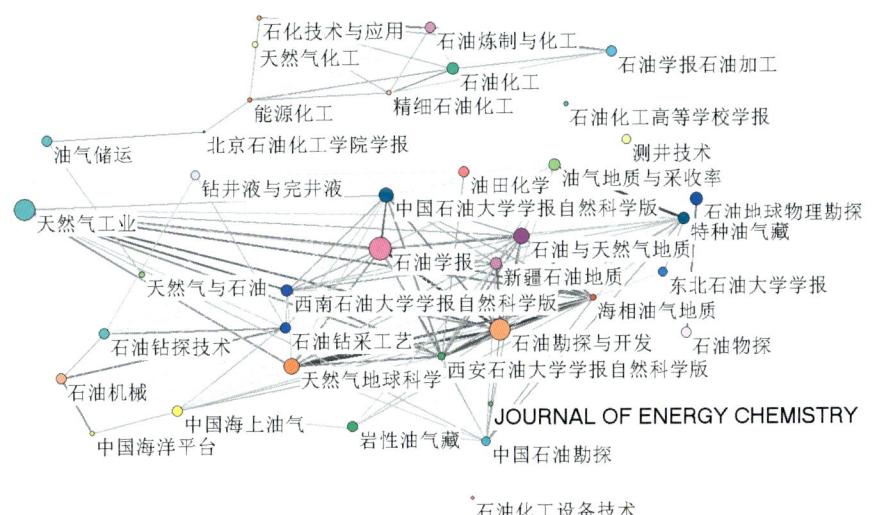

2016年石油天然气工程类期刊互引关系示意图

表 7-88 2016年石油天然气工程类期刊主要指标

CODE	刊名	核心总被引频次			核心影响因子			综合评价总分		学科扩散指标	学科影响指标	红点指标
		数值	排名	离均差率	数值	排名	离均差率	数值	排名			
I105	JOURNAL OF ENERGY CHEMISTRY	393	31	-0.73	0.811	17	-0.20	20.70	32	2.50	0.32	0.00
L530	北京石油化工学院学报	118	38	-0.92	0.211	36	-0.79	33.60	17	2.42	0.24	0.60
L017	测井技术	936	26	-0.35	0.324	32	-0.68	21.70	30	3.50	0.71	0.68
L004	东北石油大学学报	959	24	-0.33	1.403	8	0.39	35.50	14	5.24	0.89	0.35
L037	海相油气地质	517	29	-0.64	0.683	22	-0.32	38.00	12	2.29	0.53	0.86
T501	能源化工	297	35	-0.79	0.256	35	-0.75	30.10	22	4.05	0.32	0.42
T542	精细石油化工	372	33	-0.74	0.281	34	-0.72	29.90	23	3.55	0.39	0.39
T933	石化技术与应用	323	34	-0.78	0.298	33	-0.70	21.30	31	2.95	0.26	0.61
L016	石油地球物理勘探	1857	7	0.29	0.897	14	-0.11	35.00	15	3.92	0.61	0.24
L015	石油化工	1473	11	0.02	0.573	26	-0.43	30.40	21	6.05	0.47	0.37
L034	石油化工高等学校学报	376	32	-0.74	0.389	30	-0.61	25.20	27	3.55	0.53	0.57
L021	石油化工设备技术	217	37	-0.85	0.160	37	-0.84	10.20	38	1.76	0.24	0.29
L019	石油机械	1261	18	-0.12	0.436	29	-0.57	20.70	32	5.00	0.63	0.48
L031	石油勘探与开发	4907	3	2.41	4.024	1	2.99	83.70	1	6.16	0.87	0.74
L030	石油炼制与化工	1337	15	-0.07	0.714	20	-0.29	24.60	28	4.37	0.37	0.53
L005	石油物探	1335	16	-0.07	1.197	10	0.19	33.30	18	3.03	0.61	0.25
L028	石油学报	5396	1	2.75	2.625	3	1.60	78.80	2	8.29	0.97	0.61
L012	石油学报石油加工	1113	22	-0.23	0.609	24	-0.40	32.80	19	5.16	0.61	0.47
L006	石油与天然气地质	3024	4	1.10	2.429	4	1.41	62.20	4	4.13	0.79	0.89
L008	石油钻采工艺	1354	14	-0.06	0.607	25	-0.40	27.70	25	3.87	0.84	0.63
L025	石油钻探技术	1295	17	-0.10	1.214	9	0.20	29.40	24	3.66	0.71	0.76
L505	特种油气藏	1443	12	0.00	1.157	11	0.15	37.30	13	3.74	0.84	0.78
L518	天然气地球科学	2968	5	1.06	1.706	7	0.69	49.50	6	4.00	0.74	0.80
L029	天然气工业	5089	2	2.54	1.946	6	0.93	65.60	3	8.79	0.97	0.77
T074	天然气化工	481	30	-0.67	0.454	28	-0.55	20.20	34	2.92	0.34	0.69
L507	天然气与石油	527	28	-0.63	0.356	31	-0.65	13.70	37	3.05	0.58	0.33
L010	西安石油大学学报自然科学版	820	27	-0.43	0.518	27	-0.49	42.00	9	5.39	0.87	0.38
L002	西南石油大学学报自然科学版	1544	10	0.07	0.870	16	-0.14	40.90	10	5.47	0.92	0.53
L007	新疆石油地质	1623	9	0.13	0.809	18	-0.20	40.50	11	3.84	0.82	0.81
E163	岩性油气藏	1241	20	-0.14	1.130	12	0.12	32.10	20	2.82	0.66	0.79
L027	油气储运	1416	13	-0.02	0.672	23	-0.33	19.60	35	5.16	0.66	0.47
L504	油气地质与采收率	1752	8	0.22	2.341	5	1.32	45.40	7	4.00	0.79	0.79
L033	油田化学	1174	21	-0.18	0.884	15	-0.12	25.40	26	3.26	0.71	0.67
L013	中国海上油气	1257	19	-0.13	0.700	21	-0.31	34.10	16	4.50	0.89	0.53
L026	中国海洋平台	245	36	-0.83	0.118	38	-0.88	22.40	29	1.92	0.21	0.29
L001	中国石油大学学报自然科学版	2180	6	0.52	1.057	13	0.05	52.30	5	9.42	0.95	0.50
L532	中国石油勘探	948	25	-0.34	2.654	2	1.63	45.10	8	2.82	0.66	0.66
L018	钻井液与完井液	1072	23	-0.25	0.797	19	-0.21	18.10	36	2.26	0.68	0.73
	38种期刊平均值	1438			1.008							

核科学技术

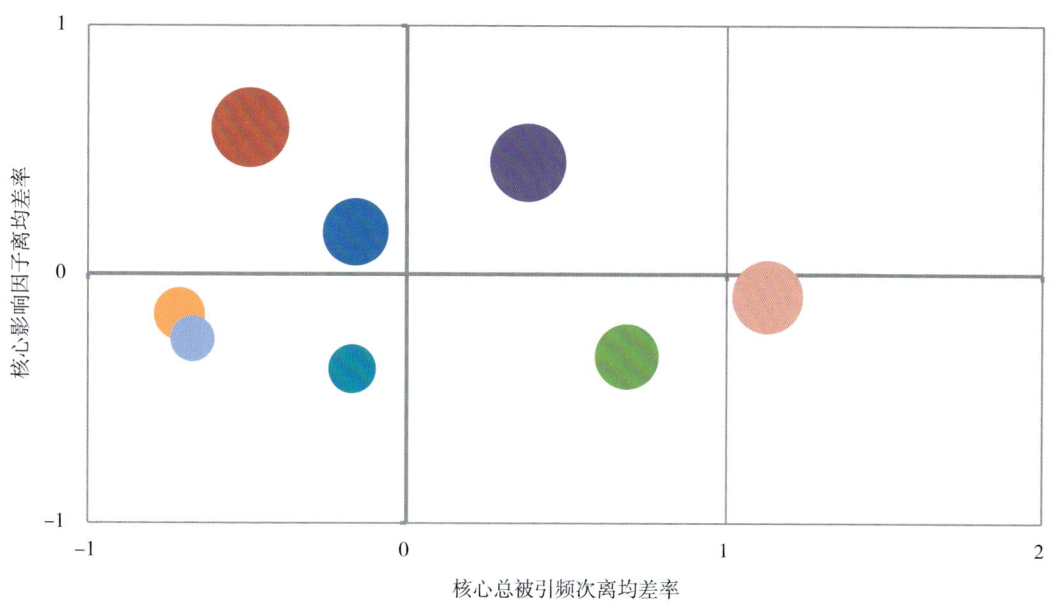

2016年核科学技术类期刊核心总被引频次和核心影响因子离均差率的分布图（节点大小表示综合评价总分）

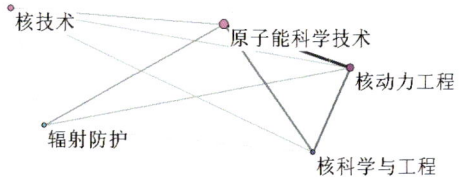

2016年核科学技术类期刊互引关系示意图

表 7-89 2016 年核科学技术类期刊主要指标

CODE	刊名	核心总被引频次			核心影响因子			综合评价总分		学科扩散指标	学科影响指标	红点指标
		数值	排名	离均差率	数值	排名	离均差率	数值	排名			
Q006	辐射防护	326	4	-0.16	0.266	3	0.17	49.1	4	11.38	0.88	0.23
Q005	辐射研究与辐射工艺学报	197	6	-0.49	0.361	1	0.59	68.9	1	11.88	0.63	0.15
Q004	核动力工程	660	2	0.69	0.151	7	-0.33	45.7	5	23.25	0.75	0.40
Q001	核技术	539	3	0.38	0.330	2	0.45	66.2	2	27.63	1.00	0.36
Q009	核科学与工程	322	5	-0.17	0.140	8	-0.38	25.8	7	11.25	0.88	0.43
Q003	同位素	115	8	-0.71	0.190	5	-0.16	29.6	6	8.38	0.38	0.26
C108	原子核物理评论	127	7	-0.67	0.169	6	-0.26	22.3	8	5.88	0.75	0.10
Q008	原子能科学技术	832	1	1.13	0.206	4	-0.09	58.2	3	30.25	1.00	0.32
	8 种期刊平均值	390			0.227							

电子技术

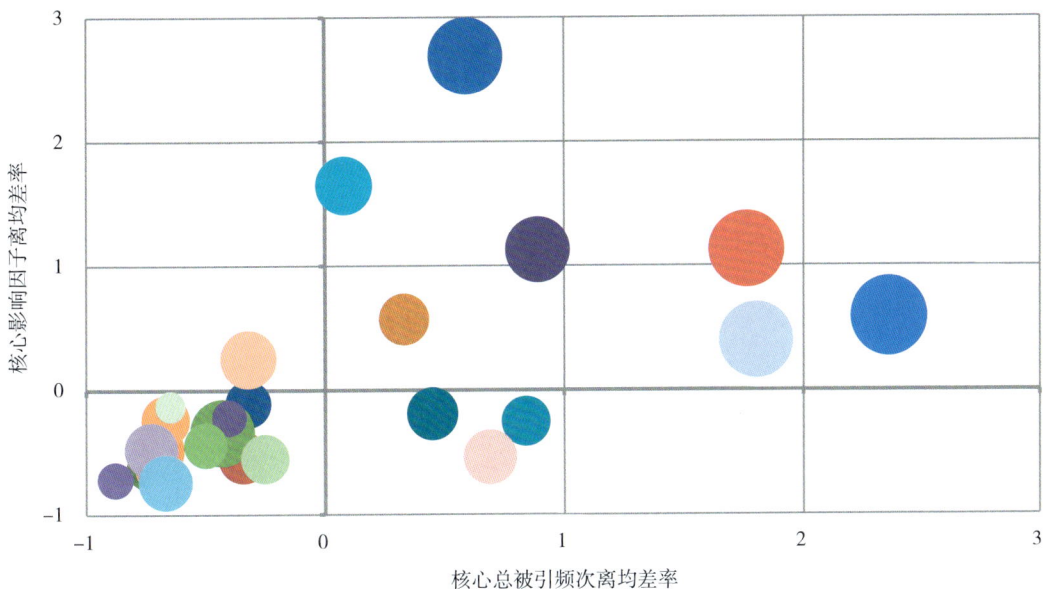

2016年电子技术类期刊核心总被引频次和核心影响因子离均差率的分布图
（节点大小表示综合评价总分）

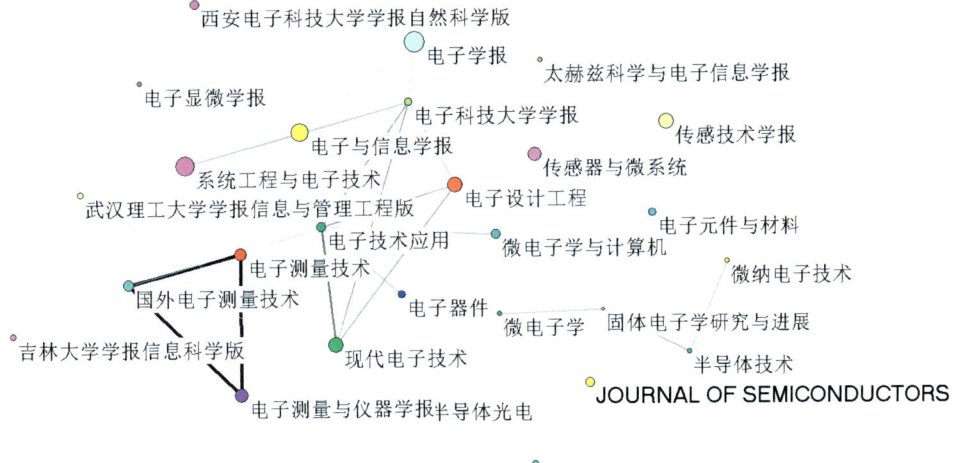

2016年电子技术类期刊互引关系示意图

表 7-90 2016 年电子技术类期刊主要指标

CODE	刊名	核心总被引频次			核心影响因子			综合评价总分		学科扩散指标	学科影响指标	红点指标
		数值	排名	离均差率	数值	排名	离均差率	数值	排名			
R062	JOURNAL OF SEMICONDUCTORS	869	12	-0.32	0.516	9	-0.20	25	20	5.04	0.74	0.33
R024	半导体光电	387	21	-0.70	0.193	25	-0.70	25.2	19	5.07	0.59	0.41
R063	半导体技术	334	25	-0.74	0.222	23	-0.65	23.1	21	4.96	0.70	0.46
N060	传感技术学报	2418	4	0.89	1.237	4	0.93	48.8	6	13.56	0.78	0.63
R532	传感器与微系统	1858	8	0.45	0.470	11	-0.27	31.3	13	14.30	0.70	0.53
R055	电子测量技术	1695	9	0.33	0.911	6	0.42	29.8	15	8.96	0.74	0.53
R021	电子测量与仪器学报	2038	7	0.59	2.141	1	2.34	66.4	2	10.19	0.78	0.46
R067	电子技术应用	845	14	-0.34	0.265	21	-0.59	30.1	14	8.19	0.74	0.56
R036	电子科技大学学报	734	16	-0.43	0.381	15	-0.41	50.1	5	11.19	0.67	0.40
R512	电子器件	773	15	-0.40	0.456	12	-0.29	14.6	25	6.37	0.78	0.53
R724	电子设计工程	2353	5	0.84	0.436	14	-0.32	27.8	17	12.67	0.78	0.62
R001	电子显微学报	377	22	-0.71	0.303	17	-0.53	37.9	8	8.19	0.04	0.18
R006	电子学报	4302	1	2.36	0.923	5	0.44	71.4	1	17.89	0.89	0.39
R022	电子与信息学报	3524	3	1.76	1.239	3	0.93	66	3	13.48	0.85	0.48
R020	电子元件与材料	643	17	-0.50	0.324	16	-0.49	22.9	22	6.44	0.56	0.59
R047	固体电子学研究与进展	157	27	-0.88	0.161	26	-0.75	14.9	24	1.96	0.56	0.45
R683	国外电子测量技术	1378	10	0.08	1.538	2	1.40	38.2	7	5.48	0.63	0.52
R586	吉林大学学报信息科学版	416	20	-0.67	0.442	13	-0.31	27.9	16	6.37	0.48	0.46
R652	太赫兹科学与电子信息学报	306	26	-0.76	0.282	19	-0.56	13.8	26	4.33	0.48	0.39
R064	微电子学	352	23	-0.72	0.211	24	-0.67	15.3	23	3.52	0.70	0.48
R004	微电子学与计算机	956	11	-0.25	0.263	22	-0.59	27.4	18	9.19	0.78	0.50
R098	微纳电子技术	341	24	-0.73	0.301	18	-0.53	33.4	12	5.22	0.63	0.44
J018	武汉理工大学学报信息与管理工程版	417	19	-0.67	0.153	27	-0.76	34.8	10	8.96	0.30	0.34
R009	西安电子科技大学学报自然科学版	868	13	-0.32	0.728	8	0.14	37.7	9	8.04	0.70	0.47
R059	系统工程与电子技术	3584	2	1.80	0.815	7	0.27	64.8	4	17.81	0.78	0.34
R748	现代电子技术	2164	6	0.69	0.269	20	-0.58	33.6	11	14.33	0.89	0.57
R081	照明工程学报	454	18	-0.65	0.506	10	-0.21	10.9	27	3.59	0.33	0.45
	27 种期刊平均值	1279			0.581							

光电子学与激光技术

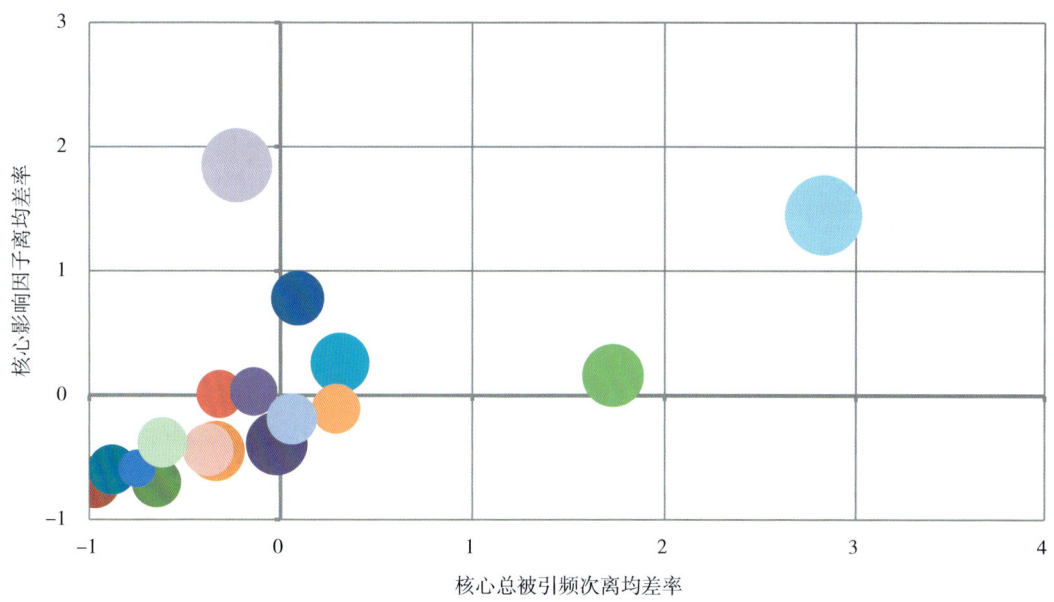

2016年光电子学与激光技术类期刊核心总被引频次和核心影响因子离均差率的分布图
（节点大小表示综合评价总分）

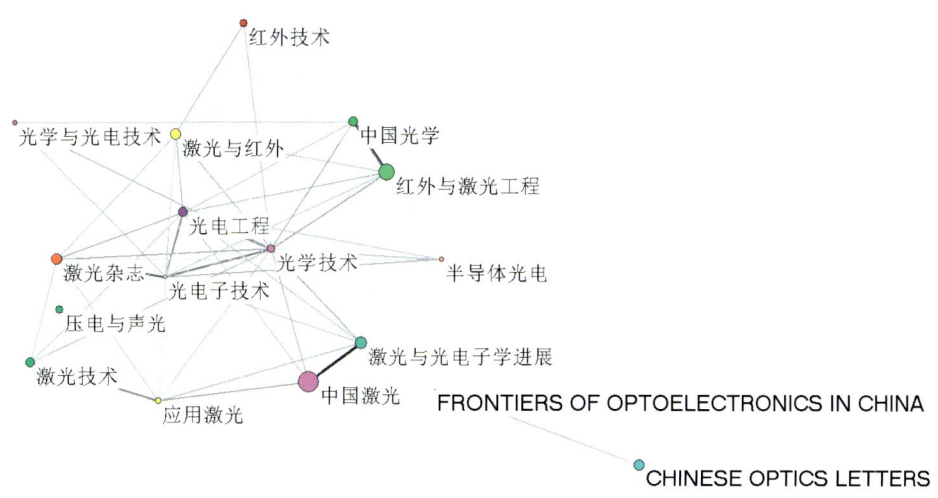

2016年光电子学与激光技术类期刊互引关系示意图

表 7-91 2016 年光电子学与激光技术类期刊主要指标

CODE	刊名	核心总被引频次			核心影响因子			综合评价总分		学科扩散指标	学科影响指标	红点指标
		数值	排名	离均差率	数值	排名	离均差率	数值	排名			
I071	CHINESE OPTICS LETTERS	1190	5	0.09	1.137	3	0.78	34.6	7	7.53	0.94	0.00
I132	FRONTIERS OF OPTOELECTRONICS IN CHINA	29	17	-0.97	0.192	17	-0.70	31.5	9	1.35	0.41	0.19
R024	半导体光电	387	14	-0.65	0.193	16	-0.70	29.4	12	8.06	0.82	0.41
R026	光电工程	1073	7	-0.02	0.387	11	-0.39	46.7	4	14.18	0.88	0.41
R082	光电子技术	133	16	-0.88	0.256	15	-0.60	29.4	12	4.47	0.76	0.44
N015	光学技术	724	11	-0.34	0.354	13	-0.45	42.2	6	12.12	0.88	0.58
R097	光学与光电技术	271	15	-0.75	0.262	14	-0.59	16.5	17	5.47	0.76	0.35
R535	红外技术	739	10	-0.32	0.645	7	0.01	27.4	16	9.88	0.82	0.36
R084	红外与激光工程	2982	2	1.73	0.741	5	0.16	46.8	3	17.65	1.00	0.38
R025	激光技术	946	8	-0.14	0.656	6	0.03	27.9	15	9.88	0.82	0.96
R514	激光与光电子学进展	1431	3	0.31	0.807	4	0.26	42.7	5	12.18	0.88	0.96
R521	激光与红外	1409	4	0.29	0.566	8	-0.11	28.8	14	15.47	0.88	0.48
R028	激光杂志	1156	6	0.06	0.519	9	-0.19	30.7	10	20.00	0.88	0.48
R069	压电与声光	682	12	-0.38	0.355	12	-0.44	32.1	8	11.47	0.53	0.29
R033	应用激光	416	13	-0.62	0.394	10	-0.38	29.6	11	6.76	0.71	0.57
C099	中国光学	845	9	-0.23	1.821	1	1.85	63.7	2	8.41	0.88	0.34
R066	中国激光	4185	1	2.83	1.563	2	1.45	74.6	1	18.76	0.94	0.97
	17 种期刊平均值	1094			0.638							

通信技术

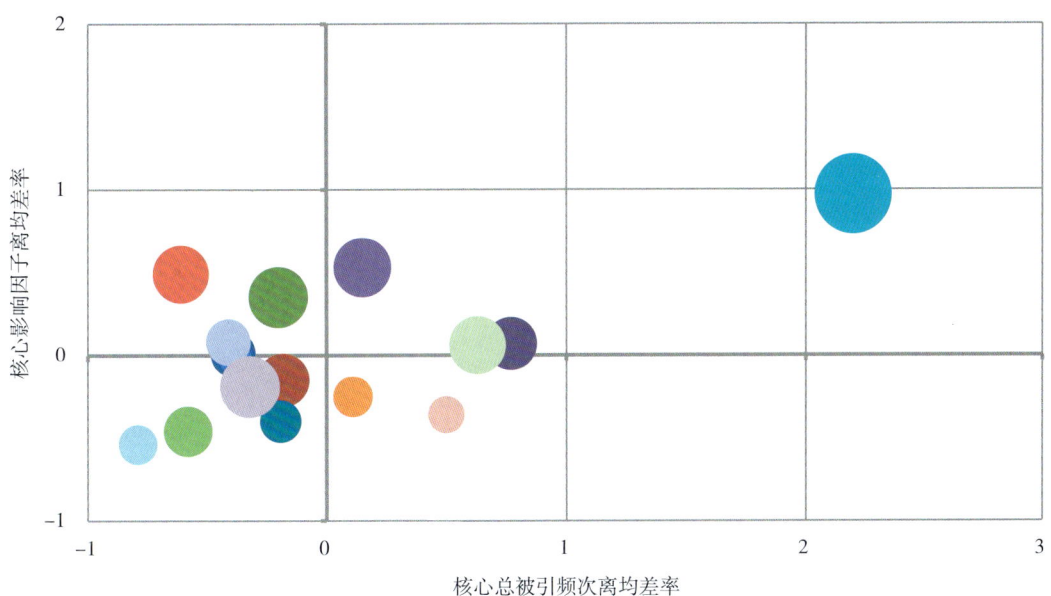

2016年通信技术类期刊核心总被引频次和核心影响因子离均差率的分布图（节点大小表示综合评价总分）

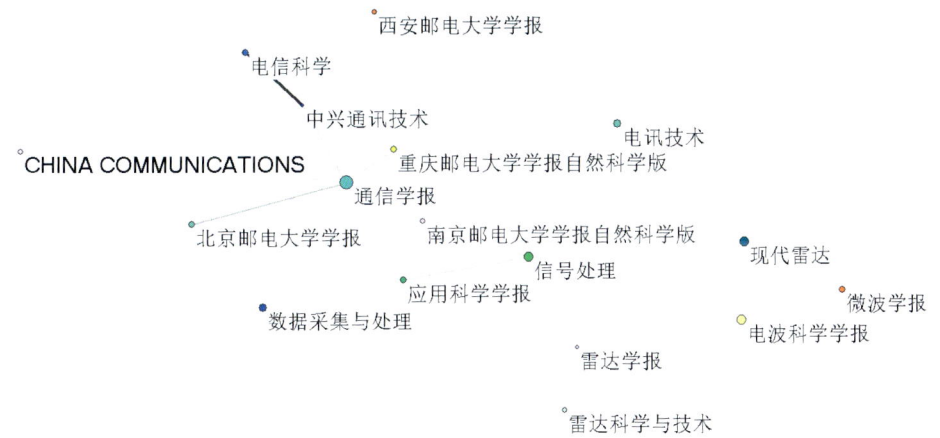

2016年通信技术类期刊互引关系示意图

表7-92 2016年通信技术类期刊主要指标

CODE	刊名	核心总被引频次			核心影响因子			综合评价总分		学科扩散指标	学科影响指标	红点指标
		数值	排名	离均差率	数值	排名	离均差率	数值	排名			
I710	CHINA COMMUNICATIONS	363	13	-0.39	0.484	8	0.01	30.40	10	6.47	0.65	0.39
R018	北京邮电大学学报	482	7	-0.18	0.408	10	-0.15	39.80	7	11.29	0.76	0.38
R559	重庆邮电大学学报自然科学版	474	9	-0.20	0.649	4	0.35	50.70	3	9.18	0.47	0.53
R007	电波科学学报	1045	2	0.77	0.512	6	0.07	38.30	8	11.06	0.88	0.21
R684	电信科学	478	8	-0.19	0.289	15	-0.40	24.80	12	8.35	0.71	0.50
R754	电讯技术	656	6	0.11	0.362	13	-0.25	22.80	13	9.18	0.76	0.37
R096	雷达科学与技术	367	12	-0.38	0.470	9	-0.02	15.40	17	5.24	0.47	0.33
R758	雷达学报	231	16	-0.61	0.713	3	0.49	46.30	5	3.41	0.41	0.45
R008	南京邮电大学学报自然科学版	246	15	-0.58	0.260	16	-0.46	34.80	9	7.18	0.71	0.51
R005	数据采集与处理	677	5	0.15	0.736	2	0.53	48.50	4	11.65	0.71	0.44
R065	通信学报	1889	1	2.20	0.947	1	0.97	88.00	1	16.94	0.88	0.42
R070	微波学报	406	10	-0.31	0.389	11	-0.19	21.50	15	7.18	0.53	0.29
R671	西安邮电大学学报	349	14	-0.41	0.516	5	0.08	29.60	11	6.59	0.53	0.46
R087	现代雷达	889	4	0.50	0.305	14	-0.36	19.20	16	8.41	0.71	0.34
R034	信号处理	964	3	0.63	0.508	7	0.06	46.20	6	12.76	0.88	0.47
A015	应用科学学报	403	11	-0.32	0.388	12	-0.19	52.60	2	16.00	0.35	0.33
R775	中兴通讯技术	127	17	-0.79	0.221	17	-0.54	21.90	14	4.41	0.41	0.42
	17种期刊平均值	591			0.480							

计算机科学技术

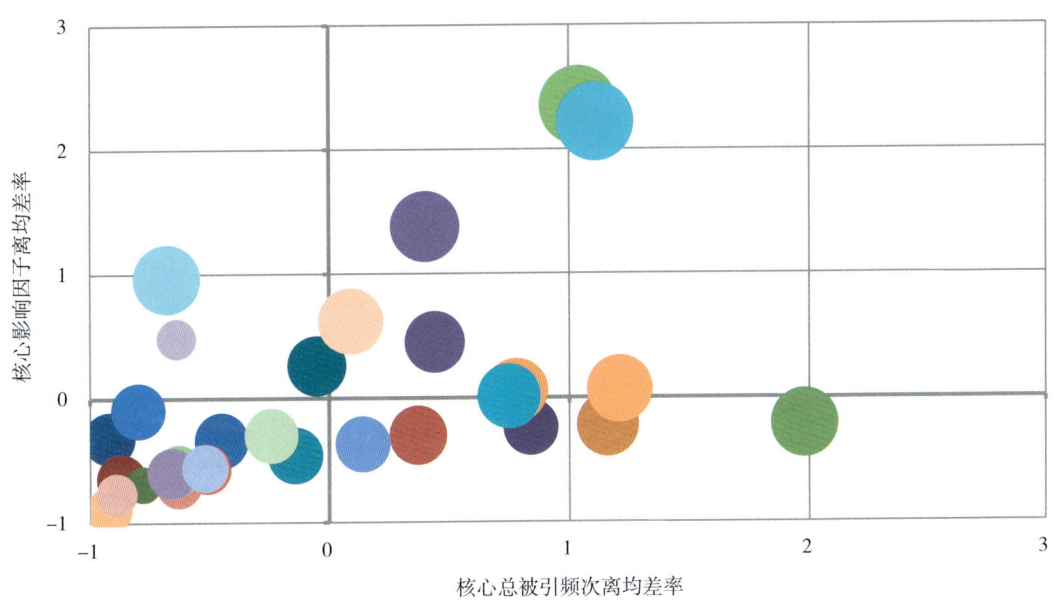

2016年计算机科学技术类期刊核心总被引频次和核心影响因子离均差率的分布图
（节点大小表示综合评价总分）

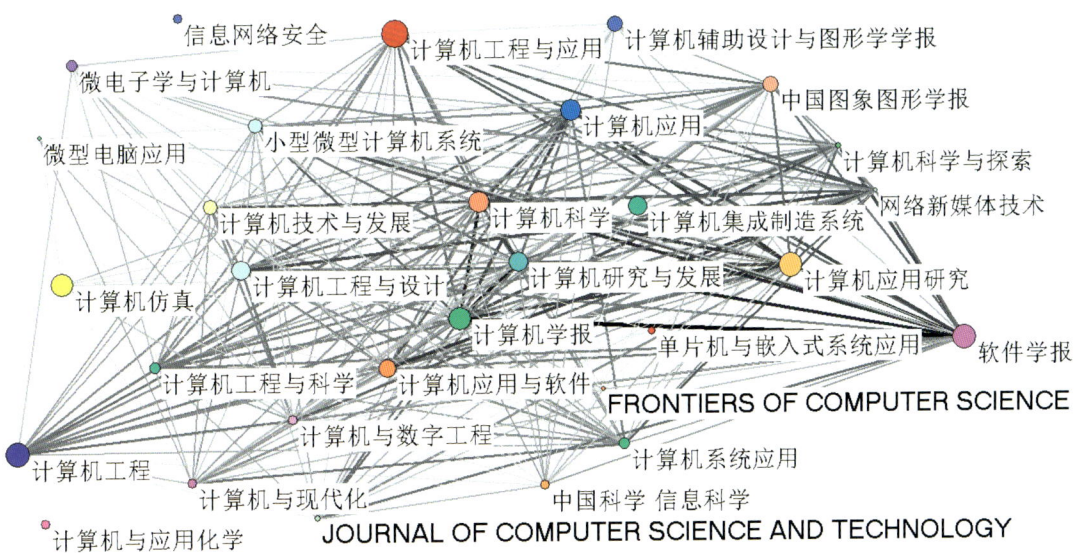

2016年计算机科学技术类期刊互引关系示意图

表 7-93　2016 年计算机科学技术类期刊主要指标

CODE	刊名	核心总被引频次			核心影响因子			综合评价总分		学科扩散指标	学科影响指标	红点指标
		数值	排名	离均差率	数值	排名	离均差率	数值	排名			
I735	FRONTIERS OF COMPUTER SCIENCE	154	29	-0.92	0.404	18	-0.32	36.50	20	2.30	0.73	0.41
S051	JOURNAL OF COMPUTER SCIENCE AND TECHNOLOGY	266	27	-0.87	0.209	26	-0.65	34.10	21	3.23	0.87	0.39
S086	单片机与嵌入式系统应用	426	25	-0.78	0.182	28	-0.69	17.70	30	3.83	0.53	0.43
S049	计算机仿真	3653	6	0.84	0.451	15	-0.24	41.00	15	18.53	0.87	0.49
S013	计算机辅助设计与图形学学报	1883	14	-0.05	0.746	8	0.26	47.60	12	10.97	0.93	0.43
S012	计算机工程	4269	3	1.16	0.461	14	-0.22	52.90	10	18.30	0.93	0.65
S034	计算机工程与科学	1089	17	-0.45	0.395	19	-0.34	41.00	15	10.33	0.87	0.59
S022	计算机工程与设计	2712	11	0.37	0.415	17	-0.30	45.70	13	16.20	0.90	0.69
S025	计算机工程与应用	5903	1	1.98	0.470	13	-0.21	62.90	4	23.83	0.90	0.60
S030	计算机集成制造系统	2844	9	0.44	0.862	7	0.45	50.40	11	11.50	0.80	0.50
S520	计算机技术与发展	1704	15	-0.14	0.318	21	-0.46	41.80	14	13.53	0.83	0.65
S006	计算机科学	3532	7	0.78	0.630	10	0.06	53.80	9	16.10	0.97	0.58
S085	计算机科学与探索	395	26	-0.80	0.534	12	-0.10	40.70	18	4.53	0.90	0.54
S509	计算机系统应用	976	18	-0.51	0.258	23	-0.57	32.10	24	8.97	0.83	0.62
S018	计算机学报	4040	5	1.04	1.990	1	2.35	83.40	1	15.13	1.00	0.76
S021	计算机研究与发展	2768	10	0.40	1.415	3	1.38	66.30	3	13.67	0.93	0.63
S029	计算机应用	3462	8	0.75	0.598	11	0.01	54.40	8	16.47	0.90	0.68
S016	计算机应用研究	4366	2	1.21	0.635	9	0.07	59.60	6	19.53	0.97	0.65
S009	计算机应用与软件	2265	12	0.14	0.376	20	-0.37	40.90	17	13.87	0.90	0.62
S048	计算机与数字工程	738	20	-0.63	0.187	27	-0.69	29.70	26	8.13	0.73	0.59
S500	计算机与现代化	738	20	-0.63	0.254	24	-0.57	32.30	23	7.83	0.87	0.64
S014	计算机与应用化学	680	23	-0.66	0.236	25	-0.60	33.80	22	9.27	0.47	0.38
S011	软件学报	4177	4	1.11	1.911	2	2.22	82.50	2	14.50	1.00	0.53
S017	网络新媒体技术	154	29	-0.92	0.063	30	-0.89	28.20	27	2.67	0.53	0.53
R004	微电子学与计算机	956	19	-0.52	0.263	22	-0.56	30.10	25	8.27	0.77	0.50
S033	微型电脑应用	226	28	-0.89	0.135	29	-0.77	22.80	28	3.80	0.50	0.46
S027	小型微型计算机系统	1506	16	-0.24	0.418	16	-0.30	39.60	19	9.13	0.87	0.68
S046	信息网络安全	708	22	-0.64	0.877	6	0.48	21.80	29	3.33	0.67	0.60
Z317	中国科学 信息科学	643	24	-0.68	1.166	4	0.96	62.50	5	8.50	0.77	0.24
R083	中国图象图形学报	2163	13	0.09	0.962	5	0.62	57.60	7	13.27	0.80	0.70
	30 种期刊平均值	1980			0.594							

化学工程综合

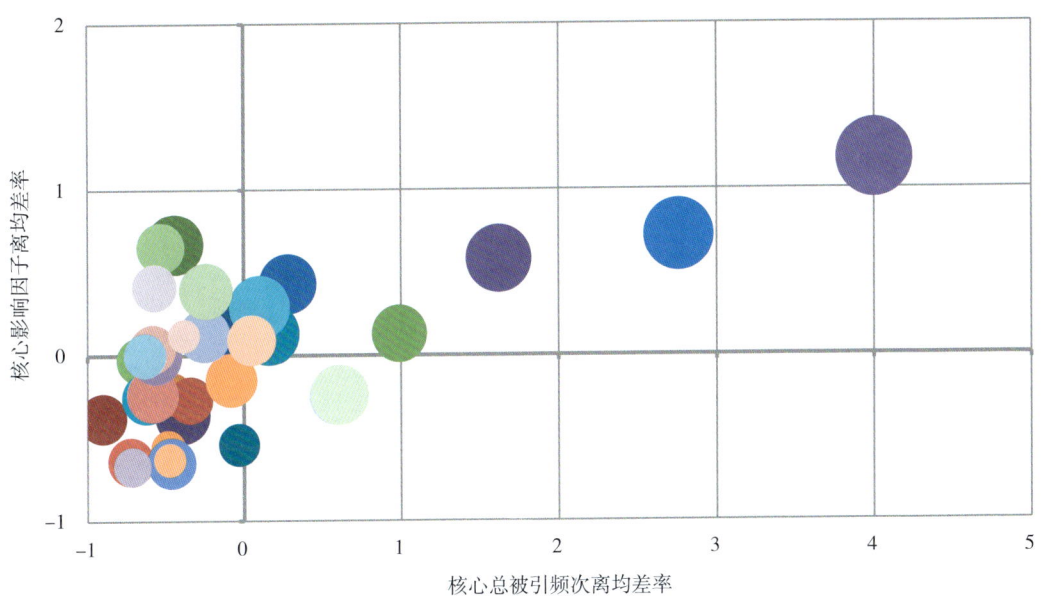

2016年化学工程综合类期刊核心总被引频次和核心影响因子离均差率的分布图
（节点大小表示综合评价总分）

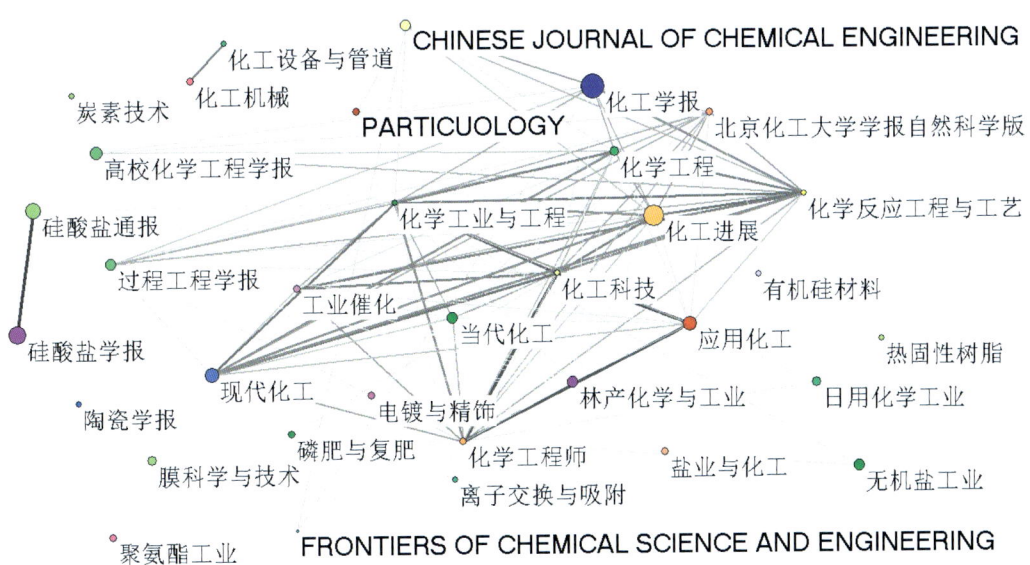

2016年化学工程综合类期刊互引关系示意图

表 7-94 2016 年化学工程综合类期刊主要指标

CODE	刊名	核心总被引频次			核心影响因子			综合评价总分		学科扩散指标	学科影响指标	红点指标
		数值	排名	离均差率	数值	排名	离均差率	数值	排名			
T100	CHINESE JOURNAL OF CHEMICAL ENGINEERING	856	12	-0.05	0.470	10	0.14	43.10	9	8.00	0.79	0.18
I248	FRONTIERS OF CHEMICAL SCIENCE AND ENGINEERING	88	34	-0.90	0.257	28	-0.38	32.80	20	1.53	0.32	0.40
I202	PARTICUOLOGY	499	19	-0.44	0.690	3	0.67	47.10	7	5.56	0.41	0.09
T020	北京化工大学学报自然科学版	546	18	-0.39	0.263	27	-0.36	42.80	10	8.12	0.71	0.41
T941	当代化工	869	11	-0.03	0.189	29	-0.54	23.50	30	7.59	0.65	0.43
T508	电镀与精饰	485	20	-0.46	0.317	21	-0.23	24.30	29	2.59	0.32	0.39
T016	高校化学工程学报	1154	7	0.28	0.592	6	0.43	46.20	8	8.76	0.88	0.59
T563	工业催化	593	16	-0.34	0.304	26	-0.27	28.80	25	3.91	0.62	0.91
T004	硅酸盐通报	1793	4	0.99	0.468	11	0.13	42.50	11	9.88	0.71	0.59
T005	硅酸盐学报	2357	3	1.62	0.656	5	0.58	60.20	3	11.18	0.65	0.50
T008	过程工程学报	1047	8	0.16	0.467	12	0.13	52.00	4	9.29	0.82	0.63
T006	化工机械	471	23	-0.48	0.184	30	-0.56	17.30	32	4.21	0.53	0.31
T101	化工进展	3378	2	2.76	0.712	2	0.72	68.50	2	15.53	0.97	0.75
T532	化工科技	250	33	-0.72	0.149	32	-0.64	30.50	24	3.74	0.50	0.49
T146	化工设备与管道	299	31	-0.67	0.402	19	-0.03	28.20	27	2.29	0.18	0.42
T007	化工学报	4494	1	4.00	0.904	1	1.18	82.40	1	16.82	0.94	0.82
T009	化学反应工程与工艺	340	29	-0.62	0.305	25	-0.26	34.20	18	3.74	0.65	0.58
T025	化学工程	824	13	-0.08	0.351	20	-0.15	37.30	17	7.00	0.88	0.58
T567	化学工程师	483	21	-0.46	0.144	33	-0.65	33.40	19	6.79	0.59	0.53
T076	化学工业与工程	374	27	-0.58	0.313	23	-0.24	37.60	15	4.82	0.65	0.54
T512	聚氨酯工业	420	24	-0.53	0.683	4	0.65	32.50	22	2.68	0.41	0.63
T010	离子交换与吸附	396	25	-0.56	0.411	18	-0.01	38.60	14	4.62	0.50	0.71
T017	林产化学与工业	985	9	0.10	0.534	9	0.29	51.60	5	7.91	0.53	0.26
T231	磷肥与复肥	472	22	-0.47	0.154	31	-0.63	14.40	33	3.74	0.38	0.39
T077	膜科学与技术	674	15	-0.25	0.465	13	0.12	37.60	15	4.32	0.71	0.44
T105	热固性树脂	374	27	-0.58	0.430	16	0.04	31.00	23	3.15	0.44	0.68
T070	日用化学工业	682	14	-0.24	0.575	8	0.39	40.30	13	5.65	0.53	0.43
T015	炭素技术	258	32	-0.71	0.136	34	-0.67	19.90	31	2.91	0.38	0.57
V531	陶瓷学报	334	30	-0.63	0.415	17	0.00	25.80	28	2.97	0.26	0.39
T072	无机盐工业	943	10	0.05	0.450	15	0.09	32.80	20	6.35	0.68	0.60
T063	现代化工	1430	6	0.59	0.311	24	-0.25	41.70	12	10.68	0.79	0.56
T054	盐业与化工	556	17	-0.38	0.462	14	0.12	14.30	34	3.12	0.50	0.34
T949	应用化工	1447	5	0.61	0.315	22	-0.24	47.50	6	11.68	0.82	0.60
T916	有机硅材料	383	26	-0.57	0.582	7	0.41	28.30	26	2.59	0.50	0.57
	34 种期刊平均值	899			0.414							

高聚物工程

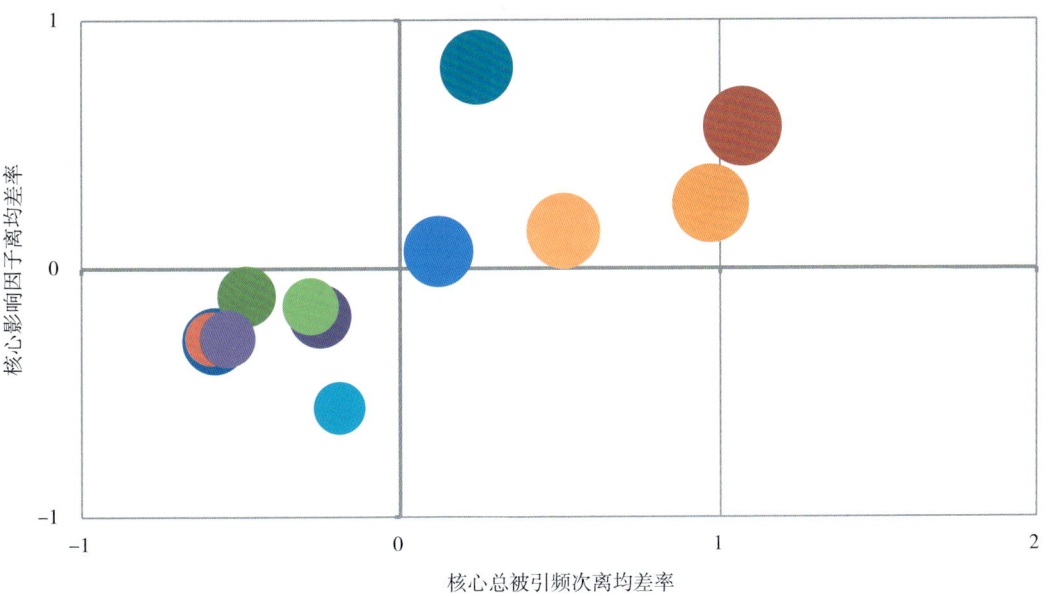

2016年高聚物工程类期刊核心总被引频次和核心影响因子离均差率的分布图
（节点大小表示综合评价总分）

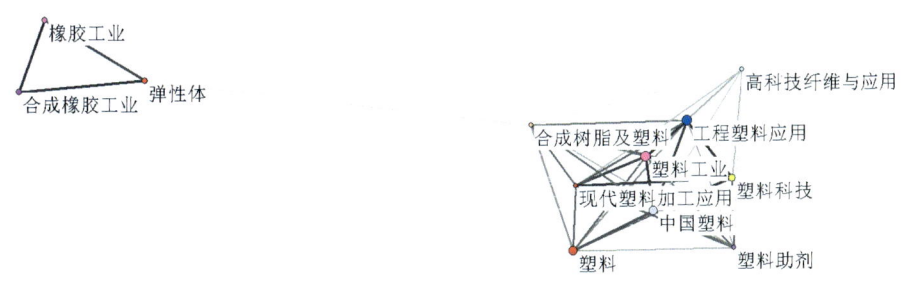

2016年高聚物工程类期刊互引关系示意图

表 7-95 2016 年高聚物工程类期刊主要指标

CODE	刊名	核心总被引频次			核心影响因子			综合评价总分		学科扩散指标	学科影响指标	红点指标
		数值	排名	离均差率	数值	排名		数值	排名			
T078	高科技纤维与应用	280	11	-0.58	0.302	11	-0.29	47.7	6	8.17	0.50	0.59
T003	工程塑料应用	1382	1	1.07	0.670	2	0.57	67.5	1	14.83	1.00	0.73
T505	合成树脂及塑料	346	9	-0.48	0.379	6	-0.11	38.4	8	7.33	1.00	0.60
T018	合成橡胶工业	505	7	-0.25	0.345	8	-0.19	42.8	7	8.50	0.92	0.79
T106	塑料	830	4	0.24	0.772	1	0.81	59.3	4	11.92	0.92	0.65
T014	塑料工业	1316	2	0.97	0.537	3	0.26	64.8	2	16.75	0.92	0.60
T536	塑料科技	747	5	0.12	0.459	5	0.07	53.8	5	13.00	0.92	0.67
T079	塑料助剂	274	12	-0.59	0.307	10	-0.28	30.8	11	7.67	0.92	0.48
T500	弹性体	483	8	-0.28	0.363	7	-0.15	34.3	10	9.25	0.92	0.62
T929	现代塑料加工应用	309	10	-0.54	0.309	9	-0.28	35	9	7.00	0.92	0.75
T064	橡胶工业	545	6	-0.19	0.188	12	-0.56	29.5	12	12.00	0.83	0.49
T022	中国塑料	1013	3	0.51	0.492	4	0.15	60.4	3	13.17	1.00	0.70
	12 种期刊平均值	669			0.427							

精细化学工程

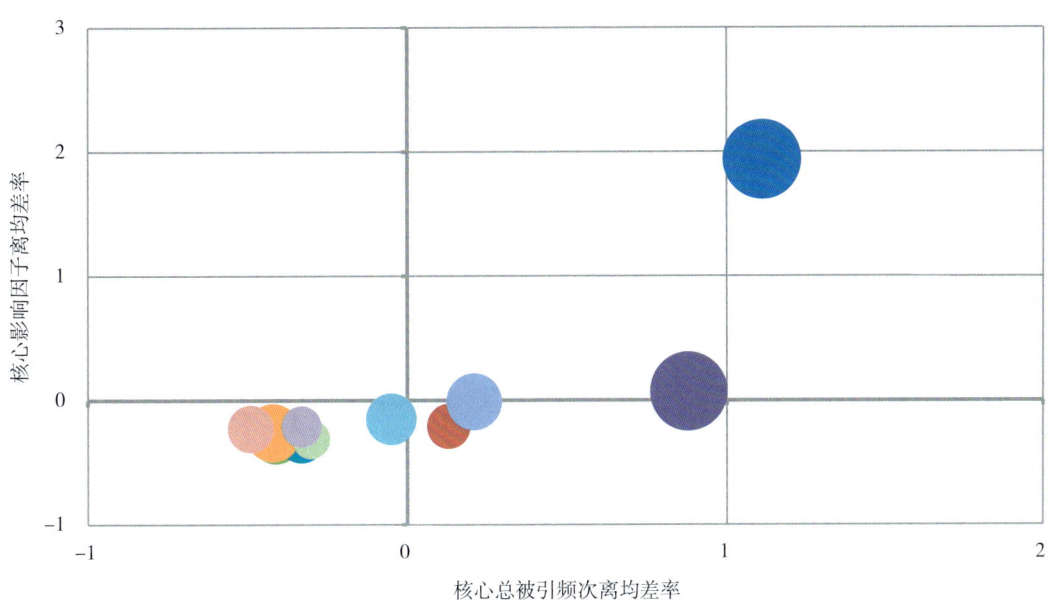

2016年精细化学工程类期刊核心总被引频次和核心影响因子离均差率的分布图
（节点大小表示综合评价总分）

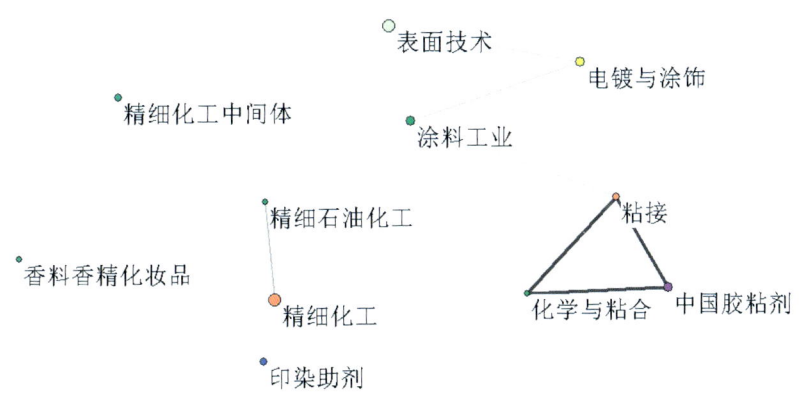

2016年精细化学工程类期刊互引关系示意图

表 7-96 2016 年精细化学工程类期刊主要指标

CODE	刊名	核心总被引频次			核心影响因子			综合评价总分		学科扩散指标	学科影响指标	红点指标
		数值	排名	离均差率	数值	排名	离均差率	数值	排名			
T098	表面技术	1350	1	1.11	1.116	1	1.94	69.10	1	16.91	0.55	0.56
T598	电镀与涂饰	722	4	0.13	0.300	5	-0.21	21.90	9	11.91	0.82	0.60
T931	化学与粘合	377	9	-0.41	0.263	9	-0.31	27.00	6	12.09	0.64	0.59
T102	精细化工	1203	2	0.88	0.407	2	0.07	68.30	2	27.18	1.00	0.67
T955	精细化工中间体	428	7	-0.33	0.260	10	-0.31	24.90	7	14.18	0.45	0.23
T542	精细石油化工	372	10	-0.42	0.281	8	-0.26	36.00	3	12.27	0.64	0.39
T103	涂料工业	773	3	0.21	0.374	3	-0.01	35.40	4	15.27	0.91	0.44
T073	香料香精化妆品	329	11	-0.49	0.292	7	-0.23	24.20	8	10.91	0.27	0.28
T104	印染助剂	446	6	-0.30	0.260	10	-0.31	16.40	11	10.18	0.64	0.41
T569	粘接	427	8	-0.33	0.299	6	-0.21	18.30	10	10.36	0.73	0.51
T075	中国胶粘剂	607	5	-0.05	0.321	4	-0.15	29.00	5	13.45	0.73	0.65
	11 种期刊平均值	639			0.379							

应用化学工程

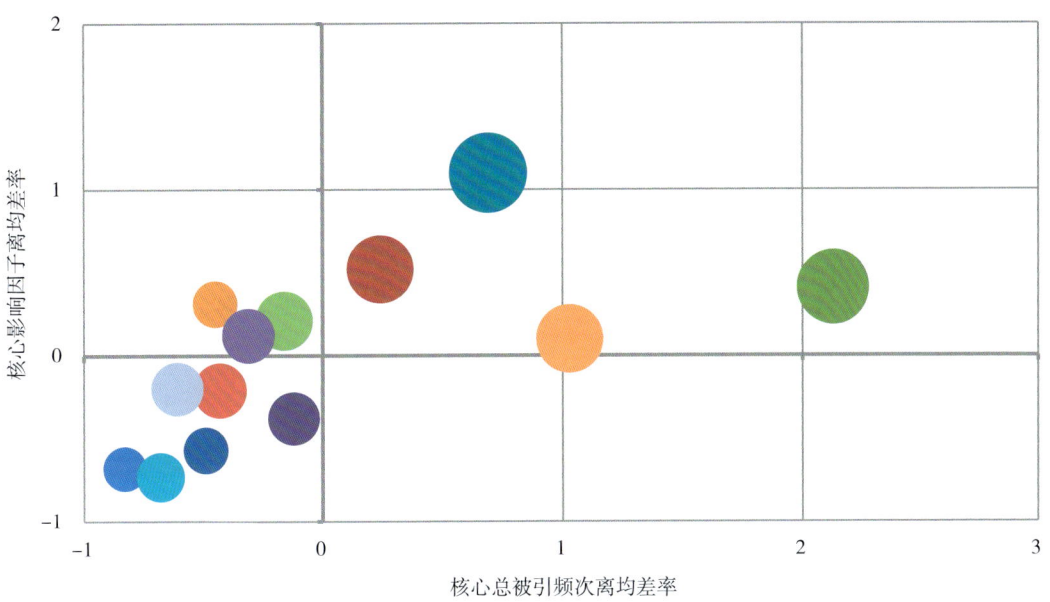

2016年应用化学工程类期刊核心总被引频次和核心影响因子离均差率的分布图
（节点大小表示综合评价总分）

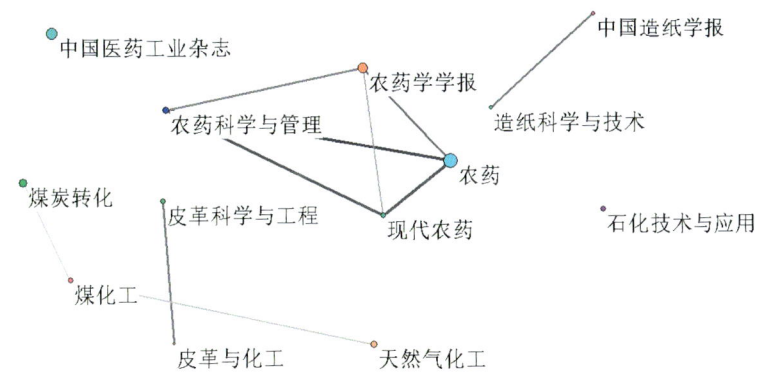

2016年应用化学工程类期刊互引关系示意图

表 7-97 2016年应用化学工程类期刊主要指标

CODE	刊名	核心总被引频次			核心影响因子			综合评价总分		学科扩散指标	学科影响指标	红点指标
		数值	排名	离均差率	数值	排名	离均差率	数值	排名			
T060	煤化工	291	10	-0.49	0.161	11	-0.57	28.00	11	6.46	0.38	0.15
D027	煤炭转化	706	4	0.24	0.571	2	0.52	60.20	4	11.23	0.31	0.25
T034	农药	1787	1	2.13	0.532	3	0.41	73.10	2	21.08	0.54	0.68
T924	农药科学与管理	502	5	-0.12	0.235	10	-0.38	36.30	9	11.31	0.31	0.64
H404	农药学学报	963	3	0.69	0.790	1	1.10	83.00	1	16.00	0.31	0.71
U602	皮革科学与工程	313	9	-0.45	0.491	4	0.31	27.90	12	5.92	0.15	0.22
U604	皮革与化工	95	13	-0.83	0.119	12	-0.68	25.60	13	3.77	0.23	0.39
T933	石化技术与应用	323	8	-0.43	0.298	9	-0.21	39.70	6	8.62	0.31	0.61
T074	天然气化工	481	6	-0.16	0.454	5	0.21	44.80	5	8.54	0.38	0.69
H417	现代农药	395	7	-0.31	0.420	6	0.12	38.60	7	9.00	0.31	0.84
U643	造纸科学与技术	182	12	-0.68	0.102	13	-0.73	31.50	10	6.31	0.38	0.10
T019	中国医药工业杂志	1159	2	1.03	0.412	7	0.10	60.30	3	20.31	0.15	0.67
U033	中国造纸学报	224	11	-0.61	0.301	8	-0.20	37.50	8	6.23	0.31	0.02
	13种期刊平均值	571			0.376							

仪器仪表技术

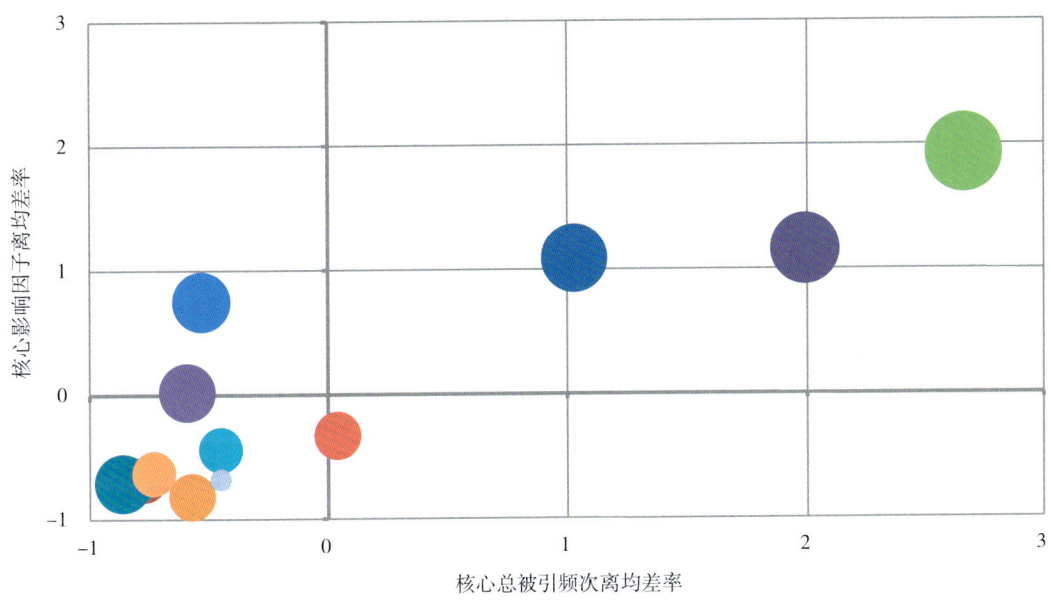

2016年仪器仪表技术类期刊核心总被引频次和核心影响因子离均差率的分布图
（节点大小表示综合评价总分）

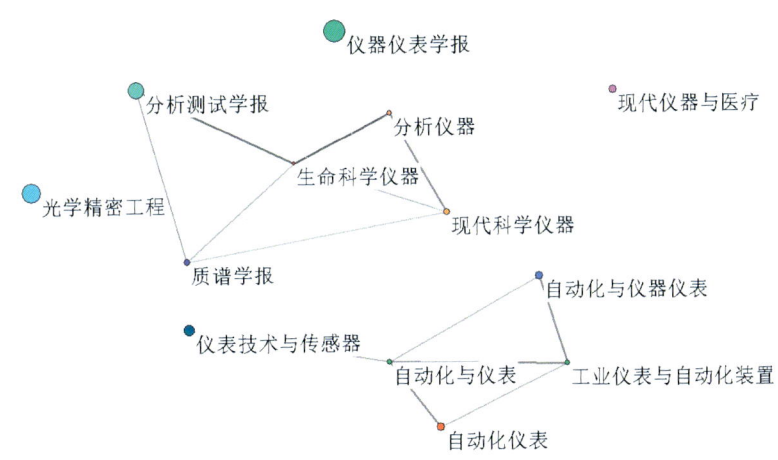

2016年仪器仪表技术类期刊互引关系示意图

表 7-98　2016 年仪器仪表技术类期刊主要指标

CODE	刊名	核心总被引频次			核心影响因子			综合评价总分		学科扩散指标	学科影响指标	红点指标
		数值	排名	离均差率	数值	排名	离均差率	数值	排名			
D022	分析测试学报	2773	3	1.03	1.382	3	1.09	63.00	3	29.85	0.31	0.71
D062	分析仪器	319	11	-0.77	0.212	10	-0.68	28.90	9	12.77	0.69	0.33
N037	工业仪表与自动化装置	301	12	-0.78	0.217	9	-0.67	24.90	12	9.69	0.54	0.55
N033	光学精密工程	4075	2	1.99	1.430	2	1.16	68.90	2	30.69	0.69	0.24
N759	生命科学仪器	190	13	-0.86	0.190	12	-0.71	47.10	5	9.92	0.38	0.21
N100	现代科学仪器	581	8	-0.57	0.122	13	-0.82	30.80	8	19.46	0.69	0.37
N115	现代仪器与医疗	640	7	-0.53	1.154	4	0.75	48.60	4	15.69	0.38	0.35
N074	仪表技术与传感器	1417	4	0.04	0.441	6	-0.33	31.30	7	19.92	0.54	0.58
N066	仪器仪表学报	4993	1	2.66	1.937	1	1.93	85.80	1	43.31	0.77	0.31
C034	质谱学报	564	9	-0.59	0.677	5	0.02	45.90	6	14.08	0.38	0.26
N013	自动化仪表	755	5	-0.45	0.372	7	-0.44	27.70	10	17.00	0.54	0.85
S501	自动化与仪表	366	10	-0.73	0.245	8	-0.63	27.50	11	9.54	0.69	0.64
R611	自动化与仪器仪表	747	6	-0.45	0.209	11	-0.68	6.60	13	12.38	0.46	0.51
	13 种期刊平均值	1363			0.661							

兵器科学与技术

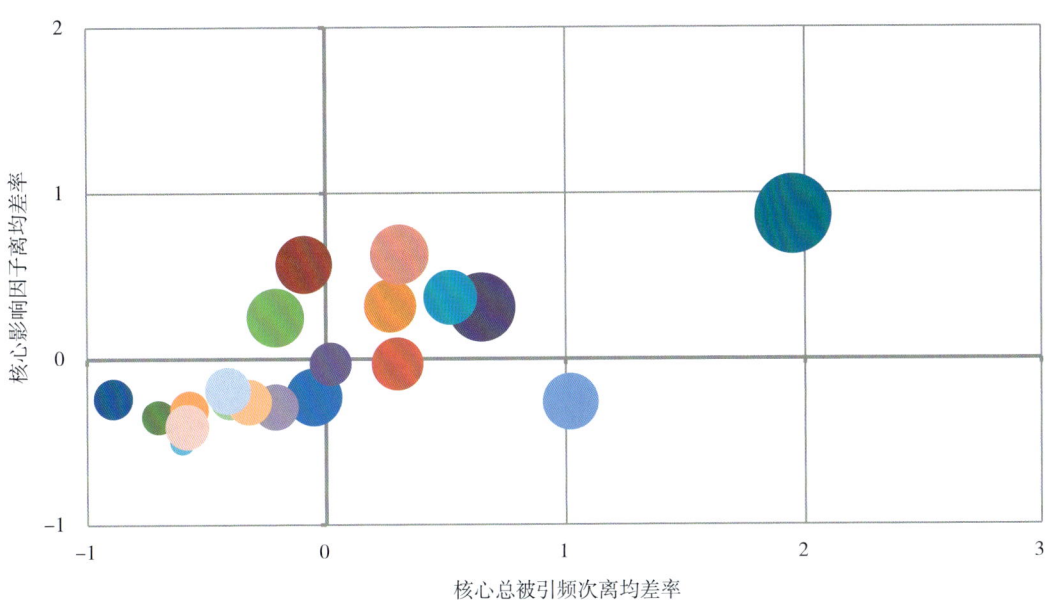

2016年兵器科学与技术类期刊核心总被引频次和核心影响因子离均差率的分布图
（节点大小表示综合评价总分）

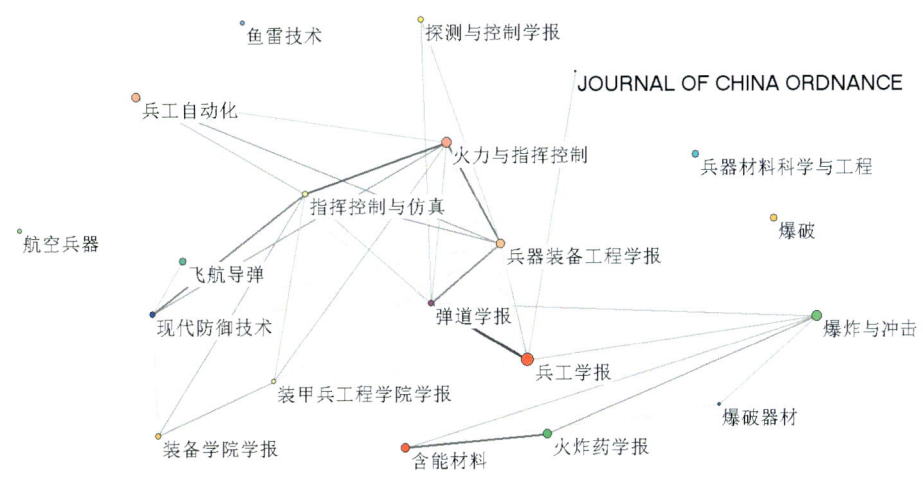

2016年兵器科学与技术类期刊互引关系示意图

表 7-99　2016 年兵器科学与技术类期刊主要指标

CODE	刊名	核心总被引频次			核心影响因子			综合评价总分		学科扩散指标	学科影响指标	红点指标
		数值	排名	离均差率	数值	排名	离均差率	数值	排名			
I226	JOURNAL OF CHINA ORDNANCE	73	20	-0.89	0.305	12	-0.52	23.7	17	1.95	0.40	0.00
N017	爆破	617	10	-0.09	0.631	3	-0.02	47.9	5	5.20	0.40	0.55
N012	爆破器材	206	19	-0.70	0.260	18	-0.59	16.7	19	2.60	0.50	0.46
N006	爆炸与冲击	1123	3	0.65	0.524	6	-0.18	67.5	2	10.40	0.75	0.99
N008	兵工学报	2009	1	1.95	0.748	1	0.17	90.6	1	17.90	1.00	0.86
R730	兵工自动化	866	7	0.27	0.530	5	-0.17	40.6	9	10.45	0.70	0.37
N085	兵器材料科学与工程	644	9	-0.05	0.309	11	-0.52	47.8	6	8.70	0.50	0.35
T094	兵器装备工程学报	885	6	0.30	0.388	8	-0.39	39.7	10	9.80	0.85	0.40
N004	弹道学报	537	12	-0.21	0.503	7	-0.22	48.5	4	5.75	0.95	0.57
Y571	飞航导弹	695	8	0.02	0.388	8	-0.39	26.6	15	6.20	0.85	0.48
L586	含能材料	1035	4	0.52	0.551	4	-0.14	42.7	8	5.75	0.70	0.46
Y556	航空兵器	292	16	-0.57	0.277	17	-0.57	22.4	18	4.85	0.65	0.43
N005	火力与指挥控制	1373	2	1.02	0.297	14	-0.54	46.4	7	12.10	0.90	0.39
N007	火炸药学报	892	5	0.31	0.655	2	0.02	50.9	3	4.70	0.75	0.66
N043	探测与控制学报	407	14	-0.40	0.304	13	-0.53	24.7	16	5.50	0.55	0.46
Y561	现代防御技术	539	11	-0.21	0.285	16	-0.56	30.7	12	5.00	0.85	0.53
N907	鱼雷技术	270	18	-0.60	0.202	20	-0.68	9.4	20	3.50	0.55	0.51
N091	指挥控制与仿真	460	13	-0.32	0.296	15	-0.54	30.1	13	5.55	0.60	0.40
A133	装备学院学报	402	15	-0.41	0.326	10	-0.49	31.4	11	5.75	0.75	0.36
N990	装甲兵工程学院学报	288	17	-0.58	0.236	19	-0.63	29.1	14	6.40	0.55	0.40
	20 种期刊平均值	681			0.401							

纺织科学技术

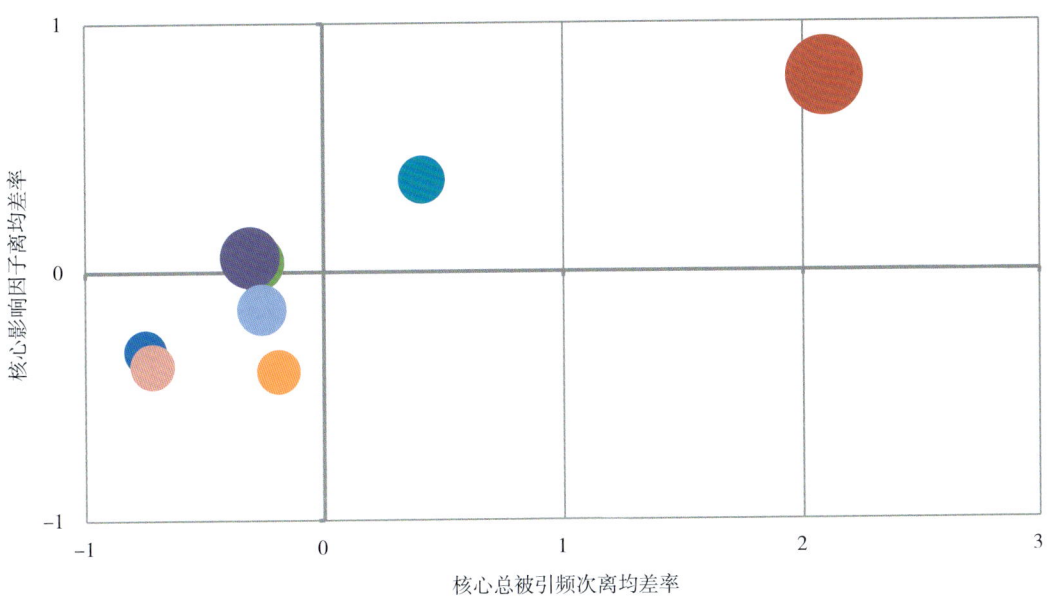

2016年纺织科学技术类期刊核心总被引频次和核心影响因子离均差率的分布图
（节点大小表示综合评价总分）

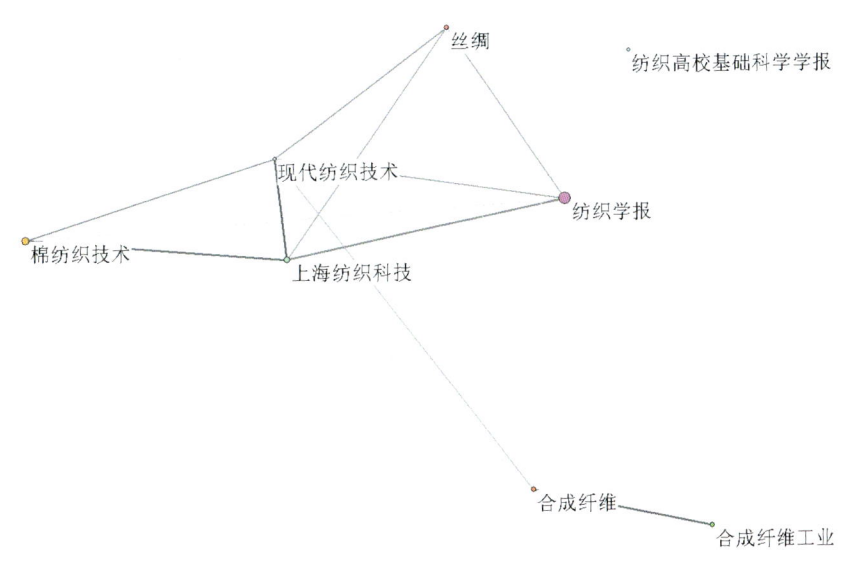

2016年纺织科学技术类期刊互引关系示意图

表 7-100　2016 年纺织科学技术类期刊主要指标

CODE	刊名	核心总被引频次			核心影响因子			综合评价总分		学科扩散指标	学科影响指标	红点指标
		数值	排名	离均差率	数值	排名	离均差率	数值	排名			
U013	纺织高校基础科学学报	126	8	-0.75	0.187	6	-0.32	23.8	8	4.88	0.50	0.05
U053	纺织学报	1554	1	2.09	0.485	1	0.78	78.1	1	25.38	1.00	0.36
T067	合成纤维	364	5	-0.28	0.285	4	0.04	39.3	3	11.50	0.88	0.42
T065	合成纤维工业	349	6	-0.31	0.289	3	0.06	46.6	2	11.75	0.88	0.64
U036	棉纺织技术	708	2	0.41	0.374	2	0.37	28.3	5	6.88	1.00	0.48
U528	上海纺织科技	407	3	-0.19	0.165	8	-0.40	24.9	7	8.88	1.00	0.66
U056	丝绸	371	4	-0.26	0.232	5	-0.15	32.1	4	7.00	0.88	0.37
U634	现代纺织技术	143	7	-0.72	0.168	7	-0.38	25.8	6	5.38	0.88	0.40
	8 种期刊平均值	503			0.273							

食品科学技术

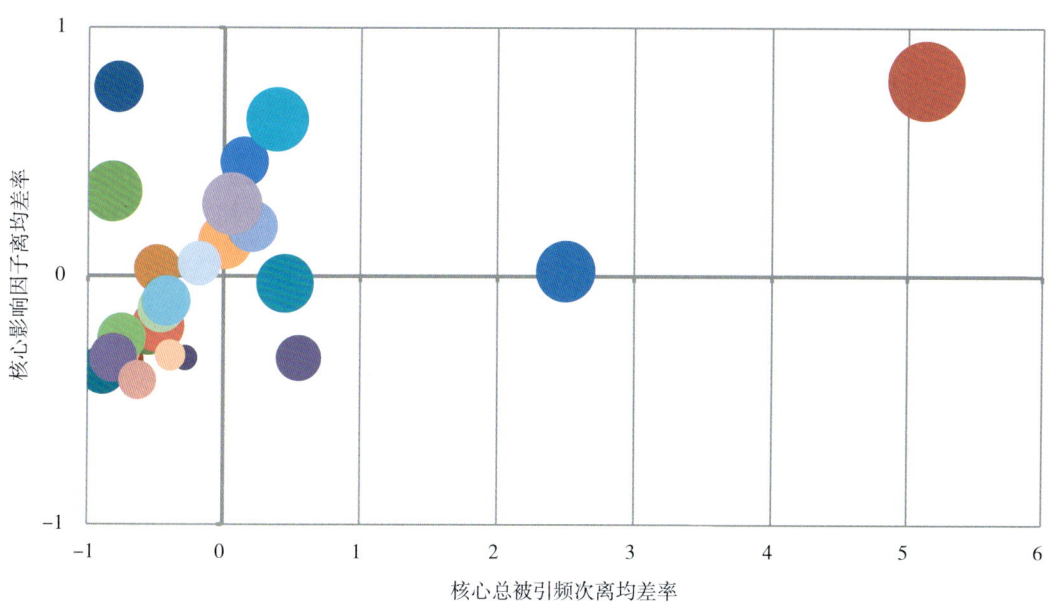

2016年食品科学技术类期刊核心总被引频次和核心影响因子离均差率的分布图
（节点大小表示综合评价总分）

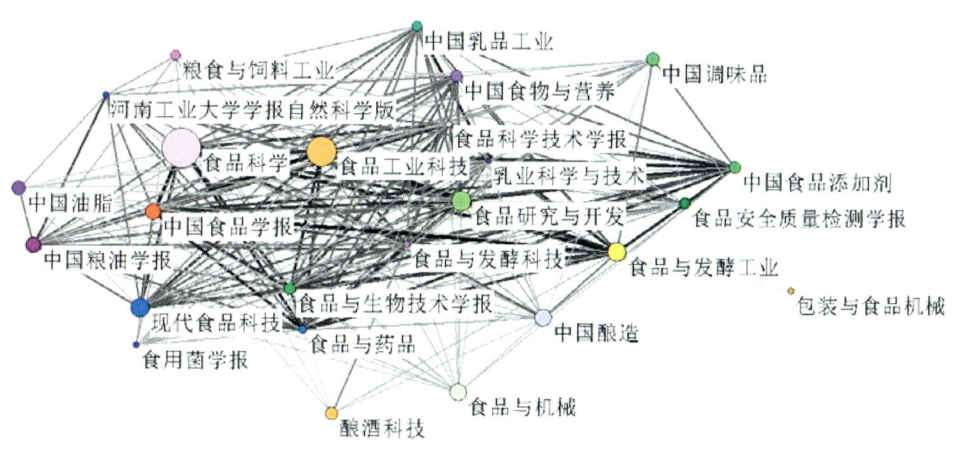

2016年食品科学技术类期刊互引关系示意图

表 7-101 2016年食品科学技术类期刊主要指标

CODE	刊名	核心总被引频次			核心影响因子			综合评价总分		学科扩散指标	学科影响指标	红点指标
		数值	排名	离均差率	数值	排名	离均差率	数值	排名			
U521	包装与食品机械	537	22	-0.78	1.015	2	0.76	34.80	10	4.24	0.76	0.46
U004	河南工业大学学报自然科学版	591	20	-0.75	0.382	23	-0.34	28.00	19	6.48	0.96	0.37
U055	粮食与饲料工业	1068	17	-0.55	0.436	16	-0.24	20.60	22	7.00	0.92	0.37
U504	酿酒科技	1735	11	-0.28	0.384	22	-0.33	8.50	25	6.68	0.80	0.73
H097	乳业科学与技术	253	25	-0.89	0.359	24	-0.38	30.80	15	3.04	0.76	0.60
U049	食品安全质量检测学报	1228	16	-0.49	0.593	10	0.03	30.30	17	9.48	0.92	0.67
U005	食品工业科技	8389	2	2.50	0.590	11	0.02	49.80	4	21.60	1.00	0.74
U006	食品科学	14687	1	5.13	1.031	1	0.79	84.10	1	26.16	1.00	0.72
A117	食品科学技术学报	425	24	-0.82	0.771	5	0.34	49.10	5	6.64	0.84	0.72
U617	食品研究与开发	3723	3	0.55	0.385	21	-0.33	28.30	18	16.88	1.00	0.74
U035	食品与发酵工业	3474	4	0.45	0.557	12	-0.03	45.00	6	13.96	1.00	0.74
U641	食品与发酵科技	559	21	-0.77	0.402	18	-0.30	26.30	21	5.88	0.88	0.67
U547	食品与机械	2760	7	0.15	0.841	4	0.46	33.00	13	10.68	1.00	0.63
U029	食品与生物技术学报	1252	15	-0.48	0.462	15	-0.20	38.80	8	10.80	1.00	0.52
G748	食品与药品	607	19	-0.75	0.433	17	-0.25	33.20	12	9.72	0.84	0.63
H838	食用菌学报	467	23	-0.81	0.386	20	-0.33	31.70	14	4.76	0.72	0.05
U010	现代食品科技	3323	5	0.39	0.936	3	0.63	54.30	2	13.92	0.96	0.65
U001	中国粮油学报	2425	9	0.01	0.659	8	0.14	41.30	7	10.76	0.96	0.43
U609	中国酿造	2895	6	0.21	0.694	7	0.20	35.60	9	10.48	1.00	0.75
U052	中国乳品工业	881	18	-0.63	0.334	25	-0.42	19.90	23	5.48	0.92	0.66
U635	中国食品添加剂	1302	14	-0.46	0.501	14	-0.13	30.80	15	9.72	0.96	0.71
U007	中国食品学报	2540	8	0.06	0.742	6	0.29	51.20	3	13.20	1.00	0.70
U563	中国食物与营养	1380	13	-0.42	0.517	13	-0.10	33.50	11	12.52	1.00	0.31
U501	中国调味品	1453	12	-0.39	0.390	19	-0.32	13.10	24	6.84	0.96	0.75
U032	中国油脂	1968	10	-0.18	0.605	9	0.05	26.50	20	10.36	0.96	0.59
	25种期刊平均值	2397			0.576							

建筑科学与技术

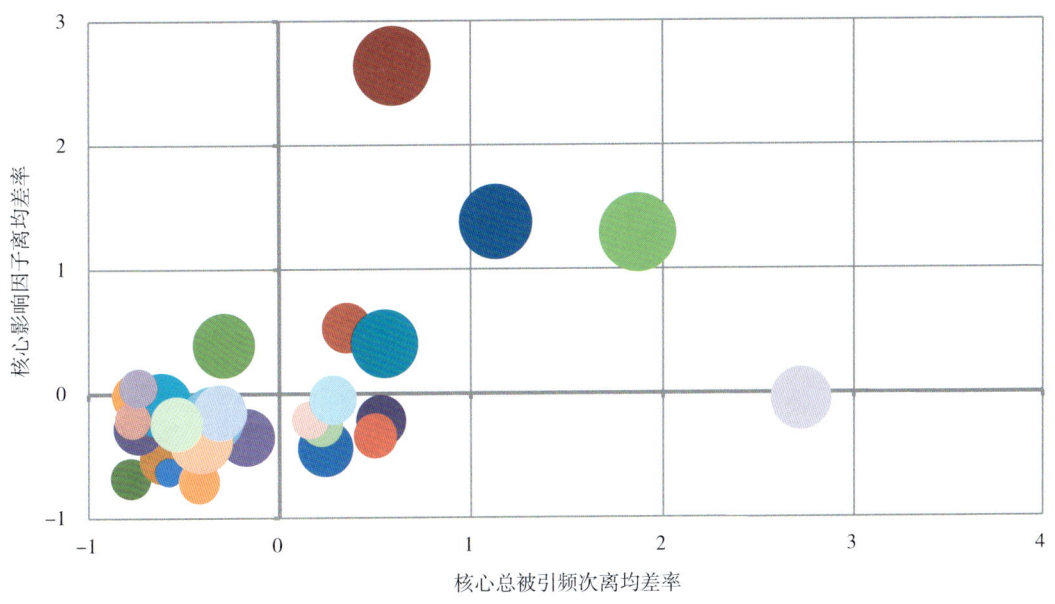

2016年建筑科学与技术类期刊核心总被引频次和核心影响因子离均差率的分布图
（节点大小表示综合评价总分）

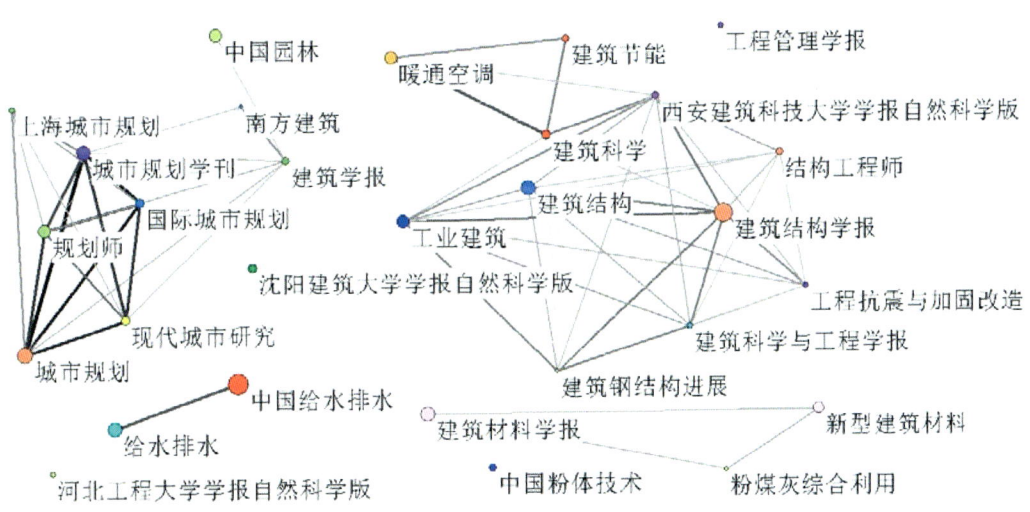

2016年建筑科学与技术类期刊互引关系示意图

表 7-102　2016 年建筑科学与技术类期刊主要指标

CODE	刊名	核心总被引频次			核心影响因子			综合评价总分		学科扩散指标	学科影响指标	红点指标
		数值	排名	离均差率	数值	排名	离均差率	数值	排名			
V050	城市规划	2024	3	1.13	1.029	2	1.38	58.30	3	8.21	0.66	0.39
V028	城市规划学刊	1510	4	0.59	1.571	1	2.64	65.80	1	7.07	0.59	0.48
V052	粉煤灰综合利用	207	29	-0.78	0.140	28	-0.68	17.50	24	2.48	0.21	0.69
V021	给水排水	1456	6	0.53	0.336	17	-0.22	27.20	14	8.10	0.45	0.39
S712	工程管理学报	323	24	-0.66	0.347	13	-0.20	19.20	22	3.86	0.31	0.21
V033	工程抗震与加固改造	374	22	-0.61	0.203	26	-0.53	24.80	17	3.55	0.31	0.64
V010	工业建筑	1182	10	0.24	0.241	25	-0.44	33.30	11	7.90	0.79	0.62
V572	规划师	1281	8	0.35	0.660	4	0.53	26.70	16	5.90	0.52	0.34
V529	国际城市规划	675	14	-0.29	0.599	6	0.39	43.50	7	4.31	0.41	0.29
K032	河北工程大学学报自然科学版	248	26	-0.74	0.310	20	-0.28	26.90	15	5.00	0.21	0.62
V051	建筑材料学报	1468	5	0.55	0.603	5	0.40	49.20	4	8.34	0.48	0.57
V057	建筑钢结构进展	229	27	-0.76	0.423	8	-0.02	22.00	19	2.07	0.38	0.62
V523	建筑节能	403	21	-0.58	0.161	27	-0.63	8.70	29	4.17	0.55	0.64
V014	建筑结构	1426	7	0.50	0.283	21	-0.34	20.50	20	5.76	0.55	0.61
V044	建筑结构学报	2726	2	1.87	0.988	3	1.29	64.60	2	7.14	0.59	0.79
V005	建筑科学	792	13	-0.17	0.282	22	-0.35	34.10	10	7.72	0.86	0.61
V013	建筑科学与工程学报	364	23	-0.62	0.394	11	-0.09	42.40	8	5.28	0.59	0.70
V047	建筑学报	550	19	-0.42	0.125	29	-0.71	19.00	23	4.03	0.72	0.18
V049	结构工程师	566	17	-0.40	0.246	24	-0.43	16.80	25	4.24	0.48	0.55
V089	南方建筑	214	28	-0.77	0.343	15	-0.21	14.00	28	2.17	0.41	0.33
V032	暖通空调	1161	11	0.22	0.325	19	-0.25	19.60	21	6.45	0.41	0.60
V088	上海城市规划	250	25	-0.74	0.455	7	0.05	15.40	26	2.24	0.38	0.48
V011	沈阳建筑大学学报自然科学版	617	16	-0.35	0.346	14	-0.20	43.70	6	8.48	0.69	0.66
V018	西安建筑科技大学学报自然科学版	556	18	-0.41	0.271	23	-0.37	46.10	5	8.45	0.76	0.57
V087	现代城市研究	656	15	-0.31	0.368	12	-0.15	32.10	12	5.86	0.55	0.33
V056	新型建筑材料	1103	12	0.16	0.340	16	-0.21	15.10	27	6.48	0.59	0.56
V568	中国粉体技术	440	20	-0.54	0.329	18	-0.24	30.10	13	6.34	0.07	0.22
V036	中国给水排水	3536	1	2.72	0.410	10	-0.05	41.60	9	12.07	0.52	0.47
V039	中国园林	1217	9	0.28	0.411	9	-0.05	24.70	18	6.28	0.48	0.99
	29 种期刊平均值	950			0.432							

土木工程

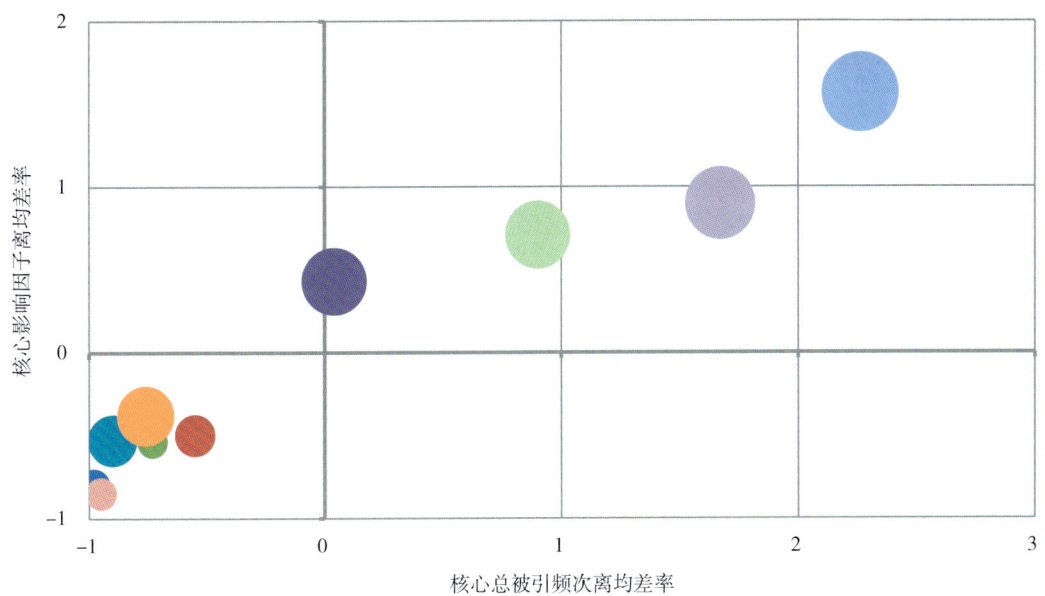

2016年土木工程类期刊核心总被引频次和核心影响因子离均差率的分布图（节点大小表示综合评价总分）

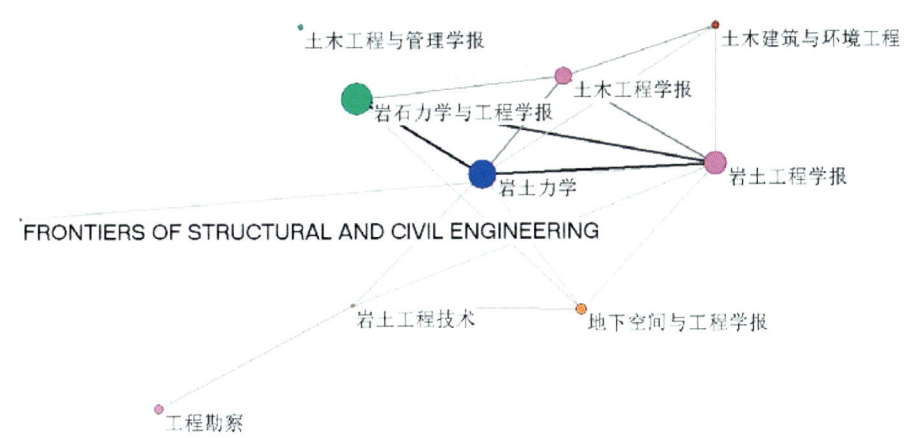

2016年土木工程类期刊互引关系示意图

表 7-103 2016年土木工程类期刊主要指标

CODE	刊名	核心总被引频次			核心影响因子			综合评价总分		学科扩散指标	学科影响指标	红点指标
		数值	排名	离均差率	数值	排名	离均差率	数值	排名			
I725	FRONTIERS OF STRUCTURAL AND CIVIL ENGINEERING	48	10	-0.98	0.132	9	-0.80	15.50	8	2.80	0.40	0.19
V031	地下空间与工程学报	1405	5	-0.55	0.337	6	-0.50	24.10	7	23.70	0.90	0.52
V030	工程勘察	836	6	-0.73	0.308	8	-0.54	14.00	10	23.20	0.90	0.25
V029	土木工程学报	3222	4	0.04	0.962	4	0.43	62.80	4	32.90	0.90	0.42
V035	土木工程与管理学报	323	8	-0.90	0.317	7	-0.53	36.50	6	17.00	0.60	0.28
V019	土木建筑与环境工程	755	7	-0.76	0.416	5	-0.38	49.00	5	27.60	0.80	0.28
C005	岩石力学与工程学报	10151	1	2.26	1.728	1	1.57	87.70	1	42.60	0.90	0.92
V574	岩土工程技术	148	9	-0.95	0.099	10	-0.85	14.40	9	8.30	0.60	0.45
V037	岩土工程学报	5918	3	0.90	1.147	3	0.71	64.00	3	36.00	1.00	0.52
C004	岩土力学	8304	2	1.67	1.275	2	0.90	72.90	2	56.30	1.00	0.52
	10种期刊平均值	3111			0.672							

水利工程

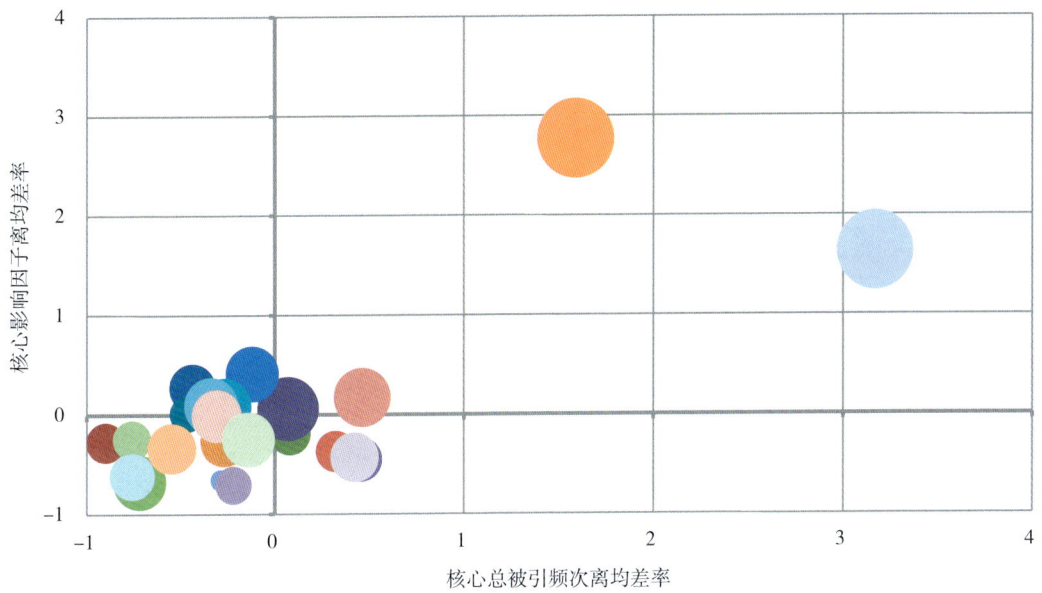

2016年水利工程类期刊核心总被引频次和核心影响因子离均差率的分布图（节点大小表示综合评价总分）

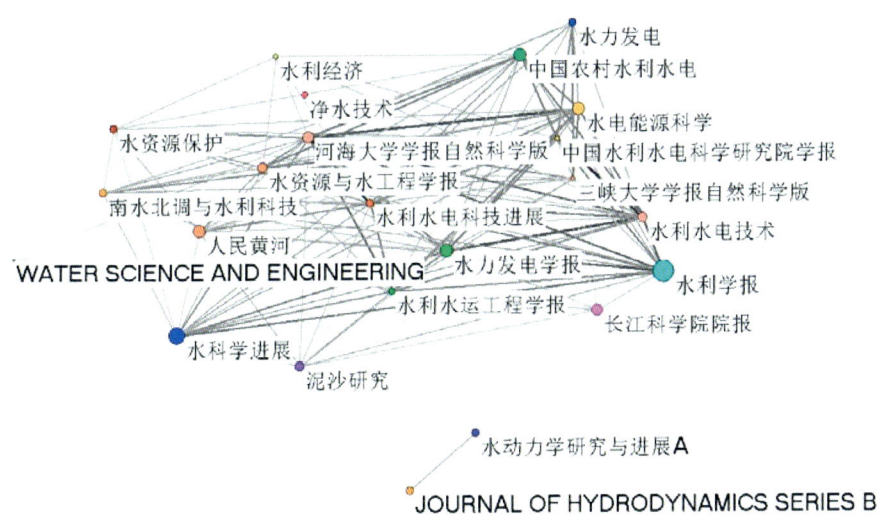

2016年水利工程类期刊互引关系示意图

表 7-104 2016年水利工程类期刊主要指标

CODE	刊名	核心总被引频次			核心影响因子			综合评价总分		学科扩散指标	学科影响指标	红点指标
		数值	排名	离均差率	数值	排名	离均差率	数值	排名			
W015	JOURNAL OF HYDRODYNAMICS SERIES B	605	17	-0.44	0.654	4	0.27	29.10	14	7.87	0.83	0.25
W030	WATER SCIENCE AND ENGINEERING	105	23	-0.90	0.371	15	-0.28	20.50	19	2.35	0.57	0.03
W010	长江科学院院报	1160	7	0.08	0.413	11	-0.19	22.80	17	11.04	0.96	0.49
W012	河海大学学报自然科学版	1145	8	0.07	0.543	8	0.06	50.60	3	15.00	1.00	0.49
Z553	净水技术	567	18	-0.47	0.519	9	0.01	15.90	22	6.22	0.30	0.30
W590	南水北调与水利科技	788	12	-0.27	0.372	14	-0.27	31.50	12	10.04	0.87	0.59
W002	泥沙研究	950	9	-0.12	0.724	3	0.41	38.50	7	6.74	0.91	0.53
W555	人民黄河	1423	6	0.32	0.324	17	-0.37	21.10	18	12.00	0.87	0.63
R086	三峡大学学报自然科学版	301	20	-0.72	0.166	22	-0.68	37.50	9	8.17	0.57	0.53
P007	水电能源科学	1556	4	0.45	0.283	19	-0.45	25.40	16	12.70	0.96	0.37
W004	水动力学研究与进展 A	785	13	-0.27	0.553	7	0.08	41.10	5	10.61	0.87	0.40
W013	水科学进展	2779	2	1.59	1.934	1	2.77	78.90	2	14.70	0.96	0.52
R050	水力发电	761	14	-0.29	0.175	21	-0.66	5.70	23	6.30	0.83	0.63
R049	水力发电学报	1572	3	0.46	0.602	5	0.17	43.30	4	10.48	0.96	0.59
R587	水利经济	253	22	-0.76	0.384	12	-0.25	19.20	20	3.48	0.65	0.39
W011	水利水电技术	839	11	-0.22	0.151	23	-0.71	18.00	21	9.22	0.87	0.53
W502	水利水电科技进展	708	16	-0.34	0.557	6	0.09	40.00	6	9.00	0.87	0.57
W006	水利水运工程学报	481	19	-0.55	0.337	16	-0.34	31.90	11	5.57	0.83	0.52
W003	水利学报	4475	1	3.17	1.353	2	1.64	79.50	1	21.00	1.00	0.51
R566	水资源保护	744	15	-0.31	0.510	10	-0.01	34.60	10	8.30	0.83	0.52
W570	水资源与水工程学报	922	10	-0.14	0.384	12	-0.25	37.80	8	10.96	0.91	0.54
W005	中国农村水利水电	1528	5	0.42	0.292	18	-0.43	31.20	13	13.26	0.91	0.36
W557	中国水利水电科学研究院学报	261	21	-0.76	0.197	20	-0.62	27.20	15	5.00	0.91	0.39
	23 种期刊平均值	1074			0.513							

交通运输工程

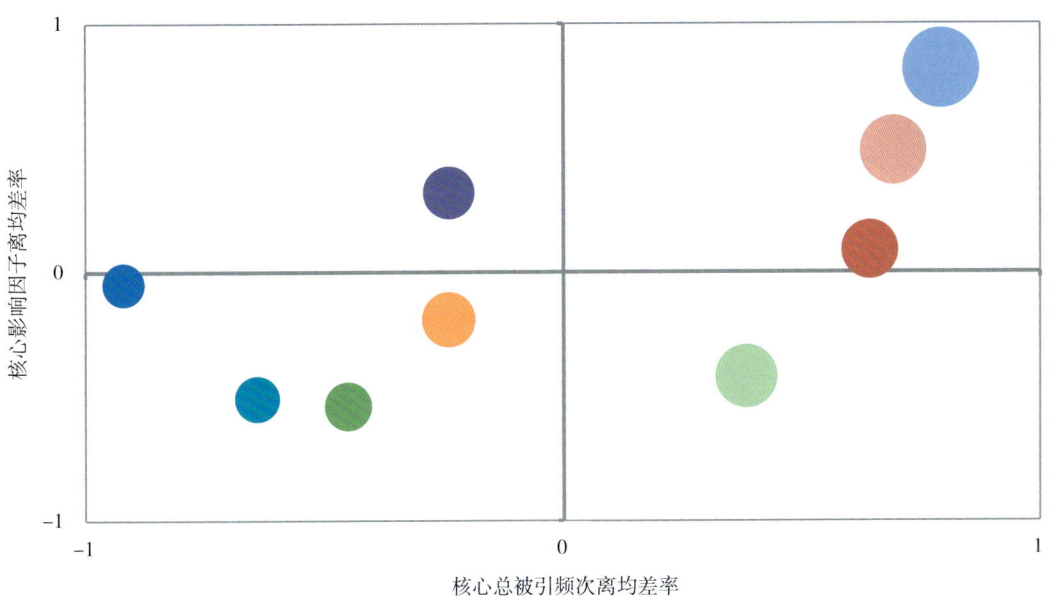

2016年交通运输工程类期刊核心总被引频次和核心影响因子离均差率的分布图
（节点大小表示综合评价总分）

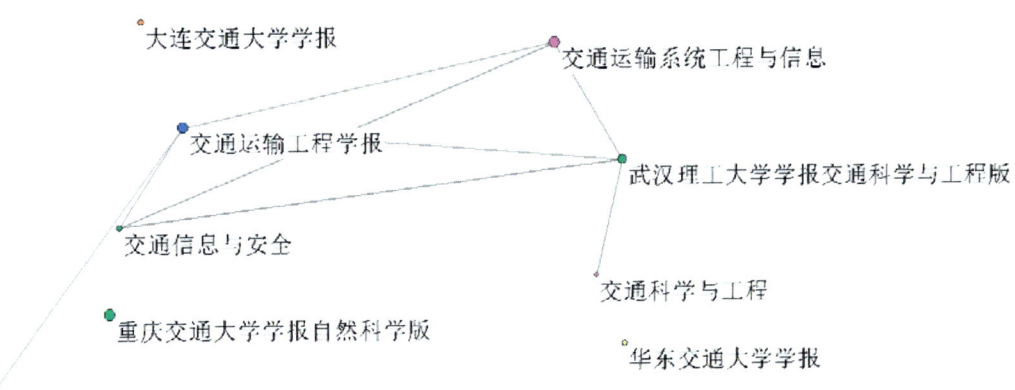

2016年交通运输工程类期刊互引关系示意图

表 7-105 2016年交通运输工程类期刊主要指标

CODE	刊名	核心总被引频次			核心影响因子			综合评价总分		学科扩散指标	学科影响指标	红点指标
		数值	排名	离均差率	数值	排名	离均差率	数值	排名			
X053	JOURNAL OF TRAFFIC AND TRANSPORTATION ENGINEERING ENGLISH EDITION	42	9	-0.92	0.333	5	-0.05	26.80	9	3.00	0.44	0.02
X029	重庆交通大学学报自然科学版	833	3	0.64	0.382	4	0.09	49.20	4	26.44	0.89	0.93
X001	大连交通大学学报	278	7	-0.45	0.163	9	-0.54	33.20	7	18.11	0.67	0.56
X003	华东交通大学学报	383	6	-0.24	0.465	3	0.32	38.90	6	19.56	0.56	0.50
X002	交通科学与工程	180	8	-0.64	0.171	8	-0.51	29.70	8	11.22	0.78	0.46
X020	交通信息与安全	386	5	-0.24	0.285	6	-0.19	42.40	5	16.33	0.89	0.68
X672	交通运输工程学报	906	1	0.79	0.639	1	0.82	89.70	1	26.11	0.89	0.52
X685	交通运输系统工程与信息	856	2	0.69	0.523	2	0.49	67.60	2	24.00	1.00	0.96
X017	武汉理工大学学报交通科学与工程版	702	4	0.38	0.203	7	-0.42	56.90	3	32.22	0.89	0.62
	9种期刊平均值	507			0.352							

公路运输

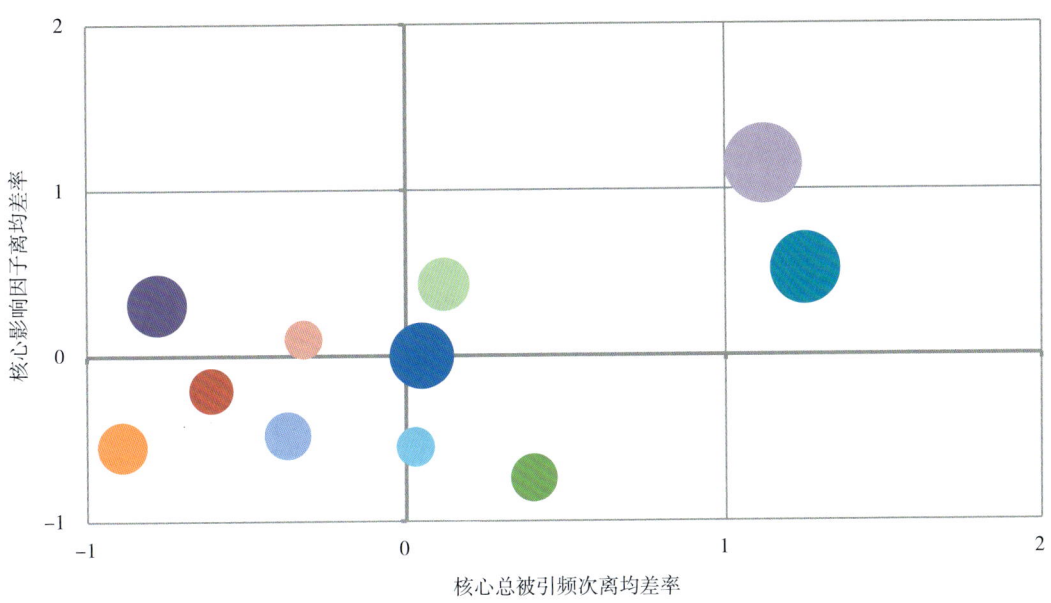

2016年公路运输类期刊核心总被引频次和核心影响因子离均差率的分布图（节点大小表示综合评价总分）

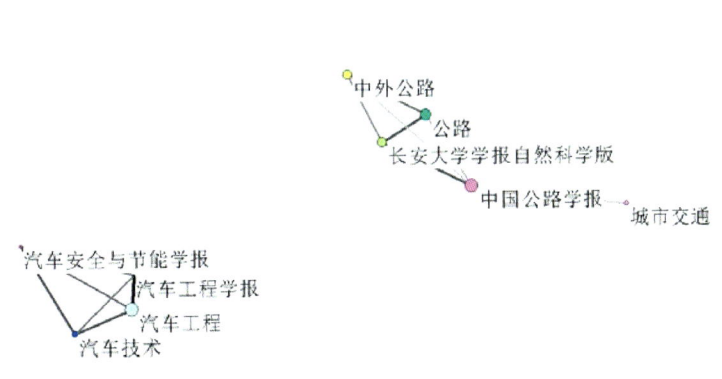

2016年公路运输类期刊互引关系示意图

表 7-106 2016 年公路运输类期刊主要指标

CODE	刊名	核心总被引频次			核心影响因子			综合评价总分		学科扩散指标	学科影响指标	红点指标
		数值	排名	离均差率	数值	排名	离均差率	数值	排名			
X036	长安大学学报自然科学版	881	5	0.05	0.450	6	0.00	64.8	3	21.00	0.73	0.97
X046	城市交通	327	9	-0.61	0.358	7	-0.21	30.5	9	9.00	0.36	0.53
X579	公路	1175	3	0.40	0.119	11	-0.74	33.9	7	21.64	0.64	0.60
X532	汽车安全与节能学报	187	10	-0.78	0.593	4	0.31	55.5	4	8.27	0.36	0.56
X018	汽车工程	1893	1	1.25	0.684	2	0.52	78.1	2	24.18	0.55	0.40
X500	汽车工程学报	93	11	-0.89	0.205	9	-0.55	38.1	6	5.73	0.45	0.35
X013	汽车技术	528	8	-0.37	0.233	8	-0.48	33.5	8	14.27	0.55	0.43
X634	隧道建设	574	7	-0.32	0.496	5	0.10	22.1	11	10.00	0.45	0.56
X673	现代隧道技术	944	4	0.12	0.647	3	0.43	41.6	5	12.18	0.55	0.65
X031	中国公路学报	1780	2	1.12	0.969	1	1.15	93.5	1	27.45	0.91	1.00
X539	中外公路	868	6	0.03	0.204	10	-0.55	23.1	10	17.09	0.45	0.55
	11 种期刊平均值	841			0.451							

铁路运输

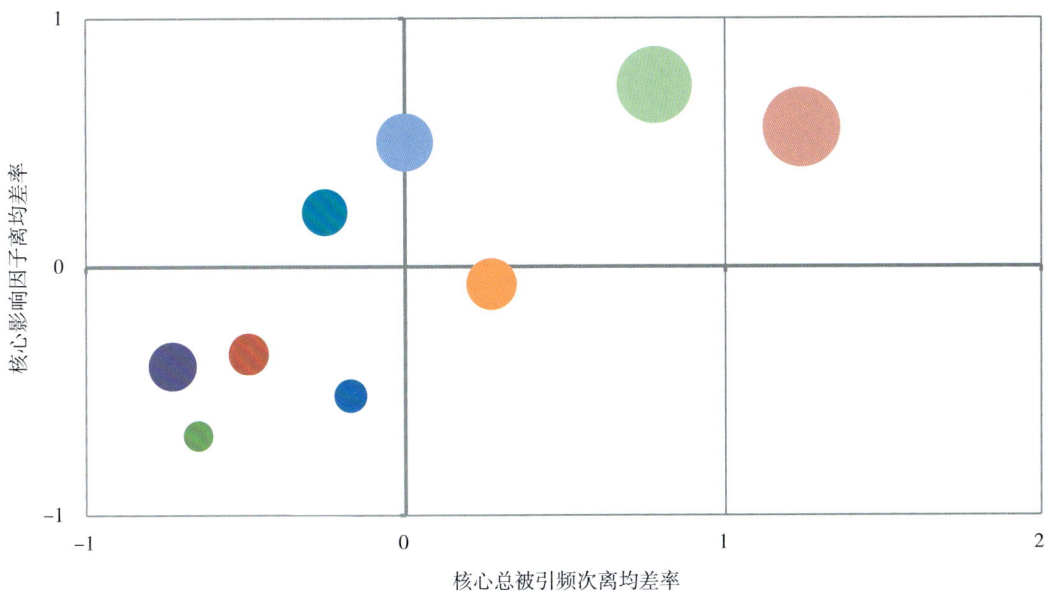

2016年铁路运输类期刊核心总被引频次和核心影响因子离均差率的分布图（节点大小表示综合评价总分）

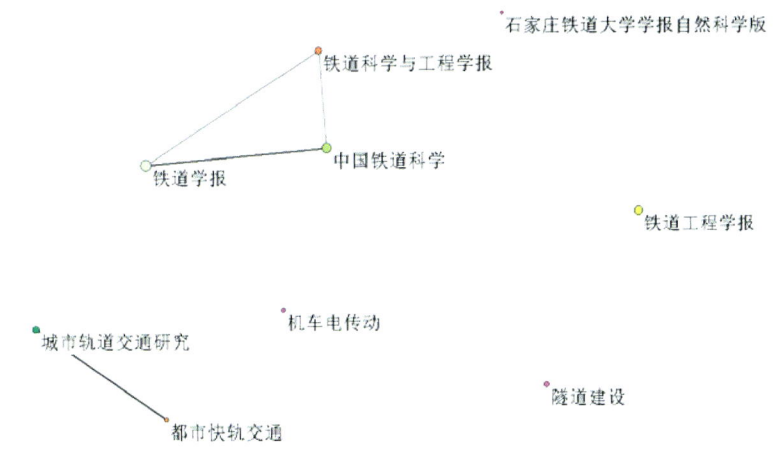

2016年铁路运输类期刊互引关系示意图

表 7-107　2016 年铁路运输类期刊主要指标

CODE	刊名	核心总被引频次			核心影响因子			综合评价总分		学科扩散指标	学科影响指标	红点指标
		数值	排名	离均差率	数值	排名	离均差率	数值	排名			
X043	城市轨道交通研究	639	5	-0.17	0.196	8	-0.52	17.00	8	14.22	0.78	0.72
X034	都市快轨交通	396	7	-0.49	0.263	6	-0.35	26.50	7	9.00	1.00	0.85
X011	机车电传动	267	8	-0.65	0.130	9	-0.68	14.10	9	10.00	0.89	0.41
X042	石家庄铁道大学学报自然科学版	204	9	-0.73	0.241	7	-0.40	36.20	5	11.67	0.78	0.56
X634	隧道建设	574	6	-0.25	0.496	4	0.22	33.10	6	12.22	0.89	0.56
X521	铁道工程学报	978	3	0.27	0.378	5	-0.07	40.30	4	21.56	0.89	0.47
X007	铁道科学与工程学报	771	4	0.00	0.608	3	0.50	50.80	3	19.00	0.89	0.48
X005	铁道学报	1721	1	1.24	0.632	2	0.56	96.30	1	33.67	1.00	0.43
X004	中国铁道科学	1368	2	0.78	0.699	1	0.73	90.10	2	27.33	1.00	0.53
	9 种期刊平均值	769			0.405							

水路运输

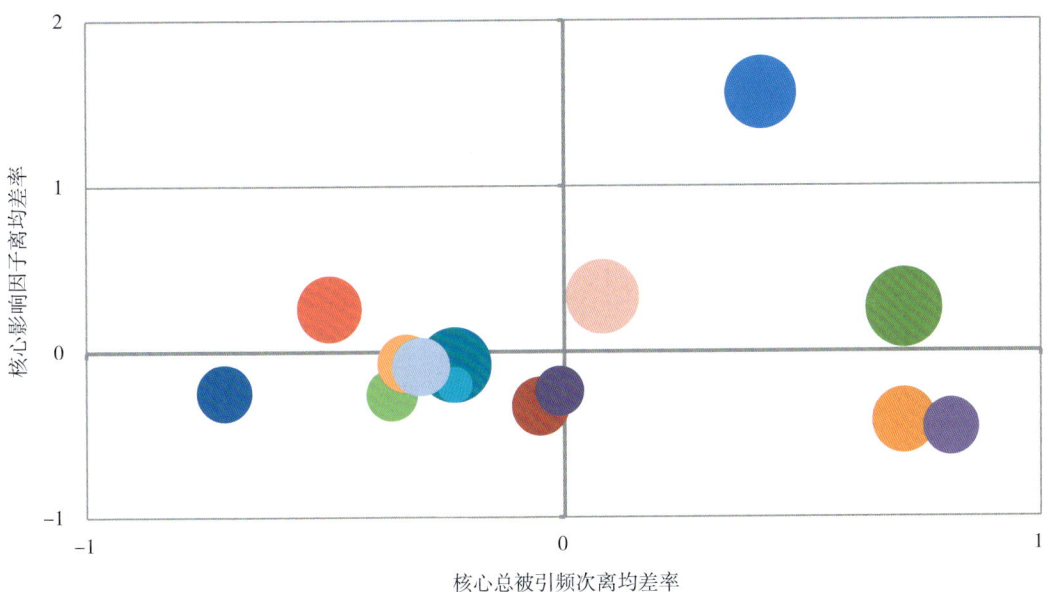

2016年水路运输类期刊核心总被引频次和核心影响因子离均差率的分布图（节点大小表示综合评价总分）

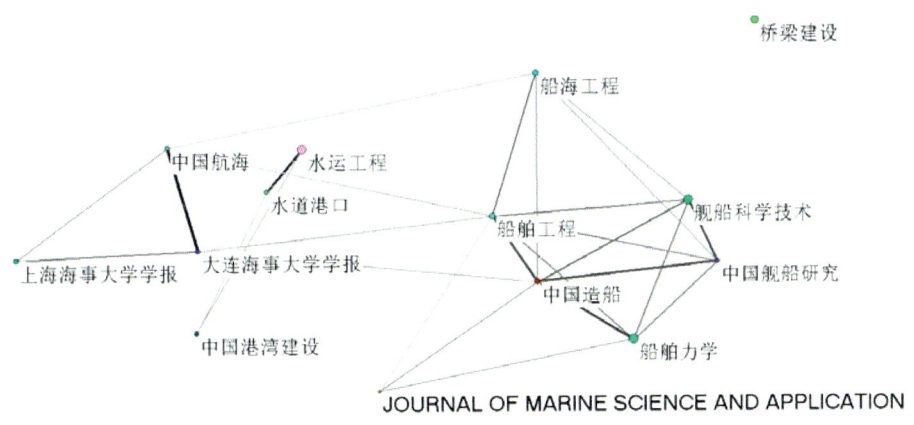

2016年水路运输类期刊互引关系示意图

表 7-108　2016 年水路运输类期刊主要指标

CODE	刊名	核心总被引频次			核心影响因子			综合评价总分		学科扩散指标	学科影响指标	红点指标
		数值	排名	离均差率	数值	排名	离均差率	数值	排名			
I229	JOURNAL OF MARINE SCIENCE AND APPLICATION	145	14	-0.71	0.241	10	-0.25	31.90	11	5.07	0.57	0.38
X010	船舶工程	480	7	-0.05	0.215	12	-0.33	34.20	7	11.14	0.79	0.36
X633	船舶力学	869	2	0.71	0.405	3	0.26	62.00	1	10.86	0.86	0.42
X635	船海工程	504	6	-0.01	0.243	9	-0.24	24.70	13	9.43	0.79	0.32
X024	大连海事大学学报	388	9	-0.23	0.296	6	-0.08	55.50	2	13.00	0.79	0.43
Y564	舰船科学技术	866	3	0.71	0.186	13	-0.42	42.60	6	16.00	0.57	0.36
X021	桥梁建设	713	4	0.41	0.822	1	1.56	52.80	4	7.71	0.29	0.86
X038	上海海事大学学报	259	13	-0.49	0.404	4	0.26	43.00	5	8.29	0.57	0.34
X533	水道港口	323	12	-0.36	0.239	11	-0.26	26.90	12	6.29	0.36	0.42
X528	水运工程	918	1	0.81	0.172	14	-0.46	32.70	10	12.71	0.79	0.40
X035	中国港湾建设	389	8	-0.23	0.257	8	-0.20	12.80	14	6.93	0.64	0.42
X039	中国航海	342	11	-0.33	0.300	5	-0.07	33.90	8	7.36	0.86	0.73
N108	中国舰船研究	353	10	-0.30	0.292	7	-0.09	33.40	9	7.86	0.57	0.40
X012	中国造船	547	5	0.08	0.428	2	0.33	54.10	3	9.64	0.86	0.42
	14 种期刊平均值	507			0.321							

航空、航天科学技术

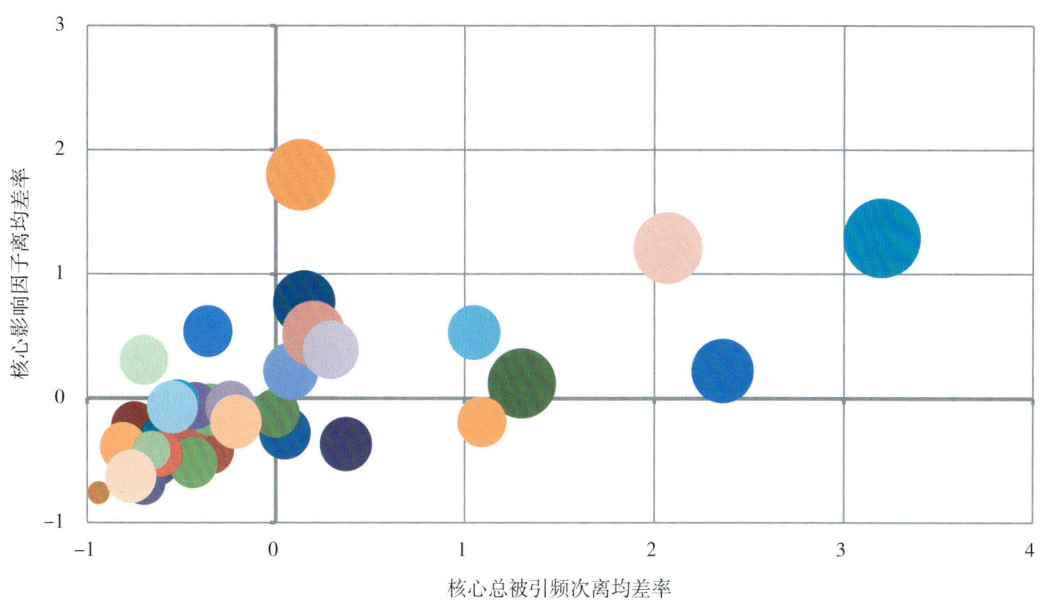

2016年航空、航天科学技术类期刊核心总被引频次和核心影响因子离均差率的分布图
（节点大小表示综合评价总分）

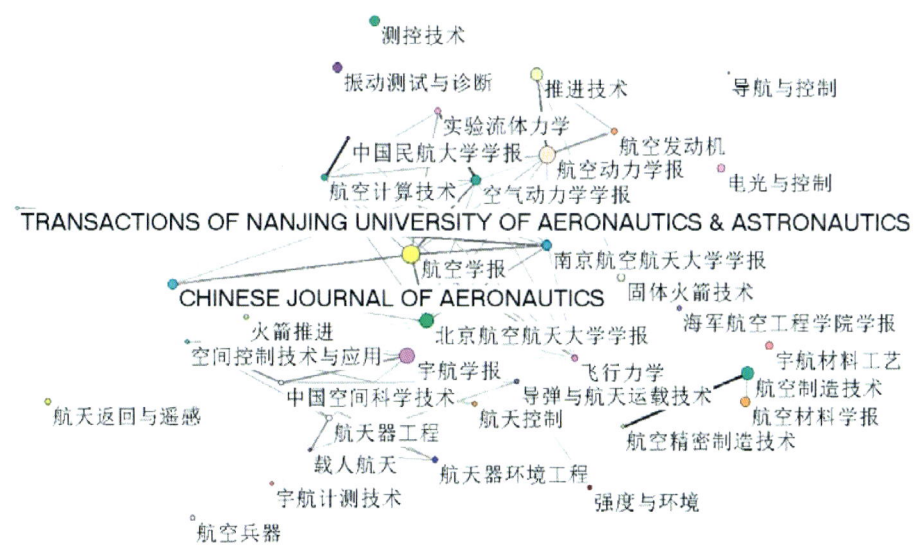

2016年航空、航天科学技术类期刊互引关系示意图

表 7-109　2016 年航空、航天科学技术类期刊主要指标

CODE	刊名	核心总被引频次			核心影响因子			综合评价总分		学科扩散指标	学科影响指标	红点指标
		数值	排名	离均差率	数值	排名	离均差率	数值	排名			
I122	CHINESE JOURNAL OF AERONAUTICS	886	10	0.15	0.710	4	0.77	51.9	6	6.08	0.72	0.25
I017	TRANSACTIONS OF NANJING UNIVERSITY OF AERONAUTICS & ASTRONAUTICS	194	32	-0.75	0.314	22	-0.22	29.2	25	2.47	0.33	0.48
Y001	北京航空航天大学学报	1779	4	1.30	0.450	12	0.12	62	4	11.36	1.00	0.54
Y022	测控技术	1061	7	0.37	0.254	25	-0.37	36.7	11	7.69	0.81	0.44
Y503	导弹与航天运载技术	392	23	-0.49	0.243	26	-0.39	22.8	32	3.31	0.69	0.48
Y585	导航与控制	50	36	-0.94	0.095	36	-0.76	6.7	36	0.61	0.03	0.43
R740	电光与控制	807	13	0.05	0.290	23	-0.28	35.4	13	5.11	0.58	0.42
Y006	飞行力学	508	17	-0.34	0.233	28	-0.42	27.6	27	3.14	0.72	0.50
Y013	固体火箭技术	769	14	0.00	0.353	18	-0.12	30.8	23	4.36	0.69	0.53
Y029	海军航空工程学院学报	276	28	-0.64	0.202	31	-0.50	33.9	18	3.75	0.47	0.42
Y556	航空兵器	292	27	-0.62	0.277	24	-0.31	18.8	34	2.69	0.53	0.43
Y027	航空材料学报	870	11	0.13	1.124	1	1.80	63.6	3	5.03	0.50	0.41
Y017	航空动力学报	2596	2	2.36	0.488	10	0.22	51.8	7	7.72	0.86	0.57
Y554	航空发动机	423	22	-0.45	0.326	19	-0.19	26.5	28	2.92	0.47	0.89
Y031	航空计算技术	434	21	-0.44	0.191	32	-0.52	32.3	20	4.28	0.69	0.48
Y012	航空精密制造技术	233	30	-0.70	0.129	35	-0.68	24.7	30	3.00	0.39	0.49
Y002	航空学报	3241	1	3.20	0.920	2	1.29	79.8	1	11.11	1.00	0.60
Y014	航空制造技术	1611	5	1.09	0.324	21	-0.19	32.1	21	6.53	0.83	0.46
Y034	航天返回与遥感	497	19	-0.36	0.617	5	0.54	33.7	19	3.39	0.50	0.67
Y015	航天控制	299	26	-0.61	0.220	30	-0.45	25.4	29	3.00	0.56	0.38
Y033	航天器工程	505	18	-0.35	0.363	17	-0.09	34	17	4.14	0.75	0.36
Y032	航天器环境工程	442	20	-0.43	0.378	14	-0.06	28.4	26	3.50	0.75	0.52
Y040	火箭推进	370	24	-0.52	0.391	13	-0.02	23.3	31	2.28	0.53	0.34
Y051	空间控制技术与应用	147	35	-0.81	0.243	26	-0.39	29.6	24	1.81	0.53	0.38
Y016	空气动力学学报	833	12	0.08	0.488	10	0.22	40.9	9	5.14	0.72	0.66
Y026	南京航空航天大学学报	926	9	0.20	0.609	7	0.52	53.4	5	8.19	0.75	0.53
Y009	强度与环境	261	29	-0.66	0.232	29	-0.42	18.6	35	2.44	0.58	0.63
Y018	实验流体力学	588	16	-0.24	0.374	15	-0.07	34.8	16	4.36	0.58	0.56
Y025	推进技术	1581	6	1.05	0.612	6	0.53	37.4	10	4.17	0.78	0.61
Y020	宇航材料工艺	608	15	-0.21	0.326	19	-0.19	36.1	12	5.00	0.67	0.53
Y008	宇航计测技术	186	33	-0.76	0.167	33	-0.58	22.3	33	3.00	0.39	0.31
Y024	宇航学报	2371	3	2.07	0.885	3	1.21	64.5	2	8.03	0.94	0.41
Y057	载人航天	233	30	-0.70	0.525	9	0.31	31.7	22	1.72	0.42	0.45
Y010	振动测试与诊断	994	8	0.29	0.556	8	0.39	42.6	8	6.67	0.53	0.42
Y003	中国空间科学技术	351	25	-0.55	0.371	16	-0.07	35	14	3.47	0.69	0.54
Y028	中国民航大学学报	176	34	-0.77	0.148	34	-0.63	35	14	2.78	0.31	0.55
	36 种期刊平均值	772			0.401							

环境科学技术及资源科学技术

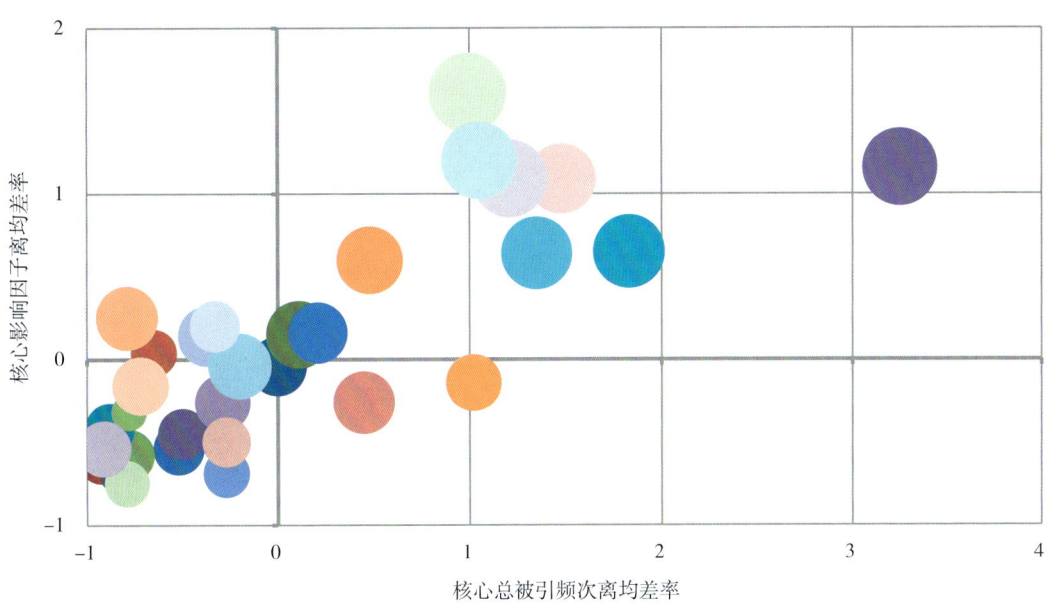

2016年环境科学技术及资源科学技术类期刊核心总被引频次和核心影响因子离均差率的分布图
（节点大小表示综合评价总分）

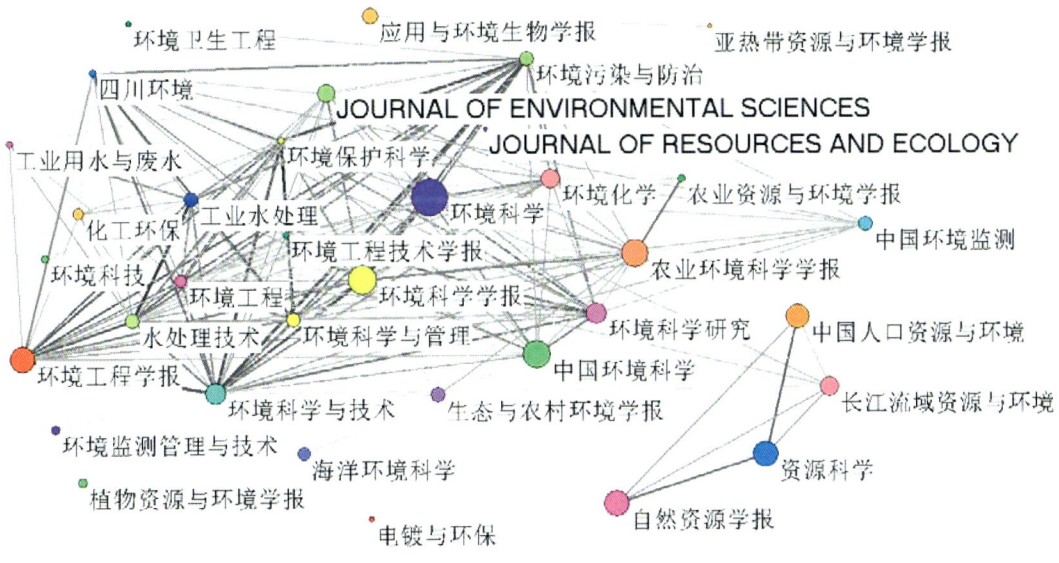

2016年环境科学技术及资源科学技术类期刊互引关系示意图

表 7-110 2016 年环境科学技术及资源科学技术类期刊主要指标

CODE	刊名	核心总被引频次			核心影响因子			综合评价总分		学科扩散指标	学科影响指标	红点指标
		数值	排名	离均差率	数值	排名	离均差率	数值	排名			
Z027	JOURNAL OF ENVIRONMENTAL SCIENCES	2371	13	0.00	0.834	15	-0.04	43.70	15	12.89	0.89	0.19
F208	JOURNAL OF RESOURCES AND ECOLOGY	181	35	-0.92	0.347	31	-0.60	30.90	25	2.57	0.31	0.50
Z029	长江流域资源与环境	2610	12	0.11	1.000	12	0.15	55.80	9	11.89	0.94	0.39
Z015	电镀与环保	344	31	-0.85	0.257	33	-0.70	12.80	33	2.20	0.20	0.47
Z013	工业水处理	1665	18	-0.29	0.471	25	-0.46	27.20	29	8.17	0.74	0.61
Z032	工业用水与废水	572	26	-0.76	0.349	30	-0.60	7.50	34	4.11	0.69	0.59
Z010	海洋环境科学	1130	22	-0.52	0.399	28	-0.54	33.70	20	7.51	0.80	0.52
Z009	化工环保	835	23	-0.65	0.901	14	0.04	27.40	28	6.00	0.69	0.64
Z017	环境保护科学	527	28	-0.78	0.369	29	-0.58	33.30	21	6.91	0.86	0.53
Z005	环境工程	1192	21	-0.50	0.475	24	-0.45	31.70	24	8.57	0.80	0.66
Z550	环境工程技术学报	281	33	-0.88	0.503	23	-0.42	32.20	23	3.51	0.63	0.62
Z021	环境工程学报	4769	7	1.02	0.743	17	-0.14	39.70	18	15.71	0.91	0.69
D024	环境化学	2864	11	0.21	1.010	11	0.16	45.70	13	13.46	0.89	0.62
Z554	环境监测管理与技术	704	24	-0.70	0.687	19	-0.21	19.50	31	5.54	0.66	0.66
Z506	环境科技	528	27	-0.78	0.589	22	-0.32	16.00	32	4.91	0.74	0.59
Z004	环境科学	10024	1	3.25	1.878	3	1.16	74.30	2	20.26	0.97	0.78
Z003	环境科学学报	6683	2	1.83	1.435	6	0.65	66.70	5	19.43	0.97	0.70
Z002	环境科学研究	3491	9	0.48	1.387	8	0.60	56.30	8	15.11	0.91	0.73
Z521	环境科学与管理	1715	16	-0.27	0.268	32	-0.69	28.40	27	13.26	0.94	0.50
Z025	环境科学与技术	3414	10	0.45	0.647	20	-0.26	48.40	12	17.51	0.94	0.65
Z035	环境卫生工程	315	32	-0.87	0.242	34	-0.72	0.60	35	2.49	0.46	0.56
Z019	环境污染与防治	1667	17	-0.29	0.643	21	-0.26	40.50	17	11.17	0.91	0.73
Z008	农业环境科学学报	5547	4	1.35	1.429	7	0.64	65.50	6	13.77	0.94	0.65
H773	农业资源与环境学报	497	30	-0.79	1.083	9	0.25	49.90	11	5.71	0.71	0.64
Z023	生态与农村环境学报	1496	20	-0.37	0.989	13	0.14	44.90	14	9.17	0.86	0.43
Z016	水处理技术	1728	15	-0.27	0.433	26	-0.50	30.60	26	8.40	0.71	0.66
Z007	四川环境	505	29	-0.79	0.219	35	-0.75	26.20	30	6.20	0.74	0.52
E047	亚热带资源与环境学报	213	34	-0.91	0.404	27	-0.54	37.80	19	3.00	0.49	0.29
F100	应用与环境生物学报	1882	14	-0.20	0.832	16	-0.04	52.70	10	10.54	0.86	0.19
Z551	植物资源与环境学报	671	25	-0.72	0.727	18	-0.16	41.60	16	5.57	0.23	0.24
Z030	中国环境监测	1578	19	-0.33	1.045	10	0.20	32.80	22	9.69	0.83	0.67
Z001	中国环境科学	5863	3	1.48	1.818	4	1.09	60.10	7	17.97	0.97	0.69
Z546	中国人口资源与环境	4709	8	0.99	2.270	1	1.61	78.40	1	15.97	0.69	0.26
Z022	资源科学	5207	5	1.21	1.816	5	1.09	74.20	3	16.09	0.80	0.43
Z012	自然资源学报	4851	6	1.05	1.912	2	1.20	73.80	4	14.54	0.83	0.21
	35 种期刊平均值	2361			0.869							

安全科学技术

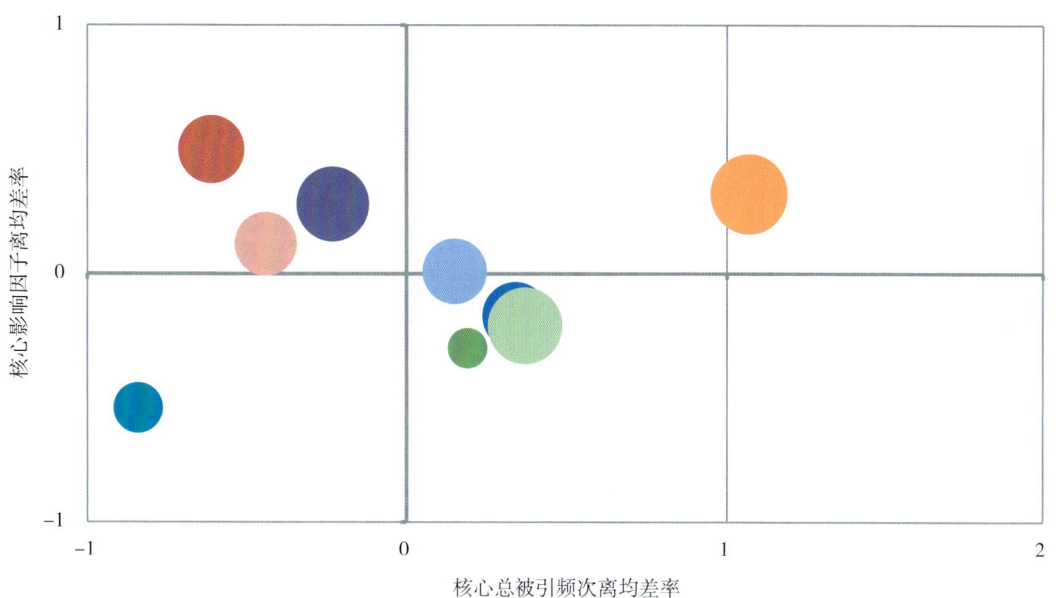

2016年安全科学技术类期刊核心总被引频次和核心影响因子离均差率的分布图
（节点大小表示综合评价总分）

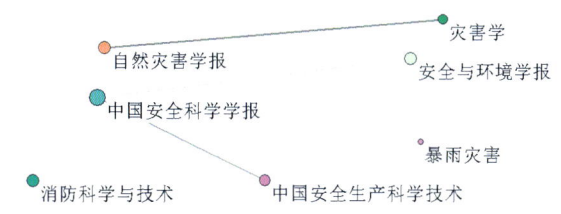

2016年安全科学技术类期刊互引关系示意图

表 7-111　2016 年安全科学技术类期刊主要指标

CODE	刊名	核心总被引频次			核心影响因子			综合评价总分		学科扩散指标	学科影响指标	红点指标
		数值	排名	离均差率	数值	排名	离均差率	数值	排名			
Z549	安全与环境学报	2034	3	0.34	0.632	6	-0.01	57	5	50.78	0.67	0.98
E045	暴雨灾害	588	8	-0.61	1.151	1	0.80	57.4	4	7.89	0.56	0.53
T953	消防科学与技术	1817	4	0.19	0.534	8	-0.17	20	9	17.56	0.67	0.61
E148	灾害学	1173	6	-0.23	0.979	3	0.53	68.8	3	31.67	1.00	0.45
E316	震灾防御技术	243	9	-0.84	0.349	9	-0.46	31.9	8	7.67	0.44	0.47
G129	中国安全科学学报	3157	1	1.07	1.009	2	0.57	78.4	1	51.11	0.89	0.39
Z552	中国安全生产科学技术	1745	5	0.15	0.773	5	0.21	53.2	6	33.00	0.78	0.41
E604	中国地质灾害与防治学报	853	7	-0.44	0.858	4	0.34	49.8	7	23.11	0.67	0.36
E137	自然灾害学报	2091	2	0.37	0.602	7	-0.06	72	2	43.22	1.00	0.16
	9 种期刊平均值	1522			0.765							

管理学

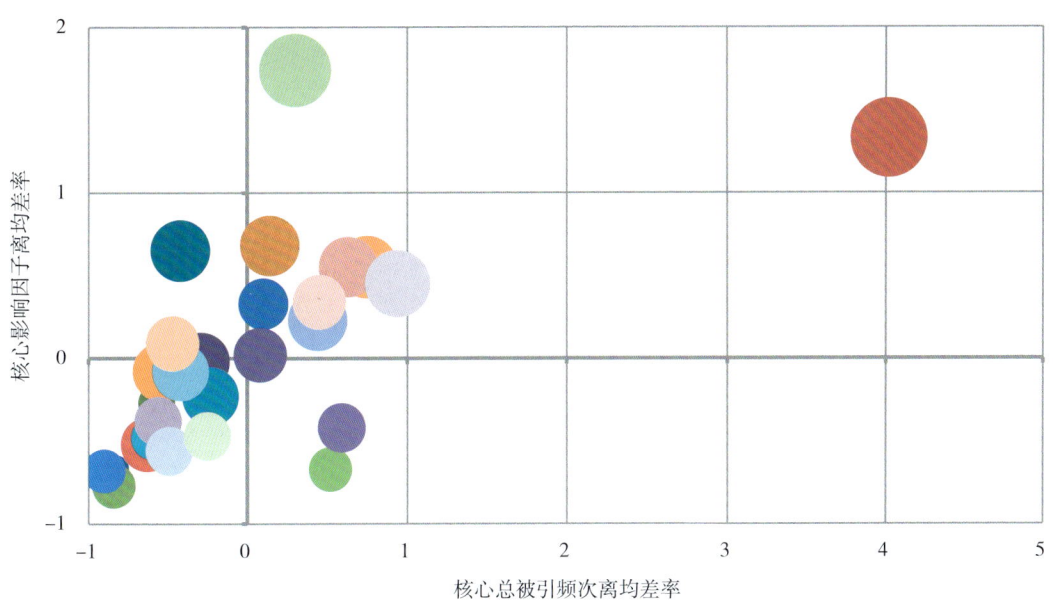

2016年管理学类期刊核心总被引频次和核心影响因子离均差率的分布图（节点大小表示综合评价总分）

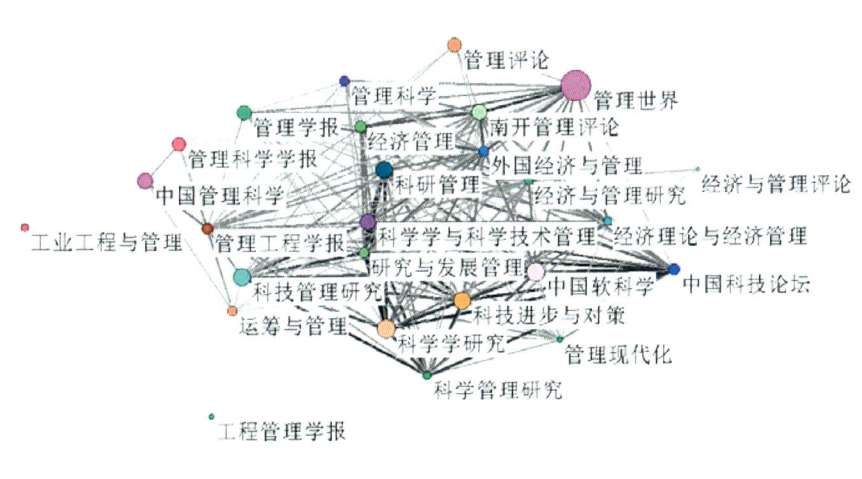

2016年管理学类期刊互引关系示意图

表 7-112 2016 年管理学类期刊主要指标

CODE	刊名	核心总被引频次			核心影响因子			综合评价总分		学科扩散指标	学科影响指标	红点指标
		数值	排名	离均差率	数值	排名	离均差率	数值	排名			
S712	工程管理学报	323	25	-0.82	0.347	24	-0.66	8.1	28	4.00	0.32	0.21
J064	工程研究-跨学科视野中的工程	86	28	-0.95	0.325	27	-0.68	16.6	27	2.25	0.18	0.15
N110	工业工程与管理	774	22	-0.57	0.739	17	-0.27	18.8	26	6.93	0.75	0.33
W007	管理工程学报	1281	15	-0.29	0.991	13	-0.02	45.4	10	9.14	0.96	0.47
W018	管理科学	1042	16	-0.42	1.669	4	0.65	49.8	5	8.29	0.96	0.42
W008	管理科学学报	2048	10	0.14	1.702	3	0.68	48.6	7	10.39	0.93	0.35
W025	管理评论	1976	11	0.10	1.352	9	0.33	34.5	17	9.39	1.00	0.44
S744	管理世界	8994	1	4.02	2.364	2	1.33	84	1	16.00	1.00	0.34
S745	管理现代化	279	26	-0.84	0.231	28	-0.77	26.8	22	5.14	0.71	0.51
W016	管理学报	1928	12	0.08	1.034	12	0.02	39.2	14	10.14	0.93	0.47
S759	经济管理	1385	13	-0.23	0.778	16	-0.23	44.9	11	9.96	0.89	0.48
S762	经济理论与经济管理	829	20	-0.54	0.931	15	-0.08	46	9	8.39	0.82	0.40
S230	经济与管理评论	187	27	-0.90	0.327	26	-0.68	25.5	24	3.50	0.36	0.36
S773	经济与管理研究	669	24	-0.63	0.490	22	-0.52	38.9	16	7.93	0.96	0.43
S812	科技管理研究	2716	6	0.52	0.336	25	-0.67	26.1	23	16.39	0.93	0.58
R588	科技进步与对策	2852	5	0.59	0.593	19	-0.42	31.9	18	13.54	0.93	0.62
S816	科学管理研究	713	23	-0.60	0.528	21	-0.48	23.8	25	6.68	0.64	0.59
W514	科学学研究	3142	3	0.75	1.569	6	0.55	51.1	4	12.93	1.00	0.55
S818	科学学与科学技术管理	2582	8	0.44	1.246	10	0.23	49	6	11.54	0.96	0.62
W531	科研管理	2927	4	0.63	1.576	5	0.55	47.8	8	11.57	0.93	0.62
S776	南开管理评论	2331	9	0.30	2.783	1	1.74	71.2	2	8.82	1.00	0.47
W009	数理统计与管理	797	21	-0.56	0.624	18	-0.38	31.3	19	11.07	0.71	0.31
S795	外国经济与管理	1037	17	-0.42	0.936	14	-0.08	44.5	12	8.11	1.00	0.32
S821	研究与发展管理	949	18	-0.47	1.104	11	0.09	40	13	6.14	0.93	0.64
B522	运筹与管理	910	19	-0.49	0.451	23	-0.56	31.1	21	9.32	0.79	0.44
W021	中国管理科学	2591	7	0.45	1.355	8	0.34	39	15	13.36	1.00	0.41
A098	中国科技论坛	1350	14	-0.25	0.535	20	-0.47	31.2	20	9.79	0.82	0.53
S825	中国软科学	3483	2	0.94	1.468	7	0.45	58.7	3	17.18	1.00	0.44
	28 种期刊平均值	1792			1.014							

8　2016年中国科技核心期刊综合评价

表8　2016年中国科技核心期刊综合评价总分排名

CODE	刊　名	核心总被引频次		核心影响因子		综合评价总分*	
		数值	排名	数值	排名	数值	排名
G147	中华结核和呼吸杂志	4473	86	1.280	148	98.6	1
X005	铁道学报	1721	472	0.632	729	96.3	2
H030	中国农业科学	11241	7	1.854	51	95.5	3
H034	作物学报	6574	39	1.785	61	95.5	3
X031	中国公路学报	1780	442	0.969	304	93.5	5
A103	中国科学 物理学力学天文学	646	1236	0.475	1110	47.6; 41.4; 92.8	6
H280	林业科学	4387	89	1.078	234	92.6	7
Z014	生态学报	21364	1	2.010	36	92.5	8
K015	中国矿业大学学报	3161	174	1.590	85	91.9; 83.1	9
G282	中华男科学杂志	1820	429	0.972	299	91.7	10
E305	地理学报	8839	18	3.894	2	91.4	11
G146	中华护理杂志	8369	22	2.589	12	90.9	12
G023	南方医科大学学报	2976	195	1.079	233	90.7	13
N008	兵工学报	2009	370	0.748	522	90.6	14
A075	科学通报	6740	36	0.829	434	90.1	15
X004	中国铁道科学	1368	637	0.699	595	90.1	15
X672	交通运输工程学报	906	954	0.639	713	89.7	17
H039	园艺学报	4467	87	0.845	420	89.3	18
G143	中华骨科杂志	3257	163	1.717	66	89.3	18
G156	中华内科杂志	3813	115	1.336	135	89.2	20
G231	中华肝脏病杂志	2853	207	1.493	103	89.0	21
G106	中国康复医学杂志	2860	205	1.034	258	88.6	22
G170	中华心血管病杂志	5237	60	2.794	6	88.5	23
S026	自动化学报	2967	197	1.407	116	88.2	24
A108	中国科学 地球科学	4776	76	1.639	78	88.1	25
H279	农业工程学报	17932	3	1.862	50	88.0	26
R065	通信学报	1889	409	0.947	326	88.0	26
H527	草业学报	4007	104	1.827	54	87.7	28
C005	岩石力学与工程学报	10151	11	1.728	65	87.7; 83.9	28
G152	中华流行病学杂志	5251	56	1.618	82	87.2	30
R040	中国电机工程学报	19265	2	2.717	8	86.7	31
G138	中华儿科杂志	4003	105	1.704	69	86.5	32
G139	中华耳鼻咽喉头颈外科杂志	3057	186	1.261	157	85.9	33
N066	仪器仪表学报	4993	71	1.937	43	85.8	34
G197	中华神经科杂志	3950	107	1.846	52	85.7	35
E111	湖泊科学	2416	270	1.247	161	85.6	36
G142	中华妇产科杂志	3482	141	2.496	16	85.2	37
E046	心理学报	2817	212	1.334	137	84.2	38

表 8　2016 年中国科技核心期刊综合评价总分排名（续）

CODE	刊　名	核心总被引频次		核心影响因子		综合评价总分*	
		数值	排名	数值	排名	数值	排名
F009	植物生态学报	5320	55	2.267	27	84.2	38
U006	食品科学	14687	4	1.031	260	84.1	40
G148	中华口腔医学杂志	1350	645	0.805	455	84.1	40
S744	管理世界	8994	15	2.364	20	84.0	42
L031	石油勘探与开发	4907	72	4.024	1	83.7	43
E357	地学前缘	4877	73	1.947	39	83.6	44
S018	计算机学报	4040	103	1.990	37	83.4	45
D004	分析试验室	2064	351	0.955	317	39.2; 83.2	46
H012	土壤学报	5242	58	2.338	23	83.1	47
H404	农药学学报	963	912	0.790	473	62.9; 83.0	48
F003	生物工程学报	1187	746	0.507	1028	82.9	49
E115	地球科学进展	3462	145	1.781	62	82.8	50
E153	地球物理学报	7333	31	1.580	86	82.6	51
S011	软件学报	4177	98	1.911	46	82.5	52
G017	北京中医药大学学报	2659	234	1.038	256	82.4	53
T007	化工学报	4494	83	0.904	363	82.4	53
Z018	应用生态学报	12948	5	1.967	38	82.2	55
N051	机械工程学报	9343	13	1.121	210	82.1	56
F011	微生物学通报	2337	295	0.925	344	81.6	57
G155	中华内分泌代谢杂志	2377	277	1.209	174	81.6	57
G176	中华医学杂志	7763	28	1.156	196	81.5	59
G161	中华肾脏病杂志	1333	655	0.895	374	80.7	60
F015	昆虫学报	1980	377	0.788	474	80.4	61
H890	植物营养与肥料学报	5325	54	2.318	24	80.3	62
G173	中华眼科杂志	2299	299	1.265	153	80.3	62
F205	生物技术通报	1520	552	0.469	1133	80.2	64
G141	中华放射医学与防护杂志	1013	880	0.587	837	80.2	64
M012	金属学报	2952	198	0.970	303	80.0	66
F049	生物多样性	2281	303	1.550	93	80.0	66
G978	中华消化外科杂志	1747	458	1.905	47	80.0	66
Y002	航空学报	3241	165	0.920	347	79.8	69
G164	中华外科杂志	3492	137	1.455	108	79.8	69
W003	水利学报	4475	85	1.353	129	79.5	71
M028	中国有色金属学报	3883	110	0.900	367	79.4	72
E001	气象学报	3050	189	1.486	104	79.2	73
W013	水科学进展	2779	214	1.934	44	78.9	74
B025	系统工程理论与实践	4723	78	1.213	171	78.9	74
G132	中国中药杂志	10286	10	1.303	142	78.9	74
L028	石油学报	5396	53	2.625	11	78.8	77
H577	植物保护	2156	331	0.722	561	78.6	78
G129	中国安全科学学报	3157	175	1.009	273	78.4	79
Z546	中国人口资源与环境	4709	79	2.270	26	78.4	79
G043	华西口腔医学杂志	1070	827	0.809	452	78.3	81

表 8 2016 年中国科技核心期刊综合评价总分排名（续）

CODE	刊 名	核心总被引频次 数值	核心总被引频次 排名	核心影响因子 数值	核心影响因子 排名	综合评价总分* 数值	综合评价总分* 排名
U053	纺织学报	1554	534	0.485	1092	78.1	82
X018	汽车工程	1893	406	0.684	629	78.1	82
F231	动物营养学报	2600	244	0.954	318	77.9	84
F255	中国生物工程杂志	1134	774	0.499	1050	77.9	84
G177	中华预防医学杂志	3015	192	1.501	102	77.7	86
C073	工程热物理学报	2021	366	0.275	1699	77.2; 42.7	87
H014	植物保护学报	1670	493	0.886	382	77.1	88
G600	中国针灸	3748	117	1.113	215	77.1	88
F004	微生物学报	1741	463	0.711	574	77.0	90
G400	中国康复理论与实践	2352	289	0.839	426	77.0	90
G140	中华放射学杂志	3423	149	1.515	100	76.9	92
G172	中华血液学杂志	1693	485	0.926	343	76.5	93
F035	应用昆虫学报	2034	362	0.691	612	76.2	94
E309	岩石学报	8951	16	1.705	68	75.9	95
H028	果树学报	2664	232	1.173	187	75.5	96
Z006	遥感学报	2016	368	1.083	230	75.5	96
G157	中华皮肤科杂志	1815	433	0.950	321	75.5	96
H008	水产学报	2613	241	0.895	374	75.4	99
I072	CELL RESEARCH	1848	424	1.299	143	75.1	100
K017	煤炭学报	8777	19	2.260	28	74.9	101
R066	中国激光	4185	97	1.563	91	74.6	102
E003	海洋学报	1946	393	0.814	449	74.3	103
Z004	环境科学	10024	12	1.878	48	74.3	103
H018	西北农林科技大学学报自然科学版	3214	171	0.562	890	74.3	103
Z022	资源科学	5207	61	1.816	57	74.2	106
M103	材料导报	3670	120	0.484	1096	74.0	107
Z012	自然资源学报	4851	74	1.912	45	73.8	108
G642	中国肿瘤	2578	249	1.942	41	73.7	109
G793	中华胃肠外科杂志	2621	237	1.339	134	73.7	109
G052	军事医学	730	1143	0.470	1126	73.5	111
G021	第三军医大学学报	3013	193	0.732	547	73.4	112
G337	中国感染与化疗杂志	1701	480	3.068	3	73.2	113
T034	农药	1787	441	0.532	961	53.1; 73.1	114
C004	岩土力学	8304	23	1.275	150	72.9; 69.7	115
G272	中国实用外科杂志	3620	124	1.624	81	72.8	116
K512	采矿与安全工程学报	2423	268	1.262	156	72.7	117
C002	工程力学	4055	102	0.747	523	72.2; 44.0	118
G267	中国实用内科杂志	2281	303	1.007	276	72.2	118
S919	心理科学进展	2428	265	1.098	221	72.1	120
G121	中国药理学通报	3835	113	1.311	141	72.1	120
E137	自然灾害学报	2091	347	0.602	804	72.0; 46.0	122
G010	中医杂志	5200	62	0.976	297	71.9	123
R059	系统工程与电子技术	3584	125	0.815	447	64.8; 71.8	124

表8 2016年中国科技核心期刊综合评价总分排名（续）

CODE	刊 名	核心总被引频次		核心影响因子		综合评价总分*	
		数值	排名	数值	排名	数值	排名
E107	武汉大学学报信息科学版	3527	131	1.077	235	70.0; 71.7	125
P003	动力工程学报	1318	667	0.717	566	71.5	126
E152	测绘学报	2771	216	1.599	83	71.4	127
E109	大气科学	3348	157	1.285	146	71.4	127
R006	电子学报	4302	92	0.923	345	71.4	127
G150	中华老年医学杂志	1745	460	0.860	408	71.3	130
S776	南开管理评论	2331	297	2.783	7	71.2	131
E310	地理研究	5844	49	2.539	14	70.8	132
H052	植物病理学报	1332	657	0.572	868	70.8	132
Z317	中国科学 信息科学	643	1240	1.166	189	70.8; 62.5	132
Z008	农业环境科学学报	5547	52	1.429	111	70.6; 65.5	135
G179	中华肿瘤杂志	2353	287	1.788	60	70.6	135
G002	北京大学学报医学版	1762	450	0.950	321	70.5	137
M104	TRANSACTIONS OF NONFERROUS METALS SOCIETY OF CHINA	3523	133	0.983	291	70.4	138
H290	中国水产科学	1938	395	0.911	353	70.4	138
G125	中国医学科学院学报	1209	733	1.004	278	70.3	140
G133	中国肿瘤临床	2346	291	1.189	181	70.3	140
E584	地理科学进展	3819	114	2.459	17	70.0	142
F024	遗传	1831	426	0.939	331	69.6	143
G096	中国病理生理杂志	2503	256	0.774	493	69.5	144
H020	中国水稻科学	1978	378	1.411	114	69.5	144
G117	中国心理卫生杂志	2907	201	1.062	246	69.4	146
K001	中南大学学报自然科学版	3442	147	0.511	1019	69.4	146
C006	物理学报	7796	27	0.848	417	69.2	148
T098	表面技术	1350	645	1.116	213	69.1	149
G059	南京中医药大学学报	1369	636	0.966	306	69.1	149
G007	中草药	8211	25	1.578	87	69.0	151
Q005	辐射研究与辐射工艺学报	197	1910	0.361	1439	68.9	152
N033	光学精密工程	4075	101	1.430	110	68.9	152
A109	中国科学 技术科学	1138	771	0.749	521	68.9	152
E148	灾害学	1173	754	0.979	294	48.3; 68.8	155
G776	中国全科医学	7658	29	1.068	240	68.7	156
T101	化工进展	3378	153	0.712	572	68.5	157
G039	中南大学学报医学版	1440	591	0.891	378	68.5	157
P011	燃烧科学与技术	578	1311	0.619	765	68.4	159
T102	精细化工	1203	737	0.407	1305	68.3	160
G182	中国中西医结合杂志	5001	70	1.043	254	68.3	160
E010	地质学报	5595	51	2.166	32	68.1	162
H958	中国农学通报	10629	9	0.518	996	68.1	162
C091	光谱学与光谱分析	4583	81	0.755	513	68.0; 64.8	164
A005	北京大学学报自然科学版	1490	569	0.761	508	67.9	165
E008	海洋与湖沼	2139	333	0.573	865	67.9	165

表8 2016年中国科技核心期刊综合评价总分排名（续）

CODE	刊 名	核心总被引频次		核心影响因子		综合评价总分*	
		数值	排名	数值	排名	数值	排名
H555	中国生态农业学报	3865	112	1.462	107	67.9	165
F229	生物技术	850	1010	0.483	1098	67.8	168
M029	稀有金属	1251	702	1.204	177	67.7	169
X685	交通运输系统工程与信息	856	1001	0.523	987	67.6	170
H044	中国生物防治学报	1011	882	0.960	312	67.6	170
G299	中国组织工程研究	8868	17	0.621	763	67.6	170
I037	CHINESE JOURNAL OF CANCER RESEARCH	667	1212	2.074	35	67.5	173
N006	爆炸与冲击	1123	783	0.524	983	67.5	173
T003	工程塑料应用	1382	628	0.670	653	67.5	173
G875	中华实用儿科临床杂志	3466	144	0.917	350	67.4	176
S001	控制与决策	3321	161	0.991	283	67.2	177
G908	中国学校卫生	4190	96	1.074	238	67.0	178
H027	中国农业大学学报	1732	469	0.691	612	66.9	179
S019	电力系统自动化	12079	6	2.518	15	66.8	180
G501	临床肝胆病杂志	2127	337	1.253	159	66.8	180
Z003	环境科学学报	6683	38	1.435	109	66.7	182
A010	北京师范大学学报自然科学版	657	1223	0.280	1687	66.6	183
E116	吉林大学学报地球科学版	2383	274	0.898	370	51.8; 66.5	184
E313	中国海洋大学学报自然科学版	1722	471	0.470	1126	66.5; 58.2; 50.8	184
R021	电子测量与仪器学报	2038	360	2.141	33	66.4	186
J001	清华大学学报自然科学版	2686	230	0.498	1054	66.4	186
G102	中国公共卫生	5021	68	1.048	250	66.4	186
S021	计算机研究与发展	2768	217	1.415	113	66.3	189
Q001	核技术	539	1368	0.330	1536	66.2	190
G168	中华消化杂志	2130	336	1.009	273	66.2	190
G166	中华物理医学与康复杂志	1955	392	0.901	365	66.1	192
R022	电子与信息学报	3524	132	1.239	164	66.0	193
G192	中国脊柱脊髓杂志	2288	301	1.051	249	65.9	194
G859	中华中医药学刊	5122	64	0.583	845	65.9; 50.8	194
H025	北京林业大学学报	2178	320	0.706	585	65.8; 62.9	196
H001	茶叶科学	1018	872	1.118	212	65.8	196
V028	城市规划学刊	1510	557	1.571	89	65.8	196
A066	陕西师范大学学报自然科学版	521	1394	0.403	1314	65.7	199
G604	中国实验方剂学杂志	9238	14	0.948	324	65.7	199
G127	中国医学影像技术	3582	126	0.709	578	65.7	199
L029	天然气工业	5089	65	1.946	40	65.6	202
L001	中国石油大学学报自然科学版	2180	319	1.057	247	52.3; 65.6	202
G008	药学学报	3130	180	1.125	206	65.5	204
R039	电网技术	10688	8	2.405	19	65.4	205
G154	中华泌尿外科杂志	2306	298	1.541	94	65.4	205
E142	地球科学	2657	235	1.384	120	65.2	207
E352	气象	3666	121	1.806	58	65.2	207
X030	西安交通大学学报	2535	253	0.801	457	64.9	209

表8 2016年中国科技核心期刊综合评价总分排名（续）

CODE	刊 名	核心总被引频次		核心影响因子		综合评价总分*	
		数值	排名	数值	排名	数值	排名
X036	长安大学学报自然科学版	881	975	0.450	1179	64.8; 44.9	210
T014	塑料工业	1316	670	0.537	947	64.8	210
G233	中国矫形外科杂志	3735	118	0.962	309	64.8	210
V044	建筑结构学报	2726	220	0.988	288	64.6	213
H784	生态环境学报	5246	57	1.343	133	64.6	213
G302	中华疾病控制杂志	2714	223	1.591	84	64.6	213
Y024	宇航学报	2371	281	0.885	383	64.5	216
G226	中国普通外科杂志	2427	266	1.181	185	64.5	216
W009	数理统计与管理	797	1071	0.624	752	64.4; 31.3	218
S003	系统仿真学报	3217	170	0.418	1269	64.3	219
H003	华中农业大学学报	1426	599	0.875	394	64.2	220
F047	中国实验动物学报	656	1225	0.631	734	64.2	220
H033	南京林业大学学报自然科学版	1800	435	0.817	446	64.1; 59.7	222
E021	气候变化研究进展	1078	816	1.632	80	64.0	223
V037	岩土工程学报	5918	45	1.147	201	64.0	223
F225	微生物学杂志	1015	878	0.681	640	63.9	225
D005	分析化学	3869	111	1.333	138	63.8	226
G211	中国糖尿病杂志	2195	317	1.265	153	63.8	226
G068	复旦学报医学版	922	942	0.737	538	63.7	228
C099	中国光学	845	1015	1.821	55	63.7; 57.1	228
G408	中华创伤骨科杂志	2124	338	1.121	210	63.7	228
Y027	航空材料学报	870	984	1.124	207	63.6	231
G454	中国医院管理	2520	255	1.279	149	63.6	231
P004	内燃机学报	765	1106	0.584	843	63.5	233
G222	临床麻醉学杂志	3156	176	1.538	95	63.3	234
F100	应用与环境生物学报	1882	413	0.832	433	52.7; 63.3	234
G396	中国循证医学杂志	1946	393	0.910	356	63.2; 60.8	236
I201	CHINESE MEDICAL JOURNAL	4301	93	0.801	457	63.0	237
D022	分析测试学报	2773	215	1.382	122	51.2; 63.0	237
D506	化学进展	1993	373	0.897	371	62.9	239
S025	计算机工程与应用	5903	46	0.470	1126	62.9	239
G079	卫生研究	1634	502	0.628	747	62.9	239
G137	中华创伤杂志	1926	398	0.919	348	62.9	239
V029	土木工程学报	3222	168	0.962	309	62.8	243
G116	中华危重病急救医学	3413	151	2.652	10	62.8	243
F010	水生生物学报	2057	353	0.985	289	62.7	245
H023	畜牧兽医学报	1617	509	0.526	980	62.7	245
G188	细胞与分子免疫学杂志	1541	543	0.693	609	62.6	247
H281	林业科学研究	1968	383	0.729	551	62.5	248
G093	针刺研究	1211	731	1.249	160	62.5	248
G262	中华肝胆外科杂志	1651	500	1.645	77	62.5	248
B014	计算数学	228	1877	0.662	664	62.4	251
G963	现代预防医学	7601	30	0.891	378	62.4	251

表8 2016年中国科技核心期刊综合评价总分排名（续）

CODE	刊名	核心总被引频次 数值	核心总被引频次 排名	核心影响因子 数值	核心影响因子 排名	综合评价总分* 数值	综合评价总分* 排名
L006	石油与天然气地质	3024	191	2.429	18	62.2	253
A064	西南师范大学学报自然科学版	1215	728	0.441	1206	62.2	253
N039	功能材料	2681	231	0.499	1050	62.1	255
H053	中南林业科技大学学报	2275	306	1.161	192	62.1; 57.8	255
Y001	北京航空航天大学学报	1779	443	0.450	1179	62.0; 49.3	257
X633	船舶力学	869	986	0.405	1308	62.0; 21.4	257
G607	临床儿科杂志	2165	324	1.092	224	62.0	257
A004	华中师范大学学报自然科学版	551	1352	0.345	1486	61.9	260
G901	中国当代儿科杂志	1868	416	1.094	223	61.9	260
E130	地理科学	4783	75	2.079	34	61.8	262
H035	浙江大学学报农业与生命科学版	1105	797	0.491	1076	61.7	263
G985	中国艾滋病性病	1741	463	0.990	285	61.7	263
G324	实用医学杂志	7298	32	0.883	387	61.6	265
E145	海洋科学	1924	401	0.439	1211	61.5	266
G001	ACTA PHARMACOLOGICA SINICA	1550	537	0.820	443	61.3	267
I237	FRONTIERS OF MEDICINE	280	1781	1.083	230	61.3	267
G202	肾脏病与透析肾移植杂志	738	1133	0.591	829	61.2	269
G850	辽宁中医药大学学报	3136	178	0.478	1107	61.0	270
D012	色谱	2916	200	1.798	59	61.0	270
E005	高原气象	3327	159	1.536	97	60.9	272
E154	水文地质工程地质	1557	531	0.919	348	60.9; 37.7	272
J003	哈尔滨工业大学学报	2018	367	0.565	882	60.7	274
G633	中国血液净化	1200	740	0.853	412	60.7; 32.2	274
F018	菌物学报	1417	604	0.882	389	60.6	276
H278	农业机械学报	7130	34	1.561	92	60.6	276
N115	现代仪器与医疗	640	1244	1.154	198	48.6; 60.6	276
B020	应用数学和力学	623	1265	0.644	704	31.0; 60.6	276
E300	地球学报	1958	389	1.520	98	60.5	280
J032	同济大学学报自然科学版	2531	254	0.492	1073	60.5	280
G429	中国食品卫生杂志	1316	670	1.063	244	60.5	280
G876	中华老年心脑血管病杂志	2219	313	1.188	183	53.0; 60.5	280
T022	中国塑料	1013	880	0.492	1073	60.4	284
G181	中山大学学报医学科学版	1062	836	0.866	400	60.4	284
D030	化学学报	2087	348	1.426	112	60.3	286
T019	中国医药工业杂志	1159	758	0.412	1287	23.5; 60.3	286
R043	电工技术学报	8300	24	2.301	25	60.2	288
T005	硅酸盐学报	2357	285	0.656	677	60.2	288
D027	煤炭转化	706	1170	0.571	871	60.2	288
A017	浙江大学学报工学版	1972	382	0.568	877	60.2	288
I159	JOURNAL OF ZHEJIANG UNIVERSITY SCIENCE B	682	1192	0.903	364	53.5; 60.1	292
H287	水土保持学报	6028	44	1.206	175	60.1	292
Z001	中国环境科学	5863	48	1.818	56	60.1	292

表 8 　2016 年中国科技核心期刊综合评价总分排名（续）

CODE	刊 名	核心总被引频次 数值	核心总被引频次 排名	核心影响因子 数值	核心影响因子 排名	综合评价总分* 数值	综合评价总分* 排名
B522	运筹与管理	910	953	0.451	1176	60.0; 31.1	295
G910	中华中医药杂志	6460	41	0.782	484	60.0; 42.5	295
G014	吉林大学学报医学版	1380	630	0.602	804	59.9	297
F001	生理学报	486	1440	0.556	905	47.1; 59.9	297
G538	中国癌症杂志	1518	554	1.123	208	59.9	297
G118	中国修复重建外科杂志	2135	334	0.818	445	59.9	297
F043	动物学杂志	996	890	0.529	969	59.8	301
H021	南京农业大学学报	1499	563	0.673	648	59.8	301
F020	西北植物学报	4523	82	0.786	478	59.7	303
S004	机器人	1111	791	1.068	240	59.6	304
S016	计算机应用研究	4366	91	0.635	722	59.6	304
Z028	生态学杂志	6541	40	1.195	179	59.6	304
G111	中国免疫学杂志	1460	579	0.737	538	59.5	307
H773	农业资源与环境学报	497	1427	1.083	230	59.3; 49.9	308
T106	塑料	830	1036	0.772	496	59.3	308
G997	国际口腔医学杂志	659	1222	0.413	1284	59.2	310
G066	上海交通大学学报医学版	1556	532	0.421	1256	59.2	310
G091	浙江大学学报医学版	494	1434	0.630	741	58.9	312
G005	第二军医大学学报	1467	575	0.536	949	58.8	313
M001	理化检验化学分册	1796	437	0.520	992	58.7	314
S825	中国软科学	3483	140	1.468	106	58.7	314
N754	中国工程科学	1438	592	0.417	1271	58.6	316
V050	城市规划	2024	365	1.029	261	58.3	317
Q008	原子能科学技术	832	1033	0.206	1856	58.2	318
B015	数学的实践与认识	1747	458	0.203	1866	57.9	319
A107	中国科学 生命科学	871	980	0.746	525	57.8	320
H006	东北农业大学学报	1713	477	0.622	759	57.7	321
G077	华中科技大学学报医学版	917	948	0.838	428	57.7	321
G081	西安交通大学学报医学版	1048	846	0.769	501	57.6	323
R083	中国图象图形学报	2163	328	0.962	309	57.6	323
A052	华南师范大学学报自然科学版	375	1622	0.321	1566	57.5	325
G716	中国卫生政策研究	794	1075	0.972	299	57.5	325
E045	暴雨灾害	588	1301	1.151	200	18.6; 57.4	327
E155	海洋地质与第四纪地质	1510	557	0.458	1163	57.4; 35.2	327
H266	经济林研究	1092	807	1.144	202	57.4	327
G045	四川大学学报医学版	1191	743	0.684	629	57.4	327
N030	振动与冲击	5049	66	0.687	620	57.4	327
C050	光学学报	4409	88	1.411	114	57.3	332
E122	应用气象学报	2369	283	1.354	128	57.3	332
E656	地球信息科学学报	1110	793	0.788	474	57.2	334
H013	华南农业大学学报	976	904	0.630	741	57.2	334
G766	实用心脑肺血管病杂志	1718	474	0.735	542	39.3; 57.1	336
G221	中国临床心理学杂志	2616	239	1.189	181	57.1	336

表 8　2016 年中国科技核心期刊综合评价总分排名（续）

CODE	刊　名	核心总被引频次		核心影响因子		综合评价总分*	
		数值	排名	数值	排名	数值	排名
Z549	安全与环境学报	2034	362	0.632	729	57.0	338
Y007	材料工程	1660	498	0.906	361	57.0	338
X017	武汉理工大学学报交通科学与工程版	702	1176	0.203	1866	56.9; 32.3	340
G195	中华超声影像学杂志	1873	415	0.859	409	56.9	340
E009	地质论评	2710	227	1.349	131	56.8	342
F215	生命科学	823	1044	0.449	1183	56.8	342
Q920	中华医学超声杂志电子版	1412	608	1.011	268	56.8	342
G097	中国超声医学杂志	2449	261	1.364	126	56.7	345
G883	中国实验血液学杂志	1521	550	0.755	513	56.6	346
G644	中国医药导报	6349	42	0.658	674	56.5	347
Z002	环境科学研究	3491	138	1.387	119	56.3	348
E599	经济地理	5239	59	1.747	64	56.3	348
Z543	遥感技术与应用	1318	667	0.827	437	56.3	348
G320	中国肺癌杂志	1294	681	1.283	147	56.3	348
G511	山东医药	6797	35	0.585	839	56.2	352
G825	中国儿童保健杂志	1914	404	0.611	781	38.9; 56.2	352
G646	辽宁中医杂志	3945	108	0.497	1057	56.1	354
G224	实用口腔医学杂志	1130	777	0.676	645	56.1	354
G073	首都医科大学学报	1019	871	0.783	483	56.0	356
H019	浙江农林大学学报	1018	872	0.631	734	56.0; 48.1	356
L004	东北石油大学学报	959	916	1.403	117	35.5; 55.9	358
F016	生物化学与生物物理进展	960	914	0.568	877	55.9	358
G846	中国中西医结合肾病杂志	1887	411	0.708	581	23.0; 55.9	358
G018	病毒学报	711	1157	0.720	565	55.8	361
Z029	长江流域资源与环境	2610	242	1.000	281	55.8	361
G123	中国医科大学学报	1410	611	0.702	590	55.8	361
Y019	复合材料学报	2046	358	1.044	253	55.7	364
G886	介入放射学杂志	1965	387	1.156	196	55.7	364
G373	中国微创外科杂志	2449	261	1.162	191	55.7	364
A030	东北师大学报自然科学版	410	1554	0.498	1054	55.6	367
E350	矿物学报	1024	866	0.598	813	55.6	367
X006	上海交通大学学报	2165	324	0.455	1170	55.6	367
M052	稀有金属材料与工程	3294	162	0.410	1296	55.6	367
G072	中华生殖与避孕杂志	1127	779	0.965	307	55.6	367
X024	大连海事大学学报	388	1598	0.296	1635	55.5; 32.9	372
G048	解放军医学杂志	1812	434	1.243	163	55.5	372
X532	汽车安全与节能学报	187	1920	0.593	821	55.5	372
H057	土壤通报	3534	129	0.777	489	55.4	375
M023	冶金分析	1188	745	0.916	351	55.4	375
H294	中国畜牧兽医	2295	300	0.563	886	55.3	377
H205	中国油料作物学报	1544	541	0.895	374	55.3	377
G739	中华糖尿病杂志	1020	868	1.663	73	55.3	377
E311	海洋通报	1067	831	0.723	558	55.2	380

表8 2016年中国科技核心期刊综合评价总分排名（续）

CODE	刊 名	核心总被引频次 数值	核心总被引频次 排名	核心影响因子 数值	核心影响因子 排名	综合评价总分* 数值	综合评价总分* 排名
E361	气候与环境研究	1370	635	1.064	243	55.2	380
H525	草地学报	1958	389	0.786	478	55.0	382
H283	江西农业大学学报	1384	627	0.544	928	55.0	382
E126	石油实验地质	2037	361	2.213	29	55.0	382
H208	中国烟草科学	1736	465	1.027	262	55.0	382
H068	南方水产科学	823	1044	1.380	123	54.9	386
H238	植物遗传资源学报	1768	447	1.180	186	54.9	386
A106	中国科学 化学	1288	684	0.597	815	54.9	386
H262	东北林业大学学报	2395	271	0.546	924	54.8; 48.4	389
G498	国际骨科学杂志	624	1264	0.688	617	54.8	389
E642	热带海洋学报	863	995	0.460	1156	54.8	389
M053	中国材料进展	708	1159	0.475	1110	54.8	389
A054	华东师范大学学报自然科学版	479	1452	0.288	1663	54.7	393
G586	实用妇产科杂志	2470	258	1.239	164	54.7	393
G269	中国普外基础与临床杂志	1598	514	0.624	752	54.7	393
I168	INTERNATIONAL JOURNAL OF COAL SCIENCE & TECHNOLOGY	377	1617	3.034	4	54.6	396
A055	湖南师范大学自然科学学报	283	1775	0.368	1418	54.6	396
G680	中国妇幼保健	8610	20	0.614	770	54.6	396
E113	沉积学报	3135	179	1.098	221	54.5	399
G775	动物医学进展	1695	482	0.632	729	54.5	399
S029	计算机应用	3462	145	0.598	813	54.4	401
G826	现代肿瘤医学	3179	173	0.643	706	54.4	401
G174	中华检验医学杂志	2198	316	0.958	313	54.4	401
G266	口腔医学研究	1121	784	0.551	913	54.3	404
G800	胃肠病学	1255	698	0.664	661	54.3	404
X032	西南交通大学学报	1217	724	0.725	556	54.3	404
U010	现代食品科技	3323	160	0.936	333	54.3	404
E102	成都理工大学学报自然科学版	1244	707	0.779	486	43.9; 54.2	408
A105	中国科学 数学	386	1601	0.166	1935	54.2	408
X012	中国造船	547	1356	0.428	1237	54.1	410
G951	现代中西医结合杂志	5892	47	0.615	769	54.0	411
G193	中国医学影像学杂志	1550	537	1.024	265	54.0	411
A024	武汉大学学报理学版	537	1372	0.622	759	53.9	413
S006	计算机科学	3532	130	0.630	741	53.8	414
T536	塑料科技	747	1121	0.459	1160	53.8	414
G171	中华胸心血管外科杂志	1227	719	0.826	439	53.8	414
G186	重庆医科大学学报	1393	621	0.481	1101	53.7	417
R038	高电压技术	7280	33	2.342	21	53.7	417
G416	海南医学院学报	2048	356	0.846	419	53.6	419
J004	华南理工大学学报自然科学版	1573	523	0.429	1234	53.6	419
G867	中国实用口腔科杂志	771	1095	0.532	961	53.6	419
G191	中华眼底病杂志	993	894	1.010	270	53.6	419

表 8 2016 年中国科技核心期刊综合评价总分排名（续）

CODE	刊 名	核心总被引频次		核心影响因子		综合评价总分*	
		数值	排名	数值	排名	数值	排名
N102	电力系统保护与控制	7872	26	2.812	5	53.4	423
Y026	南京航空航天大学学报	926	941	0.609	786	53.4; 42.0	423
G189	牙体牙髓牙周病学杂志	706	1170	0.476	1109	53.3	425
J028	东南大学学报自然科学版	1455	582	0.472	1119	53.2	426
J033	华中科技大学学报自然科学版	1701	480	0.498	1054	53.2	426
Z023	生态与农村环境学报	1496	566	0.989	287	53.2; 44.9	426
Z552	中国安全生产科学技术	1745	460	0.773	494	53.2	426
G009	中国药学杂志	3487	139	0.798	466	53.2	426
F013	JOURNAL OF GENETICS AND GENOMICS	1093	806	0.750	518	53.0	431
J021	重庆大学学报自然科学版	1400	619	0.383	1376	53.0	431
E006	海洋科学进展	683	1190	0.604	800	52.9	433
S012	计算机工程	4269	95	0.461	1155	52.9	433
J051	四川大学学报工程科学版	1315	672	0.675	647	52.9	433
G254	中华普通外科杂志	1925	399	0.985	289	52.9	433
G858	中华肿瘤防治杂志	2391	273	1.010	270	52.9	433
X021	桥梁建设	713	1153	0.822	442	52.8	438
G089	营养学报	1273	692	0.592	825	52.8	438
G304	中国临床医学影像杂志	1246	705	0.742	529	52.8	438
G264	肠外与肠内营养	881	975	1.014	267	52.7	441
F022	动物学研究	742	1128	0.294	1640	52.7	441
L002	西南石油大学学报自然科学版	1544	541	0.870	399	40.9; 52.7	441
G253	中国卫生统计	2084	349	0.703	588	52.7	441
G030	广州中医药大学学报	1234	713	0.665	658	52.6	445
A061	南京师大学报自然科学版	344	1679	0.276	1696	52.6	445
A015	应用科学学报	403	1564	0.388	1352	52.6	445
N059	中国机械工程	3983	106	0.581	852	52.6	445
M050	钢铁	1977	379	0.990	285	52.4	449
M045	矿冶工程	1049	845	0.647	695	52.4	449
H037	棉花学报	1067	831	1.193	180	52.4	449
M030	工程科学学报	1757	454	0.527	977	52.3	452
D024	环境化学	2864	204	1.010	270	45.7; 52.3	452
G520	中成药	5009	69	0.935	335	52.3	452
G011	CHINESE JOURNAL OF CANCER	1221	722	0.969	304	52.2	455
G654	护理研究	6734	37	0.688	617	52.2	455
H222	农业现代化研究	1314	673	0.833	432	52.2	455
K022	金属矿山	2718	221	0.691	612	52.1	458
S015	模式识别与人工智能	844	1017	0.659	670	52.1	458
T008	过程工程学报	1047	850	0.467	1143	52.0	460
R060	控制理论与应用	1877	414	0.977	295	52.0	460
G293	临床血液学杂志	593	1295	0.638	716	52.0; 34.0	460
Q910	临床肿瘤学杂志	1685	486	0.801	457	52.0	460
I122	CHINESE JOURNAL OF AERONAUTICS	886	970	0.710	576	51.9	464
G012	安徽医科大学学报	1598	514	0.612	777	51.9	464

表8 2016年中国科技核心期刊综合评价总分排名（续）

CODE	刊 名	核心总被引频次		核心影响因子		综合评价总分*	
		数值	排名	数值	排名	数值	排名
E301	第四纪研究	3245	164	2.585	13	51.8	466
Y017	航空动力学报	2596	245	0.488	1083	51.8	466
G276	临床耳鼻咽喉头颈外科杂志	2333	296	0.692	611	51.8	466
G691	中华关节外科杂志电子版	853	1004	0.957	314	51.8	466
H042	核农学报	2556	251	1.287	144	51.7	470
T017	林产化学与工业	985	896	0.534	958	51.6; 51.6	471
G323	中国康复	832	1033	0.761	508	51.6	471
U647	中国烟草学报	1327	661	0.911	353	51.6	471
G183	中药材	4481	84	0.707	582	51.5	474
N084	摩擦学学报	1392	622	1.039	255	51.4	475
F038	植物生理学报	3360	155	0.939	331	51.4	475
N021	焊接学报	2758	219	0.578	856	51.3	477
G325	口腔医学	823	1044	0.392	1341	51.3	477
M022	中国稀土学报	950	922	1.025	264	51.3	477
G167	中华显微外科杂志	2259	310	2.179	31	51.3	477
R501	热力发电	1111	791	0.493	1071	24.8; 51.2	481
U007	中国食品学报	2540	252	0.742	529	51.2	481
F034	ACTA BIOCHIMICA ET BIOPHYSICA SINICA	695	1180	0.657	675	51.1	483
G452	疾病监测	2010	369	1.103	219	51.1	483
W514	科学学研究	3142	177	1.569	90	51.1	483
H234	草业科学	3500	136	1.508	101	50.9	486
N007	火炸药学报	892	964	0.655	680	50.9	486
G689	中华妇幼临床医学杂志电子版	715	1151	0.741	531	42.7; 50.9	486
G185	肿瘤防治研究	1186	747	0.698	596	50.9	486
E150	地震地质	1391	623	0.802	456	50.8	490
T001	高分子材料科学与工程	2123	339	0.544	928	50.8	490
Z010	海洋环境科学	1130	777	0.399	1325	33.7; 50.8	490
A537	科学技术与工程	3060	185	0.239	1788	50.8	490
X007	铁道科学与工程学报	771	1095	0.608	789	50.8	490
G860	医学综述	5132	63	0.487	1086	50.8	490
R559	重庆邮电大学学报自然科学版	474	1457	0.649	689	50.7; 40.6	496
G483	世界中医药	1465	576	0.697	598	50.7; 40.2	496
G832	中国中医药信息杂志	2644	236	0.509	1023	50.7; 39.4	496
G608	放射学实践	1888	410	0.896	373	50.6	499
E312	海洋湖沼通报	684	1189	0.420	1259	50.6	499
W012	河海大学学报自然科学版	1145	766	0.543	932	50.6; 49.6	499
H225	中国兽医学报	1343	650	0.606	795	50.6	499
A016	兰州大学学报自然科学版	1025	864	0.629	745	50.5	503
H032	华北农学报	2282	302	0.755	513	50.4	504
S030	计算机集成制造系统	2844	210	0.862	406	50.4	504
A036	中山大学学报自然科学版	1085	812	0.521	989	50.4	504
G906	世界科学技术-中医药现代化	2135	334	0.707	582	50.3; 40.2	507
G135	中华病理学杂志	1546	540	0.828	436	50.3	507

表 8 2016 年中国科技核心期刊综合评价总分排名（续）

CODE	刊名	核心总被引频次		核心影响因子		综合评价总分*	
		数值	排名	数值	排名	数值	排名
A078	福建师范大学学报自然科学版	341	1686	0.252	1762	50.2	509
D020	高等学校化学学报	2602	243	0.761	508	50.2	509
H199	江苏农业学报	1675	488	0.983	291	50.2	509
G728	中华骨质疏松和骨矿盐疾病杂志	511	1407	0.951	320	50.2	509
R036	电子科技大学学报	734	1139	0.381	1381	50.1; 45.9	513
Q911	国际眼科杂志	2455	260	0.574	864	50.1	513
G663	中国骨质疏松杂志	2100	346	1.211	172	50.1	513
G273	中国实用儿科杂志	1857	420	1.122	209	50.1	513
M035	JOURNAL OF RARE EARTHS	1299	677	1.366	125	50.0	517
A645	科技导报	1755	455	0.494	1068	50.0	517
G271	临床放射学杂志	2235	312	0.712	572	50.0	517
G109	中国临床药理学杂志	2050	355	0.900	367	49.9	520
H045	干旱地区农业研究	3110	182	0.800	462	49.8	521
W018	管理科学	1042	852	1.669	72	49.8	521
U005	食品工业科技	8389	21	0.590	832	49.8	521
A041	天津大学学报	1270	694	0.575	860	49.8	521
E604	中国地质灾害与防治学报	853	1004	0.858	410	29.6; 49.8	521
G136	中华传染病杂志	1070	827	0.657	675	49.8	521
N103	中国表面工程	628	1259	0.502	1041	49.7	527
H567	中国农业科技导报	1032	860	0.739	534	49.7	527
J030	北京工业大学学报	1042	852	0.390	1346	49.6	529
S157	国际生殖健康/计划生育杂志	499	1425	0.592	825	49.6	529
G591	中华医院管理杂志	1795	439	0.907	359	49.6	529
J042	吉林大学学报工学版	1590	517	0.585	839	49.5	532
L518	天然气地球科学	2968	196	1.706	67	49.5	532
B021	系统科学与数学	515	1402	0.359	1445	20.3; 49.5	532
G105	中国寄生虫学与寄生虫病杂志	1106	795	1.319	140	49.5	532
G613	中国慢性病预防与控制	1632	504	0.948	324	49.4	536
J023	东北大学学报自然科学版	1758	452	0.348	1477	49.3	537
X029	重庆交通大学学报自然科学版	833	1031	0.382	1378	49.2; 28.3	538
A045	暨南大学学报自然科学与医学版	544	1362	0.606	795	48.3; 49.2	538
V051	建筑材料学报	1468	574	0.603	802	49.2	538
G853	中国实验诊断学	2660	233	0.650	687	49.2	538
Q006	辐射防护	326	1708	0.266	1718	49.1	542
G246	口腔颌面外科杂志	424	1532	0.486	1088	49.1	542
A117	食品科学技术学报	425	1531	0.771	498	49.1	542
G419	心血管病学进展	947	928	0.440	1208	49.1	542
H210	中国农业气象	1627	506	1.157	194	49.1; 48.4	542
S818	科学学与科学技术管理	2582	248	1.246	162	49.0	547
V019	土木建筑与环境工程	755	1116	0.416	1277	49.0	547
H043	土壤	2712	224	1.274	151	49.0	547
D003	无机材料学报	1318	667	0.456	1167	49.0	547
G249	中国骨与关节损伤杂志	2819	211	1.004	278	48.9	551

表8 2016年中国科技核心期刊综合评价总分排名（续）

CODE	刊名	核心总被引频次		核心影响因子		综合评价总分*	
		数值	排名	数值	排名	数值	排名
N060	传感技术学报	2418	269	1.237	166	48.8	552
J024	大连理工大学学报	843	1019	0.444	1191	48.8	552
H004	西南大学学报自然科学版	1983	375	0.595	816	48.8	552
G554	眼科新进展	1313	674	0.633	726	48.8	552
G281	医学研究生学报	1895	405	1.234	167	48.8	552
G228	中国实用妇科与产科杂志	2344	292	0.998	282	48.8	552
G747	中国新药杂志	3053	188	0.702	590	48.8	552
H850	水生态学杂志	899	957	0.576	858	35.4; 48.7	559
G326	胃肠病学和肝病学杂志	1453	585	0.550	915	48.7	559
G639	中华老年多器官疾病杂志	560	1337	0.420	1259	48.7	559
W008	管理科学学报	2048	356	1.702	70	48.6	562
G263	中华行为医学与脑科学杂志	2356	286	1.066	242	48.6	562
G564	中药新药与临床药理	1351	644	0.564	883	48.6	562
N004	弹道学报	537	1372	0.503	1039	48.5	565
K009	煤田地质与勘探	1297	678	0.775	492	48.5	565
F203	生理科学进展	648	1234	0.531	964	48.5	565
R005	数据采集与处理	677	1202	0.736	540	48.5	565
E024	地球化学	1772	446	0.683	635	48.4	569
Z025	环境科学与技术	3414	150	0.647	695	48.4	569
H286	农业生物技术学报	1202	738	0.801	457	48.4	569
G087	药物分析杂志	3057	186	0.851	415	48.3	572
H269	云南农业大学学报	1148	764	0.607	791	48.3	572
G243	中国医院药学杂志	3205	172	0.782	484	48.3	572
D001	物理化学学报	2280	305	0.849	416	48.2	575
H288	西北农业学报	2438	264	0.536	949	48.2	575
A636	中国科学院院刊	870	984	0.682	638	48.2	575
E149	海洋学研究	424	1532	0.378	1388	48.1	578
H748	麦类作物学报	2184	318	0.750	518	48.1	578
H223	热带作物学报	2028	364	0.594	817	48.1	578
S052	智能系统学报	406	1561	0.573	865	48.1	578
G339	中国病原生物学杂志	1442	590	1.007	276	48.1	578
H242	中国畜牧杂志	1506	559	0.438	1213	48.1	578
G773	中华实验眼科杂志	1088	811	0.612	777	48.1	578
G036	郑州大学学报医学版	1133	775	0.750	518	48.0	585
F029	JOURNAL OF INTEGRATIVE PLANT BIOLOGY	2237	311	0.767	503	47.9	586
N017	爆破	617	1272	0.631	734	47.9	586
N085	兵器材料科学与工程	644	1237	0.309	1598	47.8	588
W531	科研管理	2927	199	1.576	88	47.8	588
M102	新型炭材料	518	1398	0.715	568	47.8	588
N052	压力容器	1000	885	1.152	199	47.8	588
G114	中国神经精神疾病杂志	1338	651	0.863	404	47.8	588
T078	高科技纤维与应用	280	1781	0.302	1618	47.7	593

表 8 2016 年中国科技核心期刊综合评价总分排名（续）

CODE	刊 名	核心总被引频次 数值	核心总被引频次 排名	核心影响因子 数值	核心影响因子 排名	综合评价总分* 数值	综合评价总分* 排名
C103	固体力学学报	595	1291	0.504	1036	47.7	593
B001	应用数学学报	333	1695	0.381	1381	47.7	593
H909	玉米科学	2116	342	0.732	547	47.7	593
S013	计算机辅助设计与图形学学报	1883	412	0.746	525	47.6	597
H051	森林与环境学报	608	1278	0.667	657	47.6	597
G515	中华全科医学	3429	148	0.877	392	47.6	597
T949	应用化工	1447	587	0.315	1579	47.5	600
Y004	振动工程学报	1090	809	0.538	944	37.4; 47.5	600
G648	中华骨与关节外科杂志	485	1443	0.900	367	47.5	600
A025	南京大学学报自然科学版	813	1053	0.429	1234	47.4	603
G946	上海中医药大学学报	835	1027	0.622	759	47.4	603
A580	应用基础与工程科学学报	750	1120	0.623	755	47.4	603
G238	听力学及言语疾病杂志	1050	842	0.758	511	47.3	606
F250	现代生物医学进展	3649	123	0.353	1462	47.3	606
F023	植物学报	1647	501	0.981	293	47.3	606
G756	中国循证儿科杂志	622	1267	0.695	603	47.3; 45.4; 46.1	606
G973	中国呼吸与危重监护杂志	921	944	0.544	928	47.2	610
I202	PARTICUOLOGY	499	1425	0.690	615	47.1	611
G283	上海口腔医学	654	1230	0.486	1088	47.1	611
N759	生命科学仪器	190	1916	0.190	1895	47.1	611
G661	国际医学放射学杂志	431	1521	0.651	685	47.0	614
G836	药物评价研究	825	1040	1.184	184	47.0	614
P006	热能动力工程	648	1234	0.313	1584	46.9	616
G122	中国药理学与毒理学杂志	807	1063	0.648	693	46.9	616
H017	JOURNAL OF INTEGRATIVE AGRICULTURE	1048	846	0.501	1044	46.8	618
E139	地质科学	1590	517	0.684	629	46.8	618
E601	古地理学报	1538	545	1.336	135	46.8	618
R084	红外与激光工程	2982	194	0.741	531	46.8	618
E123	应用海洋学学报	655	1229	0.344	1492	46.8	618
N104	中国惯性技术学报	952	921	0.873	396	46.8	618
G900	中华烧伤杂志	1014	879	1.077	235	46.8	618
R026	光电工程	1073	822	0.387	1358	46.7	625
E131	海洋工程	705	1172	0.531	964	46.7	625
E140	空间科学学报	342	1683	0.365	1426	46.7; 24.8	625
D002	燃料化学学报	1967	385	1.002	280	43.0; 46.7	625
G062	山东大学学报医学版	998	886	0.468	1136	46.7	625
M015	JOURNAL OF MATERIALS SCIENCE & TECHNOLOGY	961	913	0.772	496	46.6	630
T065	合成纤维工业	349	1670	0.289	1659	46.6	630
I050	RARE METALS	525	1392	0.723	558	46.5	632
H224	西北林学院学报	2379	276	0.795	470	46.5; 40.9	632
A022	西北师范大学学报自然科学版	375	1622	0.272	1704	46.5	632
G787	中国健康教育	1797	436	0.731	549	46.5	632

表8 2016年中国科技核心期刊综合评价总分排名（续）

CODE	刊名	核心总被引频次		核心影响因子		综合评价总分*	
		数值	排名	数值	排名	数值	排名
R090	电力自动化设备	3572	127	1.638	79	46.4	636
N005	火力与指挥控制	1373	634	0.297	1633	46.4	636
E012	CHINESE JOURNAL OF OCEANOLOGY AND LIMNOLOGY	557	1345	0.277	1692	46.3	638
D013	催化学报	1958	389	0.770	499	46.3	638
R758	雷达学报	231	1870	0.713	570	46.3	638
H292	上海海洋大学学报	969	908	0.575	860	45.5; 46.3	638
G768	实用预防医学	3240	166	0.935	335	46.3	638
M007	中国腐蚀与防护学报	799	1070	0.705	586	46.3	638
F025	中国细胞生物学学报	791	1080	0.368	1418	46.3	638
T016	高校化学工程学报	1154	760	0.592	825	46.2	645
H056	水土保持研究	3108	183	0.740	533	46.2	645
R034	信号处理	964	911	0.508	1026	46.2	645
G552	磁共振成像	818	1049	1.658	74	46.1	648
E527	地理与地理信息科学	1493	568	0.763	506	46.1	648
E106	矿床地质	2366	284	1.168	188	46.1	648
G651	微生物与感染	170	1936	0.269	1712	46.1	648
V018	西安建筑科技大学学报自然科学版	556	1347	0.271	1708	46.1; 37.5	648
H060	湖南农业大学学报自然科学版	1132	776	0.606	795	46.0	653
S762	经济理论与经济管理	829	1038	0.931	338	43.3; 46.0	653
G076	天津医药	1525	549	0.787	477	46.0	653
K030	中国矿业	1408	614	0.406	1306	46.0	653
H295	中国水土保持科学	1166	755	0.791	472	46.0	653
G286	中华风湿病学杂志	1353	643	0.412	1287	46.0	653
H845	分子植物育种	1418	603	0.632	729	45.9	659
C034	质谱学报	564	1330	0.677	644	34.5; 45.9	659
G153	中华麻醉学杂志	1994	372	0.652	683	45.9	659
H202	作物杂志	1274	691	0.678	642	45.9	659
E004	地球科学与环境学报	681	1197	0.882	389	45.8	663
H024	沈阳农业大学学报	1213	730	0.412	1287	45.8	663
G112	中国人兽共患病学报	1282	687	0.560	894	45.8	663
Q004	核动力工程	660	1220	0.151	1954	45.7	666
S022	计算机工程与设计	2712	224	0.415	1279	45.7	666
H015	水土保持通报	2392	272	0.628	747	45.7	666
G638	检验医学	1863	417	1.111	217	45.6	669
G446	中华神经医学杂志	1484	570	0.907	359	45.6	669
X025	哈尔滨工程大学学报	1152	761	0.443	1198	45.5	671
A002	浙江大学学报理学版	561	1336	0.496	1059	45.5	671
U011	制冷学报	549	1354	0.583	845	45.5	671
G843	中国中西医结合急救杂志	1607	513	1.942	41	45.5; 43.9	671
G165	中华微生物学和免疫学杂志	752	1119	0.627	749	45.5	671
G057	东南大学学报医学版	945	930	0.834	430	45.4	676
W007	管理工程学报	1281	688	0.991	283	45.4	676

表8 2016年中国科技核心期刊综合评价总分排名（续）

CODE	刊 名	核心总被引频次 数值	核心总被引频次 排名	核心影响因子 数值	核心影响因子 排名	综合评价总分* 数值	综合评价总分* 排名
G187	解放军医学院学报	1181	750	0.613	775	45.4	676
L504	油气地质与采收率	1752	456	2.341	22	45.4	676
G524	中国中医急症	3514	135	0.646	701	45.4	676
G659	国际妇产科学杂志	777	1088	0.659	670	45.3	681
M704	材料与冶金学报	195	1913	0.185	1908	45.1	682
H069	南方农业学报	1774	445	0.687	620	45.1	682
G389	上海中医药杂志	2151	332	0.589	834	45.1; 35.5	682
L532	中国石油勘探	948	927	2.654	9	45.1	682
I254	LIGHT SCIENCE & APPLICATIONS	255	1824	1.518	99	45.0	686
Q908	临床肺科杂志	3352	156	0.609	786	45.0	686
U035	食品与发酵工业	3474	143	0.557	900	45.0	686
G160	中华神经外科杂志	2171	323	0.826	439	45.0	686
N057	机械强度	996	890	0.378	1388	44.9	690
S759	经济管理	1385	626	0.778	488	42.2; 44.9	690
J022	山东大学学报工学版	660	1220	0.532	961	44.9	690
G101	中国天然药物	795	1074	0.665	658	44.9	690
Q918	中国医院	1437	593	0.889	381	44.9	690
E549	地球与环境	1003	884	0.710	576	44.8	695
A112	江西师范大学学报自然科学版	394	1583	0.420	1259	44.8	695
E504	矿物岩石地球化学通报	1004	883	0.764	505	44.8	695
N071	热加工工艺	4376	90	0.385	1367	44.8	695
T074	天然气化工	481	1448	0.454	1173	44.8; 20.2	695
E591	国土资源遥感	1024	866	0.875	394	44.7	700
G746	实用肝脏病杂志	1094	804	0.956	315	44.7	700
A102	中国科学院大学学报	473	1459	0.389	1348	44.7	700
G441	中国口腔颌面外科杂志	437	1514	0.357	1451	44.7	700
E540	水文	851	1008	0.433	1224	44.6	704
S795	外国经济与管理	1037	855	0.936	333	41.2; 44.5	705
G660	国际消化病杂志	495	1432	0.524	983	44.4	706
G422	中国脑血管病杂志	816	1051	0.884	385	44.4	706
E124	中国沙漠	3787	116	1.650	75	44.4	706
G184	肿瘤	1216	727	0.610	783	44.4	706
I041	JOURNAL OF ZHEJIANG UNIVERSITY SCIENCE A	469	1467	0.553	910	44.3	710
Z031	环境与健康杂志	1916	403	0.472	1119	44.3	710
G350	临床与病理杂志	636	1250	0.428	1237	44.3	710
G753	中国预防医学杂志	1305	675	0.729	551	44.3	710
F033	兽类学报	667	1212	0.309	1598	44.1	714
G870	中国临床药理学与治疗学	1404	617	0.649	689	44.1	714
G542	毒理学杂志	542	1364	0.394	1336	44.0	716
N023	流体机械	1454	583	1.347	132	44.0	716
G120	中国药科大学学报	790	1081	0.496	1059	44.0; 37.5	716
G506	中华损伤与修复杂志电子版	584	1306	0.773	494	44.0	716

表 8 2016 年中国科技核心期刊综合评价总分排名（续）

CODE	刊 名	核心总被引频次 数值	核心总被引频次 排名	核心影响因子 数值	核心影响因子 排名	综合评价总分* 数值	综合评价总分* 排名
G058	南京医科大学学报自然科学版	1231	714	0.417	1271	43.9	720
E101	山地学报	1279	690	0.686	624	43.9	720
M036	有色金属工程	566	1326	0.373	1402	43.9	720
G857	中国骨与关节杂志	517	1399	0.541	938	43.9	720
H243	吉林农业大学学报	1097	802	0.637	718	43.8	724
E023	天文学报	229	1873	0.517	999	43.8	724
G119	中国循环杂志	2060	352	1.773	63	43.8	724
I184	INTERNATIONAL JOURNAL OF MINING SCIENCE AND TECHNOLOGY	1059	840	0.954	318	43.7	727
Z027	JOURNAL OF ENVIRONMENTAL SCIENCES	2371	281	0.834	430	43.7	727
F021	JOURNAL OF MOLECULAR CELL BIOLOGY	323	1717	0.840	423	43.7	727
H740	林业工程学报	832	1033	0.323	1564	43.7	727
V011	沈阳建筑大学学报自然科学版	617	1272	0.346	1482	43.7; 39.2	727
G796	中国输血杂志	2376	279	0.634	725	15.9; 43.7	727
G255	中国肿瘤生物治疗杂志	510	1409	0.538	944	43.7	727
G367	中华实用诊断与治疗杂志	2487	257	0.788	474	43.7	727
G417	中国护理管理	3409	152	1.210	173	43.6	735
V529	国际城市规划	675	1204	0.599	810	43.5	736
G889	国际皮肤性病学杂志	346	1677	0.250	1765	43.5	736
A058	河南师范大学学报自然科学版	412	1550	0.232	1807	43.5	736
H270	西南林业大学学报	602	1286	0.513	1015	43.5; 33.0	736
H207	中国蔬菜	1561	529	0.549	917	43.5	736
G442	JOURNAL OF INTEGRATIVE MEDICINE	1231	714	0.696	599	43.4	741
L010	西安石油大学学报自然科学版	820	1047	0.518	996	42.0; 43.4	741
H061	西南农业学报	2569	250	0.536	949	43.4	741
G311	中国皮肤性病学杂志	1816	432	0.472	1119	43.4	741
G632	中国中医基础医学杂志	2854	206	0.483	1098	43.4	741
R049	水力发电学报	1572	525	0.602	804	43.3	746
N026	材料热处理学报	2120	340	0.575	860	43.2	747
G006	生物医学工程学杂志	852	1007	0.337	1516	43.2	747
G162	中华实验和临床病毒学杂志	851	1008	0.669	654	43.2	747
T100	CHINESE JOURNAL OF CHEMICAL ENGINEERING	856	1001	0.470	1126	43.1	750
H268	福建农林大学学报自然科学版	824	1041	0.419	1264	43.1	750
J035	江苏大学学报自然科学版	686	1186	0.416	1277	43.0	752
X038	上海海事大学学报	259	1821	0.404	1310	43.0; 27.6	752
F027	四川动物	763	1108	0.310	1594	43.0	752
G108	中国临床解剖学杂志	1125	782	0.540	940	43.0	752
G237	中国现代医学杂志	3226	167	0.539	941	42.9	756
T020	北京化工大学学报自然科学版	546	1358	0.263	1728	42.8; 34.7	757
T018	合成橡胶工业	505	1416	0.345	1486	42.8	757
F224	生物技术通讯	623	1265	0.286	1671	42.8	757
A033	四川师范大学学报自然科学版	532	1381	0.398	1326	42.8	757
T611	天然产物研究与开发	2373	280	0.630	741	42.8	757

表 8 2016 年中国科技核心期刊综合评价总分排名（续）

CODE	刊 名	核心总被引频次 数值	核心总被引频次 排名	核心影响因子 数值	核心影响因子 排名	综合评价总分* 数值	综合评价总分* 排名
G318	中国药房	5735	50	0.564	883	42.8	757
N001	北京理工大学学报	1403	618	0.371	1409	42.7	763
L586	含能材料	1035	857	0.551	913	42.7	763
G301	河北中医药学报	279	1783	0.485	1092	42.7; 36.1	763
R514	激光与光电子学进展	1431	595	0.807	454	42.7	763
G056	免疫学杂志	834	1029	0.547	922	42.7	763
G458	传染病信息	554	1349	0.777	489	42.6	768
R088	电机与控制学报	1558	530	0.786	478	42.6	768
Y564	舰船科学技术	866	993	0.186	1907	42.6	768
Y010	振动测试与诊断	994	893	0.556	905	42.6	768
T004	硅酸盐通报	1793	440	0.468	1136	42.5	772
D015	分子催化	690	1184	2.204	30	42.4	773
V013	建筑科学与工程学报	364	1643	0.394	1336	42.4	773
X020	交通信息与安全	386	1601	0.285	1674	42.4	773
S918	心理科学	2120	340	0.528	972	42.4	773
G285	中华消化内镜杂志	1552	535	0.819	444	42.4	773
E358	高校地质学报	1429	598	0.541	938	42.3	778
A028	湖南大学学报自然科学版	1150	763	0.538	944	42.3	778
C001	力学学报	1205	735	0.722	561	42.3	778
G169	中华小儿外科杂志	1243	708	0.688	617	34.7; 42.3	778
E091	大气科学学报	1411	610	1.099	220	42.2	782
N015	光学技术	724	1147	0.354	1459	42.2; 35.0	782
A032	西北大学学报自然科学版	805	1066	0.263	1728	42.2	782
E157	岩石矿物学杂志	1285	685	0.711	574	42.2	782
G879	肝胆外科杂志	661	1219	0.629	745	42.1	786
G362	国际检验医学杂志	4295	94	0.457	1164	42.1	786
G053	昆明医科大学学报	1220	723	0.414	1281	42.1	786
E654	中国地质	2803	213	1.391	118	42.1	786
S725	中国卫生经济	1733	468	0.669	654	42.1	786
G992	长春中医药大学学报	1745	460	0.489	1082	42.0	791
E127	地质通报	3902	109	0.768	502	42.0	791
N590	工程设计学报	385	1605	0.516	1002	42.0	791
G309	临床神经病学杂志	894	963	0.944	328	42.0	791
G300	现代妇产科进展	1205	735	0.660	667	42.0	791
S024	遥感信息	747	1121	0.475	1110	42.0	791
G082	中国新生儿科杂志	850	1010	1.114	214	42.0	791
A040	国防科技大学学报	824	1041	0.420	1259	41.9	798
H700	江苏农业科学	4122	99	0.428	1237	41.9	798
G287	临床口腔医学杂志	836	1025	0.362	1433	41.9	798
H201	浙江农业学报	1223	721	0.444	1191	41.9	798
M105	粉末冶金工业	398	1576	0.490	1079	41.8	802
G933	国际药学研究杂志	620	1269	0.563	886	41.8	802
S520	计算机技术与发展	1704	479	0.318	1574	41.8	802

表8 2016年中国科技核心期刊综合评价总分排名（续）

CODE	刊名	核心总被引频次 数值	核心总被引频次 排名	核心影响因子 数值	核心影响因子 排名	综合评价总分* 数值	综合评价总分* 排名
E027	现代地质	1967	385	0.873	396	41.8	802
H203	湖北农业科学	3043	190	0.253	1761	41.7	806
A656	济南大学学报自然科学版	247	1842	0.239	1788	41.7	806
G671	解放军医药杂志	1319	666	0.855	411	41.7	806
T063	现代化工	1430	596	0.311	1591	41.7	806
M020	有色金属冶炼部分	714	1152	0.610	783	41.7	806
G277	中国内镜杂志	1863	417	0.747	523	41.7	806
G824	中华临床营养杂志	529	1385	0.676	645	41.7	806
X673	现代隧道技术	944	931	0.647	695	41.6	813
D016	应用化学	981	900	0.444	1191	41.6	813
Z551	植物资源与环境学报	671	1209	0.727	555	41.6	813
V036	中国给水排水	3536	128	0.410	1296	41.6	813
C106	CHINESE PHYSICS B	4092	100	0.709	578	41.5	817
M009	材料研究学报	638	1246	0.442	1200	41.5	817
E143	地震学报	1201	739	0.490	1079	41.5	817
G274	临床与实验病理学杂志	1622	508	0.584	843	41.5	817
G598	中国媒介生物学及控制杂志	1461	578	0.976	297	41.5	817
F002	中国生物化学与分子生物学报	707	1167	0.514	1009	41.5	817
G098	中华地方病学杂志	1584	520	1.221	169	41.5	817
M006	材料科学与工艺	703	1175	0.460	1156	41.4	824
A512	重庆师范大学学报自然科学版	394	1583	0.226	1819	41.4	824
G690	肝胆胰外科杂志	765	1106	0.853	412	41.4	824
G064	山西医科大学学报	950	922	0.360	1442	41.4	824
G038	武汉大学学报医学版	810	1057	0.514	1009	41.4	824
G333	医学分子生物学杂志	204	1904	0.168	1932	41.4	824
G317	临床泌尿外科杂志	1237	711	0.518	996	41.3	830
H219	排灌机械工程学报	875	978	0.840	423	41.3	830
G980	新疆医科大学学报	1210	732	0.395	1334	41.3	830
H989	杂草学报	380	1612	0.703	588	41.3	830
U001	中国粮油学报	2425	267	0.659	670	41.3; 38.0	830
B006	数学学报	478	1453	0.201	1876	41.2	835
G290	中国防痨杂志	1973	381	1.070	239	41.2	835
I154	CHINESE GEOGRAPHICAL SCIENCE	428	1523	0.705	586	41.1	837
W004	水动力学研究与进展 A	785	1086	0.553	910	41.1	837
E146	大地构造与成矿学	1365	640	0.971	302	41.0	839
E118	地震工程与工程振动	1541	543	0.455	1170	41.0	839
S049	计算机仿真	3653	122	0.451	1176	41.0	839
S034	计算机工程与科学	1089	810	0.395	1334	41.0	839
A063	厦门大学学报自然科学版	793	1077	0.233	1804	41.0	839
A053	云南师范大学学报自然科学版	243	1853	0.329	1538	41.0	839
U563	中国食物与营养	1380	630	0.517	999	33.5; 41.0	839
I142	JOURNAL OF IRON AND STEEL RESEARCH, INTERNATIONAL	912	952	0.623	755	40.9	846

表8 2016年中国科技核心期刊综合评价总分排名（续）

CODE	刊 名	核心总被引频次		核心影响因子		综合评价总分*	
		数值	排名	数值	排名	数值	排名
G938	国际呼吸杂志	1077	817	0.312	1590	40.9	846
S009	计算机应用与软件	2265	308	0.376	1393	40.9	846
Y016	空气动力学学报	833	1031	0.488	1083	40.9	846
K005	煤炭科学技术	3516	134	1.231	168	40.9	846
G594	口腔生物医学	83	1995	0.341	1503	40.8	851
W014	武汉大学学报工学版	882	973	0.324	1558	40.8	851
G278	NEUROSCIENCE BULLETIN	356	1656	0.614	770	40.7	853
S085	计算机科学与探索	395	1579	0.534	958	40.7	853
G974	中国临床医学	967	910	0.409	1300	40.7	853
G757	中国中西医结合皮肤性病学杂志	497	1427	0.468	1136	25.6; 40.7	853
S020	中文信息学报	1138	771	0.517	999	40.7	853
R730	兵工自动化	866	993	0.530	966	40.6	858
G945	中国职业医学	1177	751	1.026	263	40.6	858
G505	中华乳腺病杂志电子版	392	1588	0.585	839	40.6	858
H046	PEDOSPHERE	930	936	0.591	829	40.5	861
H002	安徽农业大学学报	849	1013	0.290	1652	40.5	861
Z019	环境污染与防治	1667	494	0.643	706	40.5	861
C134	热科学与技术	236	1863	0.391	1342	25.7; 40.5	861
G534	实用放射学杂志	2621	237	0.686	624	40.5	861
L007	新疆石油地质	1623	507	0.809	452	40.5	861
G103	中国骨伤	2158	329	1.091	225	40.4	867
G597	中西医结合心脑血管病杂志	2885	203	0.686	624	39.7; 40.4	867
T070	日用化学工业	682	1192	0.575	860	40.3	869
X521	铁道工程学报	978	903	0.378	1388	40.3	869
G685	中医学报	2350	290	0.610	783	40.3	869
M039	粉末冶金技术	391	1591	0.401	1322	40.2	872
G436	国际耳鼻咽喉头颈外科杂志	247	1842	0.189	1899	40.2	872
J011	太原理工大学学报	630	1256	0.310	1594	40.2	872
N050	机械科学与技术	1595	516	0.296	1635	40.1	875
S050	计算机测量与控制	2590	247	0.346	1482	40.1	875
S503	控制工程	1064	835	0.625	751	40.1	875
M041	稀土	1068	829	1.091	225	40.1	875
B028	系统工程	1573	523	0.423	1251	40.1	875
G265	医学影像学杂志	2199	315	0.514	1009	40.1	875
G234	中国动脉硬化杂志	1336	653	0.785	482	40.1	875
G471	中国医学前沿杂志电子版	1253	699	0.721	563	40.1	875
B031	工程数学学报	267	1808	0.206	1856	32.0; 40.0	883
G047	南昌大学学报医学版	857	999	0.417	1271	40.0	883
W502	水利水电科技进展	708	1159	0.557	900	40.0	883
N111	现代制造工程	873	979	0.199	1880	40.0	883
S821	研究与发展管理	949	926	1.104	218	40.0	883
G403	药物不良反应杂志	709	1158	1.053	248	40.0	883
G769	中国病毒病杂志	259	1821	0.608	789	40.0	883

表8 2016年中国科技核心期刊综合评价总分排名（续）

CODE	刊名	核心总被引频次 数值	核心总被引频次 排名	核心影响因子 数值	核心影响因子 排名	综合评价总分* 数值	综合评价总分* 排名
E600	测绘科学	1891	407	0.493	1071	39.9	890
G322	创伤外科杂志	771	1095	0.865	403	39.9	890
G034	航天医学与医学工程	457	1489	0.339	1510	39.9	890
G626	天津中医药	1325	662	0.620	764	39.9; 32.7	890
G588	西部医学	1891	407	0.529	969	39.9	890
F048	中国比较医学杂志	871	980	0.468	1136	39.9	890
G115	中国生物医学工程学报	595	1291	0.495	1065	39.9	890
G159	中华精神科杂志	806	1065	0.777	489	39.9	890
N034	装备环境工程	834	1029	1.075	237	39.9	890
R018	北京邮电大学学报	482	1447	0.408	1301	39.8; 32.5	899
F042	生命的化学	467	1469	0.227	1818	39.8	899
G232	中国胸心血管外科临床杂志	1105	797	0.843	421	39.8	899
G236	中国医学计算机成像杂志	597	1289	0.646	701	39.8	899
G229	卒中与神经疾病	496	1431	0.735	542	39.8	899
I063	JOURNAL OF GEOGRAPHICAL SCIENCES	360	1649	0.594	817	39.7	904
T094	兵器装备工程学报	885	972	0.388	1352	39.7	904
T002	高分子通报	1228	717	0.486	1088	39.7	904
D018	化学通报	888	967	0.422	1253	39.7	904
Z021	环境工程学报	4769	77	0.743	528	39.7	904
T933	石化技术与应用	323	1717	0.298	1629	39.7; 21.3	904
G579	中华口腔医学研究杂志电子版	274	1797	0.387	1358	39.7	904
A029	福州大学学报自然科学版	357	1654	0.202	1871	39.6	911
G027	广东药学院学报	698	1178	0.444	1191	39.6; 36.8	911
H244	河北农业大学学报	1025	864	0.309	1598	39.6	911
B004	数学年刊A	217	1891	0.257	1746	39.6	911
G210	微循环学杂志	403	1564	0.636	720	39.6	911
B018	系统工程学报	1065	834	0.801	457	39.6	911
S027	小型微型计算机系统	1506	559	0.418	1269	39.6	911
G719	吉林中医药	1855	423	0.463	1148	39.5; 34.1	918
G092	浙江中医药大学学报	1538	545	0.530	966	39.5	918
G412	肿瘤学杂志	790	1081	0.544	928	39.5	918
C037	光子学报	1965	387	0.779	486	39.4	921
A121	解放军理工大学学报自然科学版	461	1482	0.319	1572	39.4	921
E563	热带地理	810	1057	0.607	791	39.4	921
G541	中国卫生资源	494	1434	0.473	1117	39.4	921
H038	大豆科学	1386	624	0.564	883	39.3	925
T067	合成纤维	364	1643	0.285	1674	39.3	925
H356	河南农业科学	2112	343	0.591	829	39.3	925
H016	扬州大学学报农业与生命科学版	669	1210	0.614	770	39.3	925
G615	诊断学理论与实践	490	1436	0.371	1409	39.3	925
G206	中国介入影像与治疗学	675	1204	0.505	1035	39.3	925
I120	JOURNAL OF OCEAN UNIVERSITY OF CHINA	300	1752	0.281	1683	39.2; 29.2	931

表8 2016年中国科技核心期刊综合评价总分排名（续）

CODE	刊 名	核心总被引频次		核心影响因子		综合评价总分*	
		数值	排名	数值	排名	数值	排名
W016	管理学报	1928	396	1.034	258	39.2	931
J020	昆明理工大学学报自然科学版	462	1480	0.299	1625	39.2	931
G480	医学研究杂志	1765	449	0.357	1451	39.2	931
A076	河北师范大学学报自然科学版	279	1783	0.184	1910	39.1	935
H221	中国农业资源与区划	1633	503	1.843	53	39.1; 51.2	935
G366	中国社会医学杂志	625	1263	0.440	1208	39.1	935
G692	中华临床感染病杂志	471	1461	0.738	537	39.1	935
H265	福建农业学报	899	957	0.386	1361	39.0	939
W021	中国管理科学	2591	246	1.355	127	39.0	939
H099	中国预防兽医学报	906	954	0.440	1208	39.0	939
E135	冰川冻土	3364	154	1.876	49	38.9	942
E105	干旱区研究	2008	371	0.963	308	38.9	942
C035	红外与毫米波学报	713	1153	0.397	1331	38.9	942
X003	华东交通大学学报	383	1608	0.465	1145	38.9; 25.1	942
S773	经济与管理研究	669	1210	0.490	1079	38.9; 38.9	942
G845	中国小儿血液与肿瘤杂志	204	1904	0.338	1514	33.7; 38.9; 30.6	942
N070	锻压技术	1197	741	0.863	404	38.8	948
G834	实用药物与临床	1321	664	0.640	711	38.8	948
U029	食品与生物技术学报	1252	700	0.462	1151	38.8	948
N089	中国工程机械学报	283	1775	0.203	1866	38.8	948
G703	中华实验和临床感染病杂志电子版	766	1103	0.862	406	38.8	948
T580	塑性工程学报	816	1051	0.449	1183	38.7	953
I282	ASIAN JOURNAL OF ANDROLOGY	862	996	0.613	775	38.6	954
H284	海洋渔业	585	1305	0.799	464	38.6	954
E007	极地研究	359	1651	0.487	1086	38.6	954
T010	离子交换与吸附	396	1577	0.411	1291	38.6	954
R089	现代电力	350	1667	0.460	1156	38.6	954
H417	现代农药	395	1579	0.420	1259	20.7; 38.6	954
N069	机床与液压	2461	259	0.202	1871	38.5	960
J059	空军工程大学学报自然科学版	457	1489	0.443	1198	38.5	960
W002	泥沙研究	950	922	0.724	557	38.5	960
F046	生命科学研究	360	1649	0.323	1564	38.5	960
F213	生物学杂志	697	1179	0.349	1470	38.5	960
R009	西安电子科技大学学报自然科学版	868	989	0.728	553	37.7; 38.5	960
U562	烟草科技	2210	314	0.838	428	38.5	960
X693	应用科技	293	1765	0.226	1819	38.5	960
G629	中国热带医学	2176	321	0.815	447	38.5	960
M003	腐蚀科学与防护技术	902	956	0.478	1107	38.4	969
T505	合成树脂及塑料	346	1677	0.379	1385	38.4	969
H701	江西农业学报	1711	478	0.422	1253	38.4	969
G880	临床超声医学杂志	986	895	0.570	873	38.4	969
A056	上海大学学报自然科学版	324	1713	0.275	1699	38.4	969
G241	中国急救医学	1734	467	0.829	434	38.4	969

表8 2016年中国科技核心期刊综合评价总分排名（续）

CODE	刊 名	核心总被引频次 数值	核心总被引频次 排名	核心影响因子 数值	核心影响因子 排名	综合评价总分* 数值	综合评价总分* 排名
G107	中国抗生素杂志	1016	875	0.549	917	38.4	969
G235	中华高血压杂志	2262	309	1.063	244	38.4	969
I207	CHINESE HERBAL MEDICINES	135	1962	0.693	609	38.3	977
R007	电波科学学报	1045	851	0.512	1018	38.3	977
G397	江苏中医药	1758	452	0.428	1237	38.3	977
N083	金属热处理	2382	275	0.569	876	38.3	977
N011	南京理工大学学报自然科学版	741	1129	0.468	1136	38.3	977
G314	中国疫苗和免疫	1674	489	1.690	71	38.3	977
I129	PROTEIN & CELL	311	1736	0.650	687	38.2	983
Q906	安徽医药	2696	228	0.684	629	38.2	983
D021	高分子学报	1356	641	0.723	558	38.2	983
R683	国外电子测量技术	1378	632	1.538	95	38.2	983
G321	现代口腔医学杂志	466	1473	0.266	1718	38.2	983
E053	岩矿测试	1344	649	0.944	328	38.2	983
G897	中华移植杂志电子版	148	1951	0.585	839	38.2	983
X500	汽车工程学报	93	1989	0.205	1858	38.1	990
G242	中国神经免疫学和神经病学杂志	558	1341	0.758	511	38.1	990
G549	癌变·畸变·突变	356	1656	0.318	1574	38.0	992
L037	海相油气地质	517	1399	0.683	635	38.0	992
Y023	西北工业大学学报	728	1144	0.376	1393	38.0	992
J025	燕山大学学报	266	1811	0.306	1608	38.0	992
G743	中华耳科学杂志	969	908	0.810	451	38.0	992
R001	电子显微学报	377	1617	0.303	1617	37.9	997
A001	复旦学报自然科学版	452	1494	0.281	1683	37.9	997
N757	重庆理工大学学报自然科学版	895	960	0.602	804	37.8	999
W570	水资源与水工程学报	922	942	0.384	1371	37.8	999
G601	外科理论与实践	583	1307	0.349	1470	37.8	999
E047	亚热带资源与环境学报	213	1894	0.404	1310	37.8	999
N024	车用发动机	326	1708	0.270	1710	37.7	1003
H275	贵州农业科学	2173	322	0.326	1549	37.7	1003
G624	生殖医学杂志	998	886	0.885	383	37.7	1003
G898	河北医药	3345	158	0.442	1200	37.6	1006
T076	化学工业与工程	374	1625	0.313	1584	37.6	1006
G261	临床心血管病杂志	1075	818	0.496	1059	37.6	1006
T077	膜科学与技术	674	1207	0.465	1145	37.6	1006
G070	神经解剖学杂志	372	1628	0.386	1361	37.6	1006
A905	自然杂志	489	1437	0.308	1603	37.6	1006
I232	NEURAL REGENERATION RESEARCH	1052	841	0.755	513	37.5	1012
G410	标记免疫分析与临床	700	1177	0.516	1002	37.5	1012
J053	合肥工业大学学报自然科学版	1252	700	0.309	1598	37.5	1012
T553	化学与生物工程	712	1156	0.257	1746	37.5; 36.8	1012
G881	临床军医杂志	1235	712	0.501	1044	37.5	1012
R086	三峡大学学报自然科学版	301	1750	0.166	1935	37.5; 31.1	1012

表8 2016年中国科技核心期刊综合评价总分排名（续）

CODE	刊 名	核心总被引频次 数值	核心总被引频次 排名	核心影响因子 数值	核心影响因子 排名	综合评价总分* 数值	综合评价总分* 排名
C036	数学物理学报	283	1775	0.156	1945	37.5; 33.8	1012
H908	新疆农业大学学报	572	1317	0.492	1073	37.5	1012
A510	信阳师范学院学报自然科学版	276	1793	0.341	1503	37.5	1012
A038	云南大学学报自然科学版	564	1330	0.410	1296	37.5	1012
U033	中国造纸学报	224	1883	0.301	1620	37.5	1012
R046	华北电力大学学报	529	1385	0.502	1041	37.4; 33.4	1023
Y025	推进技术	1581	521	0.612	777	37.4	1023
G536	中国临床神经科学	471	1461	0.545	925	37.4	1023
G841	中国现代普通外科进展	1037	855	0.673	648	37.4	1023
G094	中风与神经疾病杂志	985	896	0.362	1433	37.4	1023
G701	组织工程与重建外科杂志	332	1698	0.583	845	37.4	1023
E360	工程地质学报	1386	624	0.633	726	37.3	1029
J017	河北工业大学学报	300	1752	0.211	1845	37.3	1029
T025	化学工程	824	1041	0.351	1467	37.3	1029
L505	特种油气藏	1443	589	1.157	194	37.3	1029
G341	现代泌尿外科杂志	862	996	0.681	640	37.3	1029
H804	山东农业科学	1497	564	0.376	1393	37.2	1034
G641	河北医学	1927	397	0.554	909	37.1	1035
H011	河南农业大学学报	888	967	0.393	1339	37.1	1035
G882	环境与职业医学	1048	846	0.496	1059	37.1	1035
G439	脊柱外科杂志	458	1488	0.583	845	37.1	1035
E521	气象与环境科学	638	1246	1.647	76	37.1	1035
A515	深圳大学学报理工版	283	1775	0.398	1326	37.1	1035
H218	畜牧与兽医	916	950	0.221	1828	37.1	1035
B013	运筹学学报	111	1981	0.272	1704	37.1	1035
G175	中华医学遗传学杂志	1066	833	0.631	734	37.1	1035
E110	热带气象学报	1297	678	0.733	544	37.0	1044
H276	新疆农业科学	1609	512	0.412	1287	37.0	1044
H410	作物研究	786	1084	0.442	1200	37.0	1044
J002	西安理工大学学报	356	1656	0.359	1445	36.9	1047
G758	中国中西医结合外科杂志	839	1020	0.499	1050	31.2; 36.9	1047
H105	农学学报	530	1382	0.345	1486	36.8	1049
Y022	测控技术	1061	837	0.254	1759	36.7	1050
H240	家畜生态学报	664	1217	0.354	1459	36.7	1050
G649	影像诊断与介入放射学	340	1689	0.527	977	36.7	1050
G529	中国卒中杂志	707	1167	0.656	677	36.7	1050
I209	ACTA OCEANOLOGICA SINICA	515	1402	0.334	1525	36.6	1054
G670	成都医学院学报	438	1512	0.453	1174	36.6	1054
U535	轻工机械	324	1713	0.299	1625	36.6	1054
D023	无机化学学报	1552	535	0.557	900	36.6	1054
M504	有色金属科学与工程	520	1396	0.582	850	36.6	1054
I735	FRONTIERS OF COMPUTER SCIENCE	154	1947	0.404	1310	36.5	1059
N672	机电工程	1050	842	0.583	845	36.5	1059

表8 2016年中国科技核心期刊综合评价总分排名（续）

CODE	刊 名	核心总被引频次		核心影响因子		综合评价总分*	
		数值	排名	数值	排名	数值	排名
V035	土木工程与管理学报	323	1717	0.317	1576	36.5	1059
E500	盐湖研究	328	1703	0.230	1816	36.5	1059
H326	中国兽医科学	895	960	0.433	1224	36.5	1059
G619	中国眼耳鼻喉科杂志	379	1615	0.486	1088	36.5	1059
G555	中华急诊医学杂志	2440	263	1.011	268	36.5	1059
G751	中华健康管理学杂志	385	1605	0.377	1392	36.5	1059
L516	可再生能源	1030	861	0.398	1326	36.4	1067
G457	实用骨科杂志	1141	769	0.561	892	36.4	1067
G528	中国中西医结合消化杂志	959	916	0.562	890	28.7; 36.4	1067
T924	农药科学与管理	502	1421	0.235	1797	20.6; 36.3	1070
G020	大连医科大学学报	434	1517	0.372	1403	36.2	1071
H226	灌溉排水学报	1409	612	0.457	1164	36.2	1071
G033	哈尔滨医科大学学报	519	1397	0.456	1167	36.2	1071
T021	华东理工大学学报自然科学版	558	1341	0.214	1839	36.2	1071
A026	内蒙古大学学报自然科学版	347	1673	0.248	1767	36.2	1071
X042	石家庄铁道大学学报自然科学版	204	1904	0.241	1782	36.2; 17.4	1071
H862	饲料工业	1422	602	0.282	1680	36.2	1071
G463	中华腔镜外科杂志电子版	533	1378	0.931	338	36.2	1071
E049	JOURNAL OF ARID LAND	212	1895	1.038	256	36.1	1079
X014	北京交通大学学报	566	1326	0.235	1797	36.1	1079
H263	北京农学院学报	377	1617	0.376	1393	36.1	1079
K525	矿产保护与利用	388	1598	0.480	1105	36.1	1079
H070	山地农业生物学报	439	1509	0.290	1652	36.1	1079
H385	西部林业科学	543	1363	0.391	1342	36.1	1079
Y020	宇航材料工艺	608	1278	0.326	1549	36.1	1079
H233	中国土壤与肥料	1715	475	0.972	299	36.1	1079
G178	中华整形外科杂志	848	1014	0.824	441	36.1	1079
E020	干旱区地理	2377	277	1.486	104	36.0	1088
T542	精细石油化工	372	1628	0.281	1683	36.0; 29.9	1088
E354	矿物岩石	867	991	0.513	1015	36.0	1088
G664	临床和实验医学杂志	2693	229	0.624	752	36.0	1088
F214	生物技术进展	169	1938	0.367	1423	36.0	1088
G486	现代中药研究与实践	656	1225	0.345	1486	36.0	1088
D025	有机化学	1672	490	0.695	603	36.0	1088
E569	海洋地质前沿	557	1345	0.383	1376	35.9	1095
G316	解放军护理杂志	2846	209	0.637	718	35.9	1095
B007	数学进展	189	1918	0.149	1958	35.9	1095
H213	中国草地学报	1662	497	1.378	124	35.9	1095
C059	CHINESE PHYSICS LETTERS	1925	399	0.424	1248	35.8	1099
G028	广西医科大学学报	1073	822	0.501	1044	35.8	1099
G288	脑与神经疾病杂志	466	1473	0.379	1385	35.8	1099
F257	实验动物科学	463	1477	0.315	1579	35.8	1099
G402	中国分子心脏病学杂志	230	1872	0.192	1891	35.8	1099

表8 2016年中国科技核心期刊综合评价总分排名（续）

CODE	刊 名	核心总被引频次 数值	核心总被引频次 排名	核心影响因子 数值	核心影响因子 排名	综合评价总分* 数值	综合评价总分* 排名
G765	中国小儿急救医学	997	888	0.905	362	35.8	1099
G149	中华劳动卫生职业病杂志	1521	550	0.631	734	35.8	1099
G158	中华器官移植杂志	528	1387	0.470	1126	35.8	1099
F045	激光生物学报	358	1653	0.357	1451	35.7	1107
G071	沈阳药科大学学报	1120	785	0.391	1342	35.7; 30.3	1107
H064	THE CROP JOURNAL	67	1999	0.471	1123	35.6	1109
A009	安徽师范大学学报自然科学版	251	1831	0.207	1853	35.6	1109
E362	地质科技情报	1478	571	0.736	540	35.6	1109
K016	湖南科技大学学报自然科学版	372	1628	0.337	1516	35.6	1109
U609	中国酿造	2895	202	0.694	608	35.6	1109
G645	中国循证心血管医学杂志	930	936	0.800	462	26.0; 35.6; 32.4	1109
G134	中国组织化学与细胞化学杂志	368	1634	0.469	1133	35.6	1109
G610	中华胰腺病杂志	413	1549	0.594	817	35.6	1109
E308	地球物理学进展	3097	184	0.696	599	35.5	1117
C071	发光学报	763	1108	0.631	734	35.5	1117
J058	河北科技大学学报	347	1673	0.660	667	35.5	1117
A020	山东大学学报理学版	592	1298	0.388	1352	35.5	1117
G130	中国应用生理学杂志	681	1197	0.866	400	35.5	1117
G502	中华保健医学杂志	463	1477	0.359	1445	35.5	1117
C072	RESEARCH IN ASTRONOMY AND ASTROPHYSICS	313	1732	0.413	1284	35.4	1123
R740	电光与控制	807	1063	0.290	1652	35.4	1123
T103	涂料工业	773	1093	0.374	1398	35.4	1123
E144	大地测量与地球动力学	1291	682	0.432	1231	31.0; 35.3	1126
A062	广西师范大学学报自然科学版	279	1783	0.204	1863	35.3	1126
A191	杭州师范大学学报自然科学版	174	1934	0.203	1866	35.3	1126
G844	医药导报	2112	343	0.496	1059	35.3	1126
H998	渔业科学进展	1061	837	0.514	1009	35.3	1126
I062	ADVANCES IN ATMOSPHERIC SCIENCES	1138	771	0.548	921	35.2	1131
K002	非金属矿	776	1090	0.577	857	35.2	1131
V054	矿产勘查	316	1727	0.238	1792	35.2	1131
G595	器官移植	237	1862	0.713	570	35.2	1131
E158	CHINA OCEAN ENGINEERING	312	1735	0.426	1242	35.1	1135
G984	国际遗传学杂志	153	1949	0.097	2001	35.1	1135
M655	纳米技术与精密工程	248	1837	0.408	1301	35.1	1135
L009	太阳能学报	2164	326	0.277	1692	35.1	1135
G914	天津中医药大学学报	548	1355	0.685	628	35.1	1135
G519	中国医药	1842	425	0.754	517	35.1	1135
G936	国际儿科学杂志	882	973	0.947	326	35.0	1141
L016	石油地球物理勘探	1857	420	0.897	371	35.0	1141
G484	世界中西医结合杂志	1588	519	0.511	1019	35.0	1141
T929	现代塑料加工应用	309	1740	0.309	1598	35.0	1141
G907	中国计划生育学杂志	1020	868	0.733	544	35.0	1141

表 8 2016年中国科技核心期刊综合评价总分排名（续）

CODE	刊 名	核心总被引频次 数值	核心总被引频次 排名	核心影响因子 数值	核心影响因子 排名	综合评价总分* 数值	综合评价总分* 排名
Y003	中国空间科学技术	351	1666	0.371	1409	35.0	1141
G754	中国临床研究	1152	761	0.462	1151	35.0	1141
Y028	中国民航大学学报	176	1932	0.148	1961	35.0; 26.8	1141
G872	中国实用眼科杂志	1720	473	0.563	886	35.0	1141
G481	癌症进展	604	1283	0.700	592	34.9	1150
H838	食用菌学报	467	1469	0.386	1361	34.9; 31.7	1150
G456	中国妇产科临床杂志	850	1010	0.594	817	34.9	1150
U521	包装与食品机械	537	1372	1.015	266	34.8	1153
B029	复杂系统与复杂性科学	353	1662	0.652	683	34.8	1153
M019	钢铁研究学报	1026	863	0.495	1065	34.8	1153
R008	南京邮电大学学报自然科学版	246	1847	0.260	1737	34.8; 33.4	1153
Y018	实验流体力学	588	1301	0.374	1398	34.8	1153
J018	武汉理工大学学报信息与管理工程版	417	1545	0.153	1952	34.8; 28.8	1153
C008	应用力学学报	708	1159	0.299	1625	34.8	1153
B011	应用数学	175	1933	0.209	1850	34.8	1153
G842	中西医结合肝病杂志	642	1243	0.567	879	28.5; 34.8	1153
K008	辽宁工程技术大学学报自然科学版	1660	498	0.639	713	34.7	1162
G310	临床精神医学杂志	793	1077	0.622	759	34.7	1162
I071	CHINESE OPTICS LETTERS	1190	744	1.137	204	34.6; 30.3	1164
H282	上海农业学报	619	1271	0.258	1744	34.6	1164
R566	水资源保护	744	1124	0.510	1021	34.6	1164
G622	中国医学物理学杂志	591	1299	0.411	1291	34.6; 26.7	1164
W025	管理评论	1976	380	1.352	130	34.5	1168
G816	广西医学	1531	547	0.384	1371	34.5	1168
G444	中国体外循环杂志	291	1768	0.662	664	34.5	1168
H005	大连海洋大学学报	813	1053	0.571	871	30.5; 34.4	1171
E306	地震	540	1367	0.425	1244	34.4	1171
F014	动物分类学报	393	1586	0.207	1853	34.4	1171
J013	哈尔滨理工大学学报	489	1437	0.439	1211	34.4	1171
K004	矿产综合利用	471	1461	0.385	1367	34.4	1171
A504	天津师范大学学报自然科学版	244	1852	0.286	1671	34.4	1171
G500	北京口腔医学	372	1628	0.473	1117	34.3	1177
M048	贵金属	344	1679	0.659	670	34.3	1177
A031	河北大学学报自然科学版	273	1800	0.243	1774	34.3	1177
K526	河南理工大学学报自然科学版	594	1293	0.448	1186	34.3	1177
T500	弹性体	483	1445	0.363	1431	34.3	1177
G623	中国现代神经疾病杂志	812	1055	0.690	615	34.3	1177
X010	船舶工程	480	1450	0.215	1836	34.2	1183
G556	分子诊断与治疗杂志	243	1853	0.342	1501	34.2	1183
G983	国际免疫学杂志	375	1622	0.425	1244	34.2	1183
T009	化学反应工程与工艺	340	1689	0.305	1609	34.2	1183
B017	模糊系统与数学	570	1320	0.266	1718	34.2	1183
G475	中国肝脏病杂志电子版	300	1752	0.695	603	34.2	1183

表8 2016年中国科技核心期刊综合评价总分排名（续）

CODE	刊 名	核心总被引频次 数值	核心总被引频次 排名	核心影响因子 数值	核心影响因子 排名	综合评价总分* 数值	综合评价总分* 排名
G675	中国血吸虫病防治杂志	1381	629	1.140	203	34.2	1183
S051	JOURNAL OF COMPUTER SCIENCE AND TECHNOLOGY	266	1811	0.209	1850	34.1	1190
G041	湖南中医药大学学报	1437	593	0.684	629	34.1	1190
H245	基因组学与应用生物学	1074	820	0.698	596	34.1	1190
V005	建筑科学	792	1079	0.282	1680	34.1	1190
L013	中国海上油气	1257	696	0.700	592	34.1	1190
I065	RICE SCIENCE	128	1966	0.175	1925	34.0	1195
A652	北华大学学报自然科学版	467	1469	0.362	1433	34.0	1195
Y033	航天器工程	505	1416	0.363	1431	34.0	1195
G656	环球中医药	1018	872	0.558	898	34.0; 27.3	1195
K558	煤矿安全	1989	374	0.343	1496	34.0	1195
A014	山西大学学报自然科学版	285	1774	0.200	1877	34.0	1195
G250	中国新药与临床杂志	1106	795	0.592	825	34.0	1195
G461	中华普通外科学文献电子版	359	1651	0.589	834	34.0	1195
G196	肿瘤药学	255	1824	0.462	1151	34.0	1195
G126	CHINESE MEDICAL SCIENCES JOURNAL	185	1923	0.438	1213	33.9	1204
X579	公路	1175	752	0.119	1991	33.9	1204
Y029	海军航空工程学院学报	276	1793	0.202	1871	33.9; 26.8	1204
A023	首都师范大学学报自然科学版	334	1692	0.188	1901	33.9	1204
X039	中国航海	342	1683	0.300	1622	33.9	1204
G415	国际内分泌代谢杂志	476	1455	0.355	1456	33.8	1209
S014	计算机与应用化学	680	1199	0.236	1794	33.8	1209
G488	针灸临床杂志	1796	437	0.572	868	33.8	1209
G784	中国健康心理学杂志	3477	142	0.770	499	33.8	1209
Y034	航天返回与遥感	497	1427	0.617	768	33.7	1213
A506	宁波大学学报理工版	247	1842	0.261	1735	33.7	1213
U025	陕西科技大学学报	386	1601	0.231	1812	33.7	1213
U017	天津工业大学学报	326	1708	0.279	1689	33.7	1213
G531	中国医药生物技术	232	1867	0.222	1825	33.7	1213
G474	中华肺部疾病杂志电子版	666	1215	0.746	525	33.7	1213
I200	CHINESE JOURNAL OF TRAUMATOLOGY	278	1790	0.351	1467	33.6	1219
L530	北京石油化工学院学报	118	1978	0.211	1845	33.6; 24.7	1219
U004	河南工业大学学报自然科学版	591	1299	0.382	1378	28.0; 33.6	1219
G503	护理学杂志	6213	43	1.089	227	33.6	1219
G003	基础医学与临床	1073	822	0.474	1114	33.6	1219
G677	颈腰痛杂志	644	1237	0.605	798	33.6	1219
H393	山西农业大学学报自然科学版	546	1358	0.276	1696	33.6	1219
R748	现代电子技术	2164	326	0.269	1712	33.6	1219
A007	中国科学技术大学学报	535	1377	0.195	1886	33.6	1219
G305	中国实用护理杂志	5047	67	0.866	400	33.6	1219
E048	干旱气象	1117	786	1.331	139	33.5; 24.0	1229
X013	汽车技术	528	1387	0.233	1804	33.5	1229

表 8　2016 年中国科技核心期刊综合评价总分排名（续）

CODE	刊 名	核心总被引频次		核心影响因子		综合评价总分*	
		数值	排名	数值	排名	数值	排名
C503	液晶与显示	635	1251	0.827	437	33.5	1229
H103	种子	1924	401	0.345	1486	33.5	1229
G954	国际外科学杂志	462	1480	0.307	1605	33.4	1233
T567	化学工程师	483	1445	0.144	1963	33.4	1233
R098	微纳电子技术	341	1686	0.301	1620	33.4	1233
G088	医用生物力学	537	1372	0.798	466	21.8; 33.4	1233
N108	中国舰船研究	353	1662	0.292	1647	33.4	1233
V010	工业建筑	1182	749	0.241	1782	33.3	1238
Z017	环境保护科学	527	1390	0.369	1415	33.3	1238
L005	石油物探	1335	654	1.197	178	33.3	1238
X001	大连交通大学学报	278	1790	0.163	1939	33.2; 23.3	1241
G665	宁夏医科大学学报	1028	862	0.362	1433	33.2	1241
G856	实用肿瘤学杂志	330	1699	0.329	1538	33.2	1241
G748	食品与药品	607	1280	0.433	1224	33.2; 30.9	1241
G575	四川医学	1672	490	0.369	1415	33.2	1241
M544	钛工业进展	341	1686	0.372	1403	33.2	1241
J061	徐州工程学院学报自然科学版	158	1945	0.376	1393	33.2	1241
J012	郑州大学学报工学版	456	1491	0.311	1591	33.2	1241
S023	制造业自动化	1332	657	0.205	1858	33.2	1241
G540	中国卫生信息管理杂志	507	1413	0.956	315	33.2	1241
N028	机械设计与制造	3120	181	0.337	1516	33.1	1251
T011	南京工业大学学报自然科学版	471	1461	0.215	1836	33.1	1251
X634	隧道建设	574	1315	0.496	1059	22.1; 33.1	1251
A079	中国基础科学	180	1928	0.178	1922	33.1	1251
G849	中国现代应用药学	1501	561	0.700	592	33.1	1251
G720	遵义医学院学报	424	1532	0.570	873	33.1	1251
A003	安徽大学学报自然科学版	260	1820	0.307	1605	33.0	1257
G553	局解手术学杂志	857	999	0.687	620	33.0	1257
G894	口腔颌面修复学杂志	407	1556	0.521	989	33.0	1257
T013	人工晶体学报	1231	714	0.360	1442	33.0	1257
U547	食品与机械	2760	218	0.841	422	33.0	1257
A535	广西科学	315	1729	0.344	1492	32.9	1262
I248	FRONTIERS OF CHEMICAL SCIENCE AND ENGINEERING	88	1992	0.257	1746	32.8	1263
G574	山东中医杂志	1092	807	0.296	1635	32.8	1263
L012	石油学报石油加工	1113	789	0.609	786	32.8	1263
T072	无机盐工业	943	932	0.450	1179	32.8	1263
G421	现代药物与临床	1225	720	0.739	534	32.8	1263
Z030	中国环境监测	1578	522	1.045	252	32.8	1263
G024	福建医科大学学报	335	1691	0.275	1699	32.7	1269
N054	机械设计与研究	725	1146	0.290	1652	32.7	1269
M051	金属功能材料	281	1779	0.504	1036	32.7	1269
G204	临床检验杂志	1020	868	0.549	917	32.7	1269

表8 2016年中国科技核心期刊综合评价总分排名（续）

CODE	刊名	核心总被引频次		核心影响因子		综合评价总分*	
		数值	排名	数值	排名	数值	排名
X528	水运工程	918	947	0.172	1928	32.7	1269
M032	武汉科技大学学报自然科学版	298	1758	0.224	1824	32.7	1269
I018	JOURNAL OF FORESTRY RESEARCH	486	1440	0.298	1629	32.6	1275
G338	腹腔镜外科杂志	980	902	0.404	1310	32.6	1275
G485	世界临床药物	516	1401	0.339	1510	32.6	1275
G455	疑难病杂志	1547	539	0.927	342	32.6	1275
F008	植物科学学报	1107	794	0.872	398	32.6	1275
C003	计算力学学报	808	1062	0.421	1256	32.5	1280
T512	聚氨酯工业	420	1538	0.683	635	32.5	1280
G523	内科理论与实践	274	1797	0.267	1716	32.5	1280
C054	声学学报	934	934	0.542	935	32.5	1280
C052	应用声学	303	1749	0.287	1667	32.5	1280
E133	地层学杂志	786	1084	0.840	423	32.4	1285
G230	临床皮肤科杂志	1332	657	0.593	821	32.4	1285
F044	生物资源	453	1493	0.287	1667	32.4	1285
G627	循证医学	391	1591	0.448	1186	29.7; 32.4	1285
G479	预防医学	1416	606	0.642	710	32.4	1285
M628	中国冶金	600	1287	0.559	896	32.4	1285
M008	材料科学与工程学报	1367	638	0.663	663	32.3	1291
E151	地质与勘探	1776	444	0.914	352	32.3	1291
N027	电加工与模具	255	1824	0.148	1961	32.3	1291
D503	功能高分子学报	304	1747	0.290	1652	32.3	1291
Y031	航空计算技术	434	1517	0.191	1894	32.3	1291
S500	计算机与现代化	738	1133	0.254	1759	32.3	1291
U055	粮食与饲料工业	1068	829	0.436	1218	20.6; 22.7; 32.3	1291
B008	应用概率统计	187	1920	0.144	1963	32.3	1291
K018	工矿自动化	927	940	0.501	1044	32.2	1299
Z550	环境工程技术学报	281	1779	0.503	1039	32.2	1299
G069	上海医学	960	914	0.345	1486	32.2	1299
J057	工业工程	403	1564	0.255	1757	32.1	1302
Y014	航空制造技术	1611	510	0.324	1558	32.1	1302
H049	环境昆虫学报	628	1259	0.479	1106	31.8; 32.1	1302
S509	计算机系统应用	976	904	0.258	1744	32.1	1302
R117	南方电网技术	809	1060	0.928	341	32.1	1302
G343	上海精神医学	530	1382	0.417	1271	32.1	1302
U056	丝绸	371	1632	0.232	1807	32.1	1302
V087	现代城市研究	656	1225	0.368	1418	32.1	1302
R069	压电与声光	682	1192	0.355	1456	32.1	1302
E163	岩性油气藏	1241	709	1.130	205	32.1	1302
G713	中国药物应用与监测	573	1316	1.113	215	32.1	1302
S591	中国医学装备	1572	525	0.649	689	32.1	1302
R058	电气自动化	248	1837	0.156	1945	32.0	1314
A615	石河子大学学报自然科学版	682	1192	0.510	1021	32.0	1314

表8 2016年中国科技核心期刊综合评价总分排名（续）

CODE	刊名	核心总被引频次 数值	核心总被引频次 排名	核心影响因子 数值	核心影响因子 排名	综合评价总分* 数值	综合评价总分* 排名
A150	西安科技大学学报	803	1068	0.623	755	32.0	1314
G124	中国医疗器械杂志	502	1421	0.542	935	32.0	1314
I229	JOURNAL OF MARINE SCIENCE AND APPLICATION	145	1956	0.241	1782	31.9	1318
G620	北京中医药	1462	577	0.361	1439	31.9; 27.7	1318
G525	华南预防医学	723	1148	0.600	808	31.9	1318
R588	科技进步与对策	2852	208	0.593	821	31.9	1318
W006	水利水运工程学报	481	1448	0.337	1516	31.9	1318
N065	特种铸造及有色合金	1562	528	0.521	989	31.9	1318
E316	震灾防御技术	243	1853	0.349	1470	31.9; 21.5	1318
G715	中国生育健康杂志	439	1509	0.353	1462	31.9	1318
M100	ACTA METALLURGICA SINICA	474	1457	0.669	654	31.8	1326
G930	国际流行病学传染病学杂志	238	1861	0.288	1663	31.8; 31.6	1326
M101	矿冶	525	1392	0.361	1439	31.8	1326
K554	矿业安全与环保	1048	846	0.632	729	31.8	1326
G260	心脏杂志	466	1473	0.347	1479	31.8	1326
G462	中华普外科手术学杂志电子版	566	1326	1.165	190	31.8	1326
G013	安徽中医药大学学报	758	1113	0.451	1176	31.7	1332
G975	国际麻醉学与复苏杂志	914	951	0.614	770	31.7	1332
Z005	环境工程	1192	742	0.475	1110	31.7	1332
H022	上海交通大学学报农业科学版	560	1337	0.328	1545	31.7	1332
Y057	载人航天	233	1865	0.525	982	31.7	1332
G679	中国医疗设备	1828	427	0.552	912	31.7	1332
G496	国际老年医学杂志	180	1928	0.205	1858	31.6	1338
H665	花生学报	363	1646	0.379	1385	31.6	1338
G049	解剖学报	580	1310	0.448	1186	31.6	1338
G447	中国临床保健杂志	731	1141	0.508	1026	31.6	1338
B030	ACTA MATHEMATICA SINICA ENGLISH SERIES	318	1726	0.141	1965	31.5	1342
I132	FRONTIERS OF OPTOELECTRONICS IN CHINA	29	2007	0.192	1891	31.5	1342
M005	材料保护	1215	728	0.334	1525	31.5	1342
E112	地震研究	500	1423	0.465	1145	31.5	1342
D036	电化学	219	1889	0.267	1716	31.5	1342
M033	桂林理工大学学报	460	1483	0.293	1645	31.5	1342
W590	南水北调与水利科技	788	1083	0.372	1403	31.5	1342
C033	声学技术	514	1404	0.279	1689	31.5	1342
G328	新乡医学院学报	796	1072	0.572	868	31.5	1342
U643	造纸科学与技术	182	1925	0.102	1998	31.5	1342
J014	河南科技大学学报自然科学版	421	1536	0.561	892	31.4	1352
H415	热带生物学报	188	1919	0.255	1757	31.4	1352
G609	热带医学杂志	1515	556	0.599	810	31.4	1352
A133	装备学院学报	402	1568	0.326	1549	31.4; 19.9	1352

表 8　2016 年中国科技核心期刊综合评价总分排名（续）

CODE	刊 名	核心总被引频次		核心影响因子		综合评价总分*	
		数值	排名	数值	排名	数值	排名
R532	传感器与微系统	1858	419	0.470	1126	31.3	1356
A080	高技术通讯	401	1572	0.150	1956	31.3	1356
A067	河南大学学报自然科学版	347	1673	0.331	1534	31.3	1356
G334	湖北中医药大学学报	708	1159	0.432	1231	31.3	1356
N074	仪表技术与传感器	1417	604	0.441	1206	31.3	1356
G937	国际肿瘤学杂志	427	1525	0.246	1770	31.2	1361
G543	中国耳鼻咽喉头颈外科	1099	800	0.717	566	31.2	1361
A098	中国科技论坛	1350	645	0.535	954	31.2	1361
W005	中国农村水利水电	1528	548	0.292	1647	30.1; 31.2	1361
G180	中日友好医院学报	362	1648	0.507	1028	31.2	1361
G432	川北医学院学报	558	1341	0.485	1092	31.1	1366
K517	煤矿机械	2069	350	0.154	1949	31.1	1366
K504	煤矿开采	741	1129	0.368	1418	31.1	1366
S002	信息与控制	587	1304	0.643	706	31.1	1366
G440	药学实践杂志	567	1322	0.463	1148	31.1	1366
C056	高压物理学报	350	1667	0.292	1647	31.0	1371
F028	广西植物	1146	765	0.647	695	31.0	1371
G291	临床骨科杂志	1079	815	0.929	340	31.0	1371
Q913	临床眼科杂志	562	1333	0.435	1221	31.0	1371
T105	热固性树脂	374	1625	0.430	1233	31.0	1371
F208	JOURNAL OF RESOURCES AND ECOLOGY	181	1926	0.347	1479	30.9	1376
G478	骨科	111	1981	0.386	1361	30.9	1376
E359	气象科学	1207	734	0.765	504	30.9	1376
J052	沈阳工业大学学报	533	1378	0.635	722	30.9	1376
G884	职业与健康	2711	226	0.425	1244	30.9	1376
H891	中国动物传染病学报	277	1792	0.247	1769	30.9	1376
G833	中华老年口腔医学杂志	368	1634	0.526	980	30.9	1376
H009	蚕业科学	810	1057	0.402	1316	30.8	1383
R011	电力电子技术	1060	839	0.241	1782	30.8	1383
Y013	固体火箭技术	769	1099	0.353	1462	30.8	1383
H097	乳业科学与技术	253	1827	0.359	1445	30.8	1383
T079	塑料助剂	274	1797	0.307	1605	30.8	1383
N100	现代科学仪器	581	1309	0.122	1987	30.8	1383
U635	中国食品添加剂	1302	676	0.501	1044	30.8	1383
R028	激光杂志	1156	759	0.519	994	30.7	1390
A110	宁夏大学学报自然科学版	209	1897	0.213	1842	30.7	1390
Y561	现代防御技术	539	1368	0.285	1674	30.7	1390
G067	现代免疫学	343	1682	0.344	1492	30.7	1390
G761	中华危重症医学杂志电子版	418	1541	0.910	356	30.7	1390
I051	ACTA MATHEMATICAE APPLICATAE SINICA	144	1957	0.065	2006	30.6	1395
N764	JOURNAL OF BIONIC ENGINEERING	322	1722	0.852	414	30.6	1395
G855	临床消化病杂志	414	1548	0.414	1281	30.6	1395
Z016	水处理技术	1728	470	0.433	1224	30.6	1395

表8 2016年中国科技核心期刊综合评价总分排名（续）

CODE	刊 名	核心总被引频次 数值	核心总被引频次 排名	核心影响因子 数值	核心影响因子 排名	综合评价总分* 数值	综合评价总分* 排名
G965	同济大学学报医学版	596	1290	0.369	1415	30.6	1395
G605	医疗卫生装备	2057	353	0.481	1101	30.6	1395
G251	中华放射肿瘤学杂志	1366	639	0.977	295	30.6	1395
I139	CHEMICAL RESEARCH IN CHINESE UNIVERSITIES	766	1103	0.890	380	30.5	1402
I166	CHINESE JOURNAL OF ACOUSTICS	119	1976	0.368	1418	30.5	1402
X046	城市交通	327	1706	0.358	1449	30.5	1402
B003	高校应用数学学报	122	1972	0.113	1995	30.5	1402
T532	化工科技	250	1833	0.149	1958	30.5	1402
C094	计算物理	366	1639	0.352	1465	30.5	1402
G464	中国血管外科杂志电子版	220	1888	0.543	932	30.5	1402
I710	CHINA COMMUNICATIONS	363	1646	0.484	1096	30.4	1409
D026	分析科学学报	899	957	0.499	1050	30.4	1409
A035	吉林大学学报理学版	609	1277	0.371	1409	30.4	1409
H516	热带农业科学	919	945	0.305	1609	30.4	1409
G603	生物医学工程与临床	311	1736	0.259	1742	30.4	1409
L015	石油化工	1473	573	0.573	865	30.4	1409
H041	特产研究	306	1742	0.243	1774	30.4	1409
G527	药学与临床研究	599	1288	0.488	1083	30.4	1409
G838	肿瘤影像学	291	1768	0.424	1248	30.4	1409
E026	地质力学学报	418	1541	0.340	1507	30.3; 26.7	1418
G920	儿科药学杂志	693	1183	0.437	1216	23.8; 30.3	1418
A042	广西大学学报自然科学版	727	1145	0.536	949	30.3	1418
G256	临床外科杂志	919	945	0.449	1183	30.3	1418
U049	食品安全质量检测学报	1228	717	0.593	821	30.3	1418
F228	热带亚热带植物学报	743	1126	0.524	983	30.2	1423
U645	保鲜与加工	588	1301	0.696	599	30.1; 29.9	1424
R067	电子技术应用	845	1015	0.265	1723	30.1	1424
T501	能源化工	297	1760	0.256	1755	30.1	1424
R004	微电子学与计算机	956	919	0.263	1728	27.4; 30.1	1424
N091	指挥控制与仿真	460	1483	0.296	1635	30.1	1424
V568	中国粉体技术	440	1505	0.329	1538	30.1	1424
G380	中国心血管杂志	480	1450	0.649	689	30.1	1424
M018	勘察科学技术	242	1857	0.130	1978	30.0	1431
N075	铸造	1332	657	0.417	1271	30.0	1431
G426	国际神经病学神经外科学杂志	547	1356	0.535	954	29.9	1433
N048	金刚石与磨料磨具工程	390	1595	0.294	1640	29.9	1433
G513	内蒙古医科大学学报	434	1517	0.542	935	29.9	1433
G145	中华核医学与分子影像杂志	743	1126	0.640	711	29.9	1433
G060	中华结直肠疾病电子杂志	179	1931	0.289	1659	29.9	1433
G280	中华口腔正畸学杂志	279	1783	0.481	1101	29.9	1433
R055	电子测量技术	1695	482	0.911	353	29.8	1439
G349	国际泌尿系统杂志	410	1554	0.257	1746	29.8	1439

表8　2016年中国科技核心期刊综合评价总分排名（续）

CODE	刊 名	核心总被引频次		核心影响因子		综合评价总分*	
		数值	排名	数值	排名	数值	排名
A008	南开大学学报自然科学版	253	1827	0.178	1922	29.8	1439
G063	山东中医药大学学报	970	907	0.380	1384	29.8	1439
N830	中国测试	650	1232	0.386	1361	29.8	1439
G976	中华神经外科疾病研究杂志	708	1159	0.707	582	29.8	1439
G848	中华手外科杂志	1748	457	1.085	229	29.8	1439
G407	转化医学杂志	209	1897	0.408	1301	29.8	1439
N019	低温工程	242	1857	0.205	1858	29.7	1447
S048	计算机与数字工程	738	1133	0.187	1905	29.7	1447
X002	交通科学与工程	180	1928	0.171	1929	29.7	1447
G395	兰州大学学报医学版	357	1654	0.497	1057	29.7	1447
G890	实用肿瘤杂志	644	1237	0.514	1009	29.7	1447
G962	眼科	486	1440	0.358	1449	29.7	1447
I243	FRONTIERS OF MATERIALS SCIENCE	62	2002	0.293	1645	29.6	1453
A199	电力建设	1248	703	0.786	478	29.6	1453
D037	化学研究与应用	1112	790	0.419	1264	29.6	1453
N063	机械设计与制造工程	402	1568	0.197	1882	29.6	1453
Y051	空间控制技术与应用	147	1953	0.243	1774	29.6	1453
Q003	同位素	115	1979	0.190	1895	29.6	1453
R671	西安邮电大学学报	349	1670	0.516	1002	29.6; 25.8	1453
R033	应用激光	416	1546	0.394	1336	29.6	1453
H317	中国兽药杂志	567	1322	0.330	1536	29.6	1453
G054	中华肝脏外科手术学电子杂志	201	1908	0.524	983	29.6	1453
R044	电气传动	575	1313	0.325	1553	29.5	1463
G987	护理学报	3221	169	0.839	426	29.5	1463
G896	现代中医临床	440	1505	0.329	1538	29.5	1463
T064	橡胶工业	545	1361	0.188	1901	29.5	1463
G239	中国介入心脏病学杂志	708	1159	1.009	273	29.5	1463
R024	半导体光电	387	1600	0.193	1889	25.2; 29.4	1468
G016	北京医学	1080	814	0.502	1041	29.4	1468
E615	测绘科学技术学报	628	1259	0.530	966	29.4	1468
R082	光电子技术	133	1963	0.256	1755	29.4	1468
L025	石油钻探技术	1295	680	1.214	170	29.4	1468
G377	中国现代中药	1074	820	0.527	977	29.4	1468
G873	中华眼视光学与视觉科学杂志	620	1269	0.581	852	29.4	1468
U014	东华大学学报自然科学版	430	1522	0.195	1886	29.3	1475
B525	国际输血及血液学杂志	225	1882	0.261	1735	29.3; 26.2	1475
N053	机械与电子	347	1673	0.122	1987	29.3	1475
H031	山东农业大学学报自然科学版	735	1138	0.239	1788	29.3	1475
I017	TRANSACTIONS OF NANJING UNIVERSITY OF AERONAUTICS & ASTRONAUTICS	194	1914	0.314	1582	29.2; 24.4	1479
I008	WUHAN UNIVERSITY JOURNAL OF NATURAL SCIENCES	86	1993	0.118	1993	29.2	1479
G736	中华内分泌外科杂志	352	1664	0.444	1191	29.2	1479

表8 2016年中国科技核心期刊综合评价总分排名（续）

CODE	刊 名	核心总被引频次 数值	核心总被引频次 排名	核心影响因子 数值	核心影响因子 排名	综合评价总分* 数值	综合评价总分* 排名
W015	JOURNAL OF HYDRODYNAMICS SERIES B	605	1282	0.654	682	29.1	1482
I090	JOURNAL OF WUHAN UNIVERSITY OF TECHNOLOGY MATERIALS SCIENCE EDITION	427	1525	0.180	1919	28.1; 29.1	1482
F204	生物加工过程	311	1736	0.419	1264	29.1	1482
G104	中国海洋药物	447	1497	0.411	1291	29.1	1482
N990	装甲兵工程学院学报	288	1771	0.236	1794	29.1; 17.3	1482
R116	电网与清洁能源	1016	875	0.762	507	29.0	1487
T075	中国胶粘剂	607	1280	0.321	1566	29.0	1487
G786	安徽医学	1819	430	0.648	693	28.9	1489
S741	地域研究与开发	1611	510	0.895	374	28.9	1489
D062	分析仪器	319	1724	0.212	1844	28.9	1489
G207	公共卫生与预防医学	1494	567	1.087	228	28.9	1489
H227	吉林农业科学	614	1274	0.341	1503	28.9	1489
G878	中国药师	2339	294	0.590	832	28.9	1489
G803	肝脏	871	980	0.563	886	28.8	1495
T563	工业催化	593	1295	0.304	1614	28.8	1495
A039	湖北大学学报自然科学版	235	1864	0.218	1833	28.8	1495
R521	激光与红外	1409	612	0.566	880	28.8	1495
A006	四川大学学报自然科学版	680	1199	0.408	1301	28.8	1495
I250	FRONTIERS OF MATHEMATICS IN CHINA	97	1987	0.131	1976	28.7	1500
G292	寄生虫与医学昆虫学报	160	1943	0.200	1877	28.7	1500
N029	润滑与密封	1671	492	0.343	1496	28.7	1500
G227	中国药物警戒	917	948	0.614	770	28.7	1500
G347	中国中西医结合耳鼻咽喉科杂志	365	1641	0.389	1348	18.4; 28.7	1500
R071	电力系统及其自动化学报	1519	553	1.205	176	28.6	1505
G031	贵州医科大学学报	630	1256	0.374	1398	28.6	1505
H390	山西农业科学	1628	505	0.494	1068	28.6	1505
G760	实用医院临床杂志	1323	663	0.558	898	28.6	1505
G473	中华腔镜泌尿外科杂志电子版	511	1407	0.799	464	28.6	1505
G934	国际中医中药杂志	653	1231	0.230	1816	28.5; 23.4	1510
M004	机械工程材料	1406	615	0.555	908	28.5	1510
N047	机械设计	1257	696	0.364	1427	28.5	1510
G673	临床药物治疗杂志	412	1550	0.633	726	28.5	1510
J031	上海理工大学学报	466	1473	0.457	1164	28.5	1510
C109	应用光学	809	1060	0.442	1200	28.5	1510
G259	诊断病理学杂志	768	1100	0.419	1264	20.4; 28.5	1510
Y032	航天器环境工程	442	1502	0.378	1388	28.4	1517
Z521	环境科学与管理	1715	475	0.268	1714	28.4	1517
S507	计算技术与自动化	206	1901	0.197	1882	28.3	1519
U036	棉纺织技术	708	1159	0.374	1398	28.3	1519
U617	食品研究与开发	3723	119	0.385	1367	28.3	1519
T916	有机硅材料	383	1608	0.582	850	28.3	1519

表8 2016年中国科技核心期刊综合评价总分排名（续）

CODE	刊　名	核心总被引频次		核心影响因子		综合评价总分*	
		数值	排名	数值	排名	数值	排名
F050	植物研究	1142	768	0.673	648	28.3	1519
T146	化工设备与管道	299	1756	0.402	1316	28.2	1524
S017	网络新媒体技术	154	1947	0.063	2007	28.2	1524
G631	中国感染控制杂志	1247	704	1.264	155	28.2	1524
G521	中国疼痛医学杂志	1333	655	0.950	321	28.1	1527
I165	CHINA FOUNDRY	146	1954	0.298	1629	28.0	1528
T060	煤化工	291	1768	0.161	1941	28.0	1528
G099	中国地方病防治杂志	781	1087	0.665	658	28.0	1528
G044	华西药学杂志	1126	780	0.434	1222	27.9	1531
R025	激光技术	946	929	0.656	677	27.9	1531
R586	吉林大学学报信息科学版	416	1546	0.442	1200	27.9; 27.0	1531
G628	老年医学与保健	226	1879	0.219	1831	27.9	1531
U602	皮革科学与工程	313	1732	0.491	1076	27.9	1531
G401	生物骨科材料与临床研究	298	1758	0.372	1403	27.9	1531
G814	中国临床医生杂志	2157	330	1.268	152	27.9	1531
G582	中国煤炭工业医学杂志	1454	583	0.433	1224	27.9	1531
G741	蚌埠医学院学报	971	906	0.321	1566	27.8	1539
R724	电子设计工程	2353	287	0.436	1218	27.8	1539
R519	信息技术	594	1293	0.129	1980	27.8	1539
K580	有色金属选矿部分	682	1192	0.618	767	27.8	1539
G667	中国综合临床	1186	747	0.520	992	27.8	1539
L008	石油钻采工艺	1354	642	0.607	791	27.7	1544
R524	中国能源	367	1637	0.570	873	27.7	1544
G296	中华围产医学杂志	1273	692	1.286	145	27.7	1544
N013	自动化仪表	755	1116	0.372	1403	27.4; 27.7	1544
Y006	飞行力学	508	1411	0.233	1804	27.6	1548
E578	国土资源科技管理	305	1745	0.235	1797	27.6	1548
J019	河北工业科技	279	1783	0.509	1023	27.6	1548
F206	微生物学免疫学进展	328	1703	0.425	1244	27.6	1548
G306	中国医师进修杂志	1458	580	0.334	1525	27.6	1548
C096	ACTA MATHEMATICA SCIENTIA	314	1731	0.250	1765	27.5; 21.1	1553
A018	湘潭大学自然科学学报	242	1857	0.382	1378	27.5	1553
G476	心脑血管病防治	391	1591	0.320	1570	25.4; 27.5	1553
S501	自动化与仪表	366	1639	0.245	1772	26.9; 27.5	1553
H272	广东海洋大学学报	440	1505	0.329	1538	23.7; 27.4	1557
R535	红外技术	739	1132	0.645	703	27.4	1557
Z009	化工环保	835	1027	0.901	365	27.4	1557
C009	实验力学	512	1405	0.324	1558	27.4	1557
G294	华西医学	1570	527	0.370	1414	27.3	1561
J008	兰州理工大学学报	853	1004	0.410	1296	27.3	1561
A637	山东科学	246	1847	0.225	1822	27.3	1561
G727	中国性科学	1412	608	0.695	603	27.3	1561
G055	中华肩肘外科电子杂志	66	2000	0.426	1242	27.3	1561

表8 2016年中国科技核心期刊综合评价总分排名（续）

CODE	刊名	核心总被引频次		核心影响因子		综合评价总分*	
		数值	排名	数值	排名	数值	排名
D031	CHINESE CHEMICAL LETTERS	1071	826	0.537	947	27.2	1566
M505	腐蚀与防护	1114	788	0.402	1316	27.2	1566
V021	给水排水	1456	581	0.336	1522	27.2	1566
Z013	工业水处理	1665	495	0.471	1123	27.2	1566
J045	西华大学学报自然科学版	325	1711	0.266	1718	27.2	1566
W557	中国水利水电科学研究院学报	261	1818	0.197	1882	27.2	1566
E303	中国岩溶	895	960	1.047	251	27.2	1566
G220	中国药物化学杂志	438	1512	0.329	1538	27.2	1566
G470	中华细胞与干细胞杂志电子版	91	1991	0.528	972	27.2	1566
G682	中南医学科学杂志	379	1615	0.304	1614	27.2	1566
I012	INSECT SCIENCE	262	1816	0.288	1663	27.1	1576
J066	长沙理工大学学报自然科学版	141	1960	0.331	1534	27.1	1576
G315	解放军医院管理杂志	1430	596	0.466	1144	27.1	1576
G330	上海护理	603	1284	0.444	1191	27.1	1576
E510	测绘通报	1981	376	0.611	781	27.0	1580
R010	电工电能新技术	552	1351	0.560	894	27.0	1580
T931	化学与粘合	377	1617	0.263	1728	27.0; 19.2	1580
G453	江苏大学学报医学版	328	1703	0.265	1723	27.0	1580
G491	岭南心血管病杂志	426	1528	0.367	1423	27.0	1580
H026	竹子学报	273	1800	0.204	1863	27.0	1580
K032	河北工程大学学报自然科学版	248	1837	0.310	1594	26.9; 24.9	1586
X533	水道港口	323	1717	0.239	1788	26.9	1586
X053	JOURNAL OF TRAFFIC AND TRANSPORTATION ENGINEERING ENGLISH EDITION	42	2006	0.333	1531	26.8	1588
S745	管理现代化	279	1783	0.231	1812	26.8	1588
J055	海军工程大学学报	460	1483	0.289	1659	26.8	1588
G599	中南药学	1145	766	0.545	925	26.8	1588
F007	PLANT DIVERSITY	1040	854	0.310	1594	26.7	1592
V572	规划师	1281	688	0.660	667	26.7	1592
A084	黑龙江大学自然科学学报	247	1842	0.185	1908	26.7	1592
G877	药物流行病学杂志	695	1180	0.604	800	26.7	1592
H350	中国土地科学	1856	422	1.259	158	26.7	1592
G522	肿瘤研究与临床	643	1240	0.481	1101	26.7	1592
Y571	飞航导弹	695	1180	0.388	1352	26.6	1598
G495	国际病毒学杂志	418	1541	0.848	417	26.6	1598
K014	矿山机械	1016	875	0.240	1787	26.6	1598
X034	都市快轨交通	396	1577	0.263	1728	26.5	1601
C097	光散射学报	173	1935	0.188	1901	26.5	1601
Y554	航空发动机	423	1535	0.326	1549	26.5	1601
A011	河南科学	603	1284	0.193	1889	26.5	1601
G810	浙江医学	1035	857	0.334	1525	26.5	1601
U032	中国油脂	1968	383	0.605	798	26.5	1601
G335	中华航海医学与高气压医学杂志	435	1516	0.483	1098	26.5	1601

表8 2016年中国科技核心期刊综合评价总分排名（续）

CODE	刊名	核心总被引频次		核心影响因子		综合评价总分*	
		数值	排名	数值	排名	数值	排名
B002	高等学校计算数学学报	79	1996	0.100	1999	26.4	1608
U533	木材工业	497	1427	0.433	1224	26.4	1608
E363	世界地震工程	621	1268	0.194	1888	26.4	1608
G507	解剖科学进展	426	1528	0.386	1361	26.3	1611
U641	食品与发酵科技	559	1340	0.402	1316	26.3	1611
G565	徐州医学院学报	400	1574	0.192	1891	26.3	1611
G752	中国卫生质量管理	802	1069	0.631	734	26.3	1611
E108	海洋预报	354	1660	0.288	1663	26.2	1615
K010	矿业研究与开发	983	899	0.728	553	26.2	1615
Z007	四川环境	505	1416	0.219	1831	26.2	1615
M631	黄金	680	1199	0.271	1708	26.1	1618
X015	江苏科技大学学报自然科学版	316	1727	0.329	1538	26.1	1618
S812	科技管理研究	2716	222	0.336	1522	26.1	1618
G942	临床误诊误治	1445	588	0.529	969	26.1	1618
S505	系统仿真技术	103	1984	0.171	1929	26.1	1618
G110	中国麻风皮肤病杂志	758	1113	0.355	1456	26.1	1618
H204	中国沼气	539	1368	0.651	685	26.1; 21.0	1618
G526	中华全科医师杂志	892	964	0.549	917	26.1	1618
G035	河北医科大学学报	1285	685	0.547	922	26.0	1626
A013	南昌大学学报理科版	365	1641	0.338	1514	26.0	1626
F041	人类学学报	638	1246	0.535	954	26.0	1626
H293	杂交水稻	818	1049	0.349	1470	26.0	1626
D501	化学研究	402	1568	0.364	1427	25.9	1630
G771	武警后勤学院学报医学版	633	1253	0.263	1728	25.9	1630
G939	国际脑血管病杂志	630	1256	0.603	802	25.8	1632
Q009	核科学与工程	322	1722	0.140	1966	25.8	1632
T012	青岛科技大学学报自然科学版	266	1811	0.232	1807	25.8	1632
V531	陶瓷学报	334	1692	0.415	1279	25.8	1632
U634	现代纺织技术	143	1959	0.168	1932	25.8	1632
A527	贵州师范大学学报自然科学版	267	1808	0.176	1924	25.7	1637
G512	实用癌症杂志	1518	554	0.626	750	25.7	1637
R013	中国激光医学杂志	243	1853	0.279	1689	25.7	1637
U604	皮革与化工	95	1988	0.119	1991	25.6	1640
G358	解剖学研究	300	1752	0.244	1773	25.5	1641
G742	山东大学耳鼻喉眼学报	392	1588	0.325	1553	25.5; 18.8	1641
J016	浙江工业大学学报	685	1188	0.623	755	25.5	1641
H939	中国稻米	689	1185	0.402	1316	25.5	1641
E626	CT理论与应用研究	272	1803	0.348	1477	25.4	1645
Y015	航天控制	299	1756	0.220	1830	25.4	1645
P007	水电能源科学	1556	532	0.283	1677	24.7; 25.4	1645
L033	油田化学	1174	753	0.884	385	25.4	1645
G560	中国计划生育和妇产科	395	1579	0.403	1314	25.3; 17.1	1649
G885	中国现代手术学杂志	286	1773	0.217	1834	25.3	1649

表8　2016年中国科技核心期刊综合评价总分排名（续）

CODE	刊名	核心总被引频次		核心影响因子		综合评价总分*	
		数值	排名	数值	排名	数值	排名
B023	CHINESE ANNALS OF MATHEMATICS SERIES B	120	1974	0.123	1986	25.2	1651
G004	北京生物医学工程	295	1762	0.325	1553	25.2	1651
A077	贵州大学学报自然科学版	263	1814	0.179	1921	25.2	1651
L034	石油化工高等学校学报	376	1621	0.389	1348	25.2	1651
I227	JOURNAL OF CHINESE PHARMACEUTICAL SCIENCES	275	1795	0.341	1503	25.1	1655
H364	广西林业科学	330	1699	0.184	1910	25.1	1655
N061	图学学报	567	1322	0.460	1156	25.1	1655
G693	中华临床免疫和变态反应杂志	273	1800	0.472	1119	25.1	1655
R062	JOURNAL OF SEMICONDUCTORS	869	986	0.516	1002	25.0; 20.5	1659
U512	大连工业大学学报	342	1683	0.259	1742	25.0	1659
R037	高压电器	2046	358	0.794	471	25.0	1659
G050	解剖学杂志	611	1275	0.313	1584	25.0	1659
G258	中国生物制品学杂志	804	1067	0.335	1524	25.0	1659
N037	工业仪表与自动化装置	301	1750	0.217	1834	24.9	1664
T955	精细化工中间体	428	1523	0.260	1737	24.9	1664
U528	上海纺织科技	407	1556	0.165	1938	24.9	1664
H864	饲料研究	812	1055	0.231	1812	24.9	1664
G312	西南国防医药	1126	780	0.343	1496	24.9	1664
A081	中国科学基金	418	1541	0.556	905	24.9	1664
R684	电信科学	478	1453	0.289	1659	24.8	1670
V033	工程抗震与加固改造	374	1625	0.203	1866	24.8	1670
A021	华侨大学学报自然科学版	350	1667	0.332	1533	24.8	1670
H382	森林工程	391	1591	0.252	1762	24.1; 24.8	1670
X635	船海工程	504	1419	0.243	1774	24.7	1674
N076	焊接	753	1118	0.539	941	24.7	1674
Y012	航空精密制造技术	233	1865	0.129	1980	24.7	1674
W567	节水灌溉	1094	804	0.427	1241	24.7	1674
E302	湿地科学	1050	842	1.383	121	24.7	1674
N043	探测与控制学报	407	1556	0.304	1614	24.7	1674
G721	新医学	837	1022	0.411	1291	24.7	1674
V039	中国园林	1217	724	0.411	1291	22.6; 24.7	1674
G695	肿瘤预防与治疗	239	1860	0.506	1033	24.7	1674
R711	测试技术学报	292	1766	0.190	1895	24.6	1683
D011	化学试剂	569	1321	0.232	1807	24.6	1683
G423	临床肾脏病杂志	232	1867	0.265	1723	24.6	1683
L030	石油炼制与化工	1337	652	0.714	569	24.6	1683
G203	中国心脏起搏与心电生理杂志	576	1312	0.491	1076	24.6	1683
G847	中华现代护理杂志	4685	80	0.545	925	24.6	1683
G957	腹部外科	324	1713	0.339	1510	24.5	1689
K553	洁净煤技术	546	1358	0.509	1023	24.5	1689
H261	辽宁农业科学	538	1371	0.181	1918	24.5	1689

表 8 2016 年中国科技核心期刊综合评价总分排名（续）

CODE	刊 名	核心总被引频次		核心影响因子		综合评价总分*	
		数值	排名	数值	排名	数值	排名
G737	中华生物医学工程杂志	229	1873	0.154	1949	24.5	1689
C100	噪声与振动控制	1098	801	0.459	1160	24.4	1693
G809	中国医刊	1761	451	0.796	469	24.4	1693
T508	电镀与精饰	485	1443	0.317	1576	24.3	1695
G244	中国工业医学杂志	666	1215	0.388	1352	24.3	1695
A111	内蒙古师范大学学报自然科学汉文版	246	1847	0.131	1976	24.2	1697
T073	香料香精化妆品	329	1702	0.292	1647	24.2	1697
D014	影像科学与光化学	132	1964	0.333	1531	24.2	1697
N088	组合机床与自动化加工技术	1501	561	0.507	1028	24.2	1697
V031	地下空间与工程学报	1405	616	0.337	1516	24.1	1701
N105	工程爆破	495	1432	0.678	642	24.1	1701
H267	青岛农业大学学报自然科学版	296	1761	0.268	1714	24.1	1701
E159	新疆地质	837	1022	0.351	1467	24.1	1701
N046	制造技术与机床	997	888	0.210	1849	24.0	1705
B027	系统管理学报	855	1003	0.682	638	23.9	1706
U013	纺织高校基础科学学报	126	1971	0.187	1905	23.8	1707
G295	解放军药学学报	675	1204	0.354	1459	23.8	1707
S816	科学管理研究	713	1153	0.528	972	23.8	1707
I226	JOURNAL OF CHINA ORDNANCE	73	1998	0.305	1609	23.7	1710
P010	小型内燃机与车辆技术	170	1936	0.134	1973	23.7	1710
G083	心肺血管病杂志	995	892	0.944	328	23.7	1710
D035	分子科学学报	198	1909	0.302	1618	23.6	1713
N515	机械制造与自动化	449	1496	0.107	1997	23.6	1713
G095	VIROLOGICA SINICA	249	1836	0.294	1640	23.5	1715
T941	当代化工	869	986	0.189	1899	23.5	1715
C060	波谱学杂志	251	1831	0.528	972	23.4	1717
A083	科技通报	957	918	0.183	1914	23.4	1717
R045	电机与控制应用	541	1365	0.452	1175	23.3	1719
Y040	火箭推进	370	1633	0.391	1342	23.3	1719
G518	预防医学情报杂志	844	1017	0.437	1216	23.3	1719
S590	中华医学教育探索杂志	759	1112	0.334	1525	23.3	1719
R654	电力科学与技术学报	325	1711	0.504	1036	23.2	1723
R063	半导体技术	334	1692	0.222	1825	23.1	1724
M021	上海金属	354	1660	0.372	1403	23.1	1724
X539	中外公路	868	989	0.204	1863	23.1	1724
G672	口腔材料器械杂志	169	1938	0.647	695	23.0	1727
A654	云南民族大学学报自然科学版	184	1924	0.215	1836	23.0	1727
R020	电子元件与材料	643	1240	0.324	1558	22.9	1729
K505	黑龙江科技大学学报	305	1745	0.321	1566	22.9	1729
N035	液压与气动	1095	803	0.349	1470	22.9	1729
W010	长江科学院院报	1160	757	0.413	1284	22.8	1732
Y503	导弹与航天运载技术	392	1588	0.243	1774	22.8	1732
R754	电讯技术	656	1225	0.362	1433	22.8	1732

表8 2016年中国科技核心期刊综合评价总分排名（续）

CODE	刊 名	核心总被引频次		核心影响因子		综合评价总分*	
		数值	排名	数值	排名	数值	排名
E022	古生物学报	530	1382	0.270	1710	22.8	1732
S033	微型电脑应用	226	1879	0.135	1972	22.8	1732
G025	工业卫生与职业病	541	1365	0.313	1584	22.7	1737
S031	遥测遥控	132	1964	0.276	1696	22.7	1737
R737	自动化技术与应用	509	1410	0.166	1935	22.7	1737
R016	绝缘材料	744	1124	0.664	661	22.6	1740
C104	力学与实践	627	1262	0.287	1667	22.5	1741
G514	药物生物技术	467	1469	0.402	1316	22.5	1741
Y556	航空兵器	292	1766	0.277	1692	22.4; 18.8	1743
L026	中国海洋平台	245	1851	0.118	1993	22.4	1743
I124	ADVANCES IN POLAR SCIENCE	28	2008	0.056	2008	22.3	1745
A012	海南大学学报自然科学版	204	1904	0.139	1968	22.3	1745
G702	温州医科大学学报	533	1378	0.398	1326	22.3	1745
Y008	宇航计测技术	186	1922	0.167	1934	22.3	1745
C108	原子核物理评论	127	1969	0.169	1931	20.8; 22.3	1745
G387	实验动物与比较医学	295	1762	0.241	1782	22.2; 20.7	1750
V023	中国非金属矿工业导刊	288	1771	0.108	1996	22.2	1750
E050	GEOSCIENCE FRONTIERS	190	1916	0.444	1191	22.1	1752
G874	法医学杂志	383	1608	0.300	1622	22.1	1752
G561	中国体视学与图像分析	197	1910	0.182	1915	22.1	1752
G913	中国药事	1075	818	0.459	1160	22.1	1752
V057	建筑钢结构进展	229	1873	0.423	1251	22.0	1756
R511	中国电力	2104	345	0.881	391	22.0	1756
T598	电镀与涂饰	722	1149	0.300	1622	21.9	1758
E635	沙漠与绿洲气象	582	1308	1.158	193	21.9; 17.4	1758
G332	生物医学工程研究	181	1926	0.397	1331	21.9	1758
R775	中兴通讯技术	127	1969	0.221	1828	21.9	1758
G940	国际心血管病杂志	469	1467	0.643	706	21.8	1762
H071	农产品质量与安全	447	1497	0.883	387	21.8; 17.5	1762
E052	微体古生物学报	307	1741	0.468	1136	21.8	1762
S046	信息网络安全	708	1159	0.877	392	21.8	1762
G915	中华医学图书情报杂志	506	1415	0.523	987	13.9; 8.2; 21.8	1762
I733	FRONTIERS OF BIOLOGY	78	1997	0.265	1723	21.7	1767
M031	安徽工业大学学报自然科学版	222	1884	0.235	1797	21.7	1767
L017	测井技术	936	933	0.324	1558	21.7	1767
E548	世界地质	771	1095	0.733	544	21.7	1767
G996	皖南医学院学报	310	1739	0.225	1822	21.7	1767
E136	物探化探计算技术	385	1605	0.207	1853	21.7	1767
E138	物探与化探	1377	633	0.557	900	21.7	1767
A550	中南民族大学学报自然科学版	248	1837	0.243	1774	21.7	1767
R019	电源技术	1082	813	0.173	1927	21.6	1775
E651	海洋测绘	593	1295	0.494	1068	8.7; 21.6	1775
G745	四川中医	2275	306	0.272	1704	21.6	1775

表8 2016年中国科技核心期刊综合评价总分排名（续）

CODE	刊 名	核心总被引频次		核心影响因子		综合评价总分*	
		数值	排名	数值	排名	数值	排名
G544	中国临床药学杂志	349	1670	0.474	1114	21.6	1775
G616	ONCOLOGY AND TRANSLATIONAL MEDICINE	139	1961	0.155	1948	21.5	1779
R070	微波学报	406	1561	0.389	1348	21.5	1779
G548	湖南师范大学学报医学版	663	1218	0.730	550	21.4	1781
E125	西北地质	686	1186	0.434	1222	21.4	1781
P009	工业加热	151	1950	0.097	2001	21.3	1783
G718	中国心血管病研究	860	998	0.514	1009	21.3	1783
M010	材料开发与应用	411	1552	0.222	1825	21.2	1785
G977	药学服务与研究	440	1505	0.381	1381	21.2	1785
G926	中国数字医学	1240	710	0.635	722	21.2	1785
W555	人民黄河	1423	601	0.324	1558	21.1	1788
T057	合成材料老化与应用	263	1814	0.237	1793	20.9	1789
N040	机械传动	1116	787	0.313	1584	20.9	1789
G797	临床输血与检验	564	1330	0.468	1136	13.2; 20.9	1789
H072	农业工程	295	1762	0.163	1939	20.9	1789
G313	中国医师杂志	1345	648	0.393	1339	20.8	1793
I105	JOURNAL OF ENERGY CHEMISTRY	393	1586	0.811	450	20.7	1794
L019	石油机械	1261	695	0.436	1218	20.7	1794
G257	临床内科杂志	981	900	0.684	629	20.6	1796
U018	青岛大学学报工程技术版	160	1943	0.298	1629	20.6	1796
E114	天文学进展	120	1974	0.156	1945	20.6	1796
W030	WATER SCIENCE AND ENGINEERING	105	1983	0.371	1409	20.5	1799
V014	建筑结构	1426	599	0.283	1677	20.5	1799
H584	植物检疫	650	1232	0.362	1433	20.5	1799
G802	临床神经外科杂志	402	1568	0.587	837	20.4	1802
R057	微电机	667	1212	0.275	1699	20.4	1802
G705	中华医学教育杂志	554	1349	0.236	1794	20.4	1802
G681	中医药导报	2340	293	0.400	1323	20.4; 15.9	1802
G061	青岛大学医学院学报	829	1038	0.536	949	20.3	1806
G750	中国病案	1321	664	0.709	578	20.3	1806
M014	硬质合金	355	1659	0.543	932	20.2	1808
M027	钢铁研究	250	1833	0.126	1984	20.1	1809
G953	精神医学杂志	611	1275	0.619	765	20.1	1809
B012	数学杂志	279	1783	0.205	1858	20.1	1809
G707	武警医学	886	970	0.349	1470	20.1	1809
H212	中国麻业科学	390	1595	0.405	1308	20.1	1809
P001	汽轮机技术	436	1515	0.257	1746	20.0	1814
N044	无损检测	767	1101	0.294	1640	20.0	1814
G438	现代临床护理	1217	724	0.599	810	20.0	1814
T953	消防科学与技术	1817	431	0.534	958	20.0	1814
H215	中国果树	683	1190	0.328	1545	20.0	1814
G298	中国斜视与小儿眼科杂志	333	1695	0.485	1092	20.0; 17.4	1814

表8 2016年中国科技核心期刊综合评价总分排名（续）

CODE	刊名	核心总被引频次 数值	核心总被引频次 排名	核心影响因子 数值	核心影响因子 排名	综合评价总分* 数值	综合评价总分* 排名
T015	炭素技术	258	1823	0.136	1971	19.9	1820
U052	中国乳品工业	881	975	0.334	1525	19.9	1820
C105	ACTA MECHANICA SINICA	368	1634	0.419	1264	19.7	1822
C095	COMMUNICATIONS IN THEORETICAL PHYSICS	421	1536	0.214	1839	19.7	1822
E132	地质找矿论丛	394	1583	0.273	1703	19.7	1822
K035	中国钨业	395	1579	0.600	808	19.7	1822
G019	成都中医药大学学报	521	1394	0.346	1482	19.6	1826
D604	化学分析计量	562	1333	0.327	1548	19.6	1826
V032	暖通空调	1161	756	0.325	1553	19.6	1826
L027	油气储运	1416	606	0.672	651	19.6	1826
Z554	环境监测管理与技术	704	1173	0.687	620	19.5	1830
G345	临床急诊杂志	420	1538	0.286	1671	19.5	1830
D017	CHINESE JOURNAL OF POLYMER SCIENCE	507	1413	0.638	716	19.4	1832
F005	ENTOMOTAXONOMIA	161	1942	0.137	1970	19.4	1832
M013	钢铁钒钛	420	1538	0.339	1510	19.4	1832
G340	华南国防医学杂志	719	1150	0.352	1465	19.3	1835
N106	人类工效学	319	1724	0.313	1584	19.3	1835
G700	实用老年医学	888	967	0.550	915	19.3	1835
N022	轴承	558	1341	0.235	1797	19.3	1835
S712	工程管理学报	323	1717	0.347	1479	8.1; 19.2	1839
R587	水利经济	253	1827	0.384	1371	19.2	1839
G792	西北药学杂志	1141	769	0.672	651	19.2	1839
R087	现代雷达	889	966	0.305	1609	19.2	1839
R051	大电机技术	231	1870	0.184	1910	19.1	1843
G428	中国美容医学	2615	240	0.400	1323	19.1	1843
V047	建筑学报	550	1353	0.125	1985	19.0	1845
H040	淡水渔业	794	1075	0.417	1271	18.9	1846
E525	地质与资源	386	1601	0.200	1877	18.9	1846
E141	华北地震科学	229	1873	0.535	954	18.9	1846
G545	医学临床研究	1682	487	0.311	1591	18.9	1846
A019	郑州大学学报理学版	228	1877	0.305	1609	18.9	1846
G303	中国男科学杂志	934	934	0.442	1200	18.9	1846
N067	电焊机	758	1113	0.202	1871	18.8	1852
N110	工业工程与管理	774	1091	0.739	534	18.8	1852
C058	CHINESE PHYSICS C	476	1455	0.367	1423	18.7	1854
R547	广东电力	433	1520	0.198	1881	18.7	1854
M043	轧钢	633	1253	0.559	896	18.7	1854
N624	焊接技术	571	1319	0.211	1845	18.6	1857
Q002	核化学与放射化学	207	1899	0.290	1652	18.6	1857
Y009	强度与环境	261	1818	0.232	1807	18.6	1857
C032	量子电子学报	407	1556	0.471	1123	18.5	1860
E633	气象与环境学报	1034	859	0.932	337	18.5	1860

表 8　2016 年中国科技核心期刊综合评价总分排名（续）

CODE	刊 名	核心总被引频次		核心影响因子		综合评价总分*	
		数值	排名	数值	排名	数值	排名
E307	地震工程学报	777	1088	0.581	852	18.4	1862
A514	扬州大学学报自然科学版	168	1941	0.291	1651	18.4	1862
E304	古脊椎动物学报	439	1509	0.149	1958	18.3	1864
G329	神经疾病与精神卫生	471	1461	0.357	1451	18.3	1864
Z034	生态毒理学报	830	1036	0.612	777	18.3	1864
T569	粘接	427	1525	0.299	1625	18.3	1864
H081	中国热带农业	327	1706	0.257	1746	18.3	1864
H217	陕西农业科学	766	1103	0.150	1956	18.1	1869
L018	钻井液与完井液	1072	825	0.797	468	18.1	1869
H340	桉树科技	128	1966	0.346	1482	18.0	1871
W011	水利水电技术	839	1020	0.151	1954	18.0	1871
N081	铸造技术	1663	496	0.287	1667	17.9	1873
G961	解放军预防医学杂志	928	939	0.647	695	17.8	1874
S086	单片机与嵌入式系统应用	426	1528	0.182	1915	17.7	1875
G808	贵州医药	929	938	0.421	1256	17.7	1875
G578	心血管康复医学杂志	672	1208	0.424	1248	17.7	1875
Q907	空军医学杂志	304	1747	0.579	855	17.6	1878
V052	粉煤灰综合利用	207	1899	0.140	1966	17.5	1879
R072	陕西电力	575	1313	0.469	1133	17.5	1879
R085	微特电机	537	1372	0.242	1780	17.5	1879
R097	光学与光电技术	271	1805	0.262	1734	16.5; 17.4	1882
R750	电力需求侧管理	248	1837	0.277	1692	17.3	1883
T006	化工机械	471	1461	0.184	1910	17.3	1883
G284	中国消毒学杂志	1394	620	0.576	858	17.2	1885
E616	测绘地理信息	443	1501	0.495	1065	17.1	1886
N064	工具技术	707	1167	0.128	1982	17.1	1886
X043	城市轨道交通研究	639	1245	0.196	1885	17.0	1888
G798	现代泌尿生殖肿瘤杂志	221	1886	0.387	1358	16.9	1889
N056	长春理工大学学报自然科学版	380	1612	0.188	1901	16.8	1890
D602	合成化学	451	1495	0.231	1812	16.8	1890
V049	结构工程师	566	1326	0.246	1770	16.8	1890
G223	现代医学	767	1101	0.294	1640	16.8	1890
H067	中国真菌学杂志	324	1713	0.385	1367	16.8	1890
N012	爆破器材	206	1901	0.260	1737	16.7	1895
Q929	肿瘤代谢与营养电子杂志	54	2003	0.406	1306	16.7	1895
J064	工程研究-跨学科视野中的工程	86	1993	0.325	1553	16.6	1897
E103	华南地震	221	1886	0.257	1746	16.4	1898
T104	印染助剂	446	1499	0.260	1737	16.4	1898
H102	林业调查规划	330	1699	0.182	1915	16.3	1900
H048	土壤与作物	98	1986	0.686	624	16.3	1900
G451	现代消化及介入诊疗	954	920	0.721	563	16.3	1900
C070	CHINESE JOURNAL OF CHEMICAL PHYSICS	169	1938	0.180	1919	16.2	1903
J036	西安工业大学学报	489	1437	0.280	1687	16.2	1903

表8 2016年中国科技核心期刊综合评价总分排名（续）

CODE	刊 名	核心总被引频次 数值	核心总被引频次 排名	核心影响因子 数值	核心影响因子 排名	综合评价总分* 数值	综合评价总分* 排名
Z506	环境科技	528	1387	0.589	834	16.0	1905
N014	计量学报	562	1333	0.226	1819	16.0	1905
R003	电池	399	1575	0.429	1234	15.9	1907
P018	动力学与控制学报	252	1830	0.507	1028	15.9	1907
Z553	净水技术	567	1322	0.519	994	15.9	1907
G899	海军医学杂志	500	1423	0.320	1570	15.7	1910
G297	中国美容整形外科杂志	867	991	0.655	680	15.7	1910
I725	FRONTIERS OF STRUCTURAL AND CIVIL ENGINEERING	48	2005	0.132	1975	15.5	1912
L508	储能科学与技术	192	1915	0.539	941	15.5	1912
R096	雷达科学与技术	367	1637	0.470	1126	15.4	1914
V088	上海城市规划	250	1833	0.455	1170	15.4	1914
R064	微电子学	352	1664	0.211	1845	15.3	1916
G928	国际生物医学工程杂志	222	1884	0.283	1677	15.2	1917
G699	西部中医药	1497	564	0.364	1427	15.2; 11.8	1917
G892	中华心律失常学杂志	445	1500	0.696	599	15.2	1917
V056	新型建筑材料	1103	799	0.340	1507	15.1	1920
F019	MOLECULAR PLANT	950	922	0.908	358	15.0	1921
G319	神经损伤与功能重建	560	1337	0.695	603	15.0	1921
I230	JOURNAL OF MOUNTAIN SCIENCE	364	1643	0.500	1049	14.9	1923
R047	固体电子学研究与进展	157	1946	0.161	1941	14.9	1923
G852	中国急救复苏与灾害医学杂志	632	1255	0.266	1718	14.9	1923
L587	节能技术	407	1556	0.388	1352	14.8	1926
C038	真空与低温	262	1816	0.422	1253	14.8	1926
G270	中国耳鼻咽喉颅底外科杂志	512	1405	0.364	1427	14.8	1926
G959	中国微侵袭神经外科杂志	837	1022	0.644	704	14.8	1926
F039	JOURNAL OF SYSTEMATICS AND EVOLUTION	738	1133	0.516	1002	14.7	1930
G482	医学动物防制	1291	682	0.438	1213	14.7	1930
R512	电子器件	773	1093	0.456	1167	14.6	1932
E570	地球环境学报	63	2001	0.340	1507	14.5	1933
T231	磷肥与复肥	472	1460	0.154	1949	14.4	1934
V574	岩土工程技术	148	1951	0.099	2000	14.4	1934
T054	盐业与化工	556	1347	0.462	1151	14.3	1936
G944	东南国防医药	774	1091	0.607	791	14.2	1937
C055	低温物理学报	93	1989	0.133	1974	14.1	1938
X011	机车电传动	267	1808	0.130	1978	14.1	1938
V030	工程勘察	836	1025	0.308	1603	14.0	1940
V089	南方建筑	214	1893	0.343	1496	14.0	1940
E315	地理信息世界	333	1695	0.397	1331	13.8	1942
C092	核聚变与等离子体物理	112	1980	0.078	2005	13.8	1942
G580	立体定向和功能性神经外科杂志	205	1903	0.251	1764	13.8	1942
R652	太赫兹科学与电子信息学报	306	1742	0.282	1680	13.8	1942

表8 2016年中国科技核心期刊综合评价总分排名（续）

CODE	刊 名	核心总被引频次		核心影响因子		综合评价总分*	
		数值	排名	数值	排名	数值	排名
G587	中国辐射卫生	635	1251	0.260	1737	13.8	1942
G307	中华医学科研管理杂志	442	1502	0.447	1190	13.8	1942
E543	测绘工程	731	1141	0.636	720	13.7	1948
H844	甘蔗糖业	219	1889	0.190	1895	13.7	1948
L507	天然气与石油	527	1390	0.356	1455	13.7	1948
M047	冶金能源	275	1795	0.343	1496	13.5	1951
G749	中国中医眼科杂志	401	1572	0.314	1582	13.5	1951
G489	中华医学美学美容杂志	763	1108	0.922	346	13.3	1953
N107	模具技术	146	1954	0.138	1969	13.2	1954
G240	中国中医骨伤科杂志	1245	706	0.557	900	13.2	1954
C101	力学季刊	405	1563	0.317	1576	13.1	1956
U501	中国调味品	1453	585	0.390	1346	13.1	1956
A808	渤海大学学报自然科学版	128	1966	0.234	1803	12.9	1958
G652	实用皮肤病学杂志	272	1803	0.450	1179	12.9	1958
G706	中国优生与遗传杂志	1824	428	0.398	1326	12.9	1958
Z015	电镀与环保	344	1679	0.257	1746	12.8	1961
X035	中国港湾建设	389	1597	0.257	1746	12.8	1961
G794	中国临床神经外科杂志	985	896	0.463	1148	12.7	1963
G437	中国听力语言康复科学杂志	269	1807	0.214	1839	12.7; 10.2	1963
G637	中国国境卫生检疫杂志	411	1552	0.360	1442	12.6	1965
B022	CHINESE QUARTERLY JOURNAL OF MATHEMATICS	100	1985	0.127	1983	12.4	1966
K020	铀矿冶	212	1895	0.297	1633	12.3	1967
G100	中国法医学杂志	460	1483	0.290	1652	12.3	1967
K037	中国煤炭地质	871	980	0.342	1501	12.3	1967
G866	微创泌尿外科杂志	226	1879	0.528	972	12.2	1970
H211	中国棉花	733	1140	0.474	1114	12.2	1970
G740	中华卫生杀虫药械	736	1137	0.516	1002	12.2	1970
G472	中华疝和腹壁外科杂志电子版	459	1487	0.507	1028	11.9	1973
G662	内科急危重症杂志	504	1419	0.566	880	11.7	1974
K550	中国钼业	306	1742	0.296	1635	11.4	1975
G759	齐鲁医学杂志	704	1173	0.344	1492	11.3	1976
K038	煤炭工程	1695	482	0.433	1224	11.2	1977
G517	中国微生态学杂志	1768	447	0.639	713	11.1	1978
R081	照明工程学报	454	1492	0.506	1033	10.9	1979
E566	气象科技	1476	572	0.662	664	10.8	1980
E639	地理空间信息	637	1249	0.235	1797	10.7; 7.1	1981
L021	石油化工设备技术	217	1891	0.160	1944	10.2	1982
H273	中国南方果树	796	1072	0.319	1572	10.2	1982
G869	结直肠肛门外科	657	1223	0.448	1186	9.5	1984
N907	鱼雷技术	270	1806	0.202	1871	9.4	1985
U640	制冷与空调(四川)	246	1847	0.122	1987	9.4	1985
N079	液压气动与密封	676	1203	0.272	1704	9.3	1987

表8 2016年中国科技核心期刊综合评价总分排名（续）

CODE	刊 名	核心总被引频次		核心影响因子		综合评价总分*	
		数值	排名	数值	排名	数值	排名
H220	渔业现代化	441	1504	0.414	1281	9.1	1988
P005	工业炉	119	1976	0.083	2004	8.8	1989
V523	建筑节能	403	1564	0.161	1941	8.7	1990
U504	酿酒科技	1735	466	0.384	1371	8.5	1991
E636	湿地科学与管理	144	1957	0.213	1842	8.0	1992
N086	真空	232	1867	0.121	1990	8.0	1992
G144	中华航空航天医学杂志	313	1732	0.281	1683	8.0	1992
K036	中国锰业	247	1842	0.384	1371	7.8	1995
A034	甘肃科学学报	380	1612	0.265	1723	7.7	1996
U037	林产工业	463	1477	0.328	1545	7.6	1997
Z032	工业用水与废水	572	1317	0.349	1470	7.5	1998
Q909	临床小儿外科杂志	508	1411	0.315	1579	7.4	1999
G248	中国药物依赖性杂志	383	1608	0.337	1516	7.1	2000
R611	自动化与仪器仪表	747	1121	0.209	1850	6.9; 6.6	2001
Y585	导航与控制	50	2004	0.095	2003	6.7	2002
E104	内陆地震	196	1912	0.248	1767	6.0	2003
R050	水力发电	761	1111	0.175	1925	5.7	2004
C509	物理与工程	122	1972	0.153	1952	4.7; 0.4	2005
N101	变压器	819	1048	0.513	1015	4.3	2006
H538	草原与草坪	741	1129	0.516	1002	1.2	2007
Z035	环境卫生工程	315	1729	0.242	1780	0.6	2008

*注：对复分入多个学科的期刊，在不同学科内计算的综合评价总分不同，以自然科学领域学科较高的一个总分分值参加排名。

9 2016 年中国科技核心期刊目录

表 9-1 2016 年中国科技核心期刊（中文）目录

CODE	刊 名	学科分类	主 编
E626	CT 理论与应用研究	工程与技术科学基础学科	王椿镛
G549	癌变·畸变·突变	肿瘤学	程书钧
G481	癌症进展	肿瘤学	赵平
A003	安徽大学学报自然科学版	自然科学综合大学学报	胡舒合
M031	安徽工业大学学报自然科学版	工程技术大学学报	葛芦生
H002	安徽农业大学学报	农业大学学报	宛晓春
A009	安徽师范大学学报自然科学版	自然科学师范大学学报	王伦
G012	安徽医科大学学报	医药大学学报	张学军
G786	安徽医学	医学综合	高开焰
Q906	安徽医药	医学综合	刘自林
G013	安徽中医药大学学报	中医药大学学报	马宗华
Z549	安全与环境学报	安全科学技术	冯长根
H340	桉树科技	林学	谢耀坚
R024	半导体光电	电子技术；光电子学与激光技术	蒋志伟
R063	半导体技术	电子技术	赵小宁
G741	蚌埠医学院学报	医药大学学报	祝延
U521	包装与食品机械	食品科学技术	李善为
U645	保鲜与加工	农业工程；园艺学	王莉
E045	暴雨灾害	大气科学；安全科学技术	宇如聪
N017	爆破	兵器科学与技术	梁开水
N012	爆破器材	兵器科学与技术	吕春绪
N006	爆炸与冲击	兵器科学与技术	刘仓理
A652	北华大学学报自然科学版	自然科学综合大学学报	吕洪斌
G002	北京大学学报医学版	医药大学学报	韩启德
A005	北京大学学报自然科学版	自然科学综合大学学报	赵光达
J030	北京工业大学学报	工程技术大学学报	隋允康
Y001	北京航空航天大学学报	航空、航天科学技术；工程技术大学学报	高镇同
T020	北京化工大学学报自然科学版	化学工程综合；工程技术大学学报	汪文川
X014	北京交通大学学报	工程技术大学学报	宁滨
G500	北京口腔医学	口腔医学	王邦康
N001	北京理工大学学报	工程技术大学学报	梅凤翔
H025	北京林业大学学报	林学；农业大学学报	贺庆棠
H263	北京农学院学报	农业大学学报	王有年
G004	北京生物医学工程	生物医学工程学	孙衍庆
A010	北京师范大学学报自然科学版	自然科学师范大学学报	陈浩元
L530	北京石油化工学院学报	石油天然气工程；工程技术大学学报	周海
G016	北京医学	医学综合	何瑞祥
R018	北京邮电大学学报	通信技术；工程技术大学学报	刘杰

表 9-1 2016 年中国科技核心期刊（中文）目录（续）

CODE	刊 名	学科分类	主 编
G620	北京中医药	中医学; 中药学	谢阳谷
G017	北京中医药大学学报	中医药大学学报	王永炎
N101	变压器	电气工程	刘杰
G410	标记免疫分析与临床	核医学、医学影像学	田亚平
T098	表面技术	精细化学工程	吴护林
E135	冰川冻土	地理学	程国栋
N008	兵工学报	兵器科学与技术	高修柱
R730	兵工自动化	兵器科学与技术	黄荔
N085	兵器材料科学与工程	兵器科学与技术	赵宝荣
T094	兵器装备工程学报	兵器科学与技术	彭熙
G018	病毒学报	微生物学、病毒学	侯云德
C060	波谱学杂志	物理学	刘买利
A808	渤海大学学报自然科学版	自然科学综合大学学报	曹万鹏
M005	材料保护	材料科学综合	张建设
M103	材料导报	材料科学综合	彭丹
Y007	材料工程	材料科学综合	曹春晓
M010	材料开发与应用	材料科学综合	王其红
M008	材料科学与工程学报	材料科学综合	赵新兵
M006	材料科学与工艺	材料科学综合	冯吉才
N026	材料热处理学报	材料科学综合	周敬恩
M009	材料研究学报	材料科学综合	叶恒强
M704	材料与冶金学报	冶金工程技术	左良
K512	采矿与安全工程学报	矿山工程技术	曹胜根
H009	蚕业科学	畜牧、兽医科学	郭锡杰
H525	草地学报	草原学	洪绂曾
H234	草业科学	草原学	侯扶江
H527	草业学报	草原学	南志标
H538	草原与草坪	草原学	师尚礼
E616	测绘地理信息	测绘科学技术	李清泉
E543	测绘工程	测绘科学技术	顾建高
E600	测绘科学	测绘科学技术	林宗坚
E615	测绘科学技术学报	测绘科学技术	张卫强
E510	测绘通报	测绘科学技术	白泊
E152	测绘学报	测绘科学技术	陈俊勇
L017	测井技术	石油天然气工程	陆大卫
Y022	测控技术	航空、航天科学技术	金钢
R711	测试技术学报	工程与技术科学基础学科	温廷敦
H001	茶叶科学	园艺学	陈宗懋
X036	长安大学学报自然科学版	公路运输; 工程技术大学学报	马建
N056	长春理工大学学报自然科学版	工程技术大学学报	于光伟
G992	长春中医药大学学报	中医药大学学报	曲晓波
W010	长江科学院院报	水利工程	林绍忠
Z029	长江流域资源与环境	环境科学技术及资源科学技术	许厚泽

表 9-1　2016 年中国科技核心期刊（中文）目录（续）

CODE	刊　名	学科分类	主　编
J066	长沙理工大学学报自然科学版	工程技术大学学报	郑键龙
G264	肠外与肠内营养	普通外科学、胸外科学、心血管外科学	黎介寿
N024	车用发动机	动力工程	段金栋
E113	沉积学报	地质学	孙枢
E102	成都理工大学学报自然科学版	地球科学综合; 自然科学综合大学学报	刘家铎
G670	成都医学院学报	医药大学学报	余小平
G019	成都中医药大学学报	中医药大学学报	梁繁荣
V050	城市规划	建筑科学与技术	吴良镛
V028	城市规划学刊	建筑科学与技术	董鉴泓
X043	城市轨道交通研究	铁路运输	孙章
X046	城市交通	公路运输	王静霞
J021	重庆大学学报自然科学版	工程技术大学学报	孙才新
X029	重庆交通大学学报自然科学版	交通运输工程; 工程技术大学学报	王昌贤
N757	重庆理工大学学报自然科学版	自然科学综合大学学报	刘全利
A512	重庆师范大学学报自然科学版	自然科学师范大学学报	杨新民
G186	重庆医科大学学报	医药大学学报	陈运贞
R559	重庆邮电大学学报自然科学版	通信技术; 工程技术大学学报	李银国
L508	储能科学与技术	能源科学综合	丁玉龙
G432	川北医学院学报	医药大学学报	康健
N060	传感技术学报	电子技术	黄庆安
R532	传感器与微系统	电子技术	刘学林
G458	传染病信息	感染性疾病学、传染病学	王永怡
X010	船舶工程	水路运输	闻雪友
X633	船舶力学	水路运输; 力学	沈泓萃
X635	船海工程	水路运输	刘祖源
G322	创伤外科杂志	烧伤外科学、整形外科学	蒋耀光
G552	磁共振成像	临床诊断学	戴建平
D013	催化学报	化学	林励吾
E144	大地测量与地球动力学	地球物理学; 测绘科学技术	姚运生
E146	大地构造与成矿学	地质学	夏斌
R051	大电机技术	电气工程	陶星明
H038	大豆科学	农艺学	刘忠堂
U512	大连工业大学学报	工程技术大学学报	刘贵伟
X024	大连海事大学学报	水路运输; 工程技术大学学报	袁林新
H005	大连海洋大学学报	水产学; 农业大学学报	姚杰
X001	大连交通大学学报	交通运输工程; 工程技术大学学报	杨德新
J024	大连理工大学学报	工程技术大学学报	程耿东
G020	大连医科大学学报	医药大学学报	赵杰
E109	大气科学	大气科学	黄荣辉
E091	大气科学学报	大气科学	管兆勇
S086	单片机与嵌入式系统应用	计算机科学技术	何立民
H040	淡水渔业	水产学	魏开金
N004	弹道学报	兵器科学与技术	王中原

表 9-1　2016 年中国科技核心期刊（中文）目录（续）

CODE	刊 名	学科分类	主 编
T941	当代化工	化学工程综合	王雪丽
Y503	导弹与航天运载技术	航空、航天科学技术	吴宏斌
Y585	导航与控制	航空、航天科学技术	陈东生
N019	低温工程	机械制造工艺与设备	杨思锋
C055	低温物理学报	物理学	赵忠贤
E133	地层学杂志	地质学	周志炎
E130	地理科学	地理学	朱颜明
E584	地理科学进展	地理学	李秀彬
E639	地理空间信息	测绘科学技术; 地理学	张建仁
E315	地理信息世界	地理学	陈军
E305	地理学报	地理学	刘昌明
E310	地理研究	地理学	刘纪远
E527	地理与地理信息科学	地理学	孙立汉
E024	地球化学	地球科学综合	涂光炽
E570	地球环境学报	地球科学综合	安芷生
E142	地球科学	地球科学综合	王亨君
E115	地球科学进展	地球科学综合	程国栋
E004	地球科学与环境学报	地球科学综合	刘建明
E153	地球物理学报	地球物理学	刘光鼎
E308	地球物理学进展	地球物理学	刘光鼎
E656	地球信息科学学报	测绘科学技术	陈述彭
E300	地球学报	地球科学综合	董树文
E549	地球与环境	地球科学综合	欧阳自远
V031	地下空间与工程学报	土木工程	张永兴
E357	地学前缘	地球科学综合	翟裕生
S741	地域研究与开发	地理学	冯德显
E306	地震	地球物理学	张国民
E150	地震地质	地球物理学	马瑾
E307	地震工程学报	地球物理学	王兰民
E118	地震工程与工程振动	地球物理学	谢礼立
E143	地震学报	地球物理学	陈运泰
E112	地震研究	地球物理学	晏凤桐
E362	地质科技情报	地质学	姚书振
E139	地质科学	地质学	刘嘉麒
E026	地质力学学报	地质学; 力学	陈庆宣
E009	地质论评	地质学	任纪舜
E127	地质通报	地质学	肖序常
E010	地质学报	地质学	陈毓川
E151	地质与勘探	地质学	王京彬
E525	地质与资源	地质学	马德有
E132	地质找矿论丛	地质学	余和勇
G005	第二军医大学学报	医药大学学报	吴孟超
G021	第三军医大学学报	医药大学学报	王正国

表 9-1　2016 年中国科技核心期刊（中文）目录（续）

CODE	刊　名	学科分类	主　编
E301	第四纪研究	地质学	丁仲礼
R007	电波科学学报	通信技术	董庆生
R003	电池	电气工程	文力
Z015	电镀与环保	环境科学技术及资源科学技术	姚锡禄
T508	电镀与精饰	化学工程综合	赵达均
T598	电镀与涂饰	精细化学工程	谢素玲
R010	电工电能新技术	电气工程	林良真
R043	电工技术学报	电气工程	严陆光
R740	电光与控制	航空、航天科学技术	刘红漫
N067	电焊机	机械制造工艺与设备	彭亚萍
D036	电化学	化学	田昭武
R088	电机与控制学报	电气工程	戈宝军
R045	电机与控制应用	电气工程	黄坚
N027	电加工与模具	机械制造工艺与设备	叶军
R011	电力电子技术	电气工程	吕庆敏
A199	电力建设	电气工程	郑宝森
R654	电力科学与技术学报	电气工程	曾祥君
N102	电力系统保护与控制	电气工程	姚志清
R071	电力系统及其自动化学报	电气工程	李林川
S019	电力系统自动化	电气工程	薛禹胜
R750	电力需求侧管理	电气工程	陈江华
R090	电力自动化设备	电气工程	郭效军
R044	电气传动	电气工程	赵相宾
R058	电气自动化	电气工程	黄建民
R039	电网技术	电气工程	吴玉生
R116	电网与清洁能源	电气工程	衣立东
R684	电信科学	通信技术	梁海滨
R754	电讯技术	通信技术	喻光正
R019	电源技术	电气工程	黄才勇
R055	电子测量技术	电子技术	孙圣和
R021	电子测量与仪器学报	电子技术	崔建平
R067	电子技术应用	电子技术	余莲
R036	电子科技大学学报	电子技术；工程技术大学学报	周小佳
R512	电子器件	电子技术	雷威
R724	电子设计工程	电子技术	金戈
R001	电子显微学报	电子技术	张泽
R006	电子学报	电子技术	王守觉
R022	电子与信息学报	电子技术	朱敏慧
R020	电子元件与材料	电子技术	钟彩霞
J023	东北大学学报自然科学版	工程技术大学学报	左良
H262	东北林业大学学报	林学；农业大学学报	李坚
H006	东北农业大学学报	农业大学学报	李庆章
A030	东北师大学报自然科学版	自然科学师范大学学报	薛康

表 9-1 2016 年中国科技核心期刊（中文）目录（续）

CODE	刊 名	学科分类	主 编
L004	东北石油大学学报	石油天然气工程; 工程技术大学学报	阎铁
U014	东华大学学报自然科学版	工程技术大学学报	孙福良
G057	东南大学学报医学版	医药大学学报	朱正娥
J028	东南大学学报自然科学版	工程技术大学学报	毛善锋
G944	东南国防医药	医学综合	曹文献
P003	动力工程学报	动力工程	严宏强
P018	动力学与控制学报	力学	赵跃宇
F014	动物分类学报	昆虫学、动物学	冯祚建
F022	动物学研究	昆虫学、动物学	张亚平
F043	动物学杂志	昆虫学、动物学	马勇
G775	动物医学进展	畜牧、兽医科学	张彦明
F231	动物营养学报	畜牧、兽医科学	卢德勋
X034	都市快轨交通	铁路运输	施仲衡
G542	毒理学杂志	预防医学与公共卫生学综合	高星
N070	锻压技术	机械制造工艺与设备	陆辛
G920	儿科药学杂志	药学; 儿科学	李廷玉
C071	发光学报	物理学	范希武
G874	法医学杂志	军事医学与特种医学	朱广友
U013	纺织高校基础科学学报	纺织科学技术	高勇
U053	纺织学报	纺织科学技术	尹耐冬
G608	放射学实践	核医学、医学影像学	郭俊渊; 胡道予
Y571	飞航导弹	兵器科学与技术	李文杰
Y006	飞行力学	航空、航天科学技术	张东卫
K002	非金属矿	矿山工程技术	贾茂荣
D022	分析测试学报	化学; 仪器仪表技术	程志青
D005	分析化学	化学	汪尔康
D026	分析科学学报	化学	程介克
D004	分析试验室	化学; 冶金工程技术	屠海令
D062	分析仪器	仪器仪表技术	臧公玉
D015	分子催化	化学	李树本
D035	分子科学学报	化学	孙家钟
G556	分子诊断与治疗杂志	临床诊断学	李明
H845	分子植物育种	农艺学	张启发
V052	粉煤灰综合利用	建筑科学与技术	王长荣
M105	粉末冶金工业	冶金工程技术	杨树森
M039	粉末冶金技术	冶金工程技术	王尔德
Q006	辐射防护	核科学技术	李德平
Q005	辐射研究与辐射工艺学报	核科学技术	姚思德
H268	福建农林大学学报自然科学版	农业大学学报	郑金贵
H265	福建农业学报	农业综合	王景辉
A078	福建师范大学学报自然科学版	自然科学师范大学学报	朱鹤健
G024	福建医科大学学报	医药大学学报	林建银
A029	福州大学学报自然科学版	自然科学综合大学学报	魏可镁

表 9-1 2016年中国科技核心期刊（中文）目录（续）

CODE	刊 名	学科分类	主 编
M003	腐蚀科学与防护技术	材料科学综合	王福会
M505	腐蚀与防护	材料科学综合	杨武
G068	复旦学报医学版	医药大学学报	曹世龙
A001	复旦学报自然科学版	自然科学综合大学学报	杨福家
Y019	复合材料学报	材料科学综合	益小苏
B029	复杂系统与复杂性科学	信息科学与系统科学	李天恒
G957	腹部外科	普通外科学、胸外科学、心血管外科学	陈孝平
G338	腹腔镜外科杂志	普通外科学、胸外科学、心血管外科学	姜希宏; 寿楠海
A034	甘肃科学学报	自然科学综合	李枝葱
H844	甘蔗糖业	农艺学	安玉兴
G879	肝胆外科杂志	普通外科学、胸外科学、心血管外科学	吴孟超
G690	肝胆胰外科杂志	普通外科学、胸外科学、心血管外科学	施维锦
G803	肝脏	消化病学	姚光弼
H045	干旱地区农业研究	农业综合	贾志宽
E048	干旱气象	大气科学; 地理学	张书余
E020	干旱区地理	地理学	黄文房
E105	干旱区研究	地理学	夏训诚
M050	钢铁	金属材料	翁宇庆
M013	钢铁钒钛	金属材料	古隆建
M027	钢铁研究	金属材料	于仲洁
M019	钢铁研究学报	金属材料	干勇
D020	高等学校化学学报	化学	周其凤
B002	高等学校计算数学学报	数学	陈志明
R038	高电压技术	电气工程	杨迎建
T001	高分子材料科学与工程	材料科学综合	徐僖
T002	高分子通报	化学	黄志镗
D021	高分子学报	化学	王佛松
A080	高技术通讯	自然科学综合	赵志耘
T078	高科技纤维与应用	高聚物工程	罗益锋
E358	高校地质学报	地质学	王德滋
T016	高校化学工程学报	化学工程综合	岑沛霖
B003	高校应用数学学报	数学	李大潜; 林正炎
R037	高压电器	电气工程	薛晔
C056	高压物理学报	物理学	经福谦
E005	高原气象	大气科学	吕世华
V021	给水排水	建筑科学与技术	关兴旺
N105	工程爆破	工程与技术科学基础学科	张梅花
E360	工程地质学报	地质学	王思敬
S712	工程管理学报	管理学; 建筑科学与技术	王要武
V030	工程勘察	土木工程	方鸿琪
V033	工程抗震与加固改造	建筑科学与技术	王亚勇
M030	工程科学学报	工程与技术科学基础学科	徐金梧
C002	工程力学	工程与技术科学基础学科; 力学	袁驷

表 9-1　2016 年中国科技核心期刊（中文）目录（续）

CODE	刊 名	学科分类	主 编
C073	工程热物理学报	动力工程; 物理学	蔡睿贤
N590	工程设计学报	机械工程设计	冯培恩
B031	工程数学学报	工程与技术科学基础学科; 数学	李大潜
T003	工程塑料应用	高聚物工程	孙安垣
J064	工程研究-跨学科视野中的工程	管理学	杜澄; 李伯聪
N064	工具技术	工程与技术科学基础学科	辛节之
K018	工矿自动化	矿山工程技术	胡穗延
T563	工业催化	化学工程综合	房根祥
J057	工业工程	工程与技术科学基础学科	孙友松
N110	工业工程与管理	管理学	饶芳权
P009	工业加热	动力工程	范超英
V010	工业建筑	建筑科学与技术	白云
P005	工业炉	动力工程	曹田力
Z013	工业水处理	环境科学技术及资源科学技术	刘燕飞
G025	工业卫生与职业病	流行病学、环境医学	李涛
N037	工业仪表与自动化装置	仪器仪表技术	印建安
Z032	工业用水与废水	环境科学技术及资源科学技术	韩玲
G207	公共卫生与预防医学	预防医学与公共卫生学综合	孙昌松
X579	公路	公路运输	谭昌富
N039	功能材料	材料科学综合	赵光明
D503	功能高分子学报	化学	林嘉平
E601	古地理学报	地质学	冯增昭
E304	古脊椎动物学报	地质学	张弥曼
E022	古生物学报	地质学	李星学
G478	骨科	骨外科学	陈安民
R047	固体电子学研究与进展	电子技术	林金庭
Y013	固体火箭技术	航空、航天科学技术	何晓兴
C103	固体力学学报	力学	郑泉水
W007	管理工程学报	管理学	许庆瑞
W018	管理科学	管理学	于渤
W008	管理科学学报	管理学	郭重庆
W025	管理评论	管理学	石勇
S744	管理世界	管理学	李志军
S745	管理现代化	管理学	周子康
W016	管理学报	管理学	张金隆
H226	灌溉排水学报	农业工程	庞鸿宾
R026	光电工程	光电子学与激光技术	马佳光
R082	光电子技术	光电子学与激光技术	陈向真
C091	光谱学与光谱分析	化学; 物理学	黄本立
C097	光散射学报	物理学	杨经国
N015	光学技术	光电子学与激光技术; 物理学	揭德尔
N033	光学精密工程	仪器仪表技术	曹健林
C050	光学学报	物理学	徐至展

表 9-1　2016 年中国科技核心期刊（中文）目录（续）

CODE	刊 名	学科分类	主 编
R097	光学与光电技术	光电子学与激光技术；物理学	潘德彬
C037	光子学报	物理学	侯洵
R547	广东电力	电气工程	何宏明
H272	广东海洋大学学报	水产学；农业大学学报	刘楚吾
G027	广东药学院学报	医药大学学报；药学	朱家勇
A042	广西大学学报自然科学版	自然科学综合大学学报	戴牧民
A535	广西科学	自然科学综合	罗海鹏
H364	广西林业科学	林学	袁铁象
A062	广西师范大学学报自然科学版	自然科学师范大学学报	梁宏
G028	广西医科大学学报	医药大学学报	黄光武
G816	广西医学	医学综合	杨光业
F028	广西植物	植物学	李锋
G030	广州中医药大学学报	中医药大学学报	陈蔚文
V572	规划师	建筑科学与技术	雷翔
T004	硅酸盐通报	化学工程综合	闫法强
T005	硅酸盐学报	化学工程综合	黄勇
M048	贵金属	金属材料	侯树谦
A077	贵州大学学报自然科学版	自然科学综合大学学报	李坚石
H275	贵州农业科学	农业综合	刘远坤
A527	贵州师范大学学报自然科学版	自然科学师范大学学报	卢家鑫
G031	贵州医科大学学报	医药大学学报	任锡麟
G808	贵州医药	医学综合	吴利平
M033	桂林理工大学学报	工程技术大学学报	阮百尧
A040	国防科技大学学报	工程技术大学学报	卢锡城
G495	国际病毒学杂志	微生物学、病毒学	庄辉
V529	国际城市规划	建筑科学与技术	夏宗轩
G936	国际儿科学杂志	儿科学	李书琴
G436	国际耳鼻咽喉头颈外科杂志	耳鼻咽喉科学	王琪
G659	国际妇产科学杂志	妇产科学	郎景和
G498	国际骨科学杂志	骨外科学	杨庆铭
G938	国际呼吸杂志	呼吸病学、结核病学	凌亦凌
G362	国际检验医学杂志	临床诊断学	府伟灵
G997	国际口腔医学杂志	口腔医学	巢永烈
G496	国际老年医学杂志	保健医学	林栋
G930	国际流行病学传染病学杂志	感染性疾病学、传染病学；流行病学、环境医学	毛江森
G975	国际麻醉学与复苏杂志	外科学综合	曾因明
G349	国际泌尿系统杂志	泌尿外科学	朱冬三
G983	国际免疫学杂志	基础医学	李殿俊
G939	国际脑血管病杂志	神经病学、精神病学	田增民
G415	国际内分泌代谢杂志	内分泌病学与代谢病学、风湿病学	陆再英
G889	国际皮肤性病学杂志	皮肤病学	吴晓初
G426	国际神经病学神经外科学杂志	神经病学、精神病学	刘运生；杨期东
G928	国际生物医学工程杂志	生物医学工程学	冷希岗

表 9-1　2016 年中国科技核心期刊（中文）目录（续）

CODE	刊　名	学科分类	主　编
S157	国际生殖健康/计划生育杂志	优生学、计划生育学	王一飞; 周福刚
B525	国际输血及血液学杂志	血液病学、肾脏病学; 临床医学综合	廖清奎
G954	国际外科学杂志	外科学综合	刘建
G660	国际消化病杂志	消化病学	邱德凯
G940	国际心血管病杂志	心血管病学	沈卫峰
Q911	国际眼科杂志	眼科学	惠延年
G933	国际药学研究杂志	药学	刘克良
G661	国际医学放射学杂志	核医学、医学影像学	祁吉
G984	国际遗传学杂志	基础医学	白静
G934	国际中医中药杂志	中医学; 中药学	曹洪欣
G937	国际肿瘤学杂志	肿瘤学	韩金祥
E578	国土资源科技管理	地理学	黄宗理
E591	国土资源遥感	测绘科学技术	张炳熹
R683	国外电子测量技术	电子技术	陈光(礻 禹)
H028	果树学报	园艺学	王宇霖
T008	过程工程学报	化学工程综合	刘会洲
X025	哈尔滨工程大学学报	工程技术大学学报	杨士莪
J003	哈尔滨工业大学学报	工程技术大学学报	段广仁
J013	哈尔滨理工大学学报	工程技术大学学报	张礼勇
G033	哈尔滨医科大学学报	医药大学学报	杨宝峰
J055	海军工程大学学报	工程技术大学学报	李泽良
Y029	海军航空工程学院学报	航空、航天科学技术; 工程技术大学学报	钟阳春
G899	海军医学杂志	医学综合	管柏林
A012	海南大学学报自然科学版	自然科学综合大学学报	许文深
G416	海南医学院学报	医药大学学报	刘军保
L037	海相油气地质	石油天然气工程	熊湘华
E651	海洋测绘	测绘科学技术; 海洋科学、水文学	翟国君
E569	海洋地质前沿	海洋科学、水文学	张训华
E155	海洋地质与第四纪地质	海洋科学、水文学; 地质学	张光威
E131	海洋工程	海洋科学、水文学	左其华
E312	海洋湖沼通报	海洋科学、水文学	王彬华
Z010	海洋环境科学	环境科学技术及资源科学技术; 海洋科学、水文学	丁德文
E145	海洋科学	海洋科学、水文学	周百成
E006	海洋科学进展	海洋科学、水文学	袁业立
E311	海洋通报	海洋科学、水文学	王宏
E003	海洋学报	海洋科学、水文学	巢纪平
E149	海洋学研究	海洋科学、水文学	王康墡
H284	海洋渔业	水产学	庄平
E008	海洋与湖沼	海洋科学、水文学	相建海
E108	海洋预报	海洋科学、水文学	余宙文
L586	含能材料	兵器科学与技术	黄辉
N076	焊接	机械制造工艺与设备	王守业
N624	焊接技术	机械制造工艺与设备	胡胜

表 9-1　2016 年中国科技核心期刊（中文）目录（续）

CODE	刊 名	学科分类	主 编
N021	焊接学报	机械制造工艺与设备	王亚
A191	杭州师范大学学报自然科学版	自然科学师范大学学报	叶高翔
Y556	航空兵器	兵器科学与技术；航空、航天科学技术	张巧淑
Y027	航空材料学报	航空、航天科学技术	颜鸣皋
Y017	航空动力学报	航空、航天科学技术	陶智
Y554	航空发动机	航空、航天科学技术	李孝堂
Y031	航空计算技术	航空、航天科学技术	牛文生
Y012	航空精密制造技术	航空、航天科学技术	吴晓峰
Y002	航空学报	航空、航天科学技术	孙晓峰
Y014	航空制造技术	航空、航天科学技术	刘柱
Y034	航天返回与遥感	航空、航天科学技术	刘兆军
Y015	航天控制	航空、航天科学技术	齐春棠
Y033	航天器工程	航空、航天科学技术	彭成荣
Y032	航天器环境工程	航空、航天科学技术	张润卿
G034	航天医学与医学工程	军事医学与特种医学	陈善广
T057	合成材料老化与应用	材料科学综合	杨育农
D602	合成化学	化学	彭宇行
T505	合成树脂及塑料	高聚物工程	洪定一
T067	合成纤维	纺织科学技术	金立国
T065	合成纤维工业	纺织科学技术	戴立平
T018	合成橡胶工业	高聚物工程	朱景芬
J053	合肥工业大学学报自然科学版	工程技术大学学报	何晓雄
A031	河北大学学报自然科学版	自然科学综合大学学报	孙汉文
K032	河北工程大学学报自然科学版	建筑科学与技术；工程技术大学学报	李万庆
J017	河北工业大学学报	工程技术大学学报	夏巨敏
J019	河北工业科技	工程与技术科学基础学科	靳占忠
J058	河北科技大学学报	自然科学综合大学学报	李强
H244	河北农业大学学报	农业大学学报	王慧军
A076	河北师范大学学报自然科学版	自然科学师范大学学报	李有成
G035	河北医科大学学报	医药大学学报	温进坤
G641	河北医学	医学综合	孟庆仁
G898	河北医药	医学综合	狄岩
G301	河北中医药学报	中医学；中药学	宗全和
W012	河海大学学报自然科学版	水利工程；工程技术大学学报	郭志平
A067	河南大学学报自然科学版	自然科学综合大学学报	李小建
U004	河南工业大学学报自然科学版	食品科学技术；工程技术大学学报	吴成福
J014	河南科技大学学报自然科学版	自然科学综合大学学报	苏娟华
A011	河南科学	自然科学综合	姜俊
K526	河南理工大学学报自然科学版	工程技术大学学报	邹友峰
H011	河南农业大学学报	农业大学学报	王艳玲
H356	河南农业科学	农业综合	张新友
A058	河南师范大学学报自然科学版	自然科学师范大学学报	李红星
Q004	核动力工程	核科学技术	罗琦

表 9-1　2016 年中国科技核心期刊（中文）目录（续）

CODE	刊 名	学科分类	主 编
Q002	核化学与放射化学	化学	王祥云
Q001	核技术	核科学技术	盛康龙
C092	核聚变与等离子体物理	物理学	李正武
Q009	核科学与工程	核科学技术	阮可强
H042	核农学报	农业综合	温贤芳
A084	黑龙江大学自然科学学报	自然科学综合大学学报	陈念陔
K505	黑龙江科技大学学报	工程技术大学学报	赵国刚
R535	红外技术	光电子学与激光技术	苏君红
C035	红外与毫米波学报	物理学	褚君浩
R084	红外与激光工程	光电子学与激光技术	孙再龙
A039	湖北大学学报自然科学版	自然科学综合大学学报	吴传喜
H203	湖北农业科学	农业综合	昌炎新
G334	湖北中医药大学学报	中医药大学学报	王华
E111	湖泊科学	海洋科学、水文学	施雅风
A028	湖南大学学报自然科学版	工程技术大学学报	王道平
K016	湖南科技大学学报自然科学版	工程技术大学学报	许中坚
H060	湖南农业大学学报自然科学版	农业大学学报	官春云
G548	湖南师范大学学报医学版	医药大学学报	符晓华
A055	湖南师范大学自然科学学报	自然科学师范大学学报	谭容培
G041	湖南中医药大学学报	中医药大学学报	尤昭玲
G987	护理学报	护理学	李亚洁
G503	护理学杂志	护理学	刘义兰
G654	护理研究	护理学	王斌全; 王益锵
H665	花生学报	农艺学	段淑芬
E141	华北地震科学	地球物理学	罗兰格
R046	华北电力大学学报	电气工程; 工程技术大学学报	阎维平
H032	华北农学报	农业综合	李广敏
X003	华东交通大学学报	交通运输工程; 工程技术大学学报	王全金
T021	华东理工大学学报自然科学版	工程技术大学学报	刘洪来
A054	华东师范大学学报自然科学版	自然科学师范大学学报	王建磐
E103	华南地震	地球物理学	王正尚
G340	华南国防医学杂志	医学综合	江建荣
J004	华南理工大学学报自然科学版	工程技术大学学报	李元元
H013	华南农业大学学报	农业大学学报	庞雄飞
A052	华南师范大学学报自然科学版	自然科学师范大学学报	翁佩萱
G525	华南预防医学	预防医学与公共卫生学综合	杨杏芬
A021	华侨大学学报自然科学版	自然科学综合大学学报	吴承业
G043	华西口腔医学杂志	口腔医学	周学东
G044	华西药学杂志	药学	张志荣
G294	华西医学	医学综合	石应康
G077	华中科技大学学报医学版	医药大学学报	田玉科
J033	华中科技大学学报自然科学版	工程技术大学学报	李培根
H003	华中农业大学学报	农业大学学报	邓秀新

表9-1 2016年中国科技核心期刊（中文）目录（续）

CODE	刊 名	学科分类	主 编
A004	华中师范大学学报自然科学版	自然科学师范大学学报	邱紫华
Z009	化工环保	环境科学技术及资源科学技术	杨再鹏
T006	化工机械	化学工程综合	朱越
T101	化工进展	化学工程综合	黄丽娟
T532	化工科技	化学工程综合	鲁建春
T146	化工设备与管道	化学工程综合	叶文邦
T007	化工学报	化学工程综合	李静海
T009	化学反应工程与工艺	化学工程综合	洪定一
D604	化学分析计量	化学	孙安恒
T025	化学工程	化学工程综合	程惠亭
T567	化学工程师	化学工程综合	尚影
T076	化学工业与工程	化学工程综合	韩金玉
T501	能源化工	石油天然气工程	单居正
D506	化学进展	化学	王夔
D011	化学试剂	化学	李建华
D018	化学通报	化学	朱道本
D030	化学学报	化学	沈延昌
D501	化学研究	化学	倪嘉缵
D037	化学研究与应用	化学	赵华明
T931	化学与粘合	精细化学工程；化学	白雪峰
T553	化学与生物工程	生物工程；化学	刘安强
Z017	环境保护科学	环境科学技术及资源科学技术	王振宇
Z005	环境工程	环境科学技术及资源科学技术	翁仲颖
Z550	环境工程技术学报	环境科学技术及资源科学技术	孟伟
Z021	环境工程学报	环境科学技术及资源科学技术	冯宗炜
D024	环境化学	环境科学技术及资源科学技术；化学	汪桂斌
Z554	环境监测管理与技术	环境科学技术及资源科学技术	朱琦琦
Z506	环境科技	环境科学技术及资源科学技术	孙菱
Z004	环境科学	环境科学技术及资源科学技术	欧阳自远
Z003	环境科学学报	环境科学技术及资源科学技术	汤鸿宵
Z002	环境科学研究	环境科学技术及资源科学技术	刘鸿亮
Z521	环境科学与管理	环境科学技术及资源科学技术	王泽斌
Z025	环境科学与技术	环境科学技术及资源科学技术	纪洪盛
H049	环境昆虫学报	植物保护学；昆虫学、动物学	庞雄飞
Z035	环境卫生工程	环境科学技术及资源科学技术	张范
Z019	环境污染与防治	环境科学技术及资源科学技术	李全胜
Z031	环境与健康杂志	流行病学、环境医学	王撷秀
G882	环境与职业医学	流行病学、环境医学	张胜年
G656	环球中医药	中医学；中药学	张伯礼
M631	黄金	金属材料	韦华南
Y040	火箭推进	航空、航天科学技术	旷武岳
N005	火力与指挥控制	兵器科学与技术	高英武
N007	火炸药学报	兵器科学与技术	覃光明

表 9-1 2016 年中国科技核心期刊（中文）目录（续）

CODE	刊 名	学科分类	主 编
X011	机车电传动	铁路运输	丁荣军
N069	机床与液压	机械制造工艺与设备	闵新和
N672	机电工程	机械工程设计	赵群
S004	机器人	信息与系统科学相关工程与技术	王越超
N040	机械传动	机械工程设计	王长路
M004	机械工程材料	机械工程设计	杨武
N051	机械工程学报	机械工程设计	宋天虎
N050	机械科学与技术	机械工程设计	周宗锡
N057	机械强度	机械制造工艺与设备	王长路
N047	机械设计	机械工程设计	王庆禹
N054	机械设计与研究	机械工程设计	邹慧君
N028	机械设计与制造	机械工程设计	甄星耀
N063	机械设计与制造工程	机械工程设计	汤文成
N053	机械与电子	机械工程设计	付建平
N515	机械制造与自动化	机械工程设计	易红
G003	基础医学与临床	医学综合	陈孟勤
H245	基因组学与应用生物学	生物学基础学科	李宁
R025	激光技术	光电子学与激光技术	曹三松
F045	激光生物学报	生物学基础学科	胡能书
R514	激光与光电子学进展	光电子学与激光技术	范滇元
R521	激光与红外	光电子学与激光技术	耿林
R028	激光杂志	光电子学与激光技术	程正学
E116	吉林大学学报地球科学版	地球科学综合；自然科学综合大学学报	林学钰
J042	吉林大学学报工学版	工程技术大学学报	任露泉
A035	吉林大学学报理学版	自然科学综合大学学报	裘式纶
R586	吉林大学学报信息科学版	电子技术；工程技术大学学报	刘大有
G014	吉林大学学报医学版	医药大学学报	李玉林
H243	吉林农业大学学报	农业大学学报	肖振铎
H227	吉林农业科学	农业综合	张世忠
G719	吉林中医药	中医学；中药学	曲晓波
E007	极地研究	海洋科学、水文学	刘瑞源
G452	疾病监测	流行病学、环境医学	祁国明
G439	脊柱外科杂志	骨外科学	贾连顺
N014	计量学报	工程与技术科学基础学科	赵晓娜
S050	计算机测量与控制	信息与系统科学相关工程与技术	苟永明
S049	计算机仿真	计算机科学技术	吴连伟
S013	计算机辅助设计与图形学学报	计算机科学技术	吴恩华
S012	计算机工程	计算机科学技术	游小明
S034	计算机工程与科学	计算机科学技术	王志英
S022	计算机工程与设计	计算机科学技术	沈志达
S025	计算机工程与应用	计算机科学技术	怀进鹏
S030	计算机集成制造系统	计算机科学技术	杨海成
S520	计算机技术与发展	计算机科学技术	王守智

表 9-1　2016 年中国科技核心期刊（中文）目录（续）

CODE	刊　名	学科分类	主　编
S006	计算机科学	计算机科学技术	彭丹
S085	计算机科学与探索	计算机科学技术	何新贵
S509	计算机系统应用	计算机科学技术	苏振泽
S018	计算机学报	计算机科学技术	高文
S021	计算机研究与发展	计算机科学技术	樊建平
S029	计算机应用	计算机科学技术	张景中
S016	计算机应用研究	计算机科学技术	刘营
S009	计算机应用与软件	计算机科学技术	朱三元
S048	计算机与数字工程	计算机科学技术	马中
S500	计算机与现代化	计算机科学技术	魏国汶
S014	计算机与应用化学	计算机科学技术	温浩
S507	计算技术与自动化	信息与系统科学相关工程与技术	罗安
C003	计算力学学报	力学	钟万勰
B014	计算数学	数学	石钟慈
C094	计算物理	物理学	沈隆钧
A656	济南大学学报自然科学版	自然科学综合大学学报	赵锡平
G292	寄生虫与医学昆虫学报	基础医学	吴厚永
A045	暨南大学学报自然科学与医学版	自然科学综合大学学报；医药大学学报	陈光潮
H240	家畜生态学报	畜牧、兽医科学	陈玉林
G638	检验医学	临床诊断学	吕元
V051	建筑材料学报	建筑科学与技术	王培铭
V057	建筑钢结构进展	建筑科学与技术	孙飞飞
V523	建筑节能	建筑科学与技术	邹庆堂
V014	建筑结构	建筑科学与技术	张幼启
V044	建筑结构学报	建筑科学与技术	王有为
V005	建筑科学	建筑科学与技术	徐培福
V013	建筑科学与工程学报	建筑科学与技术	周绪红
V047	建筑学报	建筑科学与技术	周畅
Y564	舰船科学技术	水路运输	张素芳
G453	江苏大学学报医学版	医药大学学报	许化溪
J035	江苏大学学报自然科学版	工程技术大学学报	杨继昌
X015	江苏科技大学学报自然科学版	工程技术大学学报	朱仁英
H700	江苏农业科学	农业综合	常有宏
H199	江苏农业学报	农业综合	严少华
G397	江苏中医药	中医学	黄亚博
H283	江西农业大学学报	农业大学学报	石庆华
H701	江西农业学报	农业综合	罗奇祥
A112	江西师范大学学报自然科学版	自然科学师范大学学报	颜长青
X002	交通科学与工程	交通运输工程	张建仁
X020	交通信息与安全	交通运输工程	徐凯声
X672	交通运输工程学报	交通运输工程	陈荫三
X685	交通运输系统工程与信息	交通运输工程	张国伍
L587	节能技术	能源科学综合	尚德敏

表 9-1　2016 年中国科技核心期刊（中文）目录（续）

CODE	刊名	学科分类	主编
W567	节水灌溉	农业工程	燕在华
K553	洁净煤技术	能源科学综合	解强
V049	结构工程师	建筑科学与技术	吕西林
G869	结直肠肛门外科	普通外科学、胸外科学、心血管外科学	高枫
G316	解放军护理杂志	护理学	李树贞
A121	解放军理工大学学报自然科学版	工程技术大学学报	徐金龙
G295	解放军药学学报	药学	叶晓炜
G187	解放军医学院学报	医药大学学报	周定标
G048	解放军医学杂志	医学综合	贾万年
G671	解放军医药杂志	医学综合	赵会懂
G315	解放军医院管理杂志	卫生管理学、健康教育学	黄伟灿
G961	解放军预防医学杂志	预防医学与公共卫生学综合	晁福寰
G507	解剖科学进展	基础医学	方秀斌
G049	解剖学报	基础医学	章静波
G358	解剖学研究	基础医学	姚志彬
G050	解剖学杂志	基础医学	黄瀛
G886	介入放射学杂志	核医学、医学影像学	陈星荣
N048	金刚石与磨料磨具工程	机械制造工艺与设备	王琴
M051	金属功能材料	金属材料	王新林
K022	金属矿山	矿山工程技术	黄礼富
N083	金属热处理	机械制造工艺与设备	徐跃明
M012	金属学报	金属材料	柯俊
E599	经济地理	地理学	陆大道
S759	经济管理	经济学综合；管理学	黄群慧
S762	经济理论与经济管理	经济学综合；管理学	方福前
H266	经济林研究	林学	胡芳名
S773	经济与管理研究	经济学综合；管理学	戚聿东
G953	精神医学杂志	神经病学、精神病学	卢传华
T102	精细化工	精细化学工程	邵玉昌
T955	精细化工中间体	精细化学工程	王晓光
T542	精细石油化工	精细化学工程；石油天然气工程	王立新
G677	颈腰痛杂志	骨外科学	李嘉寿
Z553	净水技术	水利工程	吴今明
G553	局解手术学杂志	外科学综合	张绍祥
T512	聚氨酯工业	化学工程综合	张骥红
R016	绝缘材料	材料科学综合	李耀星
G052	军事医学	军事医学与特种医学	吴祖泽
F018	菌物学报	微生物学、病毒学	戴玉成
M018	勘察科学技术	矿山工程技术	杨书涛
A645	科技导报	自然科学综合	冯长根
S812	科技管理研究	管理学	蔡齐祥；黎懋明
R588	科技进步与对策	管理学	穆荣平
A083	科技通报	自然科学综合	温树伟

表 9-1 2016 年中国科技核心期刊（中文）目录（续）

CODE	刊　名	学科分类	主　编
S816	科学管理研究	管理学	云涛
A537	科学技术与工程	工程与技术科学基础学科	马阳
A075	科学通报	自然科学综合	周光召；朱作言
W514	科学学研究	管理学	方新
S818	科学学与科学技术管理	管理学	柳卸林
W531	科研管理	管理学	穆荣平
L516	可再生能源	能源科学综合	许晓凡
E140	空间科学学报	天文学；地球物理学	肖佐
Y051	空间控制技术与应用	航空、航天科学技术	张笃周
J059	空军工程大学学报自然科学版	工程技术大学学报	张多林
Q907	空军医学杂志	医学综合	马中立
Y016	空气动力学学报	航空、航天科学技术	邓小刚
S503	控制工程	信息与系统科学相关工程与技术	柴天佑
R060	控制理论与应用	信息科学与系统科学	陈翰馥
S001	控制与决策	信息科学与系统科学	张嗣瀛
G672	口腔材料器械杂志	口腔医学	薛淼
G246	口腔颌面外科杂志	口腔医学	王佐林
G894	口腔颌面修复学杂志	口腔医学	王邦康
G594	口腔生物医学	口腔医学	陈宁；王松灵
G325	口腔医学	口腔医学	王林
G266	口腔医学研究	口腔医学	樊明文
K525	矿产保护与利用	矿山工程技术	张克仁
V054	矿产勘查	矿山工程技术	王思敬
K004	矿产综合利用	矿山工程技术	陈炳炎
E106	矿床地质	地质学	宋叔和
K014	矿山机械	矿山工程技术	刘汉卿
E350	矿物学报	矿山工程技术	涂光炽
E354	矿物岩石	地质学	兰江华
E504	矿物岩石地球化学通报	地球科学综合	欧阳自远
M101	矿冶	冶金工程技术	朱穗玲
M045	矿冶工程	冶金工程技术	曾维勇
K554	矿业安全与环保	矿山工程技术	谢和平
K010	矿业研究与开发	矿山工程技术	周爱民
F015	昆虫学报	昆虫学、动物学	黄大卫
J020	昆明理工大学学报自然科学版	自然科学综合大学学报	王华
G053	昆明医科大学学报	医药大学学报	冯忠堂
G395	兰州大学学报医学版	医药大学学报	陈晓峰
A016	兰州大学学报自然科学版	自然科学综合大学学报	苏力
J008	兰州理工大学学报	工程技术大学学报	孙品一
G628	老年医学与保健	保健医学	王传馥
R096	雷达科学与技术	通信技术	朱庆明
R758	雷达学报	通信技术	吴一戎
T010	离子交换与吸附	化学工程综合	张全兴

表 9-1　2016 年中国科技核心期刊（中文）目录（续）

CODE	刊 名	学科分类	主 编
M001	理化检验化学分册	冶金工程技术	吴诚
C101	力学季刊	力学	范立础
C001	力学学报	力学	杨卫
C104	力学与实践	力学	李俊峰
G580	立体定向和功能性神经外科杂志	神经病学、精神病学	汪业汉
U055	粮食与饲料工业	食品科学技术; 农业工程; 畜牧、兽医科学	王杭
C032	量子电子学报	物理学	龚和本
K008	辽宁工程技术大学学报自然科学版	自然科学综合大学学报	邵良杉
H261	辽宁农业科学	农业综合	李正德
G850	辽宁中医药大学学报	中医药大学学报	康廷国
G646	辽宁中医杂志	中医学	康廷国
U037	林产工业	林学	许方荣
T017	林产化学与工业	林学; 化学工程综合	宋湛谦
H740	林业工程学报	林学	施季森
H280	林业科学	林学	沈国舫
H281	林业科学研究	林学	盛炜彤
H102	林业调查规划	林学	曹善寿
T231	磷肥与复肥	化学工程综合	汤建伟
G880	临床超声医学杂志	核医学、医学影像学	杨浩
G607	临床儿科杂志	儿科学	吴圣楣
G276	临床耳鼻咽喉头颈外科杂志	耳鼻咽喉科学	孔维佳; 黄选兆
G271	临床放射学杂志	核医学、医学影像学	冯敢生
Q908	临床肺科杂志	呼吸病学、结核病学	许学受
G501	临床肝胆病杂志	消化病学	贾继东
G291	临床骨科杂志	骨外科学	戴尅戎; 江曙
G664	临床和实验医学杂志	临床医学综合	刘建
G345	临床急诊杂志	临床医学综合	彭南生
G204	临床检验杂志	临床诊断学	武建国
G310	临床精神医学杂志	神经病学、精神病学	侯钢
G881	临床军医杂志	临床医学综合	薛蓬
G287	临床口腔医学杂志	口腔医学	陈卫民
G222	临床麻醉学杂志	外科学综合	张国楼; 徐建国
G317	临床泌尿外科杂志	泌尿外科学	肖传国
G257	临床内科杂志	内科学综合	宋善俊
G230	临床皮肤科杂志	皮肤病学	赵辨
G309	临床神经病学杂志	神经病学、精神病学	张贞浏
G802	临床神经外科杂志	神经病学、精神病学	刘宏毅
G423	临床肾脏病杂志	血液病学、肾脏病学	徐钢
G797	临床输血与检验	临床医学综合; 血液病学、肾脏病学	权循珍
G256	临床外科杂志	外科学综合	邹声泉
G942	临床误诊误治	临床医学综合	陈晓红
G855	临床消化病杂志	消化病学	易粹琼
Q909	临床小儿外科杂志	儿科学	梅海波

表 9-1　2016 年中国科技核心期刊（中文）目录（续）

CODE	刊　名	学科分类	主　编
G261	临床心血管病杂志	心血管病学	廖玉华
G293	临床血液学杂志	血液病学、肾脏病学; 临床医学综合	宋善俊; 陆道培; 胡丽华
Q913	临床眼科杂志	眼科学	陈逖
G673	临床药物治疗杂志	药学	方来英
G350	临床与病理杂志	基础医学	李元建
G274	临床与实验病理学杂志	基础医学	龚西瑜
Q910	临床肿瘤学杂志	肿瘤学	秦叔逵
G491	岭南心血管病杂志	心血管病学	林曙光
N023	流体机械	机械工程设计	宋东岚
H748	麦类作物学报	农艺学	张改生
T060	煤化工	应用化学工程	闫少伟
K558	煤矿安全	矿山工程技术	罗海珠
K517	煤矿机械	矿山工程技术	卢盛春
K504	煤矿开采	矿山工程技术	宁宇
K038	煤炭工程	能源科学综合	黄忠
K005	煤炭科学技术	能源科学综合	王金华
K017	煤炭学报	能源科学综合	胡省三
D027	煤炭转化	应用化学工程	谢克昌
K009	煤田地质与勘探	矿山工程技术	王丽
U036	棉纺织技术	纺织科学技术	阎磊
H037	棉花学报	农艺学	喻树迅
G056	免疫学杂志	基础医学	朱锡华
B017	模糊系统与数学	数学	刘应明
N107	模具技术	机械制造工艺与设备	阮雪榆
S015	模式识别与人工智能	信息与系统科学相关工程与技术	戴汝为
T077	膜科学与技术	化学工程综合	刘宪秋
N084	摩擦学学报	机械工程设计	薛群基
U533	木材工业	林学	姜征
M655	纳米技术与精密工程	机械工程设计	胡小唐
A013	南昌大学学报理科版	自然科学综合大学学报	徐冬荣
G047	南昌大学学报医学版	医药大学学报	傅克刚
R117	南方电网技术	电气工程	饶宏
V089	南方建筑	建筑科学与技术	何镜堂
H069	南方农业学报	农业综合	李杨瑞
H068	南方水产科学	水产学	徐泽智
G023	南方医科大学学报	医药大学学报	李康
A025	南京大学学报自然科学版	自然科学综合大学学报	龚昌德
T011	南京工业大学学报自然科学版	工程技术大学学报	陆小华
Y026	南京航空航天大学学报	航空、航天科学技术; 工程技术大学学报	宣益民
N011	南京理工大学学报自然科学版	工程技术大学学报	宣益民
H033	南京林业大学学报自然科学版	林学; 农业大学学报	余世袁
H021	南京农业大学学报	农业大学学报	郑小波
A061	南京师大学报自然科学版	自然科学师范大学学报	陈凌孚

表 9-1 2016 年中国科技核心期刊（中文）目录（续）

CODE	刊 名	学科分类	主 编
G058	南京医科大学学报自然科学版	医药大学学报	陈琪
R008	南京邮电大学学报自然科学版	通信技术；工程技术大学学报	黄维
G059	南京中医药大学学报	中医药大学学报	范欣生
A008	南开大学学报自然科学版	自然科学综合大学学报	程津培
S776	南开管理评论	管理学	李维安
W590	南水北调与水利科技	水利工程	徐振辞
G288	脑与神经疾病杂志	神经病学、精神病学	毛俊雄
G662	内科急危重症杂志	内科学综合	陆再英
G523	内科理论与实践	内科学综合	王振义；陈家伦
E104	内陆地震	地球物理学	王海涛
A026	内蒙古大学学报自然科学版	自然科学综合大学学报	罗辽复
A111	内蒙古师范大学学报自然科学汉文版	自然科学师范大学学报	董祥林
G513	内蒙古医科大学学报	医药大学学报	程立新
P004	内燃机学报	动力工程	苏万华
W002	泥沙研究	水利工程	杜国翰
U504	酿酒科技	食品科学技术	黄平
A506	宁波大学学报理工版	自然科学综合大学学报	冯志敏
A110	宁夏大学学报自然科学版	自然科学综合大学学报	李星
G665	宁夏医科大学学报	医药大学学报	孙涛
H071	农产品质量与安全	农业综合；农业工程	翟虎渠
H105	农学学报	农业综合	刘旭
T034	农药	植物保护学；应用化学工程	刘长令
T924	农药科学与管理	植物保护学；应用化学工程	隋鹏飞
H404	农药学学报	植物保护学；应用化学工程	王道全
H072	农业工程	农业工程	张品纯
H279	农业工程学报	农业工程	杨邦杰
Z008	农业环境科学学报	农业工程；环境科学技术及资源科学技术	李文华
H278	农业机械学报	农业工程	诸慎友
H286	农业生物技术学报	农业综合	武维华
H222	农业现代化研究	农业工程	王克林
H773	农业资源与环境学报	农业工程；环境科学技术及资源科学技术	高尚宾
V032	暖通空调	建筑科学与技术	王曙明
H219	排灌机械工程学报	农业工程	袁寿其
U602	皮革科学与工程	应用化学工程	单志华
U604	皮革与化工	应用化学工程	贾宏春
G759	齐鲁医学杂志	医学综合	苗志敏
G595	器官移植	外科学综合	陈规划
E021	气候变化研究进展	大气科学	秦大河
E361	气候与环境研究	大气科学	曾庆存
E352	气象	大气科学	矫梅燕
E566	气象科技	大气科学	徐祥德
E359	气象科学	大气科学	余志豪
E001	气象学报	大气科学	丁一汇

表 9-1　2016 年中国科技核心期刊（中文）目录（续）

CODE	刊　名	学科分类	主　编
E521	气象与环境科学	大气科学	王建国
E633	气象与环境学报	大气科学	刘晶淼
X532	汽车安全与节能学报	公路运输	柳百成
X018	汽车工程	公路运输	孟嗣宗
X500	汽车工程学报	公路运输	郭正康
X013	汽车技术	公路运输	朱兴泽
P001	汽轮机技术	动力工程	张秋鸿
Y009	强度与环境	航空、航天科学技术	王梦魁
X021	桥梁建设	水路运输	胡贵琼
U018	青岛大学学报工程技术版	工程技术大学学报	李天恒
G061	青岛大学医学院学报	医药大学学报	谢俊霞
T012	青岛科技大学学报自然科学版	自然科学综合大学学报	马连湘
H267	青岛农业大学学报自然科学版	农业大学学报	王金宝
U535	轻工机械	机械制造工艺与设备	李德芳
J001	清华大学学报自然科学版	工程技术大学学报	梁恩忠
D002	燃料化学学报	能源科学综合；化学	彭少逸
P011	燃烧科学与技术	动力工程	尧命发
E563	热带地理	地理学	许自策
E642	热带海洋学报	海洋科学、水文学	施平
H516	热带农业科学	农业综合	邱小强
E110	热带气象学报	大气科学	薛纪善
H415	热带生物学报	生物学基础学科	许文深
F228	热带亚热带植物学报	植物学	黄宏文
G609	热带医学杂志	流行病学、环境医学	余新炳
H223	热带作物学报	农艺学	余让水
T105	热固性树脂	化学工程综合	王永红
N071	热加工工艺	机械制造工艺与设备	张社会
C134	热科学与技术	物理学；动力工程	王补宣
R501	热力发电	电气工程；动力工程	蒋敏华
P006	热能动力工程	动力工程	邹积国
T013	人工晶体学报	材料科学综合	沈德忠
N106	人类工效学	工程与技术科学基础学科	金会庆
F041	人类学学报	生物学基础学科	吴新智
W555	人民黄河	水利工程	薛松贵
T070	日用化学工业	化学工程综合	曹玉英
H097	乳业科学与技术	食品科学技术	郭本恒
S011	软件学报	计算机科学技术	李明树
N029	润滑与密封	工程与技术科学基础学科	贺石中
R086	三峡大学学报自然科学版	水利工程；工程技术大学学报	王康平
D012	色谱	化学	卢佩章
H382	森林工程	林学；农业工程	王立海
H051	森林与环境学报	林学	洪伟
E635	沙漠与绿洲气象	大气科学；地理学	魏文寿

表9-1 2016年中国科技核心期刊（中文）目录（续）

CODE	刊 名	学科分类	主 编
H070	山地农业生物学报	农业综合	金道超
E101	山地学报	地理学	钟祥浩
G742	山东大学耳鼻喉眼学报	耳鼻咽喉科学; 医药大学学报	栾信庸
J022	山东大学学报工学版	工程技术大学学报	邹增大
A020	山东大学学报理学版	自然科学综合大学学报	靳光华
G062	山东大学学报医学版	医药大学学报	龚瑶琴
A637	山东科学	自然科学综合	王英龙
H031	山东农业大学学报自然科学版	农业大学学报	温孚江
H804	山东农业科学	农业综合	仲崇高
G511	山东医药	医学综合	邱源
G063	山东中医药大学学报	中医药大学学报	皋永利
G574	山东中医杂志	中医学	皋永利
A014	山西大学学报自然科学版	自然科学综合大学学报	陈兆斌
H393	山西农业大学学报自然科学版	农业大学学报	董常生
H390	山西农业科学	农业综合	扆锁成
G064	山西医科大学学报	医药大学学报	郭政
R072	陕西电力	电气工程	张剑
U025	陕西科技大学学报	自然科学综合大学学报	李志健
H217	陕西农业科学	农业综合	白志礼
A066	陕西师范大学学报自然科学版	自然科学师范大学学报	黄春长
V088	上海城市规划	建筑科学与技术	张玉鑫
A056	上海大学学报自然科学版	自然科学综合大学学报	周邦新
U528	上海纺织科技	纺织科学技术	胡申伟
X038	上海海事大学学报	水路运输; 工程技术大学学报	黄有方
H292	上海海洋大学学报	水产学; 农业大学学报	周应祺
G330	上海护理	护理学	翁素贞
X006	上海交通大学学报	工程技术大学学报	郑杭
H022	上海交通大学学报农业科学版	农业大学学报	沈为平
G066	上海交通大学学报医学版	医药大学学报	沈晓明
M021	上海金属	金属材料	翟启杰
G343	上海精神医学	神经病学、精神病学	王祖承
G283	上海口腔医学	口腔医学	张志愿
J031	上海理工大学学报	自然科学综合大学学报	庄松林
H282	上海农业学报	农业综合	徐新春
G069	上海医学	医学综合	汤钊猷
G946	上海中医药大学学报	中医药大学学报	谢建群
G389	上海中医药杂志	中医学; 中药学	谢建群
A515	深圳大学学报理工版	工程技术大学学报	阮双琛
G329	神经疾病与精神卫生	神经病学、精神病学	崔德华; 吴中学; 贾建平
G070	神经解剖学杂志	基础医学	李云庆
G319	神经损伤与功能重建	神经病学、精神病学	王伟
J052	沈阳工业大学学报	工程技术大学学报	郭雨梅
V011	沈阳建筑大学学报自然科学版	建筑科学与技术; 工程技术大学学报	谭静文

表 9-1　2016 年中国科技核心期刊（中文）目录（续）

CODE	刊　名	学科分类	主　编
H024	沈阳农业大学学报	农业大学学报	张玉龙
G071	沈阳药科大学学报	医药大学学报；药学	吴春福
G202	肾脏病与透析肾移植杂志	泌尿外科学	黎磊石
F203	生理科学进展	生物学基础学科	范少光
F001	生理学报	生物学基础学科；基础医学	赵志奇
F042	生命的化学	生物学基础学科	祁国荣
F215	生命科学	生物学基础学科	林其谁
F046	生命科学研究	生物学基础学科	梁宋平
N759	生命科学仪器	仪器仪表技术	张玉奎
Z034	生态毒理学报	生态学	王子健
H784	生态环境学报	生态学	李定强
Z014	生态学报	生态学	冯宗炜
Z028	生态学杂志	生态学	孙铁珩
Z023	生态与农村环境学报	农业工程；环境科学技术及资源科学技术	蔡道基
F049	生物多样性	生物学基础学科	马克平
F003	生物工程学报	生物工程	焦瑞身
G401	生物骨科材料与临床研究	骨外科学	陈安民
F016	生物化学与生物物理进展	生物学基础学科	王大成
F229	生物技术	生物工程	张介池
F214	生物技术进展	生物工程	林敏
F205	生物技术通报	生物工程	路铁刚
F224	生物技术通讯	生物工程	黄培堂
F204	生物加工过程	生物工程	欧阳平凯
F213	生物学杂志	生物学基础学科	罗家騄
G006	生物医学工程学杂志	生物医学工程学	陈槐卿
G332	生物医学工程研究	生物医学工程学	王勤；康永军
G603	生物医学工程与临床	生物医学工程学	宋继昌
F044	生物资源	生物学基础学科	何光存
G624	生殖医学杂志	优生学、计划生育学	肖碧莲
C033	声学技术	物理学	张淑英
C054	声学学报	物理学	马大猷
E302	湿地科学	地理学	陈宜瑜
E636	湿地科学与管理	地理学	彭镇华
A615	石河子大学学报自然科学版	自然科学综合大学学报	向本春
T933	石化技术与应用	应用化学工程；石油天然气工程	殷茜
X042	石家庄铁道大学学报自然科学版	铁路运输；工程技术大学学报	王岳森
L016	石油地球物理勘探	石油天然气工程	钱荣钧
L015	石油化工	石油天然气工程	乔金樑
L034	石油化工高等学校学报	石油天然气工程	仲崇民
L021	石油化工设备技术	石油天然气工程	尹朝曦
L019	石油机械	石油天然气工程	贺会群
L031	石油勘探与开发	石油天然气工程	戴金星
L030	石油炼制与化工	石油天然气工程	汪燮卿

表 9-1　2016 年中国科技核心期刊（中文）目录（续）

CODE	刊　名	学科分类	主　编
E126	石油实验地质	地质学	叶德燎
L005	石油物探	石油天然气工程	管路平
L028	石油学报	石油天然气工程	赵宗举
L012	石油学报石油加工	石油天然气工程	汪燮卿
L006	石油与天然气地质	石油天然气工程	王庭斌
L008	石油钻采工艺	石油天然气工程	董范
L025	石油钻探技术	石油天然气工程	马开华
U049	食品安全质量检测学报	食品科学技术	吴永宁
F257	实验动物科学	昆虫学、动物学	荣瑞章
G387	实验动物与比较医学	基础医学；昆虫学、动物学	刘瑞三
C009	实验力学	力学	方如华
Y018	实验流体力学	航空、航天科学技术	乐嘉陵
G512	实用癌症杂志	肿瘤学	雷良华
G534	实用放射学杂志	核医学、医学影像学	鱼博浪；宦怡
G586	实用妇产科杂志	妇产科学	王世阆
G746	实用肝脏病杂志	消化病学	周天仇
G457	实用骨科杂志	骨外科学	卫小春
G224	实用口腔医学杂志	口腔医学	赵铱民
G700	实用老年医学	保健医学	刘昕曜
G652	实用皮肤病学杂志	皮肤病学	杨蓉娅
G766	实用心脑肺血管病杂志	心血管病学；普通外科学、胸外科学、心血管外科学	朱曼璐；袁湘芷
G834	实用药物与临床	药学	滕卫平
G324	实用医学杂志	临床医学综合	苏焕群
G760	实用医院临床杂志	临床医学综合	韩盛玺
G768	实用预防医学	预防医学与公共卫生学综合	罗普泉
G856	实用肿瘤学杂志	肿瘤学	庞达
G890	实用肿瘤杂志	肿瘤学	张苏展
U005	食品工业科技	食品科学技术	张铁鹰
U006	食品科学	食品科学技术	白建华
A117	食品科学技术学报	食品科学技术	孙宝国
U617	食品研究与开发	食品科学技术	赵丽
U035	食品与发酵工业	食品科学技术	朱庆裴
U641	食品与发酵科技	食品科学技术	陈功
U547	食品与机械	食品科学技术	黄寿恩
U029	食品与生物技术学报	食品科学技术	裘松良
G748	食品与药品	食品科学技术；药学	凌沛学
H838	食用菌学报	园艺学；食品科学技术	吴爱忠
E363	世界地震工程	地球物理学	孙柏涛
E548	世界地质	地质学	孙革
G906	世界科学技术-中医药现代化	中医学；中药学	陈凯先
G485	世界临床药物	药学	周斌
G484	世界中西医结合杂志	中西医结合医学	路志正
G483	世界中医药	中医学；中药学	李振吉

表 9-1 2016 年中国科技核心期刊（中文）目录（续）

CODE	刊 名	学科分类	主 编
A023	首都师范大学学报自然科学版	自然科学师范大学学报	梅向明
G073	首都医科大学学报	医药大学学报	王晓民
F033	兽类学报	昆虫学、动物学	王德华
R005	数据采集与处理	通信技术	贲德
W009	数理统计与管理	数学; 管理学	杨振海
B015	数学的实践与认识	数学	林群
B007	数学进展	数学	李亦
B004	数学年刊 A	数学	李大潜
C036	数学物理学报	数学; 物理学	丁夏畦
B006	数学学报	数学	王跃飞; 张立群
B012	数学杂志	数学	齐民友
H008	水产学报	水产学	黄硕琳
Z016	水处理技术	环境科学技术及资源科学技术	高从堦
X533	水道港口	水路运输	赵冲久
P007	水电能源科学	能源科学综合; 水利工程	郦凤山; 张勇传
W004	水动力学研究与进展 A	水利工程	周连第
W013	水科学进展	水利工程	刘国纬
R050	水力发电	水利工程	马连城
R049	水力发电学报	水利工程	谷兆祺
R587	水利经济	水利工程	郑垂勇
W011	水利水电技术	水利工程	马德伟
W502	水利水电科技进展	水利工程	芮孝芳
W006	水利水运工程学报	水利工程	张瑞凯
W003	水利学报	水利工程	陈炳新
F010	水生生物学报	生物学基础学科	桂建芳
H850	水生态学杂志	生态学; 水产学	常剑波
H015	水土保持通报	农业工程	李锐
H287	水土保持学报	农业工程	邵明安
H056	水土保持研究	农业工程	刘国彬
E540	水文	海洋科学、水文学	邓坚
E154	水文地质工程地质	海洋科学、水文学; 地质学	陈梦熊
X528	水运工程	水路运输	吴澎
R566	水资源保护	水利工程	汪德爟
W570	水资源与水工程学报	水利工程	蔡焕杰
U056	丝绸	纺织科学技术	宣友木
J051	四川大学学报工程科学版	工程技术大学学报	谢和平
G045	四川大学学报医学版	医药大学学报	张肇达
A006	四川大学学报自然科学版	自然科学综合大学学报	刘应明
F027	四川动物	昆虫学、动物学	岳碧松
Z007	四川环境	环境科学技术及资源科学技术	叶宏
A033	四川师范大学学报自然科学版	自然科学师范大学学报	周一阳
G575	四川医学	医学综合	卓凯星
G745	四川中医	中医学	方连举

表 9-1 2016 年中国科技核心期刊（中文）目录（续）

CODE	刊 名	学科分类	主 编
H862	饲料工业	畜牧、兽医科学	聂春宵
H864	饲料研究	畜牧、兽医科学	李寰旭
T106	塑料	高聚物工程	杨明锦
T014	塑料工业	高聚物工程	张志平
T536	塑料科技	高聚物工程	于文杰
T079	塑料助剂	高聚物工程	杨明
T580	塑性工程学报	机械制造工艺与设备	陆辛
X634	隧道建设	公路运输; 铁路运输	张炜
R652	太赫兹科学与电子信息学报	电子技术	李幼平
L009	太阳能学报	能源科学综合	石定寰
J011	太原理工大学学报	工程技术大学学报	谢克昌
M544	钛工业进展	金属材料	周廉
T500	弹性体	高聚物工程	蔡小平
T015	炭素技术	化学工程综合	解治友
N043	探测与控制学报	兵器科学与技术	张龙山
V531	陶瓷学报	化学工程综合	秦锡麟
H041	特产研究	农业综合	沈育杰
L505	特种油气藏	石油天然气工程	张方礼
N065	特种铸造及有色合金	机械制造工艺与设备	袁振国
A041	天津大学学报	工程技术大学学报	龚克
U017	天津工业大学学报	工程技术大学学报	杨庆新
A504	天津师范大学学报自然科学版	自然科学师范大学学报	高玉葆
G076	天津医药	医学综合	张愈
G626	天津中医药	中医学; 中药学	张伯礼
G914	天津中医药大学学报	中医药大学学报	张伯礼
T611	天然产物研究与开发	中药学	李伯刚
L518	天然气地球科学	石油天然气工程	戴金星
L029	天然气工业	石油天然气工程	冉隆辉
T074	天然气化工	应用化学工程; 石油天然气工程	古共伟
L507	天然气与石油	石油天然气工程	郭成华
E023	天文学报	天文学	甘为群
E114	天文学进展	天文学	候金良
X521	铁道工程学报	铁路运输	何宁
X007	铁道科学与工程学报	铁路运输	胡湘陵
X005	铁道学报	铁路运输	杨浩
G238	听力学及言语疾病杂志	耳鼻咽喉科学	陶泽璋; 韩德民; 韩东一
R065	通信学报	通信技术	杨义先
G965	同济大学学报医学版	医药大学学报	傅继梁
J032	同济大学学报自然科学版	工程技术大学学报	李杰
Q003	同位素	核科学技术	罗顺忠
N061	图学学报	机械工程设计	童秉枢
T103	涂料工业	精细化学工程	竺玉书
V029	土木工程学报	土木工程	徐培福

表 9-1 2016 年中国科技核心期刊（中文）目录（续）

CODE	刊 名	学科分类	主 编
V035	土木工程与管理学报	土木工程	丁烈云
V019	土木建筑与环境工程	土木工程	黄宗明
H043	土壤	土壤学	赵其国
H057	土壤通报	土壤学	须湘成
H012	土壤学报	土壤学	史学正
H048	土壤与作物	土壤学	陈温福
Y025	推进技术	航空、航天科学技术	郑日恒
S795	外国经济与管理	经济学综合; 管理学	樊丽明
G601	外科理论与实践	外科学综合	林言箴; 李宏为
G996	皖南医学院学报	医药大学学报	李朝品
S017	网络新媒体技术	计算机科学技术	倪宏
R070	微波学报	通信技术	杨乃恒
G866	微创泌尿外科杂志	泌尿外科学	张旭; 孙颖浩
R057	微电机	电气工程	牒正文
R064	微电子学	电子技术	成福康
R004	微电子学与计算机	电子技术; 计算机科学技术	李新龙
R098	微纳电子技术	电子技术	李和委
F004	微生物学报	微生物学、病毒学	李季伦
F206	微生物学免疫学进展	微生物学、病毒学	朱莉萍
F011	微生物学通报	微生物学、病毒学	何忠效
F225	微生物学杂志	微生物学、病毒学	张忠泽
G651	微生物与感染	感染性疾病学、传染病学	闻玉梅
R085	微特电机	电气工程	施进浩
E052	微体古生物学报	地质学	穆西南
S033	微型电脑应用	计算机科学技术	朱仲英
G210	微循环学杂志	基础医学	李艳
G079	卫生研究	卫生管理学、健康教育学	段国兴
G800	胃肠病学	消化病学	萧树东
G326	胃肠病学和肝病学杂志	消化病学	段芳龄
G702	温州医科大学学报	医药大学学报	瞿佳
D003	无机材料学报	材料科学综合	郭景坤
D023	无机化学学报	化学	游效曾
T072	无机盐工业	化学工程综合	刘红光
N044	无损检测	机械制造工艺与设备	王务同
W014	武汉大学学报工学版	工程技术大学学报	刘经南
A024	武汉大学学报理学版	自然科学综合大学学报	刘经南
E107	武汉大学学报信息科学版	测绘科学技术; 自然科学综合大学学报	刘经南
G038	武汉大学学报医学版	医药大学学报	刘经南
M032	武汉科技大学学报自然科学版	工程技术大学学报	刘光临
X017	武汉理工大学学报交通科学与工程版	交通运输工程; 工程技术大学学报	李腊元
J018	武汉理工大学学报信息与管理工程版	电子技术; 工程技术大学学报	程森成
G771	武警后勤学院学报医学版	医药大学学报	李宏伟
G707	武警医学	医学综合	李小萍

表 9-1　2016 年中国科技核心期刊（中文）目录（续）

CODE	刊 名	学科分类	主 编
D001	物理化学学报	化学	唐有祺
C006	物理学报	物理学	王乃彦
C509	物理与工程	物理学; 高等教育学	顾牡; 王青
E136	物探化探计算技术	地质学	贺振华
E138	物探与化探	地质学	熊盛青
R009	西安电子科技大学学报自然科学版	电子技术; 工程技术大学学报	梁昌洪
J036	西安工业大学学报	工程技术大学学报	刘卫国
V018	西安建筑科技大学学报自然科学版	建筑科学与技术; 工程技术大学学报	赵鸿铁
X030	西安交通大学学报	工程技术大学学报	陶文铨
G081	西安交通大学学报医学版	医药大学学报	闫剑群
A150	西安科技大学学报	工程技术大学学报	伍永平
J002	西安理工大学学报	工程技术大学学报	刘宏昭
L010	西安石油大学学报自然科学版	石油天然气工程; 工程技术大学学报	屈展
R671	西安邮电大学学报	通信技术; 工程技术大学学报	温小郑
A032	西北大学学报自然科学版	自然科学综合大学学报	赵重远
E125	西北地质	地质学	夏林圻
Y023	西北工业大学学报	工程技术大学学报	胡沛泉
H224	西北林学院学报	林学; 农业大学学报	范升才
H018	西北农林科技大学学报自然科学版	农业大学学报	赵忠
H288	西北农业学报	农业综合	宋继学
A022	西北师范大学学报自然科学版	自然科学师范大学学报	赵更吉
G792	西北药学杂志	药学	杨世民
F020	西北植物学报	植物学	胡正海
H385	西部林业科学	林学	郎南军
G588	西部医学	医学综合	李光明
G699	西部中医药	中医学; 中药学	潘文
J045	西华大学学报自然科学版	工程技术大学学报	罗中先
H004	西南大学学报自然科学版	自然科学综合大学学报	向仲怀
G312	西南国防医药	医学综合	王国建
X032	西南交通大学学报	工程技术大学学报	翟婉明
H270	西南林业大学学报	林学; 农业大学学报	刘惠民
H061	西南农业学报	农业综合	李跃建
A064	西南师范大学学报自然科学版	自然科学师范大学学报	李明
L002	西南石油大学学报自然科学版	石油天然气工程; 工程技术大学学报	杜志敏
M041	稀土	材料科学综合	杨占峰
M029	稀有金属	金属材料	屠海令
M052	稀有金属材料与工程	金属材料	殷为宏
S505	系统仿真技术	信息与系统科学相关工程与技术	万钢
S003	系统仿真学报	信息与系统科学相关工程与技术	李伯虎; 赵沁平
B028	系统工程	信息科学与系统科学	陈收
B025	系统工程理论与实践	信息科学与系统科学	陈光亚
B018	系统工程学报	信息科学与系统科学	刘豹
R059	系统工程与电子技术	电子技术; 信息与系统科学相关工程与技术	施荣

表 9-1　2016 年中国科技核心期刊（中文）目录（续）

CODE	刊　名	学科分类	主　编
B027	系统管理学报	信息科学与系统科学	王浣尘
B021	系统科学与数学	信息科学与系统科学; 数学	陈翰馥
G188	细胞与分子免疫学杂志	基础医学	金伯泉
A063	厦门大学学报自然科学版	自然科学综合大学学报	张鸿斌
V087	现代城市研究	建筑科学与技术	叶菊华
E027	现代地质	地质学	邓军
R089	现代电力	电气工程	宋永华
R748	现代电子技术	电子技术	郝跃; 许蒲; 李明远
Y561	现代防御技术	兵器科学与技术	李文军
U634	现代纺织技术	纺织科学技术	陈建勇
G300	现代妇产科进展	妇产科学	江森
T063	现代化工	化学工程综合	张立萍
N100	现代科学仪器	仪器仪表技术	胡柏顺
G321	现代口腔医学杂志	口腔医学	俞光岩
R087	现代雷达	通信技术	陈玲
G438	现代临床护理	护理学	张振路
G798	现代泌尿生殖肿瘤杂志	肿瘤学	那彦群; 叶章群
G341	现代泌尿外科杂志	泌尿外科学	贺大林
G067	现代免疫学	基础医学	周光炎
H417	现代农药	植物保护学; 应用化学工程	张湘宁
F250	现代生物医学进展	医学综合	申宝忠
U010	现代食品科技	食品科学技术	李琳
T929	现代塑料加工应用	高聚物工程	顾越峰
X673	现代隧道技术	公路运输	梅志荣
G451	现代消化及介入诊疗	消化病学	张万岱
G421	现代药物与临床	药学	邹美香
G223	现代医学	医学综合	孙载阳
N115	现代仪器与医疗	仪器仪表技术; 卫生管理学、健康教育学	王效杰
G963	现代预防医学	预防医学与公共卫生学综合	马骁
N111	现代制造工程	机械制造工艺与设备	徐大湧
G951	现代中西医结合杂志	中西医结合医学	戴砚田
G486	现代中药研究与实践	中药学	胡世林; 赵国胜
G896	现代中医临床	中医学	王永炎
G826	现代肿瘤医学	肿瘤学	李树业
T073	香料香精化妆品	精细化学工程	金其璋
A018	湘潭大学自然科学学报	自然科学综合大学学报	黄云清
T064	橡胶工业	高聚物工程	何晓玫
T953	消防科学与技术	安全科学技术	王铁强
P010	小型内燃机与车辆技术	动力工程	何海生
S027	小型微型计算机系统	计算机科学技术	林浒
G083	心肺血管病杂志	心血管病学	陈宝田
S918	心理科学	心理学	李其维
S919	心理科学进展	心理学	隋南

表 9-1　2016 年中国科技核心期刊（中文）目录（续）

CODE	刊 名	学科分类	主 编
E046	心理学报	心理学	林文娟
G476	心脑血管病防治	心血管病学；神经病学、精神病学	金宏义
G419	心血管病学进展	心血管病学	赵聪
G578	心血管康复医学杂志	心血管病学	刘江生
G260	心脏杂志	心血管病学	裴建明
E159	新疆地质	地质学	李向东
H908	新疆农业大学学报	农业大学学报	雒秋江
H276	新疆农业科学	农业综合	戴健
L007	新疆石油地质	石油天然气工程	夏明生
G980	新疆医科大学学报	医药大学学报	哈木拉提·吾甫尔
G328	新乡医学院学报	医药大学学报	乔汉臣
V056	新型建筑材料	建筑科学与技术	张美强
M102	新型炭材料	材料科学综合	成会明
G721	新医学	医学综合	陈规划
R034	信号处理	通信技术	谢维信
R519	信息技术	信息与系统科学相关工程与技术	张丽丽
S046	信息网络安全	计算机科学技术	关非
S002	信息与控制	信息科学与系统科学	王天然
A510	信阳师范学院学报自然科学版	自然科学师范大学学报	李俊
J061	徐州工程学院学报自然科学版	工程技术大学学报	韩宝平
G565	徐州医学院学报	医药大学学报	吴永平
H023	畜牧兽医学报	畜牧、兽医科学	文杰
H218	畜牧与兽医	畜牧、兽医科学	石放雄
G627	循证医学	临床诊断学；流行病学、环境医学	吴一龙
R069	压电与声光	光电子学与激光技术	胡少勤
N052	压力容器	机械制造工艺与设备	王冰
G189	牙体牙髓牙周病学杂志	口腔医学	倪龙兴
E047	亚热带资源与环境学报	环境科学技术及资源科学技术	张新时
U562	烟草科技	园艺学	谢剑平
E053	岩矿测试	地质学	尹明
E157	岩石矿物学杂志	地质学	沈其韩
C005	岩石力学与工程学报	土木工程；力学	冯夏庭
E309	岩石学报	地质学	从柏林
V574	岩土工程技术	土木工程	常士骠
V037	岩土工程学报	土木工程	沈珠江
C004	岩土力学	土木工程；力学	白世伟
E163	岩性油气藏	石油天然气工程	刘金新
S821	研究与发展管理	管理学	骆品亮
E500	盐湖研究	海洋科学、水文学	高世扬
T054	盐业与化工	化学工程综合	夏万顺
G962	眼科	眼科学	徐亮
G554	眼科新进展	眼科学	杨尊之
J025	燕山大学学报	工程技术大学学报	张福成

表 9-1　2016 年中国科技核心期刊（中文）目录（续）

CODE	刊　名	学科分类	主　编
H016	扬州大学学报农业与生命科学版	农业大学学报	顾铭洪
A514	扬州大学学报自然科学版	自然科学综合大学学报	郭荣
S031	遥测遥控	信息与系统科学相关工程与技术	李艳华
Z543	遥感技术与应用	测绘科学技术	姜景山
S024	遥感信息	测绘科学技术	陈述彭
Z006	遥感学报	测绘科学技术	顾行发
G403	药物不良反应杂志	药学	程经华
G087	药物分析杂志	药学	涂国士
G877	药物流行病学杂志	药学	曾繁典
G836	药物评价研究	药学	汤立达
G514	药物生物技术	药学	吴梧桐
G977	药学服务与研究	药学	胡晋红
G440	药学实践杂志	药学	姜远英
G008	药学学报	药学	王晓良
G527	药学与临床研究	药学	王明时
M023	冶金分析	冶金工程技术	贾云海
M047	冶金能源	冶金工程技术	罗文泉
C503	液晶与显示	物理学	郭海成
N079	液压气动与密封	工程与技术科学基础学科	李运华
N035	液压与气动	机械工程设计	宋京其
G605	医疗卫生装备	卫生管理学、健康教育学	孙景工
G482	医学动物防制	流行病学、环境医学	段利国
G333	医学分子生物学杂志	基础医学	邓耀祖
G545	医学临床研究	临床医学综合	詹道友
G281	医学研究生学报	医学综合	易学明
G480	医学研究杂志	医学综合	赵瑞芹
G265	医学影像学杂志	核医学、医学影像学	武乐斌
G860	医学综述	医学综合	刘桂蕊
G844	医药导报	药学	曾繁典
G088	医用生物力学	力学；基础医学	戴克戎
N074	仪表技术与传感器	仪器仪表技术	刘凯
N066	仪器仪表学报	仪器仪表技术	张钟华
F024	遗传	生物学基础学科	薛勇彪
G455	疑难病杂志	临床医学综合	马智
T104	印染助剂	精细化学工程	许关荣
G089	营养学报	预防医学与公共卫生学综合	郭长江
D014	影像科学与光化学	化学	佟振合
G649	影像诊断与介入放射学	核医学、医学影像学	孟悛非
B008	应用概率统计	数学	陈希孺
C109	应用光学	物理学	王小鹏
E123	应用海洋学学报	海洋科学、水文学	张金标
T949	应用化工	化学工程综合	朱明道
D016	应用化学	化学	黄葆同

表 9-1 2016 年中国科技核心期刊（中文）目录（续）

CODE	刊 名	学科分类	主 编
A580	应用基础与工程科学学报	工程与技术科学基础学科	杨卫
R033	应用激光	光电子学与激光技术	王之江
X693	应用科技	信息与系统科学相关工程与技术	朱齐丹
A015	应用科学学报	通信技术	黄宏嘉
F035	应用昆虫学报	昆虫学、动物学	王琛柱
C008	应用力学学报	力学	陈宜亨
E122	应用气象学报	大气科学	周秀骥
Z018	应用生态学报	生态学	沈善敏
C052	应用声学	物理学	应崇福
B011	应用数学	数学	陈庆益
B020	应用数学和力学	力学；数学	周哲纬
B001	应用数学学报	数学	丁夏畦
F100	应用与环境生物学报	环境科学技术及资源科学技术；生物学基础学科	吴宁
M014	硬质合金	金属材料	张忠健
L027	油气储运	石油天然气工程	杨祖佩
L504	油气地质与采收率	石油天然气工程	刘中云
L033	油田化学	石油天然气工程	徐僖
K020	铀矿冶	矿山工程技术	张飞凤
T916	有机硅材料	化学工程综合	杨晓勇
D025	有机化学	化学	陈庆云
M036	有色金属工程	金属材料	金开生
M504	有色金属科学与工程	金属材料	罗嗣海
K580	有色金属选矿部分	矿山工程技术	朱穗玲
M020	有色金属冶炼部分	冶金工程技术	朱穗玲
N907	鱼雷技术	兵器科学与技术	杨芸
H998	渔业科学进展	水产学	唐启升
H220	渔业现代化	水产学	徐皓
Y020	宇航材料工艺	航空、航天科学技术	顾兆栴
Y008	宇航计测技术	航空、航天科学技术	孙海燕
Y024	宇航学报	航空、航天科学技术	杜善义
H909	玉米科学	农艺学	赵化春
G479	预防医学	预防医学与公共卫生学综合	丛黎明
G518	预防医学情报杂志	预防医学与公共卫生学综合	康均行
H039	园艺学报	园艺学	李树德
C108	原子核物理评论	物理学；核科学技术	靳根明
Q008	原子能科学技术	核科学技术	赵志祥
A038	云南大学学报自然科学版	自然科学综合大学学报	张克勤
A654	云南民族大学学报自然科学版	自然科学综合大学学报	张英杰
H269	云南农业大学学报	农业大学学报	朱有勇
A053	云南师范大学学报自然科学版	自然科学师范大学学报	曾华
B013	运筹学学报	数学	越民义
B522	运筹与管理	数学；管理学	俞嘉第
H989	杂草学报	植物保护学	强胜

表 9-1　2016 年中国科技核心期刊（中文）目录（续）

CODE	刊　名	学科分类	主　编
H293	杂交水稻	农艺学	袁隆平
E148	灾害学	地球物理学; 安全科学技术	胡斌
Y057	载人航天	航空、航天科学技术	周建平
U643	造纸科学与技术	应用化学工程	陈嘉翔
C100	噪声与振动控制	机械工程设计	严济宽
M043	轧钢	冶金工程技术	张海军
T569	粘接	精细化学工程	章锋
R081	照明工程学报	电子技术	戴德慈
A017	浙江大学学报工学版	工程技术大学学报	岑可法
A002	浙江大学学报理学版	自然科学综合大学学报	郑小明
H035	浙江大学学报农业与生命科学版	农业大学学报	程家安
G091	浙江大学学报医学版	医药大学学报	来茂德
J016	浙江工业大学学报	工程技术大学学报	马淳安
H019	浙江农林大学学报	林学; 农业大学学报	周国模
H201	浙江农业学报	农业综合	陈剑平
G810	浙江医学	医学综合	李兰娟
G092	浙江中医药大学学报	中医药大学学报	肖鲁伟
G093	针刺研究	针灸、中医骨伤	朱兵
G488	针灸临床杂志	针灸、中医骨伤	孙申田
N086	真空	工程与技术科学基础学科	李玉英
C038	真空与低温	物理学	罗崇泰
G259	诊断病理学杂志	临床诊断学; 基础医学	李维华
G615	诊断学理论与实践	临床诊断学	王鸿利
Y010	振动测试与诊断	航空、航天科学技术	赵淳生
Y004	振动工程学报	力学; 机械工程设计	刘人怀
N030	振动与冲击	机械工程设计	恽伟君
E316	震灾防御技术	安全科学技术; 地球物理学	高孟潭
J012	郑州大学学报工学版	工程技术大学学报	辛世俊
A019	郑州大学学报理学版	自然科学综合大学学报	辛世俊
G036	郑州大学学报医学版	医药大学学报	辛世俊
G884	职业与健康	流行病学、环境医学	王撷秀
H577	植物保护	植物保护学	吴孔明
H014	植物保护学报	植物保护学	彩万志
H052	植物病理学报	植物保护学	曾士迈
H584	植物检疫	植物保护学	张立
F008	植物科学学报	植物学	李绍华
F038	植物生理学报	植物学	张景六
F009	植物生态学报	植物学	马克平
F023	植物学报	植物学	种康
F050	植物研究	植物学	祖元刚
H238	植物遗传资源学报	农艺学	刘旭
H890	植物营养与肥料学报	土壤学	金继运
Z551	植物资源与环境学报	环境科学技术及资源科学技术	夏冰

表 9-1　2016 年中国科技核心期刊（中文）目录（续）

CODE	刊 名	学科分类	主 编
N091	指挥控制与仿真	兵器科学与技术	秦立富
U011	制冷学报	动力工程	吴元炜
U640	制冷与空调(四川)	动力工程	雷波
N046	制造技术与机床	机械工程设计	王晓林
S023	制造业自动化	信息与系统科学相关工程与技术	黎晓东
C034	质谱学报	化学; 仪器仪表技术	赵墨田
S052	智能系统学报	信息与系统科学相关工程与技术	钟义信
G007	中草药	中药学	汤立达
G520	中成药	中药学	陶建生
G538	中国癌症杂志	肿瘤学	沈镇宙
G985	中国艾滋病性病	皮肤病学	沈洁
G129	中国安全科学学报	安全科学技术	徐德蜀
Z552	中国安全生产科学技术	安全科学技术	邢娟娟
F048	中国比较医学杂志	基础医学	秦川
N103	中国表面工程	机械制造工艺与设备	刘世参
G750	中国病案	卫生管理学、健康教育学	刘爱民
G769	中国病毒病杂志	微生物学、病毒学	庄辉
G096	中国病理生理杂志	基础医学	李楚杰
G339	中国病原生物学杂志	微生物学、病毒学	庄辉
M053	中国材料进展	材料科学综合	周廉
H213	中国草地学报	草原学	侯向阳
N830	中国测试	工程与技术科学基础学科	高洁
G097	中国超声医学杂志	核医学、医学影像学	李建国
G529	中国卒中杂志	神经病学、精神病学	王拥军
G901	中国当代儿科杂志	儿科学	杨于嘉
H939	中国稻米	农艺学	李西明
G099	中国地方病防治杂志	流行病学、环境医学	徐伟
E654	中国地质	地质学	李廷栋
E604	中国地质灾害与防治学报	地质学; 安全科学技术	张咸恭
R040	中国电机工程学报	电气工程	郑健超
R511	中国电力	电气工程	刘建明
G234	中国动脉硬化杂志	心血管病学	杨永宗
H891	中国动物传染病学报	畜牧、兽医科学	童光志
G825	中国儿童保健杂志	儿科学; 保健医学	杨玉凤
G270	中国耳鼻咽喉颅底外科杂志	耳鼻咽喉科学	孙虹; 赵素萍
G543	中国耳鼻咽喉头颈外科	耳鼻咽喉科学	韩德民
G100	中国法医学杂志	军事医学与特种医学	刘耀
G290	中国防痨杂志	呼吸病学、结核病学	张立兴
V023	中国非金属矿工业导刊	矿山工程技术	田震远
G320	中国肺癌杂志	肿瘤学	周清华
G402	中国分子心脏病学杂志	心血管病学	惠汝太
V568	中国粉体技术	建筑科学与技术	胡荣泽
G587	中国辐射卫生	预防医学与公共卫生学综合	潘自强; 韩金祥

表 9-1　2016 年中国科技核心期刊（中文）目录（续）

CODE	刊　名	学科分类	主　编
M007	中国腐蚀与防护学报	材料科学综合	柯伟
G456	中国妇产科临床杂志	妇产科学	魏丽惠
G680	中国妇幼保健	优生学、计划生育学	孙铎
G475	中国肝脏病杂志电子版	消化病学	毛羽; 张永利; 成军
G631	中国感染控制杂志	感染性疾病学、传染病学	吴安华
G337	中国感染与化疗杂志	感染性疾病学、传染病学	汪复
X035	中国港湾建设	水路运输	刘亚平
V036	中国给水排水	建筑科学与技术	丁堂堂
N089	中国工程机械学报	机械制造工艺与设备	徐宝富
N754	中国工程科学	工程与技术科学基础学科	汪旭光
G244	中国工业医学杂志	流行病学、环境医学	周安寿; 阎波
G102	中国公共卫生	预防医学与公共卫生学综合	王宇
X031	中国公路学报	公路运输	王秉纲
G103	中国骨伤	针灸、中医骨伤	尚天裕
G249	中国骨与关节损伤杂志	骨外科学	刘大雄; 郭林新
G648	中华骨与关节外科杂志	骨外科学	邱贵兴
G857	中国骨与关节杂志	骨外科学	徐万鹏
G663	中国骨质疏松杂志	内分泌病学与代谢病学、风湿病学	刘忠厚
W021	中国管理科学	管理学	蔡晨
N104	中国惯性技术学报	工程与技术科学基础学科	刘飞
C099	中国光学	光电子学与激光技术; 物理学	王家骐
G637	中国国境卫生检疫杂志	流行病学、环境医学	罗荣杰
H215	中国果树	园艺学	米文广
L013	中国海上油气	石油天然气工程	姜伟
E313	中国海洋大学学报自然科学版	海洋科学、水文学; 水产学; 自然科学综合大学学报	文圣常
L026	中国海洋平台	石油天然气工程	陈祖宇
G104	中国海洋药物	药学	关美君
X039	中国航海	水路运输	黄蕴和
G973	中国呼吸与危重监护杂志	呼吸病学、结核病学	刘春涛
G417	中国护理管理	护理学	严谓然
Z030	中国环境监测	环境科学技术及资源科学技术	丁中元
Z001	中国环境科学	环境科学技术及资源科学技术	王文兴
N059	中国机械工程	机械工程设计	周佑启
A079	中国基础科学	自然科学综合	林泉
R066	中国激光	光电子学与激光技术	周炳琨
R013	中国激光医学杂志	临床医学综合	顾瑛
G852	中国急救复苏与灾害医学杂志	医学综合	李宗浩
G241	中国急救医学	临床医学综合	单静
G192	中国脊柱脊髓杂志	骨外科学	张光铂; 侯树勋
G105	中国寄生虫学与寄生虫病杂志	基础医学	汤林华
G560	中国计划生育和妇产科	优生学、计划生育学; 妇产科学	甘华平
G907	中国计划生育学杂志	优生学、计划生育学	付伟
G787	中国健康教育	卫生管理学、健康教育学	陶茂萱

表 9-1 2016 年中国科技核心期刊（中文）目录（续）

CODE	刊 名	学科分类	主 编
G784	中国健康心理学杂志	心理学	李建明
N108	中国舰船研究	水路运输	朱英富
T075	中国胶粘剂	精细化学工程	刘芳
G233	中国矫形外科杂志	烧伤外科学、整形外科学	宁志杰
G239	中国介入心脏病学杂志	心血管病学	霍勇
G206	中国介入影像与治疗学	核医学、医学影像学	邹英华
G323	中国康复	保健医学	黄晓琳
G400	中国康复理论与实践	保健医学	吴弦光; 李建军
G106	中国康复医学杂志	保健医学	卓大宏
G107	中国抗生素杂志	药学	谭仁祥
A098	中国科技论坛	管理学	王元; 潘令珊
A108	中国科学 地球科学	地球科学综合	周光召; 孙枢
A106	中国科学 化学	化学	周光召; 徐光宪
A109	中国科学 技术科学	工程与技术科学基础学科	周光召; 严陆光
A107	中国科学 生命科学	生物学基础学科	周光召; 梁栋材
A105	中国科学 数学	数学	周光召; 杨乐
A103	中国科学 物理学力学天文学	物理学; 力学; 天文学	周光召
Z317	中国科学 信息科学	信息科学与系统科学; 计算机科学技术	李未
A081	中国科学基金	自然科学综合	朱作言
A007	中国科学技术大学学报	自然科学综合大学学报	王水
A102	中国科学院大学学报	自然科学综合大学学报	陈希孺
A636	中国科学院院刊	自然科学综合	白春礼
Y003	中国空间科学技术	航空、航天科学技术	侯深渊
G441	中国口腔颌面外科杂志	口腔医学	邱蔚六
K030	中国矿业	矿山工程技术	王燕国
K015	中国矿业大学学报	矿山工程技术; 工程技术大学学报	骆振福
U001	中国粮油学报	食品科学技术; 农业工程	胡承淼
G447	中国临床保健杂志	保健医学	胡世莲
G108	中国临床解剖学杂志	基础医学	徐达传
G536	中国临床神经科学	神经病学、精神病学	蒋雨平
G794	中国临床神经外科杂志	神经病学、精神病学	马廉亭
G221	中国临床心理学杂志	心理学	姚树桥
G754	中国临床研究	临床医学综合	徐肇敏
G870	中国临床药理学与治疗学	药学	孙瑞元
G109	中国临床药理学杂志	药学	韩启德
G544	中国临床药学杂志	药学	王永铭
G814	中国临床医生杂志	临床医学综合	胡国臣
G974	中国临床医学	临床医学综合	杨秉辉
G304	中国临床医学影像杂志	核医学、医学影像学	郭启勇
G110	中国麻风皮肤病杂志	皮肤病学	张福仁
H212	中国麻业科学	农艺学	熊和平
G613	中国慢性病预防与控制	预防医学与公共卫生学综合	王撷秀
G598	中国媒介生物学及控制杂志	流行病学、环境医学	刘起勇

表 9-1　2016 年中国科技核心期刊（中文）目录（续）

CODE	刊名	学科分类	主编
K037	中国煤炭地质	能源科学综合	赵克荣
G582	中国煤炭工业医学杂志	医学综合	栾奕
G428	中国美容医学	临床医学综合	朱宏亮
G297	中国美容整形外科杂志	临床医学综合	高景恒
K036	中国锰业	金属材料	周柳霞
H211	中国棉花	农艺学	喻树迅
G111	中国免疫学杂志	基础医学	杨贵贞
Y028	中国民航大学学报	航空、航天科学技术；工程技术大学学报	徐肖豪
K550	中国钼业	金属材料	姚云芳
G303	中国男科学杂志	性医学	江鱼
H273	中国南方果树	园艺学	王应旭
G422	中国脑血管病杂志	神经病学、精神病学	刘承基；凌锋
G277	中国内镜杂志	外科学综合	张阳德
R524	中国能源	能源科学综合	韩文科
U609	中国酿造	食品科学技术	钟冠山
W005	中国农村水利水电	农业工程；水利工程	茆智
H958	中国农学通报	农业综合	石元春
H027	中国农业大学学报	农业大学学报	段若兰
H567	中国农业科技导报	农业综合	范云六
H030	中国农业科学	农业综合	翟虎渠
H210	中国农业气象	农业综合、大气科学	张厚瑄
H221	中国农业资源与区划	农业综合、生态农业经济学	唐华俊
G311	中国皮肤性病学杂志	皮肤病学	彭振辉
G226	中国普通外科杂志	普通外科学、胸外科学、心血管外科学	吕新生
G269	中国普外基础与临床杂志	普通外科学、胸外科学、心血管外科学	严律南
G776	中国全科医学	临床医学综合	梁万年
H081	中国热带农业	农业综合	吴恩熙
G629	中国热带医学	流行病学、环境医学	潘先海
Z546	中国人口资源与环境	环境科学技术及资源科学技术	王伟中
G112	中国人兽共患病学报	流行病学、环境医学	严延生
U052	中国乳品工业	食品科学技术	刘鹏
S825	中国软科学	管理学	贺德方
E124	中国沙漠	地理学	朱震达
G366	中国社会医学杂志	卫生管理学、健康教育学	卢祖洵
G114	中国神经精神疾病杂志	神经病学、精神病学	曾进胜
G242	中国神经免疫学和神经病学杂志	神经病学、精神病学	陈海波；胡学强
H555	中国生态农业学报	农业综合	刘昌明
H044	中国生物防治学报	植物保护学	杨怀文
F255	中国生物工程杂志	生物工程	张树庸
F002	中国生物化学与分子生物学报	生物学基础学科	张迺蘅
G115	中国生物医学工程学报	生物医学工程学	刘德培
G258	中国生物制品学杂志	生物医学工程学	封多佳
G715	中国生育健康杂志	优生学、计划生育学	任爱国

表9-1 2016年中国科技核心期刊（中文）目录（续）

CODE	刊 名	学科分类	主 编
L001	中国石油大学学报自然科学版	石油天然气工程；工程技术大学学报	陈淑娴
L532	中国石油勘探	石油天然气工程	赵文智
F047	中国实验动物学报	昆虫学、动物学	秦川
G604	中国实验方剂学杂志	中药学	吴以岭
G883	中国实验血液学杂志	血液病学、肾脏病学	唐佩弦
G853	中国实验诊断学	临床诊断学	孙荣武；高忠礼；王鸿利
G273	中国实用儿科杂志	儿科学	薛辛东
G228	中国实用妇科与产科杂志	妇产科学	张淑兰
G305	中国实用护理杂志	护理学	王国强
G867	中国实用口腔科杂志	口腔医学	路振富
G267	中国实用内科杂志	内科学综合	康健
G272	中国实用外科杂志	外科学综合	刘永锋
G872	中国实用眼科杂志	眼科学	张忠志
U635	中国食品添加剂	食品科学技术	齐庆中
G429	中国食品卫生杂志	卫生管理学、健康教育学	李小芳
U007	中国食品学报	食品科学技术	罗云波
U563	中国食物与营养	食品科学技术；预防医学与公共卫生学综合	许世卫
H317	中国兽药杂志	畜牧、兽医科学	刘业兵
H326	中国兽医科学	畜牧、兽医科学	才学鹏
H225	中国兽医学报	畜牧、兽医科学	王哲
H207	中国蔬菜	园艺学	孙日飞
G796	中国输血杂志	临床医学综合；血液病学、肾脏病学	王憬惺
G926	中国数字医学	核医学、医学影像学	李包罗；李华才
H290	中国水产科学	水产学	曾一本
H020	中国水稻科学	农艺学	程式华
W557	中国水利水电科学研究院学报	水利工程	陈厚群
H295	中国水土保持科学	农业工程	关君蔚
T022	中国塑料	高聚物工程	杨惠娣
G211	中国糖尿病杂志	内分泌病学与代谢病学、风湿病学	纪立农
G521	中国疼痛医学杂志	临床医学综合	韩济生
G561	中国体视学与图像分析	核医学、医学影像学	刘国权
G444	中国体外循环杂志	外科学综合	龙村
G101	中国天然药物	药学	吴晓明
U501	中国调味品	食品科学技术	杨旭
X004	中国铁道科学	铁路运输	阳建鸣
G437	中国听力语言康复科学杂志	保健医学；耳鼻咽喉科学	聂滨
R083	中国图象图形学报	计算机科学技术	李小文
H350	中国土地科学	土壤学	程烨
H233	中国土壤与肥料	土壤学	黄鸿翔
G373	中国微创外科杂志	外科学综合	侯宽永
G959	中国微侵袭神经外科杂志	神经病学、精神病学	王伟民
G517	中国微生态学杂志	生态学	康白
S725	中国卫生经济	卫生管理学、健康教育学	蔡仁华

表 9-1　2016 年中国科技核心期刊（中文）目录（续）

CODE	刊名	学科分类	主编
G253	中国卫生统计	卫生管理学、健康教育学	陈育德
G540	中国卫生信息管理杂志	卫生管理学、健康教育学	孟群
G716	中国卫生政策研究	卫生管理学、健康教育学	代涛
G752	中国卫生质量管理	卫生管理学、健康教育学	曹荣桂
G541	中国卫生资源	卫生管理学、健康教育学	郝模
K035	中国钨业	金属材料	孔昭庆
M022	中国稀土学报	材料科学综合	徐光宪
F025	中国细胞生物学学报	生物学基础学科	郭礼和
G841	中国现代普通外科进展	普通外科学、胸外科学、心血管外科学	寿楠海
G623	中国现代神经疾病杂志	神经病学、精神病学	只达石
G885	中国现代手术学杂志	外科学综合	李永国
G237	中国现代医学杂志	医学综合	张阳德
G849	中国现代应用药学	药学	李连达
G377	中国现代中药	中药学	赵润怀
G284	中国消毒学杂志	预防医学与公共卫生学综合	张文福
G765	中国小儿急救医学	儿科学	赵群
G845	中国小儿血液与肿瘤杂志	儿科学; 血液病学、肾脏病学; 肿瘤学	胡亚美; 袁伯伦
G298	中国斜视与小儿眼科杂志	眼科学; 儿科学	任华明
G117	中国心理卫生杂志	心理学	于欣
G718	中国心血管病研究	心血管病学	胡大一; 万峰
G380	中国心血管杂志	心血管病学	于普林
G203	中国心脏起搏与心电生理杂志	普通外科学、胸外科学、心血管外科学	黄从新
G082	中国新生儿科杂志	儿科学	冯琪
G250	中国新药与临床杂志	药学	唐希灿
G747	中国新药杂志	药学	桑国卫
G727	中国性科学	性医学	胡佩诚
G232	中国胸心血管外科临床杂志	普通外科学、胸外科学、心血管外科学	石应康
G118	中国修复重建外科杂志	烧伤外科学、整形外科学	杨志明
H294	中国畜牧兽医	畜牧、兽医科学	李琍
H242	中国畜牧杂志	畜牧、兽医科学	呙于明
G908	中国学校卫生	卫生管理学、健康教育学	季成叶
G464	中国血管外科杂志电子版	普通外科学、胸外科学、心血管外科学	王深明
G675	中国血吸虫病防治杂志	流行病学、环境医学	周晓农
G633	中国血液净化	血液病学、肾脏病学; 临床医学综合	王梅
G119	中国循环杂志	心血管病学	胡盛寿
G756	中国循证儿科杂志	儿科学; 流行病学、环境医学; 临床诊断学	桂永浩
G645	中国循证心血管医学杂志	心血管病学; 流行病学、环境医学; 临床诊断学	魏万林; 胡大一
G396	中国循证医学杂志	临床诊断学; 流行病学、环境医学	李幼平
H208	中国烟草科学	园艺学	王元英
U647	中国烟草学报	园艺学	袁行思
E303	中国岩溶	地质学	刘再华
G619	中国眼耳鼻喉科杂志	耳鼻咽喉科学	王正敏; 王文吉; 张重华
G318	中国药房	药学	马劲

表 9-1　2016 年中国科技核心期刊（中文）目录（续）

CODE	刊　名	学科分类	主　编
G120	中国药科大学学报	医药大学学报; 药学	彭司勋
G121	中国药理学通报	药学	魏伟; 李俊
G122	中国药理学与毒理学杂志	药学	张永祥
G878	中国药师	药学	江德元
G913	中国药事	药学	桑国卫
G220	中国药物化学杂志	药学	张礼和
G227	中国药物警戒	药学	金少鸿
G248	中国药物依赖性杂志	药学	陆林
G713	中国药物应用与监测	药学	郭代红
G009	中国药学杂志	药学	周海钧
M628	中国冶金	冶金工程技术	洪及鄙
G809	中国医刊	临床医学综合	刘益清
G123	中国医科大学学报	医药大学学报	何维为
G124	中国医疗器械杂志	卫生管理学、健康教育学	胡宗泰
G679	中国医疗设备	卫生管理学、健康教育学	姜远海
G306	中国医师进修杂志	临床医学综合	林三仁
G313	中国医师杂志	临床医学综合	周智广
G236	中国医学计算机成像杂志	核医学、医学影像学	陈星荣
G125	中国医学科学院学报	医药大学学报	刘德培
G471	中国医学前沿杂志电子版	医学综合	霍勇
G622	中国医学物理学杂志	基础医学; 生物医学工程学	邓亲恺
G127	中国医学影像技术	核医学、医学影像学	李坤成; 姜玉新
G193	中国医学影像学杂志	核医学、医学影像学	蔡幼铨; 周诚
S591	中国医学装备	卫生管理学、健康教育学	关伟
G519	中国医药	临床医学综合	杨秋
G644	中国医药导报	医学综合	张虎林
T019	中国医药工业杂志	药学; 应用化学工程	周伟澄
G531	中国医药生物技术	生物医学工程学	赵铠
Q918	中国医院	卫生管理学、健康教育学	张宝库
G454	中国医院管理	卫生管理学、健康教育学	王环增
G243	中国医院药学杂志	药学	陈华庭
G314	中国疫苗和免疫	生物医学工程学	訾维廉
G130	中国应用生理学杂志	生物学基础学科	范明
G706	中国优生与遗传杂志	优生学、计划生育学	李崇高
H205	中国油料作物学报	农艺学	王汉中
U032	中国油脂	食品科学技术	秦长泽
M028	中国有色金属学报	金属材料	黄伯云
H099	中国预防兽医学报	畜牧、兽医科学	孔宪刚
G753	中国预防医学杂志	预防医学与公共卫生学综合	庄辉
V039	中国园林	林学; 建筑科学与技术	王绍增
X012	中国造船	水路运输	吴有生
U033	中国造纸学报	应用化学工程	朱尹策
H204	中国沼气	农业工程; 能源科学综合	王锡吾

表9-1 2016年中国科技核心期刊（中文）目录（续）

CODE	刊 名	学科分类	主 编
G600	中国针灸	针灸、中医骨伤	刘炜宏
H067	中国真菌学杂志	临床医学综合	温海
G945	中国职业医学	流行病学、环境医学	黄汉林
G347	中国中西医结合耳鼻咽喉科杂志	中西医结合医学；耳鼻咽喉科学	杨和钧；唐有法
G843	中国中西医结合急救杂志	中西医结合医学；临床医学综合	王今达
G757	中国中西医结合皮肤性病学杂志	中西医结合医学；皮肤病学	秦万章
G846	中国中西医结合肾病杂志	中西医结合医学；血液病学、肾脏病学	陈孝文
G758	中国中西医结合外科杂志	中西医结合医学；外科学综合	吴咸中
G528	中国中西医结合消化杂志	中西医结合医学；消化病学	危北海；李乾构；陈泽民
G182	中国中西医结合杂志	中西医结合医学	陈可冀
G132	中国中药杂志	中药学	肖培根
G240	中国中医骨伤科杂志	针灸、中医骨伤	李同生
G632	中国中医基础医学杂志	中医学	孟庆云
G524	中国中医急症	中医学	晁恩祥
G749	中国中医眼科杂志	中医学	庄曾渊
G832	中国中医药信息杂志	中医学；中药学	叶祖光
G642	中国肿瘤	肿瘤学	赵平
G133	中国肿瘤临床	肿瘤学	郝希山
G255	中国肿瘤生物治疗杂志	肿瘤学	曹雪涛
G667	中国综合临床	临床医学综合	袁聚祥
G299	中国组织工程研究	生物医学工程学	刘昆
G134	中国组织化学与细胞化学杂志	基础医学	熊希凯
G502	中华保健医学杂志	保健医学	范利
G135	中华病理学杂志	基础医学	郑杰
G195	中华超声影像学杂志	核医学、医学影像学	张运
G136	中华传染病杂志	感染性疾病学、传染病学	翁心华
G408	中华创伤骨科杂志	骨外科学	裴国献
G137	中华创伤杂志	烧伤外科学、整形外科学	王正国
G098	中华地方病学杂志	流行病学、环境医学	孙殿军
G138	中华儿科杂志	儿科学	杨锡强
G139	中华耳鼻咽喉头颈外科杂志	耳鼻咽喉科学	韩德民
G743	中华耳科学杂志	耳鼻咽喉科学	杨伟炎；韩东一
G140	中华放射学杂志	核医学、医学影像学	戴建平
G141	中华放射医学与防护杂志	军事医学与特种医学	苏旭
G251	中华放射肿瘤学杂志	肿瘤学	徐国镇
G474	中华肺部疾病杂志电子版	呼吸病学、结核病学	钱桂生
G286	中华风湿病学杂志	内分泌病学与代谢病学、风湿病学	栗占国
G142	中华妇产科杂志	妇产科学	郎景和
G689	中华妇幼临床医学杂志电子版	妇产科学；儿科学	毛萌
G262	中华肝胆外科杂志	普通外科学、胸外科学、心血管外科学	刘永雄
G231	中华肝脏病杂志	消化病学	任红
G054	中华肝脏外科手术学电子杂志	消化病学	陈规划
G235	中华高血压杂志	心血管病学	胡大一

表 9-1　2016 年中国科技核心期刊（中文）目录（续）

CODE	刊 名	学科分类	主 编
G143	中华骨科杂志	骨外科学	邱贵兴
G728	中华骨质疏松和骨矿盐疾病杂志	内分泌病学与代谢病学、风湿病学	孟迅吾
G691	中华关节外科杂志电子版	骨外科学	邱贵兴; 余楠生
G335	中华航海医学与高气压医学杂志	军事医学与特种医学	褚新奇
G144	中华航空航天医学杂志	军事医学与特种医学	卢志平
G145	中华核医学与分子影像杂志	核医学、医学影像学	匡安仁
G146	中华护理杂志	护理学	刘苏君
G555	中华急诊医学杂志	临床医学综合	江观玉
G302	中华疾病控制杂志	预防医学与公共卫生学综合	叶冬青
G055	中华肩肘外科电子杂志	骨外科学	姜保国
G174	中华检验医学杂志	临床诊断学	尚红
G751	中华健康管理学杂志	卫生管理学、健康教育学	白书忠
G147	中华结核和呼吸杂志	呼吸病学、结核病学	钟南山
G060	中华结直肠疾病电子杂志	普通外科学、胸外科学、心血管外科学	王锡山
G159	中华精神科杂志	神经病学、精神病学	张明园
G579	中华口腔医学研究杂志电子版	口腔医学	凌均棨
G148	中华口腔医学杂志	口腔医学	王兴
G280	中华口腔正畸学杂志	口腔医学	傅民魁
G149	中华劳动卫生职业病杂志	流行病学、环境医学	王生
G639	中华老年多器官疾病杂志	保健医学	张和起
G833	中华老年口腔医学杂志	口腔医学	刘洪臣
G876	中华老年心脑血管病杂志	心血管病学; 神经病学、精神病学	林运昌
G150	中华老年医学杂志	保健医学	王建业
G692	中华临床感染病杂志	感染性疾病学、传染病学	李兰娟
G693	中华临床免疫和变态反应杂志	内分泌病学与代谢病学、风湿病学	张宏誉; 张奉春
G824	中华临床营养杂志	预防医学与公共卫生学综合	蒋朱明
G152	中华流行病学杂志	流行病学、环境医学	李立明
G153	中华麻醉学杂志	外科学综合	罗爱伦
G154	中华泌尿外科杂志	泌尿外科学	孙颖浩
G282	中华男科学杂志	性医学	黄宇峰
G155	中华内分泌代谢杂志	内分泌病学与代谢病学、风湿病学	潘长玉
G736	中华内分泌外科杂志	外科学综合	任国胜
G156	中华内科杂志	内科学综合	王海燕
G157	中华皮肤科杂志	皮肤病学	陈洪铎
G461	中华普通外科学文献电子版	普通外科学、胸外科学、心血管外科学	王深明
G254	中华普通外科杂志	普通外科学、胸外科学、心血管外科学	杜如昱
G462	中华普外科手术学杂志电子版	普通外科学、胸外科学、心血管外科学	李世拥
G158	中华器官移植杂志	外科学综合	陈实
G473	中华腔镜泌尿外科杂志电子版	泌尿外科学	高新; 孙颖浩
G463	中华腔镜外科杂志电子版	普通外科学、胸外科学、心血管外科学	刘荣; 郑民华
G526	中华全科医师杂志	临床医学综合	戴玉华
G515	中华全科医学	临床医学综合	石建华; 刘祖欣
G505	中华乳腺病杂志电子版	普通外科学、胸外科学、心血管外科学	孙燕; 姜军

表 9-1　2016 年中国科技核心期刊（中文）目录（续）

CODE	刊 名	学科分类	主 编
G900	中华烧伤杂志	烧伤外科学、整形外科学	黄跃生
G197	中华神经科杂志	神经病学、精神病学	秦震
G976	中华神经外科疾病研究杂志	神经病学、精神病学	章翔
G160	中华神经外科杂志	神经病学、精神病学	王忠诚
G446	中华神经医学杂志	神经病学、精神病学	徐如祥
G161	中华肾脏病杂志	血液病学、肾脏病学	陈香美
G737	中华生物医学工程杂志	生物医学工程学	钟南山
G072	中华生殖与避孕杂志	优生学、计划生育学	高尔生
G162	中华实验和临床病毒学杂志	微生物学、病毒学	洪涛
G703	中华实验和临床感染病杂志电子版	感染性疾病学、传染病学	毛羽; 张永利; 成军
G773	中华实验眼科杂志	眼科学	王丽娅
G875	中华实用儿科临床杂志	儿科学	郭学鹏
G367	中华实用诊断与治疗杂志	临床诊断学	马保根
G848	中华手外科杂志	骨外科学	顾玉东
G506	中华损伤与修复杂志电子版	烧伤外科学、整形外科学	孙永华
G739	中华糖尿病杂志	内分泌病学与代谢病学、风湿病学	杨文英
G164	中华外科杂志	外科学综合	黄洁夫
G165	中华微生物学和免疫学杂志	基础医学	沈心亮
G116	中华危重病急救医学	临床医学综合	沈中阳
G761	中华危重症医学杂志电子版	临床医学综合	郑树森
G296	中华围产医学杂志	妇产科学	赵瑞琳
G740	中华卫生杀虫药械	流行病学、环境医学	姜志宽
G793	中华胃肠外科杂志	普通外科学、胸外科学、心血管外科学	汪建平
G166	中华物理医学与康复杂志	保健医学	郭正成
G470	中华细胞与干细胞杂志电子版	基础医学	谭建明
G167	中华显微外科杂志	外科学综合	庞水发
G847	中华现代护理杂志	护理学	沈黎
G285	中华消化内镜杂志	消化病学	张齐联
G978	中华消化外科杂志	普通外科学、胸外科学、心血管外科学	董家鸿
G168	中华消化杂志	消化病学	许国铭
G169	中华小儿外科杂志	儿科学; 外科学综合	袁继炎
G892	中华心律失常学杂志	心血管病学	陈新
G170	中华心血管病杂志	心血管病学	胡大一
G263	中华行为医学与脑科学杂志	神经病学、精神病学	杨菊贤
G171	中华胸心血管外科杂志	普通外科学、胸外科学、心血管外科学	朱晓东
G172	中华血液学杂志	血液病学、肾脏病学	阮长耿
G191	中华眼底病杂志	眼科学	严密
G173	中华眼科杂志	眼科学	赵堪兴
G873	中华眼视光学与视觉科学杂志	眼科学	瞿佳
S590	中华医学教育探索杂志	卫生管理学、健康教育学	雷寒
Q920	中华医学超声杂志电子版	核医学、医学影像学	王云亭
G705	中华医学教育杂志	卫生管理学、健康教育学	程伯基
G307	中华医学科研管理杂志	卫生管理学、健康教育学	罗长坤

表 9-1　2016 年中国科技核心期刊（中文）目录（续）

CODE	刊 名	学科分类	主 编
G489	中华医学美学美容杂志	临床医学综合	张其亮
G915	中华医学图书情报杂志	情报学；图书馆学、文献学；卫生管理学、健康教育学	陈锐
G175	中华医学遗传学杂志	基础医学	张思仲
G176	中华医学杂志	医学综合	高润霖
G591	中华医院管理杂志	卫生管理学、健康教育学	金大鹏
G610	中华胰腺病杂志	消化病学	许国铭
G897	中华移植杂志电子版	外科学综合	郑树森
G177	中华预防医学杂志	预防医学与公共卫生学综合	陈育德
G178	中华整形外科杂志	烧伤外科学、整形外科学	戚可名
G859	中华中医药学刊	中医学；中药学	康廷国
G910	中华中医药杂志	中医学；中药学	佘靖
G858	中华肿瘤防治杂志	肿瘤学	于金明
G179	中华肿瘤杂志	肿瘤学	赵平
G472	中华疝和腹壁外科杂志电子版	普通外科学、胸外科学、心血管外科学	陈杰
G039	中南大学学报医学版	医药大学学报	李桂源
K001	中南大学学报自然科学版	工程技术大学学报	黄伯云
H053	中南林业科技大学学报	林学；农业大学学报	吴晓芙
A550	中南民族大学学报自然科学版	自然科学综合大学学报	李金林
G599	中南药学	药学	李焕德
G682	中南医学科学杂志	医学综合	文格波
G180	中日友好医院学报	医学综合	谌贻璞
G181	中山大学学报医学科学版	医药大学学报	陈汝筑
A036	中山大学学报自然科学版	自然科学综合大学学报	王建华
X539	中外公路	公路运输	刘玉兰
S020	中文信息学报	信息与系统科学相关工程与技术	孙茂松
G842	中西医结合肝病杂志	中西医结合医学；消化病学	王伯祥
G597	中西医结合心脑血管病杂志	中西医结合医学；心血管病学	王斌全；吕吉元
R775	中兴通讯技术	通信技术	谢大雄
G183	中药材	中药学	元四辉
G564	中药新药与临床药理	中药学	王宁生
G685	中医学报	中医学	郑玉玲；李俊德
G681	中医药导报	中医学；中药学	袁长津
G010	中医杂志	中医学	曹洪欣
G184	肿瘤	肿瘤学	高玉堂
Q929	肿瘤代谢与营养电子杂志	肿瘤学	石汉平；李薇
G185	肿瘤防治研究	肿瘤学	陈焕朝
G412	肿瘤学杂志	肿瘤学	毛伟敏
G522	肿瘤研究与临床	肿瘤学	梁小波
G196	肿瘤药学	肿瘤学	任华益
G838	肿瘤影像学	肿瘤学	常才；刘士远；章英剑
G695	肿瘤预防与治疗	肿瘤学	樊晋川
H103	种子	农艺学	张太平
G094	中风与神经疾病杂志	神经病学、精神病学	史玉泉

表 9-1　2016 年中国科技核心期刊（中文）目录（续）

CODE	刊　名	学科分类	主　编
N022	轴承	机械制造工艺与设备	杜迎辉
H026	竹子学报	林学	王树东
N075	铸造	机械制造工艺与设备	葛晨光
N081	铸造技术	机械制造工艺与设备	邢建东
G407	转化医学杂志	医学综合	钱阳明
N034	装备环境工程	机械制造工艺与设备	唐伦科
A133	装备学院学报	兵器科学与技术；工程技术大学学报	邹鹏
N990	装甲兵工程学院学报	兵器科学与技术；工程技术大学学报	徐滨士
Z022	资源科学	环境科学技术及资源科学技术	成升魁
R737	自动化技术与应用	信息与系统科学相关工程与技术	吴冈
S026	自动化学报	信息与系统科学相关工程与技术	王飞跃
N013	自动化仪表	信息与系统科学相关工程与技术；仪器仪表技术	孙叔平
S501	自动化与仪表	信息与系统科学相关工程与技术；仪器仪表技术	高明璋
R611	自动化与仪器仪表	信息与系统科学相关工程与技术；仪器仪表技术	孙怀义
A905	自然杂志	自然科学综合	董远达
E137	自然灾害学报	安全科学技术；地球科学综合	谢礼立
Z012	自然资源学报	环境科学技术及资源科学技术	李文华
G229	卒中与神经疾病	神经病学、精神病学	曾庆杏；张兆辉
N088	组合机床与自动化加工技术	机械工程设计	宋鸿升
G701	组织工程与重建外科杂志	烧伤外科学、整形外科学	曹谊林
L018	钻井液与完井液	石油天然气工程	张健庚
G720	遵义医学院学报	医药大学学报	李春鸣
H034	作物学报	农艺学	辛志勇
H410	作物研究	农艺学	官春云
H202	作物杂志	农艺学	赵明

表9-2 2016年中国科技核心期刊（英文）目录

CODE	刊名	学科分类	主编
F034	ACTA BIOCHIMICA ET BIOPHYSICA SINICA	生物学基础学科	张友尚
C096	ACTA MATHEMATICA SCIENTIA	数学；物理学	丁夏畦
B030	ACTA MATHEMATICA SINICA ENGLISH SERIES	数学	李炳仁
I051	ACTA MATHEMATICAE APPLICATAE SINICA	数学	丁夏畦
C105	ACTA MECHANICA SINICA	力学	程耿东
M100	ACTA METALLURGICA SINICA	金属材料	柯俊
I209	ACTA OCEANOLOGICA SINICA	海洋科学、水文学	陈大可
G001	ACTA PHARMACOLOGICA SINICA	药学	陈凯先
I062	ADVANCES IN ATMOSPHERIC SCIENCES	大气科学	吴国雄；王会军；张大林
I124	ADVANCES IN POLAR SCIENCE	海洋科学、水文学	杨惠根；Ian Allison
I282	ASIAN JOURNAL OF ANDROLOGY	性医学	王一飞
I072	CELL RESEARCH	生物学基础学科	姚鑫
I139	CHEMICAL RESEARCH IN CHINESE UNIVERSITIES	化学	周其凤
I710	CHINA COMMUNICATIONS	通信技术	陈俊亮
I165	CHINA FOUNDRY	机械制造工艺与设备	娄延春
E158	CHINA OCEAN ENGINEERING	海洋科学、水文学	柯俊
B023	CHINESE ANNALS OF MATHEMATICS SERIES B	数学	李大潜
D031	CHINESE CHEMICAL LETTERS	化学	梁晓天
I154	CHINESE GEOGRAPHICAL SCIENCE	地理学	朱颜明
I207	CHINESE HERBAL MEDICINES	中药学	肖培根
I166	CHINESE JOURNAL OF ACOUSTICS	物理学	王小民
I122	CHINESE JOURNAL OF AERONAUTICS	航空、航天科学技术	朱自强
G011	CHINESE JOURNAL OF CANCER	肿瘤学	曾益新
I037	CHINESE JOURNAL OF CANCER RESEARCH	肿瘤学	鄂征
T100	CHINESE JOURNAL OF CHEMICAL ENGINEERING	化学工程综合	廖叶华
C070	CHINESE JOURNAL OF CHEMICAL PHYSICS	化学	杨学明
E012	CHINESE JOURNAL OF OCEANOLOGY AND LIMNOLOGY	海洋科学、水文学	曾呈奎
D017	CHINESE JOURNAL OF POLYMER SCIENCE	化学	冯新德
I200	CHINESE JOURNAL OF TRAUMATOLOGY	烧伤外科学、整形外科学	王正国
I201	CHINESE MEDICAL JOURNAL	医学综合	钱贻简
G126	CHINESE MEDICAL SCIENCES JOURNAL	医学综合	刘德培
I071	CHINESE OPTICS LETTERS	光电子学与激光技术；物理学	徐至展
C106	CHINESE PHYSICS B	物理学	欧阳钟灿
C058	CHINESE PHYSICS C	物理学	马基茂
C059	CHINESE PHYSICS LETTERS	物理学	朱邦芬
B022	CHINESE QUARTERLY JOURNAL OF MATHEMATICS	数学	胡和生
C095	COMMUNICATIONS IN THEORETICAL PHYSICS	物理学	何祚庥
F005	ENTOMOTAXONOMIA	昆虫学、动物学	张雅林

表 9-2 2016 年中国科技核心期刊（英文）目录（续）

CODE	刊 名	学科分类	主 编
I733	FRONTIERS OF BIOLOGY	生物学基础学科	翟中和
I248	FRONTIERS OF CHEMICAL SCIENCE AND ENGINEERING	化学工程综合	王静康; 薛群基; 曹湘洪
I735	FRONTIERS OF COMPUTER SCIENCE	计算机科学技术	李未; 陆汝钤
I243	FRONTIERS OF MATERIALS SCIENCE	材料科学综合	顾秉林
I250	FRONTIERS OF MATHEMATICS IN CHINA	数学	张恭庆
I237	FRONTIERS OF MEDICINE	医学综合	陈赛娟; 杨宝峰; 陈孝平
I132	FRONTIERS OF OPTOELECTRONICS IN CHINA	光电子学与激光技术	周炳琨
I725	FRONTIERS OF STRUCTURAL AND CIVIL ENGINEERING	土木工程	沈祖炎; 周福霖; Surendra P. Shah
E050	GEOSCIENCE FRONTIERS	地球科学综合	莫宣学
I012	INSECT SCIENCE	昆虫学、动物学	王牧牧
I168	INTERNATIONAL JOURNAL OF COAL SCIENCE & TECHNOLOGY	能源科学综合	彭苏萍
I184	INTERNATIONAL JOURNAL OF MINING SCIENCE AND TECHNOLOGY	矿山工程技术	骆振福
E049	JOURNAL OF ARID LAND	地理学	陈曦
N764	JOURNAL OF BIONIC ENGINEERING	机械工程设计	任露泉
I226	JOURNAL OF CHINA ORDNANCE	兵器科学与技术	冯长根
I227	JOURNAL OF CHINESE PHARMACEUTICAL SCIENCES	药学	张礼和
S051	JOURNAL OF COMPUTER SCIENCE AND TECHNOLOGY	计算机科学技术	李国杰
I105	JOURNAL OF ENERGY CHEMISTRY	石油天然气工程	包信和; ALEXIS T. BELL
Z027	JOURNAL OF ENVIRONMENTAL SCIENCES	环境科学技术及资源科学技术	汤鸿霄
I018	JOURNAL OF FORESTRY RESEARCH	林学	杨传平
F013	JOURNAL OF GENETICS AND GENOMICS	生物学基础学科	薛勇彪
I063	JOURNAL OF GEOGRAPHICAL SCIENCES	地理学	郑度
W015	JOURNAL OF HYDRODYNAMICS SERIES B	水利工程	周连第
H017	JOURNAL OF INTEGRATIVE AGRICULTURE	农业综合	万建民
G442	JOURNAL OF INTEGRATIVE MEDICINE	中西医结合医学	赵伟康
F029	JOURNAL OF INTEGRATIVE PLANT BIOLOGY	植物学	刘春明
I142	JOURNAL OF IRON AND STEEL RESEARCH, INTERNATIONAL	金属材料	田志凌
I229	JOURNAL OF MARINE SCIENCE AND APPLICATION	水路运输	边信黔
M015	JOURNAL OF MATERIALS SCIENCE & TECHNOLOGY	材料科学综合	王中光
F021	JOURNAL OF MOLECULAR CELL BIOLOGY	生物学基础学科	李党生
I230	JOURNAL OF MOUNTAIN SCIENCE	地理学	崔鹏
I120	JOURNAL OF OCEAN UNIVERSITY OF CHINA	海洋科学、水文学; 自然科学综合大学学报	文圣常
M035	JOURNAL OF RARE EARTHS	材料科学综合	徐光宪
F208	JOURNAL OF RESOURCES AND ECOLOGY	环境科学技术及资源科学技术	李文华
R062	JOURNAL OF SEMICONDUCTORS	电子技术; 物理学	王守武
F039	JOURNAL OF SYSTEMATICS AND EVOLUTION	植物学	杨亲二
X053	JOURNAL OF TRAFFIC AND TRANSPORTATION ENGINEERING ENGLISH EDITION	交通运输工程	Richard Kim
I090	JOURNAL OF WUHAN UNIVERSITY OF TECHNOLOGY MATERIALS SCIENCE EDITION	材料科学综合; 工程技术大学学报	张清杰
I041	JOURNAL OF ZHEJIANG UNIVERSITY SCIENCE A	自然科学综合大学学报	杨卫

表 9-2　2016 年中国科技核心期刊（英文）目录（续）

CODE	刊名	学科分类	主编
I159	JOURNAL OF ZHEJIANG UNIVERSITY SCIENCE B	生物学基础学科；自然科学综合大学学报	段树民；巴德年
I254	LIGHT SCIENCE & APPLICATIONS	物理学	曹健林
F019	MOLECULAR PLANT	植物学	许大全
I232	NEURAL REGENERATION RESEARCH	神经病学、精神病学	苏国辉；徐晓明
G278	NEUROSCIENCE BULLETIN	神经病学、精神病学	路长林
G616	ONCOLOGY AND TRANSLATIONAL MEDICINE	肿瘤学	陈安民；于世英；A.D.Ho
I202	PARTICUOLOGY	化学工程综合	郭慕孙
H046	PEDOSPHERE	土壤学	周健民
F007	PLANT DIVERSITY	植物学	Sergei Volis；周浙昆
I129	PROTEIN & CELL	生物学基础学科	饶子和
I050	RARE METALS	金属材料	屠海令
C072	RESEARCH IN ASTRONOMY AND ASTROPHYSICS	天文学	汪景琇；景益鹏
I065	RICE SCIENCE	农艺学	程式华
H064	THE CROP JOURNAL	农艺学	万建民
I017	TRANSACTIONS OF NANJING UNIVERSITY OF AERONAUTICS & ASTRONAUTICS	航空、航天科学技术；工程技术大学学报	宣益民
M104	TRANSACTIONS OF NONFERROUS METALS SOCIETY OF CHINA	金属材料	黄伯云
G095	VIROLOGICA SINICA	微生物学、病毒学	陈新文
W030	WATER SCIENCE AND ENGINEERING	水利工程	吴中如；Vijay P. SINGH
I008	WUHAN UNIVERSITY JOURNAL OF NATURAL SCIENCES	自然科学综合大学学报	舒红兵

10　期刊变更表

表10　期刊名称变更表

CODE	2017年版刊名	2016年版刊名
F039	JOURNAL OF SYSTEMATICS AND EVOLUTION	植物分类学报
G616	ONCOLOGY AND TRANSLATIONAL MEDICINE	THE CHINESE-GERMAN JOURNAL OF CLINICAL ONCOLOGY
T094	兵器装备工程学报	四川兵工学报
G031	贵州医科大学学报	贵阳医学院学报
H740	林业工程学报	林业科技开发
M030	生物资源	氨基酸和生物资源
G479	预防医学	浙江预防医学
H989	杂草学报	杂草科学
G072	中华生殖与避孕杂志	生殖与避孕
H026	竹子学报	竹子研究汇刊

11　新入选中国科技核心期刊

表11-1　2017年新入选中国科技核心期刊（中国科技论文统计源期刊）（中文）目录

CODE	刊　名	CODE	刊　名
G085	创伤与急危重病医学	G596	上海针灸杂志
T241	断块油气田	A586	沈阳师范大学学报自然科学版
H228	广东农业科学	Z512	生态科学
G497	国际放射医学核医学杂志	H080	生物安全学报
E564	海洋技术学报	G469	实用器官移植电子杂志
G384	河北中医	U031	天津科技大学学报
Z500	环境技术	S813	卫生软科学
G971	环境卫生学杂志	A060	西南民族大学学报自然科学版
Y522	舰船电子工程	G817	协和医学杂志
H333	经济动物学报	G964	医学与社会
Q933	康复学报	K013	有色金属矿山部分
G390	口腔疾病防治	G090	云南中医学院学报
K025	矿产与地质	Y521	战术导弹技术
U626	粮油食品科技	U020	中国皮革
R119	密码学报	G755	中国药业
E120	南京信息工程大学学报自然科学版	Q905	中华解剖与临床杂志
A141	山东科技大学学报自然科学版	G065	中华肾病研究电子杂志
Y555	上海航天	G163	中华实验外科杂志

表 11-2 2017年新入选中国科技核心期刊（中国科技论文统计源期刊）（英文）目录

CODE	刊名	CODE	刊名
G218	ACTA PHARMACEUTICA SINICA B	I222	GENOMICS PROTEOMICS & BIOINFORMATICS
G780	CANCER BIOLOGY & MEDICINE	E537	JOURNAL OF EARTH SCIENCE
I116	CHINESE JOURNAL OF ELECTRONICS	C010	JOURNAL OF ROCK MECHANICS AND GEOTECHNICAL ENGINEERING (JRMGE)
I720	CSEE JOURNAL OF POWER AND ENERGY SYSTEMS	I137	NANO RESEARCH
I726	FRONTIERS OF PHYSICS	I255	NATIONAL SCIENCE REVIEW